Congrès International

d'Anthropologie criminelle

GENÈVE 1896

QUATRIÈME CONGRÈS INTERNATIONAL

D'ANTHROPOLOGIE CRIMINELLE

GENÈVE 1896

CONGRÈS INTERNATIONAL
D'ANTHROPOLOGIE CRIMINELLE

COMPTE RENDU

DES TRAVAUX DE LA QUATRIÈME SESSION

TENUE A

GENÈVE

DU 24 AU 29 AOUT

1896

SOUS LE HAUT PATRONAGE DU CONSEIL FÉDÉRAL SUISSE ET DU
GOUVERNEMENT DE LA RÉPUBLIQUE ET CANTON DE GENÈVE

GENÈVE

GEORG & Cⁱᵉ, LIBRAIRES-ÉDITEURS

1897

Imprimerie W. Kündig & Fils
Genève.

PRÉFACE

Conformément à l'usage établi depuis la publication des Actes du premier Congrès international d'Anthropologie criminelle, nous donnons ici, dans une courte préface, les renseignements et les documents les plus importants relatifs à l'organisation du Congrès de Genève.

Le délégué de la Confédération suisse au 3me Congrès d'Anthropologie criminelle ayant été avisé, à son arrivée à Bruxelles, que l'on désirait choisir Genève pour le lieu de réunion de la prochaine session, s'en référa au Conseil fédéral et au Conseil d'Etat du Canton de Genève qui envoyèrent leur adhésion.

Dans sa séance de clôture, sous la présidence de M. le Dr SEMAL, le 13 août 1892, le troisième Congrès choisissait en conséquence Genève par acclamation, pour siège de sa quatrième session en 1896.

On renvoya au Bureau du Congrès de Bruxelles le soin de composer la commission internationale qui aurait à élaborer le programme et à s'occuper de l'organisation du futur Congrès.

Quelques personnes particulièrement qualifiées pour donner leur avis sur la possibilité d'organiser le quatrième Congrès international à Genève en 1896, furent convoquées le 22 octobre 1894, à l'Université de cette ville, par le délégué Suisse au Congrès de Bruxelles. La plupart des membres de cette réunion préliminaire furent favorables à l'organisation de ce Congrès, sans se dissimuler toutefois les difficultés d'une semblable organisation, au moment de l'Exposition nationale suisse. L'Exposition exigera, en effet, un effort considérable de la population genevoise toute entière, et privera forcément les organisateurs du Congrès de la coopération d'un grand nombre d'hommes parmi les plus actifs et les plus compétents. On fit valoir d'autre part que la coïncidence de l'Exposition nationale présenterait aussi certains avantages.

Une commission genevoise se constitua le 5 novembre suivant et nomma un bureau, composé de sept membres, qui entra immédiatement en relations avec M. le Dr SEMAL. Dans cette même séance il fut question d'organiser une exposition d'anthropologie criminelle, à l'instar de celles de Rome et de Paris, mais nous dûmes bientôt renoncer à ce projet, en raison des difficultés presque insurmontables qu'il présentait.

Un des premiers soins du bureau de la commission genevoise d'organisation fut de s'assurer le concours d'une nombreuse commission internationale, dont le président du troisième Congrès avait déjà commencé la formation.

Nous fûmes assez heureux pour provoquer l'adhésion d'un grand nombre d'hommes éminents des divers pays de l'Europe, qui voulurent bien accepter d'être inscrits comme membres de la commission internationale. Des comités spéciaux se formèrent en outre à Paris et à St-Pétersbourg pour s'occuper de la participation de la France et de la Russie au Congrès de Genève.

Avant la fin de l'année 1895, une grande commission suisse fut instituée et composée d'hommes compétents choisis dans la plupart des cantons. Les projets de statuts et de règlement élaborés par le bureau avaient été adoptés le 25 octobre 1895, et le 5 décembre suivant on envoyait à tous les membres de la commission internationale la liste des questions proposées pour le programme du quatrième Congrès international d'Anthropologie criminelle, ainsi que les propositions qui avaient été faites pour le choix des rapporteurs.

Le Conseil fédéral et le Conseil d'Etat de Genève nous avaient annoncé, sur ces entrefaites, qu'ils acceptaient le patronage du Congrès et qu'ils étaient disposés à en faciliter l'organisation soit par des subventions, soit par des réceptions officielles.

Le nombre des rapporteurs et le choix des thèmes de leurs

rapports furent fixés définitivement le 30 janvier 1896, après une consultation générale des membres de la commission internationale. L'abondance des questions proposées (près d'une soixantaine) et leur variété nous imposèrent l'obligation de les classer sous cinq rubriques différentes, sans compter les nombreuses communications qui nous étaient annoncées et qui ne devaient pas faire l'objet de rapports imprimés.

Il suffit d'en parcourir la liste pour saisir toute l'importance qu'a pris depuis quelques années le développement de l'Anthropologie criminelle. Plusieurs de ces questions, qui n'ont pu être traitées au Congrès de Genève, devront sans doute être reprises plus tard. On nous permettra d'en relever ici quelques-unes qui nous paraissent avoir un intérêt particulier pour l'organisation des Congrès subséquents.

Dans la biologie criminelle deux catégories de questions, qui sont connexes, resteront longtemps encore, pensons-nous, à l'ordre du jour de nos sessions. Celles qui se rapportent au criminel-né et celles de la criminalité juvénile. Il serait à désirer notamment que l'on mît à l'étude la question générale proposée par M. le Dr Clouston, professeur de psychiatrie, à Edimbourg, «Quels sont les rapports qui existent entre les âges des jeunes délinquants (avant 25 ans) et les années pendant lesquelles on observe la plus grande fréquence des arrêts de développement normal de l'individu?» Ce parallèle entre les années critiques où apparaissent le plus fréquemment les anomalies du développement, et celles où la criminalité est la plus fréquente pendant la jeunesse, fournira nous en sommes certain des données très instructives.

Les questions soulevées par la sociologie criminelle prennent chaque jour une importance plus considérable. Elles sont parfois difficiles à traiter en raison du manque de documents précis. C'est ainsi que M. Tarde a dû renoncer à son rapport sur « L'influence de la légitimité ou de l'illégitimité de la naissance sur la criminalité, » parce qu'il n'a trouvé nulle part les matériaux nécessaires à son travail. Il serait donc opportun de reprendre la question proposée par M. Isidore MAUS. « Quels sont parmi les facteurs de la criminalité ceux que la statistique devrait surtout mettre en relief? Comment les données relatives à ces facteurs devraient-elles être recueillies et groupées ? » Mentionnons aussi l'étude proposée par M. le Dr KURELLA, à Brieg, sur « L'influence de l'introduction de la grande industrie dans les districts purement agricoles sur la mortalité, la folie, l'alcoolisme et la criminalité. »

Quant à la psychologie et à la psychopathologie criminelles, qui ont été largement représentées dans d'autres Congrès, elles méritent certainement d'être traitées au point de vue de l'anthropologie criminelle, avec plus d'ampleur que cela n'a pu se faire au Congrès de Genève. M. le Dr SEMAL devait nous parler de la *préméditation obsessive*, M. Paul GARNIER, de Paris, de la *folie méconnue*, M. BÉNÉDIKT, de Vienne, de la *folie morale* et M. MANOUVRIER de la *responsabilité pénale*. Nous regrettons tout spécialement que le rapporteur de cette dernière question ait été empêché de venir à Genève, car il aurait posé cette thèse sur son véritable terrain pratique, qui exclut les doctrines extrêmes et les conceptions métaphysiques.

Les applications légales et administratives de l'anthropologie criminelle peuvent recevoir un développement indéfini, et l'intéressante discussion qui a suivi la lecture du rapport du major GRIFFITHS, dans la séance du 29 août 1896, a prouvé combien étaient captivants les problèmes soulevés par les applications de la science nouvelle.

En constatant ici une fois de plus le grand succès du Congrès de Genève, et son importance pour l'avenir de l'anthropologie criminelle, nous exprimons de nouveau nos sentiments de profonde gratitude au Conseil fédéral, au Conseil d'Etat et au Conseil administratif de la Ville de Genève ; nous remercions vivement tous nos collaborateurs, et surtout les membres du comité d'organisation et les secrétaires des séances du Congrès, qui ont largement contribué à ce succès, en remplissant leur devoir avec zèle et conscience.

Nous devons une mention toute spéciale à notre secrétaire général, M. Bedot, qui a voué tous ses soins à la publication des comptes rendus.

Nos regards sont tournés désormais vers la Hollande, qui nous recevra en 1901. Nos amis hollandais, auxquels nous allons transmettre la mission qui nous avait été confiée, sont tout particulièrement qualifiés pour mener à bien l'entreprise du cinquième Congrès international d'Anthropologie criminelle, qui inaugurera le prochain siècle.

Genève, 15 avril 1897.

Dr P. LADAME.

DOCUMENTS

RELATIFS

A L'ORGANISATION DU CONGRÈS

COMITÉ D'ORGANISATION

PRÉSIDENTS D'HONNEUR

MM. Adrien LACHENAL, Président de la Confédération suisse.
Eugène RICHARD, Conseiller d'Etat. Député au Conseil des Etats.
Théodore TURRETTINI, Président du Conseil Administratif.

BUREAU

MM. Paul LADAME, Dr, ancien président d'honneur des Congrès de Paris et de Bruxelles, *président*.

Alfred GAUTIER, professeur de Droit pénal à l'Université de Genève, *vice-président*.

Maurice BEDOT, Directeur du Musée d'Histoire naturelle de Genève, *secrétaire*.

Auguste WARTMANN-PERROT, Dr, *questeur-trésorier*.

Adolphe MOYNIER, *vice-trésorier*.

John CUÉNOUD, ancien directeur de la police centrale à Genève.

Hippolyte GOSSE, Dr, professeur de médecine légale à l'Université de Genève.

Joannès MARTIN, Dr, Directeur de la maison cantonale des Aliénés de Genève.

STATUTS

———

ARTICLE PREMIER. — Le IVᵉ Congrès d'Anthropologie crimi-
nelie, qui se tiendra à Genève du 24 au 29 Août 1896, aura pour
objet, suivant les traditions des précédents Congrès (Rome 1885,
Paris 1889, Bruxelles 1892), l'étude scientifique de la criminalité
chez l'homme dans ses rapports avec la biologie et avec la sociologie.

Les gouvernements étrangers seront invités à s'y faire représenter.

ART. 2. — Le droit d'admission au Congrès est fixé à 20 francs.
Les demandes d'admission devront être adressées, avec le montant de la cotisation, au secrétaire général. Les souscripteurs
deviendront membres adhérents et recevront gratuitement le
volume des comptes-rendus de la session, ainsi que les rapports
imprimés qui seront distribués avant l'ouverture du Congrès.

ART. 3. — Les rapports, rédigés en français, devront être envoyés au Comité d'organisation avant le 1ᵉʳ avril 1896. Ils ne
pourront excéder dix pages d'impression. On n'acceptera pas de
planches, à moins que les auteurs ne s'engagent à en supporter
les frais. Aucun travail, déjà imprimé ailleurs, ne pourra être
communiqué au Congrès.

ART. 4. — Les séances du Congrès seront publiques. Les
membres du Congrès auront seuls le droit de voter ou de prendre
part aux discussions. Des places seront réservées aux représentants
de la presse.

ART. 5. — Le but du Congrès étant exclusivement scientifique,
toute discussion politique ou religieuse sera absolument interdite.

Les opinions exprimées sont personnelles et n'engagent en aucune façon le bureau.

Art. 6. — Les membres du Congrès qui désireraient faire insérer le titre de leurs mémoires ou communications au programme imprimé, devront en faire la demande écrite, avant le 15 Mai 1896, au Comité d'organisation, qui est chargé d'élaborer le programme et qui décidera de l'opportunité des communications et de l'ordre dans lequel elles seront faites.

RÈGLEMENT

ARTICLE PREMIER. — Les séances du Congrès se tiendront à l'Université.

Elles auront lieu deux fois par jour : le matin de neuf heures à midi, et l'après-midi de deux heures à cinq heures. Les séances du matin, à l'exception de la dernière, seront exclusivement consacrées à la discussion des rapports ; celles de l'après-midi seront réservées aux autres communications.

Art. 2. — A la séance d'ouverture, le Congrès nommera son bureau qui se composera d'un président, deux vice-présidents, un secrétaire général, quatre secrétaires-adjoints, un questeur-trésorier et un trésorier-adjoint.

Art. 3. — L'ordre du jour sera fixé par le bureau. Les sujets mis en discussion seront appelés par le président suivant l'ordre de leur inscription au programme journalier. Les rapports imprimés par les soins du Comité et distribués à tous les membres adhérents, ne seront pas lus en séance. La discussion sera ouverte immédiatement sur les conclusions des rapporteurs.

Art. 4. — A l'exception des rapporteurs, aucun orateur ne

pourra occuper la tribune pendant plus de dix minutes et, avec
l'agrément du président, pendant un quart d'heure. Au delà de
ces limites, le président devra consulter l'assemblée. Il en sera de
même pour les communications et lectures qui dureraient plus
de dix à quinze minutes.

ART. 5. — Aucun des membres du Congrès ne pourra prendre
la parole plus de deux fois dans une discussion. Toutefois le rapporteur d'une question aura toujours le droit de prendre la parole
le dernier.

ART. 6. — Quand l'ordre du jour d'une séance n'aura pas été
épuisé, la suite en sera portée à la séance du lendemain, le matin,
s'il s'agit d'un rapport, l'après-midi pour toute autre communication, à moins que l'assemblée n'en décide autrement.

ART. 7. — Les membres du Congrès qui auront l'intention de
faire des communications non annoncées au programme imprimé,
devront en faire la demande écrite au président ; ils ne pourront
prendre la parole qu'après épuisement complet de l'ordre du jour.

ART. 8. — Lorsqu'un membre aura pris la parole dans une
discussion, il devra remettre dans les vingt-quatre heures, au
secrétaire général, le résumé de sa communication, faute de quoi,
une simple mention en sera faite au procès-verbal.

ART. 9. — Tous les mémoires lus au Congrès seront immédiatement remis au bureau qui les publiera dans le volume des comptes-
rendus. Toutefois, ceux qui seront jugés trop étendus devront
être réduits par leurs auteurs ou par le bureau.

ART. 10. — La séance de clôture aura lieu le samedi 29 août
après-midi. Un compte-rendu résumant les travaux de la session
y sera présenté par le secrétaire général.

ART. 11. — Les auteurs qui auront fait au Congrès un rapport
ou une communication pourront en demander un tirage à part,
qui sera fait à leurs frais, suivant les conditions fixées d'un commun accord entre le Comité d'organisation de MM. W. Kündig
& fils, imprimeurs des actes du Congrès, à Genève, ainsi qu'il suit :

Le prix du tirage à part est de 6 centimes par feuille de 16
pages, 4 francs pour composition d'un titre spécial, 4 francs pour

200 couvertures imprimées. Brochage suivant l'importance du travail.

Ces tirages à part devront tous porter la mention : *Extrait des comptes-rendus du IVe Congrès international d'Anthropologie criminelle, session de Genève (1896).*

Art. 12. — Toute proposition de modification du présent règlement ne pourra être prise en considération que si elle est présentée par dix membres au moins et appuyée par le tiers des membres présents. Elle sera renvoyée alors à une commission de cinq membres dont l'un au moins sera choisi parmi les signataires de la proposition. Cette Commission devra déposer son rapport dans la séance suivante. Le vote suivra immédiatement et sans discussion préalable.

DÉLÉGUÉS OFFICIELS AUPRÈS DU CONGRÈS

République Argentine.

M. le Dr DOMINGO CABRED, directeur de la maison d'aliénés des hommes, professeur à l'Université de Buenos-Ayres.

M. le Dr ANTOINE-F. PIÑERO, directeur de l'asile d'aliénés des femmes de Buenos-Ayres.

Autriche.

M. le Dr HANNS GROSS, conseiller judiciaire à Graz.

Belgique.

M. VICTOR BEGEREM, ministre de la justice du royaume, à Bruxelles.

Brésil.

M. PEDRO DE ARAUJO BELTRAO, ministre du Brésil à Berne.

Danemark.

M. le Dr SOREN HANSEN, médecin de la police à Copenhague.

Grande Bretagne.

M. le major ARTHUR GRIFFITHS, inspecteur des prisons de Sa Majesté britannique à Londres.

Hongrie.

M. le Dr EUGÈNE BALOGH, secrétaire ministériel au ministère hongrois de la justice, privat-docent à l'Université de Budapest.

Japon.

M. SHIGÉJIRO OGAWA, directeur des prisons de Kanagava-Ken.

Pays-Bas.

M. le Dr F.-W.-J.-G. SNYDER VAN WISSENKERKE, référendaire, chef de la IIe division du département de la justice à La Haye.

M. le Dr G.-A. VAN HAMEL, professeur à l'Université d'Amsterdam.

M. le Dr J.-SIMON VAN DER AA, référendaire au département de la justice à La Haye.

Portugal.

M. Francisco Ferraz de Macedo, docteur ès-sciences naturelles, docteur en médecine à Lisbonne.

Roumanie.

M. le Dr Minovici, médecin légiste, directeur de la morgue et du service anthropométrique de Bucarest.

Russie.

M. le Sénateur Ignace Zakrewsky, ancien procureur général à St-Pétersbourg.

Municipalité d'Alexandrie (Italie).

M. le Dr Luigi Frigerio, directeur de l'asile royal des aliénés d'Alexandrie.
M. le chevalier Giovanni Roggero, conseiller communal d'Alexandrie.

Conseil municipal de la ville de Berne.

M. le colonel Scherz, vice-président du Conseil municipal.

Association anthropologique d'assistance criminelle du Brésil.

M. Pedro de Araujo Beltrao, ministre du Brésil à Berne.

Conseil de l'ordre des avocats d'Alexandrie (Italie).

M. Elie Vitale, avocat.

Faculté de droit de Jaroslawl (Russie).

M. Dimitri Stephanowsky, professeur à l'Université, substitut du procureur impérial à Jaroslawl.

Société russe pour la protection de la santé publique.

M. le Dr Wladimir de Dekterew, curateur de l'asile central des aliénés, membre du Conseil municipal de St-Pétersbourg.

Union des jurisconsultes hongrois.

M. le Dr Sigismond Reichard, conseiller au tribunal de Budapest.
M. Isidore Baumgarten, conseiller au tribunal de Budapest.

Le Gouvernement du Paraguay et le Gouvernement ottoman, tout en appréciant l'utilité et les avantages du Congrès, ne croient pas devoir envoyer des délégués, mais désirent être tenus au courant des travaux du Congrès.

PRÉSIDENTS D'HONNEUR

Allemagne.

M. Frantz von Listz, D^r, professeur à l'Université de Halle/s.

M. Georges von Mayr, D^r, sous-secrétaire d'Etat, professeur à l'Université de Strasbourg.

Autriche-Hongrie.

M. Hanns Gross, conseiller judiciaire à Graz.

Belgique.

M. LeJeune, ministre d'Etat, sénateur à Bruxelles.

M. Victor Begerem, ministre de la justice à Bruxelles.

Brésil.

M. Pedro de Araujo Beltrao, ministre du Brésil à Berne.

Danemark.

M. Soren Hansen, médecin de la police à Copenhague.

Espagne.

M. Manuel de Tolosa Latour, D^r-méd., directeur de l'Asile d'orphelins de Madrid.

Etats-Unis.

M. G.-Mark Baldwin, professeur à l'Université de Princeton (New-Jersey).

France.

M. Lacassagne, D^r, professeur à l'Université de Lyon.

M. G. Tarde, chef du bureau de statistique au ministère de la justice à Paris.

Grande-Bretagne.

M. Arthur Griffiths, major, inspecteur des prisons de Sa Majesté, à Londres.

Hollande.

M. Gérard-Anton van Hamel, D^r, professeur à l'Université d'Amsterdam.

M. F.-W.-J.-G. Snyder de Wissenkerke, D^r en droit, directeur au ministère de la justice des Pays-Bas à La Haye.

Italie.

M. Cesare Lombroso, D^r, professeur à l'Université de Turin.

M. le baron Garofalo, chef du département législatif au ministère de la justice à Rome.

M. Enrico Ferri, professeur à Florence.

Norvège.

M. Anders Daæ, D^r-méd., directeur de la maison cellulaire centrale de Christiana.

Portugal.

M. Francesco Ferraz de Macedo, D^r ès sciences, D^r en médecine à Lisbonne.

République Argentine.

M. Domingo Cabred, professeur à la Faculté de médecine, directeur de l'asile des aliénés de Buenos-Ayres.

Roumanie.

M. Minovici, D^r, directeur de la morgue et du service anthropométrique de Bucharest.

Russie.

M. Bechterew, D^r, professeur à l'académie de médecine, de Saint-Pétersbourg.

M. Ignace Zakrewsky, sénateur, ancien procureur général, à Saint-Pétersbourg.

Suisse.

M. Auguste Forel, professeur à l'Université de Zurich.

M. Hippolyte Gosse, D^r-médecin, professeur à l'Université, de Genève.

COMITÉ DU CONGRÈS

Présidents d'honneur.

M. A. Lachenal, président de la Confédération Suisse.
M. E. Richard, Conseiller d'Etat à Genève.
M. A. Dunant, Conseiller d'Etat à Genève.
M. Th. Turrettini, président du Conseil Administratif de la Ville de Genève.

Président.

M. le Dr Ladame, ancien président d'honneur des Congrès de Paris et de Bruxelles.

Vice-Présidents.

M. Alfred Gautier, professeur de droit pénal à l'Université de Genève.
M. le Dr Joannès Martin, directeur de l'asile cantonal des aliénés de Genève.

Secrétaire général.

M. M. Bedot, Prof., Directeur du Musée d'Histoire naturelle de Genève.

Secrétaires adjoints.

M. le Dr Nicolas d'Adelung, assistant au Musée d'Histoire naturelle.
M. le Dr Boubier.
M. Edouard Claparède.
M. Auguste Rœhrich, médecin-assistant à l'asile cantonal des aliénés.
M. Max Egger.
M. le Dr Zoppino.

Questeur-Trésorier.

M. le Dr Auguste Wartmann-Perrot.

Trésorier-adjoint.

M. Adolphe Moynier.

LISTE GÉNÉRALE DES ADHÉRENTS

Allemagne.

Bær, A., Dr, Conseiller sanitaire, méd. en chef de la prison de Plœtzensee, Berlin.
Buschan, Georges, Dr-méd. et phil., rédacteur des « Centralblattes für Anthropologie », Stettin.
von Hessert, Franz, Grossherzoglich Hessischer Landgerichtsrath, Darmstadt.
Itelson, Grégoire, Berlin.
von Liszt, Frantz, Dr, professeur à l'Université, Halle/s.
von Mayr, Georges, Dr, sous-secrétaire d'Etat, professeur à l'Université, Strassbourg.
Nœcke, Paul, Dr, médecin à l'asile des aliénés de Hubertusburg près Leipzig.

Angleterre.

Buchanan, W.-J. M. D. Central Jail, Bhagalpore, Bengal.
Douglas, Morrison W., H. M. Prison. Wandsworth, Londres.
Galton, Francis, F. R. S., ancien président de l'Institut anthropologique de Londres, Londres.
Griffiths, Arthur, Major inspecteur des prisons de Sa Majesté, Londres.
Griffiths, A., Mme, Londres.
Havelock, Ellis, Dr, Lelant-Cornwall.
Raffalovich, André, Londres.
Scott, James, M. B. Edin. Medical-Officer H. M. Prison Holloway, Londres.

Autriche-Hongrie.

De Balogh, E., Dr, secrétaire au ministère de la justice, Budapest.
Baumgarten, Isidore, Conseiller au Tribunal, Budapest.
Benedikt, Maurice, prof. à l'Université, Vienne.

Gross, Hanns, Dr, conseiller judiciaire, Graz.
Ofner, Julius, avocat, Vienne.
Reïchard, Sigismond, juge, substitut au Tribunal, Budapest.
Silovic, Joseph, professeur, Agram.
De Török, Aurèle, Dr-professeur, Budapest.

Belgique.

De Bæts, Maurice, abbé, Gand.
Begerem, Victor, ministre de la justice, Bruxelles.
De Boeck, Jean, Dr-méd., chef de service au dépôt des aliénés de l'hôpital de St-Jean, Bruxelles.
Dallemagne, prof. à l'Université, Bruxelles.
Francotte, Xavier, prof. à la faculté de médecine, Liège.
De Groote, Alfred, avocat, Gand.
Landrien, Oscar, bâtonnier de l'ordre des avocats près la cour d'appel, Bruxelles.
Lejeune, ministre d'Etat, sénateur, Bruxelles.
Maus, Isidore, chef de bureau au ministère de la justice, Bruxelles.
Morel, Jul., Dr-Med. en chef de l'hôpital Ghislain, Gand.
Pecher, François, président de chambre à la cour d'appel, Bruxelles.
Roskam, Alphonse, Dr-méd., Liège.
De Ryckere, Raymond, magistrat, Anvers,
Sano, G., étudiant en droit, Anvers.
Sano, Fritz. Dr-méd., réd. du *Journal de neurologie et d'hypnologie*, Anvers.
Slotte de Bert, Nestor, avocat, juge suppléant, président de la conférence du jeune Barreau de Mons, Mons.
Société royale de Médecine publique de Bruxelles, Bruxelles.
Struelens, Alf., Dr-méd. aux prisons de Bruxelles, Bruxelles.
Thiry, Fernand, prof. de droit criminel à l'Université, Liège.

Brésil.

Pedro de Araujo Beltrao, ministre du Brésil à Berne.

Canada.

Vallée, Arthur, Dr-méd. en chef de l'Asile d'aliénés de Québec, prof. de médecine mentale à l'Université Laval de Québec, Québec.

Danemark.

Hansen, Sören, médecin de la Police, Copenhague.

Espagne.

DE ARAMBURU Y ZULOAGA, Félix, Dr-prof. et recteur de l'Université, Oviedo.

CODINA LANGLIN, Ramon, Dr-prof. au Laboratoire de méd. légale, Barcelone.

DORADO, Pedro, prof. à l'Université, Salamanca.

LASTRES Y JUIR, Francisco, Dr en droit, vice-président de la Chambre des députés, Madrid.

MOURELO, José Rodriguez, prof. de chimie, Madrid.

PULIDO, Fernandez Angel, médecin et député, Madrid.

SALILLAS, Rafael, Dr-méd., chef du service sanitaire des prisons, Madrid.

DE TOLOSA LATOUR, Manuel, Dr-méd., dir. de l'Asile d'Orphelins, Madrid.

TORRES CAMPOS, Manuel, prof. de droit international à l'Université, Grenade.

VIDA, Jeromino, prof. à l'Université, Grenade.

Etats-Unis.

BALDWIN, J. Mark, prof. of Psychology at Princeton University, Princeton.

CLARK BELL, L. L. D., ex-président de la Medico Legal Society, New York.

France.

AUBRY, Paul, Dr-méd., St-Brieuc (Côtes-du-Nord).

BALLET, Gilbert, Dr, professeur agrégé, Paris.

BÉRILLON, Edgar, médecin des asiles d'aliénés, Paris.

BERTILLON, Alphonse, chef du service de l'identité judiciaire, Paris.

BOISSIER, François, Dr en médecine, Paris.

BOURDON, médecin-major de l'armée française, Paris.

CHARPENTIER, Eugène, méd. aliéniste de l'hospice de Bicêtre, (Seine).

CUCHE. H., chargé de cours à la Faculté de droit, Grenoble.

DALIFOL, Lucien, dir. de la maison d'Education pénitentiaire « La Loge », Paris.

DUBUISSON, Paul-Emile, méd.-chef à l'asile St-Anne, Paris.

GARDEIL, E., prof. de droit pénal à l'Université, Nancy (Meurthe-et-Moselle).

GARNIER, P., méd. en chef de la préfecture de police de la Seine, Paris.

GARRAUD, Jean-René, prof. de droit criminel à l'Université, Lyon.

GAUCKLER, Edouard, prof. à la Faculté de droit de Caen, Caen (Calvados).

GIRAUD, Albert, dir. de l'asile d'aliénés de St-Yon, Sotterville-les-Rouen (Seine-Inférieure).

HERBETTE, Louis, conseiller d'Etat, Paris.

HERMANCE, Edmond, secrétaire de la Société générale des prisons, Lille (Nord).

JOLY, Henri, ancien professeur à la Sorbonne, Châtel-Censoir (Yonne).

JULLIEN, Louis, Dr méd., chirurgien de St-Lazare, Paris.

LACASSAGNE, D^r-prof. de médecine légale, Lyon.

LAGRANGE, D^r, Poitiers (Vienne).

LEGRAIN, Maurice, D^r, médecin en chef de l'Asile de Ville Evrard, Neuilly-sur-Marne.

LEGRAIN, Maria, Mme, Neuilly-sur-Marne.

MAGITOT, Emile, D^r, membre de l'Académie de méd., prés. d'honneur des Congrès de Rome et Bruxelles, secrétaire général du Congrès de Paris, Paris.

MAGNAN, D^r, membre de l'Académie de méd., méd. en chef à l'asile St-Anne, Paris.

MANOUVRIER, L., D^r-méd., prof. à l'Ecole d'Anthropologie, Paris.

MARTIN, Etienne, préparateur à la Fac. de médecine, Lyon.

MEURIOT, André, dir. de l'asile privé, Paris.

MOTET, Auguste, D^r-méd. membre de l'Académie de médecine, Paris.

PAILHAS, D^r-médecin, Albi (Tarn).

PITRES, A., D^r, doyen de la faculté de médecine, Bordeaux.

REY, Philippe, D^r-méd. en chef de l'asile d'aliénés, Marseille.

RITTI, Antoine, D^r-méd. de la maison nation. de Charenton, Saint-Maurice (Seine).

RIVIÈRE, A., D^r, secrét. général de la société générale des prisons, Paris.

ROUSSEL, Th., sénateur, membre de l'Institut, Paris.

ST-AUBIN, Fr.-Joseph, avocat général, Grenoble (Isère).

TARDE, G., chef de statistique au ministère de la Justice, Paris.

THULIÉ, Henri, D^r-méd., Paris.

VALLON, Ch., D^r, médecin en chef de l'Asile des Aliénés à Villejuif, Paris.

VIDAL, Georges, prof. de droit pénal à l'Université de Toulouse, Castelnaudary (Aude).

WENDELSTADT, Albertine, Mme, Sonnois, Seine et Oise.

Hollande.

SIMON VAN DER AA, D^r en droit, chef de division au ministère de la justice, La Haye.

ALETRINO, Arnold, D^r-médecin, Amsterdam.

VAN ANDEL, D^r, inspecteur général du service des aliénés de Hollande, Leyde.

BOISSEVAIN, M.-G.-J., D^r en droit, avocat à la cour d'appel, Amsterdam.

BUCHLER, Antoine-Henri, D^r en droit, Assen.

VAN HAMEL, Gérard-Anton., D^r, professeur de droit, Amsterdam.

DE LONGE, A.-P.-H., avocat, D^r en droit, Alkmaar.

SIMONS, D., avocat, Amsterdam.

SNYDER DE WISSENKERKE, F.-W.-J.-G., D^r en droit, directeur au ministère de la Justice des Pays-Bas, La Haye.

TRIPELS, Gustave, avocat, D^r en droit, en sciences politiques et administratives, Mæstricht.

WELLENBERG, Pierre, D^r-méd. aliéniste, Amsterdam.

ZILLESEN, H., Dr en droit, commis-greffier de la 1re chambre des Etats généraux, La Haye.

Italie.

ALIMENA, B., prof. à l'Université de Naples.
ANFOSSO, Luigi, avocat, Fossano (Cuneo).
BERENINI, Agostino, avocat, député, prof. à l'Université, Parme.
BIANCHI, A.-G., rédacteur du *Corriere della sera*, Milan.
CAVAGLIERI, Guido, avocat, Rome.
FERRI, Enrico, Prof. de droit pénal, Florence.
FRIGERIO, Luigi, direttore del Regio manicomio, Alexandrie.
GAROFALO, R., chef du Département législatif au ministère de la Justice, Rome.
LASCHI, Rodolfo, avocat, Vérone.
LINAKER, Arturo, professeur, Florence.
LOMBROSO, Cesare, prof. à l'Université, Turin.
MARRO, Antonio, Dr, médecin en chef de l'Asile des Aliénés, Turin.
MATERI, Pasquale, avocat, Naples.
PUGLIA, Ferdinando, prof. de droit pénal à l'Université, Messine.
ROGGERO, Giovanni, Dr en médecine, Alexandrie.
ROMITI, Guglielmo, prof. d'anatomie, Pise.
TAVERNI, Romeo, prof. à l'Université de Catane.
VITALI, Elia, avocat, Alexandrie.

Japon.

OGAWA, S., chef du service des Prisons.

Luxembourg.

BRUCK-FABER, J.-P., administ. des établissements pénitentiaires, Luxembourg.
Société des Sciences médicales, Luxembourg.

Norvège.

DAÆ, Anders, Dr-méd., directeur de la maison centrale cellulaire de Christiania, Christiana.
DEDICHEN, Henrik-A.-Th., sous-chef de l'asile des aliénés de Rotvold, Trondjem.
WINGE, Paul, Dr, médecin judiciaire de la ville, Christiania.

Portugal.

TAVARES DE MEDEIROS, Joaò Jacintho, avocat, Lisbonne.

DA SILVA AMADO, Jose Joaquim, prof. à l'Ecole de médecine, Lisbonne.
FERRAZ DE MACEDO, Francisco, D^r, Lisbonne.

Rép. Argentine.

CABRED, Domingo, prof. à la faculté de médecine, dir. de l'Asile des aliénés, Buenos-Ayres.
PINERO, Antoine. D^r, directeur de l'asile d'aliénés des femmes, de Buenos-Ayres.

Roumanie.

MINOVICI, D^r, médecin-légiste, directeur de la Morgue ; directeur du service anthropométrique, Bucharest.
STATESCU, S., procureur général près la Cour d'appel, Bucharest.

Russie.

BECHTEREW, D^r, prof. à l'académie de Médecine, St-Pétersbourg.
DE DEKTEREW, Wladimir, D^r-méd., curateur de l'Asile des Aliénés. St-Pétersbourg.
DRILL, Dimitri, D^r en droit, jurisconsulte au ministère de la justice, de Russie, St-Pétersbourg.
FOINITSKY, Ivan, D^r, prof. à l'université de St-Pétersbourg.
FRIEDMANN, Eugraphe, Médecin de la prison militaire, St-Pétersbourg.
KORSAKOFF, Serge, D^r, méd.-prof. de psychiatrie à l'Université, Moscou.
LATYSCHEW, S., bibliothécaire du Conseil impérial à St-Pétersbourg.
LOPATINE, Léon, professeur à l'Université, Moscou.
MALIAREWSKY, J., D^r, directeur de l'institut médico-pédagogique, St-Pétersbourg.
PETRI, Edouard, prof. à St-Pétersbourg.
ROSENBACH, Paul, privat-docent à l'Académie de Médecine, St-Pétersbourg.
SCHIPEROWITSCH, M., D^r, St-Pétersbourg.
SCHNEIDER, Richard, D^r aliéniste de l'hôpital gouvernemental d'Orel.
SERBSKY, Wladimir, médecin aliéniste, professeur agrégé, Moscou.
STÉPHANOWSKY, Dimitry, prof. de droit criminel, substitut du procureur impérial.
SCHIDLOWSKY, Ladislas, substitut du procureur général, St-Pétersbourg.
TARNOWSKY, Mme Pauline, D^r en médecine, St-Pétersbourg.
TARNOWSKY, Benj., prof. à l'académie de médecine militaire, St-Pétersbourg.
TOKARSKY, Ardalion, D^r en médecine, privat-docent à l'Université, St-Pétersbourg.
TSCHISCH, Wladimir, prof. à l'Université, Dorpat.
ZAKREWSKY, Ignace, sénateur, ancien procureur général, St-Pétersbourg.
DE ZOUBOFF, Alexis, juge à la cour de justice d'Odessa.
VIASEMSKY, Prince Nicolas, St-Pétersbourg.

Suède.

D'OLIVECRONA, Canut, ancien conseiller à la Cour suprême de Suède, membre corresp. de l'Institut de France, Stockholm.

Suisse.

D'ADELUNG, Nicolas, préparat. au Musée d'Histoire naturelle, Genève.
DE ARAUJO BELTRAO, Pedro, ministre du Brésil, Berne.
BADAN, Jules, Dr en médecine, Genève.
BEDOT, Maurice, directeur du Musée d'Histoire naturelle, Genève.
BINET, Paul, Dr-méd., priv.-doc. à l'Université, Genève.
BOLESLAS, Valentin, avocat, Genève.
BOUBIER, Alph.-Maurice, Dr ès-sciences, Genève.
BROCHER DE LA FLÉCHÈRE, Henri, professeur, Genève.
CHICHERIO, Fulgence, directeur du pénitencier, Lugano.
CLAPARÈDE, A., Genève.
CORBOUD, directeur de la maison de Force, Fribourg.
CORREVON, Gustave, juge cantonal, Lausanne.
CUENOUD, John, ancien directeur de la Police centrale, Genève.
DIDIER, Alfred, conseiller d'Etat, Genève.
DOBROVOLSKY, Jean, Dr en médecine, Genève.
DROIN, César, avocat, Dr en Droit, Genève.
DUNANT, Pierre-Louis, Dr-méd., prof. à l'Université, Genève.
DUNANT, Albert, conseiller d'Etat, Genève.
DUTRAIT, Arthur, consul gérant le consulat général de France, Genève.
EGGER, Max, médecin, Genève.
FAVEY, G., professeur à l'Université, Lausanne.
FLOURNOY, Théodore, Dr-méd., prof. de Psychologie à l'Université, Genève.
FOREL, Aug., professeur, Zurich.
GABUZZI, Stefano, avocat, Bellinzone (Tessin).
GAUTIER, Alfred, professeur à l'Université, Genève.
GOSSE, Hippolyte, Dr-méd., prof. à l'Université, Genève.
GRETENER, Xavier, prof. de droit à l'Université, Berne.
HERZEN, A., prof. à l'Université, Lausanne.
HOLBAN, Michel, ancien Consul de Roumanie, Genève.
HUDRY, César, avocat, Genève.
JOLIAT, Louis, conseiller d'Etat, dir. de la Police, Berne.
JORNOT, E., dir. de la Police centrale, Genève.
KLAY, Alfred, conseiller d'Etat, Berne.
KOHLER, Henri-Frédéric, Dr-méd., dir. d'une maison de santé, Chêne-Bougeries, Genève.
KOLLMANN, Jules, Dr-méd. et phil., prof. d'anatomie à l'Université, Bâle.

LACHENAL, Adrien, Président de la Confédération Suisse, Genève, Berne.

LADAME, Paul, D^r-méd., Genève.

LAFOND, Marc, directeur des prisons de St-Antoine, Genève.

LASKOWSKI, D^r-méd., prof. à l'Université, Genève.

LÉCHET, juge d'instruction, Genève.

LE ROYER, E.-H., lic. jur., secrét. du Dép^t de Justice et Police, Genève.

LONG, Ernest, D^r-méd., ancien méd. chef de l'Hôpital cantonal de Genève, membre du Conseil de surveillance des aliénés du Canton de Genève, Genève.

MARTIN, Joannès, D^r, dir. de l'Asile des Vernaies, Genève.

MÉGEVAND, Louis-J.-A., D^r-méd., privat-docent à l'Université, Genève.

MEYER DE SCHAUENSÉE, Placide, D^r, membre du tribunal d'appel, Lucerne.

MOYNIER, Adolphe, consul de Belgique, Genève.

MOYNIER, Gustave, correspondant de l'Institut de France, Genève.

MUSSARD, Jules, avocat, Genève.

PERRIN, Alexandre, dir. de la Prison de l'Evêché, Genève.

PICOT, Ernest, juge près la cour d'appel, Genève.

PICOT, Constant, D^r-méd., Genève.

PICTET, Camille, Mme, Genève.

PILTZ, Jean, 1er méd.-assistant de l'Asile cantonal des Vernaies, Genève.

PREVOST, Jean-Louis, D^r-méd., prof. à l'Université, Genève.

RABOW, prof. à l'Université, Lausanne.

RACINE, Florian, avocat, Genève.

REVILLIOD, Léon, D^r-méd., prof. à l'Université, Genève.

RICHARD, Eugène, Conseiller d'Etat, député au Conseil des Etats, Genève.

ROEHRICH, Auguste, Genève.

SCHÉPILOFF, Catherine, Mlle, Genève.

SCHERZ, Alfred, directeur de la police, Berne.

SCHIFF, Maurice, prof. à l'Université, Genève.

DE SEIGNEUX, Georges, président de la cour de cassation, Genève.

SALOS DE JAUDRA, Henriette, Mme, D^r en médecine, Genève.

TEICHMANN, Albert, prof. de droit pénal, Bâle.

TURRETTINI, Théodore, président du Conseil administratif, Genève.

VINCENT, A., D^r, prof. à l'Université, Genève.

VON SPEYR, W., D^r-prof., directeur de l'Etablissement Waldau, Berne.

VON WYSS, Hans, D^r, prof. à l'Université, Zurich.

WARTMANN, Auguste-Henry, D^r-méd., Genève.

WILLEMIN, J.-Louis, avocat, Genève.

YUNG, Emile, prof. à l'Université, Genève.

ZOPPINO, Laurent, médecin, Genève.

ZÜRCHER, Emile, prof. de droit pénal à l'Université, Zurich.

ZURLINDEN, avocat, Genève.

RAPPORTS

Considérations générales sur la psychiatrie criminelle.

Rapport présenté par M. le Dr P. NÆCKE,

médecin à l'asile d'aliénés de Hubertusbourg près Leipzig.

Malgré les objections de M. Lombroso et de son école, on peut affirmer aujourd'hui que les thèses propres à l'école italienne d'anthropologie criminelle, telles que le type criminel, le criminel-né (dans le sens large), la fusion de ce dernier avec l'atavique et l'épileptique, n'ont plus droit d'existence, beaucoup d'auteurs, surtout parmi les Allemands et les Français, en ayant démontré l'erreur.

Quoique M. Lombroso, dans la dernière édition de son œuvre principale, tienne encore à ses thèses avec une tenacité extrême, il ne peut certes pas s'empêcher de voir le sort futur de ses théories. Il a même dit à un écrivain allemand[1] qu'il ne croyait pas que de tout son édifice, érigé avec tant de labeur et de peine, une seule pierre resterait debout. S'il espère, malgré cela, que la publication de son atlas d'anthropologie criminelle convaincra les incrédules, il se trompe certainement. En premier lieu, on ne trouve que rarement, parmi un nombre de prisonniers pris au hasard, un tel choix de figures patibulaires; puis on n'a qu'à comparer le texte avec les figures pour s'apercevoir bien vite des conceptions en grande partie subjectives de l'auteur. On ne parviendra à constater que dans un nombre restreint de cas le soi-disant type criminel, et encore celui-ci ne constitue nullement un vrai type dans le sens zoologique du mot, ce qui a déjà été dit bien souvent. Il est donc inutile de revenir sur ce sujet.

Qu'on lise les descriptions données par Baer, Koch, Kirn, Näcke et bien d'autres, qu'on les compare avec celles de M. Lombroso et de son école, et l'on verra bien qu'il y a ici des différences énormes qui ne tiennent qu'en partie à la différence des races et des catégories de délinquants observés, mais relèvent aussi en partie de la subjectivité de l'auteur.

Nous touchons ici au point vulnérable de l'anthropologie criminelle, à savoir le manque de mesures et de méthodes exactes et internationalisées pour les recherches en question. J'ai essayé, dans un travail antérieur, de préciser quelques-uns de ces désidérata et de démontrer combien nos recherches manquent encore d'exactitude pour devenir véritablement scientifiques, c'est à dire objectives et comparables entre elles. La preuve en est facile : prenez une centaine de délinquants ou d'aliénés, ou le même nombre de crânes, faites-les examiner par dix anthropologistes renommés, et vous verrez quels chiffres différents seront inscrits dans les tableaux, concernant le nombre des signes de dégénérescence et même les mesures. On n'est

---

[1] Helen Zimmern : *Cesare Lombroso*, Westermann's illustrirte deutsche Monatshefte. Febr. 1896, p. 551.

pas même d'accord sur ce que l'on doit nommer un stigmate et sur ce qui est le résultat de l'atavisme. Dans l'examen physiologique ou psychologique la chose se complique encore.

Il faudra donc, avant tout, fixer les méthodes et les mesures, pour éliminer la subjectivité, pour faire de la vraie science et non de la physionomique ; puis il faudra indiquer les catégories exactes des personnes à examiner.

Mais même si tout cela était réalisé, le résultat définitif ne serait probablement pas différent de ce qu'il est aujourd'hui, c'est à dire *qu'il n'y a pas de type criminel* (comme il n'y a pas de type d'aliéné), *pas de criminel-né* (dans le sens large) *et encore moins une parenté du crime avec l'atavisme et l'épilepsie.*

On peut donc dire, sans exagération, que cette assertion est déjà vérifiée malgré nos méthodes encore si grossières. On pourrait même se demander si l'anthropologie criminelle, dans le sens restreint du mot, a encore droit à l'existence. Mais, bien qu'il faille vérifier à l'aide de nouveaux procédés les faits que l'on nous donne déjà comme vrais, les études actuelles nous seront néanmoins très utiles pour l'examen psychologique, comme on le verra dans la suite.

On savait, bien avant l'école italienne, que parmi les criminels se trouvent beaucoup de malades d'esprit, d'épileptiques, d'imbéciles, de déséquilibrés, etc. Le mérite incontestable de M. Lombroso est surtout d'avoir appuyé cette ancienne observation par ses recherches anthropologiques, et d'avoir désigné une quantité de criminels comme de vrais malades dignes de pitié, réclamant un traitement approprié et non le mépris et la punition.

C'est donc le côté psychiatrique de l'anthropologie criminelle que je me suis proposé de traiter ici, laissant de côté les détails qu'on peut trouver facilement dans les différents manuels. Je vais exposer à grands traits les diverses formes d'aliénation que nous trouvons si fréquemment dans les prisons, en désigner l'origine, l'évolution et faire ressortir surtout le contingent énorme de gens, qui ne sont pas précisément malades d'esprit, mais se trouvent dans la « zone mitoyenne, » sur le « *border-land,* » comme disent les Anglais. Enfin la thérapie sera traitée avec plus de détails que les autres parties de ce rapport, le Congrès de Genève s'occupant surtout du côté pratique de l'anthropologie criminelle.

Chacun sait à présent que, parmi les prisonniers, le nombre de ceux qui ne sont pas sains d'esprit est énorme et donne à penser au philanthrope et au sociologiste. En Angleterre on en compte, pour ne donner que quelques chiffres, 6,4 % ; en Italie (Rossi) 5,2 % comme minimum (Marro à Turin presque 32 % !) ; à Moabit (Berlin) Krohne comptait en moyenne 10 % (avec les défectueux), Mendel dans une maison de correction 12,9 % ! Ces quelques chiffres font douter de la vérité de beaucoup de statistiques officielles qui ne donnent souvent que des nombres minimes, dus en grande partie à l'absence d'une expertise psychiatrique, ou à l'ignorance des médecins des prisons dont les connaissances psychiatriques sont insuffisantes ou manquent même totalement. Laissant de côté ce qu'il y a de désolant à voir combien de vrais malades sont détenus dans les prisons, nous constatons encore, avec plus de regrets, qu'un grand nombre d'entre eux subissent leur peine à tort, ayant déjà été malades au moment de leur dernier délit. J'ai pu constater, par exemple, que sur 53 femmes qui avaient été transférées comme aliénées de la prison à notre asile, au moins 20 à 25 % avaient été condamnées et emprisonnées à tort ! Et qu'on ne croie pas que ces chiffres soient trop élevés ! D'après Langreuter, il y avait en Prusse pour 1884/85 parmi 1200 criminels aliénés dans les prisons, ⅓ au moins d'individus déjà malades avant le crime ; Mendel croit même que ce sont les $^3/_4$! Sommer (1888) ne pouvait trouver parmi ses criminels aliénés qu'un très petit nombre d'individus qui fussent probablement sains d'esprit avant leur méfait. Ces exemples, que je pourrais multiplier à l'infini, ne sont-ils pas navrants ? Et il ne s'agit ici que des personnes dont on connait assez bien l'histoire pour pouvoir porter un jugement concernant la santé mentale lors du crime, ce qui est certainement possible dans bien des cas. Mais dans combien d'autres où les renseignements nous font défaut, notre jugement devra-t-il rester en suspens ? Il arrive parfois que l'examen de l'individu en question nous tire d'embarras.

Comment expliquer alors ces chiffres énormes de malades et de défectueux ? Pour le dire en un mot, c'est la misère sociale et individuelle. L'hérédité qui joue, comme on le sait, un si grand rôle dans l'étiologie des maladies mentales, n'est malheureusement que peu connue chez les prisonniers, moins encore que chez les aliénés dans les asiles. Parmi nos 53 criminelles aliénées, je n'ai pu trouver l'hérédité que chez 21 %. Mais, l'anamnèse manquant totalement chez 23 cas, ces 21 % remontent déjà à 37 % ; et, si nous admettons en général une hérédité chez 50 à 60 %, nous nous rapprocherons certainement de la vérité. Nous n'avons pas à discuter ici la question de l'hérédité qui est très délicate et soumise à maintes controverses, surtout par le fait que les auteurs ne sont pas d'accord sur ce qui doit être considéré ou non comme héréditaire.

En voyant que la plus grande partie des criminels provient des couches inférieures, même de la lie du peuple, où il y a mauvaise nourriture, mauvaise hygiène, toutes sortes de maladies, de vices, de surmenage corporel, etc., nous trouverons naturel que le germe des futurs délinquants soit déjà en grande partie infecté, et donne naissance à un enfant dégénéré dès son enfance, ou du moins d'une constitution instable tant au point de vue physique que psychique. Personne ne s'étonnera que les occasions si multiples de la vie dure et pénible des dépossédés, l'ivrognerie surtout, les débauches, les rixes, puissent facilement faire éclater une maladie mentale qui peut alors engendrer le crime. Ceux même qui ont échappé jusqu'alors à une psychose, peuvent en devenir la proie dès qu'ils se trouvent détenus, et nous avons à rechercher les causes ordinaires de ces psychoses dites pénitentiaires.

On admet, à cet égard, trois causes principales : la détention comme telle, l'hygiène et la nourriture. De nos jours, où l'on donne même des matelas et autres objets de confort aux prisonniers, les deux dernières causes ne sont pas très importantes ; car dans nos prisons modernes les malfaiteurs sont logés et nourris d'une manière plus hygiénique que des milliers d'honnêtes gens. Aussi y voyons-nous diminuer de plus en plus la phtisie, les maladies infectieuses, les anémies, les entérites, etc. On ne pourra toutefois jamais enlever totalement ce danger, vu le nombre et la qualité des personnes qui entrent si souvent en prison avec le germe de ces maux, ou même avec la maladie déclarée, et qui offrent par conséquent moins de résistance aux différentes causes nuisibles à la santé. Il sera donc toujours possible qu'une maladie des poumons, des intestins, etc., fasse éclater l'aliénation chez les prédisposés, en partie peut-être par l'auto-intoxication.

La première des trois causes est plus sérieuse. Nous constatons premièrement qu'en général les criminels d'occasion sont plus disposés à l'aliénation mentale que les récidivistes, ce qui, à première vue, parait étrange, puisque ces derniers sont en moyenne beaucoup plus dégénérés, prédisposés, et plus mal nourris que les premiers. Mais rappelons-nous que les criminels d'habitude ont souvent leur domicile ordinaire à la prison qu'ils ne quittent un instant que pour y retourner bientôt. Les délinquants de cette catégorie ne craignent plus la détention ; ils la recherchent même souvent et s'y trouvent à leur aise. Les criminels d'occasion, au contraire, ressentent vivement les différents chocs moraux dans la prison ; les remords, l'angoisse, la honte, le souci de la famille, etc. les prennent, les obsèdent jour et nuit, de sorte qu'il est naturel qu'ils y succombent. Pour ceux-ci, le danger de devenir fous est grand, surtout dans la cellule où ils ont davantage le loisir de se livrer à leurs pensées. On trouvera pourtant que ce sont surtout les prédisposés qui, de même que les récidivistes, succombent le plus facilement et le plus vite.

En général, le régime cellulaire ne parait pas constituer un danger beaucoup plus grand que la détention en commun, excepté peut-être pour les criminels d'occasion, quoique ceux-ci recherchent de préférence la solitude et s'y trouvent mieux que dans la compagnie des autres détenus. Dans tous les cas, par précaution, on ne devra jamais trop prolonger le séjour dans la cellule, surtout chez les criminels d'occasion et chez ceux qui ont une disposition particulière à l'aliénation mentale.

Nous pouvons donc dire, qu'en général ceux qui ne sont pas prédisposés ne deviendront pas aliénés à la suite de la détention, mais bien les prédisposés, chez lesquels les causes minimes de la vie d'une prison bien tenue suffisent même pour développer la psychose. Mais, dans un cas pareil, on ne pourra jamais prouver quelle est la véritable cause de l'aliénation parmi les possibilités différentes qui le plus souvent sont combinées. La cause principale de la maladie se trouve donc dans l'individu lui-même, mais peu dans le milieu de la prison. Enfin, il ne faut pas oublier qu'une grande partie des cas de folie existaient déjà avant l'entrée en prison, d'une manière plus ou moins latente. Tous les auteurs sont d'accord pour affirmer que la plupart des détenus deviennent malades pendant la première année de leur détention ; nous l'avons constaté pour notre compte chez les 65 % des malades. Après deux ans, cela n'arrive plus que rarement. On ne sait pas au juste si la maladie se développe plus vite chez les femmes que chez les hommes. Il parait, du moins chez ces derniers, qu'elle éclate en général plus tôt et un peu plus fréquemment dans le régime cellulaire, et que le nombre des malades s'accroît avec la longueur de leur séjour ; ceci ne compte toutefois que pour les deux premières années. Pour la précocité de l'éclosion, il n'y a pas de différence entre les condamnés à courte ou à longue peine. Enfin, comme nous l'avons déjà dit, les criminels d'occasion en sont plus facilement atteints que les récidivistes.

Toutes les formes d'aliénation connues peuvent être observées, et pour chaque délit il y a des formes différentes, de sorte qu'on ne pourra pas conclure avec certitude d'une certaine forme de psychose à un délit spécial, quoique certains forfaits soient exécutés de préférence par certains malades, comme par exemple les incendies qui sont occasionnés le plus souvent par des imbéciles ou des idiots.

Considérant maintenant les psychoses mêmes, nous dirons d'avance *qu'il n'y a pas de psychose pénitentiaire caractéristique. Toutes les formes possibles, que nous voyons chez les autres aliénés, s'observent aussi dans les prisons, mais souvent avec quelques légères nuances et avec la prévalence de certaines psychoses.* Il y a aussi, paraît-il, quelque différence entre les hommes et les femmes, entre les prisonniers en cellule et ceux en détention commune, entre les criminels d'occasion et ceux d'habitude, enfin entre les cerveaux encore valides et les cerveaux invalides, ce qui est surtout important à considérer. Peut-être, la race y joue-t-elle aussi un certain rôle, et le hasard certainement un plus grand rôle encore, puisque les statistiques des prisons différentes, même dans un seul pays, montrent souvent des différences assez grandes. *Mais, la cause principale de ces différentes statistiques est sans contredit l'anarchie qui règne actuellement dans la nomenclature de la psychiatrie.*

En effet, même les formes principales sont sujettes à la discussion et tandis que, par exemple, les uns trouvent quantité de cas de manie et de mélancolie, les autres disent le contraire, croyant avec moi, que la plus grande partie de ces cas rentrent surtout dans le domaine de la paranoïa. *Les statistiques ne se laissent donc presque pas comparer. Elles sont de peu de valeur scientifique* et le seront aussi longtemps qu'on n'aura pas internationalisé et fixé les définitions strictes des formes principales de l'aliénation mentale.

Voilà pourquoi il serait inutile de donner ici beaucoup de chiffres. Baer trouve que les paranoïques forment presque le tiers de ses malades, puis il y a un grand nombre de déments secondaires et d'imbéciles, moins fréquemment des maniaques aigus et (quoique davantage) des mélancoliques aigus qui surpassent pourtant le chiffre des imbéciles. Il trouve aussi relativement beaucoup d'épileptiques, mais peu de paralytiques généraux. Kirn de son côté pouvait constater dans une prison avec régime cellulaire : 1° que les formes dépressives prévalaient de beaucoup, et 2° qu'il en était de même pour la forme aiguë des psychoses. Quant aux femmes que j'ai pu observer, j'ai noté 73,6 % de paranoïques ; le reste se composait de 6 maniaques (2 fois la forme simple, 3 fois la périodique et une fois la circulaire), 7 épileptiques et seulement une seule paralytique générale. C'est plutôt par hasard que je n'ai pas rencontré un seul cas de mélancolie, mais, comme je l'ai déjà dit, la plus grande partie des mélancoliques observées par les auteurs appartiennent sans doute à la paranoïa. Il est aussi étrange que nous n'ayons vu qu'un seul cas de paralysie générale, quoique au dire de bien des auteurs, les filles publiques, dont un assez grand nombre se trouvent parmi les criminelles, donnent précisément un chiffre élevé de paralytiques. On a fait ailleurs la même observation qui, du reste, est en corrélation avec le fait que parmi les criminels aliénés, les paralytiques généraux sont aussi assez rares. La syphilis n'y manque pourtant pas, mais bien surtout le surmenage intellectuel qui se trouve presque uniquement dans les classes supérieures et qui, le plus souvent combiné avec la syphilis, détermine cette maladie, de même que le choc moral ressenti là en général beaucoup plus vivement et plus fréquemment que dans les couches inférieures.

Le groupe le plus intéressant de mes cas est sans contredit celui des paranoïques, dont 90,5 % avaient plus ou moins de fortes hallucinations, ce qui parle directement contre le danger, dont on accuse surtout la cellule, d'occasionner des hallucinations. En effet, nos malades n'ont été mises en cellule qu'en très petit nombre et pour un temps très court, quand c'était absolument nécessaire. *Tout ce qu'on peut dire, c'est que la cellule favorise les hallucinations, surtout chez les prédisposés et les criminels d'occasion, mais l'importance de ce danger ne doit pas être exagérée.*

La paranoïa était aiguë ou chronique, ou enfin se présentait sous la forme de « confusion hallucinatoire aiguë » (paranoia hallucinatoria acuta [Mendel], délire d'emblée [Magnan], amentia [Meynert], etc.). Cette dernière forme, la plus intéressante que j'aie trouvée dans les 28 % des cas de paranoïa, peut être indépendante, ou se montrer soit au commencement, soit dans le cours de la paranoïa, se répétant facilement plusieurs fois. Elle se caractérise surtout par l'irruption de quantité d'hallucinations et d'illusions avec excitation, angoisse, délire de persécution plus ou moins prononcé, et enfin avec affaiblissement de la conscience jusqu'à sa perte complète. Dans cet état, des actes de violences, des suicides, etc., sont à craindre. Des actes impulsifs, dont les motifs restent cachés aux gardiens et qui sont très redoutés dans les prisons (Zucht-hausknall des Allemands) ne sont en grande partie qu'une amentia rudimentaire. J'ai vu cesser au bout de peu de temps cet état délirant et plus ou moins inconscient, toutefois, il peut se prolonger, montrer des rémissions pendant lesquelles la conscience du malade devient plus lucide, ou aboutir à une paranoïa chronique. Je ne l'ai jamais vu suivi de stupeur, comme d'autres auteurs l'ont décrit.

Si les hallucinations sont plus rares et moins généralisées, si la conscience reste plus intacte, nous avons la paranoïa aiguë qui, parfois, peut toucher de près à l'amentia, rester seule, ou se terminer par la paranoïa chronique.

Cette dernière forme montre généralement divers prodromes, puis des hallucinations, surtout de l'ouïe, enfin le délire des persécutions, auquel le délire des grandeurs peut se joindre. Plus tard, une démence secondaire peut être constatée, plus souvent même, me semble-t-il, chez les détenus aliénés que chez les paranoïques de nos asiles. La paranoïa chronique présente la possibilité d'une guérison, quoique celle-ci ne soit le plus souvent que relative. Si l'état du malade reste stationnaire, il y a des exacerbations et des rémissions qui ne sont pas rares chez les femmes au moment des époques, quoique je n'aie pu le constater que chez quelques unes de nos détenues et seulement dans le quart, au plus, des aliénées chroniques de l'asile, d'après mes études ultérieures.

Comparant tous les signes maladifs que je ne puis guère détailler davantage, je dois affirmer, avec beaucoup d'autres auteurs, *qu'il n'y a pas de psychose pénitentiaire spécifique, comme plusieurs l'ont prétendu. Il n'y avait, dans nos cas, que quelques points de peu d'importance qui se trouvaient plus fréquemment que dans les cas ordinaires, à savoir une plus grande fréquence, 1°, de la paranoïa chronique, 2°, de l'amentia idiopathique et symptomatique, et de la paranoïa aiguë, enfin, 3°, de la démence consécutive. Chez les hommes, l'état des choses doit être sensiblement le même, à ce qu'il me semble. Quant aux symptômes mêmes, ils sont exactement ceux que l'on observe dans les cas ordinaires.* Il est naturel que ces malades montrent souvent, dans le cours de leur affection, l'empreinte de leur vie vicieuse, mais il n'y a rien là de caractéristique. *Dans un cas donné, on ne pourra souvent pas dire si l'on a affaire à un criminel ou à un honnête homme,* comme je m'en suis maintes fois convaincu.

Quant au pronostic et au diagnostic, je n'en puis pas parler ici, car ce sont des questions trop spécialement médicales.

Mais nous devons encore parler d'une autre catégorie de malades, plus fréquente et plus importante que celle des aliénés dans le sens restreint du mot, à savoir : les individus *défectueux ou tarés.* Les imbéciles à tous les degrés, assez souvent inoffensifs, pullulent dans les prisons, mais surtout dans les maisons de travail et de correction, parmi les vagabonds, les mendiants et les fainéants. On a de la peine à croire que des individus presque idiots ne soient pas même reconnus comme tels par les juges, et qu'ils oient condamnés. Il n'est pas nécessaire d'ajouter que plus l'imbécilité est prononcée, plus il y a d'irresponsabilité ou de responsabilité amoindrie. Ce sont presque tous, en même temps, des dégénérés qui portent généralement des stigmates de dégénérescence multiples, et très souvent une tare héréditaire plus ou moins forte. Ils peuvent être impulsifs, turbulents, réfractaires et constituer ainsi des éléments fort désagréables pour l'administration des prisons, comme nous le voyons de même, si souvent, chez les imbéciles des asiles, que M. Sollier appelle si bien les antisociaux.

Mais les impulsifs et les réfractaires peuvent aussi se recruter parmi les individus dont l'intelligence ne paraît pas altérée.

Nous voilà abordant la fameuse question de la folie morale pour laquelle manque encore une définition généralement acceptée. Les uns comptent, parmi les fous moraux, différents malades que d'autres détachent de ce groupe. Cela nous fera comprendre que, tandis que les Italiens, par exemple, trouvent que la plus grande partie des récidivistes appartiennent aux fous moraux, beaucoup d'Allemands (Baer, Kirn, Näcke, Langreuter, etc.) disent qu'il n'y en a que très peu et que la plupart des récidivistes sont des produits artificiels, des produits du facteur social principalement.

Mettons à part la folie morale qui se montre dans le cours de différentes psychoses (f. m. secondaire) et ne gardons que les cas de « folie morale permanente », c'est à dire les cas dans lesquels le manque de sens moral, ou la perversion morale, prévalent sur tous les autres caractères. Nous pourrons ranger alors facilement tous les cas de folie morale dans les trois catégories suivantes : 1° les imbéciles, 2° les paranoïques originaires et 3° les fous moraux dans le sens restreint du mot.

Tous les auteurs sont d'accord pour dire que les cas d'imbécillité sont très fréquents dans les prisons et surtout dans les maisons de correction. Mais malheureusement il n'y a pas pour l'imbécillité de limite fixée, ni du côté de l'intelligence normale, ni du côté de l'idiotie. L'intelligence, la faiblesse d'esprit, ne sont souvent que relatives. Chacun sait qu'au Collège et même à l'Université il y a des individus mal doués, parfois au dessous de la moyenne, qui réussissent néanmoins à passer leurs examens et qui peuvent même devenir des fonctionnaires assez capables. Et même, s'ils ne passent pas leurs examens, leur intelligence serait bien suffisante et même bonne pour une position plus humble, pour une profession manuelle par exemple. Nous n'avons donc pas le droit, me semble-t-il, de parler ici d'imbécillité; nous pourrions tout au plus l'appeler « imbécillité physiologique ». Nous voyons en outre que le degré d'intelligence et surtout la moralité, varient suivant la culture intellectuelle, les couches sociales, la race, etc. Dans les couches inférieures, d'où proviennent la plupart des criminels, nous voyons fréquemment l'intelligence émoussée, quoique ce ne soit bien souvent qu'en apparence, ce qui est dû au défaut d'exercice de la pensée et spécialement de son expression par la parole. Ainsi s'explique en grande partie le fait que l'intelligence des délinquants paraît en moyenne affaiblie, mais se rapprochant pourtant de celle des couches sociales où ils se recrutent. Vis-à-vis de cette faiblesse d'esprit plus ou moins physiologique, nous découvrons l'imbécillité pathologique qui ne permet pas à l'individu d'apprendre le plus simple métier, de gagner sa vie.

Ce que nous venons de dire de l'intelligence s'applique de même au sens moral, qui se montre soit par l'absence des sentiments moraux, soit par une perversité d'actions qui le plus souvent est combinée avec la première forme. Eh bien, nous en voyons chaque jour des traits dans le monde, et il est souvent bien difficile d'y découvrir ou non une perversion. L'on pourrait aussi distinguer ici un état physiologique et un état pathologique et définir ce dernier en disant qu'il est dangereux pour l'individu lui-même ou pour la société, posant ainsi le danger comme critérium de l'état pathologique. Le plus grand nombre des soi-disant « fous moraux » sont donc de simples imbéciles physiologiques ou pathologiques, avec une grande perversion morale, qui est moins prononcée en général chez les imbéciles de nos asiles. Ce sont des « défectueux », des pauvres d'esprit qui, lorsqu'il s'agit d'imbécillité pathologique, se rangent sans contredit parmi les aliénés, comme aussi la seconde classe des fous moraux, les paranoïques originaires ou les *paranoïdes*. Ces derniers sont des individus qui présentent à l'état d'ébauche, pour ainsi dire, les symptômes d'une paranoïa (délire et hallucinations), apparaissant déjà de très bonne heure, mais qui souvent sont aussi enclins au mal que les autres. Leur nombre paraît être assez élevé.

La 3ᵉ catégorie, *les fous moraux proprement dits*, forme le plus petit groupe, comme le disent tous les bons observateurs (Baer, Kirn, etc.). *Ce groupe est si petit, qu'en pratique on peut le laisser de côté.* Ici, l'intelligence est apparemment bonne, même excellente, et l'on ne trouve que la perversion des sentiments et des actions qui d'ailleurs n'est pas toujours dangereuse. On trouvera, lorsqu'on fera une analyse approfondie de ces cas, que l'intelligence est rarement vraiment bonne, le plus souvent seulement moyenne, et en outre ordinairement désharmonique à différents points de vue. Tantôt elle montre un niveau très changeant, tantôt il y a des preuves de grande imprudence et de bêtise, à côté de preuves de sagacité etc. Là enfin où l'intelligence est vraiment bonne, elle sera du moins désharmonique. Je n'en connais qu'un seul cas tout à fait exceptionnel.

Ces cas tellement rares du 3ᵐᵉ groupe, peuvent être nommés si l'on veut *folie morale; mais il vaut mieux supprimer ce nom qui a fait tant de mal et qui est absolument superflu.* Le nom même est un non-sens. Il n'y a pas de sens moral, pas de centre moral cérébral, la morale étant une acquisition secondaire et fort compliquée. De même, on ne peut pas non plus parler d'idiotie morale, d'idiotie sociale, et la comparaison faite si souvent avec le daltonisme est fort malheureuse.

Ce sont de simples dégénérés, le plus souvent des instables, comme le démontrent, à de rares exceptions près, l'anamnèse et les stigmates de dégénérescence. Il suffit parfaitement de les démontrer comme tels devant le tribunal, sans leur donner un nom particulier. Ceux-là, comme ceux des autres groupes déjà décrits, sont facilement atteints de toutes sortes de syndromes que M. Magnan a décrits si admirablement.

Pour étudier de près ces cas rares et si intéressants, il faut aller dans les bonnes familles dont on connaît l'anamnèse et l'éducation des enfants, et où l'on peut éliminer presque à coup sûr, le moment social. Il en est autrement chez les criminels. Ici, il est si difficile de séparer le moment individuel du moment social, qu'on ne trouvera que rarement des cas purs, vu que les délinquants proviennent souvent de la lie du peuple, qu'ils ont vécu dès leur naissance au milieu du vice et de la pauvreté, et qu'on ne connaît que rarement la véritable histoire de leur vie dès leur premier âge.

J'ai employé une fois la formule suivante : crime = l'individualité ± le milieu, formule que je dois à M. Benedikt. Nous voyons ces deux éléments entrer dans la genèse du crime, mais dans une proportion bien différente. Or, comme le plus souvent il est impossible de préciser la part des moments endogène et exogène, les auteurs s'appuient particulièrement ou sur l'individualité ou sur le milieu, pour expliquer le crime. Je suis à présent de l'avis de ceux qui croient que le *moment individuel est le principal, mais pas comme l'entend M. Lombroso.* Plus ce moment prévaut, plus la responsabilité doit être atténuée ou même anéantie. Par malheur, nous ne pouvons juger qu'approximativement, chez les criminels, la grandeur du moment endogène, tant par l'anamnèse, qui nous fait défaut si souvent, que par les stigmates, quoique ceux-ci ne soient pas de valeur absolue. Dans les cas de véritable folie morale, le moment individuel est si prépondérant qu'on pourrait parler de criminels-nés, quoique bien souvent il ne s'agisse pas de crimes. Mais *il vaudra mieux ne pas employer le mot de « criminel-né » qui a provoqué tant de malentendus.*

Je me suis arrêté, comme de raison, assez longuement sur la théorie de la folie morale, qui est un domaine si peu sûr encore et auquel les juristes, en si grand nombre parmi nous, s'intéressent tout particulièrement.

Outre ces catégories différentes de dégénérés, que nous venons d'indiquer, il y a des individus chez lesquels ni l'intelligence, ni la morale, ne paraissent altérées. Ce sont des instables, souvent impulsifs, ordinairement aussi dégénérés, et facilement disposés en conséquence à l'aliénation mentale.

Parlons enfin de la thérapie. Nous *demanderons avant tout que le médecin de la prison soit en même temps un aliéniste*, afin de pouvoir reconnaître, aussi vite que possible, les véritables psychoses ou les individus qui en sont menacés. *Il doit même être un aliéniste consommé*, car il s'agit de juger beaucoup de cas difficiles, surtout des individus défectueux qui se montrent sous des aspects très variés et trompent facilement ceux qui ne sont pas versés dans la connaissance des maladies mentales. Il s'agit enfin de discerner la maladie de la simulation. Dans les asiles d'aliénés, on ne trouve que rarement des cas d'un diagnostic aussi difficiles que ceux qui sont dans les prisons. Malheureusement, il n'y a pour le moment que bien peu de médecins de prisons qui suffisent à cette tâche pénible.

Pour mieux observer les cas douteux, ou pour traiter les aliénés déclarés, *il faudra avoir un quartier spécial, annexé à la prison et formant un asile d'aliénés en petit*. Alors seulement un traitement approprié sera possible. Mais que faire des malades chroniques? Faut-il les garder dans ce même quartier, ou les transférer à l'asile d'aliénés? On admet volontiers qu'il s'agit ici de malades, mais on ne veut pas, pour toutes sortes de prétextes, leur ôter la qualité de criminels. On dit qu'il serait injuste de placer de telles personnes parmi les honnêtes gens, et surtout que ce sont des éléments si dangereux, récalcitrants et démoralisants, qu'ils constitueraient un danger perpétuel dans nos asiles et en rendraient les services pénibles. Voilà pourquoi on veut ériger, à l'instar de l'Angleterre et de l'Amérique, des asiles centraux pour les criminels aliénés. En Allemagne, on est cependant généralement opposé à ce projet. D'abord c'est fort coûteux, et par conséquent peu pratique pour les petits pays. Le fait que de tels asiles centraux marchent bien, à présent, dans les pays de langue anglaise, ne veut pas dire qu'il en serait partout de même. L'Anglais est tellement obéissant à la loi, qu'il suffit d'ordinaire qu'un « policeman » mette la main sur l'épaule du criminel pour que celui-ci le suive tranquillement. Chez nous, et dans bien d'autres pays, cette classe de malfaiteurs n'est pas si docile. Les criminels aliénés, placés en grand nombre dans ces asiles, en feraient de vrais enfers pour les gardiens et les médecins. Je connais un cas de ce genre en Allemagne, où l'on a mis toutes les femmes criminelles aliénées du pays dans une aile d'un asile ordinaire. Eh bien, je sais que la vie est affreuse pour les garde-malades et le médecin et qu'à chaque moment on craint une catastrophe!

Que faire alors de ces malheureux? En Prusse on comptait en 1889-91, parmi les entrées dans les asiles d'aliénés, à peu près 6 % de criminels (des deux sexes), donc un nombre très petit relativement aux autres malades. Il est facile, dans ces conditions, de les répartir largement dans l'établissement, de manière à ce qu'ils ne soient que peu offensifs, et cela d'autant moins que le tiers, au plus, comprend des éléments désagréables et dangereux. Quand on se représente combien d'individus pareils se trouvent parmi les autres malades honnêtes, en moins grand nombre il est vrai, on ne trouvera pas impossible de dompter ces quelques individus vraiment insupportables. Pendant 13 ans, j'ai eu l'occasion d'observer de nombreux criminels aliénés, hommes et femmes. Je puis assurer que lorsqu'ils sont bien répartis, pas trop nombreux et que les plus dangereux sont exclus, le service n'en souffre presque pas du tout. Je n'ai pour ainsi dire jamais entendu de plaintes de la part des autres malades ou de leurs parents; la plus grande partie des malades ne savaient pas même qu'un de leurs compagnons fut un criminel. Bien qu'un certain nombre d'individus gardent leur caractère criminel, révolté, tapageur, etc., la plupart se soumettent vite à l'ordre de l'asile et deviennent dociles et laborieux.

Je crois donc qu'on peut laisser les cas chroniques dans les asiles ordinaires, pourvu que le nombre n'en soit pas trop grand, la répartition large et les éléments dangereux exclus. Ces derniers, de même que les cas aigus ou les malades en observation, pourraient rester dans le quartier spécial annexé à la prison, si celle-ci ne peut pas garder tous les criminels aliénés, ce qui me paraît préférable. La répartition des malades inoffensifs dans l'asile me semble meilleure que l'agglomération de tous dans un quartier annexé à l'asile même. Le fait que j'ai rapporté plus haut parle directement contre cette mesure. Si la prison ne peut ou ne veut pas garder même les malades dangereux, il ne reste qu'à les mettre dans un pavillon isolé de l'asile des aliénés, comme c'est le cas à Dalldorf près de Berlin.

Je ne puis pas entrer ici dans plus de détails, mais, relativement à la question de l'internement des criminels aliénés — qui d'ailleurs pourra être résolue différemment suivant les pays et les nations — je dois insister pour que ce soit surtout l'aliéniste que l'on consulte et non les médecins des prisons, aussi longtemps du moins qu'il s'agit de collocation dans les asiles d'aliénés, et que le médecin des prisons n'est pas lui-même suffisamment expérimenté dans cette question.

Les épileptiques et les imbéciles doivent être traités comme les autres aliénés ou être admis dans des asiles spéciaux.

Restent encore les trois catégories des « fous moraux » dont nous avons parlé. Les individus appartenant aux deux premières catégories se rangent parmi les aliénés et doivent être traités comme eux; parmi ceux de la première classe cependant, on traitera de la sorte seulement les imbéciles « pathologiques ». Les faibles d'esprit « physiologiques » qui présentent en même temps la perversité morale, sont sans doute plus fréquents chez les récidivistes. Ici, l'on doit se demander si le criminel est véritablement un malade ou non et si le frein de son intelligence, même affaiblie, ne suffit plus à dompter les impulsions immorales. Nous devrons donc chercher à faire la part de l'élément endogène et de l'exogène. Ceci est certes bien difficile, comme nous le savons. Si nous sommes persuadés que le délinquant est surtout la victime du milieu, il est responsable (dans le sens ordinaire du mot) et doit être puni. Plus au contraire la constitution individuelle se fait sentir, plus la responsabilité s'atténue; nous le punirons, mais d'une manière adaptée à son individualité, ou bien nous l'acquitterons même complètement. *Le fou moral proprement dit* (3me classe) *qui est tellement rare, ne peut pas être responsable.* Il n'a pas un libre arbitre dans le sens juridique de ce mot (dans le sens philosophique il n'y a d'ailleurs pas de libre arbitre). La perversion du sens moral le domine assez pour subjuguer totalement l'action inhibitoire de l'intelligence; voilà ce qu'il faut prouver pour chaque cas particulier. Il s'agit donc alors, à mon avis, d'un malade, mais pas d'un aliéné ordinaire. Comme tel, il n'a rien à faire avec la prison, mais il appartient à l'asile d'aliénés ou à un établissement analogue, où il devra souvent passer toute sa vie; car on observe rarement une guérison dans ce cas et seulement si l'individu est encore jeune. Mais, comme je l'ai déjà dit plus haut, il y a aussi de ces malades inoffensifs qui font plutôt des bêtises que des choses dangereuses. Ceux-ci peuvent être gardés à la maison, surtout si la famille est assez riche pour payer leurs extra-vagances. Les fous moraux enfin, qui manquent seulement de sentiments moraux, qui sont des égoïstes-nés, mais sans impulsion au mal, ceux qui ne font directement de mal à personne, sont des malheureux, des êtres anormaux, quand même ils ne sont pas malades d'esprit dans le sens ordinaire du terme. Etant inoffensifs ils peuvent rester en liberté et même se rendre utiles.

Je veux encore faire ressortir, à la fin de ces lignes, le fait que *la majorité des réci-divistes, quand on en élimine les aliénés, les épileptiques, les imbéciles (pathologiques) et le groupe absolument minime des vrais « foux moraux, » ne sont pas des malades, mais des individus responsables et par conséquent qu'il faut punir.*

Du somnambulisme alcoolique considéré surtout au point de vue médico-légal. [1]

Par le Professeur Xavier FRANCOTTE, *de Liège.*

Sous le nom de *Somnambulisme* (*Somnus* le sommeil, *ambulo* je me promène), on entend l'état d'un individu qui agit d'une façon en apparence normale, qui pose des actes relativement complexes, mais n'a pas conscience de ce qu'il fait, ou du moins, n'en garde pas le souvenir.

Comme chacun sait, cet état se rencontre, ou bien, à titre d'accident en quelque sorte idiopathique : *Somnambulisme naturel;* ou bien, sous l'influence de l'hypnose : *Somnambulisme hypnotique;* ou bien, enfin, dans certaines névroses, *Somnambulisme épileptique, Somnambulisme hystérique.* A ces formes bien connues, y-a-t-il lieu d'en ajouter une nouvelle, le somnambulisme alcoolique?

Cette question présente évidemment un haut intérêt au point de vue médico-légal; car, si, d'une part, l'inconscience, l'amnésie des actes posés dans l'état somnambulique constitue un motif d'exonération, d'irresponsabilité pénale, d'autre part, l'apparence normale de ces actes rendra fort délicate l'appréciation de leur nature pathologique.

Que l'alcool, à une certaine dose puisse produire une amnésie tout au moins passagère, une éclipse de la mémoire, c'est un fait que l'expérience journalière permet de constater. Qui n'a, maintes fois, entendu raconter — s'il ne l'a pas éprouvé par lui-même — que, pris d'ivresse, on est rentré chez soi, on a ouvert la porte, on s'est mis au lit, tout cela sans en avoir la moindre conscience, sans en garder le plus léger souvenir?

Cette même amnésie se produit également dans le délire alcoolique proprement dit. Dans son remarquable rapport *sur la responsabilité des alcooliques* présenté au Congrès international de médecine mentale, tenu à Paris en 1889 [2]. M. Mottet fait sienne l'opinion de M. Vetault suivant laquelle le phénomène de l'amnésie est beaucoup plus commun qu'on ne le pense. « Nous avons recueilli, dit M. Vetault, un assez grand nombre de faits pour qu'il nous soit permis de dire qu'il est la règle sous l'influence d'une intoxication alcoolique profonde. Lorsqu'un délire violent, un accès de fureur alcoolique éclatent, lorsque des impulsions hémicides d'une irrésistible brutalité surgissent, il n'y a pas, au réveil, de souvenir des actes.

« L'oubli est aussi complet que celui qui suit l'accès de fureur épileptique avec lequel, d'ailleurs, l'accès de fureur alcoolique a de nombreux points de ressemblance. »

J'ai eu moi-même à examiner plusieurs accusés ayant agi sous l'empire d'un

---

[1] Question proposée par M. le Professeur Mierzejewsky, de St-Pétersbourg.
[2] *Comptes-rendus,* par le Dr A. Ritti, Paris 1890, p. 437.

délire alcoolique et affirmant avoir perdu tout souvenir de l'acte incriminé : leur récit, les circonstances du fait tendaient à démontrer leur sincérité.

Dans les cas dont il s'agit, les phénomènes de l'ivresse, les symptômes du délire alcoolique sont comme la preuve, ou du moins, comme la manifestation extérieure du trouble psychique qui a donné lieu à l'amnésie.

Cependant, l'amnésie se rencontre dans l'alcoolisme, en l'absence même de ces manifestations habituelles. J'en ai observé un cas où la sincérité ne peut-être suspectée, attendu qu'il n'y avait aucune prévention en jeu.

Observation I (personnelle).

R. Jean-Pierre, né le 5 octobre 1864 est amené à l'asile des aliénés de Liège le mercredi 23 novembre 1892, dans l'après-midi.

La police l'a trouvé le mardi 22, dans la matinée, sur une place publique de notre ville. « Il s'amusait depuis quelque temps déjà, dit le procès-verbal, à jouer sur le seuil d'une des maisons de la place de Bronckart, avec sa montre, quelques pièces de monnaie et d'autre petits objets. Malgré tout ce que nous avons pu faire pour le déterminer à parler, il n'a jamais répondu à nos questions. Il paraissait avoir complètement perdu l'usage de la parole et de l'ouïe : il a l'apparence d'un idiot. »

Le médecin appelé à délivrer un certificat de collocation déclare « que le sujet paraît ne pas entendre ce qu'on lui dit : impossible d'en tirer une parole; la sensibilité générale semble abolie. »

Ni la police, ni le médecin ne pensèrent avoir affaire à un cas d'ivresse : la démarche notamment n'avait rien de caractéristique.

Il est amené à l'asile, le mercredi 23 novembre après-midi.

A son entrée le frère gardien ne soupçonne pas non plus l'alcoolisme. Le malade ne parlait pas, ne voyait pas. On a cru qu'il était aveugle parce que ses paupières ne bougeaient pas lorsqu'on agitait un mouchoir devant les yeux ; le regard était fixe; la physionomie inerte.

On lui a offert à manger : il a d'abord refusé, sans parler d'ailleurs et sans rien exprimer. Quand il se fut décidé à avaler une tasse de café et un peu de pain, il sembla sortir d'un rêve demandant où il se trouvait.

Nous le voyons le lendemain, jeudi 24 novembre. Il est parfaitement présent à lui. Il nous raconte que le lundi 21 novembre ayant déjà absorbé beaucoup d'alcool, à la soirée, il est entré dans un café de la rue d'Amercoeur qui est située à l'extrémité de la ville opposée à celle où se trouve la place de Bronckart : il y a trouvé une connaissance avec laquelle il a encore bu quelques verres. Il est sorti du café sans savoir comment et depuis ce moment, tout souvenir lui fait défaut.

Il ne sait pas qu'on l'a trouvé place de Bronckart, qu'on l'a conduit à la Permanence.

La conscience n'est revenue que mercredi après-midi : il se souvient des faits qui se sont passés depuis lors, ainsi que des faits antérieurs à lundi soir.

C'est en vain que nous cherchons à réveiller quelque souvenir : la mémoire n'a pas conservé le moindre vestige des événements survenus du lundi soir au mercredi après-midi. Le sujet avoue qu'il se livre depuis longtemps à des excès alcooliques. Au début surtout, il a eu, à diverses reprises, de la « fièvre de boissons » : il s'est bien saoûlé 200 fois, dit-il; mais jamais, il ne lui est rien arrivé de pareil, aussi persiste-t-il à croire que son compagnon lui a mis « quelque chose de contraire » dans sa boisson. Il n'a jamais fait aucune maladie sérieuse et n'accuse aucun trouble. Son teint est anémique : léger tremblement de la langue et des mains. Il présente divers signes de dégénérescence : crâne malformé, oreilles asymétriques, incomplètement ourlées, etc.

Actuellement, on ne constate point d'anomalie notable dans son état mental.

Une de ses sœurs a été internée à l'asile de St-Trond où elle est morte : elle était folle et avait des attaques de nerfs.

Voilà donc un état d'inconscience, d'amnésie provoqué par l'alcool et persistant durant près de 48 heures.

Sans doute, ce cas n'appartient pas au somnambulisme : l'apparence du sujet était loin d'être normale; il était dans une sorte de stupeur. Mais, d'autre part, il ne présentait pas l'allure d'un homme ivre, alcoolisé et il avait conservé une certaine activité motrice.

Je ne possède pas d'observation personnelle qui puisse être donnée comme exemple de somnambulisme alcoolique, mais on en trouve dans les auteurs.

Il suffira d'en résumer quelques-unes.

Je citerai en premier lieu celle que le Dr Bulard a publiée dans les *Annales médico-psychologiques* [1].

Observation II (du Dr Bulard, résumée).

Il s'agit d'un certain V. qui était accusé d'escroqueries commises dans les conditions suivantes : à plusieurs reprises et dans diverses localités, il entrait dans une auberge, dans un café, se faisait servir à boire et à manger, puis, il s'en allait sans payer, ou bien, il refusait de solder son compte quand on le lui réclamait.

Son père avait des habitudes d'ivrognerie. A l'âge de quinze ans, V. se met à boire et se livre aux plaisirs de l'amour avec une grande ardeur, sinon avec excès. Dès le début, par suite de ses écarts, le malade avait, dit-il lui-même, les idées troublées : « je le sentais bien, mais je ne chamboulais pas (tituber et divaguer) et l'on ne s'en apercevait pas. »

Plus tard, il présente des troubles intellectuels si prononcés qu'il est question de le placer à Maréville. Il lui est tout à fait impossible de se rappeler ce qu'il a fait pendant plus de quinze jours à cette époque.

Il se souvient seulement qu'à cette période de son existence, il avait déjà des idées de richesse, de trésors qu'il aurait découverts. Vers décembre 1868, après des excès plus considérables encore — c'est toujours lui qui raconte — il était tourmenté, inquiet, préoccupé; il lui semblait qu'il y avait des gens qui le poursuivaient, qui lui en voulaient.

Enfin, un beau jour, le soir ou le matin, il ne peut se le rappeler, il partit pour Nancy, où il a dû coucher, puis toujours obsédé par l'idée de gens qui le poursuivaient, il a pris à la gare un billet pour la première station venue, Epinal.

Il n'y est pas resté et est parti pour Neufchâteau, puis dans le pays de son père où il s'est livré à outrance aux excès de boissons. Il ne saurait dire combien de temps

---

[1] *Alcoolisme, escroqueries. Ordonnance de non-lieu. Rapport médico-légal* par le Dr Bulard, *Annales médico-psychologiques.* 5e série, Tome VIIIe, 30e année, 1872, p. 220.

il y est resté. Il était là chez une tante paternelle qui boit aussi : c'est, du reste, une habitude héréditaire dans la famille de son père.

Il ne peut plus se rappeler comment il est parti de chez elle et à dater de ce moment, la mémoire lui fait complètement défaut. Il ne peut plus se rappeler ce qui s'est passé et de quelque façon qu'on l'ait poussé, interrogé, retourné dans tous les sens, il n'a pas varié. Il se souvient vaguement d'avoir été à Choloy, d'y avoir couché, d'y avoir bu de l'eau-de-vie, la nuit. A-t-il payé ? Oui ou non ? Il n'en sait rien.

Quant aux autres endroits où on l'accuse d'avoir été et d'être parti sans payer ce qu'il a dépensé, je le répète, de quelque façon que je m'y sois pris avec lui, il a toujours et invariablement affirmé qu'il n'en avait aucune souvenance. « Je ne nie pas, dit-il, puisque la justice le dit, mais je ne me souviens pas du tout. »

Il en est de même pour la façon dont il a été à Strasbourg où on l'a arrêté le 18 janvier 1869.

Il lui est impossible de se rappeler comme il y est arrivé. Il s'est trouvé en prison et à partir de ce moment, sa mémoire le sert un peu mieux. Il raconte assez bien sa vie antérieure. Les personnes qui l'ont vu pendant la période où ont eu lieu les actes incriminés n'ont remarqué aucun signe de trouble mental.

Pendant son séjour à l'asile, on a constaté des hallucinations spéciales de nature terrifiante, des idées de grandeurs, de richesses.

Sous le nom de *vertige alcoolique*, le Dr Crothers [1] à décrit un état qui mérite à juste titre, la désignation de somnambulisme.

« Les vertiges alcooliques se produisent, dit-il, à la suite de grands excès de boissons. On les observe chez des individus qui font continuellement usage des alcools. Ces individus agissent et parlent d'une manière saine en apparence : ils semblent bien se rendre compte de tous leurs actes, mais, cependant, ils donnent des signes de dérangement cérébral. A certains moments, on dirait qu'ils sortent d'une espèce de sommeil et ils n'ont absolument aucun souvenir des faits et gestes qu'ils viennent d'accomplir : ils les nient complètement.

Je reproduis dans leurs traits essentiels, les trois exemples relatés par M. Crothers.

OBSERVATION III (de M. CROTHERS, résumée).

Le sieur A. loueur de chevaux. Père faible d'esprit, mort phtisique. Mère folle pendant plusieurs années, morte dans un asile.

Dès l'âge de 16 ans, le sujet s'est livré à la boisson. De temps à autre, il faisait de grands excès d'intempérance pendant lesquels il continuait à se livrer à ses affaires, agissant d'une façon raisonnable et paraissant avoir conscience de ce qu'il faisait. Néanmoins, il lui arrivait souvent de dire qu'il ne pouvait se souvenir de ce qui s'était passé pendant qu'il était sous l'influence de la boisson.

A partir de l'âge de 34 ans, plusieurs fois, étant sous l'influence de l'alcool, il s'empara de chevaux qu'il rencontrait, s'abstenant parfois de commettre le vol lorsque le propriétaire était présent, mais ne prenant aucun soin pour se cacher. Que le propriétaire vint à se montrer et à réclamer son bien, il le rendait et s'excusait en homme qui ne sait pas trop ce qu'il dit.

---

[1] *Le vertige alcoolique dans ses rapports avec la responsabilité des actes. Comptes-rendus du Congrès international de médecine mentale tenu à Paris* en 1889, p. 465.

Le lendemain, tout cela laissait dans sa mémoire une lacune profonde et il ne pouvait se souvenir de rien.

Il exprimait alors les plus vifs regrets et cherchait à réparer le dommage causé. Son système de défense était regardé comme ridicule par la Cour et le Jury et chaque fois, l'inculpé était frappé de condamnation dont la sévérité allait en croissant. Finalement, il mourut en prison.

OBSERVATION IV (de M. CROTHERS, résumée).

Le sieur B. se livre à la boisson, depuis dix ans, à la suite d'une insolation.

On ne dit rien de ses antécédents héréditaires. Il buvait par périodes de huit, dix jours pendant lesquels il était très excitable, très défiant, très irritable, très violent. Il paraissait rester sain d'esprit et avoir pleine conscience de ce qu'il faisait et de ce qui se passait autour de lui.

Quand il était à jeûn, il était bon, généreux, plein d'abandon, doux : il ne se souvenait aucunement de ce qu'il faisait pendant ses périodes d'excitation.

Il menait ses affaires avec son habileté habituelle, mais il ne pouvait tenir les promesses verbales qu'il faisait, disant qu'il n'en avait gardé aucun souvenir. Aussi, quand on traitait avec lui pendant ces périodes, on avait soin d'écrire tous les contrats.

Dans un accès, il frappa sa femme à coups de chaises et la tua.

Tout en déclarant qu'il n'avait aucun souvenir de son crime, il supporta avec résignation la peine de mort prononcée contre lui.

OBSERVATION V (de M. CROTHERS, résumée).

Père et mère névropathes.

Il commettait dès sa jeunesse des abus de boissons. Il se plaignait de perdre la mémoire pendant ses accès et ensuite, il avait besoin qu'on le mit au courant des affaires et marchés qu'il avait conclus à ce moment.

Il lui arriva de faire des achats absurdes sans se les rappeler, de renvoyer de bons ouvriers qu'il reprenait ensuite quand il devenait sobre, sans pouvoir indiquer pourquoi il les avait renvoyés.

Un jour, il contrefit un billet à ordre pour une grosse somme, présenta hardiment le billet contrefait sans prendre la moindre précaution pour cacher sa présence et le lieu ou il se rendait.

Pour sa défense, il soutint qu'il n'avait ni souvenir, ni conscience de son acte qu'il avait commis à la suite d'excès alcooliques : il ne réussit pas à convaincre ses juges et fut condamné.

Sans spécifier formellement, M. Lentz dont son excellente monographie[1] sur l'alcoolisme, admet également l'existence d'états somnambuliques.

« La science, dit-il, n'est pas sans avoir montré des épileptiques, après de violents accès, c'est à dire à une époque où l'inconscience est le mieux caractérisée, parlant

---

[1] *De l'alcoolisme et de ses diverses manifestations.* Bruxelles, 1884, p. 184.

d'une manière raisonnable en apparence, se conduisant et agissant avec tous les dehors de la raison, et cependant, il n'existait à ce moment absolument aucune conscience intime. La conduite n'est qu'une suite d'actes tout à fait automatiques, auxquels la conscience ne participe aucunement, mais qui, comme dans le somnambulisme, conservent cependant les caractères d'un certain enchaînement et semblent au premier abord, le résultat de combinaisons intellectuelles déterminées. Des états analogues peuvent se présenter chez les ébrieux, surtout chez ceux dont l'ivresse s'écarte le plus des intoxications ordinaires, comme chez les névropathes et les épileptiques. »

A l'appui de sa manière de voir, M. Lentz reproduit deux rapports, l'un de Maschka, l'autre de Bouchet. Je résumerai ce dernier me réservant de dire un mot de celui-là.

OBSERVATION VI (de M. BOUCHET [1], résumée).

Victor Henry, âgé de 23 ans.

Père presque habituellement ivre et brutal, mère irritable et violente.

Avec un compagnon il passe toute la nuit à aller de café en café. Le lendemain, ils vont à la campagne. Ils rencontrent une dame assise sur le bord du chemin. Henry tire un couteau-poignard qui lui avait servi jusqu'alors à débourrer sa pipe : « toi la dame, cria-t-il, je veux t'assassiner ; sauve-toi, la dame où je t'assassine. »

La femme se sauve, mais au même moment, trois ouvriers paraissent au détour du chemin ; Henry se précipite sur eux et les frappe successivement avec la plus grande rapidité. Après ce meurtre, Henry était calme. Il marchait tranquillement et se tournant vers son camarade, il lui dit : « Viens-tu ? » Mais, aux cris de meurtre et d'assassin, il jette son couteau-poignard, court sans pouvoir être atteint par ses poursuivants, tombe un instant devant un obstacle, se relève, rentre en ville, arrive à son domicile, monte ses deux étages et là, dans le plus grand désordre, se déshabille et se met au lit.

Réveillé du sommeil dans lequel il est plongé, il répond par de vives protestations et un violent désespoir.

Ce ne fut que le lendemain que Henry fut arrêté. Il manifesta encore le plus grand étonnement et un oubli complet de tous les faits passés depuis sa sortie du dernier cabaret.

Il fut condamné à 10 ans de simple réclusion aux assises de deux cours différentes.

Dans toutes les observations citées, on relève la présence des éléments constitutifs du somnambulisme : inconscience, amnésie ; activité relativement complexe, coordonnée et d'apparence normale.

Mais, c'est bien ici le cas de répéter que les apparences sont trompeuses. Si l'on examine de près les observations, on y constate l'indication de certaines anomalies de la conduite, du caractère, etc., ayant existé pendant l'état somnambulique. Sans doute, le sujet aurait révélé des désordres plus marquants encore s'il avait pu être examiné de près, par un homme compétent.

---

[1] *Meurtre commis dans un état d'ivresse ou accès de monomanie. Condamnation. Annales médico-psychologiques.* Tome III, 1844, p. 231.

Le simple somnambule lui-même ne ressemble d'ailleurs que très imparfaitement à l'individu éveillé, sain d'esprit : ce qui le caractérise surtout, c'est, comme le constate M. von Krafft-Ebing[1], l'inertie de sa physionomie, son œil fixe, hagard, comme amaurotique.

Des particularités semblables se retrouvent chez le somnambule hypnotisé et probablement dans toutes les formes du somnambulisme. Ceux qui ont eu l'occasion d'observer des sujets en état de somnambulisme hypnotique auront été frappés de la transformation que subissent la physionomie, l'allure générale, au moment du passage de l'état hypnotique à l'état de la veille.

Il n'en reste pas moins vrai que les apparences du somnambule sont celles de l'homme éveillé et conscient. Or, en médecine légale, l'expert n'étant pas convoqué au moment du crime, doit bien se contenter des dires des témoins ordinairement peu familiarisés avec des observations délicates.

Il faut qu'on le sache, ces allures normales n'excluent aucunement l'inconscience, l'amnésie et par suite l'irresponsabilité. Un homme qui agit d'une façon raisonnable n'agit pas nécessairement d'une façon raisonnée, d'une façon vraiment consciente : il peut être en état de somnambulisme.

Cette vérité semble parfois méconnue par des médecins eux-mêmes.

J'en trouve la preuve dans le rapport de Maschka auquel je faisais allusion tout à l'heure.

Maschka[2] reconnaît que « l'on a tort de dire que l'effet de l'ivresse soit toujours un et le même sur le corps et l'esprit; que l'homme qui se tient debout, marche et commet certaines actions avec l'apparence de la raison, ne puisse pas être essentiellement troublé dans sa conscience et dans son libre arbitre et doive être regardé comme responsable de tous ses actes. »

Et cependant, de ce fait que l'accusé qui fait l'objet de son rapport, immédiatement après avoir commis le crime dont il ne conservait aucun souvenir, était revenu auprès de ses amis en disant : « Ne parlez à personne de ce qui s'est passé », Maschka conclut qu'il savait avoir fait quelque chose de répréhensible et que sa responsabilité ne saurait être complètement dégagée. J'estime avec M. Lentz que le fait dont il s'agit n'a pas été parfaitement et exactement apprécié par l'auteur du rapport médico-légal.

Je ne voudrais pas prétendre que l'amnésie implique nécessairement l'inconscience absolue. L'observation des faits du sommeil tend à démontrer le contraire. On a la conscience d'avoir rêvé et comme une idée vague du sujet du rêve. Si l'on fixe son attention, si l'on recueille immédiatement ses souvenirs, on arrivera souvent à reconstituer tout au moins des fragments de rêve. Par contre, si au sortir du sommeil, on se livre de suite à ses occupations, les traces légères laissées dans la mémoire par l'activité sub-consciente du sommeil sont irrémédiablement effacées par les actes pleinement conscients de la veille.

Mais, au point de vue pratique, la question est en somme oiseuse : car, si, chez le somnambule alcoolique comme chez le rêveur, la conscience persiste, ce n'est qu'à un degré tellement faible, tellement obscur que toute délibération et tout consentement sont impossibles et que, dès lors, l'irresponsabilité doit être complète.

Le somnambulisme alcoolique doit être considéré comme une forme anormale,

---

[1] *Handbuch der gerichtlichen Medizin*, de MASCHKA. Tome IV, Tubingen, 1882, p. 549.

[2] Cité par M. LENTZ, *op. citat.*, p. 181.

atypique, se présentant, ainsi que le montrent les observations citées, chez des individus à prédispositions psychopathiques.

L'existence de pareilles prédispositions rendra donc plus vraisemblable, dans un cas donné, l'amnésie alléguée par le prévenu.

Eventuellement, on aura à tenir compte d'attaques antérieures de somnambulisme. On établira soigneusement toutes les circonstances du fait incriminé.

Enfin, en interrogeant les témoins on recherchera les signes même les plus légers, de perturbation mentale, tels que l'expression de la physionomie, le regard, l'attitude, etc.

Conclusions.

1º Il existe un somnambulisme alcoolique, c'est-à-dire un état provoqué par l'alcool, dans lequel le sujet agit d'une façon apparemment normale, mais sans en avoir conscience, ou du moins, sans en garder le souvenir.

2º En réalité, dans l'état somnambulique, la conduite, la manière d'être présentent certaines anomalies ; seulement, ces anomalies échappent facilement à une observation superficielle.

3º Cet état paraît ne se présenter que chez des dégénérés ou du moins, chez des individus à antécédents psychopathiques héréditaires.

4º Les actes commis dans l'état de somnambulisme alcoolique doivent bénéficier de l'irresponsabilité, à moins, naturellement qu'il ne s'agisse d'une ivresse voulue préméditée.

Applications administratives de l'anthropologie criminelle.

———

Rapport présenté par M. Fernand THIRY, *professeur de droit criminel à l'Université de Liége.*

Toute œuvre de patronage des délinquants, enfants ou adultes, doit soumettre ses patronnés à un examen anthropologique destiné à découvrir les causes de la criminalité, ainsi que les moyens de la détruire.

I.

Tout patronage constitue une œuvre d'assistance. Cette assistance, dans le patronage des délinquants, enfants ou adultes, est, avant tout, morale; elle a pour but, en effet, l'amendement et le relèvement de l'individu. Il en est de même du patronage des mendiants et des vagabonds, que l'on peut considérer — c'est le cas en Belgique — comme n'étant pas de véritables délinquants; il en est de même aussi du patronage des enfants moralement abandonnés, lesquels ne se sont pas encore rendus coupables d'infractions, mais se trouvent sur une pente qui peut les y conduire promptement.

Toute œuvre d'amendement est une œuvre d'éducation; elle est destinée, en effet, à faire pénétrer dans l'esprit du patronné les idées de raison et de morale qu'il n'a jamais eues ou qu'il a perdues, à lui donner la force nécessaire pour résister à des instincts vicieux et à écarter de lui les occasions qui seraient de nature à le replonger dans ses anciennes fautes. Le patron est un éducateur; il devient le père de son protégé.

Or, d'après quelle méthode doit être dirigé ce travail si difficile et si délicat de l'éducation? Impossible de répondre à cette question d'une manière uniforme; cette méthode, en effet, varie selon la nature de l'être vis-à-vis duquel on agit. Tout le monde sait que tel enfant doit être élevé avec douceur, tel autre avec sévérité. Tout le monde sait aussi que certains enfants sont devenus détestables, parce que leurs parents, remplis des meilleures intentions d'ailleurs, n'ont pas su employer à leur égard la forme d'éducation que réclamait leur tempérament. Il résulte de là que la première condition imposée en matière d'éducation consiste à rechercher la nature de celui que l'on y soumet. L'éducateur doit étudier l'homme qu'il prétend mener au bien; il doit l'analyser dans toutes ses tendances, de manière à savoir quelles sont celles qu'il encouragera et celles qu'il combattra, quelles sont celles dont il se servira pour aboutir à ses fins et celles qu'il devra considérer comme des entraves à l'accomplissement de sa mission. Le membre d'une société de patronage qui se charge d'un enfant moralement abandonné ou délinquant a pour premier devoir de faire l'étude morale de cet enfant; sinon, il serait incapable de toute action logique; même observation à propos du patron qui se charge d'un délinquant adulte.

Cela posé, remarquons que la nature morale de l'homme est tout particulièrement influencée par les facteurs anthropologiques qui se rencontrent en lui. Le tempérament humain dépend de l'hérédité et de la conformation physique; il peut être modifié par la maladie. Aussi, n'hésite-t-on pas à ranger ces influences anthropologiques parmi les causes de la criminalité. Sans doute, la nature morale d'un individu est le résultat d'un ensemble de facteurs fort différents; à côté des facteurs anthropologiques, on y découvre l'action de facteurs très distincts de ceux-ci, les facteurs sociaux notamment, par exemple l'éducation reçue et l'imitation; un crime peut être le résultat des premiers et former ainsi un phénomène anthropologique, mais il peut être l'effet des seconds et constituer plutôt un phénomène social. En tout cas, les facteurs anthropologiques ont une part considérable dans la vie morale de l'être humain et l'on est obligé d'affirmer que jamais, malgré le rôle prépondérant que peut jouer, à un moment donné, un facteur différent, ils ne doivent être exclus de l'appréciation de la conduite d'un individu.

Il résulte de ces observations que l'étude morale imposée par le travail de l'éducation doit comprendre, sans négliger au reste les autres éléments, l'examen anthropologique de celui que l'on éduque. Aucune distinction ne doit être faite entre les personnes auxquelles cette éducation est donnée; la nécessité dont je parle existe aussi bien en ce qui concerne l'éducation donnée par les parents à leur enfant qu'en ce qui regarde l'éducation donnée par un étranger à un enfant moralement abandonné. Seulement, la nécessité de l'examen anthropologique paraît s'imposer avec une rigueur beaucoup plus grande relativement au patronage des délinquants, et cela à cause de l'influence fréquente que les facteurs anthropologiques exercent sur la consommation des délits. C'est avant tout contre la tentation du délit que doit agir le patron d'un délinquant; or, il arrive souvent que cette tentation a une cause anthropologique; il s'agit de découvrir cette cause, de manière à lutter contre elle à l'aide de moyens efficaces.

Tels sont les principes; occupons-nous maintenant de leur application, d'abord relativement aux enfants, puis relativement aux adultes.

II.

Supposons qu'un enfant se rende coupable d'un délit.

Jusqu'à l'âge de 16 ans, le code pénal belge exige que l'on recherche si cette infraction a été commise avec ou sans discernement. S'il n'y a pas eu discernement, aucune peine n'est prononcée, mais l'enfant peut être mis à la disposition du gouvernement jusqu'à sa majorité civile; dans le cas où cette mesure est prise, il est envoyé dans une Ecole de bienfaisance de l'Etat. S'il y a eu discernement, la peine véritable lui est infligée, mais elle est considérablement diminuée en raison de son âge; la loi du 25 Novembre 1891 permet en outre de le mettre à la disposition du gouvernement à partir du jour où il aura terminé sa peine.

Telles sont les mesures législatives, mais elles sont loin de donner une idée parfaite des différentes décisions qui peuvent être prises, chez nous, à l'égard des jeunes délinquants; elles ont besoin d'être complétées par les mesures spéciales, différentes de la mise à la disposition du gouvernement et de la peine, que le juge a le droit de prononcer, sans que la loi les mentionne expressément; nous allons en donner un rapide exposé.

Depuis l'excellente circulaire du 30 Novembre 1892, émanant de M. le Ministre Le Jeune, la citation directe à l'audience d'un enfant prévenu d'un délit — je laisse de côté les contraventions — est interdite en Belgique; une instruction préparatoire doit toujours avoir lieu. Un bulletin, mentionnant les faits, les noms, prénoms, résidence de l'enfant et ceux de sa famille, est adressé au Comité de défense des enfants traduits en justice, ainsi qu'au Comité de patronage de l'enfance. Le vœu du Ministre a été évidemment, en prescrivant ces envois du bulletin susdit, que les représentants des deux Comités entrent, à l'occasion de chaque affaire, en rapport avec le juge d'instruction. A Liége, ce vœu reçoit son entière réalisation. Les représentants dont nous venons de parler sont convoqués chez le juge en même temps que l'enfant et ses parents; ils assistent à l'interrogatoire; celui-ci terminé, le parti à prendre est discuté et arrêté en commun.

Quel sera ce parti? On peut choisir, selon l'intérêt de l'enfant, lequel doit toujours servir de base en cette matière, entre les diverses solutions que voici :

1. Le renvoi pur et simple à la famille avec admonition adressée à l'enfant et avertissement adressé aux parents; dans ce cas, une ordonnance de non-lieu demandée à la Chambre du conseil par le juge d'instruction termine légalement la poursuite.

2. Le renvoi à la famille, mais à la condition que les parents accepteront une surveillance exercée, vis-à-vis de leur enfant et d'eux-mêmes, par le Comité de patronage.

3. Le placement de l'enfant dans une famille respectable, ce qui suppose le consentement des parents; dans ce cas et dans celui qui précède, c'est encore par une ordonnance de non-lieu que la poursuite est arrêtée.

4. Le renvoi devant le tribunal correctionnel en vue de prononcer la mise à la disposition du gouvernement. Remarquons, à ce propos, que le Ministre de la justice est toujours libre de donner à cette mesure la suite qu'il juge convenable, notamment de ne pas la mettre immédiatement à exécution, lorsque l'intérêt de l'enfant réclame un sursis; celui-ci, sollicité par le Barreau ou par le Patronage, peut être subordonné à l'accomplissement de certaines conditions, de manière à constituer une exécution conditionnelle, très utile parfois, de la mise à la disposition du gouvernement.

5. Le renvoi devant le tribunal en vue de prononcer une peine véritable.

Telle est la série logique des mesures qui peuvent être prises; on pourrait même en ajouter une, celle qui consisterait dans le renvoi devant le tribunal, mais avec cette convention, formée entre l'accusation et la défense, qu'on demanderait l'acquittement; on se contenterait d'une admonition solennelle prononcée par le tribunal et de nature à produire sur l'esprit du délinquant une impression plus profonde que l'avertissement du juge d'instruction.

Ai-je besoin de dire que, pour choisir entre ces divers partis, il est indispensable de connaître l'enfant d'une manière complète?

Il faut se rendre compte des influences qui ont pu être exercées sur lui par le milieu dans lequel il a vécu jusqu'alors, se faire une idée exacte de ses parents, de leur moralité et de la manière dont ils exercent, vis-à-vis de cet enfant, leur devoir d'éducation. Peut-être, ce petit malheureux est-il moralement abandonné et les fautes qu'il vient de commettre sont-elles la conséquence de cet abandon ; c'est contre celui-ci qu'il faudra lutter alors et il suffira d'écarter l'enfant de cette société malsaine pour le sauver.

Mais, la cause du délit peut se trouver ailleurs ; elle peut se rencontrer dans la nature même de l'enfant, dans son tempérament, dans ses instincts, et, s'il en est ainsi, c'est par des mesures toutes particulières qu'il faut agir. Cette situation peut se présenter dans tous les cas ; aussi, un examen physiologique de l'enfant est-il toujours indispensable ; il constitue une condition essentielle à remplir pour aboutir à une solution raisonnable, un élément fondamental de l'instruction à laquelle on doit se livrer avant de statuer définitivement. Un exemple, choisi parmi les affaires les plus récentes dans lesquelles je suis intervenu en qualité de représentant du Patronage, expliquera ma pensée et servira d'argument à la thèse que je soutiens.

B... a 12 ans depuis le 25 Février dernier. Dans le courant du mois de Décembre 1895, il fut prévenu de vols nombreux. Une instruction préparatoire fut requise ; le Comité de défense des enfants traduits en justice et le Comité de patronage de l'enfance ayant été invités à envoyer leurs délégués chez le juge d'instruction le jour où B... et ses parents comparaîtraient devant ce magistrat, je considérai qu'il serait extrêmement utile, afin d'obtenir des renseignements complets sur l'enfant et sa famille, de me rendre au domicile de celle-ci et d'avoir une conversation détaillée avec les parents. Cette mesure, qui d'ailleurs est généralement pratiquée dans ces cas par le Comité de défense et le Comité de patronage, me paraissait d'autant plus nécessaire relativement à B... que ce jeune garçon, ayant été appelé une première fois chez le juge d'instruction, avait eu, dans la salle d'attente où il se trouvait, une crise nerveuse assez bizarre et dont le vrai caractère n'avait pu être déterminé par les personnes présentes, des employés et des gendarmes ; il s'était mis tout à coup à jeter des cris épouvantables, puis il était tombé, les membres agités par de violentes secousses convulsives. Cet accident, que m'avait rapporté le juge, exigeait assurément que l'on prit, avant toute décision définitive, des informations spéciales sur la nature physique de cet enfant.

Les parents sont, au dire même de la police, des gens fort honorables. Je ne trouvai pas le père, mais la mère me donna tous les détails dont j'avais besoin ; en voici l'exposé complet.

B... a toujours été violent et désobéissant. Il n'y a jamais eu moyen de le mettre à l'école ; chaque fois que l'on a essayé, il pleurait et criait tellement fort que l'instituteur était obligé de le mettre à la porte. Il entre dans des colères terribles, dès qu'on lui fait un reproche ou qu'on lui refuse une chose, et alors, il détruit tout ce qui se trouve autour de lui et va même jusqu'à donner des coups à sa mère ; dans ces moments, son regard est perdu ; il semble ne plus avoir conscience de ce qu'il fait. Il quitte la maison jour et nuit. Tous les moyens employés par les parents pour le corriger sont inutiles ; trois fois déjà, on l'a fait enfermer à la prison par mesure de correction paternelle, mais sans parvenir à le changer. Il se livre continuellement au vagabondage et au vol. Il a une véritable passion pour le jeu de cartes ; il passe des nuits entières à jouer avec des camarades ; c'est surtout pour se procurer l'argent nécessaire au jeu qu'il commet des vols. Il est parvenu à former une bande de jeunes voleurs dont il est le chef et qui l'accompagnent dans toutes ses expéditions. Les parents ont renoncé à lutter contre un semblable déréglement ; ils se déclarent impuissants et laissent faire le gamin, sans plus s'en inquiéter.

Par hasard, B... était chez lui au moment où je faisais ma visite à sa mère. Je demandai à le voir. Très gros; taille ordinaire; yeux petits; le bas de la figure très développé; prognathisme fort accentué. Sa physionomie ne manque pas d'une certaine intelligence et d'ailleurs, la facilité avec laquelle il s'adjoint des complices prouve qu'il est loin d'être imbécile. Le caractère le plus frappant de cette physionomie, c'est la grossièreté, je dirai même la bestialité; au moment où il entre, il serre dans ses doigts une tartine qu'il ne mange pas comme nous le faisons tous, mais qu'il ronge, en collant sa bouche contre sa main remplie d'un mélange dégoûtant de pain et de beurre salis. Il semble non pas précisément ému, mais ennuyé de ma présence et de mes questions; il ne me répond pas; je ne parviens même pas à lui faire fixer son regard de mon côté. La mère a été surprise de cet accès nerveux dont il a été saisi au Palais de justice; elle n'avait jamais constaté de phénomène semblable chez son fils; seulement, il arrive que, dans ses moments de colère, ses yeux se mettent à tourner, tandis que son corps est violemment agité; le matin, il avait encore fait une de ces scènes de colère, parcequ'on l'avait forcé à rendre une somme d'un franc et vingt-cinq centimes qu'il avait dérobée à son père.

Les parents reconnaissent la nécessité de renfermer ce garçon; la mère me demande même s'il s'agit de le mettre dans une maison d'aliénés, ce qui prouve qu'elle le considère non pas comme fou — il ne l'est certainement pas — mais comme absolument déséquilibré.

Tels furent les renseignements que j'obtins grâce à ma visite. Sur ma demande, un docteur fut envoyé par le juge d'instruction; il fut d'avis que B... était un dégénéré dangereux.

Grâce à cet examen physiologique et psychologique du garçon, on pouvait se faire une idée exacte des mesures qui s'imposaient dans un cas semblable; le mal était connu; le remède propre à le détruire ou à le diminuer pouvait être appliqué. Supposons que l'examen susdit n'eût pas été fait : il aurait fallu juger cet enfant uniquement d'après les actes qu'il avait accomplis; or, cette instruction aurait-elle suffi? Loin de là! Elle aurait suffi pour constater que ce jeune vaurien devait être enlevé à ses parents, incapables de le diriger, et placé dans un établissement de correction, mais elle n'aurait pas fait connaître cet état mental de B..., lequel doit être consiiéré comme l'explication fondamentale de sa conduite et réclame, par conséquent, l'emploi de mesures toutes spéciales bien différentes des mesures de pure correction prises à l'égard des jeunes délinquants ordinaires. Pouvait-on se contenter, vis-à-vis d'un sujet de cette espèce, de l'une des mesures dont j'ai exposé la série plus haut et notamment de l'envoi dans une Ecole de bienfaisance avec le genre de vie et les soins habituels de cette école? Nullement! Un traitement particulier s'imposait et, en même temps que les mesures d'éducation et d'apprentissage prises en ce qui concerne les mineurs dont la santé ne présente rien d'anormal, il y avait à prendre les mesures de thérapeutique que réclame tout individu atteint ou menacé d'une maladie du cerveau.

Par jugement du 21 Janvier dernier, le tribunal prononça vis-à-vis de B... la mise à la disposition du gouvernement. En agissant ainsi, il a fait ce qu'il a pu, mais non ce que la raison exigeait; ce garçon, en effet, eût dû être envoyé dans un établissement spécial, organisé en vue de donner les soins nécessaires à son état de santé; malheureusement, nous n'avons pas encore, en Belgique, d'établissement de ce genre et cette absence est d'autant plus regrettable que, parmi les jeunes délinquants, les idiots, les épileptiques, les dégénérés en un mot, se rencontrent assez souvent. En attendant que cette lacune soit comblée, nous devons nous contenter des mesures que nous avons citées, sauf à exiger tout particulièrement des parents, des patrons ou de l'administration des Ecoles de bienfaisance, qu'ils donnent, autant que possible, à l'enfant malade, les soins exceptionnels dont il a besoin.

En tout cas, ma thèse reste debout et il est certain que l'examen anthropologique de l'enfant constitue l'une des parties les plus essentielles de l'instruction dirigée vis-à-vis de lui. Cet examen pourra toujours être commencé par le membre du Barreau ou du Patronage intervenant à l'occasion de la poursuite ; il y procédera sans peine à l'aide des questions qu'il posera à l'enfant ou à ses parents et à l'aide de certains signes physiques extérieurs qui attireront son attention. S'il juge la chose nécessaire, il réclamera un examen médical plus sérieux, en s'adressant à un docteur, spécialement à celui que devrait s'adjoindre, pour remplir cette mission, tout Comité de défense ou de patronage.

III.

Arrivons au patronage des adultes.

Ce patronage s'exerce à deux époques distinctes : durant l'exécution de la peine et après cette exécution.

Exercé pendant l'emprisonnement, il consiste en partie à préparer le détenu à sa libération, en l'interrogeant sur ses projets, en l'encourageant au travail et en lui donnant les conseils nécessaires pour le choix d'une occupation et d'une résidence ; mais, il a surtout pour objet de chercher à amender ce détenu, en lui faisant comprendre les erreurs de sa conduite passée, en faisant pénétrer dans son esprit les principes de la morale et de la raison, en lui montrant les bienfaits de l'honnêteté et les conséquences désastreuses du vice. Or, quelle est la condition fondamentale que requiert en premier lieu ce travail de relèvement pour aboutir à un résultat ? C'est de connaître l'homme auquel il s'adresse. Il faut connaître les causes qui ont enfanté sa criminalité, puisque l'œuvre de l'amendement a précisément pour objet de lutter contre elles et que les moyens à employer dans cette lutte dépendent de la nature des forces qu'il s'agit de détruire. Patronner un criminel sans le connaître, c'est travailler au hasard, sans plan, sans guide ; c'est vouloir atteindre un but sans s'informer auparavant du chemin par lequel on peut y arriver.

Sur quoi portera l'étude du détenu destinée à nous fournir cette connaissance indispensable de sa personne ? Elle portera naturellement sur son passé et sur les circonstances qui ont accompagné la consommation du délit ; inutile d'insister sur ces points élémentaires. Mais, elle doit porter surtout sur la psychologie de cet homme, psychologie qu'il n'est possible de découvrir qu'à l'aide d'un examen moral et anthropologique à la fois. Est-ce un passionnel cet individu ? Et s'il l'est, en quoi consiste sa passion ? Est-ce un dégénéré ? Et s'il l'est, en quoi consiste sa dégénérescence ? N'est-il pas évident que, selon les réponses qui seront faites à ces questions, le système de patronage à pratiquer sera fort différent ? Les conseils se présenteront sous des formes diverses ; l'influence, la suggestion que l'on essaiera d'exercer, sera dirigée vers des points distincts ; la passion, par exemple, sera combattue par d'autres armes qu'une dégénérescence qui consisterait, je suppose, comme on le rencontre quelquefois, dans une absence complète de sens moral.

Le patronage qui s'exerce après la mise en liberté suppose cette même connaissance psychologique du patronné. Quelle résidence lui choisira-t-on ? A quel travail l'emploiera-t-on ? De quelle manière devra se pratiquer la surveillance à laquelle il sera soumis ? Ces questions et les autres qui se présenteront au même moment ne pourront recevoir de solution rationnelle que si l'on connaît exactement la nature de l'individu.

J'ai complété mon argumentation relative aux enfants en donnant un exemple; je tiens à procéder de la même façon en ce qui regarde les adultes.

X... avait, lorsque je le vis pour la première fois en prison, 24 ans. Il avait été condamné à quatre années d'emprisonnement pour vol. Malgré les interrogatoires que la justice lui avait fait subir au cours de l'instruction, on n'était jamais parvenu à se faire une idée bien claire des motifs qui l'avaient poussé à commettre ce délit. Moi-même, je le questionnai fréquemment sur ce sujet et jamais, je n'obtins une explication raisonnable. Cette situation bizarre m'engagea à étudier scrupuleusement ce garçon. Au bout d'un certain temps, j'appris une chose curieuse et dont X... n'avait jamais parlé à personne. Depuis de nombreuses années, mais avec des intervalles parfois fort longs, il était poursuivi par l'idée fixe d'avaler des corps perçants et pointus, des aiguilles, des épingles, des hameçons. Cette obsession, qui paraissait l'avoir abandonné depuis quelques années, le tourmentait avec une force nouvelle, depuis qu'il se trouvait en prison. Cette révélation fut pour moi d'une importance considérable. Sans doute, elle n'expliquait pas directement le vol commis, mais elle me prouvait que j'avais affaire à un homme atteint d'une maladie du cerveau et qu'il fallait traiter, par conséquent, d'une façon toute différente de celle dont on traite les délinquants ordinaires. J'en parlai au Ministre de la justice, lequel décida que X... serait examiné, en ma présence, par un médecin aliéniste. Cet examen eut lieu deux fois et les résultats qu'il produisit furent très extraordinaires. Le médecin, un des savants les plus remarquables de notre pays, reconnut l'existence chez ce jeune homme de la plupart des caractères qui constituent le type criminel; il constata notamment une asymétrie frappante de la face, une forte déviation du nez, une proéminence considérable de la mâchoire inférieure, le bégaiement et un développement très accentué de la circonférence postérieure du crâne; il reconnut, en outre, l'absence complète des réflexes, à l'exception d'un seul, le réflexe rotulien, et une insensibilité remarquable à la douleur physique. En résumé, l'avis du docteur fut qu'il avait devant lui un être dégénéré et dont la responsabilité était loin d'être établie. A partir de ce moment, le mode de patronage que je suivis à l'égard de X... fut toujours basé naturellement sur l'examen anthropologique auquel il avait été soumis. Persuadé qu'il ne méritait pas un châtiment aussi sévère que celui qu'il subissait, je fis tous mes efforts pour le faire sortir de la prison avant l'expiration de sa peine; malheureusement, je ne réussis point; il fut contraint de supporter sa détention jusqu'au bout. Le meilleur moyen à employer pour le calmer était la suggestion morale; j'y eus recours et je parvins à exercer sur son esprit un empire qui diminua un peu l'irritation nerveuse produite en lui par son idée fixe et, ajoutons-le, par la cellule. Il est sorti de prison depuis dix mois et c'est en exerçant ce même empire affectueux que je parviens à le maintenir dans le droit chemin. En ce moment, son ancienne obsession a disparu, mais il n'en reste pas moins exposé à devenir la proie de pensées bizarres et même dangereuses; l'autre jour, il devint subitement amoureux de la servante du patron chez lequel il est employé; voyant qu'elle ne cédait pas à ses prières, il la menaça, à plusieurs reprises, de la tuer; le patron éloigna la fille et je montrai sévèrement à X... combien sa conduite était absurde; en quelques jours, la surexcitation s'envola et le jeune homme se remit au travail comme auparavant.

Sans doute, l'exemple que je viens de présenter est extraordinaire; toutefois, si des situations aussi bizarres sont exceptionnelles, il n'est pas rare de découvrir chez les criminels, à condition de les étudier avec soin, des tares qui sont de nature à modifier considérablement la conduite que le Patronage doit tenir vis-à-vis d'eux ; il en résulte que toujours, nous devons procéder, à l'égard de nos patronnés, à un examen anthropologique destiné à nous les faire connaître aussi bien que possible.

IV.

Je ne crois pas qu'il soit nécessaire d'insister davantage sur cette question. Je pourrais passer en revue les causes anthropologiques de la criminalité ; je pourrais aussi mentionner les moyens de combattre le délit que réclament les différentes causes susdites ; j'établirais ainsi l'importance considérable de la mesure que je supplie tous les Comités de patronage de mettre en pratique ; mais, je ne veux pas abuser de la patience de ceux qui me feront l'honneur de lire ce rapport et d'ailleurs, tous sont parfaitement au courant des causes auxquelles je fais allusion et des remèdes qu'il s'agit d'appliquer. Je termine donc, en demandant au Congrès de Genève de bien vouloir donner sa haute approbation à la proposition que je me permets respectueusement de lui soumettre.

Influence de la Presse sur la criminalité.

Rapport présenté par le Dr Paul AUBRY, *de Saint-Brieuc.*

Quelle est l'influence de la Presse sur la genèse de la criminalité?

* * *

Incidemment cette question a été posée aux précédents congrès d'Anthropologie Criminelle, mais jamais encore elle n'avait été examinée à fond et discutée; on n'en avait pas fait l'objet d'un rapport.

Pour l'avenir de cette question il est heureux qu'elle se discute pour la première fois dans la libre Suisse, pays de toutes les libertés. Cette seule coïncidence serait un argument à opposer aux esprits timorés qui verraient dans nos conclusions un attentat à la liberté de la Presse.

Nous nous proposons de faire voir dans ce rapport quelle est l'influence de la Presse sur la criminalité. Pour être plus brefs, nous ne reproduirons pas ici les exemples déjà cités tant de fois par plusieurs auteurs et par nous-même. Nous nous contentons d'y renvoyer le lecteur [1].

Nous n'aurons à faire ici aucune distinction fondamentale entre le criminel franchement aliéné et le criminel absolument sain d'esprit: que m'importe en effet d'être assassiné ou volé par un responsable ou un irresponsable. Dans les deux cas le dommage sera le même pour moi ou les miens.

Il ne s'agit pas en effet de punir, de réprimer, d'amender, il s'agit de prévenir, il s'agit d'établir la prophylaxie. Je dois toutefois reconnaître que l'influence de la Presse sera bien plus manifeste chez des irresponsables ou des semi-responsables que chez des individus jouissant de leur pleine raison. Cependant — et c'est en quelque sorte une question de dose individuelle — s'il suffit d'un seul appel au crime pour le suggérer à certains aliénés, il faudra pour la personne saine une suggestion plus intense, plus continuelle, qui devra durer parfois des mois et des années avant de produire son effet.

Si la Presse occasionne certains crimes, il ne faut pas en conclure qu'il n'y a pas de crime sans la presse: aucun journal ne peut être accusé d'avoir poussé Caïn à

---

[1] V. entre autres les différents ouvrages d'Esquirol, Morel, Prosper Lucas, Barbaste, Ladame, Lauvergne, Cazauvielh, Chpolianski, Déspine, Falret, Maudsley, H. Joly, Proal, Moreau de Tours J., Moreau de Tours P., Legrand du Saulle, Aubry, etc.

tuer Abel. Si je cite cet exemple au moins étrange, c'est qu'il m'a été objecté par un esprit sérieux. Non seulement la presse n'est pas le seul facteur du crime, mais même les crimes que l'on peut mettre à son seul actif ne sont pas très nombreux. Il n'en est plus ainsi si on ne la considère plus que comme facteur adjuvant. Je crois d'ailleurs qu'une cause unique, quelle qu'elle soit, mais absolument dégagée de tout autre, ne produira jamais un seul crime.

Dans la genèse d'un crime interviendront toujours des causes multiples, individuelles et sociales. Va-t-on tirer cette conclusion erronée que, la presse seule causant peu de crimes et n'intervenant le plus souvent que comme facteur adjuvant, il est inutile de s'occuper de cette étiologie et de chercher à la combattre. Ce serait à tous égards une grave faute pour deux raisons : la première, c'est qu'on ne doit en prophylaxie rien négliger, et ce qui semble peu important au premier abord acquiert souvent à un examen plus approfondi une importance de premier ordre. Dans ce cas spécial n'arriverait-on chaque année qu'à sauver une ou deux vies humaines, que le résultat serait loin d'être une quantité négligeable, d'autant plus que la vie de la victime a presque toujours une valeur sociale bien supérieure à celle de l'assassin.

La seconde raison est la suivante : il est bien plus facile de s'attaquer à cette cause et de réussir, qu'à toute autre, à l'alcool par exemple.

* * *

Je crois avoir démontré, après bien d'autres, dans mes écrits, que la presse a une influence effective directe sur la genèse du crime lorsqu'elle s'adresse aux prédisposés. Mais dans la prédisposition, comme en tout, il y a une infinité de degrés. Il y a, au sommet de l'échelle, le prédisposé qui doit fatalement sombrer, pour lequel il suffira d'une cause occasionnelle très légère. A l'autre extrémité il y a, au contraire, celui chez lequel la prédisposition est minime, infinitésimale en quelque sorte. Chez le premier le récit d'un crime lu dans un journal amènera la crise que tout autre incident eut fatalement amenée. Chez le second, au contraire, il ne suffira pas du récit d'un seul crime à sensation, il faudra une série de lectures, qui peu à peu augmenteront la prédisposition et l'amèneront en quelque sorte à maturité. J'irai même plus loin et je dirai que la lecture continue de certains auteurs, la lecture journalière des crimes peut à elle seule — avec le temps — préparer le terrain et amener la prédisposition.

* * *

Il est un autre côté de la question que je ne puis passer sous silence. Voici un individu prédisposé ou non, qui a été poussé à s'enrôler dans l'armée du crime par tel mobile que l'on voudra. Au point de vue de son perfectionnement dans le crime la presse a pour lui la plus grande utilité. En général, le criminel est peu inventif, il a deux ou trois ruses, trois ou quatre procédés dont il ne s'écarte pas. Mais il ne demande pas mieux que d'augmenter ses connaissances, que d'acquérir de nouveaux trucs, que de profiter, pour son propre compte, de la maladresse ou de l'expérience des autres et pour amender sa manière et pour déjouer les recherches de la police.

Le journal est là qui répond à souhait à tous ces desiderata. Il peut même, le cas échéant, faire une éducation complète : apprendre tout à qui ne sait rien, vol ou meurtre, peu importe. Toutes les feuilles en effet racontent avec un luxe inouï de détails les différents procédés pour voler, pour tuer, et cela avec le moins de risques possibles pour le malfaiteur. Si le procédé est inusité, nouveau, original, elles s'y appesentiront davantage. L'instruction des crimes y est longuement exposée ; les inté ressés peuvent voir que le magistrat n'est arrivé à la vérité que grâce à telle maladresse, à tel oubli du criminel. Le journal indique à merveille aux habiles comment ils peuvent parvenir à marcher, sans chute, sur les marges du Code, comment on peut éviter ou contourner tel article dangereux.

Il est hors de tout conteste que les intéressés ne se font pas faute d'étudier les documents que le journalisme met à leur disposition chaque jour si libéralement et à si bon marché.

Bref, si on a appelé à juste titre la prison l'école normale du crime, le journal n'en est-il pas l'école primaire ou plutôt l'école mutuelle?

* * *

Il est un autre point que je veux simplement signaler, mais sans m'y appesantir aucunement. Il s'agit des crimes anarchistes, des soulèvements populaires, dans lesquels une certaine presse a consciemment une part active et prédominante, car elle pousse directement au meurtre, à l'assassinat, à l'incendie, au vol. D'une façon générale on ne peut reconnaître à la presse dans la genèse du crime qu'un rôle accessoire, qu'un rôle secondaire, mais dans le crime, dit crime politique (qui n'est autre chose qu'un crime de droit commun), il n'en est pas ainsi, elle passe au premier plan et devient la principale coupable. Son rôle est trop évident, je m'en voudrais d'insister.

* * *

Comment peut-on expliquer qu'un individu après avoir lu des récits de crimes détaillés ait lui-même à son tour l'idée de commettre un crime? C'est là le point délicat de la discussion, et je suis aise ici de pouvoir marcher derrière des maîtres autorisés, qui frappés de ces faits, ont cherché à en expliquer la genèse, la pathogénie en quelque sorte.

Maudsley [1] se contente de constater la transmission : « Il est hors de doute que l'acte de violence quelqu'il soit, est souvent suggéré par les récits pathétiques d'actes semblables, lus dans les journaux. L'exemple est contagieux : l'idée s'empare de l'esprit faible ou abattu et devient une sorte de fatum contre lequel toute lutte est impossible. » « Le récit détaillé d'un crime, comme le fait observer un rédacteur anonyme de la *Revue scientifique*, produit chez les prédisposés un choc moral qui les fait tomber du côté où ils penchaient [2]. » C'est la goutte qui fait déborder le vase, c'est le traumatisme qui réveille la diathèse. Féré [3] définit excellemment la prédisposition : « c'est la maladie qui sommeille. »

Legrand du Saulle expose ainsi la question : « C'est d'abord avec une répulsion profonde que l'homme accueille les relations de ces drames journaliers. Las de se révolter en pure perte, il proteste ensuite timidement, et commé rien n'est plus tyrannique que l'habitude, il arrive à une indifférence complète. Peu à peu ses yeux se reposent avec complaisance sur cette clinique de l'assassinat, et il va s'assimilant tacitement toutes les particularités insolites de l'acte commis. De là à la propagation sympathique, il n'y a qu'un pas. Plus un crime est entouré de mystères et de circonstances extraordinaires, plus il s'est accompagné de ruse et de raffinement de barbarie, plus les causes en ont été impénétrables, plus les récits de la presse en ont été

[1] Le crime et la folie, p. 152.
[2] Rev. scientif. 1893, 2e sem., p. 729.
[3] La famille névropathique, p. 165.

rendus pittoresques et émouvants, et plus le pouvoir exercé sur l'imagination humaine et sur l'influence imitatrice est fécond en dangereux enseignements. Un jour viendra peut-être où les passions, ensevelies dans les replis les plus cachés du cœur, demanderont impérieusement à être assouvies ; les moyens d'exécution font-ils défaut, on interroge ses souvenirs, on recourt au texte, et, muni de ces instructions, le bras frappe en calquant ses coups sur ceux dont le journal lui a dévoilé les justesses. »

Paul Moreau de Tours nous présente ainsi la solution de la question :

« Quelle est la cause déterminante la plus générale et en même temps celle pour ainsi dire, dont le mode d'action est le moins mystérieux ? Pour répondre à cette question, qu'il nous suffise de rappeler ce qui se passe dans les grandes réunions d'aliénés, où, au moindre bruit, vrai ou faux, qu'une tentative de suicide a eu lieu, on voit tout à coup cette idée surgir dans des têtes où elle ne s'était pas encore montrée, et nécessiter un redoublement de surveillance pour qu'un malheur ne soit pas suivi de plusieurs autres. Que l'on ne nous objecte pas que de ce qui se passe dans un asile d'aliénés on ne saurait conclure à ce qui arriverait dans une réunion d'individus sains d'esprit ou dans la société en général. A cela nous répondrions que les aliénés, sauf exceptions, ne sont pas moins attachés à la vie que les gens bien portants, tout aussi amoureux de leur bien-être, tout aussi antipathiques aux souffrances physiques ou morales. Ici la population ne diffère de l'autre, celle qui n'est pas renfermée, que par une prédisposition plus évidente... »

Le Dr Prosper Lucas attribue à la presse l'influence la plus contagieuse dans les épidémies des différentes formes de monomanies « par les détails circonstanciés qu'elle retrace de tous les actes de crime et de folie. Le spectacle du fait a une grande force sympathique sans doute, mais qui s'exerce dans un cercle étroit et qui a des limites d'action de temps et de lieu : la presse n'en reconnaît aucune. Ce n'est pas seulement le tableau physique du fait qu'elle représente et que l'imagination reproduit d'après elle avec une vigueur de coloris et d'impression supérieure souvent à celle de la vie même ; mais c'est le tableau moral, c'est l'histoire intellectuelle du crime. Elle met en jeu les mêmes dispositions organiques, les mêmes dispositions acquises. »

Enfin au Congrès de Bruxelles le Dr Paul Garnier, dans une très fine analyse psychologique, a expliqué la genèse du crime par le récit. C'est à son amabilité que je dois d'avoir pu déjà la reproduire in extenso [1], car le volume des actes n'en a donné qu'un résumé.

« Lorsqu'un crime analogue à ceux dont nous nous occupons a été commis, lorsque la presse, avec la précision et la brutalité des détails qui sont comme un des indispensables besoins de l'information moderne, en a propagé partout la saisissante nouvelle, tous les esprits sont plus ou moins frappés, et, au premier moment, c'est avec une sorte de stupeur qu'on accueille l'annonce d'un tel forfait.

« Cette émotion se calme cependant, et, après y avoir accordé quelque attention, notre pensée est reprise par le mouvement des affaires humaines. Pour quelques-uns — pour un très petit nombre heureusement — tout n'est pas aussi vite fini. Ceux-ci vont *retenir* cette émotion ou être retenus par elle, comme on voudra. Le fait relaté les a impressionné fortement ; leur esprit s'y arrête, s'y appesantit. Il tente d'inutiles efforts pour en chasser l'importun souvenir.

« Si leur tranquillité est ainsi troublée, c'est qu'à l'idée du crime commis par X...

---

[1] 2e édit. Contagion du meurtre et Congrès de Lausanne.

s'adjoint déjà une crainte qui, très vague d'abord, peu à peu se précise et se formule :
« Ainsi c'est vrai, on peut tuer les êtres qui vous sont chers, tout en restant lucide,
conscient de ce qu'on a fait...! Mais alors cette force supérieure à la volonté, qui
vous entraîne à un crime abominable, pourrait s'exercer sur moi qui suis lucide. Je
peux devenir un meurtrier. Qui sait...?

« Cet émoi, cette crainte, cette appréhension, ce doute de soi-même, sont comme les
amorces de l'obsession. Mais j'ai hâte de le dire, ce n'est pas le premier individu
venu, qui peut le ressentir, surtout à ce degré de perturbation morale; pour cela,
une prédisposition est indispensable, à savoir l'état de réceptivité émotive, pathologique, que réalise seule la dégénérescence mentale héréditaire.

« Dans l'espèce qui nous occupe, au lieu de cette provocation objective, il y a le
choc moral, ressenti à la lecture des émouvants détails du crime. Le choc moral a été
comme le coup de plantoir qui enfonce la graine et la fait germer. La crainte que
l'on représente d'ordinaire comme le commencement de la sagesse est ici le commencement de la folie, toute part étant faite à la prédisposition. »

* * *

« La société, dit Proal,[1] peut rendre les crimes moins fréquents en ...; en faisant
cesser les provocations qui portent atteinte à la liberté morale des enfants, des jeunes
gens, des femmes et des ouvriers; les provocations de la presse ...; les excitations
dans les journaux et les réunions publiques, au meurtre, au pillage, à la guerre
civile. »

Mais comment s'y prendra la société pour arriver à ce but?

Avant de répondre à cette question examinons un peu la législation de la Presse
dans les différents pays.

D'une façon générale la liberté de la Presse est illimitée, et les journalistes peuvent
dire à peu près tout ce qu'ils veulent. Ici et là quelques lois restrictives, mais qui,
à l'instar de beaucoup de lois existantes, ne sont pas appliquées et ne servent qu'à
grossir les Codes.

En Allemagne un projet de loi « assimile aux œuvres immorales le compte rendu
des débats judiciaires, ou la publication d'actes judiciaires relatifs à des délits pour
le jugement desquels le huis clos a été prononcé.[2] » Il est assez surprenant que jusqu'ici l'Allemagne ait autorisé la publication d'affaires jugées à huis clos. Il y avait
là une anomalie que l'on projette de faire cesser. Mais c'est là une amélioration insuffisante qui existe depuis fort longtemps dans notre Code. L'un des Etats Unis
d'Amérique est plus radical que le Code allemand ou français : « les lois du Massa-
chusetts répriment la vente ou le prêt, la distribution ou le don à des enfants, de
journaux relatant des nouvelles criminelles, sans distinction entre délits contre les
mœurs et les autres crimes[3]. »

En Belgique la situation est assez étrange. Au Congrès de Bruxelles je demandai
de faire étudier les moyens prophylactiques d'empêcher la presse de donner in extenso
le récit des crimes ou des débats qui ont lieu en cours d'assises[4]. Il me fut répondu

---

[1] Proal. Le crime et la peine, p. 525 et 526.
[2] Congrès de Lausanne, p. 193.
[3] Id. p. 196.
[4] Congrès de Bruxelles. p. 213.

par notre éminent et très sympathique Président que j'obtiendrais difficilement satisfaction, surtout dans un pays, comme la Belgique, qui a inscrit la liberté de la Presse
dans son pacte fondamental. Quelle ne fut pas ma stupéfaction en lisant, dans le volume des Actes du Congrès de Lausanne [1], que le ministre des chemins de fer et des
postes interdisait aux chemins de fer le transport de tout journal faisant commerce
de pornographie. — Une liste nominative a été annexée au décret. — L'honorable
rapporteur fait observer avec raison que cette mesure frise l'illégalité et qu'elle fait
une immense réclame aux journaux prohibés, qui pénètrent aussi bien en Belgique
qu'auparavant, mais sur le dos des colporteurs.

En Autriche la question a fait un pas de plus.

A l'instigation de M. Lammasch, professeur de droit pénal à l'Université de Vienne,
le Dr Pattai, député, discutant le projet du gouvernement sur l'introduction d'un Code
Pénal propose un article 129 ainsi conçu : Celui qui imprimera (ou fera paraître)
dans un périodique un portrait d'un criminel ou d'un accusé de crime, ou bien une
vue illustrant un crime, celui enfin qui répandra de pareils périodiques sera puni de
prison jusqu'à trois mois. » (Extrait du Protocole de la Chambre Austro-Hongroise,
29 oct. 1894.) Il n'a pas été donné de suite effective à cette proposition. Cependant il
est très important que cette question ait été posée aussi nettement devant une chambre européenne et nous devons remercier les deux hommes considérables qui ont eu
le courage de défendre cet amendement à la tribune d'un parlement.

Pouvons-nous espérer que les différents pays civilisés édicteront des lois interdisant
aux journaux le compte rendu détaillé des cours d'Assises et les obligeant à se soumettre à un communiqué officiel très bref, annonçant le crime, la condamnation et
l'exécution s'il y a lieu ? Je ne le crois pas, quoique, depuis quelques années, il y ait
évidemment un mouvement dans ce sens. Dans un avenir prochain, en France du
moins, l'instruction cessera sans doute d'être secrète, et le défenseur aura le droit d'en
suivre de près les différentes phases. Mais aujourd'hui l'instruction est secrète et cependant les journalistes, dans certaines cours, sont souvent au courant, grâce aux révélations — j'allais dire à la complicité — de certains juges d'instructions, qui tous les jours
en sortant de leurs cabinets donnent aux reporters qui encombrent les antichambres
des « tuyaux » sur telle affaire en vue. Loin de moi la pensée d'incriminer l'honnêteté
la plus scrupuleuse de ces magistrats : ils ne disent que ce qu'ils veulent dire et que
ce qui ne leur semble pas contraire à la bonne marche de leur instruction. Mais il y
a là un abus qu'il serait facile, en haut lieu, de réprimer. Les renseignements devenant moins faciles à recueillir, le luxe des détails s'en ressentirait forcément.

Mais, à part ce petit palliatif, qui dépend du garde des sceaux, je ne crois pas que
ce soit là le remède. Au commencement de ce rapport j'ai dit combien je m'estimais
heureux d'exposer dans la libre Suisse ces idées qui peuvent paraître attentatoires à la
liberté, à ceux qui oublient que la liberté individuelle ne doit apporter aucune entrave
à la liberté du voisin. Or le crime sous toutes ses formes n'est-il pas un attentat continuel à toutes les libertés ? D'autre part il ne faut pas s'illusionner et croire qu'une société jouisse de beaucoup de libertés, il suffit de parcourir les codes, les règlements
sanitaires, les règlements de police, pour voir combien sont multiples les entraves apportées à tous nos actes. Ajoutons-y certaines restrictions que nous apportons de notre
plein gré à notre liberté dans les différentes classes sociales auxquelles nous ap-

---

[1] Du Chastain, p. 38, et passim.

partenons et dans les diverses associations dont nous faisons partie. Serions-nous beaucoup moins libres s'il nous était interdit d'avoir dans nos journaux le compte rendu détaillé des affaires criminelles? Je ne le crois pas. Comment arriver à ce but, puisque l'action gouvernementale semble impossible et qu'elle n'aurait d'ailleurs d'effet que dans une région limitée, l'Autriche ou la France, par exemple?

En 1833, M. Radcliffe fit fermer complètement les colonnes du *Morning Herald* aux récits de crimes et de folie. Je n'ose espérer que ce journal ait persisté longtemps dans cette bonne voie. Mais ici même les journalistes suisses ne se sont-ils pas entendus pour ne donner qu'un compte rendu sommaire des affaires criminelles? (Rostand, Congrès des Soc. savantes. Marseille 1889.) Voilà, selon moi, la véritable solution, et ce sera un grand honneur pour les journalistes suisses d'être les premiers entrés dans cette voie. Qu'ils aillent plus loin, qu'ils prennent l'initiative d'un congrès international de la presse et qu'ils posent cette question. Je ne doute pas un seul moment que la masse des journalistes ne consente à faire le sacrifice de sa gazette des Tribunaux, renouvelant ainsi le noble sacrifice de la nuit du 4 Août. Et si tous ne s'engagent pas dans cette voie, on comprendra bien vite que ceux qui continuent à exploiter le scandale et à en vivre, seraient parfaitement capables à leur tour d'en faire pour leur propre compte.

Mais, dira-t-on, comment feront les criminalistes? Les criminalistes d'abord ne puisent que peu de documents dans les journaux et ce ne sont pas les meilleurs qu'ils vont chercher là. Ensuite des journaux spéciaux continueront à exister pour fournir aux criminalistes, aux légistes, aux médecins, aux sociologues tous les renseignements dont ils ont besoin. Le style en sera simple, on exposera les faits sans y chercher autre chose que la précision, on bannira avec soins tous les enjolivements dans lesquels se complaisent les journaux politiques. Il suffit de comparer le compte rendu du même fait dans un journal de droit et dans une feuille populaire pour voir l'énorme différence. Il est bien évident que le premier ne sera pas acheté par la masse du public et qu'il ne peut par conséquent pas nuire à ses lecteurs.

Nous voilà loin avec cette conclusion des idées que me prêtait un critique, qui considère cependant la vérité comme sa meilleure amie : il ne s'agit de détruire aucun livre, aucun journal, aucun musée. il s'agit bien plus simplement d'empêcher le contact entre certaines idées et certains individus, car de ce contact jaillit le crime dont souffre la société.

Les empreintes digitales.

Rapport présenté par M. Francis GALTON, F. R. S., *ancien président de l'Institut anthropologique de Londres.*

Les empreintes digitales rendent déjà de grands services, en Angleterre et aux Indes pour les recherches de police. On s'en sert aussi en France. La grande probabilité de voir s'étendre leur usage, lorsque la valeur remarquable du système sera plus généralement connue, montre que le moment est arrivé de faire des investigations dans les bureaux de police criminelle des différents pays, pour s'assurer de la nature des divers détails qui permettront un emploi général de ce système.

On trouvera dans le dernier livre que j'ai publié (*Fingerprint Directories*), chez Macmillan, Londres, 1895, des détails qui, avec ceux contenus dans un volume antérieur (*Finger Print*, 1892), contiennent tout ce que j'avais à dire jusqu'à cette époque. Je ne fais, par conséquent, les remarques suivantes, qu'en renvoyant quiconque désire approfondir la question, aux deux volumes illustrés dont je viens de parler.

Certaines de mes assertions peuvent aujourd'hui être considérées comme suffisamment établies pour servir de base aux progrès à venir. Elles ont été démontrées dans mes livres et par des expériences publiques dans mon laboratoire (aujourd'hui fermé); elles ont été discutées par des critiques indépendants et acceptées sans réserve. Ce serait par conséquent perdre un temps précieux que de récapituler ici les différents arguments et observations qui justifient ces déclarations, à savoir :

1. L'art de prendre des impressions claires des doigts, avec l'encre d'imprimerie, s'apprend vite; les geôliers de toutes les prisons anglaises, par exemple, prennent aujourd'hui d'excellentes impressions. Ceux qui étudient cette question devront cependant assister à l'opération avant d'essayer de la pratiquer. Cela ne demande qu'un outillage d'imprimerie très simple.

2. Les patrons formés par le sillonnage papillaire dont les bouts des doigts sont garnis, restent les mêmes pendant toute la vie. Cette constance remarquable dans leur apparence, s'applique non seulement à leur forme générale, mais aux nombreux détails particuliers à chaque arrangement individuel tels que les « bifurcations », « îles » et « enclos » dont il existe en moyenne 30 dans le patron de chaque doigt et qui ne changent jamais.

3. Les coupures et les cicatrices ne détruisent pas la lisibilité des patrons, excepté dans les cas extrêmes; d'un autre côté leur présence aide à l'identification.

4. Par la méthode de classification adoptée dans ma collection expérimentale, composée de plus de 2500 séries d'empreintes digitales, il est facile de retrouver n'importe quel spécimen particulier. Toutes les fois que les impressions des dix doigts d'une personne furent soumises à notre examen, il fut facile, soit à mon adjoint, soit à moi-même, de reconnaître si une autre impression des mêmes mains, prise à une époque antérieure, existait dans la collection. Ceci peut se faire, soit en se rapportant aux cartes sur lesquelles on avait pris les impressions, soit en se servant du catalogue dans lequel on a placé par ordre alphabétique les « titres », au moyen desquels on peut distinguer les séries d'impressions.

5. Les « titres » mentionnés ci-dessus s'obtiennent en classant le patron de chacun des doigts, pris séparément, dans l'une des quatre classes fondamentales; A, R, U et W et, de temps en temps aussi, en comptant les sillons (voir 8) et en se servant des suffixes descriptives (voir 8).

6. La fréquence relative avec laquelle les patrons tombent dans les différentes classes est telle que, sur chacun des 13 patrons d'index, nous trouvons en moyenne 2 spécimens de A, 3 cas de R, 4 cas de U et 4 de W. Les proportions ne sont pas les mêmes pour les autres doigts.

7. A (signifiant en anglais « Arches »). Ici, les sillons papillaires traversent le doigt en lignes droites au niveau et auprès de la dernière articulation. De là, en se rapprochant des extrémités du doigt, elles deviennent de plus en plus arquées. Toute cette disposition constitue un système continu dans lequel aucun sillon ne revient sur lui-même.

R et U sont des divisions du grand groupe L (en anglais « loops »). Ici, la disposition des sillons, vers l'articulation et vers le bout du doigt, est la même qu'en A, mais ils forment deux systèmes différents entre lesquels s'intercale le troisième système L. Ce troisième système L consiste en sillons se repliant sur eux-mêmes: ils se courbent une fois, mais une fois seulement, ne formant jamais un cercle complet. Au point où les deux premiers systèmes divergent pour entourer le groupe L, il se trouve toujours un endroit ayant une certaine ressemblance avec le delta formé par les alluvions déposées par une rivière à son entrée dans les eaux tranquilles d'un lac et on le désigne sous ce nom. Le groupe L se distingue, par conséquent, par un delta, le groupe A n'en possédant pas. L'ouverture de L doit être tournée vers l'un des côtés du doigt; si elle est tournée vers le côté radial, ou du pouce, on l'appelle R, mais si elle est tournée vers le côté ulnaire, ou du petit doigt, on l'appelle U.

W (en anglais « Whorls »). Cette classe est très variée, caractérisée communément par la présence de deux deltas et, par conséquent, quelques-uns des sillons qui en font partie forment un cercle complet. C'est une classe qu'il est difficile de subdiviser à cause des formes remarquablement distinctes qu'elle comprend et que l'on ne peut pas isoler facilement. Du reste, une multitude d'autres formes intermédiaires les relient entre elles par des gradations imperceptibles.

8. Les classes R et U peuvent se subdiviser facilement en comptant le nombre de sillons que traverserait une ligne imaginaire tirée du delta au noyau. Les sillons peuvent facilement et exactement se compter avec une installation optique appropriée. Mon aide et moi, après avoir pratiqué ensemble jusqu'à ce que nous fussions d'accord sur les termini précis (bien définis dans mon livre), différions rarement de plus d'un ou deux sillons dans une longue série d'expériences, et quand nous différions, on pouvait en outre généralement prévoir la nature de la différence. Le nombre des sillons, entre les termini de l'index, varie de 1 à plus de 20 et la fréquence relative de chaque

nombre de sillons entre 3 et 16 est approximativement la même. Les sections R et U peuvent par conséquent se subdiviser considérablement en comptant les sillons. On a réussi aussi à subdiviser la classe W en comptant du delta radial au noyau ou, s'il y a deux noyaux dans le patron, jusqu'au plus rapproché.

9. La dernière chose qu'il nous reste à mentionner est le système de suffixes qui offrent des indications utiles pour les particularités du patron.

Ce long préambule est nécessaire pour expliquer les détails de ma proposition : qu'il soit fait des recherches dans les administrations de police des différentes nations pour déterminer la nomenclature la plus convenable et les autres détails relatifs aux empreintes digitales pour les services internationaux, c'est-à-dire pour communiquer, par lettre ou télégraphe, et en termes généralement intelligibles, le signalement par les empreintes digitales, des personnes soupçonnées. Les points qui demandent principalement une solution semblent être les quatre suivants :

a. Quelle est la meilleure nomenclature à adopter pour décrire les divers cas ambigus qui se trouvent entre A et L, A et W, L et W, et les quelques rares cas qui se trouvent entièrement indéterminés ?

La variété de ces patrons ambigus n'est pas du tout trop grande pour pouvoir être classifiée au moyen de suffixes ajoutés aux A, R, U et W, selon le cas. Mon propre système de suffixes pourrait être revu et amélioré. Il serait surtout à désirer qu'on fît de nouveaux efforts pour déterminer exactement les variétés bien marquées de W, et pour subdiviser A.

b. De quels doigts doit-on prendre des empreintes quand tous les doigts ne sont pas marqués ? Il n'est pas facile de répondre à cette question. Il est cependant évident que lorsqu'on ne prend qu'un doigt, ce doigt doit être toujours le même, appelons-le *m.* Lorsqu'on en prendra deux, l'un de ces doigts devra être *m* et l'on pourra appeler l'autre *n.* Quand on prendra trois doigts, le premier devra être *m,* le second *n,* et ainsi de suite. Voir aussi le paragraphe suivant.

c. Dans quel ordre doit-on lire et écrire les empreintes pour former le titre sous lequel la série est classifiée ou cataloguée. Il serait bon (si l'on négligeait d'autres considérations importantes) que les doigts qui sont le plus universellement adoptés fussent choisis en premier lieu (voir *b*). Je ne suis point du tout satisfait de l'ordre que j'ai adopté jusqu'à présent, et je préférerais maintenant lire les empreintes dans l'ordre naturel des impressions, en commençant par celle du petit doigt de la main gauche et en terminant par le petit doigt de la main droite, mais cette méthode présente quelques inconvénients indépendamment de ceux mentionnés ci-dessus. Peut-être, pourrait-on arriver à un compromis dans le choix de la meilleure méthode tel que : 1. Main droite, — du pouce au petit doigt ; 2. Main gauche, — du petit doigt au pouce.

d. Quelle notation est la plus commode pour les titres ? Les lettres A, R, U, W ne sont pas très claires pour les diverses combinaisons dans les séries de 10 lettres. Elles sont aussi un peu ennuyeuses à écrire avec la clarté nécessaire et je préfère aujourd'hui me servir de traits fermes et simples, comme ceux qui sont employés en sténographie et qui ont quelque ressemblance avec les patrons qu'ils représentent. Ce sont : un accent circonflexe ^, un accent aigu ', un accent grave `, et un petit cercle °. Dans cette notation, la classe L est divisée d'une nouvelle manière et les classifications actuelles des systèmes R et U devront être arrangées de nouveau, R et U ayant des pentes opposées aux deux mains. Dans la nouvelle méthode, L est divisé en deux classes selon la pente du patron, comme on le voit dans l'impression. La nouvelle méthode est aujourd'hui en usage dans le bureau anglais et semble donner de bons résultats. Les raisons qui parlent en faveur de ces changements, ou contre eux, ont été mentionnées en détail dans mon livre.

Nous espérons que, quoique ces observations puissent paraître difficiles à saisir au premier abord, pour les personnes qui n'ont jamais étudié les empreintes digitales, elles seront assez intelligibles pour ceux qui s'adonnent sérieusement à l'étude de cette importante branche de l'anthropométrie criminelle pour en étendre les effets et arriver à établir une uniformité internationale dans les moyens.

Applications légales de l'anthropologie criminelle.

Rapport présenté par Fernand THIRY, *professeur de droit criminel à l'Université de Liége.*

L'emprisonnement cellulaire doit être interdit relativement à certains détenus dont il favorise les penchants criminels; tel est le cas notamment pour ceux chez qui on observe l'existence d'obsessions morbides.

Il est reconnu que les délinquants qui donnent des signes d'aliénation mentale ne peuvent jamais être soumis au régime de l'emprisonnement cellulaire; un tel régime, en effet, constitue un châtiment; or, il ne peut pas être question de l'infliger à une personne qui se trouve dans l'impossibilité de comprendre l'état de pénalité auquel elle est assujettie; ajoutons que la cellule aggraverait considérablement la santé d'un tel malade. En Belgique, les aliénés, prévenus, accusés ou condamnés, sont transférés dans des maisons de santé spéciales, celle de Tournai pour les hommes et celle de Mons pour les femmes.

Mais, ce n'est pas seulement à l'égard des aliénés que la cellule doit être interdite; elle doit l'être aussi vis-à-vis de certains détenus dont elle favorise les penchants criminels, au lieu de produire le grand résultat d'amendement, en vue duquel elle a été imaginée. Un phénomène semblable peut se présenter chez des dégénérés de différentes catégories; nous n'en parlerons toutefois que relativement à une seule classe, celle des individus qui, sans être en état de démence, sont poursuivis par des obsessions morbides.

Parmi ces obsessions, les unes ont pour objet des actes délictueux, les autres des actes simplement immoraux, d'autres enfin des actes indifférents tant au point de vue délictueux qu'au point de vue moral. Les premières et les secondes favorisent l'accomplissement des infractions d'une manière directe; les troisièmes le favorisent indirectement, en augmentant la nervosité de l'individu, en affaiblissant son intelligence, en diminuant sa raison, en le désespérant et en l'irritant. Toutes constituent donc des obstacles à l'amendement, soit parcequ'elles démoralisent la personne dont elles s'emparent, soit parcequ'elles ruinent celles de ses facultés auxquelles on doit faire appel pour le corriger.

La première chose à faire, vis-à-vis d'un condamné chez qui l'on constate l'existence d'une obsession morbide, consiste donc à combattre cette obsession, afin de le ramener à son état normal d'intelligence et de volonté. Or, parmi les moyens à employer pour aboutir à ce résultat, celui qui s'impose avant tous les autres, c'est la suppression de la cellule. Rien, en effet, ne peut aggraver une obsession comme l'isolement de celui qui en souffre, puisque cet isolement lui donne la plus grande facilité de s'abandonner librement à son idée fixe. Rien, en revanche, ne peut mieux enrayer cette obsession que la distraction provoquée dans son esprit par la vue d'autres individus, par l'aspect de la nature, par l'observation des mille choses sur lesquelles son attention est attirée, quand il vit de la vie ordinaire. La cellule favorise la suggestion de l'idée fixe, en lui donnant une facilité plus considérable de s'emparer du cerveau du prisonnier; le travail en société et au grand air affaiblit, au contraire, cette suggestion, en introduisant dans le cerveau de l'individu des pensées d'un ordre différent et de nature à produire une influence distincte. Rien n'est moins *distrayant* que la cellule; le travail même auquel se livre le prisonnier que l'on y renferme ne constitue point pour lui une distraction; cette besogne, en effet, devient bientôt mécanique et s'accomplit sans aucun effort intellectuel, c'est-à-dire sans aucune nécessité de se livrer, d'une manière exclusive, aux pensées directrices du travail exercé. Est-ce une distraction intellectuelle que de coller des sachets ou de trier des graines de café? Evidemment non; on exécute cette occupation sans y songer et en restant complètement envahi par l'idée obsédante dont on est peut-être la victime.

Comme exemples des obsessions auxquelles je fais allusion, je n'ai pu en trouver aucune, parmi les délinquants dont je me suis occupé, ayant pour objet un acte criminel; ces exemples existent cependant et M. le Dr Magnan, dans le rapport si remarquable qu'il a présenté au Congrès d'anthropologie de Bruxelles, en a communiqué toute une série d'espèces fort différentes. Je me contenterai donc de citer un cas d'obsession relative à des actes simplement immoraux et un autre d'obsession relative à un acte moralement indifférent; l'un et l'autre établiront, d'un manière frappante, combien des situations semblables sont graves au point de vue de la criminalité de l'agent, lorsqu'on ne prend pas soin d'y remédier, sans retard, par la suppression de l'emprisonnement cellulaire.

I. — L'obsession érotique, consistant à satisfaire des désirs lubriques, se rencontre assez fréquemment dans les prisons parmi les jeunes hommes. J'ai connu un pauvre garçon qui, durant ses deux années de détention, n'a pas cessé d'être poursuivi, jour et nuit, par des pensées de ce genre. Il usait de l'onanisme d'une manière effrénée et il en était arrivé à un tel degré de faiblesse physique et de surexcitation nerveuse qu'une mort à bref délai semblait inévitable. C'est en le voyant dans cet état que je soupçonnai sa conduite et que je l'interrogeai. Il était honteux de sa situation; il n'avait pas même osé en parler au docteur de la prison; je lui inspirai confiance et il me fit toute sa confession. Les remèdes donnés par le médecin furent impuissants; les exhortations morales que je lui adressais avaient quelquefois pour effet de l'arrêter dans ses honteuses pratiques, mais elles ne parvenaient pas à écarter l'obsession. Le malheureux pleurait, se désespérait, voulait se tuer; c'est en lui parlant de la fin de sa peine et en lui affirmant que cette idée fixe disparaîtrait, lorsqu'il serait en liberté, que je parvenais à lui donner du courage. Enfin, le jour de la sortie arriva! Aussitôt, une transformation extraordinaire se produisit. Il fallut longtemps pour rétablir sa santé horriblement délabrée, mais l'obsession érotique disparut. Cet effet fut-il produit par la liberté que ce jeune homme avait de satisfaire sa passion amoureuse et l'usage qu'il en aurait fait? Non. Lui, qui ne me cachait rien, m'affirma toujours qu'il ne voulait point se livrer à la débauche avec des femmes et que son plus grand désir était de se marier avec une personne honnête, aussitot que sa santé et sa position lui permettraient de le faire. Le remède consista dans le grand air, dans le travail, dans la société, dans la distraction en un mot. Il venait me voir souvent et, chaque fois, je constatais un progrès remarquable dans son état. Il se fit garçon de café et, après avoir économisé une petite somme, il résolut d'épouser une femme d'une trentaine d'années, très honorable et gagnant fort bien sa vie. Depuis le mois de Septembre dernier, il est marié et parfaitement heureux. J'ose affirmer que, s'il était resté deux mois de plus dans sa cellule, il s'y serait pendu ou serait tombé dans un état d'épuisement tel qu'il n'y aurait plus eu moyen de le sauver. Heureusement, il a pu en sortir à temps, mais que serait-il devenu, anéanti, misérable, démoralisé comme il l'était, s'il n'avait point trouvé le patronage pour l'assister ? La prison, au lieu de l'amender, comme elle le devait, en avait fait un pauvre malheureux rongé de vices et incapable de gagner sa vie, destiné à commettre de nouveaux délits ou à se faire ramasser comme vagabond. Il méritait sa peine et devait la subir, mais on aurait dû comprendre qu'en le renfermant dans une cellule, on allait directement à l'encontre du but que l'on se proposait d'atteindre vis-à-vis de lui ; au lieu de le relever moralement, on excitait les vices dont il souffrait ; au lieu de lui inspirer le courage et la force de caractère, on le rendait incapable d'acquérir ces qualités, en l'affaiblissant physiquement et intellectuellement, en en faisant un être nerveux, désespéré, irritable, déséquilibré.

II. — X..., dont je parle également dans mon rapport relatif à l'examen anthropologique des délinquants, est poursuivi, depuis sa jeunesse, par l'idée d'avaler des corps perçants, des aiguilles, des épingles, des hameçons. L'obsession n'est pas permanente ; elle est interrompue quelquefois par des intervalles considérables, durant lesquels X... n'y songe plus que pour s'en étonner. Il a satisfait très souvent cette envie et il y aurait succombé plus souvent encore, s'il n'en avait été empêché par la crainte du mal qu'une telle pratique pouvait lui causer. Ses parents l'ont déjà battu pour le déshabituer de ce vice bizarre ; rien n'y faisait ; « la volupté, me disait-il, que j'éprouve à avaler des aiguilles, dépasse tout ce qu'on peut imaginer. » Il devint soldat. La distraction qu'il trouvait à la caserne lui fit le plus grand bien et, durant les deux années qu'il y passa, son idée fixe ne le tracassa que fort rarement. Un soir, il vola une montre à un individu qu'il ne connaissait pas et qui lui avait offert un verre de bière dans un cabaret. Jamais, il ne parvint à expliquer clairement ce délit, car il n'avait besoin ni de montre, puisqu'il en avait une, ni d'argent, puisqu'il en possédait assez pour satisfaire les goûts très simples qu'il avait à ce moment. Il fut condamné à quatre ans d'emprisonnement, réduits à environ trois années à cause du régime cellulaire. Je le vis très fréquemment dans sa cellule. Il me raconta sa vie et me confia que, depuis son entrée en prison, l'obsession d'avaler des corps aigus l'avait repris avec une violence extraordinaire ; il parvenait à se faire donner des aiguilles, sous prétexte de raccommoder ses vêtements ; jour et nuit, cette idée le possédait ; rien, ni le travail, ni la lecture, ne parvenait à l'en délivrer. Je le fis visiter par un médecin aliéniste, qui alla jusqu'à l'hypnotiser pour essayer de lui arracher cette pensée ; ce fut en vain. La surexcitation produite sur ce pauvre garçon par cet état était réellement lamentable. A certains jours, elle aboutissait à une espèce de désespoir furieux. J'allais le voir souvent ; il me disait qu'il se sentait devenir fou, que ses jambes ne le supportaient plus, qu'il devenait plus petit. Son exaspération avait pour conséquence une conduite détestable : il injuriait les gardiens ; il cherchait à communiquer avec les autres détenus ; il écrivait sur les livres que l'instituteur lui passait ; ces actes entraînaient souvent la mise au cachot durant plusieurs jours. J'aurais voulu le faire sortir de prison avant l'expiration de sa peine ; j'étais persuadé, en effet, que l'emprisonnement, au lieu d'amender ce délinquant, le corrompait, en surexcitant, d'une manière effrayante, l'étrange passion dont il était obsédé. Malgré l'avis conforme du docteur qui l'avait visité, je ne parvins pas à obtenir de diminution. Il fut mis en liberté au mois de Juin 1895. Je me demandais, avec une réelle inquiétude, ce qu'il allait devenir. Il se rendit à Bruxelles, y resta trois semaines, puis revint à Liége. Sa monomanie ne l'avait pas quitté ; cependant, elle était plus douce, moins irritante, depuis qu'il était sorti de la prison et, de plus, elle disparaissait à certains moments. Il chercha une occupation et la trouva ; ce travail servit encore à calmer son esprit ; il arriva que son obsession qui, dans la cellule, ne lui laissait jamais cinq minutes de repos, l'abandonnait durant un quart d'heure, puis durant une demi-heure, puis durant une heure. Aujourd'hui, après dix mois de liberté, il se considère comme guéri. On l'a soupçonné de mensonge, à cause probablement de la bizarrerie des faits, mais on s'est trompé ; les parents de X..., personnes de la plus grande honorabilité, m'ont déclaré qu'il me disait la vérité, en ajoutant même que ce trouble cérébral du pauvre garçon avait toujours été pour eux une cause d'inquiétude et de chagrin.

Ce récit démontre énergiquement l'influence néfaste de la cellule sur les obsessions morbides ; celles-ci, après avoir disparu depuis un long temps chez X..., renaissent avec une violence épouvantable, dès qu'il se trouve soumis à ce régime ; elles s'aggravent jusqu'au jour de la mise en liberté et, à partir de celle-ci, elles s'affaiblissent peu à peu et finissent par s'évanouir. Le patronage a été salutaire envers ce malheureux ; comme il aime à l'affirmer lui-même, c'est cette assistance morale qui l'a sauvé. Au moment où il quitta la prison, il était prêt à commettre n'importe quoi ; sa surexcitation nerveuse, sa souffrance, son exaspération le poussaient à se venger de la fatalité qui pesait sur lui, en s'attaquant au premier venu ; s'il n'avait pas été retenu par des conseils affectueux et par une surveillance délicate, il se serait plongé, sans remords, dans toutes les hontes. Il est donc vrai de dire que l'emprisonnement cellulaire, en excitant l'obsession dont il était victime, favorisait ses penchants criminels ; au lieu de servir à l'amendement du délinquant, sa peine, exécutée contrairement à la raison, ne servait qu'à le pervertir davantage ; c'est le patronage qui a triomphé, mais il aurait fallu bien peu de chose pour qu'il en fût autrement et il serait bien dangereux de compter sur lui pour écarter, dans tous les cas, les périls que provoque la détention solitaire à l'égard de malheureux poursuivis par les obsessions dont nous parlons.

Nous exprimerons nos conclusions de la manière suivante.

Chaque fois que des obsessions morbides seront constatées chez un prisonnier, l'exécution de la peine par l'emprisonnement cellulaire de jour et de nuit devra être remplacée par l'emprisonnement en commun durant le jour et la séparation durant la nuit. Une prison spéciale ou un quartier se rattachant à une maison ordinaire devra être consacré à ces détenus. Le travail en commun qui leur sera imposé sera le travail au grand air, beaucoup plus propre à calmer le cerveau que le travail exercé entre quatre murs. Les Comités de patronage auront soin d'étudier les détenus au point de vue de ces obsessions, de manière qu'aucun d'entre ceux qui en sont victimes ne reste inconnu ; dès qu'ils en soupçonneront l'existence, ils préviendront l'administration des prisons, laquelle fera procéder, sans retard, à un examen pathologique destiné à constater d'une façon certaine l'état de l'individu.

Relations du droit et de l'anthropologie.

Rapport présenté par M. Ignace ZAKREWSKY, *sénateur,*
à St-Pétersbourg.

Il ne peut être douteux, pour quiconque voudra examiner sans parti pris la question des relations du droit et de l'anthropologie, qu'un grand nombre de théories émises sous la dénomination collective d'« anthropologie criminelle » (voir les doctrines sur le type criminel, sur le criminel-né, sur l'atavisme du crime, ainsi que d'autres hypothèses hasardées et assertions mal fondées) ont sombré définitivement sous les coups de la critique scientifique et du simple bon sens.

Nous ne sommes plus enclins maintenant — malgré les exagérations de la première heure — à rendre la nature même responsable de certains faits de pure convention sociale, et à confondre arbitrairement des données biologiques avec nos idées reçues sur ce que nous considérons comme crime, — idées qui varient énormément selon les époques et les différents points du globe terrestre, tandis que la conformation des crânes et des oreilles varie très peu. Nous continuons à reconnaître qu'il y a, parmi les individus que nous nommons criminels, beaucoup d'êtres mal conformés au physique et au moral, et à étudier leurs anomalies, mais nous ne les prenons pas sérieusement pour une variété, une espèce particulière de la race humaine, comprenant bien que les anomalies sont l'effet d'un grand nombre de causes, tant biologiques que sociales et indépendantes des idées que la société se fait, à telle époque ou en tel lieu, sur ce qu'elle appelle crime. Nous n'admettons pas non plus que ces anomalies puissent jamais arriver à constituer un type héréditaire se continuant indéfiniment dans l'avenir.

Au début, on a déclaré que l'on avait fait une grande découverte, et trouvé une nouvelle variété de l'espèce humaine, s'appelant *l'homme criminel*. Et, comme l'anthropologie traite de l'histoire naturelle de l'homme et de toutes ses races, on a donné à la science qui devait s'occuper de la nouvelle race humaine le nom d'anthropologie criminelle. C'était évidemment une désignation quelque peu fantaisiste. Si l'on avait voulu faire des études spéciales sur les individus de la race humaine, hommes et femmes, portés constamment à faire le bien et à éviter le mal, en les considérant en même temps comme une variété particulière de l'espèce, on aurait pu au même titre fonder une *anthropologie vertueuse*.

Mais bientôt, aux recherches biologiques se rapportant à la soi-disant variété criminelle de l'espèce humaine, grâce à l'impulsion donnée aux nouvelles études par un grand nombre de savants, est venue se joindre une série de recherches sur l'étiologie du crime au point de vue social, sur les statistiques criminelles, sur l'imputabilité, la prévention, la répression, les formes du procès, etc., sujets rentrant dans le domaine de la sociologie et de la jurisprudence. On a bien parlé de la sociologie criminelle, de la criminologie, mais on a continué à confondre les notions et les études les plus diverses, sous la dénomination d'anthropologie criminelle.

En même temps, les anthropologistes sérieux observèrent qu'il n'y avait au fond rien d'anthropologique dans ces nouvelles théories et qu'on avait simplement abusé du nom de l'anthropologie pour l'appliquer à un dédale de conceptions et postulats puisés à différentes sources et qu'on ne pouvait unir par le lien synthétique propre à toute science.

Mais, malgré tout ce qui vient d'être dit, malgré les travaux de la critique scientifique, le nom d'anthropologie criminelle subsiste encore et on entend, paraît-il, sous cette dénomination vague, un faisceau de connaissances diverses appartenant aux domaines de la biologie, de la sociologie et de la jurisprudence, mais unies en vue d'un but commun et non moins vague, vu la diversité des moyens à employer pour l'atteindre, — la lutte contre le crime. Si on réunissait toutes les sciences médicales, chirurgicales, pharmaceutiques et thérapeutiques en une seule et unique science, confondant leurs objets, leurs buts et leurs méthodes, sous prétexte qu'elles tendent toutes à la lutte contre la maladie, je ne crois pas qu'on ferait un grand progrès dans la classification des connaissances humaines. Cependant c'est la même confusion qui règne maintenant dans le domaine de ce que l'on continue à appeler l'anthropologie criminelle.

Si l'on veut garder ce terme conventionnel, comme ayant acquis un certain droit de cité, il faudrait au moins lui donner un sens plus clair. On devrait dire que l'anthropologie criminelle ne peut être autre chose que la psychopathologie ou la psychiatrie légale entendant sous ce nom une branche de la psychiatrie générale et de plus une discipline se basant sur les données de la physiologie et n'établissant pas de dualisme arbitraire en séparant le corps de l'esprit.

Cette science doit se composer du résumé de toutes les connaissances physiologiques et pathologiques, psychologiques et psychiatriques propres à fournir au législateur criminel les données nécessaires pour résoudre la question d'imputabilité et de ses dégrés, ainsi que pour établir un système de peines efficaces. Elle doit donner aussi aux tribunaux tous les éclaircissements utiles pour asseoir leurs jugements dans les affaires criminelles et civiles, ayant quelque contact avec l'état physique et mental des accusés ou des parties. C'est une source *auxiliaire de la jurisprudence*. Outre les données générales des connaissances susdites, elle doit être basée sur un grand nombre d'observations et d'expériences sur les sujets dits criminels.

Autre chose est la sociologie criminelle qui envisage le crime comme un phénomène social et recherche les causes immédiates ou éloignées qui donnent naissance à la criminalité au sein des sociétés humaines. Ayant pour objet d'observation non pas l'individu mais la société en masse, usant des statistiques comme d'un des moyens les plus propres à sa méthode, opérant sur de vastes espaces et de longues époques, la sociologie criminelle éclaire le législateur sur ce qu'il doit désigner comme crime à un moment donné de l'évolution historique et sur les moyens les plus efficaces pour le prévenir et le réprimer. En même temps, cette science élargit les idées du juriste sur le phénomène de la criminalité, en le rattachant à ses causes et en indiquant les armes qui ont servi avec succès à le combattre à différentes époques et dans différents pays, ainsi que les autres moyens dont on a voulu se servir comme armes, et qui n'ont fait qu'aggraver le mal.

La question d'imputabilité et de responsabilité reste toute entière du domaine de la jurisprudence. C'est la loi de l'état qui établit souverainement la notion du crime selon les idées morales dominantes et les intérêts à sauvegarder. Toute théorie sur le délit naturel n'est qu'une pure chimère. C'est le magistrat, représentant de la loi, qui doit reconnaître si tel délinquant est responsable devant elle.

La psychiatrie moderne a étendu le domaine de l'aliénation mentale. Elle nous a enseigné qu'il n'existait pas de ligne mathématique séparant la raison de la folie, mais qu'il y avait, au contraire, entre elles, une grande zone intermédiaire où se posent si souvent de palpitants problèmes de psychologie. La psychopathologie légale, comme branche de la psychiatrie, celle notamment qui s'occupe spécialement des cas et des sujets soumis à l'action de la loi pénale ou ayant quelque contact avec elle, nous engage à réformer nos théories sur l'imputabilité, à admettre des degrés dans la responsabilité, à établir un système pénitentiaire qui prendra en considération sérieuse l'état physique des délinquants ainsi que toutes leurs particularités pathologiques individuelles et, entre autres, à créer, pour les demi-responsables, des asiles spéciaux ou prisons-asiles « sans chaînes, cachots ou châtiments » au lieu des mêmes peines infamantes pour tous.

Mais, tout de même, la psychopathologie légale ne saurait substituer le médecin au juge, les sciences médicales à la jurisprudence, comme on tente de l'admettre grâce à la confusion des notions qui règne actuellement. Le magistrat n'abdiquera ses pouvoirs séculaires devant qui que ce soit, fût-ce une commission de médecins ou une assemblée de sociologues.

Ainsi, les sciences juridiques et, parmi elles, la science pénale, doivent garder leur position autonome dans la hiérarchie des connaissances humaines et l'idée de confondre sous le titre d'anthropologie criminelle des disciplines spéciales et diverses, parce qu'elles poursuivent, soi-disant, le même but, ne peut contribuer ni à la facilité, ni à la clarté des études.

Je conclus en disant que les relations du droit et de l'anthropologie proprement dite sont à peu près les mêmes que celles qui existent entre le droit et la géologie ou l'astronomie et que l'anthropologie du crime ou de la vertu n'est qu'un abus de mots. Mais il existe vraiment une science qu'on pourrait nommer la psychiatrie ou, dans un sens plus large, la psychopathologie légale. Elle comprend l'étude de toutes les déviations anormales de l'être humain, —de ce qu'on appelle son corps et son esprit,— déviations donnant naissance aux instincts et tendances qui aboutissent à des actes que la société qualifie du nom de crime. C'est l'« anthropologie criminelle », si on le veut bien, sans son nom qui donne une idée fausse et sans ses empiétements sur le terrain sociologique et juridique. Cette science est un allié précieux du droit. C'est aux savants qui la représentent à lui donner une définition exacte, à indiquer ses limites et ses méthodes, ainsi que la place qu'elle doit occuper dans la hiérarchie des autres sciences.

Les modes de prévenir l'évolution de la criminalité.

Rapport présenté par M. le Dr Jean MALIAREWSKY
Directeur de l'Institut médico-pédagogique de St-Pétersbourg.

La science moderne admet que la criminalité de l'homme est la suite de sa dégénérescence.

La théorie de la dégénérescence se fonde sur l'étude des conditions et des caractères de l'extinction du genre humain. Ses principaux facteurs sont l'hérédité pathologique, la misère et l'ignorance. Elles s'engendrent et se soutiennent réciproquement. Une suite de générations maladives, dissipant stérilement leurs ressources matérielles, ainsi que la misère enlevant à l'enfant sa nourrice maternelle et s'exprimant par la décadence de la vie économique à tel point que la faim vide le sein de la mère, nous donnent toutes les formes passives de dégénérescence et d'extinction. L'ignorance sous toutes les formes possibles — excès de toutes sortes, négligence par rapport aux conditions extérieures de la vie, insouciance des problèmes et des conditions de l'éducation, mépris complet des intérêts de la vie sociale et politique, — renforce encore les deux premières conditions. Les maladies aiguës, les traumas, n'y ajoutent que peu de choses, mais l'ensemble de toutes ces conditions représente la source principale des crimes et fait que la lutte avec la criminalité équivaut à une lutte avec les conditions de la dégénérescence.

La dégénérescence étant un processus pathologique, on peut supposer que le rétablissement de la santé sociale appartient exclusivement à la médecine. Mais, prenant en considération les facteurs de ce processus, nous devons reconnaître que les moyens de les combattre doivent réunir des forces capables de concourir simultanément au rétablissement de la santé sociale, au développement de la prospérité et à la propagation de l'instruction. Ce n'est que l'action simultanée de ces forces qui produira la renaissance sociale.

Comme processus pathologique, la dégénérescence se manifeste sous différentes formes, à différents âges. La première enfance montre l'état morbide par son hérédité, par des caractères anthropologiques et par des particularités caractéristiques des fonctions des organes du sommeil, de la respiration, de la nutrition, du mouvement et de la parole. Cet âge se trouve sous la surveillance de la famille. Les soins qu'exige le développement ultérieur de l'organisme de l'enfant sont du ressort de l'école, mais il peut se présenter les deux cas suivants : l'école ne reçoit point l'enfant ou bien elle l'expulse.

L'administration publique, prévoyant la nécessité de s'occuper des déshérités de la nature, a déjà séparé les questions de l'éducation des enfants normaux de celle des enfants anormaux. Mais tout cela est si récent, que la question même des maisons d'éducation où l'on pourrait les placer, n'est pas encore résolue. L'un des meilleurs établissements, à Daldorf, est situé près d'un asile d'aliénés ; nous trouvons la même chose à Paris, Bicêtre, Vaucluse. L'éducation de ces enfants n'est pas du ressort de la thérapeutique. Elle exige un personnel spécialement instruit et un aménagement correspondant au but de l'éducation. Autrement, les établissements à organiser manqueraient du personnel nécessaire. Où le prendre, si dans aucun pays du monde civilisé on ne trouve de chaire d'anthropologie et de médecine pédagogique ? Cependant, cette branche de la science, qui traite des questions où la médecine et la pédagogie se lient intimement, contient les bases de la régénération de l'homme, considéré comme un être rigoureusement soumis aux lois de la nature et de l'existence sociale.

La réalisation pratique des indications de la science doit être confiée à des établissements médico-pédagogiques, dont l'organisation est toute particulière et n'a rien de commun avec les établissements pour les enfants bien partagés de la nature. Un enfant normal possède l'aptitude à se développer, comme un oiseau possède des ailes. Il a besoin seulement d'indications, tandis qu'un enfant déséquilibré a besoin d'être guidé et soigné constamment. De plus, les forces de l'homme dégénéré ne sont point capables de résister dans le combat de la vie ; il exige une sollicitude continuelle dans son existence ultérieure et le meilleur genre d'école, pour lui, est « la colonie scolaire agricole », établissement mettant l'homme en face de la nature.

Les « colonies » doivent être pourvues de terres pour y établir les élèves arrivés à l'âge adulte, mais exigeant néanmoins des soins prolongés. Recevant, sous une direction régulière, une éducation et une instruction conformes aux forces de chacun, ils peuvent ensuite prendre part à toutes les branches de l'activité humaine et embrasser la voie de la régénération. Les besoins organiques de l'homme : la nutrition, la respiration, le sommeil, le mouvement, servent de sources à ses impulsions naturelles et sont universellement reconnus comme indispensables à son existence.

Lorsque ces besoins ne trouvent point leur satisfaction régulière, toute la société est criminelle et l'initiative de l'établissement des colonies scolaires agricoles doit être l'affaire de la société elle-même, soutenue par l'administration supérieure.

Dans ce cas, les moyens palliatifs actuels : établissement de prisons, d'asiles pour les aliénés et surtout pour les criminels mineurs, ne seront plus qu'un anachronisme complet. Les prisons et les hospices d'aliénés sont remplis à l'excès, tandis que la société devrait commencer la lutte contre la dégénérescence de l'homme depuis sa plus tendre enfance.

THÈSES

1. Le personnel pédagogique indispensable pour les établissements scolaires et médico-pédagogiques ne peut être obtenu qu'après la fondation d'une chaire de pédagogie et d'anthropologie pédagogique.

2. L'organisation d'instituts médico-pédagogiques et de colonies scolaires agricoles est l'unique moyen de régénérer les enfants prédisposés à la dégénérescence.

3. Un Congrès médico-pédagogique international est indispensable pour discuter la question de l'organisation de ces colonies.

Relation entre la prédisposition héréditaire et le milieu domestique pour la provocation du penchant criminel.

Rapport présenté par M. B. ALIMENA, *professeur à l'Université de Naples.*

La loi de l'hérédité est une loi plus qualitative que quantitative. Elle nous dit que le produit héréditaire est donné par:

x caractères paternels $+$ y caractères maternels $+$ z caractères ataviques $+$ k caractères acquis;

mais elle ne nous dit pas quelle est la valeur de x, de y, de z, de k. Donc la loi de l'hérédité se vérifie toujours, de la même façon, aussi bien dans l'hypothèse $x = 1$, que dans l'hypothèse $x = 99$.

Mais, dans la deuxième hypothèse, nous aurons un fils qui ressemble beaucoup à son père — c'est-à-dire un cas de véritable *hérédité;* tandis que dans la première, nous aurons un fils, qui lui ressemble très peu, — c'est-à-dire un cas d'*innéité*. Et cela n'est pas tout.

Lors même que l'on a un produit, reproduisant les caractères héréditaires, nous ne pouvons pas dire que nous nous trouvons vis-à-vis d'un phénomène d'hérédité physique et psychique. Dans le plus grand nombre de cas, le travail de l'hérédité vient se fondre et se confondre avec le travail inconscient de l'imitation et avec l'influence suggestive du milieu. Pour avoir un penchant, purement et absolument inné, nous devrions le trouver en complet antagonisme avec le milieu dans lequel il s'est développé.

De même, pour avoir un penchant purement et absolument héréditaire, nous devrions le trouver parmi des enfants éloignés du milieu vicieux de la maison paternelle. Mais ce sont là des conditions presque irréalisables.

Le criminel A. B. et le criminel G. B., dont nous parle Lombroso, étaient, c'est vrai, des dégénérés avec des penchants criminels très forts; mais le premier avait aussi un frère voleur, une sœur prostituée et une mère criminelle, tandis que le deuxième était fils naturel et assistait aux sévices continuels, dont le père usait contre la mère.

Par conséquent, s'il est probable qu'ils avaient hérité les caractères de la mère et du père, il est aussi également probable — au moins dans la même mesure — que le spectacle de l'immoralité et de l'inconduite des premières personnes qu'ils connurent et aimèrent, ait gravé dans leur conscience une tache ineffaçable.

Les données du *Reformatory at Elmira* nous en offrent des preuves saisissantes. Il est vrai que les ancêtres des jeunes criminels étaient fous ou épileptiques, dans le rapport de 12,3 %; mais il est aussi vrai qu'ils étaient sans éducation, dans le rapport de 13,1 %. Les cas d'ivresse, chez les pères, se trouvaient dans la proportion de

33,8 %; mais il est certain également qu'elle agit, non seulement comme cause de dégénérescence, mais même comme cause de misère, d'immoralité et de débauche.

Les jeunes criminels ont une faible capacité mentale, dans la proportion de 81,1 %; mais ils ont aussi le manque absolu d'éducation, dans la proportion de 19,3 %. Ils présentent le manque de susceptibilité aux impressions morales, dans le 33,8 % des cas; mais ils présentent aussi l'habitude des mauvais compagnons, dans le 55,3 % des cas. Ils sont dépourvus de sens moral, dans le rapport de 39,7 %; mais ils ont vécu dans un milieu immoral, dans le rapport de 54,1 %.

Nous pourrions donner des centaines d'exemples, mais je me borne à en donner six, où il s'agit d'individus que je connais personnellement.

I. Famille C. Le père a été condamné pour un assassinat très cruel. Le fils, resté seul, vécut, dès sa neuvième année, chez des parents de la mère. Il devint un modèle d'honnête homme.

II. Famille P. C'est une famille de brigands. Les fils des suppliciés, après la révolution italienne, transportés dans un autre milieu, devinrent de bons travailleurs.

Mais il y a des cas bien plus saisissants, parce qu'ils nous donnent une démonstration *a contrario*.

III. Famille C. Le père et le fils aîné sont criminels. Le deuxième fils, qui quitte la famille pour suivre Garibaldi, est un très honnête homme. Mais, la misère va faire renaître les penchants de l'aïeul dans les fils de celui-ci.

IV. Famille F. La mère fut l'entremetteuse de deux de ses filles. La troisième qui ne connut pas sa mère est une jeune fille très honnête.

V. Famille A. Le père est voleur et *camorriste* napolitain. Le premier fils, qui a toujours vécu avec lui, est presque le portrait de son père. Le deuxième qui, dès l'âge de trois ans, travaille dans une autre ville, est un jeune homme normal.

VI. Famille M. Famille honnête. Un fils qui, dès ses premières années, a vécu dans un autre pays et dans un milieu immoral, est le type de l'inconduite.

Mais nous pouvons faire une démonstration *a fortiori*.

Il est bien connu, que, dans les familles malades d'une névrose héréditaire, les fils, qui s'éloignent dès leurs premières années, sont moins atteints que ceux qui restent dans leur maison.

Les lois de l'imitation, de la contagion, de la suggestion inconsciente nous expliquent cela. Donc, nous nous croyons autorisé à présenter les conclusions suivantes:

I. — Au point de vue théorique: dans la production des penchants criminels, le milieu domestique exerce certainement une influence parallèle et concurrente de la prédisposition héréditaire. Mais, dans l'état actuel de nos études, nous ne pouvons pas dire le *quantum* de l'un et de l'autre.

II. — Au point de vue pratique: il faut conseiller que les enfants soient soustraits, le plus tôt possible, à leurs milieux corrompus, pour être envoyés dans des milieux sains et honnêtes.

L'influence du droit positif sur les actes punissables.

Rapport présenté par le Dr Julius OFNER, *avocat à Vienne.*

I. — Chaque état (association d'hommes organisés) défend son ordre présent (positif) contre les attaques qu'on appelle méfaits. La défense est déterminée par l'auteur de l'attaque. Est-il enfant, il faut l'élever. La nature primitive est égoïste, la morale n'est que secondaire (Meynert); il y a peu d'hommes qui n'aient pas besoin d'influence extérieure, ou qui n'en soient pas capables. Est-il fou, il faut se défendre contre lui physiquement comme contre un animal nuisible. Est-il adulte et capable de réfléchir, la répression est psychologique ou mixte avec une sauvegarde physique. Cette répression se nomme ordinairement *peine*. Sa distinction d'avec la sauvegarde purement physique a des avantages, mais il faut considérer qu'elles se confondent et que la distinction dans les cas douteux est souvent difficile, souvent impossible. C'est à l'école italienne qu'appartient le mérite de l'avoir reconnu. A l'idée de peine correspond celle de *crime* dans le sens large. Crime, c'est l'action qui est sujette à la répression psychologique (action punissable).

II. — Dans la recherche des actions punissables, du caractère et des motifs de leur auteur, on part souvent d'un préjugé. L'état défend *son ordre présent*. On l'identifie avec l'ordre ou le bon ordre, on le regarde comme inattaquable et on regarde tout acte punissable par la loi, comme anormal scientifiquement. Cette supposition généralisée est fausse et l'un des plus célèbres représentants de l'anthropologie criminelle, le professeur Benedikt de Vienne, l'a reconnu inconsciemment, ce qui en est une preuve bien frappante. Benedikt d'après l'anthropologie, a divisé les hommes en 4 classes : l'homme noble, l'homme ordinaire, l'homme canaille et l'homme criminel. Il distingue les deux dernières classes en ce que l'homme criminel viole la loi, tandis que l'homme canaille se sert d'elle pour atteindre un mauvais but. Ce caractère distinctif n'est pas essentiel. Il dérive de la loi positive. L'obéissance à la loi est sans doute un motif très fort pour faire ou omettre une action et elle doit l'être, mais elle n'est qu'un de ces motifs et, en essence, il est indifférent par exemple que quelqu'un exploite son prochain en violant une loi sur l'usure ou en l'absence d'une pareille loi.

III. — Pour bien apprécier la différence entre l'ordre présent et le bon ordre, il faut reconnaître la nature de la loi positive (norme de droit positif). La loi positive n'est pas en rapport d'analogie avec la loi naturelle. Les actions des hommes sont déterminées et nous pouvons trouver des lois qui sont des lois psychologiques (individuellement psychologiques) ou, si elles concernent la vie commune, sociales, (socialement-psychologiques). Mais la loi positive n'a pas de ressemblance avec ces dernières. Elle ne désigne pas un rapport continuel (général) entre des phénomènes sociaux découverts par la science, mais plutôt *un fait spécial*, une mesure d'opportunité du législateur, qu'il soit une personne ou une corporation ou même plusieurs personnes ou plusieurs corporations. Elle peut donc être comparée à une machine, à un mécanisme atteignant un but, construit selon des lois naturelles. Toute loi positive est une machine sociale ou en est une partie intégrante. Il faut considérer en elle, comme dans une machine technique, à quel but elle tend et de quels moyens elle se sert. L'opportunité du moyen démontre l'habileté pratique du législateur; le but démontre sa morale. Le législateur est un homme ou une collectivité d'hommes; il n'a rien de surnaturel, ni de supérieur. Le contenu de la loi est donc marqué par tous les motifs qui, en général, déterminent la pensée et la volonté de l'homme.

Sur cette notion de la loi positive, envisagée comme une mesure d'opportunité concrète et spéciale, repose la méthode inductive de la jurisprudence, dont dépend le progrès de cette science, tout comme le progrès des sciences physiques a commencé dès l'introduction de la méthode inductive.

Si l'on considère la loi comme une machine, il est évident qu'il peut exister une loi bonne ou mauvaise. Le législateur peut être un Néron ou un Titus.

IV. — Les motifs de la volonté humaine sont intérieurs ou extérieurs. Les intérieurs se divisent en durables, que nous comprenons sous l'idée générale du caractère intellectuel de l'homme, ou momentanés (p. ex. faim, ivresse, émotion, etc.). Les motifs les plus efficaces et durables sont en général *a)* l'intérêt, *b)* l'habitude de penser, qui est formée par l'éducation, l'entourage, l'étude, la lecture, la méditation. En examinant l'origine indirecte, on trouve que cette habitude, elle aussi, a été formée ordinairement par l'intérêt; mais pas toujours par l'intérêt de celui qui pense. On trouve p. ex. que dans les pays où la dépendance des paysans fut supprimée dans le courant du 19e siècle, le sentiment de dépendance agit encore à présent comme habitude de penser. Comme sur l'individu isolé, l'intérêt et l'habitude de penser agissent aussi sur une collectivité d'individus en pareille situation, sur les familles, les classes, les partis. Mais le législateur sort des familles et classes dominantes; elles le désignent par la majorité ou le déterminent. Le législateur, comme un autre, est sujet à l'intérêt individuel; mais il ne devrait pas l'être et voilà pourquoi cet intérêt se cache sous celui de la famille et de la classe. Celui-ci non plus ne doit pas paraître ouvertement et aime à se cacher sous l'intérêt public. Mais la dissimulation n'est jamais complète et dans chaque législation les intérêts des partis dominants se manifestent. La législation a pour but de fixer l'organisation de la société conformément à ses intérêts, de cristalliser les conditions du pouvoir actuel et de les couvrir du manteau tutélaire de droits inviolables ou acquis. Cet ordre dure-t-il longtemps, il est aussi appuyé par l'habitude de penser et souvent on lui attribue alors une origine supérieure. Si les conditions du pouvoir changent, le pouvoir ancien légalement cristallisé s'oppose au nouveau comme le *droit* au fait ou au fait injuste.

V. — La loi en tant que machine sociale peut être mauvaise quant aux moyens; c'est ce qui a lieu lorsque le législateur n'a pas reconnu les vraies lois sociales et que pour ce motif sa mesure n'atteint pas le but, p. ex. si la peine au lieu d'apaiser le peuple le fait révolter. Elle peut être mauvaise quant au but, si elle favorise l'intérêt des partis dominants aux dépens du bien public. Si la loi est mauvaise, on ne peut pas sûrement conclure de sa violation au mauvais caractère de l'auteur. Si le législateur ou le magistrat s'est trompé dans le choix du moyen, des hommes d'un caractère normal, même d'un tempérament calme deviennent punissables. On peut s'en convaincre quand on assiste à une réunion agitée. Lorsque l'organe de surveillance agit de sang-froid, l'excitation se dissipe ; lorsqu'il est irrité, de nombreuses personnes sont emprisonnées. Mais si le but de la loi est mauvais, ce sont les hommes les meilleurs qui s'élèvent pour défendre le bien public. Ils sont alors souvent punis comme criminels, tandis que le juge scientifique et supérieur aux partis ne voit en eux que les martyrs de la bonne cause. La lutte entre la loi et les hommes supérieurs (je divise les hommes au point de vue moral en supérieurs, communs ou moyens, et inférieurs) a lieu particulièrement lorsque, par un changement des conditions sociales, la pression que le parti dominant exerce sur l'opprimé devient plus forte. La sensation de l'injustice contenue dans cette pression s'éveille d'abord dans quelques natures d'élite qui s'élèvent contre la loi en faveur des opprimés et qui sont traitées en criminelles; ensuite, lentement, une quantité plus grande d'hommes éprouve la même sensation, l'opposition grandit, jusqu'à ce qu'enfin la résistance du parti dominant soit brisée et que le nouveau principe devienne lui-même la loi. — C'est pourquoi le philosophe Nietzsche appelle le fondateur d'une nouvelle morale « celui qui rompt, celui qui corrompt. »

VI. — Nous sommes aujourd'hui témoins d'un pareil changement de mœurs et de lois, et celui qui demeure dans un pays comme l'Autriche, où la plupart des lois datent encore d'avant 1848, peut clairement s'apercevoir du contraste entre l'ordre légal et l'ordre qui correspond au sentiment du droit. Limitons-nous à la loi pénale ; nous y reconnaissons l'influence de la loi positive sur la culpabilité surtout chez les partisans de deux grandes idées, l'idée nationale et sociale. Depuis l'apparition des deux idées, ils ont été par myriades condamnés comme criminels pour haute-trahison, crime de lèse-majesté, rebellion, attroupement, résistance contre l'autorité, offense aux magistrats, pour des réunions clandestines ou non autorisées et d'autres crimes politiques. Il se produit aussi des crimes contre les particuliers dans les collisions, surtout des homicides, blessures, coups volontaires, dommages, offenses. Ces actes sont l'œuvre des deux partis, mais les opprimés seuls sont punis. Aujourd'hui le parti national dans plusieurs pays (Allemagne, Italie, Hongrie) est parvenu au pouvoir et parfois il traite à son tour ses adversaires en criminels. Les défenseurs de la classe pauvre sont encore poursuivis partout, mais si l'on compare les législations de différents pays, on trouve que les actions réprimées par une loi ne le sont déjà plus par l'autre. Quant aux crimes purement politiques, on est déjà en général persuadé qu'ils ne doivent pas être traités en crimes dans le sens scientifique, mais seulement en luttes de partis. Il est vrai que Lombroso suppose une dégénérescence même chez les délinquants politiques, comme il compare le génie à la manie; mais la cause en est que cet homme de génie a l'idéal trop bas, que d'un homme médiocre il fait un homme moyen et de celui-ci un homme normal. C'est un bonheur pour l'humanité que les hommes supérieurs de la science et de l'art, de la technique et de la morale, s'abandonnent naïvement à leur nature et ne soient pas distraits par la pensée qu'ils sont sérieusement comparés à des fous.

VII. — Mais l'influence de la loi positive se montre aussi dans les crimes communs. En Autriche, l'état militaire autorise, oblige même à blesser quelqu'un. Le duel est défendu, mais l'officier qui ne se bat pas en duel est dégradé. Le soldat qui se croit offensé peut et même doit faire usage de son arme, il n'est pas puni quand il blesse l'autre grièvement. De même, le maître est autorisé à punir corporellement le domestique ou l'apprenti ; s'ils se défendent, ils sont punis. D'autre part, l'homme qui surprend sur le fait l'amant de sa femme et le tue est un meurtrier ordinaire et condamné à être pendu (si le tribunal n'admet pas qu'il était en état de démence au temps de l'action). Quant aux délits de mœurs, l'entremetteuse et la fille vendue sont punies, l'acheteur reste impuni. L'influence du rang saute aux yeux surtout dans les délits contre les propriétés. Dans toutes les classes du peuple, il y a des personnes qui se procurent les moyens de vivre d'une manière illégitime. Le pauvre, qui est exclu de tout commerce, n'a que le vol. Le marchand prend à crédit, dépense l'argent et se déclare en état de faillite. Le noble recourt aux usuriers. Comment juge-t-on ces actions ? Le vol d'après le code autrichien est durement puni ; la peine est la réclusion, même si la somme soustraite est minime. Le banqueroutier qui sans excuse a fait disparaître des milliers de florins n'est condamné que pour délit. Dans le troisième cas, ce n'est pas le débiteur qui est enfermé, mais celui qui a donné l'argent. Et pourtant la pauvreté atténue le méfait, l'amour du luxe l'aggrave. Sont traités comme vols l'appropriation de pain par faim, le ramassage de baies, de bois, de paille tombés dans une forêt étrangère, la chasse et la pêche dans le domaine d'autrui. Dans un village de la Galicie, les habitants avaient depuis les temps les plus réculés pêché librement dans un étang. Peut-être l'étang avait-il été au moyen âge propriété de la commune et ensuite confisqué par la seigneurie à l'aide des jurisconsultes romanistes. Soudainement la seigneurie défendit la pêche. On en vint au procès, la seigneurie eut gain de cause. Les paysans, persuadés de leur droit, ne voulurent pas se soumettre au jugement et furent punis comme voleurs. En Bavière, un cas pareil fit, en 1894, naître une révolte des paysans et maintenant la chambre s'occupe de corriger la loi.

VIII. — Je pourrais augmenter ces exemples et les classer ; je pourrais de même utiliser les lois d'autres états et d'autres temps. Pour le but de ce rapport ce ne sera pas nécessaire ; les exemples suffiront pour reconnaître que les crimes contre les particuliers ne sont souvent, eux aussi, que des conséquences de la distribution positive des biens qui parfois force l'individu à une défense légitime de sa vie ou du moins excuse sa résistance. Deux fois par semaine il faut que l'homme mange, — dit un philosophe anglais — si possible par des moyens honnêtes.

Je viens de constater que les criminels ne sont pas toujours des natures inférieures (je ne parle pas seulement des criminels d'occasion). Plus importante encore est la considération que dans la vie ordinaire on trouve des hommes dont le caractère est inférieur même à celui de ceux qui sont punis avec raison et qu'on les trouve parfois respectés et en haut rang dans les classes dominantes, parce que la loi positive est écrite et appliquée en leur faveur. Dans l'état noble, on trouve plutôt la brutalité, dans celui de la bourgeoisie l'avidité des richesses, conformément à l'occupation habituelle de la classe. Des exemples seraient odieux, tout observateur de la société les trouve par douzaines. Tout cela prouve que la prison ne forme pas de cloison entre les hommes moyens et inférieurs. Avant de juger les individus d'après la loi, il faudrait rendre normale la loi elle-même. L'investigation qui s'occupe de tirer des lois de psychopathologie des matériaux qui lui sont livrés par les prisons, n'est pas une science particulière, elle a seulement un domaine particulier d'observation. Elle ne doit pas oublier que le commandement de la loi n'est qu'un des motifs qui déterminent l'homme, tandis que seulement la totalité des motifs, le caractère général de l'individu, peut être l'objet d'une investigation scientifique.

IX. — Pour que les hommes vivent ensemble en harmonie et d'une manière digne de l'homme, la société exige avec raison de ses membres un certain degré d'intelligence, d'attention, de probité et de force de caractère (courage et empire sur soi-même). J'appelle cela le minimum de caractère social (Méthode inductive p. 21). Ce minimum manque-t-il à quelqu'un, il est inférieur, et, si par là il trouble la paix, il est punissable. La liberté de la volonté comme cause de la responsabilité consiste en cela que le minimum de caractère peut empêcher l'action, c'est-à-dire que l'individu est sain d'esprit et qu'il manque un motif plus fort qui l'emporte sur le minimum (p. ex. contrainte). On peut par cela distinguer les qualités bonnes ou sociables, qui aident à vivre ensemble et d'accord (compassion, empire sur soi-même, etc.), des qualités mauvaises ou antisociables, qui l'empêchent (égoïsme, malignité, partialité, intolérance, etc.) et des qualités indifférentes au sens social. Chez la plupart des hommes les qualités bonnes et mauvaises sont mêlées de manière que le même caractère paraît une fois bon, l'autre fois mauvais. Chacun a les défauts de ses vertus, parfois les vertus de ses défauts. Il n'y a ni hommes tout à fait mauvais, ni hommes sans défauts. Plus instructive encore que cette observation est cette autre, que les motifs les plus efficaces des actions humaines sont indifférents; et la thèse de Spinoza qu'il y a deux vices qui ont été plus utiles à la société humaine que toutes les vertus: l'avidité et l'ambition, est aussi vraie que surprenante. Ce mélange des qualités du caractère prouve de nouveau quelle influence la position sociale a sur la culpabilité. Le même homme qui est maudit de tout le monde comme chef de brigands serait devenu peut-être dans une autre position sociale un général célèbre, le voleur rusé un administrateur prudent, la fille de joie une active ménagère. La plupart des hommes sont des caractères moyens. L'indigence, la mauvaise éducation, l'entourage corrompu les rendent mauvais; dans l'aisance, avec une meilleure éducation et un meilleur entourage, ils deviennent des hommes bons ou moyens. En considérant toute la vie dès la naissance, on peut dire que pour la plupart des hommes la criminalité ou non-criminalité est un hasard.

X. — Chez le législateur aussi il faut distinguer des qualités bonnes, mauvaises et indifférentes; le législateur aussi est régulièrement homme moyen. Mais il peut lui manquer aussi le minimum de caractère et il peut être malfaiteur au sens scientifique. Si l'on considère sa mission, de protéger pareillement toutes les classes et tous les partis, il est plus souvent coupable qu'on ne le veut confesser. Il y a peu de lois qui soient absolument bonnes ou mauvaises. D'ailleurs une loi vraiment bonne, parce qu'elle ne convient qu'à la grande quantité des cas, peut être dure et injuste dans des cas isolés. Le législateur devant le tribunal de la science ne s'élève pas au-dessus d'autres hommes: reconnaitre cela, c'est le commencement de l'investigation scientifique.

J'arrive à la fin:

a) La loi positive ne peut pas former un δός μοι που στω, une mesure fixe pour juger les hommes d'après elle. Pour la science elle n'est qu'un *fait* social; un fait important, qui a beaucoup de conséquences, mais enfin rien qu'un fait.

b) L'obéissance envers la loi et l'autorité ne peut pas davantage servir de mesure absolue pour le caractère. Sans doute elle est une bonne qualité, mais elle peut être surmontée par d'autres motifs soit indifférents, soit même bons, et d'autre part l'obéissance est bien facile, quand on n'a pas à se plaindre.

c) Le crime positif (crime contre un droit positif) n'est donc pas une notion scientifique, et il n'y a pas de science particulière, qui ait pour base la différence essentielle entre le criminel et le non-criminel. Il peut se détacher de la psychopathologie une branche qui s'occupe principalement des qualités sociales (importantes pour la société) et qui prend les matériaux des prisons comme objet particulier d'observation. Mais ce n'est pas une science particulière de l'anthropologie criminelle, ce n'est qu'une branche de la psychopathologie ou de l'anthropologie psychopathologique, qui a pour matériaux d'investigation les criminels ; et jamais elle ne doit oublier qu'en général les hommes sont égaux au point de vue moral comme à tous les autres.

Les Persécutés processifs.

Rapport présenté par MM. Gilbert BALLET, *professeur agrégé à la Faculté de médecine de Paris, médecin de l'Hôpital Saint-Antoine et* J. ROUBINOVITCH, *chef de clinique des maladies mentales à la Faculté de médecine de Paris.*

La dénomination dont on se sert pour les désigner, suffirait à la rigueur à donner une idée, sommaire sans doute, mais néanmoins assez précise des individus auxquels on l'applique. Les *persécutés processifs* sont ces aliénés (car il s'agit bien d'aliénés) dont l'esprit, dominé par la préoccupation de torts chimériques, s'absorbe dans cette préoccupation, obsédante comme une idée fixe; qui poursuivent avec une ténacité maladive la réparation des dommages dont ils se disent victimes et, dans ce but, déposent des plaintes, consultent les codes, envoient des assignations, frappent à la porte des tribunaux les plus divers, et s'agitent ainsi sans résultat et sans succès jusqu'au jour où l'extravagance de leurs prétentions, l'insolence de leur attitude, le caractère agressif de leurs actes appellent sur eux l'attention de l'autorité et provoquent leur internement.

S'ils ont fixé depuis peu l'attention des nosographes, les malades de ce groupe ne sont certainement point une production de notre époque. Racine, dans les Plaideurs, n'a peut-être voulu crayonner qu'une caricature, mais il a fait consciemment ou non une caricature, à certains égards, très ressemblante.

La comtesse de Pimbesche dit à Chicaneau :

> « Monsieur, tous mes procès allaient être finis,
> « Il ne m'en restait plus que quatre ou cinq petits :
> « L'un contre mon mari, l'autre contre mon père
> « Et contre mes enfants. Ah, Monsieur, la misère!
> « Je ne sais quel biais ils ont imaginé,
> « Ni tout ce qu'ils ont fait; mais on leur a donné
> « Un arrêt par lequel, moi, vêtue et nourrie,
> « On me défend, Monsieur, de plaider, de ma vie.

Et plus loin, Chicaneau demande :

> « Mais s'il vous plaît, Madame,
> « Depuis quand plaidez-vous ?

La Comtesse :

> « Il ne m'en souvient pas;
> « Depuis trente ans au plus. »

On peut d'ailleurs remonter plus loin qu'à Racine. Il suffit de lire les « Guêpes » d'Aristophane pour se convaincre que chez les Grecs, il y avait comme au XVIIe siècle, en Normandie, des plaideurs nombreux et obstinés.

Mais pour être un plaideur on n'est pas nécessairement un « processif » dans le sens pathologique du mot, et une grande distance sépare, malgré leurs analogies, la tournure de caractère défectueuse du premier de la conviction délirante et de l'obsession morbide du second.

En réalité c'est Casper[1] qui paraît avoir publié la première observation circonstanciée de Persécuté-processif, celle de Nehring qui tua un juge dans l'exercice de ses fonctions.

En 1869, Beer a fait connaître un certain nombre de cas analogues et a mis en relief le rôle de l'hérédité dans leur genèse[2].

Mais ce sont les travaux de Krafft-Ebing qui ont définitivement appelé l'attention sur la folie processive qu'il appelle indifféremment : *Querulanten Wahnsinn* ou *Irresein der Querulanten und Process Krämer*[3].

On trouve d'ailleurs celle-ci décrite dans les auteurs contemporains sous les vocables les plus divers : Manie de la chicane, processomanie ; Rabulisten, Processüchtigen, Querulantenwahn ; Follia o mania dei litiganti, monomania del litigio o delle querelle o dei cavilli.

Signalons encore parmi les travaux relatifs au sujet, ceux de Krœpelin, de Taguet[4], Snell[5], Steinberg[6], Leroy[7].

Enfin, le professeur Hitzig, a repris récemment la question dans son ensemble[8].

Cliniquement les persécutés processifs constituent une simple variété du groupe de malades qu'on désigne sous le nom de PERSÉCUTÉS-PERSÉCUTEURS. On sait que les aliénés de ce groupe se différencient des persécutés décrits par Lasègue par plusieurs caractères :

1º Les persécutés de Lasègue sont toujours hallucinés de l'ouïe au moins à une certaine période de la maladie ; les persécutés-persécuteurs n'ont point d'hallucinations, ou elles ne sont chez eux, quand elles se montrent, que peu accusées et transitoires. C'est un fait sur lequel ont justement insisté M. J. Falret[9] et son élève Pottier[10] qui ont eu le mérite de préciser et de mettre en relief les caractères du type dont les persécutés processifs réalisent l'une des nombreuses modalités.

2º Tandis que les persécutés de Lasègue peuvent ne présenter aucun stigmate physique ou psychique de dégénérescence, les persécutés type Falret en sont au contraire communément affectés. Et les anomalies qu'on relève chez eux témoignent

---

[1] CASPER. *Viertel Jahrschr.* t. VIII, p. 177. 1858.

[2] BEER. *Querulanten Wahnsinn* in *Wiener Medizin. Tagebl.* 1869.

[3] Krafft-Ebin in *Allg. Zeitschr. für Psychiatrie*, 1878 et *Lehrbuch der Psychiatrie*, p. 460. Stuttgart 1890.

[4] TAGUET. *Les aliénés persécuteurs.* Ann. méd. psych. 1876.

[5] SNELL. *Ueber Querulantensucht.* Irrenfreund 1876.

[6] J.-J. STEINBERG. *Folie de la chicane* dans *Recueil de travaux médico-légaux* (en russe) 1873.

[7] LEROY. *Les Persécutés persécuteurs.* Th. Paris 1896.

[8] EDUARD HITZIG. *Ueber den Quärulantenwahnsinn. Seine nosologische Stellung und seine forensische Bedeutung : Eine Abhandlung für Juristen.* Leipzig 1895.

[9] J. FALRET. *Société médico-psychologique*, 25 février 1878.

[10] P. POTTIER. *Etude sur les aliénés persécuteurs.* Th. de Paris 1886.

du développement défectueux de leur organisme et de leur cerveau ; ce sont au premier chef des *dégénérés*.

3° Enfin, dans les deux cas, la date d'apparition du délire n'est pas la même. Chez les persécutés hallucinés il se montre à une période souvent assez avancée de la vie (25, 30, 35 ans), chez des individus jusque-là fréquemment sains d'esprit, au moins d'apparence. Les tares cérébrales du persécuté-persécuteur se révèlent au contraire de bonne heure ; elles sont en quelque sorte de fondation. On peut dire que dès que le malade commence à raisonner il raisonne mal, ou plutôt qu'il juge et apprécie mal les hommes et les choses.

Nous n'avons pas à décrire ici les persécutés type Falret, dont nous devons envisager simplement l'une des variétés. Rappelons seulement que quelle que soit la physionomie que revête chez eux le délire, il s'agit toujours d'individus cérébralement mal équilibrés, dont l'égoïsme est absolu, la vanité colossale, qui ont tendance à rapporter tout à eux, et par suite à se plaindre qu'on leur manque d'égards ou qu'on ne respecte pas leurs droits. Jamais satisfaits parce qu'ils ne trouvent ni dans la famille ni dans la société l'accueil qu'ils réclament pour leurs prétentions fausses, exagérées ou ridicules, ils deviennent vite mécontents puis agressifs : *Persécutés* d'abord, ils sont appelés à devenir par une pente fatale des *persécuteurs*.

Suivant la nature de leurs griefs, l'orientation de leurs réclamations, les persécutés-persécuteurs présentent des physionomies variables. Nosologiquement ils ne sont pas différents les uns des autres cependant ; mais au point de vue clinique et médico-légal il y a lieu de les diviser en plusieurs groupes.

Les *Persécutés processifs* constituent nous l'avons dit, l'un de ces groupes. Indiquons sommairement en quoi consiste le trouble mental dont ils sont affectés. Dès le jeune âge, ils manifestent souvent un souci excessif de leurs intérêts ; étrangers aux sentiments altruistes, ils parlent de leurs droits sans se soucier de ceux des autres : très personnels, très pleins d'eux-mêmes, ils sont rarement satisfaits de l'attitude qu'on prend à leur égard dans la famille ou l'entourage ; les faits les plus insignifiants deviennent l'occasion de plaintes et de réclamations que rien d'ailleurs ne légitime. Ils grandissent ainsi et arrivent à l'adolescence et à l'âge adulte, ayant tout fait pour s'aliéner les sympathies, ayant vécu en mauvaise intelligence avec leurs parents, leurs frères, leurs camarades ; vrais fléaux dans les milieux où ils se trouvent, toujours exigeants et jamais satisfaits, ils jettent autour d'eux la discorde.

A les regarder superficiellement ils peuvent, en dépit des défectuosités de leur caractère, en imposer pour des gens à intelligence brillante. Leur mémoire paraît vive, leur imagination féconde, leur élocution facile, leur logique même assez serrée quoique procédant de points de départ faux. Mais ceci n'est qu'apparence. Comme l'a justement relevé Krafft-Ebing, le raisonnement, chez ces malades, est celui de débiles et au fond leurs facultés intellectuelles sont en général assez pauvres.

Bien des persécutés restent toute la vie ce que nous venons de les montrer, c'est-à-dire simplement des êtres exigeants, querelleurs, difficiles et insociables, sans franchir la barrière au-delà de laquelle ils méritent le qualificatif de *processifs*.

Pour que leurs tendances à la chicane et aux procès s'affirment et s'épanouissent. il faut en général une circonstance occasionnelle : c'est un échec dans une entreprise, une déception dans un héritage, la perte d'un premier procès. La déconvenue qui en résulte constitue une cause d'exaltation qui met le malade définitivement en mouvement et oriente en quelque sorte ses penchants maladifs et son délire.

A partir de ce moment, le persécuté se fait remarquer par la ténacité maladive et absurde avec laquelle il poursuit la réparation des torts imaginaires dont il se prétend victime. Il s'adresse sans relâche et sans trêve, pour obtenir justice, à la magistrature et aux tribunaux ; il dépose des plaintes au parquet, lance des assignations, invoque à tout propos en sa faveur les articles du code qu'il feuillette à chaque instant, et dont il sait par cœur des passages entiers. Loin de se rendre, il s'exaspère au contraire lorsqu'il a été débouté de sa demande ou a perdu son procès. Il prétend alors qu'on a recruté de faux témoins, que les juges sont vendus. Une partie de sa vie se passe ainsi en réclamations incessantes, en plaintes mal justifiées, en démarches pénibles et coûteuses où s'absorbent son activité, son temps et ses ressources.

Il lui arrive parfois de faire partager à quelque personne de son entourage, ordinairement d'intelligence faible, ses griefs et ses rancunes et de créer ainsi une façon de *délire à deux* ou *à trois*, ou bien il s'associe à d'autres processifs pour fonder des associations de fantaisie, « l'union des opprimés pour la protection de ceux qui ont eu à subir les injustices des tribunaux [1]. »

Il serait hors de propos de rapporter ici des observations. Elles ne manquent pas. A titre d'exemple, nous en résumerons une qui a été récemment recueillie par l'un de nous.

Mlle X***, âgée de 36 ans, domestique, fille de père alcoolique, mort à 35 ans, et de mère phtisique, morte à 33 ans, a toujours fait preuve d'un caractère insupportable, fantasque et chicanier.

A 15 ans, elle a dû quitter sa famille, tant ses rapports avec elle étaient difficiles. Elle alla habiter chez un amant avec lequel d'ailleurs elle se querellait continuellement et qu'elle quitta au bout de peu de temps. Elle se plaça dans plusieurs maisons comme bonne, mais on la renvoya partout à cause de son humeur inégale, de ses tendances à la contradiction et aux disputes.

En 1883, son propriétaire fut obligé de lui donner congé parce qu'elle avait des discussions continuelles avec ses voisins. Deux ans après, ayant changé de domicile, elle déposa une série de plaintes contre son nouveau propriétaire. Elle prétendait qu'il lui avait loué dans la seule intention de lui faire réparer son logement et de l'expulser ensuite, qu'il avait organisé contre elle un complot, qu'il lui réclamait des sommes qu'elle ne lui devait pas.

Non contente de l'attaquer en justice, elle répandit sur lui mille calomnies : elle raconta dans le quartier qu'il poussait les femmes à la prostitution. Elle fut alors expulsée de la maison par décision de justice comme étant une cause de scandales perpétuels et de troubles constants.

Naturellement, cette condamnation porta l'exaspération de Mlle X. à son comble. Convaincue d'avoir été victime d'une injustice, elle ne cessa pendant plusieurs années de réclamer contre son expulsion, faisant du scandale pour attirer l'attention, adressant des plaintes répétées au procureur de la République, etc.

Puis elle eut maille à partir avec une voisine qu'elle accusait d'avoir jeté du bouillon sur son palier. Nouveau procès suivi d'une nouvelle expulsion de Mlle X. Mais cette fois, la malade attribua à sa voisine la plupart des ennuis qui lui arrivaient et décida de se venger. Elle n'attendait que l'occasion favorable et portait dans ce but un gros bâton caché sous son manteau et attaché à sa ceinture.

Le 29 novembre 1895, elle se trouvait dans les magasins du Bon Marché lorsqu'à un moment donné, se tournant du côté de l'étalage, elle reconnut sa voisine. « Elle se sentit bondir, » dit-elle, mais ne voulant pas faire de scandale dans le magasin, elle suivit son ennemie et, dès qu'elle fut dehors, elle lui administra un violent coup de son bâton.

Arrêtée aussitôt, elle se mit à crier et à insulter les agents. Son exaltation fut telle que la police s'aperçut bien vite qu'elle avait affaire à une folle et fit procéder à son internement.

On voit que les persécutés processifs sont capables de se laisser aller à des voies de fait. Ils ne se bornent pas toujours en effet à réclamer et à protester : ils se livrent parfois à des invectives dans la rue, ou, comme la malade dont nous parlons plus haut, frappent ceux qu'ils accusent de leur être hostiles. Il en est même qui ne reculent pas devant l'homicide, tel Nehring, dont nous avons rappelé le cas au début de ce rapport. — C'est dire à quel point, dans certaines circonstances, ces malades constituent un danger public.

Tels que nous venons de les présenter en raccourci, les *persécutés processifs* nous apparaissent sans doute comme des délirants, mais des délirants d'une physionomie particulière, chez qui le délire n'est que l'exagération ou, si l'on veut, l'amplification des défectuosités originelles du jugement et du caractère. Leur égoïsme excessif, l'inconscience de leurs devoirs, l'idée fausse et exagérée qu'ils se font de leurs droits, la facilité avec laquelle ils s'exaltent, tout chez eux dénote une déséquilibration profonde des facultés, que révèle encore leur grande émotivité, leur volonté instable quoique capable d'entêtement, l'inégal développement de leurs aptitudes cérébrales, dont les unes peuvent apparaître brillantes, comme l'imagination, la mémoire, la faculté d'élocution, tandis que d'autres, le jugement, le raisonnement sont ce qu'on les voit chez les débiles.

Cette déséquilibration est la caractéristique de l'état mental des individus à développement cérébral incomplet ou défectueux, de ceux qu'en France on a tendance à désigner par l'appellation un peu vague de *dégénérés*.

Et, en effet, on trouve chez les *persécutés processifs* tous les traits constitutifs de la dégénérescence :

1º Les *causes* : hérédité pathologique lourde, ou maladie de la grossesse, ou affections cérébrales infantiles ;

2º Les stigmates *physiques* : particulièrement les malformations du crâne, de la voûte palatine, des oreilles, etc. ;

3º Les stigmates *psychiques* : c'est-à-dire indépendamment de l'inégal développement des facultés signalé plus haut, la tendance aux obsessions, avec impulsions variées, aux idées de suicide, mégalomaniaques ou hypochondriaques, aux perversions du sens génital, etc.

Sur ces divers points, tous les auteurs (Krafft-Ebing, Kroepelin, etc.) semblent d'accord. Il ne saurait donc, pensons-nous, être soulevé de discussion sérieuse sur la place qu'il convient d'assigner en Nosologie, aux persécutés processifs.

Mais il reste à se demander quelle est la nature du trouble mental qui constitue la caractéristique de ces malades.

A cet égard, on a émis des opinions diverses. Un certain nombre d'auteurs (Westphal, Krafft-Ebing) ont envisagé le délire des persécutés processifs comme une sorte d'*obsession* pathologique. D'autres (Hitzig notamment) le considèrent comme un délire systématisé, et le rangent dans le groupe de la *paranoia*.

Ce point mériterait de fixer l'attention du Congrès, bien qu'il soit plutôt du ressort de la pathologie mentale proprement dite que de celui de l'anthropologie criminelle.

A l'appui de la première opinion, on a fait valoir le caractère d'irrésistibilité de l'idée morbide, le sentiment de vive satisfaction et de grand soulagement éprouvé par certains malades qui arrivent à se faire justice (Leroy). Mais l'obsession est d'essence un phénomène conscient qui se développe sans que le mécanisme mental général soit notablement troublé. Il en est tout autrement des idées maladives des processifs.

Celles-ci s'imposent à l'esprit sans qu'il ait, comme chez l'obsédé, le sentiment d'être le jouet d'une impulsion involontaire et maladive. Elles sont la conséquence et le développement d'un trouble primordial des facultés, consistant en un délire embryonnaire de persécution et de grandeur. A l'origine, en effet, des désordres mentaux, se retrouve, chez le processif, la conviction que, d'une part, on ne lui rend pas pleine justice, qu'il est frustré et lésé, que, d'autre part, il voit et juge les choses avec plus de justesse et de clarté que quiconque. C'est la systématisation de cette double idée fausse qui, les circonstances aidant, conduit le malade au délire organisé, délire intellectuel, mais aussi et surtout délire d'action dont nous avons sommairement esquissé la physionomie plus haut. C'est donc avec raison qu'on peut, à notre sens, classer le délire des processifs dans le groupe des délires systématisés. Il s'agit là, en somme d'une *paranoia originelle*.

Il nous reste un dernier point à signaler à l'attention du Congrès, c'est celui relatif aux expertises médico-légales dont les processifs sont fréquemment l'occasion.

Ces expertises sont particulièrement laborieuses, délicates et périlleuses.

Elles sont *laborieuses*, car l'état morbide ne peut être établi dans l'espèce, à l'aide de quelques symptômes facilement constatables, comme cela a lieu chez le persécuté halluciné, dont les illusions sensorielles, l'absurdité manifeste des convictions, suffisent à prouver aisément et rapidement le délire. Les prétentions du processif sont fausses, mal fondées, mais elles ne sont pas toujours, de prime abord, contraires au bon sens. L'expert est obligé de passer en revue la vie entière du sujet, d'en mettre en relief les bizarreries et les contradictions ; il lui faut pour cela se livrer souvent à de longues enquêtes, comparer de nombreux documents, dont ceux fournis par l'intéressé lui-même ne sont ni les moins compendieux, ni les plus faciles à colliger.

Elles sont *délicates*, car c'est toujours tâche difficile que de faire admettre par les magistrats et le public la réalité d'un trouble mental qui ne se caractérise ni par des assertions évidemment absurdes, ni par l'incohérence accusée des idées, ni par des troubles sensoriels grossiers.

Elles sont enfin *périlleuses* parce que le processif garde d'ordinaire une éternelle rancune aux médecins qui l'ont taxé d'aliéné et parce que le public, qui se fait encore sur la nature et les caractères de la folie les plus étranges illusions, prend souvent parti pour l'aliéné. On pourrait citer bien des faits qui ont été, pour les médecins légistes les plus consciencieux et les plus considérables, la source de cruels déboires. Qu'il nous suffise de rappeler le cas trop célèbre de Sandon.

L'expert doit s'efforcer, en pareille circonstance, de mettre en relief non seulement les irrégularités de conduite, les actes étranges de l'expertisé, mais encore les tares héréditaires et surtout, quand ils existent, ces stigmates physiques de dégénérescence dont la constatation facile fournit à la démonstration de l'état maladif des arguments d'autant plus significatifs qu'ils sont objectifs.

Quant aux mesures à prendre à l'égard des persécutés processifs, elles sont très variables suivant les cas. Beaucoup de ces malades peuvent être et sont laissés en liberté; on n'en doit requérir la séquestration que dans le cas où, sous l'influence d'un paroxysme, ils sont devenus plus gênants, plus agressifs. L'internement n'est d'habitude que temporaire; mais il est rare qu'à leur sortie de l'asile ou de la maison de santé, où ils se sont montrés calmes, sinon obéissants et soumis, ces malades ne reprennent pas le cours de leurs démarches et de leurs réclamations.

C'est ce qui rend fort délicate la question de l'opportunité de la mise en liberté. Elle l'est d'autant plus que les processifs ne se bornent pas toujours à être gênants et importuns et qu'ils deviennent parfois criminels.

Résultats obtenus par l'Anthropométrie
au point de vue de la criminalité. Quelles sont les lacunes à combler ?

Rapport présenté par M. A. BERTILLON, *chef du service de l'identité judiciaire*
à Paris.

Les procédés d'identification anthropométrique, imaginés par nous en 1879 furent appliqués dès l'année 1882 dans les locaux de la Préfecture de Police.

Quelques années après, en 1888, M. Lépine, alors Secrétaire général, présentait à la signature de M. Bourgeois, préfet de Police, les arrêtés constituant le nouveau service, qui depuis cette époque a toujours régulièrement fonctionné et n'a pas tardé à prendre une extension considérable.

Il ne nous paraît pas inutile, bien que les méthodes anthropométriques aient été depuis cette époque l'objet de nombreuses discussions en France et à l'étranger, de rappeler en quelques mots les résultats obtenus depuis la création du système.

Il ressort des statistiques du service central de Paris que, dans le courant des dix dernières années, l'application des méthodes anthropométriques à la recherche de l'identité des malfaiteurs a permis de reconnaître 4364 faux états civils. La certitude d'être reconnus anthropométriquement a, de plus, amené 3800 malfaiteurs qui s'étaient donnés de faux noms à reconnaître leur supercherie et à avouer leur véritable état civil au moment de la mensuration.

Dès le 7 mai 1888, une circulaire de M. le Ministre de l'Intérieur prescrivait, d'autre part, l'application du système dans les prisons départementales. Un double de chacun des signalements anthropométriques ainsi relevé est envoyé au Service Central et classés par les soins de ce dernier.

Sur la demande des Parquets, les individus détenus peuvent être ainsi l'objet d'une demande de vérification d'identité, pour le cas où l'inculpé précédemment condamné dans un autre département aurait changé de nom.

Le nombre des reconnaissances effectuées à la suite de demandes de vérification émanant des Parquets de province a suivi une progression constante. Depuis l'année 1888, époque des premières recherches de cette nature, jusqu'à l'année actuelle, le nombre des reconnaissances s'est élevé, comme l'indique le tableau ci-après, de 10 pour cent à 23,5 pour cent du nombre total des demandes de recherches.

Cette proportion s'est accrue notamment d'une façon importante depuis la fondation, au Service Central (oct. 1893), d'une Ecole de gardiens de prisons qui verse chaque année dans le personnel pénitentiaire de France une cinquantaine de gardiens au courant des pratiques de l'anthropométrie.

Années.	Nombre total de demandes.	Nombre de reconnaissances faites.	°/₀	Observations.
1888	119	12	10,0	
1889	227	24	10,5	
1890	269	27	10,0	
1891	348	42	12,0	
1892	466	65	13,9	
1893	513	65	12,6	Création en oct. 93 d'une Ecole de gardiens.
1894	665	133	20,0	
1895	652	151	23,5	

L'application en France de la méthode anthropométrique à la recherche de l'identité individuelle a eu d'autre part comme résultat d'amener une diminution considérable dans le chiffre des arrestations de pick-pockets internationaux. Sûrs désormais d'être reconnus à chacune de leurs arrestations et condamnés en conséquence, ces malfaiteurs ont préféré transporter dans d'autres pays, moins armés pour se défendre contre leurs déprédations, l'exercice de leurs talents. Il est à craindre malheureusement que cette disparition, presque complète en France, d'une dangereuse catégorie de récidivistes ne soit que momentanée.

L'anthropométrie se répand en effet, de plus en plus parmi les diverses nations du monde civilisé qui n'ont pas tardé à reconnaître en elle un puissant auxiliaire pour la répression du crime ou du délit d'habitude.

Depuis la vulgarisation des résultats obtenus, le Service Central a reçu la visite de savants de tous les pays, désireux d'en étudier le fonctionnement et les avantages.

C'est ainsi que MM. Dunant, Guillaume, Le Royer, Bedot, de Genève; Mac Claughry, de Chicago; von Sury de Bâle; Nicolas Troïnitsky de St-Pétersbourg; Dr Minovici de Bucarest; Spearmann, C. Stuart Woodley et C. Howard Vincent en Angleterre; Voormolen, Pro van den Hœven et van Hamel en Hollande; Buschan et Hulessem en Allemagne; Dr Daae en Norwège; Dr Soren Hausen en Danemark; de Rengis et Bodio en Italie; et bien d'autres encore que nous regrettons de ne pouvoir citer venaient successivement visiter le Service Central de Paris.

Grâce aux études de ces savants et aux efforts de nombre de leurs compatriotes, le système anthropométrique est actuellement employé dans presque tous les pays civilisés.

S'il n'a pas encore pris dans tous les pays une place prépondérante, du moins les nations qui n'en font *aucunement* usage sont actuellement en petit nombre. En Europe, notamment, l'Italie, la Belgique et la Turquie sont, à notre connaissance, les seules qui à l'heure actuelle ne l'aient pas encore introduit chez elles. Toutes les autres nations européennes l'utilisent sur une plus ou moins grande échelle.

Cette généralisation de l'anthropométrie s'est traduite immédiatement par des demandes de vérifications d'identité de jour en jour plus nombreuses, adressées de l'étranger au Service Central de Paris. Ce dernier a pu ainsi répondre depuis l'année 1893 à des demandes émanant de Genève, de Hambourg, de Berne, de Chicago, etc.

DESIDERATA

La plupart des nations ont adopté sans modification le système anthropométrique tel qu'il fonctionne à Paris.

Sans vouloir critiquer outre mesure les modifications apportées à son fonctionnement dans les pays qui l'ont adopté, il nous semble regrettable que l'on ait cru devoir, en Angleterre, négliger les mesures de l'oreille droite, du buste et de l'auriculaire gauche, qui, indépendamment de leur utilité sous le rapport de la classification, présenteraient à notre sens, au point de vue des études anthropologiques et ethnographiques, un grand intérêt.

Par contre, dans certaines localités, à Hambourg, notamment, les mesures du côté gauche ont été complétées bien inutilement par celles des parties homologues du côté droit.

— Par suite de la centralisation à Paris des signalements de province, le nombre des fiches soumises au classement s'est accru dans des proportions considérables depuis quelques années (70,000 fiches par an environ pour la province seule). Il pouvait dès lors être utile d'ajouter, en vue de l'extension probable de la classification, de nouvelles mesures à celles déjà relevées.

Depuis l'année 1895 les indications portées sur les fiches de Paris se sont accrues du diamètre bizygomatique. Ces fiches portent en outre, depuis la même époque les empreintes digitales de la 3me phalange, des pouce, index, médius et annulaire droits.

En usage en Angleterre depuis quelques années déjà, ces modifications au signalement anthropométrique ont été, sur nos conseils, introduites presque immédiatement en Allemagne et aux Etats-Unis, ainsi qu'en Algérie et en Tunisie.

— La principale innovation qui ait été apportée depuis sa fondation au système anthropométrique consiste dans l'adjonction aux mensurations du signalement complet du sujet, dans tous les cas où la photographie n'est pas jugée indispensable.

Basé sur l'analyse minutieuse de la physionomie humaine, ce signalement permet de décrire les nuances, les formes et les dimensions de celles des parties de l'individu qui sont à la fois les plus apparentes et les moins susceptibles de variation lorsque l'individu avance en âge.

Des expériences faites au Dépôt près la Préfecture de Police et à la prison de la Santé, tant par les agents du Service Central que par les Inspecteurs des Brigades de recherches, ont démontré l'exactitude et l'utilité du nouveau procédé. C'est ainsi qu'il a été possible de retrouver au milieu de plus de cent détenus, défigurés cependant par l'uniforme pénitentiaire, des individus dont le signalement, le *portrait parlé* avait été rédigé hors de la présence du sujet, sur sa photographie prise lorsque, simple prévenu, il avait encore barbe, cheveux et habit de ville. L'essai a été concluant, aussi bien sous le rapport de la certitude des résultats que sous celui de la rapidité de la recherche. En sorte que nous sommes fondé à dire que ce mode opératoire, quand il ne remplace pas la photographie, lui vient néanmoins en aide de la façon la plus efficace puisqu'il permet de reconnaître le sujet malgré les changements que peuvent entraîner la perte des dents, les différences de coupe de la barbe et des cheveux, etc.

L'intérêt de ce nouveau signalement ne nous paraît pas moindre au point de vue de l'anthropologie criminelle; en ce qu'il permettra, lorsqu'un nombre suffisant de sujets auront été étudiés par ce procédé, de reconnaître la fréquence des malformations ou des anomalies du visage chez les divers individus, ainsi que la concomitance de ces anomalies avec leurs penchants individuels.

La photographie judiciaire n'est pas non plus restée stationnaire et de nombreuses améliorations ont été introduites, depuis quelques années, dans les méthodes en usage. Actuellement, le sujet est photographié de face et de profil au moyen d'appareils séparés.

Il importe, pour avoir des épreuves comparables entre elles lorsqu'un même individu revient à plusieurs années d'intervalle, d'adopter, avec une réduction uniforme, un mode de repérage donnant au sujet une position toujours identique à elle-même. La réduction adoptée à Paris est du septième de la grandeur naturelle. La fixité de position s'obtient en repérant au centre de l'objectif l'angle externe de l'œil droit du sujet, supposé *placé de profil absolu*, et en maintenant la ligne idéale qui passe par cet angle externe et le sommet du tragus sous une inclinaison de 15 degrés avec l'horizontale. Des expériences répétées ont prouvé que cette inclinaison correspond à la moyenne des cas où l'homme, placé dans la position du soldat sans armes, regarde horizontalement devant lui.

Grâce à ces modifications, la photographie judiciaire a atteint un degré de précision suffisant pour qu'il ait été possible de supprimer entièrement à Paris la mensuration des femmes qui avait pu offrir certaines difficultés et prêter à quelques critiques. Actuellement, cette mensuration est remplacée par la prise, sur le cliché photographique, d'un certain nombre de dimensions du visage. Cette opération se fait avec toute la précision désirable.

Nous croyons donc qu'il serait utile de substituer le procédé photographique en usage dans notre service au mode opératoire qui consiste à prendre à la fois sur une même plaque la face du sujet et son profil reflété dans une glace, ainsi qu'il est d'usage en Angleterre, en Allemagne et en Autriche.

L'uniformité dans la position et dans la réduction permettrait, en effet, d'utiliser des photographies de cette nature aux recherches d'anthropologie criminelle et d'ethnologie.

Les fondements et le but de la responsabilité pénale.

Rapport présenté par M. Dimitri DRILL, *avocat à St-Pétersbourg.*

Soit que nous considérions uniquement la science du droit pénal, soit que nous envisagions toute l'étendue de la philosophie scientifique, nous ne trouverons guère de question plus obscure, plus compliquée, et de solution plus difficile que la question de la responsabilité pénale, de ses fondements et de son but. C'est un temps lointain et immémorial qui nous a laissé cet héritage, cette conception de la responsabilité pénale, ainsi que cette autre conception, s'y rattachant étroitement, celle de l'imputabilité. Pour approfondir le caractère essentiel de cet héritage, il faut, avec un soin infini, pratiquer pour ainsi dire des fouilles, et notre investigation démontrera alors l'existence de sédiments et de couches entières, que les siècles en s'écoulant y ont superposés. La conception de la responsabilité pénale germa lentement, se développa graduellement, en ajoutant, dans la suite des temps, des éléments nouveaux aux éléments primaires. Chaque nouvel élément s'organisa petit à petit sous la prédominance de telle ou telle condition de la vie sociale, conditions multiples et dissemblables, et sous l'influence de tel ou tel facteur social, facteurs divers et disparates. Beaucoup de ces conditions et de ces facteurs ont disparu de nos jours, ou sont devenus surannés; mais nous retrouvons leur survivance dans la conception elle-même qui en garde les traits et les traces. C'est par la conception que le passé lointain garde son empire sur le présent et le retient dans une soumission permanente.

Dans ces époques reculées, quand la consanguinité était le seul lien social, et quand les hommes vivaient en petits groupes consanguins, groupes indépendants et individuels, ce que nous nommons de nos jours « la peine » n'existait que dans les rapports et les relations que pouvaient avoir ces groupes entre eux. S'il arrivait à un membre d'un de ces groupes de faire un affront, ou de porter préjudice à quelque membre d'un autre clan ou groupe consanguin, tous les individus de ce dernier, c'est-à-dire du clan du maltraité, se levaient en masse solidaire et allaient les armes à la main, demander un dédommagement au groupe consanguin de l'agresseur. Et si ce dernier ne consentait pas à payer le talion juridique de ce temps-là, ou s'il ne parvenait pas à établir une entente amicale avec l'ennemi, entre ces deux groupes hostiles éclatait la guerre privée, à la fin de laquelle, les vainqueurs, qui pouvaient bien être les consanguins de l'agresseur, égorgeaient, exterminaient, pillaient leurs adversaires, pour leur faire le plus de mal possible. Pendant cette guerre privée la fougue vengeresse ne reconnaissait ni frein, ni borne; la force brutale régnait d'une manière absolue, le sentiment de la vengeance et de la colère étant le seul guide. C'est pourtant dans les conceptions de cette époque de guerre privée, de préjudice privé, et de droit de vengeance infligée de main propre, qu'il faudrait chercher l'origine de nos idées contemporaines sur le crime et sur la peine.

Quant aux règlements des rapports entre les membres d'un même clan ou groupe consanguin, en cas d'outrage ou d'affront réciproque, nous en savons très peu. Mais comme l'organisation intérieure était basée sur des principes patriarcals, il faut supposer que le pouvoir ou l'autorité du chef du clan, et des anciens de la communauté décidait de tout.

Des guerres longues, fréquentes et acharnées, à la suite de quelque querelle entre clans parents constituant par leur confédération une tribu solidaire, avaient lieu au détriment de la sûreté et de la puissance de la dite tribu, et souvent se terminaient sans procurer la moindre satisfaction à ceux qui avaient subi les premiers torts. C'est pourquoi ces guerres devaient faire naître des tendances à un apaisement. Pour atteindre ce but, l'arbitrage fut le premier expédient auquel on eut recours, et les parties adverses, avant de s'engager au combat sanguinaire, s'adressaient à l'arbitre, qui devait fixer l'importance de la satisfaction à réclamer pour le dommage causé. Si par l'arbitrage on parvenait à trouver un moyen d'accommodement, il s'ensuivait une réconciliation; la guerre était évitée. Le demandeur recevait la satisfaction fixée par l'arbitre, et l'arbitre recevait une rétribution pour son travail. C'est ici que nous avons à remarquer pour la première fois une conception plus objective de l'évaluation du préjudice privé. En outre, à côté de la satisfaction pour l'outrage il y a un nouvel élément : le payement accordé non seulement à la partie offensée, mais aussi à un troisième personnage, à l'arbitre.

Dans les stades suivants de l'organisation intérieure de la peuplade, le pouvoir des chefs de tribus, des chefs des guerriers, des ducs, s'agrandit et se développa jusqu'à ce qu'ils s'approprièrent le droit qui découle de cette coutume d'arbitrage, le droit, pour eux fort lucratif, de tenir leur propre tribunal et de rendre justice.

Pour les ducs et les chefs, ces émeutes et ces guerres intérieures étaient des faits désavantageux, qui affaiblissaient les forces de la tribu, diminuaient ses moyens de résistance dans la lutte avec d'autres tribus et enlevaient la possibilité d'assujettir ces dernières. C'est pourquoi les chefs commencent à prêcher la paix (Friede zu bannen). Ils défendent à qui que ce soit de prendre l'initiative pour se faire justice à soi-même, de sa propre main; ils instituent une échelle précise des prix du dommage — Wehrgeld — et, peu à peu, ils parviennent à établir des peines contre tout violateur de la paix, ayant recours surtout à l'intimidation et à la menace pour atteindre leur but. En même temps que le mouvement progressif qui unissait les clans en tribus et toutes les tribus de la même race en un seul peuple, nous voyons naître et grandir une nouvelle conception : celle d'un préjudice porté non seulement à un groupe quelconque, mais à toute la tribu, à toute la nation; préjudice pour lequel le coupable devient responsable devant tout le peuple, et pour lequel il doit répondre devant les représentants du peuple, les chefs ou les ducs.

Parallèlement à l'amalgamation des clans et à la confédération des tribus, l'influence de la religion et l'autorité de ses serviteurs s'étendent au loin. Le clergé vient en aide à l'ordre social naissant, il prend sous sa protection les règles établies de la vie quotidienne et les maximes admises de moralité publique, et leur donne une sanction religieuse. Au nombre des péchés regardés comme infraction aux commandements divins, le clergé ajoute l'infraction à ces règles établies et à ces maximes de morale, et il exige que toute pareille infraction soit réparée par un châtiment, ou effacée par une pénitence, ou par une offrande expiatrice.

Ainsi, dans cette phase secondaire de l'évolution sociale de l'humanité — la période de la naissance et du développement de l'Etat sous ses aspects différents — nous voyons que, par degrés lents, les conceptions suivantes se sont fait jour : la conception de la satisfaction comme l'équivalent du préjudice, c'est-à-dire l'idée de leur égalité de valeur, idée qui a demeuré jusqu'à nos jours et qui forme la base de nos peines judiciaires, déterminées à l'avance ; la conception du préjudice privé, envisagé non seulement comme tort fait à un individu et à ses consanguins, mais comme préjudice porté à la société entière, comme violation des lois prohibitives de l'autorité publique, et pour lequel le coupable doit répondre, non seulement devant le demandeur et ses parents, mais devant le représentant du peuple, devant le chef. Puis, à la conception du crime proprement dit vient s'ajouter la conception du crime comme péché, comme infraction aux commandements divins. Toutes ces idées naissantes se rattachent solidement, par marche lente, aux conceptions des âges précédents, et le tout forme un total complexe qui traverse le cours des siècles et arrive jusqu'à nos jours sous les mêmes formes à peu près stationnaires.

Dans le cours de l'histoire, cette conception de la peine, avec ses idées intégrantes : la satisfaction, la vengeance, l'intimidation et l'expiation, continue à se développer mécaniquement dans le chemin frayé, et à augmenter ses éléments de cruauté, ses tendances à intimider et à terroriser. Par degrés insensibles, les hommes en viennent à inventer toute espèce de tortures, de supplices et de moyens pour graver sur l'homme, durant sa vie, le cachet de l'infamie : on lui déchire les narines, on lui coupe les oreilles, on expose honteusement le criminel pour le déshonorer aux yeux de la masse et pour tuer l'homme dans l'homme, etc., etc. De pareils procédés réagissent sur la société et, dans le cours des siècles, finissent par susciter dans les esprits un sentiment de répugnance invincible, et même de haine, moins à l'égard du crime que du criminel lui-même, et font de lui un infâme et un paria pour toute sa vie.

D'après une loi générale, un chemin une fois frayé tend à devenir une voie permanente, la route de moindre résistance. C'est pourquoi la pratique de la vie ayant hérité des conceptions élaborées par les siècles passés, sous l'influence de beaucoup de conditions sociales qui ont déjà disparu, continua dans les âges suivants, et continue encore de nos jours, à accepter ces conceptions sans hésitation, sans les analyser et sans se douter le moins du monde de leur justesse. Les causes profondément enracinées du crime échappent à son attention, et elle se fie entièrement aux moyens de correction qui lui paraissent d'autant plus sûrs et d'autant plus éprouvés, qu'ils lui ont été légués par l'antiquité.

Les idées philosophiques, sans s'en douter, subissaient de même l'influence de ces jugements héréditaires et, à son tour, en analysant la formation historique de la conception de la peine, la philosophie plaçait sur l'avant-scène l'une ou l'autre de ses parties intégrantes et l'examinait tantôt comme satisfaction, tantôt comme moyen d'intimidation, tantôt comme mesure de justes représailles, c'est-à-dire de rétribution équitable, et ainsi de suite. Avec cela, l'idée philosophique développa la conception de l'imputabilité morale, basée sur l'affirmation que le criminel agit criminellement et immoralement, quoique le fond de son être lui donne la pleine possibilité d'agir tout autrement, et en dépit même des conditions subjectives et objectives, prises dans leur totalité avec lesquelles la vie a pu le placer en lutte. Dominée par cette idée la philosophie lui dit : Tu aurais pu ne pas faire le mal, mais tu le fais ; c'est pourquoi il faut expier ton crime, il faut souffrir, et la somme de tes souffrances doit équivaloir à la somme de mal que tu as fait.

Les temps modernes, s'appuyant sur la puissante aide des idées scientifiques, et sur les moyens d'observation et d'expérimentation élaborés par elles, se sont mis énergiquement à la recherche des facteurs directs et indirects de tout phénomène et, dans ce nombre, des facteurs du phénomène de la criminalité humaine en général et de ses différentes formes en particulier. Les temps modernes se sont posés cette question : Pourquoi et à cause de quoi? Et en tâchant d'y répondre, ils ont créé une nouvelle tendance dans la science du droit pénal, et cette tendance a eu pour résultat l'école d'Anthropologie criminelle. En faisant des recherches sur le plus ou moins d'affinité de certains phénomènes, cette école a appelé, entre autre, à son aide les observations de la psychiatrie, accumulées pendant des siècles, et s'est mise à faire une étude analytique de la nature du criminel lui-même, en y appliquant les méthodes exactes des sciences naturelles, autant que ces dernières se prêtent à une étude de ce genre. Touchant le côté subjectif du crime, qui dérive des facultés et des propriétés individuelles et particulières du criminel, et s'étant posé la question : pourquoi le crime a-t-il lieu? l'école d'Anthropologie criminelle a répondu en indiquant comme facteurs ou comme causes subjectives et déterminantes, des défauts de développement plus ou moins grands, des vices et des anomalies dans la nature physique, aussi bien que dans la nature psychique du criminel, défauts, vices et anomalies qui se sont développés graduellement, lentement et insensiblement sous l'influence de conditions et d'expériences défavorables dans la vie du criminel — ces conditions et ces expériences ayant déjà agi pour la plupart dans la vie des ascendants.

La base de la personnalité psychique de l'homme, le fond du tableau de sa vie, se compose de différentes sensations provenant de chaque organe de son corps et de l'unité que forme leur ensemble, c'est-à-dire de la sensation complexe de l'existence qu'a chacun de nous, de la sensation de soi-même, de sa personnalité individuelle à chaque moment donné de la vie. Cette sensation de soi-même fait le fond de l'humeur, et autant son coloris est différent dans de différents individus, autant ces individus diffèrent les uns des autres. Chez les uns, la sensation de soi-même, la plus habituelle, se colore de nuances particulières, de sympathies entraînantes et d'amour pour les hommes. Chez les autres, des ombres de froideur, de dureté et de méchanceté marquent la sensation de soi-même. Chez d'autres encore, cette sensation est nuancée de hardiesse irrésistible, de clarté de sentiments, de bonté et d'empressement vers le sacrifice, sans inquiétude pour soi-même, et ainsi de suite. Pourquoi la sensation de soi-même prend-elle une nuance plutôt qu'une autre? Là-dessus aucune analyse ne donne de réponse. Les sensations incomplexes formant le phénomène complexe de la sensation de soi-même, sont les atomes indivisibles de la vie psychique. On ne peut pas aller plus loin.

La faculté de penser est un élément supplémentaire, un appareil de luxe pour ainsi dire, qui se développe et se perfectionne graduellement et insensiblement en montant l'échelle de la création. Mais la sensation de soi-même forme la base fondamentale de la vie psychique, et celle-ci nous est incompréhensible sans celle-là. C'est pourquoi il ne faut nullement s'émerveiller si la structure de cette base fondamentale, quoique souvent invisible, se trouve être d'une grande importance pour toute la superstructure. C'est la sensation de soi-même avec ses différentes particularités individuelles qui, pour ainsi dire, soulève vers la surface de la conscience (s'il est permis de s'exprimer ainsi) telle ou telle pensée au lieu de telle autre, et de cette manière détermine le contenu, le sujet des pensées, et leur assigne leur marche d'une façon insaisissable. On remarque que dans la conscience, par exemple, d'un homme générique et dépravé, des idées et des images plus ou moins voluptueuses et scabreuses sont presque toujours présentes, et que c'est de ce côté-là que sa faculté de penser se tourne naturellement. Chez un gourmand, la conscience sera occupée de représentations de caractère homogène avec la sensation de soi-même qui lui est habituelle, et de pensées, de projets pleinement conformes à ces représentations. Un homme ayant la sensation de soi-même ombrageuse et méchante ne pense qu'aux défauts, et ne voit que les mauvais côtés d'autrui, tandis qu'un homme d'une humeur habituellement bienveillante, malgré les fréquents désenchantements de sa vie passée, ne voit que le bien partout, fait tout son possible pour se rendre agréable, et cherche toujours à être utile aux autres.

Si l'on pousse plus loin les observations, on voit qu'aussitôt qu'un changement d'humeur vient de s'opérer, un changement pareil s'opère dans la forme et le sujet de la pensée. L'humeur sombre arrive, et l'homme commence à tourner son attention et ses pensées surtout du côté triste et mauvais de la vie, qui se lève comme un mur devant lui et lui cache tous les bons côtés. Mais lorsque l'humeur gaie arrive et avec elle des pensées joyeuses, les couleurs sombres du monde extérieur subissent un changement complet; les mauvaises idées disparaissent d'elles-mêmes de la conscience, et roulent au fond de cet abîme de l'inconscient d'où elles avaient été tirées par la mauvaise humeur de tout à l'heure. Mais la grande signification de l'humeur et de la base de l'humeur — la sensation de soi-même — se manifeste encore plus ouvertement quand celle-ci vient à subir des lésions profondes. C'est alors que l'expérience nous démontre qu'un individu peut pour ainsi dire, renaître avec d'autres sentiments, d'autres manières de voir, d'autres appréciations de son entourage, d'autres rapports envers les autres hommes, et que cet individu peut quelquefois devenir littéralement un tout autre homme.

Les capacités intellectuelles sont aussi d'une grande importance pour l'activité humaine, d'abord grâce à l'influence qu'elles possèdent pour restreindre ou pour diriger les impulsions, et secondement, grâce à leur connexion avec la sphère des sentiments. C'est à cause de cette connexion que la pensée peut changer plus ou moins l'humeur de l'homme, mais toujours est-il, que la pensée change l'humeur seulement en tant que telle ou telle image mentale se trouve intimement liée avec tel ou tel sentiment précis et clair, et c'est justement grâce à ce lien intime que cette image possède la possibilité d'éveiller ce sentiment et de le faire vibrer avec force. Une pensée nue (passez-moi le mot) qui ne fait pas vibrer plus ou moins fortement un sentiment correspondant dans l'humeur de l'individu, est peu capable de diriger son activité d'une manière efficace. Si, pour une cause ou une autre, la pensée, par exemple, des souffrances humaines ne met pas en vibration les tons du sentiment de la compassion, recélés dans la sensation de soi-même, cette pensée aura rarement la force de pousser un homme à un sacrifice réel ou à une aide active. Une telle représentation ne fait que rester tranquillement pour quelque temps dans sa conscience, sans produire un effet direct, ou bien, elle y est immédiatement supplantée par d'autres représentations, plus solidement enchaînées avec d'autres sentiments qui entrent plus habituellement dans la sensation de soi-même de l'homme en question. Voilà pourquoi nous voyons la même idée identique agir de différentes manières, et quelquefois de manière presque diamétralement opposées, sur différentes personnes, malgré le degré approximatif de leur développement intellectuel.

C'est à regretter que jusqu'à présent on ait très peu étudié, et que de notre temps on étudie encore trop peu, cette sensation de soi-même dans ses parties essentielles aussi bien que dans la diversité de ses nuances chez différentes personnes. On ne s'y adresse pas assez fréquemment pour avoir une interprétation juste des actions de l'homme en général, et de ses actions criminelles en particulier. Et pourtant c'est ici que les décisions qui déterminent l'activité humaine prennent leur source, source toujours exposée aux conditions environnantes. Disons, par exemple, qu'un homme accomplit une action dont la magnanimité et la hardiesse frappent d'étonnement tout le monde. Regardez de plus près, étudiez la question, et vous verrez que cette action était la suite de l'humeur instinctive qui s'est emparée de cet homme et dans laquelle les élans magnanimes vers le bien vibraient fortement et d'où était exclu, en grande partie ou totalement, tout sentiment de peur ou d'épouvante, bien que le danger fût clairement visible pour les autres personnes. Une analyse rigoureuse nous dira qu'une telle action, quoique belle et sublime en elle-même, n'est pas le moins du monde un vrai mérite, mais tout bonnement la suite de l'humeur instinctive ressentie en ce temps-là par ce héros, humeur qui, à son tour, était la suite des particularités de sa structure personnelle, et des différents états éprouvés par sa personnalité.

De même les actions criminelles d'un homme prennent leur source dans les particularités individuelles de sa sensation de soi-même et, à leur tour, ces particularités sont d'un côté un résultat héréditaire et d'un autre côté, un résultat du développement précédent de cet homme, de sa vie personnelle et des différents états éprouvés par lui à des temps différents. Il suffit de rappeler que sous l'influence de ces particularités dans la sensation de soi-même, on pratique même des attentats contre sa propre vie.

Qu'on ne trouve pas superflu que je dise en résumé que les particularités de la structure physique, les particularités de ses systèmes organiques, aussi bien que les particularités de leur manière habituelle de fonctionner, forment la base des particularités de l'humeur et de la sensation de soi-même de l'homme. Ces particularités se sont développées graduellement sous l'influence des conditions de la vie prises dans leur ensemble et agissant non seulement pendant le courant de sa propre vie, mais plus encore dans le courant de la vie de ses ascendants. Si les conditions de la vie personnelle d'un homme et celles de la vie de ses ascendants ont été comparativement favorables, la personnalité de cet homme présentera un développement plus ou moins satisfaisant et harmonieux, et les particularités de son habituelle sensation de soi-même et de l'humeur basée là-dessus seront de nature à pouvoir s'adapter suffisamment aux conditions et aux exigences de la vie passée dans la société d'autres êtres humains. Mais, si les conditions de la vie ont été au contraire par trop défavorables, le développement de la personnalité de cet homme sera plus ou moins défectueux, mal équilibré, et même peut-être difforme et monstrueux, et la sensation de soi-même qui en dépend, avec son humeur, seront mal adaptées à suffire aux exigences de la vie sociale, et par-là même, seront prédisposées aux actions criminelles et vicieuses dans les conditions d'un milieu donné.

En posant la question de cette manière-là, basée sur une étude scrupuleuse des faits, l'école d'Anthropologie criminelle a radicalement changé les manières de voir héritées de nos ancêtres. Elle a pu démontrer que les phénomènes des maladies mentales, des désordres et des anomalies, et les phénomènes de la criminalité humaine, quoique différents dans la spécification des détails, ne diffèrent ni dans leur essence, ni dans leur fondement. Ceux-ci comme ceux-là, proviennent également des altérations, des dépravations, des désordres et des anomalies de la nature psycho-physique de l'homme; et ces dépravations, désordres et anomalies sont les résultats de la violation volontaire, ou pour la plupart involontaire, des lois de la vie de l'organisme. Il est évident que les dépravations et les anomalies qui posent les bases du développement des maladies mentales d'un côté et des phénomènes du crime de l'autre, ne sont pas des croissances identiques; elles diffèrent entre elles non seulement dans les degrés de quantité mais aussi dans leurs combinaisons variables. Mais malgré ces différences, ces phénomènes gardent une nature homogène et un caractère analogue. Ces deux catégories de phénomènes sont des phénomènes alliés entre eux, des phénomènes de même parenté — si j'ose employer ce mot pour rendre ma pensée.

Ayant adopté ces vues comme point de départ et s'appuyant sur de riches matériaux déjà rassemblés et basés sur des faits constatés, l'école d'Anthropologie criminelle avança l'opinion que la protection de la société contre le mal du crime doit être le but principal et la base de l'activité de l'Etat dans sa lutte avec le crime. Ayant indiqué les dépravations et les altérations de la nature psycho-physique de l'homme comme causes subjectives et immédiates de sa criminalité, l'école d'Anthropologie criminelle a aussi indiqué des moyens convenables pour lutter avec celle-ci. Ces moyens seraient, d'un côté, des mesures préventives ou des mesures d'hygiène sociale pour éloigner les facteurs extérieurs de ces détériorations physiques et psychiques de la nature de l'homme — détériorations qui le poussent vers le crime dans des conditions données — et d'un autre côté, des mesures pour agir sur le criminel lui-même et pour éloigner les causes subjectives de la criminalité déjà développées dans sa nature.

Mais on va nous demander en quoi doivent consister ces mesures de la seconde catégorie? La réponse a été donnée plus haut. Si c'est vrai que dans les cas de maladies mentales, comme dans les cas de criminalité, les causes immédiates et subjectives, d'un côté, des phénomènes maladifs, d'un autre, des tendances à commettre le crime, se cachent dans les altérations plus ou moins différentes entre elles, plus ou moins grandes et, de la nature psycho-physique de l'homme, si cela est vrai et que nous admettions l'affinité des fondements, c'est évident que les moyens de lutte contre les phénomènes des deux catégories ne peuvent pas être et ne doivent pas être d'un caractère complètement opposé. Autrement dit : le traitement des aliénés et l'activité de la répression pénale, quoique différents dans leurs moyens et dans leurs détails, doivent avoir le même principe analogue et la même idée pour guide. Dans l'une de ces deux catégories de phénomènes, comme dans l'autre, avant tout il est nécessaire d'examiner et de déterminer les causes subjectives et immédiates, qu'il s'agisse de maladie ou de crime. Ensuite, appuyant sur les particularités des causes agissantes, il faut choisir les moyens les plus conformes au but, pour réagir sur ces causes; il faut appliquer ces moyens sans animosité et sans irritabilité, comme on aurait appliqué tout autre moyen pour éloigner tout autre facteur nuisible, agissant d'une manière nuisible dans les phénomènes du monde qui nous entoure. Dans le traitement des aliénés, nous voyons qu'avec les moyens d'amener une amélioration de l'état organique, on a recours encore à un certain régime moral et à des procédés pédagogiques conformes aux particularités constatées dans la nature de l'individu sous traitement; et nous voyons que tout cela se fait dans le but unique de la guérison ou de l'amélioration d'un état de santé. Un principe analogue doit se retrouver dans la répression pénale. En exprimant cette idée, je suis pourtant loin de vouloir affirmer que le phénomène de l'aliénation mentale et le phénomène du crime soient des phénomènes identiques. Ce n'est nullement mon idée de ne pas faire de distinction entre la sphère de la maladie et la sphère du crime. Je trouve au contraire que ce serait un procédé irrégulier et nuisible que celui de vouloir les confondre ou les mettre ensemble. Je veux seulement indiquer l'affinité de ces deux sphères, dans l'une desquelles, selon une tradition séculaire et par malheur existant encore de nos jours, nous avons à faire avant tout et principalement avec le crime lui-même, mais non pas avec le criminel. Si on parle de celui-ci, c'est pour le considérer en homme abstrait, non comme le criminel qui existe actuellement et fait partie d'un grand nombre dont chaque unité porte ses propres traits individuels, et par-là même réclame pour lui des moyens particuliers, capables de réagir sur les ressorts individuels de sa personnalité. C'est de cette tradition séculaire du crime à part du criminel que proviennent nos déterminations arbitraires arrêtées à l'avance, nos sentences qui disent que pour tel ou tel crime — crime pour lequel tout le monde doit porter le même degré de responsabilité — il faut subir tant d'années de prison, tant d'années de travaux forcés, et ainsi de suite.

C'est évident que la manière de poser la question, adoptée par l'école d'Antbropologie criminelle, doit produire une révolution complète dans nos vues sur les fondements et le but de la responsabilité pénale. Les conceptions de la vengeance, de la satisfaction et de la terrorisation n'y trouvent plus de place et sont remplacées par la conception de mesures salutaires destinées à réformer et refaire l'éducation des deux côtés également de la nature de l'homme — de sa psychophysique. En outre, par cet exposé de la situation, la question de la responsabilité pénale et de l'imputabilité de tel ou tel individu se trouve elle-même supprimée. Le tout aboutit, au contraire, au meilleur choix des moyens pour la régénération du criminel, d'un côté par le traitement dans le sens littéral du mot, d'un autre, par des mesures pour sa réformation.

Les partisans des idées héréditaires sur le caractère et la nature des mesures de répression pénale vont certainement se récrier contre nous et diront qu'avec nos soins pour le criminel et notre suppression de la peine, envisagée comme satisfaction ou expiation, nous nous rendons coupables de la plus grande injustice envers les gens honnêtes et innocents, et qu'avec cela, nous minons toutes les bases sur lesquelles repose l'autorité de la répression pénale, et qu'enfin, nous compromettons la sûreté publique. Mais n'oublions pas que les criminels appartiennent à une catégorie d'hommes à natures brisées, défectueuses et mal équilibrées. Où est donc l'injustice des mesures salutaires, destinées à soutenir et à relever ceux qui tombent ou à faire rebrousser chemin à ceux qui marchent droit à la ruine. Est-ce que nous ne faisons pas tous la même chose en donnant aide et soutien aux faibles de ce monde, à ceux à qui les forces de résistance ont manqué dans la bataille rangée de la vie.

N'oublions pas non plus la part que la société elle-même a prise au développement du crime dans son milieu où existent, protégés et alimentés par elle, des conditions et des états de vie qui offrent un démenti complet aux lois de la vie même et qui produisent par degrés, quelquefois consécutifs, les natures défectueuses et vicieuses, les futurs criminels. Chaque être humain, et dans le nombre chaque criminel, arrive au monde doué déjà de certains germes, de dispositions naturelles que son être n'a pas élaborés, mais qui lui ont été forcément transmis. Le développement ultérieur de ces germes, qu'il a hérités avec le jour, dépend des conditions environnantes qui, bonnes ou mauvaises, à l'insu de sa volonté et de ses désirs, scellent du cachet indélébile de leur influence tout son développement futur. Au commencement, ce futur criminel, qui s'apprête déjà au crime, est un petit être faible, dépourvu de raisonnement, privé de toute possibilité de comprendre et d'apprécier parmi les phénomènes de la vie les idées que nous appelons : le bien, le mal, la vertu et le vice, d'après leur signification vraie. L'âge de la compréhension arrive, mais alors il se trouve que les influences par lesquelles il a dû passer l'ont déjà façonné d'une manière assez positive et déterminée et, quand il se met à agir, son activité est conforme aux particularités déjà déclarées de sa nature. Quand sa dépravation ne faisait que commencer, lui-même ne faisait rien encore de criminel dans le sens exact du mot. Sa dépravation était, d'un côté, un résultat héréditaire, d'un autre, un virus avec lequel son éducation l'a inoculé, à l'insu de sa volonté et contre ses désirs. Mais une fois parvenue à un degré de développement assez mûr, cette dépravation devient la cause immédiate et nécessaire de sa criminalité. Où était donc la société et que faisait-elle au moment où il fallait agir sur ce futur criminel qui s'apprêtait déjà au crime, quand il fallait agir pour l'accommoder à la vie sociale?

N'oublions pas, enfin, que par la cruauté et l'intimidation et par les moyens semblables on peut créer des bêtes plus ou moins féroces, mais non pas régénérer les hommes destinés à vivre et à agir ensemble dans une société d'êtres humains. Car les criminels, à l'exception d'un très petit nombre de suppliciés, doivent rentrer et vivre dans la société à la fin de leur terme de peine. Sous ce rapport, ce serait extrêmement instructif et utile de jeter un regard rétrospectif sur l'histoire du traitement des aliénés. Les ouvrages du savant Pinel nous apprennent que, de son temps on traitait les aliénés comme des criminels, et qu'on les faisait passer par toute espèce de cruautés. Depuis le temps de Pinel, la science a bien agi; elle a expliqué la nature des maladies mentales, et elle a donné au traitement des aliénés un caractère conforme au but. Et nous voyons que les cas de guérison sont devenus beaucoup plus nombreux, et que la société est mieux sauvegardée contre les actes nuisibles et malfaisants des aliénés qu'elle ne l'était avant.

Etudier la nature des causes profondes et individuelles, des maladies et des crimes, pour les guérir, les améliorer et les éloigner, se servir de moyens conformes au but, c'est-à-dire de moyens d'un caractère correspondant à la nature de ces causes, voilà le principe général et prédominant vers lequel nous sommes amenés par une étude consciencieuse des faits dans le domaine de la psychiatrie, comme dans celui de la criminalité.

La criminalité professionnelle.

Rapport présenté par M. G. TARDE, *chef de statistique au Ministère de la Justice à Paris.*

I

On peut entendre en deux sens bien distincts l'expression de *criminalité professionnelle*. Dans le premier sens, elle signifie le contingent de délits quelconques fourni par chaque profession, le nombre de ses infractions de tout genre à la morale générale ; dans le second sens, le nombre de délits spéciaux et caractéristiques, d'infractions à sa morale propre, que chaque profession fait éclore. La première acception est la seule répandue parmi les statisticiens et les criminalistes, bien que la seconde présente un intérêt plus vif et plus profond. Mais, qu'il s'agisse de l'une ou de l'autre, la mesure tant soit peu précise de la criminalité relative des diverses professions est un problème des plus ardus et nulle part le miroitement des chiffres n'est plus illusoire. En effet, nos dénombrements officiels nous présentent pêle-mêle les deux sortes de chiffres qu'il serait bon de distinguer, et cette confusion est tout à l'avantage des professions dont les délits spéciaux sont de nature habituellement cachée ou habituellement collective et, par suite, sont peu susceptibles d'être poursuivis en justice.

Pour bien juger de la criminalité professionnelle, il faut se pénétrer de la morale professionnelle qui prête aux mêmes actions, suivant les préjugés ou les sentiments traditionnels des diverses professions, une importance si étrangement inégale, et va jusqu'à les faire passer du rang des crimes au rang d'actes de vertus ou inversement. Qu'on songe à la chasteté professionnelle des Vestales et à l'impudicité professionnelle des prêtresses de Cnide ou de Paphos ; au secret professionnel du journaliste ou du médecin et à l'indiscrétion professionnelle du reporter, du journaliste chroniqueur.

A ce point de vue, rien n'étant réputé plus criminel pour un ecclésiastique que de scandaliser les fidèles par le libertinage de sa conduite et l'impiété de ses propos, la première vertu pour un prêtre, surtout pour un religieux, étant d'être chaste et la seconde d'être obéissant, la criminalité cléricale a certainement beaucoup diminué depuis le dernier siècle. Il n'est pas de crime plus honteux pour un militaire que la lâcheté devant l'ennemi, ni de délit plus grave que l'indiscipline ; la débandade d'une troupe qui lâche pied sur le champ de bataille est donc le crime militaire par excellence, puis vient la révolte contre les chefs. Mais ce sont là des crimes collectifs et, comme tels, le plus souvent impunis.

Quant aux délits militaires individuels jugés par les conseils de guerre, ils ne sont pas compris dans nos statistiques et il est pourtant fort difficile de s'en faire une idée numérique, en vertu de ce principe qu'il faut « laver son linge sale en famille. »

Pour les commerçants l'exactitude dans les paiements est la vertu cardinale ; leur point d'honneur s'attache à cela comme celui des gentilshommes d'ancien régime à ne point payer exactement leurs dettes. L'énergie de cet honneur commercial nous a épouvantés dans l'affaire de cet honnête marchand de vins parisien qui, pour éviter de voir son nom déshonoré par les désordres de son fils, l'a froidement assassiné, puis s'est suicidé dans sa prison.

Le délit le plus grave dans le commerce, c'est donc la banqueroute simple ou frauduleuse. Malheureusement pour les commerçants, leurs défaillances à cet égard sont l'objet de poursuites et figurent dans nos statistiques. Nous apprenons ainsi les oscillations de leur criminalité propre : en 1871-1875, le nombre moyen annuel des banqueroutes simples en France était de 749 ; il s'est élevé graduellement jusqu'à 944 en 1887 et depuis lors a décru jusqu'à 688 en 1893. Celui des banqueroutes frauduleuses, par suite de la correctionnalisation très probablement, a été en diminuant de 70 dans la première période quinquennale, à 32 en 1890 ; il est remonté ensuite à 40 en 1891, à 41 en 1892, à 45 en 1893. Ce défaut de concordance entre les deux courbes ne laisse pas d'être assez difficile à expliquer.

Pour les notaires aussi la probité est la vertu éminemment professionnelle, l'improbité la plus infamante des fautes. Et le malheur est aussi pour eux que leurs actes improbes quand ils présentent les caractères plus ou moins nets de l'abus de confiance, figurent en partie dans nos comptes criminels. Je dis en partie, car nous sommes bien informés de la sorte que le nombre des notaires accusés de crimes (d'abus de confiance qualifiés) devant les cours d'assises françaises, après avoir été de 17 en 1877, s'est élevé peu à peu à 43 en 1888, puis est redescendu jusqu'à 28 en 1893 ; mais nos statistiques se taisent sur les nombreuses poursuites disciplinaires dont les notaires simultanément ont été l'objet et qui ont porté sur des faits parfois presque aussi graves que les accusations dont il s'agit.

Une variété importante du crime professionnel, c'est le vol domestique. Mais gardez-vous bien de vous en rapporter à nos statistiques là-dessus. Il en est des domestiques qui volent comme des joueurs qui trichent ; quand par hasard on les découvre, on les chasse pour toute punition. Si, exceptionnellement, le fait est dénoncé à la justice, il est poursuivi le plus souvent comme vol simple et correctionnalisé. Les abaissements numériques de ces vols qualifiés, qui ont diminué de 441 en 1861-65, à 193 en 1886-90, à 195 en 1893, n'expriment donc que la croissance de la correctionnalisation dont ils sont l'objet.

Le crime professionnel des sage-femmes, c'est l'avortement. N'allez pas non plus ajouter foi aux chiffres des statisticiens sur ce point. Pour un avortement connu et puni, il en est cent, il en est mille, qui s'opèrent impunément. Qui croira qu'en 1893 par exemple, il n'y en a eu que 80 ?

Les agents de change ont une morale très particulière : d'une part, ils jugent licites toutes sortes de manœuvres, souvent des plus audacieuses, pour faire hausser ou baisser les fonds publics ; d'autre part, ils se piquent de la plus grande honnêteté dans l'exécution des ordres de Bourse. « Un trait commun à toutes les Bourses du monde, dit Claudio Jannet dans son ouvrage sur le *Capital*, c'est l'extrême simplicité des formes suivant lesquelles les transactions les plus importantes sont conclues. Une rapide mention sur un carnet suffit à les constater ; un très grand nombre sont même purement verbales. Chose très remarquable, dans aucun genre d'affaires il n'y a moins de difficultés et de déloyautés sur les conditions dans lesquelles les marchés ont été conclus. La nécessité à imposé aux gens de Bourse ce genre d'honnêteté. Si on le comparait avec les fraudes tolérées par l'usage en matière de ventes de chevaux même entre les gens du meilleur monde, on pourrait écrire un intéressant chapitre de l'histoire de la morale. » Quant aux agents de change qui, exceptionnellement, font preuve de mauvaise foi dans l'inexécution de leurs engagements, nulle statistique ne s'en occupe, pas plus que de ceux qui abusent d'un renseignement confidentiel pour jouer à coup sûr.

Chez les magistrats, l'impartialité, la résistance aux injonctions ou aux menaces extérieures, est le premier des devoirs ; il n'est pas de crime judiciaire plus déshonorant que la servilité ou la partialité. Mais les défaillances des juges sont le secret de la conscience ou de la Chambre du Conseil. — Quelle est la vertu professionnelle des hommes politiques ? L'incorruptibilité. Le crime parlementaire, c'est la corruption. Mais quelle statistique nous renseignera exactement à cet égard ? — Quelle est la vertu professionnelle des publicistes ? La sincérité. Il n'est donc pas de plus grand crime de presse que le mensonge des écrivains, le mensonge diffamateur ou adulateur, le mensonge par chantage ou par ambition, par vénalité ou par vengeance, par haine ou par camaraderie. Rien à ce sujet non plus, ou à peu près rien, dans les comptes annuels du Ministère de la Justice en n'importe quel Etat. Les grandes épidémies criminelles, aussi longtemps qu'elles ont régné et précisément parcequ'elles ont régné, n'y ont jamais eu de place.

Il n'est pas de grève, comme il n'est pas de combat, qui ne soit une occasion offerte à des animosités homicides de se satisfaire impunément. Autant de crimes professionnels non enregistrés. D'autre part, beaucoup de maladies professionnelles et de soi-disant accidents de travail sont l'effet direct ou indirect de véritables crimes professionnels, souvent difficiles, à poursuivre. Le patron qui ne se conforme pas aux prescriptions de l'hygiène dans la construction de son usine ou dans la pratique journalière de son industrie, est l'agent responsable des maladies et des infirmités qu'engendrent son imprévoyance ou son avarice. D'après M. Cheysson[1], il y a en France, annuellement, 279,500 accidents du travail dont 7,500 suivis de mort et 26,000 d'infirmités permanentes. Combien de ces tués ou de ces blessés du travail, victimes en apparence d'un fait fortuit, l'ont été en réalité d'une négligence coupable ou même d'une méchanceté intentionnelle ou dissimulée ? Nulle statistique ne le dira jamais. Ce n'est que dans des cas fort rares, que la justice est appelée à s'occuper des crimes professionnels de cet ordre, les plus terribles de tous. Par exemple, un jour, fut dénoncé au Parquet de Sarlat le fait d'un clown qui, de passage avec son cirque dans cette petite ville, avait imaginé le moyen suivant de se venger d'une jeune acrobate par dépit amoureux. Il avait scié aux trois quarts la corde sur laquelle elle devait danser. Heureusement, au moment d'y monter, elle s'aperçut de la chose et l'auteur, par suite de circonstances particulièrement révélatrices, fut découvert. Mais, sans ces circonstances, on aurait fort bien pu croire que la section de la corde était due à une simple maladresse, à un coup de hache donné mal à propos en plantant la tente, et la chute mortelle de la danseuse si elle avait eu lieu, eût été classée comme accidentelle ainsi que nombre de morts par submersion qui, dans l'ignorance où l'on est de leurs vraies causes, parfois criminelles; sont classées parmi les accidents ou parmi les suicides.

Comme on peut le voir par l'exemple qui précède, chaque profession a ses manières

[1] Cité par le Dr Mongin, élève du Dr Lacassagne, dans sa thèse sur le *Risque professionnel*. (Storck 1896.)

de tuer et aussi de voler. D'abord, il est assez naturel que de son outil chaque travailleur se fasse une arme : le cordonnier donne des coups d'alène, comme le pâtre montagnard des coups de *makila* ; le forgeron frappe sa victime avec son marteau comme le journaliste délateur, pourvoyeur de guillotine, avec sa plume ; le médecin se sert des poisons qui lui sont donnés pour guérir. Pour voler le commerçant a ses faux poids, l'industriel ses falsifications et ses contrefaçons, le journaliste ses mille formes et ses mille degrés de chantage ; le fonctionnaire ses modes divers de concussion et de prévarication. Le monde du jeu et de la spéculation est riche en variétés de tricheries. Mais tant qu'il n'y a en cela que des variantes de procédés et si, malgré cette diversité, les mobiles du meurtre et du vol restent à peu près les mêmes, ne recevant de l'exercice de la profession aucune couleur marquée ni aucune excuse particulière, il n'y a pas lieu de classer à part les délits caractérisés par une différence superficielle. Il en est autrement quand, par l'entraînement de l'exemple ambiant, dans son milieu spécial, le professionnel est conduit, sans y viser directement, à des spoliations ou même à des immolations qui, pour avoir des inspirations moins odieuses, ne laissent pas d'être criminelles. Le médecin qui tue par zèle scientifique, en essayant des opérations chirurgicales très dangereuses dont la nécessité n'est point démontrée, ou en expérimentant *in anima vili* des remèdes nouveaux, n'est pas un assassin ordinaire sans doute, mais il n'en a pas moins commis un homicide proprement médical.

Je ne voudrais point non plus assimiler à un voleur le notaire ou l'avoué qui exagère ses états de frais, qui se permet des libertés excessives avec la taxe ou le tarif, mais il est certain que c'est là un abus répréhensible, quelque général qu'il puisse être devenu. Le soldat du XVIe, du XVIIe, du XVIIIe siècle encore, qui, dans une ville prise, violait les femmes, massacrait les vieillards, pillait les maisons, pouvait invoquer la grande excuse des hommes, la coutume ; mais la preuve qu'il n'a pu s'empêcher de sentir lui-même l'insuffisance de cette justification, c'est que la coutume à la longue a changé et que la guerre contemporaine a proscrit entre peuples civilisés tout au moins, — sinon, hélas ! toujours dans les rapports des races supérieures avec les inférieures — la plus grande partie de ces horreurs.

On remarquera que, parmi les délits commis dans l'exercice d'une profession, les uns, comme ceux dont il vient d'être question, trouvent dans les mœurs ou les idées de cette profession une circonstance atténuante, tandis que les autres, par exemple, un attentat à la pudeur par un prêtre, un empoisonnement par un pharmacien, la trahison d'un officier, ajouterons-nous la corruption d'un parlementaire ou le chantage d'un journaliste ? en reçoivent un caractère aggravant. L'expression de « crimes professionnels » est donc ambiguë, puisqu'elle s'applique à la fois et indistinctement à ces deux sortes de méfaits qu'il est si important de distinguer au point de vue de la responsabilité pénale.

Demandons-nous si c'est l'homicide ou si c'est le vol qui a été le plus richement diversifié par la division sociale des métiers au cours de la civilisation. A première vue, on pourrait croire que c'est le vol : il semble avoir bien plus d'avenir que le meurtre, être bien plus civilisable que lui. Le nombre des objets à voler s'accroît à chaque produit nouveau de l'industrie ; le nombre des moyens de voler, à chaque progrès du commerce et des communications locomotrices, épistolaires, télégraphiques, téléphoniques. La civilisation étend sans cesse le champ visuel du voleur et allonge ses bras. Mais agrandit-elle moins rapidement le domaine et la puissance du meurtrier ? Sans parler du gigantesque assassinat collectif et mutuel qu'on appelle la guerre et qui fait concourir à la multiplication de ses victimes éventuelles, à la diversité croissante de leurs blessures, par la découverte de nouveaux engins destructeurs, toutes les ressources du monde civilisé ; sans parler de ce progrès de l'homicide national, n'est-il pas certain que l'homicide individuel puise dans l'arsenal militaire ainsi que dans l'outillage industriel les éléments d'armes de plus en plus terribles, telles que les marmites à renversement ? Toutefois ce sont surtout les formes involontaires de l'homicide, et aussi du suicide, qui vont se développant : Songez aux nouveaux risques de mort, aux nouvelles maladies inédites qu'apporte avec soi chaque nouvelle branche de l'industrie, chaque passage de la petite à la grande industrie, du travail isolé au travail aggloméré, de la manufacture à la machinofacture. Autant de nouvelles manières de tuer ou de se tuer sans le vouloir. Rares sont les métiers intellectuels ou manuels dans lesquels il ne faut pas, un jour ou l'autre, risquer sa vie pour gagner sa vie. La lutte pour la bourse, la lutte pour la vie, c'est la même chose au fond, et la concurrence économique est souvent, pour le vaincu, aussi meurtrière que ruineuse.

II

Par là et par tout ce qui précède, on peut apprécier ce qu'il y a de complexe, de touffu, d'illimité, dans ce vaste sujet de la criminalité professionnelle, qui se lie si étroitement à l'exercice normal de chaque profession, à ses mœurs et à ses risques. La difficulté de le traiter s'accroît, en outre, de l'impossibilité où ont été jusqu'ici les statisticiens de s'accorder sur une classification des métiers. Au congrès de statistique de Berne, en 1895, M. Jacques Bertillon a accepté la mission de combler cette lacune, mais il ne s'abuse pas sur le caractère nécessairement arbitraire en grande partie que devra présenter son essai de classement uniforme et universel. Je m'empresse d'ajouter, il est vrai, que l'urgence de cette liste définitive se fait de moins en moins sentir, si l'on considère, que, au fur et à mesure de l'assimilation démocratique des sociétés, la profondeur de l'empreinte professionnelle sur l'individu va s'affaiblissant au profit de l'empreinte sociale, à proprement parler, et politique sinon nationale. Nous nous éloignons chaque jour du temps où, par le costume, par les habitudes de la vie, par le langage même, les divers métiers étaient profondément séparés et mûrés, clos d'une barrière infranchissable ; où les magistrats se promenaient en robe dans les rues comme les ecclésiastiques, où chaque corporation imprimait un caractère à ses membres. Loin de pousser, comme on l'a cru faussement, à une spécialisation toujours croissante des aptitudes, le progrès de notre civilisation tend, en abaissant les murs de clôture entre tous les métiers, à *déspécialiser* pour ainsi dire le travailleur intellectuel aussi bien que le travailleur manuel. De plus en plus l'ouvrier moderne en Angleterre et aux Etats-Unis notamment [1] est en danger de mourir de faim si, au milieu de cette fièvre inventive qui change incessamment les conditions du travail, il s'attache à se perfectionner en une seule sorte de dextérité qu'un inventeur de demain, peut-être, va rendre inutile et remplacer par l'ingéniosité d'un mécanisme très facile à manier. Aussi l'américain et le jeune anglais sont-ils prêts à passer avec la plus grande facilité d'un travail à un autre, et à monter ou descendre en quelques années toute la gamme des métiers de leur pays. Dans les professions dites libérales, la même souplesse de métamorphose, commence à se

---

[1] Voir à ce sujet les ouvrages si documentés, si instructifs de Paul de Rouziers et de Max Leclerc.

remarquer, elle est déjà merveilleusement avancée chez nos hommes politiques qui, médecins ou avoués la veille, ministres le lendemain, échangent avec une admirable aisance leur portefeuille contre un autre ; également propres à diriger les grandes machines de nos administrations, comme l'ouvrier contemporain à surveiller le fonctionnement d'une machine à vapeur quelconque.

Il en sera ainsi jusqu'à ce que les syndicats professionnels, amplification internationale des anciennes corporations, aient grandi et consommé leur œuvre, à savoir une division du genre humain civilisé transversale en quelque sorte à celle des nations et encore plus profonde. En attendant cette transformation radicale qui aura *peut-être* pour effet de rendre à *l'esprit professionnel* une partie de son originalité, il n'est pas douteux que son importance ait singulièrement diminué pendant notre siècle. La force du clergé provient de ce que l'esprit ecclésiastique, exceptionnellement, n'a rien perdu de son intensité, pendant que l'esprit militaire, l'esprit judiciaire, etc. s'affaiblissaient chaque jour.

Il est donc moins urgent que jamais de caractériser et de préciser la criminalité professionnelle. Mais, en revanche, il subsiste des *groupes de professions* aussi tranchés que jamais, c'est-à-dire des *classes* distinctes ; car, si l'on échange de plus en plus facilement un métier manuel contre un autre métier manuel, une besogne intellectuelle contre une autre besogne [1] intellectuelle, il est toujours aussi rare qu'on passe et surtout qu'on repasse de l'une à l'autre de ces deux grandes catégories de travaux, surtout d'un travail intellectuel à un travail manuel. Ces catégories elles-mêmes demandent à être subdivisées. Parmi les professions manuelles, le groupe urbain industriel, ne se confond guère avec le groupe rural, agricole ; ni, parmi les professions intellectuelles, le groupe juriste avec le groupe naturaliste, le groupe artiste avec le groupe mathématicien. La *criminalité* de classe mérite donc d'être étudiée de plus près que la criminalité de profession. Malheureusement son étude statistique se heurte aussi à de grandes difficultés. Toutefois, nous parvenons ici à quelques constatations un peu nettes et sûres.

Par exemple, les statistiques officielles de la France nous montrent que la criminalité des classes urbaines, surtout en ce qui concerne les crimes contre les biens, mais même relativement aux crimes contre les personnes, l'emporte sur celle des classes rurales. « La proportion des crimes imputables à l'ensemble des professions urbaines, dit le « compte de 1891, va progressant plus vite encore que l'émigration des campagnes « vers les villes, c'est-à-dire les désertions des occupations agricoles. » En 1865, le nombre des accusés d'origine rurale (c'est-à-dire habitants des agglomérations inférieures à 2000 âmes), était de 2135 et le nombre des accusés d'origine urbaine était de 1778. Par degré, le second chiffre, de très inférieur qu'il était, est devenu supérieur. En 1892, le premier chiffre est de 1711 et le second de 2021 [2]. Il est vrai qu'en 1893, il y a relèvement relatif du premier : 1936 et 1840. Mais ce n'est qu'accidentel. — Je dis

---

[1] Observons que ces transformations professionnelles ne sont point entièrement abandonnées au caprice individuel, et qu'elles suivent dans leur ensemble certains parcours réglés, en partie irréversibles. Il y a un *cursus laborum* comme il y avait un *cursus honorum* sous la Rome impériale. Il serait curieux de tracer ces itinéraires sociaux.

[2] N'oubliez pas que si les chiffres des *crimes* proprement dits vont en s'abaissant, cela tient à la correctionnalisation uniquement. Or la correctionnalisation porte surtout sur les *crimes* contre les biens, car il est plus aisé de baptiser vol simple un vol qualifié que de faire passer un assassinat dans la colonne des homicides involontaires. Les crimes contre les biens étant plus spécialement urbains, il s'en suit que la correctionnalisation a favorisé les classes urbaines plus que les classes rurales. Mon argument numérique est donc *a fortiori*.

que même relativement aux crimes contre les personnes, la criminalité des classes urbaines est supérieure à celle des classes rurales. En voici la preuve : « sur 100,000 « habitants de la même classe, dit le document déjà cité, on compte, en fait de crimes « contre les personnes, 45 accusés ruraux et 47 accusés urbains; en fait de crimes « contre les biens, 35 ruraux et 84 urbains. » La statistique de 1892 dit aussi : « Si « l'on confronte la carte de France qui, dans le *dénombrement de 1891* (p. 289), re- présente par des teintes graduées la répartition proportionnelle de la population vivant de l'industrie dans chaque département, avec trois cartes de France qui, dans la statistique criminelle de 1887, exprime par des gradations de teintes analogues le con- tingent criminel et correctionnel de chaque département en fait de crimes et de délits inspirés soit par la violence, soit par la cupidité, soit par la débauche, séparément, on est frappé de la coïncidence de ces trois dernières cartes avec la première. Les dépar- tements, en effet, qui se distinguent par le caractère industriel de leur population sont aussi ceux qui se signalent par la proportion la plus haute des méfaits, cupides surtout et contraire aux mœurs, mais même violents. Au contraire, la carte qui, dans la même publication du Ministère du Commerce (p. 285) représente la répartition proportion- nelle de la population vivant de l'agriculture, donne lieu à une remarque à peu près inverse. L'influence favorable exercée, en somme, sur la moralité par les conditions agricoles de l'existence est rendue manifeste par ces rapprochements. »

La bonne influence à certains égards de l'instruction secondaire et supérieure, — je ne dis pas simplement *alphabétique* et rudimentaire, — n'est pas non plus douteuse et, dans une large mesure neutralise l'influence contraire des milieux urbains, où s'exercent la plupart des professions libérales. Quoique l'instruction secondaire n'ait cessé de se répandre, ceux qui l'ont reçue, en dépit de leur nombre croissant, « ont pris une part sans cesse décroissante à la criminalité contre les personnes. » Cela est surtout vrai des professions libérales, qui comprennent une fraction si notable de la population instruite. Leur participation aux crimes contre les personnes a décru de 8 pour 100 en 1881-1885, à 6 pour 100 en 1886-1890 et à 5 pour 100 en 1893. Il est vrai que, parallèlement, leur criminalité contre les biens a fort bien pu grandir sans que la statistique puisse nous en avertir. Suivant nos comptes officiels, les professions libérales, en somme, se signaleraient par l'invariabilité relative du taux de leur double criminalité totalisée : 6 à 7 pour 100 depuis plus de près de trois quarts de siècle. N'acceptons qu'avec toute sorte de réserve ces évaluations où ne peuvent entrer en compte les épidémies intermittentes de vénalité et de corruption qui viennent démentir l'invariabilité prétendue.

A la criminalité des diverses professions se rattache intimement comme contre partie et complément celle des gens sans profession. Ils sont de deux sortes : les oisifs riches et les oisifs pauvres.

Les premiers commettent peu de délits, sauf, parfois des aberrations voluptueuses; mais, involontairement, ils en font commettre, soit par leurs parasites qui les exploitent indignement, comme une récente affaire de chantage l'a révélé, soit par leurs imita- teurs que l'exemple contagieux de leurs vices entraine à des actes délictueux ou même criminels, à des vols ou à des assassinats pour se procurer de l'argent. Ils exercent, en général, une pseudo-profession dissipatrice qui consiste à *s'amuser*, c'est-à-dire à tourner éperdûment dans un cercle étroit de plaisirs plus ou moins factices et fatigants et dont le plus vif est peut-être le jeu auquel ils se livrent avec fureur jusqu'à la ruine et au suicide. Les oisifs pauvres, les gens « sans aveu » de nos statistiques, ont aussi une pseudo-profession destructrice qui consiste à vagabonder en pratiquant alternativement toutes les variétés possibles de la mendicité, de l'escroquerie et du vol combinés ensemble, avec ou sans accompagnement de violences. Nous en croyons sans peine nos statistiqres, quand elles nous disent que la criminalité des gens sans aveu a grandi. « De 4 pour 100 il y a 15 ans, dit le compte de 1893, la proportion des crimes contre les personnes qui leur sont imputés s'est élevée à 6 °/o ; celle des accusations de crimes contre les biens qui sont dirigées contre eux est montée de 8 à 9 et même 10 pour 100. ⋅

III

Sous le bénéfice des observations qui précèdent, je me hasarde à présenter le résultat des recherches que j'ai faites pour extraire de nos comptes criminels français, combinés avec les indications du dénombrement de 1891 publié par le Ministère du Commerce, quelques chiffres plus ou moins dignes d'attention. La distinction des classes et des professions telle que nos statistiques criminelles la présentent — en ce qui concerne les affaires d'assises seulement, non les affaires correctionnelles — ne correspondent pas toujours avec exactitude à celle que nos statistiques de la population ont adopté[1]. Je me suis efforcé de les faire concorder et j'y suis parvenu assez souvent. Confrontant alors le nombre total des personnes qui composent une classe ou une profession prise à part avec le nombre *moyen annuel* des accusés qu'elle a fournis pendant la période quinquennale de 1889 à 1893, j'ai facilement obtenu le chiffre proportionnel qui exprime combien il y a d'accusés sur 10,000 personnes de ce groupe ou de ce sous-groupe. Dans ce qui va suivre je résume les renseignements numériques relatifs à chaque groupe ou sous-groupe par trois nombres, dont le premier a trait à sa population propre, le second à son contingent annuel d'accusés, le troisième à sa criminalité proportionnelle sur 10,000 âmes.

Si l'on prend en bloc la masse entière de la population française masculine et féminine, tous âges compris, les petits enfants comme les vieillards, on constate que sa criminalité moyenne est d'environ 1 accusé sur 10,000. Ce taux ne peut nous servir de terme de comparaison avec les diverses professions, dont le personnel ne comprend que des adultes et des personnes valides, souvent que des hommes et doit, par suite, présenter en moyenne un taux de criminalité bien plus élevé. Mais il peut être mis utilement en regard du taux de criminalité propre à diverses grandes fractions qui se partagent la population, notamment à la fraction agricole, à la fraction industrielle, à la fraction commerciale, si du moins l'on a soin de comprendre en chacune d'elles ses membres inactifs ou auxiliaires, femmes, enfants, domestiques. Embrassé de la sorte dans son acception la plus large, chacun des trois groupes indiqués donne les résultats suivants :

Groupe agricole	17,435,888	1,478	0,84
Groupe industriel.	9,532,560	1,264	1,32
Groupe commercial	3,961,496	399	1,00

L'agriculture, on le voit, représente dans ce tableau la teinte claire, l'industrie la teinte sombre, le commerce la teinte grise.

Si nous faisons abstraction de la famille et des domestiques, et ne retenons que la

---

[1] J'ai dû renoncer à exécuter un travail analogue relativement aux statistiques étrangères ; la difficulté de trouver des quantités *homogènes* à mettre en regard était si grande, que le problème, pour le moment, m'a paru presque insoluble.

population *active* (ou qualifiée telle par nos statistiques) y compris d'ailleurs pêle-mêle patrons, employés et ouvriers, les chiffres proportionnels vont changer, mais leur rapport restera le même.

Groupe agricole [1] 6,535,599   1,478   2,26
Groupe industriel. 4,548,098   1,264   2,77
Groupe commercial 1,738,631   399   2,29

Le groupe de gens sans profession, saltimbanques, bohémiens, gens sans aveu, filles publiques, *gens sans place* etc., demande une place à part ; nous le prenons dans sa totalité, famille comprise ; des domestiques il n'en est pas question. Mais le plus souvent la famille même fait défaut. On ne saurait donc faire figurer ce groupe, pour être tout à fait impartial, ni dans le premier des deux tableaux que nous venons de présenter ni dans le second. Il est intermédiaire. L'indice de sa criminalité est élevé, on va le voir, mais il l'est moins qu'il ne le serait si on le rattachait au premier tableau et plus si on le rattachait au second :

Gens sans profession 1,304,250   334   2,56

Essayons de décomposer le groupe industriel. Voici le tableau relatif à quelques-uns de ses sous-groupes (famille et domestiques exclus).

Industrie de l'alimentation 260,909   259   9,15
     •   du bâtiment 620,291   202   3,25
     •   de l'habillement et de la toilette . . . 964,265   170   1,76
     •   de luxe. 102,414   49   4,78

On s'exposerait à d'étranges méprises si l'on prétendait juger de la moralité comparée des diverses professions industrielles d'après les indications de ce tableau, où les tailleurs, couturiers, couturières sont singulièrement favorisés, ce me semble, et où les bouchers et boulangers pourraient bien être noircis outre mesure. La même observation s'applique au tableau des *professions libérales*, dont nous allons parler.

Celles-ci, dans leur ensemble, si l'on y comprend famille et domestiques ainsi qu'employés et clercs donnent le résultat suivant qui leur est très défavorable :

Professions libérales 1,114,873   267   2,39

si l'on retranche la famille domestique, on a :

Professions libérales 420,133   267   6,35

Mais, à vrai dire, ce groupe qualifié professions libérales par nos statistiques est un amalgame assez confus et nulle part il n'est plus urgent de décomposer pour éclaircir. Spécifions donc la part de plusieurs catégories notables (famille et domestiques exclus).

Clergé régulier ou séculier. 126,052   9   0,71
Professeurs et instituteurs (laïques ou congréganistes)[2]. 143,616   22,8   1,58

---

[1] Les domestiques *de fermes* y sont compris.

[2] La statistique criminelle distingue les professeurs ou instituteurs *congréganistes* et *laïques* ; la statistique de la population distingue les professeurs ou instituteurs *privés et publics*, (classant à part les maîtres spéciaux). Ces deux distinctions se correspondent-elles ? Dans une certaine mesure seulement. *Dans la mesure* où *elles correspondent*, on peut (mais je ne garantis pas l'exactitude du résultat) présenter ainsi le tableau des deux classes de professeurs et instituteurs.

Professeurs et instituteurs congréganistes 38,616   4,6   1,19
     »   »   laïques. 105,020   20   1,90

En réalité le taux de criminalité doit être un peu plus élevé pour les congréganistes et un peu moins pour les laïques qu'il ne résulte en apparence de ces chiffres ; car, parmi les instituteurs privés, il en est beaucoup de laïques. Rectification faite, la différence entre les deux classes doit être peu notable.

Médecins, chirurgiens, officiers de santé, vétérinaires.	19.295	3,6	1,86
Pharmaciens, herboristes	10,551	4	3,79
Sages-femmes.	13.475	11,6	8,60
Hommes de lettres, savants	7,125	3,2	4,49
Artistes.	32,755	13,2	4,02
Officiers ministériels (notaires, avoués, huissiers) . .	18.480	51	28,13
Employés des postes	29,371	22	7,45

Il est à noter, en ce qui concerne ce dernier résultat, que le taux si énorme de la criminalité des officiers ministériels tient en majeure partie à celle des notaires, qui s'explique par des circonstances passagères.

Si l'on distingue les patrons et les employés, là où cette distinction nous est possible, c'est-à-dire dans le groupe commercial, on constate, comme on avait lieu de s'y attendre d'après l'importance du facteur économique et du mode d'éducation, que le taux de la criminalité s'élève plus haut parmi les employés.

Patrons de commerce (y compris petits marchands colporteurs, etc.).	879,969	162	1,84
Employés de commerce (non compris ouvriers) . . .	378,318	199	5,26

Les employés de chemins de fer (ouvriers non compris) fournissent un contingent criminel notablement inférieur à celui des employés de commerce :

Employés de chemins de fer.	84,117	27	3,21

La criminalité des *domestiques* de tout ordre n'est pas beaucoup plus élevée que cette dernière, ce qui peut tenir à la correctionnalisation des vols domestiques, dont nous avons parlé plus haut.

Domestiques.	1,251,944	454	3,70

Il faut enfin féliciter, encore plus que louer, les propriétaires et rentiers de leur criminalité très faible.

Propriétaires et rentiers.	956,729	47	0,49

Il resterait à rechercher les causes des différences de nature et de degré que présente la criminalité comparée des diverses professions, et à expliquer les variations si grandes que révèle pour chacune d'elles l'histoire de son évolution criminelle telle qu'il est parfois possible de la suivre. Mais cette étude nous entraînerait bien au-delà des limites du présent rapport.

Tempérament et criminalité.

Rapport présenté par M. ENRICO FERRI, *professeur à l'Université de Rome.*

Le tempérament est à l'individu ce que la race est au peuple : c'est-à-dire la base physiopsychique, en grande partie héréditaire et innée, et en partie acquise, qui détermine chez eux des aptitudes, des tendances, des énergies originaires, qui donnent le cachet de leur personnalité, individuelle ou collective, à travers les âges de l'histoire aussi bien que dans les différents milieux géographiques.

Et puisque le crime est un phénomène de pathologie individuelle et sociale en même temps — effet résultant des trois ordres de facteurs *anthropologiques, physiques* et *sociaux* qui en constituent la genèse naturelle — il est évident qu'aux recherches analytiques de l'anatomie, de la biologie et de la psychologie criminelles il faut adjoindre dorénavant les recherches synthéthiques sur la personnalité bio-psychique de l'homme criminel, en tant qu'il a un tempérament personnel et qu'il fait partie d'un groupe éthique spécial.

La statistique criminelle a déjà relevé les rapports entre la race et la criminalité qui bien des fois sont les seuls qui puissent expliquer certaines manifestations exceptionnelles, et partant plus visibles, de la criminalité dans tel ou tel endroit, que les autres facteurs du milieu physique et social ne suffisent pas à expliquer.

Dans mon *Omicidio nell' antropologia criminale* (Turin 1895, avec *Atlas*) j'ai résumé un grand nombre de données statistiques, pour démontrer, et souvent avec une évidence indéniable, l'influence éthique dans la genèse de la criminalité dans les pays de l'Europe.

Dans la même occasion j'ai aussi attiré l'attention des anthropologistes sur les rapports du tempérament personnel avec les impulsions et les activités criminelles.

En effet, dans la physiologie et la psychologie normales, on remarque aussi un revirement bien décidé vers les points de vue synthétique, depuis que l'étude des phénomènes de la vie organique et psychique a été poussée à un développement et même à un morcellement quelquefois excessifs, par réaction féconde et salutaire contre les échafaudages systématiques de l'apriorisme méthaphysique.

Dans ces derniers temps nous avons, en effet, une vraie poussée printanière d'ouvrages et d'études synthétiques sur la physio-psychologie, qui tendent à rapprocher cette science humaine par excellence des applications de la vie pratique, individuelle et collective (pédagogie, traitement de la criminalité infantile, hygiène sociale, etc.), c'est-à-dire qui tendent à constituer cette science que Stuart Mill appelait l'éthologie.

Dès 1880 j'avais donné dans la 1re édition de ma *Sociologie criminelle* la classification bio-sociologique des catégories anthropologiques du criminel *né*, du criminel *aliéné*, du criminel *d'habitude*, du criminel *d'occasion* et du criminel *passionné*.

Au point de vue de la psychologie criminelle M. Krauss avait esquissé dans la « *psychologie du criminel* » (Tübingen, 1884) quelques rapports entre le tempérament, les passions et la criminalité, en suivant ce que M. Letourneau avait écrit, en 1878, dans la « *physiologie des passions* » et qui a été si souvent répété dans les essais les plus récents sur le même sujet.

En 1890 M. Drill esquissait « *les types psycho-physiques de la criminalité* (Moscou, 1890) tels que les *nerveux*, les *épileptiques*, les *hystériques*, et M. Van Deventer au congrès d'anthropologie criminelle de Bruxelles (Actes, 1892, p. 351) parlait de « *la pluralité des types de criminels* » par rapport aux quatre tempéraments déjà classifiés par Hyppocrate.

Auparavant M. Lombroso, dans les deux volumes de son *Homme criminel* (IIe édition française, Paris 1895) avait décrit, mais toujours au point de vue analytique, les types du *criminel-né*, du *criminaloïde*, du *criminel épileptique, fou, hystérique, alcooliste, passionné*.

Mais ce n'était pas encore là le point de vue synthétique, que je crois de la plus haute importance dans l'évolution successive de l'anthropologie et de la sociologie criminelle, d'accord avec l'évolution synchrone de la physio-psychologie, dont il est utile de rappeler ici les documents les plus remarquables et récents.

En Italie, c'est en 1892 que le prof. de Giovanni a essayé des « *applications de la morphologie anthropométrique à la clinique médicale* » (Milan 1892), en même temps que M. Seeland donnait un essai bien remarquable « *sur le tempérament au point de vue psychologique et anthropologique.* » (*Actes du Congrès d'anthrop.* Moscou 1892, vol. II.)

C'est dans le domaine de la psychologie que, après les essais de M. Weylandt « *sur la doctrine des tempéraments* » (traduit en italien, Naples 1888) et de M. Stewart « *sur les tempéraments* » (London, II éd., 1892) on publia, en France, les ouvrages de M. Azam sur « *le caractère dans la santé et la maladie* » (Paris 1887) de M. Perez « *le caractère de — l'enfant à l'homme* » (Paris 1892) et tout récemment de M. Ribot la *psychologie des sentiments* (Paris 1896, chap. XII. et XIII), de M. Fouillée, *tempéraments et caractères* (Paris 1895), de M. Paulhan « *Les caractères* » (Paris 1894) et *les types intellectuels — esprits logiques et esprit faux* » (Paris 1896) et de M. Lévy sur la « *psychologie du caractère* » (Paris-Bruxelles 1896).

Au point de vue psycho-pathologique le docteur Del Greco s'est occupé du « *tempérament épileptique* » (Nocera Inf. 1893), qui est une des variétés de cette « constitution névropathique et psychopathique » dont parlent bien souvent les psychiatres.

Mais je crois que — tout en continuant les recherches analytiques, sans lesquelles il n'y a pas de synthèse scientifique — il faut élargir notre champ visuel, même au-delà de ce point de vue synthétique mais toujours individuel, que j'avais indiqué en 1894, au IXe congrès de la Société italienne de psychiatrie.

Le tempérament — que je conçois dans le sens le plus large du mot en tant que *personnalité bio-psychique* — a été jusqu'ici envisagé à des points de vue restreints et isolés, lorsque par exemple avec Hyppocrate on en donne une classification purement physiologique (tempérament lymphatique, sanguin, bilieux, nerveux) ou bien lorsque on adjoint à cette classification physiologique une classification psychologique plus ou moins en symétrie avec celle-là. Par exemple, suivant M. Letourneau, on a le tempérament *apathique* (lymphathique), *sensitif* (nerveux), *actif* (sanguin) et *passionnel* (bilieux); ou bien suivant M. Fouillée, le tempérament *sensitif* et le tempérament *actif* « à réaction prompte, ou intense, ou lente » : ou bien suivant M. Ribot. les « caractères normaux » et les « caractères anormaux » classifiés à leur tour dans les *sensitifs*, les *actifs* et les *apathiques*, outre les types mixtes.

Mais alors c'est toujours l'individu isolé *(Selbstwesen)* qu'on étudie et qu'on décrit, tandis qu'il est nécessaire d'étudier et de décrire le tempérament et le caractère de l'individu dans son existence réelle et permanente, c'est-à-dire en société, en tant que membre d'une collectivité *(Gliedwesen)*.

Dans ce facteur personnel, en plus grande partie héréditaire et en partie acquis, par lequel tout homme a une façon à lui de réagir aux actions du milieu physique et social, on doit chercher et voir le criterium pour classifier les *tempéraments dans leurs rapports avec la vie sociale de l'individu*.

C'est dans ce but, que je n'avais pas encore indiqué dans mon *Omicidio*, qu'on peut bien parler d'un « tempérament criminel, » qui a des symptômes organiques et psychiques bien précis pour tous ceux qui ont l'habitude mentale d'étudier les criminels, non pas sur les livres, mais dans les prisons, les asiles d'aliénés et dans la vie libre.

Je n'ai pas l'intention de décrire ici ce tempérament criminel. car je veux plutôt inviter les anthropologistes criminalistes à contrôler cette conclusion nouvelle de mes études de biologie, de psychologie et de pathologie criminelle.

Au point de vue organique, tout tempérament physiologique peut être la base physique du tempérament criminel, car les lymphatiques par exemple sont nombreux parmi les criminels d'habitude, les nerveux parmi les criminels de passion, les bilieux parmi les criminels-nés, etc.

Mais c'est un état de dégénérescence de l'organisme et surtout du système nerveux (dénutrition, névrose etc.), qui constitue, je crois, la base physique du tempérament criminel ; de même que dans le domaine de la psychologie, c'est une impulsivité anormale (faiblesse irritable, défaut d'inhibition, etc.), qui en donne le caractère fondamental.

Qu'est-ce donc qu'un tempérament criminel ?

Puisque j'entends par tempérament « une personnalité bio-psychique qui vit et agit dans un milieu physique et social » il faut distinguer deux grandes catégories des actions anti-sociales, qu'on appelle les crimes.

Le crime est toujours un acte anti-social, puisqu'il trouble les conditions d'existence du groupe collectif à un moment donné de son évolution. Mais le crime peut troubler l'équilibre actuel de la vie sociale en reproduisant les formes ataviques de la lutte pour la vie ou bien dans le but d'anticiper des formes nouvelles et plus élevées de lutte pour la vie. C'est pour cela que, en conséquence même du déterminisme physio-psychique, on doit dépouiller le mot de « crime » et de « criminel » de tout sentiment de haine et de mépris.

Cela est déjà arrivé pour les aliénés de même que pour tous les malades, pour dangereux qu'ils soient. Il n'est question que de défense et surtout d'hygiène sociale, en dehors de tout résidu atavique de haine, soit pour les aliénés, soit pour les thipheux, soit pour les criminels.

Les distinctions déjà connues de « criminalité naturelle et de criminalité légale » — de « crimes communs et crimes politiques » ou « sociaux » — de « criminalité atavique ou musculaire et criminalité évolutive ou intellectuelle » se rapportent en quelque sorte, à la distinction qu'on pourrait faire de l'acte anti-social qui trouble l'état présent en reproduisant les phases anciennes de l'évolution sociale (meurtre, vol, viol, etc.) et de l'acte anti-social qui trouble l'état présent en visant aux phases à venir de l'évolution sociale (rebellions, émeutes, grèves, conspirations, etc.).

On pourrait aussi distinguer une zone intermédiaire de criminalité avec les actes antisociaux qui troublent l'état présent avec une *forme* atavique mais dans un *but* évolutif (meurtre politique, attentats avec la dynamite, etc.).

Tous les auteurs de ces actes anti-sociaux sont des tempéraments criminels, c'est-à-dire qu'ils ont une personnalité bio-psychique qui ne peut subir les conditions d'existence sociale du présent et qui cède à l'impulsivité d'un système nerveux dégénéré par la misère physiologique et physique ou bien déséquilibré par le fanatisme ou le monoïdéisme [1].

Outre ce point de vue statique du tempérament criminel, qui tient aux tendances héréditaires, il faut en rappeler aussi le point de vue dynamique, c'est-à-dire l'évolution et la transformation personnelles de ces mêmes tendances congénitales suivant l'âge, l'état de santé ou de maladie, les influences du milieu physique et social, la profession, la condition économique, le degré d'instruction, etc.

Après cela, je ne peux pas entrer dans des détails anthropologiques et sociologiques, car il y a là tout un travail à faire. Je ne voulais qu'avancer les premières lignes d'une *éthologie criminelle*, qui sera le couronnement pratique de cette œuvre scientifique, qui depuis quelques années s'est développée avec tant d'éclat sur les deux fondements de l'anthropologie et de la sociologie criminelle et qui, après avoir rassemblé une quantité si grande et quelquefois si encombrante de données analytiques, doit dorénavant employer ces mêmes données et leurs inductions partielles à une synthèse bio-sociologique, qui sera la théorie de l'art si difficile et si fécond de la thérapeutique sociale.

[1] Je rappelle à ce propos l'essai de M. Hamon sur « *la psychologie de l'anarchiste socialiste* » (Paris, 1895) qui malgré la subjectivité des données psychologiques, relevées par les individus auxquels l'auteur s'est adressé pour son enquête psychologique, peut cependant contribuer à éclairer le point de vue bio-sociologique du tempérament, que je propose dans ce rapport.

L'éducation des fils de criminels.

Rapport présenté par l'abbé Maurice de BAETS *et le* Dr G. de BAETS *à Gand.*

Parmi les nombreux facteurs de la criminalité sur lesquels l'anthropologie criminelle attire l'attention, l'hérédité est des plus importants.

Jusqu'au jour où l'école nouvelle entreprit *ex professo* l'étude trop négligée du criminel, on ne songeait guère à cette transmission des instincts et des dispositions.

Elle n'est aujourd'hui niée par personne; on discute la question de degré; on rejette les déductions hasardées ; mais tous admettent que les parents transmettent, dans une certaine mesure, à leurs descendants, avec la vie, l'empreinte de leurs dispositions psychiques et morales.

L'hérédité n'est pas d'ailleurs la seule cause qui imprime à l'enfant le stigmate d'une déplorable ressemblance avec un père ou une mère criminels.

Bien qu'ayant son propre naturel et des dispositions congénitales, le cœur de l'enfant est apte à recevoir les impressions du dehors. L'esprit d'imitation et la naturelle, bien que relative, docilité à l'égard de ceux que la nature lui a donnés pour premiers guides, sont cause que dans ce cœur s'impriment profonds et suggestifs les exemples et les enseignements reçus. Quand l'enfant grandit, la négligence et l'incurie d'éducateurs oublieux de leurs devoirs permet aux germes du mal de se développer; à moins que, hypothèse plus grave encore, de nouvelles semences mauvaises n'y soient systématiquement déposées.

Ce concours d'influences délétères a trop souvent pour effet de faire de l'enfant du criminel un criminel lui aussi.

Nous nous refusons cependant à suivre ceux qui veulent voir dans le fils du criminel un prédestiné au mal, un malheureux fatalement et irrémédiablement voué au crime ; nous nous refusons à le regarder comme un incorrigible par avance, comme un inéducable.

Certes l'échelle de l'éducabilité porte de nombreux échelons; il est des natures tellement dégradées que peut-être quelques-unes d'entre elles peuvent être considérées comme pratiquement réfractaires à toute action de relèvement. Le sens moral, comme l'intelligence, peut être congénitalement inerte ; ce serait toutefois une évidente exagération de vouloir regarder comme perdus tous ceux qui sont issus de parents criminels. Une fraction de l'École anthropologique, comme le faisait remarquer M. le Dr Morel dans son rapport au IIIe Congrès d'anthropologie criminelle, a vu trop facilement dans certains individus des incorrigibles, et par conséquent des inéducables. Elle s'est trop attachée à l'étiologie de la dégénérescence, et a trop négligé l'étiologie contraire, celle qui agit dans le sens d'une amélioration de l'individu humain.

Il ne semble pas que l'on puisse *a priori* déclarer un individu inéducable, quelles que soient les tares qui se manifestent en lui. Bien que les prédispositions soient un élément de la plus grande importance, l'hygiène et la morale peuvent lutter puissamment contre elles, et, par une lutte sagement conduite, aboutir au relèvement moral de l'enfant, dont quelques-uns semblent désespérer.

Toutefois, s'il ne faut point rejeter comme incorrigible l'enfant atteint de tares héréditaires profondes, il serait téméraire de vouloir faire son éducation par les seuls moyens dont on use envers les normaux.

C'est bien ici le cas d'entendre l'appel du Révérend Dr Zimmer dans le *Pedagogisches Magazin* : « Le médecin, l'éducateur et celui qui a soin des âmes, se trouvent unis dans une même besogne, qui sera d'autant plus bénie que de toute part on sera plus disposé à travailler la main dans la main. »

C'est ainsi que nous sommes naturellement amenés à l'idée d'une éducation spéciale à donner à ceux qui sont héréditairement prédisposés au crime ; et plus concrètement à la création d'*Asiles spéciaux pour les fils de criminels*.

Par leur but même, ces institutions seraient nécessairement et totalement différentes de toutes celles qui existent dans la plupart des pays. Ce ne seraient pas des maisons de réforme, puisque les enfants qui devraient y être recueillis n'auraient point, par leur conduite personnelle, appelé l'intervention des autorités. Ce ne pourraient être non plus des écoles de régime normal, la nature des sujets auxquels elles sont destinées demandant une organisation et un fonctionnement particuliers.

A notre avis, la seule forme sous laquelle ces institutions puissent être réalisées, serait celle d'*Asiles pour les fils de prisonniers*.

Privés par les crimes de leurs parents et les justes rigueurs de la loi, de leurs seuls soutiens naturels, ces enfants se trouvent, peut-on dire, orphelins. Il faut que des asiles s'ouvrent pour ces malheureux, des asiles où ils trouvent protection dans leur triste abandon, en même temps que l'éducation spéciale dont ils ont besoin.

Et voici se poser la question capitale : Faut-il que les gouvernements érigent ces établissements ? Faut-il faire appel à l'initiative privée ?

Pour notre part, nous n'hésitons pas à nous ranger du côté de l'initiative privée, encouragée et soutenue par les pouvoirs publics, mais non absorbée par eux. Il faut, en effet, autant qu'il pourra se faire, éviter d'imprimer un stigmate au front des hôtes de ces maisons ; il faut que les élèves en sortent, autant qu'il sera possible, la tête haute. Or, il est à craindre que le caractère officiel ne fasse de l'asile pour les fils de prisonniers une sorte de dépendance du bagne, une filiale des prisons. La seule institution de ce genre qui existe, celle de *Valle di Pompei*, est issue d'une pensée de charité pure à l'égard d'enfants malheureux et abandonnés. Nous voudrions voir la même pensée humanitaire produire partout le même résultat.

Les portes de ces refuges seraient fermées à ceux qui ne portent pas les caractères de l'hérédité. Pour ceux-là une éducation ordinaire suffit. Leur place est dans nos écoles ou orphelinats de régime commun. C'est dès lors un devoir à leur égard de ne point les mêler aux prédisposés. Car toujours, quoique l'on fasse, une tache originelle s'attachera à ceux qui auront passé par ces refuges ; c'est même là la grande objection, qui tombe du moment qu'il s'agit de prédisposés réels, mais qui subsiste, forte et concluante, contre l'admission de fils de criminels ayant échappé à toute tare héréditaire.

Notons que le fils du criminel n'est pas un taré dans l'acception simpliste du terme. Il porte une tare héréditaire complexe, la syphilis, l'alcoolisme, la misère physiologique peuvent en revendiquer une part plus ou moins grande.

De leurs ascendants, dont 60 % sont des alcooliques, les fils de criminels héritent une irritabilité exagérée du système nerveux périphérique, une prédisposition à l'impulsion et aux formes discrètes de l'épilepsie.

L'hygiène sera puissante dans la cure de ces héréditaires.

La vie au grand air favorise les échanges nutritifs, l'exercice musculaire poussé jusqu'à la fatigue rétablit l'équilibre des centres nerveux et des moteurs musculaires, refrène notamment l'éclosion précoce de l'excitabilité génésique.

Chez la plupart domine le tempérament érotique.

L'alimentation devra répondre à des indications spéciales.

L'apport de matériaux nutritifs en qualité et quantité normales fournit à la cellule la résistance vitale suffisante à endormir la diathèse.

Dans les pénitenciers belges, l'alimentation des détenus comprend :

Azote, 21 gr. Carbone, 296 gr.

Le poids de la ration quotidienne varie de 1,500 à 1,700 grammes.

Comme l'a démontré le Dr van Peene, médecin en chef des prisons de Gand, la ration du jeune détenu de 12 à 21 ans doit être supérieure en quantité et qualité à celle de l'adulte (en proportion de son poids) attendu que l'adulte ne doit que réparer les pertes quotidiennes subies par l'organisme, tandis que l'adolescent travaille en plus à sa croissance. La substitution du pain de froment au pain de seigle et la diversification du régime essayé dans les maisons de réforme belges a rayé des statistiques nosographiques nombre d'affections gastro-intestinales et dystrophiques.

Ces données s'appliquent *a fortiori* au régime des enfants dégénérés.

Une grande place sera donnée à la gymnastique méthodique.

M. le Directeur Bailly inaugura à l'école de bienfaisance de Gand les exercices rationnels :

Le pas sur place, le pas en marche, les mouvements d'ensemble au commandement, les mouvements individuels sans appareils, la canne, le bâton, l'escrime, les mouvements avec appareils, barres fixes, parrallèles, haltères, etc. ; les exercices militaires, la manœuvre des pompes, la natation, etc.

Les résultats furent surprenants. La circulation et la nutrition s'améliorent, l'enfant bien nourri, bien entretenu, bien entrainé, devient plus docile, montre du zèle et de l'aptitude au travail. C'est la *mens sana in corpore sano*.

Dans l'éducation d'enfants normaux on peut adopter et suivre jusqu'à un certain point une ligne de conduite uniforme. Un programme normal, comme normaux sont les sujets auxquels il s'applique. Il faudra diversifier le mode d'action sur des anormaux autant que se diversifient leurs anomalies elles-mêmes. Les prédispositions de chaque enfant et les tares qu'il porte, devront assigner à l'éducateur sa ligne de conduite, et il appartient à la science de déterminer celles-là aussi bien que celles-ci.

Le traitement moral devra, non moins que le traitement physique, être approprié aux sujets. Dans les individus les plus tarés, il se trouve des ressorts profonds et puissants, mais qu'il faut savoir mettre en jeu. La raison et la volonté ne sont pas mortes ; il faudra que l'éducateur trouve le moyen d'en réveiller l'activité, de leur rendre leur empire. Savoir se dominer, maîtriser les impulsions, c'est la grandeur et fierté de l'homme. Cette grandeur et cette fierté, il faut s'efforcer de la rendre à l'enfant prédisposé au mal ; il ne suffit pas à cet effet d'atténuer les impulsions, il faut développer la force morale. Il faut, d'une part, tremper l'organisme, lui donner cet équilibre qui enlève, jusqu'à un certain point, les penchants vicieux ; il faut encore appeler l'attention de l'intelligence sur tous les actes, afin de ressusciter l'empire moral, et le développer par l'exercice.

Tel est l'idéal de l'éducation dans son acception la plus universelle ; tel est l'idéal de l'éducation corrective.

C'est ainsi que l'on fait des hommes.

L'idée de faire naître les asiles dont nous parlons, apparaît comme une des plus manifestes et des plus humanitaires conclusions des doctrines anthropologiques. Or, si nos renseignements sont exacts, *Valle di Pompei* reste le seul établissement dont l'idée réponde à peu près à cette conclusion scientifique. Que de malheureux enfants tombent à cette heure dans le bourbier du crime, qui pourraient être sauvés par le régime d'une maison où l'on saurait combiner une forte éducation morale avec un traitement psychophysique approprié aux sujets que l'on y recevrait.

Puissions-nous voir surgir de pareilles institutions, réclamées unanimement par la science et par l'humanité.

Dégénérescence et Criminalité.

Rapport présenté par M. le Dr J. DALLEMAGNE, *professeur de médecine légale*
à l'Université de Bruxelles.

Introduction.

Ce qui nous parait avant tout obscurcir l'étude des rapports entre la dégénérescence et la criminalité, c'est le manque de précision des données, l'indétermination
et la délimitation indistincte des choses visées, ainsi que le symbolisme pernicieux
qu'introduisent dans la discussion des dénominations vagues soustraites forcément
aux rapprochements et aux comparaisons. Tâcher de faire la lumière et l'accord sur
les termes mêmes de la question, puis des hauteurs de l'abstraction où ces termes
nous tiennent naturellement, redescendre vers le concret et l'objectivité des faits
particuliers, tel sera le but de nos efforts. Et nous croyons qu'il y a quelque avantage et de sérieuses raisons à procéder de la sorte.

Car Dégénérescence et Criminalité sont des choses diversement comprises, définies
et délimitées chez les divers savants et dans les divers pays. Certes la notion de
Criminalité grâce à des efforts dont l'initiative revient à l'Ecole italienne tend à se
préciser chaque jour davantage, mais il n'en est pas de même en ce qui concerne la
Dégénérescence. Niée par les uns, affirmée par les autres, déclarée vague, indéterminée, indéterminable même par le plus grand nombre, la Dégénérescence avant de
servir d'élément à notre étude et à nos discussions réclame une sorte de mise au
point préalable. A quoi serviraient en effet des spéculations alimentées par des données instables, ondoyantes, contestées ou même suspectes.

Puis il est facile de s'apercevoir que même précisées et délimitées, Dégénérescence
et Criminalité n'ont guère que la valeur de symboles et d'abstractions. Symboles et
abstractions sous lesquels subsiste évidemment la solide charpente des faits, mais
symboles et abstractions en ce qu'ils caractérisent ces faits dans ce qu'ils ont de
quintessencié, de général et de collectif à la fois.

C'est à ces premières difficultés qu'on se heurte dès que se trouve posé le problème
des rapports de la Dégénérescence et de la Criminalité. On est frappé du vague et de
l'indéterminé des notions qu'il faut étudier et comparer. Cette indétermination
inspire tout d'abord un sentiment pénible fait d'inquiétude et de désarroi. Il semble
que le terrain se dérobe et on ne retrouve pied qu'après avoir abandonné le symbolisme des mots pour la réalité des choses. Progressivement on reconnait que Dégénérescence et Criminalité ne s'imposent à nous qu'à titre de caractéristiques variables et

multiples d'individus qui sont les dégénérés et les criminels. Et on en arrive à distinguer que ce n'est point entre la Dégénérescence et la Criminalité qu'il faut chercher les rapports réclamés, mais entre les criminels et les dégénérés en ce qu'ils impliquent de prédisposition à la Dégénérescence et à la Criminalité.

C'est à ce point que nous espérons pouvoir amener le débat. Nous n'aurons peut-être fait qu'indiquer un programme. Toutefois nous tenons à ajouter que si nous n'apportons point de solutions générales c'est peut-être un peu pour la raison que ces solutions n'existent pas. Nous sommes en effet convaincu qu'il n'y a de réelles et de positives que les solutions particulières; et pour les chercher avec succès il convient avant tout d'être en possession d'une méthode sûre et pratique à la fois.

Nous aborderons donc l'exposé critique de ce qu'il faut définitivement comprendre sous les noms de Dégénérescence et Criminalité. Puis nous tâcherons d'appliquer les résultats de cette double étude à la question qui nous est posée en envisageant cette question sous ses divers aspects, passant des formules générales progressivement vers les solutions particulières qu'elle comporte et dans lesquelles elle doit forcément se résoudre.

I

La Dégénérescence.

Il importe donc d'établir en premier lieu la signification et la portée de ce qu'il faut comprendre sous le nom de Dégénérescence. L'idée primitive en appartient à Morel; toutefois la conception du savant français a dû subir de notables remaniements.

Elle comportait des vérités de fait et des erreurs de doctrine. Le fait vrai indéniable et qui subsiste, comme la pierre angulaire de la théorie de la Dégénérescence c'est la réalité de la disparition progressive d'une souche, d'une race, d'une espèce par des dégradations successives et héréditaires pouvant aller des indices les plus subtils d'une anomalie psychique à peine appréciable jusques et y compris l'extinction des fonctions les plus indispensables à la conservation individuelle et spécifique. Quant aux erreurs de doctrine elles étaient multiples et elles nuisirent considérablement au succès de la découverte de Morel. Et certaines d'entre elles subsistent encore au fond des divergences internationales relatives à la doctrine de la Dégénérescence.

Les caractères de fatalité régressive et d'involution inéluctable attribués par Morel à la Dégénérescence et à l'Hérédité dégénérative les avaient élevées à la hauteur d'un processus biologique un et irréductible. Elles y avaient même gagné quelque chose de mystérieux et de fatal à la fois. Elles apparaissaient comme une sorte de personnification grâce à un travail d'abstraction assez semblable à celui d'où sortirent jadis les conceptions mythologiques. Elles semblaient en effet peser sur l'humanité à la manière des destins antiques. En une sorte de clair obscur doctrinal, elles surgissaient tout à coup ainsi que des puissances occultes, conscientes et inexorables à la fois. Et malgré les efforts et le temps ces notions restent toujours quelque peu nimbées de ce même occultisme. Cependant rien de plus clair et de moins exceptionnel que la Dégénérescence et l'Hérédité dégénérative dans les phénomènes biologiques tels que nous les laissent entrevoir les données scientifiques modernes.

A la lumière des théories de l'évolution, la Dégénérescence est devenue un fait d'ordre général. Elle se retrouve partout où la vie amoindrie dans sa résistance met en danger l'énergie spécifique. A côté des défaillances de l'esprit, tous les amoindrissements de vitalité susceptible de se transmettre par hérédité ont pris place, à des titres divers toutefois, parmi les manifestations dégénératives.

La dégénérescence est un processus régulier même dans les sociétés en évolution ; elle a acquis la valeur d'un phénomène naturel ; elle est signalée comme une nécessité sélective, comme un adjuvant des facteurs attitrés de la sélection spécifique et sociale. On a fini par la considérer non comme une force anormale s'immisçant, pour le déranger, dans le mécanisme de nos existences, mais comme une circonstance aussi favorable qu'indispensable à notre acheminement vers des états progressifs.

La régénérescence et l'hérédité régénérative sont venues à leur tour la dépouiller de son caractère fatidique.

Et, de cette façon, la Dégénérescence et l'Hérédité dégénérative sont rentrés dans le rang des processus biologiques généraux. Leurs caractères ne résultent ni de leur nature tératologique, pathologique ou autre, mais du seul fait qu'en amoindrissant les résistances individuelles et spécifiques, elles aboutissent à la stérilité, à l'extinction de la souche ou de la race. Et tous les processus biologiques qui hâtent de cette façon l'extinction individuelle et spécifique, sont des processus dégénératifs, involutifs ou régressifs, — termes que nous emploierons indistinctement, convaincu que les critiques qu'on leur a opposées ne reposent que sur des malentendus. Comme toutes les manifestations de l'activité vitale, les processus dégénératifs sont donc des résultantes complexes accessibles à toutes les influences, à toutes les fluctuations qui interviennent dans l'évolution de l'individu et de l'espèce.

Les auteurs les plus autorisés ont cependant défini différemment la dégénérescence et l'hérédité dégénérative. Les uns, préoccupés particulièrement de classification psychiatrique, cherchent dans une dégénérescence limitée et individualisée un élément distinctif et spécifique. Les autres, désireux de séparer leurs processus dégénératifs des processus morbides, s'efforcent, tout en s'inspirant d'un criterium très vaste, de réduire la Dégénérescence aux seuls états de *valeur amoindrie*. Puis il en est qui péchent par excès contraire et dont la définition se nuit à elle-même par une généralisation que ne sustente pour ainsi dire aucun criterium. Enfin, certaine opinion restreint la dégénérescence aux seuls cas tératologiques. La plupart oublient donc, ainsi que nous le disions tantôt, que la Dégénérescence ne tire pas ses caractères particuliers de ses origines ou de ses cadres, mais de ses criteriums et de ses fins.

En réalité, chaque individu possède, vis-à-vis de son milieu physique et social, une somme de résistance déterminée mais variable. Son évolution s'effectue normalement dès que cette tendance lui suffit pour surmonter les influences dissolvantes dont il est entouré. Et l'équilibre qu'il réussit à maintenir, il pourra le transmettre à sa descendance ; dans cette descendance, l'évolution régulière, faite d'une adaptation de plus en plus consolidée, s'effectuera comme dans une ligne ascensionnelle.

Mais une catégorie d'individus ne parviennent pas à garder cet équilibre initial; des dégradations plus ou moins profondes s'y introduisent. Ces dégradations peuvent même être d'emblée à ce point intensives, qu'elles compromettent l'énergie individuelle et spécifique; la dégénérescence s'établit du coup sans préliminaires comme sans intermédiaires. Elle constitue la dégénérescence acquise des auteurs français et allemands.

Cependant, dans la plupart des cas, ces extinctions ne se font que progressivement, par étapes marquées d'un caractère de gravité croissante et sous les efforts réitérés des influences extérieures ou de croisements préalablement tarés. Elles sont comme la conspiration de circonstances ambiantes ou étrangères à l'individu. Toutefois, répétons encore que cette involution, cette descente de la pente opposée à celle que gravit l'évolution — il ne s'agit donc pas du retour à des états antérieurs — n'implique en principe aucune fatalité. Quoique commencée chez l'un des conjoints, elle peut s'interrompre ou même rétrocéder par suite de l'intervention assainissante de l'autre. Elle n'acquerra un déterminisme définitif qu'au moment où elle aura pénétré intimement nos fonctions les plus essentielles au point de rendre toute régénération impossible.

Il faut donc définitivement prendre la Dégénérescence pour ce qu'elle est dans la réalité des faits; c'est-à-dire pour une formule abstraite comprenant des processus biologiques variables, traduisant des états fonctionnels très divers et dont le seul lien est un lien tout schématique contenu dans le degré de résistance amoindrie d'évolution entravée, compromise ou définitivement anéantie que ces processus représentent à des taux infiniment variés. Nous savons très bien que la Dégénérescence ainsi remaniée risque de perdre en considération pratique auprès des cliniciens ce que, chez les biologistes, elle acquiert de valeur par son criterium plus large et ses allures généralisatrices. Cette perspective d'un peu de discrédit momentané, nous paraît préférable à l'état présent qui lui fait payer de l'indifférence des uns, de la négation chez les autres, la sympathie un peu intéressée des spécialistes.

Puis nous sommes convaincu que, seule, l'assimilation, la réduction de la notion de dégénérescence à celle *d'une résistance évolutive amoindrie, ayant pour criterium l'extinction individuelle et spécifique* est le trait d'union entre les opinions divergentes, la note dominante de l'entente finale. Et, de même, il ne nous paraît guère possible d'admettre autrement que d'une manière toute symbolique ce qu'on a coutume d'appeler l'hérédité dégénératrice. Il n'existe que des influences dégénératives susceptibles de se transmettre par hérédité. Ces influences, comme les processus qu'elles synthétisent, n'ont rien de spécial et d'étrange; elles ne réclament pas de cadre particulier dans l'ensemble des processus naturels; elles obéissent aux lois qui président à la transmission des caractères acquis; elles n'en sont que des cas particuliers.

Cependant en dégageant ainsi ces formules et en ne leur laissant d'autre lien que celui dont nous les gratifions en nos esprits nous risquons de ne pas dire toute la vérité. Car la Dégénérescence et l'Hérédité dégénérative gardent en bien des cas l'allure de processus unifiés et même d'entités morbides. Elles révèlent souvent une sorte de gradation, une sériation d'étapes par ordre de gravité qui contribuent à leur conférer une individualité apparente. Mais il s'agit moins d'une force initiale poursuivant son œuvre en vertu d'une prédestination finale que d'une succession d'état aux origines multiples tenant des circonstances une unité factice, apparente, qui n'indique que les défaites successives de l'évolution individuelle et spécifique.

Nous arrivons donc à cette conclusion qu'il n'y a que des états dégénératifs variables en importance et en pénétration; et des influences dégénératives, adéquates pour ainsi dire à ces états dégénératifs; tous deux individualisés dans la série des êtres anormaux que constituent les Dégénérés. La Dégénérescence n'existe pas en dehors des Dégénérés. Et c'est par l'étude systématique des Dégénérés qu'il faut poursuivre notre recherche des éléments tangibles et réels qui doivent nous fournir les bases d'un rapport entre la Dégénérescence et la Criminalité.

II

Les Dégénérés.

Tout individu porteur d'un processus dégénératif rentre donc de droit comme de fait dans la catégorie des dégénérés. Le groupe des dégénérés est conséquemment très étendu ; mais cette étendue mitigée par la disparition de tout ce qui prêtait à la dégénérescence une allure inéluctable et fatidique ne nous crée aucun embarras doctrinal. Car quiconque porte un processus dégénératif n'est pas voué irrévocablement dans sa descendance à la régression insurmontable. Le processus dégénératif implique la Dégénérescence sans l'imposer fatalement. Mais faute d'établir ici des distinctions entrevues dans la seriation des états dégénératifs, nous risquerions de retrouver dans la notion du groupe des dégénérés le symbolisme, l'abstraction qui dominaient la Dégénérescence. Or ici pas plus qu'ailleurs il ne s'agit de groupements formés d'individus marqués au front d'un signe spécial et voués à des destinées inévitables. Il est des dégénérés de toute marque. Ils forment une échelle très vaste qu'ils montent et descendent longtemps sous le double empire de leurs énergies individuelles et des influences variables des divers milieux. Il est très rare que la descente se fasse d'un seul coup, sans alternative ; souvent l'extinction des forces qui marque la fin des oscillations n'arrive qu'après des fluctuations nombreuses ; ce n'est guère que dans les derniers échelons qu'on trouve les fourbus définitifs ceux qui, réfractaires à toute infusion de sang nouveau, inaptes à des croisements rédempteurs, marquent pour leur race ce qu'on pourrait appeler le commencement de la fin. Et à côté de ce petit nombre d'irréductibles, de définitivement épuisés et vaincus on trouve la coulée innombrable de ceux qui luttent, peinent, montent et descendent avec des alternatives de bonne et mauvaise fortune.

De tout temps, du reste, on a fort bien vu que le groupe des dégénérés était susceptible de subdivisions. On a distingué des dégénérés supérieurs et des dégénérés inférieurs. Les supérieurs ou brillants selon une dénomination parfois usitée sont doués de qualités souvent remarquables masquant au point de la rendre méconnaissable la tare dégénérative ; l'imperfection de leur organisation ne s'accuse que furtivement et par intervalle en quelqu'excentricité attestant des lacunes dans le jugement le caractère ou la sensibilité morale. Ces individus ne comportent d'ordinaire qu'à faible dose la tendance régressive ; ils ne possèdent généralement qu'une sorte de dégénérescence virtuelle. Les inférieurs représentent eux la dégénérescence irrévocablement établie ; pour eux il n'existe plus de retour possible à l'évolution normale ; ils sont marqués pour la fin prochaine.

Nous avons tenté ailleurs [1] d'établir dans cette classification quelques coupures, et de poser de cette façon certains points de repère dans la vaste collectivité des dégénérés. Nous sommes parti de cette idée que l'état normal devait être considéré comme une sorte d'état d'équilibre corrélatif de l'adaptation. Cet état d'équilibre synthétique nous apparait décomposable en une série d'équilibres secondaires actionnés pour ainsi dire par nos besoins. Les trois grands groupes de besoins sont les besoins

---

[1] *Dégénérés et Déséquilibrés* par le docteur DALLEMAGNE. Lamertin, Bruxelles, 1894.

nutritifs, les besoins génésiques, les besoins émotifs et intellectuels ; il existerait à notre avis des équilibres correspondant à la satisfaction normale régulière, conforme à l'adaptation de chacune de ces trois grandes catégories de poussées physiologiques ; l'harmonie de ces équilibres différents ou plutôt leur harmonisation en vue de la conservation de l'individu et de l'espèce traduirait l'équilibre synthétique ou l'équilibre tout court.

Le déséquilibre apparaît du moment où cesse l'harmonie des équilibres secondaires. Ce déséquilibrement sera superficiel ou profond, transitoire ou durable, modifiable ou non, selon ses origines, ainsi que la gravité des fonctions mises en cause. Il aura des répercussions plus ou moins importantes dans la descendance. Il lui arrivera de disparaître sous l'effort de générations saines et robustes comme il cédera parfois dans l'individu lui-même sous le jeu régulier des autres fonctions. Et dans certains cas il ira en s'accentuant, pénétrant successivement jusqu'au plus profond de l'économie et aboutissant à la dégénérescence irrémédiable.

Il nous paraîtrait rationnel d'appeler déséquilibrants ceux dont le déséquilibre est superficiel, transitoire sans répercussion probable dans la descendance. Ces déséquilibrants ne seraient que des individus aux fluctuations fonctionnelles normales exagérées. Leur tendance serait le retour à l'équilibre.

Après les déséquilibrants viendraient les déséquilibrés ; chez ceux-ci l'équilibre rompu ne porte que sur des fonctions accessoires et les mécanismes secondaires de ces fonctions ; l'empreinte régressive, toutefois plus marquée, serait encore facile à corriger dans l'individu et surtout dans sa descendance.

L'aggravation de l'état propre à ces déséquilibrés nous conduirait progressivement aux dégénérants. Ceux-ci seraient répartis sur la grande voie d'où l'on aperçoit mais dans un certain éloignement, la dégénérescence définitive. L'inadaption se trouverait dans ces dégénérants accentuée et profondément ancrée. L'insuffisance fonctionnelle serait évidente, elle laisserait des traces difficiles à déraciner ; et le plus souvent sous des circonstances favorables, le dégénérant donnerait issue à des dégénérés.

Les dégénérés seraient les éléments ultimes de leur souche ; chez eux le déséquilibre définitif n'aurait d'autre terminaison que la stérilité ou la procréation de produits dépourvus des qualités indispensables à l'existence.

Cette classification qui malgré son caractère artificiel nous paraît présenter une certaine utilité a pour base un élément commun essentiel : la prédisposition. Le groupe des dégénérés est avant tout le groupe des prédisposés. C'est la prédisposition à dose faible ou forte superficielle ou profonde, instable ou durable que ce groupe réalise dans la collectivité de ses nombreuses unités. Et c'est la prédisposition qui se renforçant successivement sert d'étiquette à chacune des catégories en lesquelles nous l'avons successivement subdivisé.

Toutefois il est clair que ces notions directrices ainsi introduites sous le couvert de classification, de sériation de catégories de prédisposés de plus en plus renforcés ne répondent guère encore aux nécessités de la pratique. Il est indispensable de pénétrer plus avant dans la personnalité des dégénérés et de chercher à préciser cette part de prédisposition qui en constitue l'élément ultime et irréductible. L'étude des stigmates nous paraît propre à simplifier notre tâche.

III

Les stigmates de la dégénérescence.

Les stigmates sont en dernière analyse les éléments caractéristiques des dégénérés ; ils leur servent de signalement, de pièces d'identité et de personnification à la fois. Ce sont eux qui attestent, accentuent ou atténuent la prédisposition.

On divise couramment les stigmates de la dégénérescence en stigmates anatomiques et en stigmates biologiques ou fonctionnels. Nous avons cru pouvoir adjoindre à ces deux subdivisions, une troisième classe de stigmates : les stigmates sociologiques.

L'idée mère de notre classification des stigmates est celle qui a présidé aux seriations que nous avons établies sous les noms de déséquilibrants, déséquilibrés, dégénérants, dégénérés. Nous avons fait appel à la notion d'équilibre. Mais non plus à un équilibre abstrait synthétique n'ayant d'autre criterium que l'adaptation et la survivance mais à des équilibres plus objectifs, plus déterminables, plus tangibles en un mot. L'équilibre des formes c'est-à-dire la régularité et la proportion des différentes parties du corps a présidé en guise de criterium à l'établissement et au dénombrement des stigmates anatomiques. Le jeu régulier des fonctions — depuis les fonctions à caractère purement végétatif jusqu'aux plus hautes manifestations de l'intellect — nous a fourni, avec un peu plus de difficulté toutefois, une pensée directrice dans la recherche des stigmates biologiques. La parfaite adaptation de l'individu au milieu social, son équilibre sociologique constituent les points de repère en matière de stigmates sociologiques.

Les stigmates anatomiques synthétisent donc toutes les déviations de la forme. Parmi ces déviations il en est d'essentielles et d'accessoires ; les unes traduisent les troubles des premières phases de l'évolution individuelle et sont d'ordre tératologique. Elles possèdent une haute signification à raison même de l'époque où elles se sont produites et de la répercussion dont elles deviennent fatalement l'origine. Les autres se présentent comme des reliquats d'affections survenues au début de l'existence individuelle, ou d'entraves apportées par une alimentation défectueuse, un milieu contaminé ou peu salubre au développement régulier des organes. Tout en impliquant en thèse générale une importance atténuée et des conséquences moins graves elles créent néanmoins une résistance amoindrie que nous avons vu constituer le terrain par excellence pour l'éclosion de la dégénérescence.

Ces deux premières catégories comportent déjà une certaine regression dans le passé tout en gardant leur haute importance pour l'avenir. Il en est une troisième constituée par les déformations anatomiques accidentelles professionnelles ou autre qui n'ont d'autre importance que l'entrave plus ou moins forte qu'elles apportent à l'évolution de leurs possesseurs ; elles n'intéressent donc que le futur.

Depuis Morel, le nombre des stigmates anatomiques s'est accru sans cesse ; cette accumulation a même failli jeter quelque discrédit sur la valeur des stigmates en général et sur leur signification. Ce danger a disparu depuis que la dégénérescence a perdu son caractère fatidique. Il n'existe plus que dans la manière trop exclusive de comprendre les stigmates. Tout ce qui dans la forme traduit la résistance amoindrie de l'individu ou de ses ascendants tout ce qui va contribuer à amoindrir cette résistance dans la descendance peut figurer au nombre des stigmates anatomiques de la dégénérescence. Peu importe l'origine, la nature ou la cause de ces dégradations anatomiques. C'est une erreur doctrinale que de vouloir exclure des stigmates anatomiques tout ce qui ne porte pas l'empreinte tératologique ou tout ce qui relève plus particulièrement de la pathologie ou même de l'accidentel. Du moment qu'un caractère anatomique trahit la résistance amoindrie de l'individu ou de ses ascendants, ou paraît de nature à réduire cette résistance dans les générations successives il est un indice de régression commencée ou possible et figure de droit au nombre des stigmates anatomiques de la dégénérescence. Il ne nous reste plus à son égard que la faculté de discuter sa valeur et son importance en tâchant d'évaluer la dose d'involution établie ou virtuelle qu'il comporte. Et c'est précisément parce qu'un certain nombre de ces stigmates n'impliquent la régression qu'à titre infinitésimal et que d'autres la trahissent à dose massive que l'on peut sans crainte élargir le cadre de stigmates anatomiques, cadre dont nous nous croyons du reste dispensés d'énumérer le détail.

Ce que nous venons de dire des stigmates anatomiques s'applique avec autant d'à propos aux stigmates biologiques. Mais la biologie faite avant tout de variations se prête moins que les données anatomiques à des moyennes et à des normales; le subjectif entre pour une large part dans les résultats d'un grand nombre d'observations physiologiques et surtout psychologiques; puis elle est à la merci du temps qui fuit, modifiant, déformant les situations, détruisant la première des conditions d'une expérience la stabilité, l'invariabilité de ses éléments. Cependant il est clair qu'il existe un équilibre des fonctions comme il existe une harmonie des formes; que tous deux correspondent à une même nécessité, l'adaptation : et que les conditions même de cette adaptation sont au fond des conditions de l'équilibre des formes et de l'équilibre des fonctions. A côté de cet équilibre des fonctions il est donc permis de parler de ses déviations qui constituent les stigmates biologiques. Ils sont comme les stigmates anatomiques d'origines multiples et de significations diverses. Ils vont des déviations les plus graves de nos plus importantes fonctions jusqu'aux particularités les moins apparentes de notre caractère ou de notre intellect.

Quant aux stigmates sociologiques ils sont de nature plus subtile et par leur origine d'essence plus délicate. Toutefois ils nous paraissent tout aussi réels et pourvus également d'une certaine utilité pratique. Ils traduisent plus particulièrement l'inadaptation sociale. Et cette inadaptation sociale nous paraît posséder une grande importance dans un ordre de faits ou les influences sociologiques interviennent si largement. Le milieu social est un réactif précieux. Il trahit souvent l'inadaptation générale à ses débuts alors que rien encore dans les formes ou dans les fonctions ne la laisse soupçonner. Il est la pierre de touche de nos fonctions dernières venues, les fonctions altruistes. Et on sait que la régression dans l'ensemble comme dans le détail de nos facultés débute toujours par la série de nos derniers acquis, par ceux que le temps n'a pas encore entérimés.

On a cherché à comparer entre elles les diverses catégories de stigmates, à établir des relations de cause à effet, à montrer la seriation, leur dépendance possible. Cette étude que nous avons esquissée ailleurs ne contribuerait que faiblement à éclairer notre sujet.

Car ce qui nous importe avant tout dans les stigmates, c'est le quantum de régression qu'ils accusent dans l'ascendance ou qu'ils impliquent pour la descendance. Le criterium dans la mise au point qu'il convient d'en faire, c'est leur signification relativement à la stérilité individuelle et à l'extinction de l'espèce.

Disons cependant qu'en thèse générale la catégorie des stigmates anatomiques comportent les indices les plus graves, les stigmates sociologiques n'ont souvent qu'une signification régressive peu marquée.

Le nombre des stigmates est parfois aussi significatif que leur nature ; des stigmates nombreux impliquent une hérédité fortement chargée.

Les stigmates servent donc tant par leur abondance que par leur essence et leur origine à apprécier dans les dégénérés cette part de prédisposition que nous avons vu — en terminant l'étude de leur classification — constituer l'élément ultime et irréductible de toute individualité dégénérative.

Nous pourrions nous en tenir là ; nous possédons en effet la formule ultime destinée à nous fournir le quantum dégénératif nécessaire à l'examen des rapports de la dégénérescence et de la criminalité. Mais en bornant là notre étude nous laisserions subsister une lacune et nous nous priverions d'un élément parfois précieux dans l'estimation de ce que comporte de régression tel ou tel cas particulier. Nous avons parlé de la dégénérescence, de ses variations cherchant à distinguer ces variations par la seule investigation du dégénéré. Or il est un autre facteur que le facteur individuel dans la genèse des processus régressifs ; la résistance amoindrie qui crée la prédisposition, origine elle-même des tendances régressives, n'est qu'un des côtés de la question. A côté du facteur individuel il y a le facteur causal et ce dernier est tout aussi variable et multiple que le premier. L'échelle des causes vaut par son ampleur l'échelle des prédispositions et on peut dire que l'une complète l'autre. La gravité de la cause explique la faiblesse de certaines prédispositions et le caractère superficiel des causes ne se comprend souvent que par l'existence d'une prédisposition à forte dose. La cause devient donc un second criterium de la tendance régressive ; elle est une autre pierre de touche. Nous avons longuement développé cette manière de voir dans notre travail sur les dégénérés et les déséquilibrés ; nous nous bornons aujourd'hui à rappeler cette formule sans entrer dans les détails.

IV

La Criminalité.

La formule de la criminalité sera moins longue à établir. Elle possède du reste un grand nombre de points de contact avec celle de la dégénérescence ; l'étude de l'une facilite l'autre.

La criminalité est en effet à son tour une abstraction, une formule symbolique. Elle représente dans l'ordre juridique l'entité que personnifie la dégénérescence dans l'ordre biologique. Et pas plus que l'autre elle n'existe par elle-même ou plutôt en elle-même. Elle a dû pour se comprendre passer par une série de phases successives pour aboutir finalement aux seules choses concrètes qui sont les criminels. Puis les criminels eux-mêmes ne sont devenus intelligibles que du jour où les étudiant dans le détail on les a sériés par ordre de tendances criminelles ; le jour donc où le crime est apparu comme la résultante complexe de la conflagration de deux éléments distincts qui sont le facteur individuel et le facteur causal, le milieu et l'individu tous deux susceptibles d'une variation considérable.

Et de même que la dégénérescence synthétise la lutte entre l'individu et le milieu dans le sens de la conservation individuelle et spécifique, de même le crime représente l'homme aux prises avec les facteurs dissolvants de l'équilibre social, condition du maintien et du progrès des sociétés. La prédisposition criminelle a donc pour pendant la prédisposition dégénérative ; l'une et l'autre apparaissent comme variables en leurs degrés et en leurs manifestations. Chaque état dégénératif comporte une certaine dose de prédisposition et un quantum d'intervention causale ; chaque crime relève à la fois de facteurs propres à l'individu et d'influences émanées des milieux ambiants. Et en réalité sous la diversité des points de vue c'est toujours au même étalon que se rapporte de part et d'autre les manifestations dégénératives et les manifestations de la criminalité.

V

Les Criminels.

La classification des criminels a eu la bonne fortune de rencontrer plus promptement ses criteriums définitifs. Alors que pour les dégénérés on est souvent parti de points de vue erronés pour les sérier, les systématiser, on a d'emblée compris que la dissociation des criminels devait s'inspirer des facteurs essentiels de l'acte : l'individu ou sa prédisposition, le milieu ou les causes occasionnelles. La mise au point préalable de la notion de criminalité, de ses facteurs et de ses origines est venue ici dès le début éclairer les tentatives de classification.

La subdivision des criminels la plus générale et la moins contestée sur laquelle l'accord semble définitif est celle qui divise les criminels en criminels d'instinct, de vocation, de profession, etc., et les criminels d'occasion, criminels par passion, par nécessité, par égarement momentané ou par haute pression de circonstances d'ailleurs exceptionnelles. Cette division est vraie en bien des cas et elle peut s'établir sans grande difficulté dans un grand nombre de situations. Et ses applications fussent-elles moins commodes et moins fréquentes il n'en est pas moins vrai qu'il existe dans le domaine de la criminalité deux états extrêmes qui semblent pouvoir sans exagération s'opposer l'un à l'autre. Dans le premier, la prédisposition est à son maximum, les circonstances n'ont qu'une valeur accessoire, elles peuvent même être quelconque et leur intervention se borner à fournir uniquement les éléments du crime. Dans le second état la prédisposition se trouve réduite à son minimum ou proche de ses minima ; l'acte apparaîtra parfois ne traduire qu'une sorte de conspiration des circonstances ; il se révélera régulièrement comme puisant tout spécialement dans le milieu ses origines et ses caractères. Et c'est ainsi que pour le premier il pourra être question de criminel-né, de criminel d'instinct, de profession, etc., et qu'on parlera du second comme d'un criminel d'occasion, de passion par nécessité ou par égarement.

Les deux types existent donc et l'accord nous paraît assez établi pour n'avoir pas à insister davantage. Mais il faut bien reconnaître que malgré leurs caractères personnels et la dose d'objectivité qu'ils comportent, ces types ne sont que des types, des schémas. Entre ces termes extrêmes il faut admettre l'existence d'une quantité de termes intermédiaires. Et finalement du criminel par tempérament au criminel par exception défile une succession ininterrompue de types en lesquels s'opèrent progressivement les mélanges graduels de la prédisposition et du facteur occasionnel. C'est en somme une échelle comparable à celle sur laquelle se sérient les dégénérés. Il existe des criminels chez lesquels la prédisposition au crime est virtuelle, latente à peine décelable et à laquelle il faut pour aboutir le concours extraordinaire de circonstances exceptionnelles. Ils font penser à ces dégénérés où la tare dégénérative à peine soupçonnée ne se décèle et ne s'organise que sous la pression des influences dissolvantes du milieu. Puis on doit admettre l'existence de criminels voués presque fatalement au crime et qui sont dans la criminalité les similaires de nos dégénérés congénitaux, irréductibles.

L'étude des criminels se complète du reste comme celle des dégénérés par l'analyse des stigmates de la criminalité.

VI

Les stigmates de la criminalité.

On pourrait établir une distinction entre les stigmates de la criminalité et les stigmates des criminels. Car il est évident que ce qu'on a coutume d'appeler les stigmates de la criminalité et dont nous avons cherché ailleurs[1] à dresser les bilans ne comportent d'abord qu'une partie des stigmates d'une portion restreinte de la collectivité des criminels ; puis il n'est pas démontré que tous ces stigmates interviennent de près ou de loin dans la genèse de la criminalité, ce qu'implique leur titre, tout au moins dans une certaine mesure.

Mais cette distinction du reste difficilement praticable s'indique à peine généralement. Et d'ordinaire les stigmates de la criminalité s'établissent d'après une méthode commune et conformément aux principes adoptés en matière de dégénérescence. Comme les stigmates de la dégénérescence, les stigmates de la criminalité partent donc d'un type plus ou moins parfait choisi comme étalon ; ils comprennent des cadres analogues et comportent une technique identique.

Et il serait difficile de procéder autrement, car quelles qu'en soient l'idée directrice et les fins, l'homme n'offre à l'étude que ses formes et ses fonctions. Il n'est possible de rechercher entre les hommes des éléments de différenciations, quelque doive être leur utilisation définitive que selon la triple et commune formule, anatomique, biologique et sociologique.

Toutefois les stigmates de la criminalité et les stigmates de la dégénérescence tout en comportant les mêmes rubriques pourvues des mêmes subdivisions relatives à des objets analogues ne peuvent et ne doivent être confondues en ce qui concerne notre étude. Ils se différencient en effet et d'une manière suffisamment nette par leur finalité ainsi que par les criteriums dont ils relèvent.

Les anomalies anatomiques, biologiques, sociologiques, envisagées au point de vue dégénératif ont pour criterium leur intervention plus ou moins large dans la désagrégation individuelle et spécifique ; elles trouvent leur plus haute expression dans la stérilité des individus et l'extinction de l'espèce. Elles caractérisent ainsi que nous

---

[1] *Les stigmates de la criminalité* par le docteur J. DALLEMAGNE; 2 vol. G. Masson et Gauthier-Villars et fils. Paris 1896.

l'avons dit l'étendue, l'intensité, le degré de pénétration de la prédisposition dégénérative dont l'étude se complète par l'évaluation des facteurs externes groupés sous le nom de causalité.

Ces mêmes anomalies considérées dans leur rapport avec la criminalité s'estiment et s'apprécient d'après la mesure de leur intervention dans la genèse de la prédisposition criminelle ; elles marquent les degrés de cette prédisposition et assignent de cette manière aux circonstances la part légitime qui leur revient dans l'éclosion de l'acte criminel.

Et on s'aperçoit nettement que tout en portant sur des éléments identiques, en se groupant sous des titres analogues, en utilisant les mêmes techniques il n'existe entre les stigmates de la dégénérescence et les stigmates de la criminalité que des points de contact. Ces points de contact peuvent aller, il est vrai, jusqu'à la similitude et l'identité lorsque la prédisposition dégénérative implique à dose égale et dans un même sens la prédisposition criminelle. Mais à côté de ces convergences et de ces fusions, il est des cas nombreux ou dégénérescence et criminalité ne s'impliquent mutuellement que dans une très faible mesure ; il s'en trouve même où elles s'excluent rigoureusement.

Les stigmates de la criminalité marquent donc avant tout et en dehors de toute autre considération l'étendue, l'intensité, le degré de pénétration de la prédisposition criminelle et cette dernière constatation jointe à une constatation analogue déduite de notre étude des stigmates de la dégénérescence va nous permettre d'aborder dans ces détails et d'une manière objective les rapports de la dégénérescence et de la criminalité.

VII

Dégénérescence et Criminalité.

Nous avons donc amené progressivement l'étude des rapports entre la dégénérescence et la criminalité à se résoudre en une double proposition : Quelle est dans un cas donné l'importance de la tare dégénérative et comment convient-il d'estimer la part de prédisposition que comporte une manifestation criminelle? Quelle relation existe-t-il entre ces deux facteurs individuels ?

Mais d'ordinaire le problème est diversement compris ; les choses s'examinent sous des aspects multiples dont quelques-uns du reste ne sont pas dépourvus d'intérêt et nous font un devoir de présenter la question sous ses différentes formes et dans ses divers énoncés.

1° L'Identité de la Dégénérescence et de la Criminalité.

La solution la plus générale donnée au problème des rapports de la dégénérescence avec la criminalité est sans contredit celle qui conclut à l'identité de ces deux notions.

Des stigmates de même nature, des causes parfois analogues ainsi que l'hérédité fournissent une triple catégorie d'arguments en certains cas décisifs et souvent séduisants.

Toutefois ils ne suffisent pas pour conclure à l'identité des deux notions, car outre que ces notions manquent de contour et de netteté elles sont loin d'avoir le même cadre, de comprendre les mêmes éléments ; et parfois loin de s'impliquer mutuellement il leur arrive de s'exclure ; sans compter que leur nature symbolique abstraite défie de tout rapprochement objectif ainsi qu'il résulte de nos analyses et discussions précédentes.

2° Types dégénératifs et types criminels.

On a cherché à définir certains criminels à l'aide de types dégénératifs.

La manière même dont on a dû forcément procéder pour aboutir à ces créations artificielles donne la mesure du crédit qu'il convient de leur attribuer. Il a fallu tout d'abord entre les gens rangés à tort ou à raison parmi les normaux constituer par des moyennes un étalon d'une existence déjà contestable. Puis confondant dans une même catégorie des individus dont seule la nature du délit constitue le lien tout théorique on a par les mêmes procédés déduit un autre schéma tout aussi peu nature que le premier et la mise en regard de ces deux productions de la statistique et des moyennes combinées a fourni les traits distinctifs dans le sens dégénératif des types criminels ainsi schématisés ; de cette façon se sont constitués les clichés composites de l'homicide, du violateur, du pédéraste, etc.

De tels procédés condamnent les solutions auxquels ils donnent lieu sans compter qu'ils sont essentiellement défectueux en ce sens qu'ils supposent résolu le problème à résoudre et préjugent sans y paraître complètement de la question.

3° La dégénérescence comme facteur de criminalité.

On a dit en troisième lieu que la dégénérescence sans être adéquate à la criminalité, la prépare, en représente souvent le pays d'origine, le terrain d'éclosion.

Encore une fois cette solution générale vraie en certains cas, très attractive dans sa forme, comprenant même une large part de réalité ne peut être admise comme le dernier mot du problème. Certes la dégénérescence crée souvent dans l'individu des tendances anormales qui aboutissent au crime presque logiquement comme à leur mode de satisfaction naturelle. Elle exaspère et déséquilibre les instincts chez des individus avides de jouissances qu'ils sont incapables d'acquérir par les moyens normaux et légaux. Elle émousse et détend le ressort moral, ce puissant inhibiteur, elle affaiblit les sentiments intimes de droiture et de probité qui sont à l'origine de l'équilibre psychologique. Et déprimant aussi la volonté, elle crée à côté des violents et des impulsifs une catégorie de faibles, de timorés qui deviennent des instruments passifs entre les mains des premiers.

Mais la réalité de ces constatations ne suffit pas pour faire de la dégénérescence un facteur constant de la criminalité ; pour les relier l'une à l'autre par une relation de cause à effet. Car en bien des cas l'aboutissement logique de la dégénérescence est à l'opposé des manifestations criminelles ; la dégénérescence éloigne parfois complètement de l'acte criminel épuisant pour ainsi dire sur elle-même l'anormalité de ses tendances ; sans compter que bon nombre d'esprits éclairés rattachent à l'évolution dégénérative des actes empreints d'une réelle moralité ou marqués d'un caractère génial.

Dégénérescence et criminalité ne pourraient s'identifier qu'à la condition de trouver identique au fond de chacune d'elles la prédisposition dégénérative et la prédisposition criminelle. Or il faut autre chose que ce qui est l'essence même de la prédisposition dégénérative pour engendrer la prédisposition criminelle ; l'une traduit la résistance amoindrie dans l'ordre physique, dans la lutte pour l'existence ; l'autre est faite plutôt de réactions anormales qui peuvent même en certains cas présenter toutes les apparences d'une exagération de vitalité. En réalité la prédisposition criminelle trouve dans le terrain dégénératif des conditions d'éclosion et d'expansion très favorables ; mais n'oublions jamais que pour faire du crime, la dégénérescence réclame le concours de cette inconnue, que nous appelons la prédisposition criminelle — à faible ou forte dose, peu importe — et qu'elle n'y aboutit pas sans elle.

4° Le crime comme syndrome dégénératif.

On a voulu faire du crime une tare, une marque dégénérative ; et du coup toute la criminalité se trouvait déversée dans la dégénérescence ; la collectivité des dégénérés se voyait renforcée comme par un trait d'union de la collectivité des délinquants. La dégénérescence comptait un signe de plus et ce signe devenait par lui-même tellement significatif qu'en certains cas il rendait inutile toute la série des autres.

Et il faut reconnaître à cette manière de voir des côtés séduisants et même parfois un fond très solide de réalité et de vérité. Car il est évident que le crime trahit le plus souvent l'inadaptation sociologique et peut à ce titre figurer dans la troisième catégorie des stigmates de la dégénérescence.

Cependant n'oublions point que le crime est loin d'être une notion concrète toujours identique à elle-même. Il est des crimes qui impliquent le déséquilibre et qui s'en montrent comme l'aboutissant inévitable. Ces crimes sont de véritables syndromes dégénératifs ; ils sont issus de la dégénérescence au même titre que l'obsession que l'impulsion ; ce sont des épisodes inéluctables dans la vie du dégénéré ; ils marquent avec une sorte de fatalité les étapes de son évolution morbide. Mais il est des crimes liés avant tout aux circonstances extérieures ; ces crimes traduisent uniquement des instincts normaux (violentés) par le milieu ; ils sont sans lendemain au point de vue de la dégénérescence et du déséquilibre. De telles exceptions suffisent pour infirmer la généralité d'une formule.

5° La dégénérescence dans la criminalité.

On s'est placé pour étudier les rapports de la dégénérescence à un autre point de vue. Et ce point de vue moins exclusif que les derniers a rallié beaucoup d'opinions. Un grand nombre d'auteurs ont considéré qu'il était possible d'établir en quelque façon le degré de pénétration de la dégénérescence dans la criminalité. Ils ont réuni des statistiques, dressé des tables à l'aide de la collection tout entière des indices de régression relevés sur les délinquants. Il leur a paru que 50 % des délinquants présentaient des marques dégénératives. Et ils se sont arrêtés à cette proportion pour considérer le problème résolu dans le sens qu'une moitié des délinquants en thèse générale comprenait des dégénérés.

Mais faute de criteriums et d'entente sur les limites de la dégénérescence et de la criminalité la solution du pourcentage est donc aussi peu adéquate que possible aux choses qu'elle vise qu'elle ambitionne d'évaluer. Elle peut satisfaire l'esprit par son approximation superficielle elle ne doit pas tenir la place de solutions moins brillantes, moins générales, mais plus décidées à trouver les rapports non entre des mots et des abstractions, mais entre les choses elles-mêmes.

6° *La criminalité dans la dégénérescence.*

Une tentative plus fructueuse comportant moins de réserves nous est fournie par le classement des dégénérés au point de vue de la criminalité.

Nous croyons pouvoir attribuer à Paul Sollier le mérite d'avoir introduit dans l'appréciation des dégénérés le facteur criminalité comme élément de classement. Sollier parlant des dégénérés les divise en extra-sociaux et en anti-sociaux. Ils nous semble qu'on pourrait compléter cette dénomination et l'étendre à la collectivité tout entière des dégénérés. Cette collectivité comprendrait ainsi des sociables, des asociaux des anti-sociaux et des extra-sociaux.

Les sociables sont ceux qui privés de stigmates sociologiques ou tout au moins dépourvus d'anomalies sociales en rapport avec la criminalité n'affirment donc leur déséquilibre que par des indices anatomiques ou fonctionnels.

Les asociaux manqueraient des qualités affectives qui forment la base de la sociabilité ; ils pourraient être indisciplinables, vagabonds, paresseux, et pour ces raisons se trouveraient plus que d'autres exposés au crime même avec une dose relativement faible de prédisposition criminelle.

Les anti-sociaux vont au delà ; ils mettent la société en péril ; ils l'attaquent dans ses éléments constitutifs essentiels la vie et la propriété individuelles ; ils sont eux criminels d'instinct et de sang.

Les extra-sociaux sont les impedimenta de la société ; ils vivent en dehors d'elle et pour ainsi dire en l'ignorant ; ils sont incapables de crime comme de toute autre manifestation sociale.

Cette classification nous paraît procéder du désir louable de ranger les faits dans un ordre naturel. Mais la difficulté ici comme ailleurs c'est de savoir où commencent où finissent les dégénérés ; l'écueil c'est l'application d'une étiquette extrêmement variable et extensive à des individus dont elle confond et efface toutes les dissemblances. Les casiers ainsi remplis tout en paraissant se sérier par ordre de criminalité créeraient au point de vue dégénératif des confusions singulières entre des dégénérés diversement tarés et peu comparables entre eux.

Il nous paraît donc nécessaire de rechercher nos rapports entre ce que la dégénérescence et la criminalité comporte de réellement irréductible et essentiel, les prédispositions dégénérative et criminelle et de terminer par là l'esquisse définitive des solutions du problème qui nous est posé.

Conclusions.

L'étude des rapports de la dégénérescence et de la criminalité prises entre elles-mêmes est donc rendue impossible par le caractère abstrait et variable de ces deux notions. Et toutes les combinaisons particulières ou l'un ou l'autre des aspects multiples du problème se trouve substitué aux autres n'aboutissent qu'à des solutions précaires peu adéquates aux choses.

Dégénérescence et criminalité ne sont que des symboles servant à grouper sous une même rubrique des faits reliés par un même lien doctrinal. Elles n'existent pas comme processus naturel un et irréductible soumis à des lois invariables dans une évolution continue. Les réalités dans ces domaines sont la prédisposition dégénérative et la prédisposition criminelle. Mais ces notions dernières échappent également en principe aux comparaisons et aux rapprochements. Elles n'acquièrent une individualité tangible, accessible à l'évaluation, à l'appréciation que dans les cas particuliers. Nous restons ainsi en présence des seuls cas particuliers; mais leur étude nous est facilitée par une méthode claire, uniforme qui nous laisse entrevoir des résultats positifs. Deux questions subsistent donc entre tant d'autres vis-à-vis de chaque cas particulier. Ces deux questions sont celles-ci. Quelle est dans un criminel donné l'étendue, l'importance, l'efficacité criminelle de la prédisposition dégénérative? Et dans un dégénéré quelconque comment convient-il d'apprécier l'inclination vers la criminalité.

Les éléments nécessaires à la solution de ces deux questions ultimes ne nous feront point défaut. Nous les tirerons des faits eux-mêmes; l'étude de l'individu dans ses diverses catégories de stigmates nous fournira la mesure de sa prédisposition dégénérative; les faits, le crime analysé dans ses circonstances génétiques, dans ses particularités nous amènera à faire rapidement la part du facteur milieu et du facteur individuel.

Nous ne croyons plus utile d'insister sur la manière dont doivent être interprétées ces tares dégénératives et de quelle façon il faut apprécier la prédisposition criminelle. Les criteriums applicables à cette double catégorie de stigmates ont été largement indiqués. Et il est définitivement établi que c'est de l'ensemble des stigmates régressifs et criminels que nous tirerons les formules des prédispositions à la dégénérescence et la criminalité.

Nous supposons par conséquent le terrain déblayé, les prédispositions, les tendances rendues appréciables; nous nous plaçons volontairement, ce travail une fois fait, en face des cas particuliers dans le but d'apprécier les relations qui existent entre ces prédispositions que nous venons pour ainsi dire d'évaluer.

Nous essayerons donc de pousser un peu plus avant les choses et d'appliquer nos principes, non à des cas bien particularisés, mais à des groupements assez uniformes de ton et d'allures pour qu'on puisse sans trop d'inconvénient les individualiser. C'est chez les dégénérés et les déséquilibrés que nous chercherons ces groupements. On remarque de cette façon que chez les idiots profonds pour commencer par les plus inférieurs des dégénérés à côté d'une tare dégénérative arrivée à sa plus haute expression il se rencontre une criminalité nulle. Ici criminalité et dégénérescence sont dans des rapports opposés, l'un excluant l'autre.

La dégénérescence a donc ruiné dans ces cas l'activité intentionnelle; elle n'a laissé subsister que la vie végétative; elle a éteint le crime à ses origines en tarissant la source même de l'idéation. Dans d'autres cas, comme chez certains imbéciles, la dégénérescence déjà confirmée mais poussée moins loin que précédemment se trouve accolée à une prédisposition criminelle renforcée. La dégénérescence est intervenue ici en ruinant l'intellect, en le dépossédant de ses puissances inhibitrices, en ne laissant dans l'âme que les poussées instinctives non atténuées par aucun sentiment altruiste. Chez certains faibles d'esprit la criminalité ne résultera pas de l'exacerbation des instincts inférieurs non réfrénés mais d'une débilité trop grande des facultés mentales qui met l'individu à la merci des suggestions intéressées et le livre sans défense aux spéculations d'autrui.

Les obsédés, les impulsifs tireront de leur obsession, de leur impulsion même toute leur tendance au crime; ici dégénérescence et criminalité auront même origine et se confondront dans une étiologie commune; l'une ne sera que la traduction de l'autre, et l'autre la démonstration de l'existence de l'une.

Les névropathes seront souvent criminels à cause de leur névrophatie soit que celle-ci hyperesthésie pour ainsi dire leur émotivité et les mette à la merci des circonstances, soit qu'elle annihile par l'énergie de ses poussées toutes les influences inhibitrices. Sans compter qu'ici comme plus haut la névropathie peut affecter la forme larvée du crime et réclamer l'acte criminel comme l'un de ses nombreux avatars.

Souvent aussi chez un grand nombre de déséquilibrés la prédisposition dégénérative et la prédisposition criminelle marcheront de pair, l'une semblera relever de l'autre ou l'engendrera. Une première faute, produit de circonstances extraordinaires, suffira pour provoquer le déséquilibre à la manière d'une sorte de déclanchement. Et parfois la faute ne sera que l'expression ultime et fatale d'un déséquilibre initial; elle en marquerait les phases finales, elle en ferait intimement partie au point de ne plus en constituer qu'un épisode.

Il arrivera des cas où le crime le plus atroce se trouvera même associé avec un minimum de tares dégénératives tout comme nous avions vu le maximum de la dégénérescence ne comporter qu'un minimum de criminalité. Enfin en certaines circonstances aucun indice de régression n'apparaîtra en dehors de l'irrégularité de l'acte qui constitue le crime. Il y aura là comme une disjonction des deux prédispositions; et parfois même il semblera que tout dans l'individu implique l'énergie évolutive, l'équilibre fonctionnel et psychique jusque et y compris l'acte criminel.

L'anarchisme et le combat contre l'anarchisme au point de vue de l'anthropologie criminelle.

Rapport présenté par M. le Dr G. A. van HAMEL, *professeur de droit à Amsterdam.*

L'auteur de ces pages doit commencer par offrir au Congrès ses excuses. Plusieurs circonstances, entre autres une maladie assez grave, l'ont empêché de vouer à l'étude du sujet et à la rédaction du rapport le temps dont il aurait voulu disposer. Il fait donc appel à la bienveillance de l'assemblée. Mais il n'a pas voulu renoncer entièrement à la tâche dont il s'était chargé. Avant tout puisque, par le temps où nous vivons, le crime anarchiste certainement est un des phénomènes de la plus haute importance, bien digne de la réflexion d'un Congrès d'anthropologie criminelle.

Nous avons donc à nous rendre compte du point de vue spécial auquel les adhérents de la criminologie nouvelle devront considérer et voudront traiter le *crime anarchiste.*

Quel est ce crime? Au premier plan il y a les attentats. Il y a le crime désigné sous la dénomination générale de « propagande par le fait, » qui trouve son type dans les faits et gestes de Ravachol, de Vaillant, d'Emile Henry, de Caserio, de Pallas, des anarchistes du Liceo de Barcelone, des anarchistes de Chicago et de tant d'autres. Ce sont quelquefois des crimes contre certains représentants déterminés de l'autorité, contre un chef d'Etat, un membre de la magistrature, une chambre parlementaire, la police; mais ce sont pour la plupart des attentats contre la masse indéterminée des « bourgeois; » donc les meurtres et les destructions en masse, commis surtout à l'aide de bombes ou d'autres explosifs. Le caractère général de tous ces attentats contre les personnes et les propriétés, c'est qu'ils émanent d'un même motif : une haine profonde contre la société actuelle et un désir brûlant d'initier pour la vie sociale une ère nouvelle; c'est qu'ils visent à un même but : la transformation violente des anciennes formes sociales dans les formes nouvelles.

Au second plan il y a les actes préparatifs. D'un côté la préparation matérielle : la fabrication ou la détention ou le transport des moyens de destruction. De l'autre côté la préparation intellectuelle : l'incitation aux attentats nommés, l'incitation directe par la parole ou la presse, l'incitation indirecte p. e. par l'apologie de ces crimes ou par la caricature.

Le crime anarchiste a été le fruit de la doctrine anarchiste. Cependant il faudra nettement distinguer ces deux phénomènes du mouvement.

La doctrine anarchiste est une théorie sociale comme une autre. On pourra abhorrer ses conclusions nihilistes, ou hausser les épaules devant ses prétentions et ses illusions absurdes, on ne saurait, au point de vue du droit moderne, lui interdire le droit d'être formulée et prêchée comme toutes les autres théories, quelles qu'elles soient. A la lutte des esprits tous sans exeption devront être admis. Les institutions existantes ne sont pas immuables par leur essence, toutes elles sont destinées à se reformer. Il y en aura toujours qui les attaquent, il y en aura toujours qui les défendent.

Aux arguments, aux sentiments nobles et aux pensées aiguës des uns les autres auront à opposer des arguments, des sentiments et des pensées d'un même caractère. Le bon sens des populations à la fin saura distinguer le blé de l'herbe et dans le combat même les lutteurs auront à apprendre bien des choses les uns des autres. C'est ainsi que doit se faire le progrès dans le monde des hommes.

Le mot « anarchie » indique bien nettement tant le côté négatif et destructeur que le côté affirmatif et créateur de la théorie.

« Anarchie — c'est la définition de l'anarchiste Jean Grave lui-même dans son livre sur la « Société mourante » — veut dire négation de l'autorité. Or l'autorité prétend légitimer son existence sur la nécessité de défendre les institutions sociales : Famille, religion, propriété, etc., et elle a créé une foule de rouages, pour assurer son exercice et sa fonction : la loi, la magistrature, l'armée, le pouvoir législatif, exécutif, etc. Les anarchistes doivent donc attaquer toutes les institutions dont le Pouvoir s'est créé le défenseur et dont il cherche à démontrer l'utilité pour légitimer sa propre existence. » Telles sont les bases des théories négatives de l'anarchisme, tel est son raisonnement comme critique sociale. Telle est la doctrine comme elle émane de Proudhon et de Bakounine et comme elle est développée dans les ouvrages du prince Kropotkine d'Elisée Reclus, de Jean Grave et d'autres.

La logique de cette théorie porte ensuite l'anarchisme à vouloir, du côté affirmatif de la doctrine, reconstruire sur les ruines de « la Société mourante » une « Société au lendemain de la Révolution, » de même sans autorité quelconque. En opposition à l'organisation dont rêvent les adhérents du socialisme d'Etat, les anarchistes attendent tout du mouvement absolument libre et spontané des individus. C'est l'individualisme porté à son point culminant, l'individualisme le plus absolu. Et la croyance que les hommes ne sont mauvais qu'à cause des institutions sociales actuelles qui paraissent les pousser aux sentiments et aux actions égoïstes, porte les anarchistes à avoir une confiance illimitée dans la nature humaine en elle-même, qui, selon eux, poussera tous les hommes libres à se respecter et à s'entr'aider mutuellement sans l'intervention d'aucune prescription ni d'aucune autorité. Quant à cette Société du lendemain M. Félix Dubois dans son livre intéressant sur « le Péril anarchiste » nous donne une description — empruntée à une brochure du docteur Giovanni Rossi — de la Colonie italienne anarchiste au Brésil « Cécilia, » où les pionniers zélés ont tâché de réaliser leurs rêves, à ce qu'il paraît, au début avec quelque succès, mais à la longue avec de grandes déceptions.

La théorie anarchiste cependant par son côté négatif n'est pas une théorie paisible. Elle est militante, une théorie de combat. Elle repose certainement sur des raisonnements de l'intelligence, mais plus encore sur des sensations de l'âme toute entière, des sensations et des émotions qui ont la force de pousser les adhérents à un fanatisme effréné.

Pour bien caractériser le côté psychologique de l'anarchisme, M. Dubois dans son livre cité donne une description de « la psychologie de l'anarchiste, » description qu'il doit au sociologue M. A. Hamon à qui il l'avait demandée. Or, M. Hamon a composé son tableau psychologique de l'anarchiste d'après les résultats d'une enquête qu'il a instituée auprès de plusieurs anarchistes auxquels il posait la question : « Comment et pourquoi ils étaient anarchistes. »

Observons en premier lieu que les anarchistes se recrutent dans les milieux sociaux les plus variés. « Savants, paysans, médecins, hommes de peine, journalistes, architectes, employés de magasin et de bureau, ouvriers, littérateurs, commerçants, professeurs, industriels, avocats, rentiers, artisans, ingénieurs, fonctionnaires de tout ordre, officiers même fournissent leur contingent à l'anarchie. » Aussi on en trouve sous toutes les formes gouvernementales et parmi les nationaux de pays différents surtout cependant parmi les Français, les Italiens, les Espagnols et les Russes.

Quant au portrait psychologique le résumé revient à ceci qu'il existe en réalité « un type idéal d'anarchiste, » dont la constitution mentale est formée d'un aggrégat de caractères psychiques communs. L'anarchiste-type, selon M. Hamon peut être ainsi défini : un homme affecté de l'esprit de révolte sous une ou plusieurs de ses formes (esprit d'opposition, d'examen, de critique, d'innovation), doué d'un grand amour de la liberté, égoiste ou individualiste, possédé d'une grande curiosité, d'un vif désir de connaître. A une telle mentalité s'ajoutent : un ardent amour d'autrui, une sensibilité morale très développée, un profond sentiment de justice, le sens de logique, de puissantes tendances combattives. »

De même le grand maître de l'Anthropologie criminelle, le professeur Lombroso dans son livre remarquable sur les anarchistes voue une étude spéciale à ces deux traits qui les caractérisent : un altruisme profond, même exagéré et un « philoneïsme » remarquable, par lequel ils diffèrent absolument de la grande majorité des hommes qui se caractérisent par un « misonéïsme » invétéré. Or l'intensité de plusieurs de ces qualités dénotent un déséquilibrement et une tendance maladive sur lesquels je reviendrai.

Les anarchistes fervents ne croient pas à une transformation paisible de la société. Il n'y a que « la révolution sociale » dont ils attendent l'avènement de l'ère nouvelle.

Cependant ce n'est pas des perspectives de cette « révolution, » de cette guerre intérieure universelle que nous avons à nous occuper ici. Nous traitons du crime anarchiste comme nous l'avons défini plus haut ; de ces actes épars qui caractérisent « la propagande par le fait ; » de ces actes qui chez une grande partie des adhérents découlent des idées et des sentiments anarchistes et qui sont commis dans un double but de destruction et de terrorisme ; de ces actes qui mettent en danger, je ne dis pas la société existante, mais l'évolution pacifique des institutions sociales.

Cette dernière distinction en est une à laquelle je tiens énormément et ce n'est qu'en me basant sur cette distinction que je crois pouvoir justifier devant notre conscience moderne le combat contre l'anarchisme.

Il n'y a que les conservateurs acharnés, il n'y a que les esprits fermés et les consciences sourdes, qui puissent louer sans réserve la société existante. Nous autres nous savons tous qu'elle porte bien des blessures ; nous savons tous que les institutions, les lois et les mœurs couvrent bien des injustices et bien des inégalités irrationnelles. Nous tenons à découvrir ces plaies et à les guérir. Nous voulons selon la mesure de nos forces coopérer à une rénovation du système social et nous voulons vouer à cette œuvre immense, mais sublime, une bonne partie de notre vie.

Mais nous persistons à croire que dans une société d'hommes civilisés les questions, aussi les questions sociales, ne doivent et ne peuvent pas se décider par la force brutale des armes ou l'explosion aveugle des bombes, mais par ce travail assidu des esprits, par ces persuasions de la pensée et du sentiment, qui sont les grandes forces motrices de l'évolution des idées et de l'évolution des institutions.

C'est cette conviction qui nous donne la force intime et le droit de nous opposer énergiquement contre toute « propagande par le fait, » de combattre « le crime anarchiste » sans aucune hésitation et sans aucune crainte.

La solution du problème démontrant comment il faudra combattre les menées criminelles des anarchistes me paraît, précisément au point de vue de la tendance nouvelle de criminologie, de l'anthropologie et de la sociologie criminelle, assez simple en principe.

Devant ce problème, les adhérents de l'école classique devront, à ce qu'il me semble, se trouver quelquefois un peu gênés avec leurs formules traditionnelles d'un « crime à venger » et d'une « peine méritée. »

Nous autres au contraire, nous avons toujours mis en avant trois thèses fondamentales de criminologie qui ne peuvent trouver ni justification plus claire ni application plus immédiate que précisément vis-à-vis des attentats, des actes préparatoires et des incitations anarchistes.

En premier lieu nous fondons le droit de punir et toute la pénalité sur la nécessité de la *défense sociale.* En second lieu nous considérons avant tout le *criminel,* le caractère dangereux de l'homme ; non pas l'acte en soi, tel qu'en rapport avec les effets qu'il a causés il répond aux formules et aux distinctions juridiques, mais l'acte comme expression des intentions criminelles, du caractère anti-social de son auteur. Et en troisième lieu nous voulons pour le choix des moyens de prévention et de répression, nous laisser guider par l'étude des *causes de la criminalité.*

Ces trois thèses sont des vérités fondamentales conquises et généralement admises dans le milieu des anthropologistes criminels. Nous n'avons pas à les défendre ou à les développer ici. Nous n'avons qu'à les appliquer.

Laissons-là les anarchistes de la pure théorie. Nous n'avons à faire qu'aux hommes de la propagande par le fait, aux auteurs et aux fauteurs du crime anarchiste.

L'attitude des théoriciens vis-à-vis de ces méfaits n'est peut-être pas toujours égale ni toujours nettement dessinée. Mais ce qui est sûr c'est que dans leur organe « La révolte » ils ont déclaré ne pas pouvoir se résoudre à prêcher l'action violente, pour la simple raison qu'eux-mêmes ils ne voudraient pas en donner l'exemple. La « propagande par le fait » qu'ils aimeraient recommander consisterait en ceci :

« Profiter de toutes les circonstances de la vie pour mettre ses actes d'accord avec ses idées ; c'est là une propagande par le fait d'une action lente mais continue et qui aura ses résultats. » M. Dubois, en citant ces phrases rappelle, que par exemple, en harmonie avec cette idée, les filles de M. Elisée Reclus ont conclu des mariages libres.

Mais revenons aux propagandistes par le fait, dans le sens généralement admis de cette expression, donc aux anarchistes criminels.

Cette grande fraction du parti ne forme pas, on le sait, des associations de malfaiteurs. Chez eux il y a un manque principiel et absolu de toute organisation. Les « camarades » ne s'unissent qu'en « groupes » libres, où l'on entre et d'où l'on sort à son gré. En principe et en fait tout dans ce parti est individuel. Le crime aussi. Ils agissent sans complot.

Tous les auteurs de crimes anarchistes ne se ressemblent pas en ce qui les porte à commettre leurs méfaits. Le portrait psychologique du type anarchiste que nous avons décrit plus haut donne une énumération très complète de leurs qualités d'intelligence et de sentiment. Mais on peut avoir toutes ces qualités et reculer cependant devant les excès criminels.

En harmonie avec les études de M. Lombroso nous distinguons trois catégories : les criminels vulgaires et égoïstes, pour qui l'anarchisme n'est que le manteau dont ils tâchent de couvrir leur nature et leurs intentions basses ; les pathologiques ; les fanatiques chez lesquels un caractère pathologique n'est pas indiqué.

Il est évident qu'une théorie qui prêche le « fais ce que tu voudras » doit être acclamée par des criminels vulgaires qui trouvent l'occasion de s'enrôler dans l'armée anarchiste. M. Lombroso a constaté que chez plusieurs anarchistes les traits caractéristiques du criminel-né tant physiques que psychiques se retrouvent. Aussi l'expérience a démontré que même parmi les héros de l'anarchisme, il y en a qui comptent dans leur passé des crimes ordinaires, des vols, des meurtres, etc. Le passé de Ravachol, par exemple, autorise à le classer dans cette catégorie. Assurément on ne peut pas nier, que chez les individus de cette trempe le fanatisme anarchique joue aussi un rôle parmi les mobiles qui les poussent vers leurs crimes ; mais c'est plutôt alors du côté de la haine contre les « bourgeois » que du côté de la compassion pour les « déshérités. » Très souvent aussi le mobile anarchiste chez ceux-là n'est qu'un prétexte, qu'un décor à l'extérieur.

Il est évident aussi que le fanatisme anarchiste en est un qui devra envahir aisément des esprits qui dénotent un état pathologique, une névrose ou même quelque maladie mentale. Tout comme le crime politique, le crime social par le but idéal que ses auteurs se proposent, est bien propre à séduire ces esprits malheureusement sensibles et inflammables. L'histoire des régicides est là pour prouver le lien intime qui lie un crime comme ie leur à l'hystérie, à l'épilepsie et à la folie même. Pour ce qui regarde les derniers crimes anarchistes, je rappelle que Salvador Santiago, un des anarchistes du Liceo de Barcelone, avait une nature maladivement impulsive ; que le père de Caserio était un épileptique et que plusieurs détails de la vie du fils semblent indiquer l'influence de ce trait maladif sur sa personnalité. Aussi M. Lombroso écrit-il à la tête d'un de ses chapitres, que par la nature même de la révolte et par les principes de l'anarchisme, il se comprend que parmi les anarchistes plusieurs soient des criminels ou des fous et souvent l'un et l'autre. Cependant il faut convenir que dans la plupart des cas par le fait même que les auteurs des actes anarchistes avant l'attentat ont pu se mouvoir librement dans le monde, il est prouvé que l'état pathologique de leur esprit ne se reconnaît pas aisément, et que c'est bien souvent un état vacillant, portant le caractère incertain et subtil du domaine des frontières de la folie.

Aussi la troisième catégorie sera certainement toujours la plus nombreuse; celle qui embrasse les délinquants passionnels chez qui, sous l'influence d'une nature déséquilibrée, de plusieurs facteurs sociaux, tel que le manque d'un travail régulier ou la misère, et de la littérature anarchiste, le fanatisme anarchiste est monté à une telle hauteur, que le crime anarchiste en est finalement le résultat funeste.

* * *

La question concernant les mesures préventives et répressives a deux côtés : l'indication des crimes et l'indication des mesures pénales ou de prévention.

Les législateurs de la France (1893 et 1894), de l'Italie (1894), de la Confédération suisse (1893), de l'Espagne (1894), ont voté des lois plus ou moins exceptionnelles dans le but, exprimé plus ou moins clairement, de combattre les menées anarchistes. M. le prof. Garraud de Lyon dans le supplément à son Traité de Droit pénal français (1896) en donne un aperçu auquel je crois pouvoir renvoyer mes lecteurs.

En général ce sont trois espèces de crimes qui méritent notre attention : l'attentat proprement dit, les actes préparatoires et l'incitation.

Il est inutile de développer le caractère délictueux de l'attentat lui-même, le délit consommé ou tenté de l'assassinat, du meurtre, de l'incendie, de la destruction, du pillage. Tous ces crimes sont du ressort du droit commun.

La punition des actes préparatoires va plus loin, mais au point de vue de la criminologie moderne, elle me paraît absolument justifiée. Les législateurs, en voulant classer parmi les crimes des actes préparatoires, ont en vue la fabrication, la détention, le transport ou l'usage de matières explosibles en vue « d'attentats anarchistes » (la formule française), en vue « de délits contre des personnes ou des propriétés » (la formule suisse), en vue « de commettre des délits contre les personnes ou les propriétés, de frapper le public de terreur, de susciter des tumultes ou des désordres » (la formule italienne). Quelquefois ces intentions criminelles pourront être clairement prouvées; quelquefois il n'y a que la connaissance de la destination de ces matières dont on peut fournir les preuves; quelquefois même on ne pourra constater que ceci, que l'auteur a dû présumer et par suite qu'il a présumé la destination criminelle. Mais sous quelle forme que ce soit, il faudra toujours un acte préparatoire d'attentat, résultant de la destination des matières et de la connaissance de cette destination chez l'auteur. Le caractère d'une préparation un peu éloignée que plusieurs de ces actes semblent porter n'exclut nullement la nécessité de les punir. Car ce sont tous des actes précis qui dénotent le caractère dangereux des auteurs.

L'incitation directe à des attentats anarchistes ou à des délits contre les personnes et les propriétés compte déjà maintenant parmi les crimes dans toutes les législations.

Deux nuances du crime d'incitation cependant donnent lieu à des doutes et à des discussions.

C'est en premier lieu l'incitation secrète. Plusieurs législateurs actuellement ne punissent que l'incitation publique. Mais les menées des anarchistes ont fixé surtout l'attention sur le grand danger qui résulte de l'incitation secrète. Dans le système anarchiste, où tout est individuel, c'est justement l'incitation secrète qui joue le plus grand rôle. Or, je ne vois pas de raison pour laisser cette forme de propagande impunie. Le danger n'est pas moins grand, puisque les actes se commettent aussi individuellement. Ce qui sera toujours une chose très délicate, c'est la question de la preuve. Aussi le législateur français a-t-il cru devoir prescrire que sur le témoignage seul de la personne incitée une condamnation ne pourra pas être fondée. Les législateurs qui, dans leurs lois sur la procédure criminelle, connaissent une théorie *légale* des preuves (comme la législation hollandaise) déjà par leur système général conduisent à la même conclusion : *unus testis nullus testis*. Mais quoi qu'il en soit de la nécessité d'une prescription spéciale à ce sujet, à mon avis la difficulté de la preuve ne pourra jamais être un argument pour déconseiller d'une manière absolue la punition de l'incitation secrète aussi. La suggestibilité de beaucoup d'individus à l'esprit simple ou à l'esprit déséquilibré les rend tout particulièrement sensibles pour des théories et des propagandes comme celles de l'anarchisme ; et le danger des attentats auxquels ces incitations peuvent conduire est un danger qu'il faut éviter avant tout.

Une autre question se rapporte à l'incitation indirecte. En général il faudra avouer que l'incitation qui opère indirectement peut être tout aussi efficace et tout aussi dangereuse que l'incitation directe et expresse. Mais la difficulté est là, qu'en classant parmi les délits l'incitation indirecte on court peut-être le risque de menacer la liberté des opinions. L'état moderne voudra certainement et devra toujours éviter de créer des délits d'opinion. Mais là où il s'agit d'incitation à des actes criminels, on n'a pas devant soi un délit d'opinion. Cependant, pour éviter le danger de punir un délit d'opinion sous le masque d'un délit réel, je voudrais dans cette matière me rallier au système français qui, parmi les formes possibles d'incitation indirecte, en choisit une seule, la plus usitée, la plus efficace et la plus distincte : l'*apologie*.

Quant aux mesures préventives et répressives elles-mêmes, les observations suivantes suffiront dans ce rapport. Elles pourront être plus amplement développées dans la discussion.

Le principe qui doit inspirer toutes les mesures, c'est la résolution inébranlable et inéquivoque de la société existante, de se défendre dans son évolution pacifique contre toute attaque et d'user de tous les moyens auxquels les ennemis la forceront d'avoir recours. Pas de lâcheté, pas de faiblesse, pas d'hésitation sur ce point. Ce n'est que devant une armée unie et résolue que l'ennemi recule.

Le manque d'organisation du parti anarchiste rend très nécessaire une vigilance infatigable de la police. Celle-ci devra tâcher de connaître les individus et les groupes chez lesquels le danger se cache. Et comme aussi M. Lombroso l'écrit, un échange international d'informations sur ces personnes et sur leur domicile est indispensable.

La répression vis-à-vis de la catégorie des anarchistes qui, au fond, ne sont que des criminels vulgaires, n'a pas besoin de différer en quoi que ce soit de la répression du droit commun.

Pour ceux chez qui la médecine mentale peut constater un état d'esprit pathologique, les asiles, soit asiles ordinaires, soit asiles spéciaux, sont indiqués.

Mais on doute du système de répression à suivre vis-à-vis des passionnels qui commettent des crimes anarchiques rien que sous l'impulsion du fanatisme de leur doctrine, et chez qui un état psycho-pathologique distinct ne peut pas être constaté.

Deux questions ici méritent une attention spéciale : la question de la peine de mort et celle des peines privatives de liberté.

En général le système des législations, à mon avis, devra être celui-ci : de traiter, aussi pour ce qui concerne les mesures pénales, les crimes anarchistes non pas comme des crimes exceptionnels, mais comme des crimes de droit commun. C'est le droit commun exigeant le respect pour la vie, pour l'intégrité corporelle et pour les propriétés, que les anarchistes violent. C'est d'après le droit commun qu'ils devront être traités. Si dans leurs cas il y a lieu pour l'admission de circonstances atténuantes, ou s'il y a des raisons pour appliquer le droit de grâce, que cela se fasse tout comme cela se ferait si les mobiles n'avaient pas été des mobiles d'anarchisme. Mais lorsque la peine la plus grave — dans les pays de la peine de mort, la peine capitale — s'appliquerait pour assassinat ou tentative d'assassinat commun, les mobiles anarchistes en eux-mêmes certainement n'offrent pas des faits d'excuse. Au contraire, le caractère universellement dangereux des criminels ici est hors de doute. Personne n'est à l'abri de leur haine. L'anarchiste Vaillant le disait lui-même : « On fera bien de me guillotiner, je recommencerais dans huit jours » (Lombroso).

La sévérité des peines contre des crimes de fanatisme pourra avoir deux effets différents et l'effet spécial dépendra partout du caractère spécial de l'individu. Il y aura des fanatiques dont le fanatisme est arrêté dans son vol illusionniste par les exhortations et les menaces sévères de la loi. Plus d'un reculera devant les excès lorsque la crainte de perdre la tête lui-même le prend. Mais pour un autre la sévérité, de la part de la société existante, ne fera que stimuler sa haine et sa hardiesse; ce qui l'attire c'est justement la couronne du martyre.

Il est impossible d'admettre sur ce point une règle générale. Ceux qui soutiennent que la mort des héros de l'anarchisme a étendu le culte des martyrs, a augmenté le courage de plusieurs adeptes et par là a renforcé l'anarchisme, ont raison. Plus d'un second crime a été commis pour venger la mort de l'auteur d'un premier. Santyago a voulu venger Pallas. — D'un autre côté, la main ferme avec laquelle l'autorité a soulevé le glaive de la justice, aura été pour quelque chose dans la diminution remarquable des attentats, dans les dernières années.

Mais ce qui est à craindre c'est que le groupe des martyrs soit fortifié lorsque les anarchistes se voient considérés et traités comme des malfaiteurs exceptionnels. Dites leur et montrez leur que leurs crimes ne sont que des crimes qui ont été punis dans tous les temps et partout sur la terre et que malgré l'apparence spéciale des crimes qui sont commis au nom de l'anarchisme, la société se sent protégée encore contre ces crimes-là par son droit commun.

Pour les états qui ont aboli la peine de mort, la question de la réintroduction de cette peine est plus difficile. Quant à ce point, je rappelle que les pays abolitionnistes, notamment la Hollande, ne sont parvenus à l'abolition que par la considération que l'état de la criminalité n'y exigeait pas nécessairement la peine de mort. Or il se pourrait très bien que les menées anarchistes dans ces pays mêmes fassent changer cet état de choses et que la réintroduction devienne urgente. Si cela doit arriver quelque part, les anarchistes pourront se reprocher d'avoir fait reculer, dans ce pays, la marche de la civilisation.

Le principe que j'ai mis en avant, le principe du régime du droit commun, devra persuader les législateurs de ne menacer de la peine de mort que les auteurs des attentats contre les personnes.

Aussi, dans toutes les législations, ce système paraît être suivi. Malgré le caractère très dangereux des auteurs d'attentats contre les propriétés, des auteurs d'actes préparatoires, des auteurs des crimes d'incitations et d'apologie, contre ceux-là la dernière peine n'est pas comminée. On se contente des peines régulières privatives de liberté.

Or, tout en conservant ce principe, je fixe de nouveau ici l'attention sur le régime de la peine indéterminée. Au congrès de Bruxelles j'ai défendu ce système par rapport aux délinquants incorrigibles, aux grands récidivistes. Ici, je voudrais faire la même chose par rapport aux délinquants anarchistes. Non pas contre eux seuls et comme par exception, mais en général contre tout délinquant dont l'acte, par son mobile, révèle de la part de l'auteur un danger permanent pour les personnes ou les propriétés. Le principe est le même. Chez les récidivistes le motif du système était le même que celui que je veux faire valoir ici : le danger social à l'avenir. Le récidiviste donne la preuve de sa tendance dangereuse par la réitération des crimes; l'anarchiste en donne la preuve par le fanatisme auquel il a voulu obéir en commettant ses méfaits.

Puis le régime cellulaire dans les premiers temps et le régime d'un travail assidu et utile dans la prison même, fourniront peut-être quelquefois l'occasion de remplacer un fanatisme criminel et dangereux par une énergie et un altruisme équilibrés dont la société pourra profiter.

———————

Voici quelques idées générales que j'ai l'honneur de soumettre au Congrès et que j'espère pouvoir développer dans la discussion. D'autres membres plus compétents que moi voudront bien se faire entendre dans ces discussions et apporter la lumière de science et d'expérience qui me manque. C'est ainsi que la matière importante que nous traitons occupera au Congrès la place qui lui est due.

Mais dans toute la discussion ne cessons jamais de nous rappeler ce que j'ai écrit plus haut et ce que je veux résumer en ces mots : si nous voulons défendre la société et avoir la conscience pure, ne cessons pas de vouer nos forces à la réforme, à l'évolution progressive de cette société même, afin qu'ainsi elle soit digne d'être défendue.

APPLICATIONS LÉGALES DE L'ANTHROPOLOGIE CRIMINELLE

10ᵐᵉ Question : **Quelles sont les mesures propres à faire connaître la personnalité physiologique, psychologique et morale du prévenu, qui permettraient aux magistrats et aux avocats d'apprécier l'opportunité d'une expertise médicale (Xᵐᵉ vœu du Congrès de Bruxelles).**

Rapport présenté par M. Isidore MAUS, *Docteur en Droit et en Philosophie, Chef de Bureau au Ministère de la Justice à Bruxelles.*

La détermination de la personnalité du délinquant au point de vue des mesures à prendre à son égard, est une des applications pratiques les plus fécondes de l'anthropologie criminelle. Celle-ci se doit à elle-même et à la grandeur de la mission qu'elle s'est donnée, d'éclairer la justice répressive et de la mettre à même d'exercer son ministère conformément aux données de la science et aux besoins du sujet. Or, la première condition pour traiter le délinquant suivant les exigences de son état, c'est de bien connaître celui-ci.

La connaissance par les tribunaux, de la personnalité du prévenu, est donc à la base des applications pratiques de l'anthropologie criminelle.

* * *

Mais l'enquête sur la personnalité du délinquant soulève des objections sérieuses.

Pour préciser, prenons *comme exemple* le modèle de bulletin de renseignements proposé par le Cercle d'Etudes du Jeune Barreau de Bruxelles. Il constitue en réalité un programme d'enquête sur la personnalité, sous la forme de questionnaire [1].

Le premier reproche qu'on peut faire à l'enquête sur la personnalité, concerne sa complexité et le travail énorme qu'elle suppose.

Et d'abord, il est vrai que parmi les indices d'anormalité signalés dans le bulletin type indiqué ci-dessus, tous n'ont pas la même importance et surtout tous ne se rencontreront pas réalisés dans chaque prévenu. Mais il faut considérer que le modèle proposé est une sorte de *memento* pour ceux qui devront examiner l'inculpé. Or, comme le disait à ce propos M. le Ministre Le Jeune, « le premier devoir d'un me-

---

[1] Voyez l'annexe I ci-après et *Journal des Tribunaux 1893*, p. 1090 à 1116. *Conf. Actes du 3ᵉ Congrès d'anthropologie criminelle*, p. 500 à 504.

mento est de ne rien omettre. » Les erreurs judiciaires commises à raison de l'état mental du prévenu sont chose si déplorable, qu'on ne pourrait prendre trop de précautions pour les éviter.

D'autre part, chacun des points signalés ne doit pas, à notre avis du moins, faire l'objet de recherches également minutieuses pour chaque délinquant.

Il ne faut pas se dissimuler qu'une telle prétention compromettrait l'adoption ou le succès de la mesure préconisée. Elle apporterait au jugement d'une foule d'affaires un retard très préjudiciable et imposerait à la justice répressive un travail hors de toute proportion avec son organisation actuelle et même avec toute organisation possible.

En effet pendant l'année 1894, 7042 prévenus ont été jugés par le seul tribunal correctionnel de Bruxelles et 53,321 par tous les tribunaux correctionnels de Belgique. Pendant l'année 1892 (dernière année connue), ces chiffres sont : 30,957 pour le tribunal correctionnel de la Seine et 248,537 pour tous les tribunaux correctionnels de France[1].

Ne faut-il pas y ajouter les inculpés jugés par les tribunaux de police? Le Cercle d'Etudes du Jeune Barreau de Bruxelles demande seulement qu'on joigne la feuille de renseignements proposée aux dossiers de toute poursuite *criminelle ou correctionnelle*. Pourquoi cette limitation? si ce n'est uniquement pour des considérations d'ordre pratique, qui.ne diminuent en rien l'utilité de la mesure. Si celle-ci est nécessaire pour *tous* les délinquants criminels ou correctionnels, elle l'est également pour ceux qui ont commis une simple contravention. On dit souvent qu'au point de vue de l'anthropologie criminelle la gravité objective de l'infraction n'est rien. Un fait peu grave en lui-même peut être le signe révélateur d'un état très dangereux chez le sujet et partant, celui-ci peut mériter un examen médical, bien plus que beaucoup de délinquants correctionnels. On ne trouve aucun motif scientifique d'exclure *a priori* de l'examen médical les délinquants inculpés de contravention.

Or, le nombre des inculpés jugés par les tribunaux de police dans l'arrondissement de Bruxelles et dans toute la Belgique, pendant l'année 1894, est respectivement de 40,240 et de 154,464. Dans le département de la Seine et dans toute la France, pendant l'année 1892, leur nombre est de 42,419 et de 451,404[2].

Soit, en additionnant ces chiffres avec ceux des prévenus correctionnels : 47,282 inculpés par année dans l'arrondissement de Bruxelles et 207,785 dans toute la Belgique; 73,376 dans le Département de la Seine et 699,941 dans toute la France; sans compter les accusés, d'ailleurs assez peu nombreux, qui comparaissent devant les cours d'assises.

Quelle organisation répressive résisterait à un nombre aussi énorme d'expertises médicales?

Très souvent d'ailleurs, un tel labeur ne serait pas justifié; car les délinquants pathologiques forment la minorité, les délinquants purement pathologiques sont l'exception.

Pourquoi faut-il une enquête approfondie quand rien ne paraît anormal, ni dans l'activité du sujet ni dans son état présent éclairé par un interrogatoire?

---

[1] Compte général de l'administration de la Justice en France et en Algérie; p. 70 et 73.
[2] Idem; p. 102.

D'autre part, à quoi bon pousser les recherches si difficiles et si délicates concernant l'enfance et l'hérédité, lorsque les éléments actuels fournissent des preuves suffisantes d'un état mental anormal?

Les investigations devraient donc être dirigées spécialement tantôt dans un sens et tantôt dans un autre, suivant la nature du sujet et les circonstances. *Elles doivent être limitées aux nécessités pratiques de chaque cas particulier.*

Nous voudrions pouvoir ajouter qu'elles auront un caractère sommaire, l'enquête ayant simplement pour but de « réunir les indices qui permettent aux magistrats et aux avocats d'apprécier l'opportunité d'une expertise médicale. » Ainsi elle ne tendrait pas à porter un jugement définitif sur l'état mental et la responsabilité du prévenu; partant elle ne devrait pas être si complète qu'elle puisse remplacer l'expertise médicale.

Mais serait-il possible de la maintenir dans ces limites?

Qui croira que des médecins sérieux accepteraient de procéder à un examen superficiel, dit préparatoire, qui leur permettrait seulement de porter sur le sujet un jugement provisoire ou « à première vue »? Des praticiens consciencieux n'accepteront d'examiner les prévenus et de formuler un avis sur leur état mental, que s'il leur est permis de procéder à un examen sérieux.

D'ailleurs, un examen sommaire et superficiel ne pourrait servir de base à la décision des juges. Il devrait donc être complété par un nouvel examen, sérieux celui-ci, lorsque le prévenu comparaîtra devant le tribunal. Voilà deux examens au lieu d'un!

Dans ces conditions, le premier n'aurait d'autre effet que de retarder le jugement de l'affaire. Et cependant c'est lui, en réalité, qui devrait être l'examen sérieux; car c'est la mission propre de l'instruction de faire les recherches préparatoires et de réunir tous les renseignements nécessaires pour éclairer les juges et leur permettre de statuer en pleine connaissance de cause.

Demander l'expertise médicale pour chacun des milliers de prévenus qui encombrent nos tribunaux, ce serait rendre illusoire et vaine une mesure qui, appliquée judicieusement, doit rendre les plus grands services. Ce serait organiser une sorte de *défilé* devant les médecins, analogue au défilé des prévenus devant certains tribunaux quand ils distribuent 116 condamnations en 3 heures, soit 1 minute 33 secondes, *en moyenne*, par condamnation [1]. Le corps médical envie-t-il cette besogne mécanique?

Enfin, ce serait désorganiser complètement la justice répressive, déjà beaucoup trop lente.

Il y a également une impossibilité pratique absolue à faire, à propos de chaque prévenu, une enquête scientifique sur l'hérédité.

Nous dirons plus loin comment on pourrait apprécier dans quels cas ces recherches sont nécessaires.

* * *

Si nous passons du point de vue de l'organisation pratique de la justice répressive à celui du droit des justiciables, l'enquête sur la personnalité soulève une autre objection, encore plus sérieuse.

[1] *L'Economiste Français*, 4 avril 1891; p. 423.

Pour ce motif surtout, nous ne pouvons admettre une conclusion aussi générale que celle formulée par le rapport au Cercle d'Etudes du Jeune Barreau de Bruxelles lorsqu'il déclare : que « le bulletin de renseignements » — dans son intégrité, semble-t-il, c'est-à-dire tel qu'il est proposé, — « devra être annexé au dossier de toute poursuite criminelle ou correctionnelle. »

Des recherches sur la constitution anatomique et physiologique du prévenu, sur les maladies infantiles, sur l'hérédité pathologique, sont d'un caractère extrêmement délicat et de nature à blesser gravement de justes susceptibilités. La création de « dossiers scolaires » notant de telles particularités, à l'insu des parents, est tout à fait inadmissible et heurte au plus haut point la délicatesse.

Une enquête judiciaire portant sur ces points verserait au dossier des renseignements essentiellement confidentiels. Ceux-ci étant destinés à former la conviction du juge, pourraient être discutés par le ministère public et par la défense et livrés ainsi à la publicité de l'audience.

On ne peut infliger cette humiliation et porter ce préjudice, peut-être considérable, à une personne quelconque, pour le seul motif qu'elle est *inculpée*. Ces mesures très graves, de même que la détention préventive et les autres atteintes à la liberté individuelle, ne trouvent leur légitimation que dans l'intérêt supérieur de la justice sociale ; elles doivent être limitées aux cas de réelle nécessité.

Et que dire du tort moral et matériel causé *à la famille du prévenu*, surtout par l'enquête sur l'hérédité, enquête qui devrait s'étendre *aux collatéraux !* En vérité les mesures à prendre à l'égard des délinquants ne doivent pas faire oublier les intérêts les plus graves des citoyens honnêtes. Et, en ce qui concerne l'intérêt social, s'il voit avec faveur tout ce qui peut éclairer la répression, il demande aussi, et plus encore, que l'honneur et la situation sociale de tous les citoyens soient sauvegardés.

Il ne peut donc être question, à notre avis, d'imposer pour tous les délinquants, c'est-à-dire *à priori*, l'examen médical ni l'enquête sur les maladies enfantiles et l'hérédité pathologique, surtout en y comprenant les collatéraux.

Il faut remarquer que pour les récidivistes l'enquête sur l'hérédité, même collatérale, a une importance spéciale. Il est reconnu que la récidive *se concentre* dans certaines classes et certaines familles. Il y a donc un grand intérêt à en suivre les ramifications quand l'occasion s'en présente. D'autre part, la justice n'est pas tenue à l'égard des récidivistes à la même réserve qu'à l'égard des délinquants primaires. On comprendrait moins leur susceptibilité du chef d'atteinte portée à leur « considération ». Leur délinquance répétée mérite que l'on vérifie de plus près d'où elle procède. Enfin, ils sont vis-à-vis de la société dans une situation spéciale et voulue : ils constituent pour elle un danger grave et permanent.

* * *

Il est un côté de la personnalité sur lequel nous devons insister et qui, à notre avis, cependant devrait tenir une place importante, la plus importante même, dans l'enquête subjective.

C'est celui de la personnalité morale et sociale de l'inculpé.

Déjà en se plaçant au seul point de vue de l'expertise médicale, le Xme vœu adopté par le 3me Congrès d'anthropologie criminelle demande : que les renseignements portent sur la personnalité physiologique, psychologique *et morale* du prévenu.

Les conclusions de l' « Enquête sur la feuille de renseignements », dont nous avons parlé[1] disent que le Bulletin devrait contenir, outre les indications relatives à l'identité du prévenu, des renseignements sur « *sa personnalité morale et intellectuelle* ». C'est à ce titre que l'on demande des recherches « sur l'hérédité, sur les antécédents et sur la constitution anatomique et physiologique de l'inculpé ».

L'article 7 de l'avant-projet du code pénal suisse porte que « lorsque le délinquant, au moment de l'acte, avait accompli sa 14e, mais non sa 18e année, le juge examine son développement *moral et mental* ». (Conf., article 40, l'objet de l'enquête à laquelle seront soumis les récidivistes).

Au point de vue d'une répression subjective, l'enquête serait encore plus féconde en tant qu'elle porterait sur la personnalité morale et sociale du délinquant qu'en tant qu'elle rechercherait les indices d'irresponsabilité. Elle serait certainement d'une utilité plus fréquente et d'une portée plus générale, car elle concernerait des facteurs qui conditionnent plus ou moins *toute* délinquance. Il n'en est pas de même des anomalies psychiques et de l'irresponsabilité, car tous les délinquants ne sont pas des aliénés.

Evidemment, les recherches ne devraient pas avoir la même étendue pour tous les inculpés. Elles devraient être conduites dans la pensée de les faire connaître suffisamment, non pas à tous les points de vue, mais *au point de vue spécial des mesures à prendre à leur égard.* Elles ne devraient donc pas donner « une théorie complète » sur une personnalité; mais simplement *faire comprendre* la délinquance de tel individu, ses causes, ses caractères, la situation présente du sujet, — et ainsi mettre le juge à même de prendre une décision appropriée à son état, aux nécessités de son amendement et de l'intérêt social.

Tel nous paraît être le côté le plus utile de l'enquête subjective non seulement au point de vue individuel, mais surtout pour l'étude des *causes sociales de la délinquance,* aujourd'hui beaucoup trop peu connues.

* * *

L'enquête sur la personnalité morale et sociale, qui répond tout à fait à la tendance du droit moderne, n'est nullement irréalisable. Elle est même la seule, croyons-nous, qui ait été réalisée et qui fonctionne régulièrement.

Elle est plus nécessaire encore et doit être faite, si possible, d'une manière plus sérieuse pour les enfants que pour les adultes, à cause de la gravité des mesures à prendre à leur égard et de l'influence décisive qu'elles peuvent avoir sur la vie toute entière de l'enfant.

Or, l'enquête est pratiquée avec le plus grand succès, en ce qui concerne les enfants, devant le tribunal de la Seine et devant plusieurs tribunaux belges[2].

A Bruxelles cette mission est assumée par 25 membres du Jeune Barreau. L'avocat désigné fait *personnellement* une enquête morale complète sur l'enfant et son milieu, et remplit un bulletin de renseignements[3]. Ses conclusions sont discutées en assemblée du Comité de défense. A l'audience, il fait part au tribunal du résultat de son

---

[1] Voyez page 1 et la note.
[2] Voyez ci-après l'annexe II.
[3] Voyez ci-après l'annexe III.

enquête et réclame la mesure qu'il croit la plus conforme au véritable intérêt de l'enfant : renvoi aux parents, mise à la disposition du gouvernement pour être interné dans une école de bienfaisance et plus tard placé en apprentissage, sous le régime de la libération conditionnelle et du patronage.

Malgré la nouveauté du rôle rempli par l'avocat, le Comité de défense a bientôt conquis, *grâce à ses enquêtes*, l'entière confiance de la magistrature. Quand, par exception, l'enquête n'est pas terminée le jour de l'audience, le tribunal remet l'affaire.

Un jour, une bande de 13 gamins comparaissait devant le tribunal de Bruxelles. Comme toujours il y avait parmi eux des meneurs et des victimes. Le tribunal a demandé aux membres du Comité de défense quelles étaient les conclusions de leurs rapports sur chaque enfant et *il les a entièrement adoptées*. Il a reconnu que ceux-là seuls pouvaient se rendre compte des mesures nécessaires à chacun, qui avaient acquis une connaissance personnelle du sujet au moyen de l'enquête.

Le Comité de Bruxelles fonctionne depuis la fin de l'année 1892. La pratique lui a démontré que le côté vraiment intéressant de l'enquête, celui qui est *avant tout* nécessaire pour prendre à l'égard du sujet une mesure appropriée, c'est l'enquête morale portant sur la personne et le milieu, ou, comme il s'agit d'enfants, l'enquête sur l'éducation [1].

* * *

Arrivons-en aux conclusions et au mode de réalisation pratique.

Une enquête sur la personnalité du délinquant est indispensable pour éclairer la répression. Mais les nécessités de cette enquête varient avec les sujets.

Comment apprécier ces nécessités ?

En même temps qu'il procédera à l'enquête objective, cherchant à reconstituer le fait matériel et à en réunir les preuves, le juge d'instruction s'efforcera de comprendre la personnalité morale et sociale de l'inculpé, *son milieu, ses* antécédents. Il accordera une importance spéciale aux mutations fréquentes de résidence.

Le casier judiciaire devra lui fournir non seulement la mention pure et simple des peines encourues, mais un résumé des faits de la prévention. Le juge d'instruction devra aussi demander communication du dossier des poursuites antérieures suivies à charge de l'inculpé. Il y saisira sur le vif son activité délictueuse et prendra connaissance des enquêtes auxquelles elle aura déjà donné lieu.

L'enquête subjective ne portera pas seulement sur l'acte isolé qui constitue le délit, mais sur l'activité même du délinquant. Elle aura pour but d'étudier sa personnalité intellectuelle et morale, de manière à *comprendre* sa délinquance.

Dans ces conditions, si celle-ci relève d'un facteur spécial, sa présence ne pourra manquer d'être remarquée. Il est impossible que le sujet soit anormal sans que son activité en contienne des traces révélatrices.

Au moindre indice, le juge d'instruction fera appel aux lumières du médecin aliéniste qui sera toujours à sa disposition ; il le consultera sur l'opportunité d'un examen médical.

---

[1] Ces renseignements nous ont été donnés très obligeamment par M. Jaspar, secrétaire général du comité de défense. Voir aussi son rapport à l'assemblée générale du comité de défense, le 17 juin 1895, indiqué dans l'annexe II ci-après.

Dans une organisation répressive conforme aux données de l'anthropologie criminelle, le magistrat instructeur sera un *spécialiste*, qui aura la pratique de ces recherches et qui y aura été préparé par de sérieuses études de psychiatrie [1].

L'expertise médicale pourra aussi être réclamée, pendant l'instruction, par l'avocat
du prévenu, car, comme nous allons le dire, il aura le droit d'assister à l'enquête.

C'est également le juge d'instruction assisté du médecin qui appréciera la nécessité
d'une enquête sur l'hérédité.

On comprend combien un magistrat éclairé hésitera à ne point se rallier aux propositions de l'homme de l'art.

Toutefois si un désaccord survient entre eux, la décision doit appartenir au juge
d'instruction. Puisqu'il dirige personnellement l'enquête objective, à plus forte raison
doit-il avoir la direction de l'enquête subjective plus importante et plus délicate.

Véritable maître et arbitre de l'instruction, investi à cet égard de la confiance
spéciale du Législateur, le magistrat instructeur saura concilier, en cette matière
comme en plusieurs autres, les droits de la société avec ceux de la liberté individuelle.

Au frein résultant de la gravité de ses fonctions et de la responsabilité qui en
découle, viendra s'ajouter la difficulté de donner aux recherches sur la personnalité
une grande étendue à propos de chaque inculpé. Il ne faut donc pas craindre une
tendance à pousser ces investigations au-delà du nécessaire.

D'ailleurs, l'avocat de l'inculpé aura le droit d'assister à l'enquête. Une tendance
très sérieuse en droit pénal cherche à rendre l'instruction contradictoire, dans les
limites compatibles avec les nécessités de la défense sociale. (A rapprocher des dispositions qui autorisent l'inculpé à se faire assister d'un médecin de son choix, dans les
explorations corporelles faites par les médecins légistes).

En cas de dissentiment entre la défense et le magistrat instructeur, celui-ci rendra
une ordonnance. Elle sera susceptible d'appel devant une juridiction d'instruction
(en Belgique la chambre du conseil du tribunal de 1re instance). Aujourd'hui déjà les
juridictions d'instruction interviennent pour confirmer ou pour lever des mandats
d'arrêt, pour décerner des ordonnances de prises de corps et pour autoriser les explorations corporelles.

Nous croyons que moyennant ces garanties, l'enquête se bornerait aux recherches
vraiment nécessaires à la répression et respecterait les droits de la liberté individuelle.

* * *

L'objet précis et l'étendue de l'enquête sur la personnalité variant beaucoup suivant
les espèces, il en résulte cette conséquence : Le programme des recherches peut être
tracé sous forme de questionnaire, ou de memento comme nous disions ci-dessus.
Mais *le résultat de l'enquête* ne doit pas être une sorte de bulletin répondant point
par point à ce questionnaire.

Il est vrai que ce dernier système a l'avantage de faire constater sur quels points
les recherches ont réellement porté, et partant de démontrer si l'enquête a été faite

---

[1] Conf. Congrès d'anthropologie criminelle de Paris et de Bruxelles, le 2e vœu exprimé, à
l'unanimité, par les actes du Congrès, pp. 407 et 480 et différents rapports, notamment celui présenté par M. le Dr Paul Garnier au Congrès de Bruxelles.

sérieusement. Cependant, nous préférerions que le résultat de l'enquête fût présenté sous forme de « rapport. » Celle-ci permettrait de négliger ce qui est inutile à dire dans l'espèce, de s'étendre sur certains points spécialement intéressants, et surtout de grouper les données recueillies, suivant leurs connexités et dans l'ordre le plus utile pour faire comprendre au tribunal l'état du sujet.

Il en est ainsi surtout pour ce qui concerne la personnalité morale et sociale. Les renseignements de cette nature sont trop complexes et trop variables pour entrer dans un cadre fixe.

* * *

Dans les conditions susdites, nous croyons que l'enquête sur la personnalité serait pratiquement réalisable.

Nous reconnaissons qu'elle apporterait aux juges d'instruction un surcroît de besogne assez important. Dans certains tribunaux, leur nombre devrait être augmenté. Mais ce ne sont pas des considérations de cette nature qui doivent empêcher la réalisation de mesures nécessaires à l'efficacité de la répression. D'ailleurs, l'enquête subjective se ferait en même temps que l'enquête objective. Elle serait singulièrement facilitée par cette circonstance que la récidive *se concentre* dans certaines classes et certaines familles.

L'enquête serait plus compliquée en ce qui concerne les adultes que lorsqu'il s'agit d'enfants. Dans ce dernier cas, tout converge vers ce point essentiel : *l'éducation.* Pour les adultes au contraire, toutes les situations, tous les événements de la vie, tous les facteurs sociaux peuvent avoir leur part d'influence. Evidemment, ils n'interviendront pas tous dans chaque cas, mais les uns dans une espèce, les autres dans une autre. Le champ d'exploration est donc plus vaste et les éléments de l'enquête *plus variés.* Mais, en fait, ils s'enchaînent et conduisent les uns aux autres.

L'enquête sur les adultes serait aussi plus difficile parce que l'avocat ne pourrait y apporter le même concours.

Pour les enfants traduits en justice, il s'agit bien moins de condamnation et de peine que de mesures d'éducation et de protection. L'avocat est moins le défenseur d'un coupable qu'un homme de bien cherchant à sauver un faible. Il s'inspire uniquement du véritable intérêt de l'enfant, qui se confond ici avec l'intérêt social[1]. Aussi est-il favorable à toute mesure d'instruction et procède-t-il lui-même à une enquête.

Pour les adultes au contraire, il ne s'agit plus de protection mais de peine. L'avocat est proprement un *défenseur* contre l'action du ministère public qui représente la société. C'est un mandataire choisi par le prévenu qui, ordinairement, a tout intérêt à entraver le travail de l'instruction.

Privé du concours de l'avocat, n'est-il pas à craindre que le juge d'instruction se borne à centraliser les renseignements, remettant le soin de réunir les matériaux de l'enquête... à la police ? Ce travail très délicat, dont dépend le succès de l'enquête, retomberait alors, en définitive, sur le personnel subalterne, sur l'agent de série.

Dans ces conditions, l'enquête n'aurait aucun caractère sérieux. Il serait impossible

---

[1] Voy. le rapport précité sur le rôle de l'avocat dans la défense des enfants traduits en justice : Annexe II.

au juge d'acquérir une connaissance réelle du délinquant et de son milieu, et de diriger l'instruction en connaissance de cause.

A raison de son importance capitale, tant au point de vue individuel qu'au point de vue social, à raison du caractère très délicat des renseignements à recueillir, enfin au point de vue des garanties de la liberté individuelle : il est nécessaire que l'enquête soit faite par le magistrat et que celui-ci n'agisse que d'après des connaissances personnelles.

* * *

Il est une mesure qui, en pratique, faciliterait considérablement sa mission et réduirait de beaucoup les recherches nécessaires. Nous voulons parler de la *décentralisation de la justice.*

Le juge local arrive naturellement à connaître les individus et leur famille, leur milieu moral et social, leur situation économique, leur hérédité, les influences qu'ils subissent.

Cette *connaissance personnelle et vécue* vaut mieux qu'une enquête faite à distance par un tribunal solennel, auquel l'inculpé et son milieu sont inconnus.

« Pour entrer dans la voie du progrès, disait M. Prins au congrès de Bruxelles, nous devons réagir contre les tendances de la Révolution et de l'Empire qui ont centralisé à outrance la justice, qui ont organisé des tribunaux impersonnels, siègeant, pour ainsi dire, comme des symboles, à des distances énormes des justiciables, qu'ils ne peuvent pas connaître.

« Nous parlons ici des dégénérés, des obsédés, etc. ; mais le juge ne saisit pas ces notions. Le magistrat doit apprendre aujourd'hui beaucoup plus de choses que jadis, mais, dans l'état actuel de la civilisation, aujourd'hui surtout que la science du droit se complique, on ne peut pas faire du juge une encyclopédie vivante. Il faut donc remédier à son défaut d'instruction et, par opposition aux tribunaux impersonnels, il faut multiplier les juges locaux, faire du canton l'unité judiciaire, placer dans le canton un juge unique, à qui l'on dira que son devoir est de connaître les justiciables, non pas comme des anthropologues ou des physiologistes, — c'est une tâche très souvent impossible, — mais que son devoir est de les connaître comme nous connaissons les gens qui vivent dans notre milieu ; il saura où sont les riches et les pauvres, où sont les malheureux et les dégénérés ; il le saura, non pas comme un médecin, mais comme un homme vivant avec d'autres hommes [1]. »

Non seulement la décentralisation de la justice supplée en partie au défaut de connaissances scientifiques du juge, mais en rapprochant celui-ci des justiciables elle rend possible *cette connaissance et cette action personnelles* du magistrat, que nous disions être nécessaires dans l'enquête sur la personnalité.

Il y a donc le plus grand intérêt, au point de vue d'une répression éclairée, à multiplier les juges locaux, à restreindre l'étendue de leur ressort, à augmenter le plus possible leur compétence et à faire en sorte qu'ils trouvent dans leur position des avantages suffisants pour faire toute leur carrière sur place et arriver ainsi à connaître de mieux en mieux leurs justiciables.

[1] Actes du 3ᵐᵉ Congrès d'anthropologie criminelle, p. 254.

* * *

L'ENQUÊTE SUR LA PERSONNALITÉ MORALE ET SOCIALE DE L'INCULPÉ, SUR SES ANTÉ-
CÉDENTS, SUR SON MILIEU, COMPLÉTÉE, AU BESOIN, PAR L'EXAMEN MÉDICAL ET DES
RECHERCHES SUR L'HÉRÉDITÉ, ENFIN ET SURTOUT LA DÉCENTRALISATION DE LA JUSTICE :
TELLES SONT LES MESURES QUI NOUS PARAISSENT PRATIQUEMENT LES PLUS UTILES POUR
ÉCLAIRER LE JUGE SUR L'ÉTAT DU SUJET ET AINSI PRÉPARER UNE RÉPRESSION SUB-
JECTIVE, C'EST-A-DIRE PLUS JUSTE ET PLUS EFFICACE.

* * *

Mais pour que cette répression subjective soit *réalisée*, une seconde condition est
nécessaire.

Quand les tribunaux seront convaincus de la nécessité de juger *l'homme*, au lieu
de juger le « délit », — quand ils seront mis à même de connaître et de comprendre
la personnalité des délinquants, par les moyens indiqués ci-dessus, — il faudra encore
qu'ils trouvent dans la législation répressive les mesures appropriées à l'état de
chacun.

Le régime des peines devrait donc, lui aussi, être réformé dans le sens d'une répression *moins abstraite, plus personnelle, plus « humaine »*.

Nous nous contentons d'indiquer ici ce sujet, pour dire comment il complète celui
que nous avons essayé de traiter.

ANNEXE I

Enquête sur la feuille de renseignements faite par le Cercle d'Etudes du Jeune
Barreau de Bruxelles.

Modèle de bulletin proposé par le Rapport comme conclusion (*Journal des Tribunaux*, 1893, p. 1115 et 1116).

1er *bulletin*.

IDENTITÉ. — CASIER JUDICIAIRE
COLLOCATIONS.

(A rédiger par les administrations com-
munales et la police.)

IDENTITÉ.

1° Nom, prénoms, surnoms.
2° Nom des père et mère.
3° Lieu de naissance.
4° Date de naissance.
5° Domicile. — Depuis quand ?

Résidence. — Depuis quand ?
6° Profession ?
7° Célibataire, marié, veuf ?
Divorcé ? Pour quelle cause ?
Contre qui le divorce est-il prononcé ?
Eventuellement, nom et prénoms du
conjoint.
8° Enfants naturels ou légitimes et
combien ?
9° Militaire ? En congé illimité ?
10° L'inculpée est-elle inscrite sur les
registres de la prostitution ?

CASIER JUDICIAIRE. — COLLOCATIONS.

1º Antécédents judiciaires.
2º Collocation pour aliénation mentale.
3º Copie de l'extrait des punitions militaires.

2e bulletin.

EXAMEN MÉDICAL.

(A remplir par le médecin-légiste.)

L'inculpé est-il atteint d'
Alcoolisme ?
Tuberculose ?
Surdité, strabisme ?
Vice de la parole, begaiement, bredouillement, zézaiement, anonnement, chuintement, etc.
Présente-t-il des anomalies physiques du crâne, de la face, des membres (bec-de-lièvre, pied-bot, etc.) ?
Signaler si l'inculpé est ou a été sujet à des incontinences nocturnes d'urine.
A des accès de somnambulisme ?
A des attaques nerveuses se traduisant par des absences, des impulsions soudaines inconscientes, des accès convulsifs, avec ou sans chute, avec ou sans perte de connaissance.

N. B. — Pour les recherches exigeant une enquête, le médecin s'adressera au Juge d'instruction et agira de concert avec lui.

3e bulletin.

HÉRÉDITÉ. — ANTÉCÉDENTS.

(A remplir par le Juge d'instruction, avec le concours des devoirs de preuve qu'il jugera utiles et l'assistance du médecin.)

HÉRÉDITÉ.

Rechercher si parmi les père, mère, grands-parents, frères, sœurs et descendants de l'inculpé, il y a eu des cas d'
Hystérie ?
Epilepsie ?
Tuberculose ?
Folie ?
Alcoolisme ?
Criminalité ?
Vagabondage ?

ANTÉCÉDENTS.

1º *Enfance.*
L'inculpé a-t-il été atteint de convulsions infantiles ou de méningite ?
Quelle est la durée de l'écolage ?
L'inculpé a-t-il appris facilement ou non les éléments de l'instruction ?
Signale-t-on un arrêt dans son intellectualité ?
2º *Age adulte.*
Profession actuelle et professions antérieures ?
L'inculpé se livre-t-il à la paresse ? à l'ivrognerie ? à la mendicité ? au vagabondage ? à l'immoralité ? à la prostitution ?

ANNEXE II

Circulaire de M. Banaston, Procureur de la République près le tribunal de 1re instance de la Seine et le Rapport sur les travaux du Comité de défense des enfants traduits en justice : reproduits dans le Bulletin de la Fédération des patronages de Belgique, octobre 1891, p. 347 à 358.

Circulaire de M. Le Jeune, ministre de la justice, en date du 30 novembre 1892, sur l'exécution des peines d'emprisonnement prononcées à charge d'enfants et les principes qui doivent inspirer l'instruction et le jugement des délits commis par eux. Journal des Tribunaux, 1892, p. 1386 à 1388.

Rapport sur l'organisation d'un comité pour la défense des enfants traduits en justice, présenté à la Conférence du Jeune Barreau de Bruxelles par MM. Gedoelst, Otlet et Schoenfeld. Journal des Tribunaux 1893, p. 209 et s., 225 et s., 241 et s., 257 et s.

Rapport sur le rôle de l'avocat dans l'organisation de la défense des enfants traduits en justice, présenté à la Fédération des avocats de Belgique par MM. Caroly, Neef et Jaspar. Journal des tribunaux 1893, p. 1298 à 1308, — Discussion à l'assemblée générale de la Fédération, *idem* p. 1417 à 1419.

Rapport présenté à l'assemblée générale du Comité de défense des enfants traduits en justice dans l'arrondissement de Bruxelles, par M. Jaspar, secrétaire général, le 17 juin 1895. Journal des Tribunaux 1895, p. 785 et s., 801 et s., 817 et s.

Circulaire de M. le Procureur général près la Cour d'appel de Liège, sur les mesures et devoirs des parquets dans les poursuites dirigées contre des enfants. Journal des Tribunaux 1896, p. 803 à 807.

Circulaires de M. le Procureur général près la cour d'appel de Bruxelles, du 19 février 1896, et de M. le Ministre de la Justice, du 31 mars suivant (inédites ; seront publiées dans le Recueil des circulaires et instructions du ministère de la justice, sous la date du 31 mars 1896) :

3e Dir. gén., 1re Sect., Littera *P*, N° 9072. — Bruxelles, le 31 mars 1896.

A MM. les procureurs généraux près les cours d'appels,

J'ai l'honneur de vous communiquer, en copie, une circulaire de M. le procureur général près la cour d'appel de Bruxelles, du 19 février 1896, concernant l'application de l'article 26 de la loi du 27 novembre 1891.

Je vous serais obligé de donner des instructions analogues à MM. les procureurs du Roi de votre ressort.

Le Ministre de la justice,
V. BEGEREM.

Parquet
de la cour d'appel   N° 7671. — Bruxelles, le 19 février 1896.
de Bruxelles.

A MM. les procureurs du Roi du ressort.

J'ai l'honneur d'attirer votre attention sur la disposition salutaire de l'article 26 de la loi du 27 novembre 1891 sur le vagabondage et la mendicité, qui permet aux cours et tribunaux, lorsqu'ils condamnent à l'emprisonnement un individu n'ayant pas l'âge de 18 ans accomplis au moment du jugement ou de l'arrêt, d'ordonner qu'il restera à la disposition du gouvernement depuis l'expiration de sa peine jusqu'à sa majorité.

Chaque fois que vous exercez des poursuites contre un mineur de moins de 18 ans, il convient de réunir sur sa personnalité, sur sa moralité et ses antécédents, sur la moralité et les antécédents de ses parents, sur la surveillance et l'autorité qu'ils exercent sur lui, des renseignements aussi complets que possible, et lorsque, dans votre appréciation, il résulte de ces renseignements que, dans l'intérêt du jeune délinquant, sa mise à la disposition du gouvernement doit être prononcée, vous voudrez bien toujours la requérir expressément, et si, sans motifs convaincants, le tribunal refuse de faire droit à votre réquisition à cet égard, interjeter appel.

Les poursuites contre les mineurs de moins de 18 ans doivent, au surplus, toujours être exercées d'urgence.

Le procureur général,
CHARLES VAN SCHOOR.

ANNEXE III

Nº_____

COMITÉ DE DÉFENSE DES ENFANTS TRADUITS EN JUSTICE
DANS L'ARRONDISSEMENT DE BRUXELLES

Bulletin de renseignements sur _____
(Strictement confidentiel)

Nom, prénoms, âge, domicile :

Défenseur :

Prévention :

Nº Notices :

Substitut :

Juge d'instruction :

I. — L'ENFANT.

I. — Chez qui et avec qui habite-t-il ?
    Que vaut le logement au point de vue de l'hygiène et de la salubrité ?

II. — Fréquente-t-il une école ?
    A-t-il un métier ?
    Quel est son patron ?

III. — Quel est son état de santé ? (Examen médical ?)

IV. — Quel est son caractère? Sa moralité? Ses penchants? Ses habitudes? (Vagabondage?)

V. — A-t-il été antérieurement poursuivi ou condamné, pour un motif quelconque?

II. — LE MILIEU.

A. — Parents.

I. — Noms, prénoms, professions et domiciles des père et mère?

II. — Leur état de santé?

III. — Quel est l'état du ménage? Quelles en sont les charges et quelles en sont les ressources?

IV. — Combien d'enfants vivent avec les parents? Y a-t-il des enfants de lits différents?

V. — Quelle est la moralité des parents? (Alcoolisme?)

VI. — Quelle est la conduite des parents à l'égard de leurs enfants? Comment remplissent-ils, vis-à-vis de ceux-ci, leurs devoirs de garde, d'entretien et d'éducation?

VII. — Consentent-ils à l'envoi de l'enfant dans une école de bienfaisance?

B. — Relations.

I. — Noms, prénoms, âge, moralité des camarades habituels? Subit-il leur influence?

II. — Noms, prénoms, domicile des recéleurs?

III. — CONCLUSIONS.

Mesures à prendre :

IV. — SUITE DONNÉE A L'AFFAIRE.

A. — Décisions :

B. — Exécution.

Date du départ pour l'école de bienfaisance :

V. — OBSERVATIONS DIVERSES.

Bruxelles, le

(SIGNATURE)

Relations du droit et de l'anthropologie.

Rapport présenté par M. W. SCHÌDLOVSKY *à St-Pétersbourg.*

Avec la publication des travaux du Dr Lombroso et de ses adeptes de différentes nuances, il s'est formé l'opinion que l'anthropologie a pour ressort l'étude du crime, qui forme l'objet du droit criminel. De là proviennent les appellations : « Anthropologie criminelle, droit criminel anthropologique, » etc.

On peut noter dans cette évolution de la pensée que la confusion des objets de l'étude nuit au développement général des sciences et que les dénominations sus-mentionnées ne correspondent pas au sens des sujets qu'elles indiquent.

I

L'anthropologie, comme branche des sciences naturelles, ayant pour objet d'étude l'humanité, dans toutes ses manifestations et sous tous les rapports, peut certainement au nombre des autres actes de l'homme, étudier ceux qui d'après les idées et les lois des peuples sont qualifiés de criminels. Mais les faits de cette dernière catégorie ne présentent pas de caractère de criminalité générale, ou de fait reconnu criminel. D'un côté la nature et de l'autre les particularités de l'homme qui a commis l'acte criminel font un sujet d'étude à part, et l'acte criminel lui-même en fait un autre. Les deux ne sont nullement similaires entre eux. L'anthropologie étudie l'un comme elle aurait étudié les lois de toute autre forme de l'activité humaine du point de vue d'un fait scientifique L'autre est du ressort d'une des branches des sciences humanitaires du droit criminel. Ces deux objets sont de nature différente, et demandent non seulement une étude spéciale mais des procédés d'étude spéciaux. La nature de l'homme et les lois qui régissent son activité d'être naturel, présentent une sphère générale d'effets naturels, c'est-à-dire la matière et la force en des formes organisées. Mais dans le monde extérieur qui nous entoure, dans le milieu social où nous nous mouvons, nous distinguons encore une autre sphère d'effets provenant de l'action des facultés humaines qu'on nomme psychiques, mentales etc. La force de ces facultés produit des modifications qui forment une région d'effets ayant des propriétés particulières, différentes des propriétés des effets physiques. Les manifestations de la criminalité appartiennent justement à cette sphère-là. Les effets physiques sont uniformes, exacts, mesurables. Ils ne sont pas soumis à la puissance de l'homme, sont plus accessibles à l'étude, admettent les expériences et les observations. Les effets sociaux (la criminalité etc.) sont compliqués au plus haut degré et variables, se trouvent toujours en voie de développement et, tout en étant de même provenance, ont des distinctions très accentuées suivant les pays, les époques, le degré de culture intellectuelle, la race, le peuple, le groupe de peuples. Ils sont empreints d'un cachet distinct d'arbitraire, de volonté personnelle, ce qui leur communique l'apparence d'être dûs au hasard et par là, dérobe à l'analyse les lois qui les régissent, rend leur étude très difficile et ne permet que des observations. Ils sont susceptibles d'éveiller par leur étude l'intérêt le plus vif et le plus immédiat qui n'est pas exempt d'entraînement et de passion. Un tel sujet, avec des propriétés semblables, ne saurait être l'objet d'une étude anthropologique.

Même comme idée, la criminalité est au suprême degré vague et conditionnelle. L'anthropologie ne peut faire entrer dans le cercle des investigations des idées aussi peu précises. Toutes les idées humaines de cette catégorie sont soumises à des appréciations différentes, se trouvent toujours dans un mouvement évolutionnaire, et néanmoins on élabore des lois et on fonde des institutions en se basant sur ces appréciations et ces idées. L'anthropologie base ses déductions sur les propriétés de la nature, laquelle ne peut fournir des matériaux contenant l'idée de la criminalité, car cette dernière est le fruit de la psychologie humaine, tandis que la sphère de la force et de la matière ne connaît rien de criminel. Ce qui était considéré criminel d'après le code des lois Manou, ne le sera pas d'après les lois des époques ultérieures. Même à notre époque, où la culture intellectuelle est si avancée, un même acte est soumis à des appréciations différentes, souvent contradictoires. Ces propriétés de tous les effets sociaux, et aussi par conséquent de la criminalité, ne permettent pas à cette dernière de faire partie des objets traités par l'anthropologie, même malgré l'épithète de « criminelle », car on ne peut pas confondre la nature de l'homme avec l'effet social de la criminalité, confondre les objets ayant par leur nature une diversité organique si marquée, et offrant la différence du tangible et de l'incommensurable.

II

Les intérêts mêmes de la science en général ne concordent pas avec l'union incompatible de la nature de l'homme avec les effets de la criminalité. L'anthropologie s'occupant de criminalité sortirait du cadre des sciences naturelles et passerait dans celui des sciences humanitaires. On verrait alors surgir une anthropologie universelle se subdivisant en : anthropologie historique, juridique, économique, esthétique, etc. c'est-à-dire tout un système des mêmes sciences humanitaires, avec leurs défauts et leurs méthodes incomplètes. Il n'y aurait que le nom de changé. Avec cette nomenclature nouvelle, l'anthropologie purement scientifique devrait disparaître, car, si elle traite un sujet si vaste de la sphère des effets sociaux, elle ne pourra plus se concentrer sur l'étude des différents sujets spéciaux de la nature de l'homme. Ce n'est que cette concentration seule, cependant, qui peut lui assurer une méthode scientifique et du succès dans l'acquisition du vrai savoir. Dans les travaux des plus éminents représentants de cette science, se trahit actuellement cette tendance, relativement à la délimitation du sujet d'étude et des procédés de l'analyse. (Involontairement s'impose la comparaison entre les anciens : Broca, Topinard, d'un côté et les modernes : Lubbock, Tylor, de l'autre.) Sans altérer son sens et l'objet de son étude, l'anthropologie ne peut englober des idées incompréhensibles au point de vue de cette science.

III

Il existe un autre principe qui détermine la relation de ces deux sciences entre elles. Il s'est formé par la marche naturelle du développement général de toutes les connaissances. En considérant que les sciences dénotent une tendance simultanée à se spécialiser et à s'associer entre elles, il faut constater qu'actuellement aucune branche du savoir ne peut se passer du concours de différentes autres, souvent les moins similaires et les plus éloignées[1]. Par suite, la valeur des sciences auxiliaires s'est accentuée davantage. La médecine en offre un exemple frappant ; elle se sert de tout l'ensemble des sciences naturelles. Les juristes-criminalistes, encore à l'époque de la prépondérance absolue dans leur enseignement des principes et des idées strictement métaphysiques, profitaient des données scientifiques de la médecine et de la psychiatrie. Actuellement le cercle de leurs sciences auxiliaires s'est encore élargi et l'anthropologie y tiendra une place prépondérante. Avec son aide, les juristes pourront déterminer la relation de la nature de l'homme aux manifestations de la criminalité. Les relations entre ces deux sciences doivent se baser sur la nécessité de se servir pour leurs investigations et études des dernières données incontestables de chacune d'elles, sans rien perdre de leur indépendance, de leur objet et de leur méthode d'analyse. Des relations aussi naturelles assureront à chacune d'elles la plus grande somme d'acquisitions de connaissances positives.

Les conditions de ces relations contribueront à prouver nos suppositions probables concernant la domination, dans les manifestations sociales, de lois générales analogues aux lois des effets physiques dans la sphère de la matière et de ses forces.

---

[1] Il suffit de se remémorer l'aide mutuelle que se prêtent des sciences aussi peu analogues entre elles que : l'histoire et l'astronomie, la philologie comparée, l'histoire et le droit, la philologie, la physiologie et la science phonétique, la physiologie et les mathématiques.

Relations du droit et de l'anthropologie.

Rapport présenté par M. S. LATYSCHEW, Bibliothécaire du Conseil impérial à St-Pétersbourg.

I

La sixième question de la seconde section au programme du IVe Congrès international d'Anthropologie criminelle a pour thèse l'analyse des relations du droit et de l'anthropologie.

Nous n'avons pas la prétention de traiter un thème si large dans toute son étendue. Ainsi, laissant de côté la discussion sur le rôle que doit jouer l'anthropologie dans le droit civil et politique, nous nous bornerons à présenter certaines observations à propos d'une question plus spéciale, ne formant qu'une partie du thème proposé pour le programme du IVe Congrès, à savoir celle qui se rattache aux relations mutuelles des deux sciences contiguës : l'anthropologie criminelle et le droit pénal. On ne saurait nier le grand intérêt de cette question, déjà discutée dans certaines publications scientifiques et peu à peu élucidée aux congrès internationaux sans arriver cependant à une résolution définitive. Dans ces discussions au sujet des rapports entre l'anthropologie criminelle et le droit pénal, on peut marquer trois directions principales : L'une d'elles affirme que l'anthropologie criminelle (en même temps que la sociologie criminelle) a pour but de réformer entièrement le droit criminel dans ses principes et applications pratiques, en faisant de lui une science positive basée sur les données de la psychologie, de la statistique et de l'anthropologie. La tendance contraire regarde les prétentions de l'anthropologie criminelle à pénétrer sur le terrain juridique et d'appliquer aux études du crime et du délinquant la méthode expérimentale comme tout à fait fausses et erronées. Pour les adeptes de cette tendance le délit n'est qu'une entité juridique, une infraction et non pas une action.

Enfin d'après le troisième point de vue, l'anthropologie criminelle et le droit pénal sont deux doctrines essentiellement distinctes et séparées, devant se prêter une aide mutuelle, mais sans se confondre. C'est là l'opinion qui aurait à notre avis le plus de chances.

II

A première vue, les deux sciences dont il s'agit ayant le même objet d'étude (le délit et le délinquant), rien n'empêcherait leur unification complète ou l'absorption de l'une par l'autre. Une analyse plus profonde démontre cependant, à l'évidence, que les éléments constitutifs de la théorie du droit pénal et de l'anthropologie criminelle sont essentiellement différents. L'opposition de ces deux doctrines ressort aussitôt que l'on veut trouver une formule du crime propre à être acceptée à la fois par le juriste et par l'anthropologue. Tandis que l'anthropologue voit dans le crime un fait antisocial, un vrai symptôme de pathologie sociale, le juriste vous dira, qu'avant tout le crime constitue une désobéissance formelle aux lois positives de la contrée et que la punition des délits ou de simples contraventions a aussi bien sa raison aux yeux du législateur que celles des actions antisociales par leur nature. En conséquence, le code pénal comprend sous la dénomination de délinquant non seulement le vrai criminel dans le sens anthropologique du mot (l'homme aux tendances antisociales), mais au même titre un délinquant conventionnel ou juridique qui ne pourrait présenter aucun intérêt, comme objet d'étude, pour l'anthropologie criminelle. De même, il se peut qu'un homme sans casier judiciaire et conséquemment réputé, aux yeux de la loi, homme adapté au milieu social, ne le serait pas au point de vue anthropologique. Aucun anthropologue, par exemple, n'aurait classé au rang des hommes aux tendances sociales un usurier professionnel ou un souteneur de filles publiques, quoique ces gens-là n'aient jamais commis aucun fait prévu par le code pénal. Pour lui les gens de cette catégorie forment une classe à part, à laquelle convient le nom de *sous-criminelle*. Il s'ensuit que les formules juridiques, traçant la ligne de démarcation entre le crime et le fait licite d'un côté et le criminel et l'homme adapté au milieu social de l'autre, ne peuvent pas être directement utilisées par l'anthropologue dans ses recherches du type criminel. C'est qu'il lui faut, avant d'entreprendre ces recherches, choisir parmi les faits déclarés punissables ceux qui révèlent des critères indiscutables de la perversité de l'agent. Pour dresser une liste pareille des faits réputés criminels, au double point de vue juridique et anthropologique, il n'est pas nécessaire, selon nous, d'inventer une notion abstraite du délit naturel (Garofalo) ou social (Ferri, Berenini), car il ne s'agit point d'établir quelque nouvelle formule académique du délit, propre à remplacer celle qui figure dans les divers traités de droit pénal, mais de choisir, parmi les faits prévus au code pénal, ceux dont le caractère antisocial est hors de doute. C'est là une règle générale à observer par tout anthropologiste ne voulant pas s'exposer aux reproches de la critique, qui a déjà démontré une grave faute méthodologique, faite par Lombroso, lequel se hâta de classifier les délinquants, sans songer à faire une classification préalable des délits portant l'empreinte d'un caractère antisocial. De plus, dans l'appréciation de la gravité relative des actions délictueuses, l'anthropologiste ne devait pas suivre le législateur, celui-ci s'intéressant fort peu de la nature des mobiles qui ont poussé l'auteur d'un délit quelconque. Les anthropologistes, tout au contraire, doivent mettre en relief la considération, trop négligée par les juristes (une thèse professée surtout par M. Holtzendorff), des motifs du coupable. Il est incontestable, à notre avis, que cette combinaison de l'acte immoral en lui-même avec le caractère *bas* de motifs de l'agent constitue le vrai acte antisocial ou délit dans le sens anthropologique. Le plus frappant exemple de cette espèce est sans doute l'assassinat commis par cupidité, car ce méfait suppose dans l'auteur une résolution générale de ne plus prendre en considértion la vie, ni les biens des personnes; c'est la déclaration de guerre la plus formelle à la société, qui repose sur le respect de la vie des personnes et de la propriété personnelle. Quant aux autres crimes de sang et surtout aux crimes contre la propriété, les anthropologistes devraient limiter le champ de leurs études à un nombre restreint de délits reitérés, passés à l'état chronique et ouvrant une sorte d'hostilité permanente contre les intérêts de la société, ou de délits révélant une monstruosité ou perversité exceptionnelle de l'agent.

Nous voyons que la qualification légale des actions réputées criminelles par le code pénal, est loin de coïncider avec leur appréciation au point de vue anthropologique, la vraie délictuosité se localisant dans quelques-unes seulement des espèces ou variétés de délits prévus par la législation pénale. Mais ce qui sépare le plus les deux sciences dont il est question, c'est l'opposition de leur méthode. Le droit pénal, pris dans l'ensemble de ses principes appliqués à l'étude du crime et de la peine, n'est qu'une doctrine métaphysique, un peu scholastique, ayant pour point de départ les déductions aprioristiques et surtout l'autorité de la législation actuelle, étudiée dans ses sources historiques. L'anthropologie criminelle, au contraire, formant une branche spéciale de l'anthropologie générale, ne peut se servir d'aucune autre méthode d'observation que celle qui est propre à toutes les sciences naturelles. C'est notamment cette différence de la méthode à appliquer aux études scientifiques qui doit avoir pour conséquence inévitable le divorce formel du droit pénal et de l'anthropologie criminelle. La méthode expérimentale, tout en communiquant à la science le caractère d'une doctrine positive, a pour effet nécessaire un ralentissement dans le mouvement évolutionniste de ses déductions théoriques qui ne peut s'opérer que dans les limites étroites des faits observés, chaque synthèse prématurée étant déclarée fruit défendu. Or, les anthropologistes impatients peuvent à loisir rêver d'atteindre bientôt les horizons nouveaux qui s'ouvrent devant eux dans le lointain, mais leur doctrine, toute jeune encore, doit se préoccuper, pour le moment, de la construction d'une base scientifique, destinée à soutenir l'édifice de la doctrine positive de droit pénal futur. Quant à la théorie du droit pénal, c'est une doctrine pratique ayant pour but principal de veiller à ce que la législation pénale reste toujours fidèle aux grands principes humanitaires de notre époque, reconnus par notre conscience comme des idées-forces progressives. Les données des études expérimentales du crime et du criminel restant encore trop vagues et incertaines pour être utilisées dans la pratique législative, il s'ensuit qu'en attendant ce moment où l'anthropologie criminelle deviendra une doctrine vraiment positive et achevée dans ses détails, la théorie du droit pénal est obligée de continuer sa marche à tâtons, ayant pour guide unique ce sentiment de justice humanitaire dont l'absence est attribuée, non sans raison, par l'école italienne au vrai criminel et qui s'oppose de toute sa force aux réformes réactionnaires proposées par les partisans de cette école.

III

L'intervention de l'anthropologie dans la science pénale ayant pour but d'étudier la genèse naturelle du crime dans le criminel et dans le milieu physique et social, est tout à fait légitime. La doctrine métaphysique du droit pénal subit dans ce moment une crise; elle a déduit, avec la seule puissance d'une logique abstraite, toutes les conséquences de ses prémisses aprioristiques et ne sait plus que faire. Pour recommencer un développement ultérieur progressif, cette doctrine a besoin d'une nouvelle base scientifique qu'elle ne pourrait pas créer d'elle-même et qu'elle espère obtenir à la suite de recherches combinées de statistique et d'anthropologie criminelle. En même temps, la naissance, au sein de l'anthropologie générale, d'une section spéciale destinée à l'étude de la criminalité, trouve son explication dans l'insuffisance des théories existant dans le domaine de la pathologie mentale pour élucider certains phénomènes criminels qui se présentent avec des caractères n'autorisant pas leur rapprochement des actes d'aliénés. Une démarcation nette à établir entre l'aliénation et la criminalité étant nécessaire, cette tâche appartient incontestablement au domaine de l'anthropologie criminelle, qui a pour mission spéciale de compléter au moyen de recherches anthropologiques les observations faites en psychiatrie sur les phénomènes psychiques mystérieux restant inconnus aux frontières de la folie. Même en dehors de ces deux causes principales qui, selon nous, ont plus que les autres favorisé l'intrusion de l'anthropologie dans la sphère du droit pénal, personne ne pourrait refuser à cette science, ayant pour objet de ses études l'homme dans son entier, d'entreprendre une série de recherches scientifiques dans le but de faire passer les diverses manifestations criminelles dans le cadre des sciences positives. C'est ainsi que toutes les questions se rattachant au problème de la dynamique de délits envisagés comme phénomènes socio-psychiques, résultant d'un triple facteur, anthropologique, social et physique, entrent dans le domaine de l'anthropologie criminelle. Quant aux applications pratiques à tirer des données sur la psychologie réelle du criminel en vue de réformes nécessaires dans la législation criminelle et l'exercice du droit pénal, ici la voix des juristes devrait être écoutée de préférence, la discussion de ces questions de pratique législative appartenant au domaine de la politique criminelle. Nous avons sous nos yeux l'exemple fâcheux de l'école italienne, laquelle ne voulant pas rester dans les limites de recherches purement scientifiques, s'empressa de suggérer aux législateurs une série de projets de réformes qui, s'ils étaient réalisés, rameneraient l'humanité à un état de choses disparu depuis longtemps. C'est un travail facile et stérile. Un anthropologiste qui se hâterait de reconstruire tout l'édifice de la justice criminelle sur la base étroite de quelques documents disparates, tirés de ses études sur l'homme criminel, risquerait toujours d'entendre le vieux conseil : « Ne sutor ultra crepidam. »

Relations du droit et de l'anthropologie.

———

Rapport présenté par M. le Dr Edouard PETRI, *professeur à St-Pétersbourg.*

Quels services l'Anthropologie peut-elle rendre aux sciences juridiques ?

Le vice dépend non seulement d'une mauvaise volonté, mais aussi d'une volonté soit morbide, soit seulement affaiblie.

Dans bien des cas, ce qui à première vue peut paraître comme une manifestation d'une mauvaise volonté n'est autre chose qu'une réaction plus ou moins passagère vis-à-vis des impulsions nuisibles de l'extérieur d'un organisme doué d'une impressionnabilité maladive. Néanmoins la plus grande partie des criminels professionnels ne sont que des infirmes au physique et en partie au moral.

En étudiant la nature du criminel, l'anthropologie contemporaine devrait se mettre d'accord surtout avec la doctrine du « criminel né » dans le sens de Lombroso et Ferrero et ensuite avec la doctrine de la dégénération, comme facteur principal de la criminalité, dans le sens de Féré, Corre, etc.

L'anthropologie peut contribuer à l'éclaircissement du « type anthropologique » ou « des types » du criminel, en appliquant aux sujets étudiés des moyens d'exploration plus précis que ceux qui étaient pratiqués jusqu'alors, en tenant compte des « séries pures » dans le choix des sujets soumis à l'étude, en créant une norme, et des méthodes d'interprétation des faits observés.

Le manque d'un choix juste ou, techniquement parlant, la sélection des « séries pures », c'est-à-dire des individus se rapprochant par leurs caractères éthniques, par leur sexe, leur âge, leur profession, leur développement physique, l'état général de leur santé et le genre de crime, est un fait trop fréquent dans les ouvrages de l'école d'anthropologie criminelle. De même, en comparant les délinquants aux personnes honnêtes, il ne faut pas, au point de vue de l'anthropologie, se borner à opposer chaque criminel à n'importe quelle personne dite honnête. Il faut, au contraire, opposer à chaque délinquant autant de personnes honnêtes qu'il peut s'en trouver pour chaque criminel pris séparément dans le groupe de la série donnée, selon leurs caractères éthniques, le sexe, l'âge, la profession, ou faire des observations en masse sur les « honnêtes gens » dans une mesure qui permette une étude de groupes nombreux et plus ou moins uniformes.

2) Dans l'intérêt de l'étude de l'influence des anomalies partielles sur la vie physique et psychique du criminel, l'anthropologie peut élucider la genèse et la répartition ainsi que les corrélations des anomalies qui sont regardées comme caractéristiques pour le criminel et le dégénéré. Sous ce rapport, au point de vue anthropolo-

gique, la création de séries d'anomalies *sans spécification* précise, si fréquente dans la pratique de la psychiatrie et de l'anthropologie, ne sont pas admissibles.

3) L'anthropologie aurait pu contribuer à l'élucidation des facteurs du crime, principalement par rapport à leurs manifestations dans les conditions ethniques, géographiques et dégénératives. Au point de vue de l'anthropologie, en traitant la question de l'ethnographie du crime, les jugements rendus par les magistrats des colonies européennes, ne sauraient être admis. Les influences corruptives sur les indigènes, le conflit des cultures des différents stades de développement doivent être pris en considération.

4) L'anthropologie peut contribuer à élucider l'idée de la criminalité, en déterminant son évolution sans jamais se servir des faits envisagés au point de vue de la morale de notre culture contemporaine.

Le traitement du criminel d'occasion et du criminel-né selon les sexes, les âges, les types etc.

———

Rapport présenté par Mr le Dr CESARE LOMBROSO, *Professeur à l'Université de Turin.*

Il y a des criminels-nés qui résistent à tous les soins, pour lesquels tous les changements dans le milieu ambiant sont inutiles. Cependant, puisqu'il est donné que ce sont des épileptiques et des alcooliques héréditaires, on peut essayer de les soigner soit par la trépanation crânienne dans l'épilepsie traumatique, par le traitement de Flechsig, le cocculus, le cuivre, belladone dans les épilepsies bien avérées, par la suggestion hypnotique dans la première jeunesse ou, dans les autres cas en cherchant à canaliser les penchants criminels dans des routes propres à ces organismes.

Mais ce sont des essais individuels. C'est seulement chez les *criminaloïdes* qu'on peut pratiquer une cure sur une grande échelle.

Un des meilleurs moyens préventifs pour les criminels-nés et surtout pour les criminaloïdes est certainement ce qui se nomme le *nourrissonage moral*, c'est-à-dire l'élevage commençant dans les premiers mois de la vie, à la campagne, dans les fermes, dans les colonies, en dehors de la possibilité des associations criminelles, les facilités d'émigration des pays contenant une population trop dense dans les pays peu peuplés, la séquestration dans des maisons spéciales des jeunes criminels persistant dans leurs mauvais penchants afin d'éviter le contact de ces individus avec les jeunes gens honnêtes, le combat préventif contre l'alcoolisme, par tous les moyens, et même les associations religieuses et politiques, les sociétés de tempérance, journaux, brochures, etc., le tout associé au traitement médical.

Pour ce qui est des peines, on doit les varier selon l'âge, le sexe et l'espèce des criminels, en ayant surtout sous les yeux le dédommagement des victimes et l'amélioration des criminels par le travail, car la prison, telle qu'elle existe actuellement, coûte aux honnêtes gens sans améliorer les criminels. Les travaux aux mines, aux colonies, les amendes, le *probation system* doivent être pris en considération plus que la prison dont on doit exclure complètement les criminels par passion et les criminels politiques pour lesquels l'exil est déjà trop.

———

Les relations de la « Moral insanity » avec la criminologie.

Rapport présenté par M. le Professeur BENEDIKT, de *Vienne.*

THÈSES

1. La corruption morale (folie morale) congénitale ou acquise n'exclut pas la responsabilité criminelle.

2. Il n'y a pas de responsabilité seulement quand les actes criminels et vicieux sont commis dans un état réel de folie dans le sens clinique, p. ex. dans l'état de manie, de paranoia, d'idiotie et des délires quelconques.

3. La combinaison de corruption morale — active ou passive — avec faiblesse d'intelligence (Schwachsinn) congénitale n'exclut pas la responsabilité criminelle puisque des individus avec une faible intelligence congénitale peuvent être aussi bien « *homines nobiles* », que fous moraux.

4. Seules les « obsessions » qui apparaissent subitement d'une manière inexplicable par suite d'états physiologiques peuvent disculper. Les obsessions, qui sont des éléments du caractère des individus criminels et qui mènent aux actes destinés à assurer l'existence économique ou sociale de l'individu ne justifient pas la faveur d'irresponsabilité. C'est nécessaire d'y insister, parceque dans la psychologie du « voleur habituel » l'obsession joue un rôle souverain.

Quelle classification des criminels pourrait-on adopter, laquelle, tout en étant fondée sur des caractères physiques et moraux, pourrait être utilisée par la législation pénale?

Rapport présenté par M. R. GAROFALO, *Chef du Département législatif au Ministère de la justice, à Rome.*

I

Les études d'anthropologie et de psychologie criminelle ne pourront servir à la réforme de la législation pénale, que si l'on parvient à présenter des classes de criminels précisément caractérisées et aisément reconnaissables.

Il est impossible d'atteindre ce but en distinguant les délinquants en criminels-nés et occasionnels.

Pour ce qui regarde le criminel-né, on sait que Lombroso a essayé d'en tracer le type anatomique et physiologique. On se souvient aussi que dans les trois congrès de Rome (1885), de Paris (1889) et de Bruxelles (1892) cette théorie a été longuement débattue, mais que l'entente n'a pas été possible, faute d'observations conduites méthodiquement et dûment contrôlées. La proposition faite par moi à ce sujet au congrès de Paris 1889, quoique elle ait été unanimement acceptée, n'a pas eu de suite; et nous en sommes toujours à des observations isolées, et, par conséquent à des conclusions individuelles, et souvent contredites. Dans l'état présent de la science, il serait donc impossible de hasarder une classification qui ne serait fondée que sur des caractères anthropologiques. A ce point de vue, le type criminel n'est pas défini, et il est douteux que le progrès de la science nous le révèle. Mais il ne s'ensuit pas de là que le criminel soit un homme normal; dans le monde civilisé, il diffère de ses contemporains par le manque de certains sentiments et de certaines répugnances, ou par un défaut d'énergie morale, ou encore par une lacune absolue à la place du sens moral. Est-ce qu'il existe toujours un substratum physiologique à de telles anomalies? Voilà une question dans laquelle je ne peux pas m'engager ici. Il suffit de remarquer, comme on l'a déjà fait, que le substratum peut résider dans l'organisation histologique, dans la composition du sang et des nerfs, dans le mode de fonctionnement des organes, enfin, dans une déviation souvent imperceptible et qu'il nous sera peut-être toujours impossible de préciser.

Dans les cas les plus évidents de monstruosité morale, la corrélation avec l'organisation physique est très souvent frappante. Les grands assassins présentent fréquemment des caractères qui les rapprochent des races les plus basses de l'humanité. A l'insensibilité morale on voit correspondre l'analgésie; au cynisme, la neurasthénie. On peut de là faire une induction très raisonnable : une anomalie psychologique moins saisissante sera en correspondance avec une anomalie physique moins facile à préciser ou qui se dérobe absolument à nos moyens d'observation, de sorte que ce qui est vrai pour les grands criminels le serait aussi pour ceux d'un ordre inférieur et moins éloigné du commun des hommes.

En tout cas, serait-il possible de distinguer les délinquants en deux grandes classes, comme on a souvent essayé de le faire, les criminels-nés et les délinquants occasionnels, ce qui revient à dire qu'il y a des individus qui commettent des crimes par une prédisposition organique congénitale, et d'autres qui ne les commettent que parce qu'ils y sont poussés par des circonstances extérieures ? Mais, parmi ces circonstances extérieures, il y a l'influence de certains milieux qui en empêchant le développement des sentiments de l'homme civilisé, produisent des instincts pervers, lesquels, tout en n'étant pas héréditaires, n'en sont pas moins enracinés. D'ailleurs, d'un côté, comme l'a dit M. Marro, on peut affirmer que l'occasion a une influence déterminante sur toute la criminalité, de l'autre comme l'a dit M. Benedikt, en un certain sens, tous les criminels sont des criminels-nés. Cette idée peut paraître exagérée au premier abord; elle ne l'est pas si l'on ramène la criminalité à ses vraies limites, en retranchant de son cadre tout ce qui n'est que simple révolte ou désobéissance à la loi, tout ce qui n'indique pas chez l'agent une perversité spéciale ou une infériorité morale. On s'apercevra alors que chez le meurtrier, le voleur, le vagabond, il y a toujours quelque chose qui n'est pas l'effet de circonstances extérieures, mais qui existe dans l'organisation morale de l'individu, dans sa manière de sentir et de penser. Voilà pourquoi, à la phrase « *l'occasion fait le larron* » j'ai substitué l'autre « *l'occasion fait en sorte que le voleur vole.* » C'est par de telles considérations que, depuis longtemps, je me suis décidé à abandonner ce criterium de classification. Ce n'est pas que je méconnaisse, chez une partie des criminels, l'influence prédominante de l'éducation, du milieu, des occasions, des circonstances particulières dans lesquelles ils ont pu se trouver, pendant que chez d'autres criminels, c'est l'instinct, le tempérament, ou une lacune de leur organisation psychique, telle que le manque de sens moral, l'absence des sentiments de pitié et de justice. Mais il ne s'agit que de différences de degrés; les deux éléments, la nature de l'individu et la circonstance extérieure, conspirent toujours d'une manière plus ou moins forte dans chaque criminel. Le délinquant fortuit n'existe pas, si par ce mot on veut signifier qu'un homme moralement bien organisé peut commettre un crime par la seule force des circonstances extérieures. Si l'on croit que cela peut arriver, c'est parce qu'on ne réfléchit pas qu'il s'agit alors d'un fait n'ayant que les *apparences* d'un crime, mais qui, *moralement, n'est pas tel.*

Il s'ensuit qu'une distinction, en termes généraux, des criminels-nés et des délinquants occasionnels, ne pourrait pas être établie avec l'exactitude scientifique nécessaire, et que, partant, elle ne serait pas utilisable par la législation.

II

Cette difficulté de classification ne serait pas écartée en ajoutant, comme l'a proposé M. E. Ferri, trois autres classes : celles des criminels aliénés, des délinquants habituels et des délinquants passionnels.

Dès le premier Congrès d'anthropologie criminelle à Rome, en 1885, je me souviens d'avoir remarqué qu'il n'y aurait pas d'homogénéité dans ce système. En effet, si l'on veut faire une classification anthropologique, la classe des délinquants habituels n'aurait pas de raison d'être. Le délinquant habituel pourrait être un criminel-né, si ses habitudes criminelles dérivent de ses instincts héréditaires ; il pourrait n'être qu'un délinquant occasionnel, s'il n'a acquis de telles habitudes que par l'entrainement du milieu. Ce n'est ni une variété anthropologique, ni une variété pathologique.

Et quel serait ensuite le criterium de distinction entre les délinquants occasionnels et passionnels ? S'agit-il de passions anti-sociales ou pathologiques, telles que la cupidité, le sadisme, on rentrerait dans la classe des criminels-nés ou dans celle des aliénés. S'agit-il, au contraire, de passions naturelles, non anormales, comme l'amour, la jalousie, l'exaltation patriotique, le point d'honneur, le passionnel ne serait qu'un délinquant occasionnel. Enfin, un criminel-né peut agir par l'effet d'une passion quelconque : « La prédisposition congénitale — comme l'a dit M. Benedikt — n'exclut ni l'influence de l'occasion, ni celle de la passion. » Et on peut ajouter que l'une ou l'autre déterminent toujours l'éclosion du crime.

On voit qu'à de telles classes il n'y a pas de frontières bien tracées, de sorte que le même délinquant pourrait appartenir à l'une ou l'autre indifféremment. La législation ne trouverait que le vague ; les moyens répressifs ne pourraient pas être mis en rapport fixe avec chaque classe, la nécessité de la répression pouvant être bien différente selon les cas.

Ce n'est donc pas une classification rigoureusement scientifique, puisqu'elle manque d'homogénéité et de précision ; ce n'est pas non plus une classification ayant un intérêt pratique, puisque la législation ne saurait s'en servir.

Si l'on veut faire une chose utile, il faut essayer de classifier les délinquants d'après des criterium homogènes. En partant de l'idée que chaque vrai criminel est toujours, moralement, un inférieur, sans quoi il ne pourrait pas commettre de crimes, il s'agit de préciser la *spécialité* de son défaut moral, c'est-à-dire les sentiments ou les énergies qu'il n'a pas et les instincts malfaisants qui le dominent, que ces instincts soient héréditaires et irréductibles, ou qu'ils aient été acquis dès l'enfance ou à l'âge du développement physique et moral de l'individu.

III

C'est à ce point de vue que je me suis placé pour proposer une classification des criminels dont la législation pénale pourrait faire son profit.

Nous trouvons, avant tout, l'homme absolument dénué de sens moral, dont l'égoïsme le plus aveugle ne saurait donc être entravé par aucune considération de justice. Lorsqu'il y a totale absence de bienveillance et de pitié, il peut n'y avoir pas même de traces du sentiment de justice dont l'origine est postérieure et suppose un degré plus élevé de l'évolution morale. Cet homme, tellement inférieur par sa constitution morale, ne reculera devant aucun crime dont il peut espérer un avantage. Comme je l'ai écrit ailleurs « il tuera pour de l'argent, pour s'emparer du bien d'un autre, pour en hériter, dans le but de se délivrer de sa femme et d'en épouser une autre, ou pour se débarrasser d'un témoin, ou pour se venger d'un tort insignifiant ou imaginaire, ou encore, pour montrer son adresse, son œil sûr, son poing ferme son mépris pour les gendarmes, ou enfin, son aversion pour toute une classe de personnes. »

C'est là le criminel qu'on peut nommer « *assassin* », et c'est chez lui qu'on trouve plus fréquemment, et à un degré extrême, les caractères psychologiques qu'on a remarqués généralement chez les criminels, l'impassibilité, l'instabilité des émotions, l'imprudence, l'imprévoyance, le cynisme, l'incapacité de remords, la vanité, l'insouciance de l'avenir. Très souvent encore, les assassins présentent les caractères physiques et psychologiques les plus saillants des races inférieures, tels que les mâchoires volumineuses, les zygomes espacés, l'insensibilité pour la douleur.

L'attentat à la vie d'un homme doit être attribué à un assassin, dans le sens que nous avons donné à ce mot, lorsque le fait présente l'une ou l'autre des caractéristiques suivantes : 1º But exclusivement égoïste, c'est-à-dire pour l'assouvissement d'un désir de l'agent, que ce désir soit d'ordre pathologique (comme dans le cas de meurtre pour jouir de la vue du sang, ou de meurtre faisant suite à des outrages à la pudeur), ou que ce désir ne soit pas anormal en lui-même (comme lorsqu'il s'agit d'acquérir un bien, ou d'échapper à un mal), pourvu que l'intérêt personnel de l'agent soit toujours en jeu. 2º Absence de la part de la victime d'une action capable de provoquer chez un homme normal une réaction violente. 3º Cruauté de l'exécution, telle que sévices et tortures précédant ou accompagnant le meurtre dans le but de prolonger les souffrances de la victime.

L'existence d'une de ces conditions suffit pour qu'on puisse être sûr de se trouver en présence d'un assassin (c'est-à-dire un anormal à un degré extrême dans l'ordre moral), qu'il y ait ou qu'il n'y ait pas eu de préméditation ou de guet-apens, parce que la rapidité de la résolution est affaire de tempérament, non pas de caractère moral.

Une deuxième catégorie est formée par les *violents* (que M. van Hamel appelle énergiques). Ce sont les auteurs de crimes ou délits contre les personnes, agissant ou bien par un sentiment *ego-altruiste*, produit par des préjugés d'honneur, de politique ou de religion, ou bien par l'impulsivité du tempérament, par l'excitation des boissons alcooliques, par réaction contre une injure.

Mais ce qui, chez l'homme normal, malgré ses préjugés et son tempérament et malgré les excitations morales ou celles de la boisson, ne produit qu'un état de colère plus ou moins vif, produit le crime chez l'homme dont le sens moral est faible ou dont les instincts ne sont pas adaptés à la vie pacifique. Dans le cas même d'un affront subi, d'une injustice reçue, la réaction du criminel est *excessive*; cette différence de degré prouve, en tout cas, l'existence d'un *minimum* d'anomalie. Il est vrai pourtant que l'anomalie est moindre et presque imperceptible lorsque la réaction n'est pas en trop grande disproportion avec l'acte qui l'a provoquée. Mais à mesure que la disproportion grandit, on voit se dessiner la figure du criminel. Ni la colère, ni les états passionnels, ni l'ivresse elle-même ne pourraient engendrer le crime s'il ne s'y ajoutait quelque chose de particulier dans l'organisation morale de l'agent : une indifférence pour la vie ou la souffrance des autres, qui est très souvent correspondante à la sensibilité moindre de l'agent pour la douleur, caractère des races inférieures, et qui fait naître, chez ces dernières, le mépris pour les gens qui souffrent et le plaisir de les tourmenter, sans qu'on apprécie l'intensité du mal dont on est la cause.

Lorsqu'il s'agit de meurtre, sévices ou blessures, le criterium pour attribuer le crime à un *violent* plutôt qu'à un *assassin*, c'est toujours, comme on vient de le voir, un but *ego-altruiste*, ou bien une excitation provoquée, en une certaine mesure, par la victime elle-même. Cela explique, dans les batailles, la cruauté de plusieurs soldats à l'égard de leurs prisonniers.

Les violents ne s'en prennent pas seulement à la vie de leurs ennemis. Le même individu qui tue pourra se rendre coupable de simples voies de fait, d'injures par la parole, d'emprisonnement arbitraire d'une personne, d'enlèvement, etc. Mais les violents ne sont pas entièrement dénués de sens moral : c'est ce qui les distingue psychologiquement des assassins.

Ils peuvent avoir le sentiment d'une justice élémentaire, d'une justice qu'ils pratiquent à leur manière. En dehors du fait qui a excité leur passion, ils peuvent respecter les droits d'autrui ; ils sont cruels, mais peuvent être dévoués et fidèles. Bref, en décomposant tous les sentiments altruistes et en les réduisant aux instincts moraux élémentaires, les violents manquent du sentiment qui nous pousse à épargner les souffrances de nos semblables, mais ils ne manquent pas généralement ie l'instinct de probité. C'est pourquoi il arrive fréquemment de voir des meurtriers pleins de mépris pour d'autres délinquants et se vanter de n'avoir jamais volé ni commis d'escroquerie.

Une troisième classe de délinquants pourra être désignée sous le nom d'*improbes*, et comprendra tous ceux qui vivent sur le bien des autres par la force, l'adresse ou la ruse.

Ils prennent les aspects les plus différents, selon les conditions particulières d'un pays et son degré de civilisation : depuis les formes les plus grossières du vol, jusqu'au chantage par diffamation ou calomnie dans le bureau d'un journal. Leur seul but est le gain. Le caractère psychologique qui les relie est l'absence de l'instinct de probité. Cette improbité est quelquefois exclusivement congénitale ; bien plus souvent elle parait n'être qu'un effet nécessaire du milieu dans lequel a vécu le criminel, du manque d'éducation morale, des mauvais exemples qu'il a reçus dès son enfance, de la mauvaise compagnie qu'il a fréquentée dans sa jeunesse.

D'ailleurs, toutes ces causes extérieures se trouvent si fréquemment associées à l'hérédité des instincts, qu'il est presque impossible de déterminer le rôle que chacune d'elles jouerait isolément. Ce qui prouve qu'il y a fréquemment quelque chose d'organique c'est que, parmi les criminels, un simple coup d'œil permet très souvent de distinguer les voleurs. On les distingue surtout des violents. Ils ont généralement une physionomie caractéristique dont les traits les plus saillants sont la mobilité du regard, tout à fait opposée à la fixité du regard des assassins, la petitesse et la vivacité de l'œil, l'épaisseur des sourcils, le nez camus, le front étroit et fuyant. C'est à Lombroso que nous devons la description la plus détaillée de ce type et, d'après mon expérience personnelle, l'exactitude en est incontestable. L'anthropologie ne peut pas nous donner un signalement extérieur des criminels qui nous permette de les distinguer du commun des hommes ; mais il n'est pas douteux qu'il y ait des caractères extérieurs décelant plutôt l'instinct du pillage que les instincts féroces.

Une grande partie des délinquants de cette classe sont caractérisés par une aversion à toute espèce de travail, qui ne leur permet pas la lutte suivie et méthodique pour l'existence. Ce sont surtout les vagabonds, les imposteurs, les escrocs, les faussaires qui ont reconnu en eux-mêmes l'aptitude spéciale pour faire des dupes, et se livrent à ce genre d'occupation variée et lucrative.

Selon M. Benedikt, leur tempérament est une combinaison de neurasthénie physique, congénitale, ou acquise dès la première enfance, avec une neurasthénie morale qui consiste dans l'impossibilité de tout combat moral pour résister aux entraînements instantanés ou obéir aux excitations nobles. Des individus ayant un tempérament pareil et privés de moyens de fortune, sont généralement des *vagabonds* ; mais lorsqu'ils ont un vif goût pour la jouissance, ils deviennent facilement criminels. Aux escrocs des couches inférieures de la société, font pendant les charlatans des différentes professions, ceux qui exercent le chantage dans le commerce, dans les affaires ou dans une occasion quelconque, les imposteurs de tous les genres et ceux qui, même dans les milieux élevés, ne vivent que d'expédients ou en parasites.

Nous trouvons enfin des individus cyniques, qui détournent les jeunes filles ou se livrent à des manifestations sexuelles honteuses. Lorsqu'il y a consentement, les lois des différents peuples varient ; les unes érigent en crime ce que les autres tolèrent. Mais le crime existe toujours lorsqu'on abuse d'une personne par la force ou la tromperie.

Ces délinquants ne peuvent rentrer rigoureusement dans aucune des classes précédentes. Le but de leur action c'est l'action, elle-même ; ils ne visent pas au-delà du plaisir qu'ils éprouvent par le fait punissable. A ce plaisir ils sacrifient leur réputation ; ils bravent la honte et le ridicule.

Ce n'est pas en général un défaut de sentiment, c'est plutôt un défaut d'énergie morale qui explique leurs crimes. M. Marro a remarqué le penchant des crétins à la luxure ; il ajoute que le nombre très grand de vieillards qui se rendent coupables d'outrages à la pudeur prouve que ces faits sont en un rapport très étroit avec la démence sénile. Il y a aussi entre eux une proportion assez forte d'aliénés.

Le détournement et la défloration de jeunes filles sans leur consentement ou en abusant de leur confiance, ne sont pas toujours l'œuvre de ces satyres ; il faut souvent en ranger les auteurs dans la classe des violents, lorsque le mobile du délit est l'amour ou la jalousie, non pas la luxure. Et dans ce cas nous trouvons en eux cet *ego-altruisme* que nous avons remarqué chez les violents, avec cette lacune du sens moral qui consiste à ne pas se préoccuper de la douleur physique ou morale que leur action produira à autrui.

La classification des criminels, des vrais *criminels,* et non des simples *révoltés* dont les délits consistent en désobéissances à la loi sans qu'il y ait en eux une infériorité morale, pourrait donc être la suivante : 1° Assassins ; 2° Violents ; 3° Improbes ; 4° Cyniques.

A côté de chacun de ces types, il y a les différentes formes d'aliénation et de névroses ; par exemple, la manie homicide, la pyromanie, l'épilepsie dans les deux premières ; l'hystérie et la kleptomanie dans la troisième ; le sadisme dans la dernière. Enfin, dans chaque classe, il faudra distinguer les jeunes gens n'ayant pas encore conscience de leurs actions et agissant par simple esprit d'imitation, ou parce que le milieu dans lequel ils ont été élevés a empêché en eux tout développement intellectuel et moral.

Cette classification des criminels d'après un défaut spécial du sens moral ou, si l'on veut, un genre particulier d'immoralité, aurait l'avantage d'être fort suggestive pour l'indication des moyens de répression. Elle pourrait prendre place dans un code, où les crimes et délits pourraient être définis de manière à se grouper dans ces grandes classes des délinquants. Tout ce qui resterait en dehors formerait les chapitres des révoltes, désobéissances et contraventions, pour lesquelles la peine ne doit pas avoir égard à la psychologie du délinquant.

En retranchant de la vraie criminalité toutes les infractions de ce genre, et en dégageant la science pénale d'une multitude de formules juridiques conventionnelles, on pourrait donner à cette science une base expérimentale, et adapter à chacun des types criminels le traitement nécessaire pour le rendre inoffensif ou en transformer l'activité.

Les vols à l'étalage et dans les grands magasins.

Rapport présenté par le Dr A. LACASSAGNE, professeur à l'Université de Lyon.

Les vols dans les grands magasins ont pris à notre époque une réelle importance par leur nombre croissant, la valeur et la variété des objets dérobés, la qualité des personnes auteurs de ces vols.

C'est un phénomène social qui s'observe partout, dans des conditions semblables, et dont la généralisation peut inquiéter les moralistes, préoccuper les magistrats et les médecins. La création dans une ville importante d'un de ces grands magasins fait éclore aussitôt ce vol spécial commis par les mêmes personnes.

Sans doute, les conditions de notre époque permettent d'observer partout ce genre de vol, mais cependant il n'avait pas échappé à la description des aliénistes de la première moitié du siècle. Marc cite de nombreux faits caractéristiques. Comme à présent, on voyait des gens du monde, appartenant à une classe sociale qui aurait dû se trouver à l'abri de pareilles tentations, dérober dans des magasins des objets presque sans valeur et dont le nombre ou l'inutilité témoignent comme un état maladif particulier chez les auteurs de semblables larcins. Cette impulsion au vol sans motif fut appelée la *kleptomanie.*

Encore de nos jours elle est, pour quelques aliénistes, une des manifestations de la dégénérescence : un syndrome épisodique. On semble croire que les kleptomanes sont des individus qui volent absolument pour voler. Tel n'est pas notre avis. La kleptomanie n'est pas pour nous une entité spéciale, c'est une manifestation morbide qui peut se montrer dans un certain nombre de névroses ou de folies, mais c'est aussi, et dans toutes ses formes, une manifestation des natures vicieuses, faibles.

Les kleptomanes volent, mais tous les voleurs ne sont pas des kleptomanes. La kleptomanie, l'impulsion inexplicable et irrésistible au vol, est théorique. Chez le susdit kleptomane, on doit trouver des mobiles psychologiques déterminants. Les vols même les plus absurdes s'expliquent et ont une cause secrète, plus ou moins avouable.

Ce sont des criminels d'occasion qui méritent le bénéfice des circonstances atténuantes, car souvent il n'y a pas préméditation, mais absence de lutte contre le désir, ce qui n'est pas une impulsion morbide.

Cela ne veut pas dire, d'ailleurs, qu'ils soient pour cela toujours et également irresponsables.

Il est à remarquer que la plupart de ces kleptomanes ne sont pris que dans les grands magasins. Ils volent seulement là et pas ailleurs.

Ces étalages provocateurs sont donc un des facteurs du vol. Ils sont faits pour exciter l'envie. C'est la mise en œuvre d'un trompe-l'œil. Il faut fasciner le client, l'éblouir, provoquer le désir et cela par une troublante exhibition. Voilà des excitants d'ordre social et qui pourraient être appelés des *apéritifs du crime*.

L'effet est tel que les femmes les plus sûres d'elles-mêmes, les femmes fortes, les ménagères connues pour leur ordre et leur économie, avouent qu'elles ont succombé à la tentation et dépassé, dans un entraînement imprévu et irrésistible, le taux des dépenses qu'elles s'étaient fixées d'avance. Qu'en doit-il être pour des malades ou des femmes grosses, des hystériques, des neurasthéniques, des morphinomanes, des alcooliques : toutes personnes chez lesquelles on constate l'affaiblissement de l'intelligence et du caractère, en général si peu développés dans le milieu social où elles vivent.

Ces voleuses de grands magasins ne désirent pas plus que les autres, mais elles résistent moins à la tentation. Brouardel cite une femme de magistrat, qui, pendant sa grossesse, vola une oie rôtie à l'étalage d'un fruitier. Legrand du Saule en a observé une qui avait volé 300 cravates d'homme. J'ai eu à examiner une bonne bourgeoise qui avait pris par douzaines des porte-monnaie, des couteaux, des ciseaux, etc., elle en avait rempli une armoire au grenier.

Ce mal sévit partout dans la plupart des grandes villes. A Londres la police et les grands négociants ont dressé des listes de kleptomanes. Celle des grands négociants comporte environ 800 noms de personnes aisées, et très peu de noms d'hommes, une dizaine. Quand un marchand constate la disparition d'un objet, il cherche à se rappeler les noms des clientes kleptomanes qui sont venues et prévient aussitôt les parents par une sorte de circulaire dans laquelle il demande de rapporter l'objet ou d'en faire parvenir le prix. Parfois, la kleptomane n'a rien volé, mais elle ne peut se le rappeler avec certitude. Elle n'oserait affirmer son innocence. Les parents payent pour en finir, et ainsi une dizaine de familles répondent à la réclamation du marchand. On voit que celui-ci n'y perd pas. Au contraire, et pour un vol il fait dix bénéfices.

Voici comment on procède dans les grands magasins de Paris :

La personne n'est pas arrêtée dans le magasin, car il lui serait trop facile de laisser habilement tomber l'objet à terre ou dire qu'elle allait à une caisse payer l'objet choisi. Un inspecteur, correctement habillé, la suit jusqu'à ce qu'elle ait parcouru dans la rue une vingtaine de pas ou qu'elle s'installe dans une voiture, et alors avec des formes très douces, mais sur le ton le plus ferme, il l'invite sans bruit à l'accompagner chez un commissaire de police ou bien la dame est priée de rentrer au magasin où elle est fouillée dans un salon spécial.

Le directeur du grand Bazar de Lyon nous disait : il y a plus de kleptomanes que de vrais voleurs. Quand un individu est surpris en flagrant délit, on se contente souvent de faire restituer les objets volés.

Sur plus de quatre millions d'affaires par an, la maison n'éprouve que quelques milliers de francs de pertes. Quand un individu est arrêté, on fait une visite domiciliaire qui permet souvent de rentrer en possession du produit des vols antérieurs. Ainsi s'établit une sorte de compensation.

Les vrais voleurs auraient vendu les objets volés. Le kleptomame entasse et conserve. Chez l'un d'eux on a trouvé ainsi 140 porte-monnaie. Ces kleptomanes sont connus ; parfois ils viennent à des heures fixes. Quelques-uns sont très habiles et, malgré une surveillance attentive, on n'arrive pas toujours à les pincer, car ils sont d'une adresse incroyable. Ainsi l'un d'eux qui volait des bronzes d'art ne put être arrêté que bien longtemps après et quoique le rayon spécial fût particulièrement surveillé. La capture de cet individu ne fut due qu'à une indiscrétion par laquelle on avait appris qu'il avait des statues de bronze sur la bordure du toit de sa maison de campagne.

Il est possible d'établir des catégories parmi ces voleuses de grands magasins. Nous les rangerons dans trois classes : les collectionneuses, les déséquilibrées, les malades.

1º *Les collectionneuses*. Elles se rapprochent assez des voleuses ordinaires. Nous avons eu cependant à examiner un certain nombre d'hommes. Les uns et les autres, parfois dans une position aisée ou même riches, volent sans besoin et on trouve à leur domicile les objets volés, presque toujours les mêmes. Comme les collectionneurs, ils recherchent le plaisir de posséder.

Les bibliomanes, les amateurs de vieilles assiettes ou de meubles ne peuvent entrer dans une librairie ou une salle de ventes sans acheter. Eux, se produisent la même satisfaction, mais en volant.

On peut rencontrer dans ce groupe des déments et des faibles d'esprit. Si l'expertise médicale le constate, les magistrats seront bienveillants. Ils appliqueront aux autres les sévérités de la loi. Car ceux-ci peuvent être modifiés par le châtiment et la punition subie sera à l'avenir une terreur salutaire.

2º *Les déséquilibrées*. — Nous rangerons dans cette division où il serait facile de faire des sous-classes des voleuses chez lesquelles la tentation de prendre s'impose vite et sans lutte.

La plupart sont riches ou très aisées. Elles s'affolent rapidement dans ce milieu séducteur, se laissent aller à un motif plus ou moins bizarre, mais déterminant, tel qu'un mouvement de vanité ou de coquetterie, même un bon sentiment ; d'autres fois elles se sentent prises comme de vertige et grisées par le bruit, l'agitation du milieu, tout à coup elles éprouvent une impulsion. Le Dʳ Paul Dubuisson qui en a observé un certain nombre nous disait : « Dans ce brouhaha du Louvre ou du Bon-Marché, elles perdent la tête. Des désirs effrayants s'emparent d'elles. « Il me semblait que tout était à moi » est une expression qu'on rencontre souvent dans leur langage. Certaines emportent tout ce que leurs deux bras peuvent tenir. Ce sont là des cas indéniables, difficiles, très fréquents, fort suspects aux magistrats. » Il y en a qui, après avoir succombé plusieurs fois à la tentation, deviennent des *voleuses décidées*, elles ne sont plus maîtresses de leur impulsion et systématiquement, quotidiennement même, elles reviennent voler pour éprouver les mêmes frayeurs, les mêmes angoisses. Le désir devient irrésistible et parfois elles s'analysent, se font horreur à elles-mêmes, éprouvent le besoin de se confier à une amie, et, malgré les précautions les plus bizarres pour porter obstacle à leur penchant, elles succombent à la tentation. D'autrefois les idées de suicide surviennent et il y en a qui se sont trouvées apaisées par les poursuites judiciaires. Si tout cela est bien démontré, on peut les acquitter ou les punir avec le bénéfice de la loi Bérenger, mais s'il y a récidive, la question d'internement doit se poser.

Pour les autres, moins atteintes, mais aussi faciles à la tentation, on peut être indulgent à la première faute. Si ces malheureuses reconnaissent être incapables de résistance dans ces grands magasins, elles n'ont qu'à ne pas y aller. A la seconde faute, on sera plus sévère, à la troisième, il n'y a pas d'excuse.

Voici des exemples assez caractéristiques :

Le Dʳ Paul Dubuisson nous parlait d'une femme qui achète au Bon Marché pour

200 francs d'objets et y vole le même jour une éponge de 60 centimes. Nous avons vu de même une dame dans une situation au-dessus de la moyenne qui, après avoir acheté pour 60 francs d'objets divers, déroba un porte-monnaie de 15 sous qu'elle destinait à sa cuisinière. « J'ai volé, disait-elle, parce qu'ayant fait de nombreux achats au comptant, il me semblait que ce supplément m'était dû. »

Un cocher d'une maison bourgeoise que nous eûmes à examiner pour vol au grand Bazar, nous disait : « Je suis à Lyon depuis trois mois, j'allais souvent par distraction au grand Bazar; j'éprouvais une satisfaction étrange, j'étais là comme au paradis, ce que je voyais m'éblouissait. Un jour, il m'a semblé que tout cela m'appartenait et alors je me suis servi. » Il avait volé des pipes et cependant il ne fumait pas, mais il se proposait de faire des cadeaux au retour dans son village.

Terminons par le cas de cette « voleuse décidée », une dame qui, tous les soirs, presque à la même heure, se trouvait à elle-même un prétexte pour aller au grand Bazar. Elle achetait ce dont elle avait besoin, mais elle ne manquait pas de voler en même temps un autre objet.

3° *Les malades.*

Dans cette classe, l'irresponsabilité est certaine. Ce sont des maniaques, des imbéciles, des déments, des paralytiques qui volent sans savoir ce qu'ils font. Leurs vols ont d'ailleurs un caractère évident de naïveté, de puérilité ou de morbidité.

Nous avons cherché à expliquer ces faits qui ont tant surpris. Ils ne nous paraissent pas aussi incompréhensibles qu'on l'a dit. Dans tous les cas, en les comprenant mieux, on voit qu'il y a des distinctions à faire et que tous les kleptomanes ne doivent pas être traités d'égale façon par les tribunaux.

Il nous reste à dire quelques mots de prophylaxie, c'est-à-dire de nous expliquer sur les mesures à appliquer aux grands magasins, véritables provocateurs de ces vols spéciaux.

Ces grands magasins sont toujours « *le Bonheur des dames* » et constituent un réel danger pour les personnes faibles ou maladives. Beaucoup de femmes qui n'ont jamais rien pris et qui ne voleraient pas ailleurs, se trouvent là ensorcelées, saisies et excitées à prendre. C'est une tentation véritablement diabolique. Au milieu d'une foule bruyante, dans cette atmosphère odorante et surchauffée, la femme aux vêtements amples parvient facilement à dissimuler l'objet dérobé. Il est évident qu'à certaines heures, il y a trop peu d'employés pour servir une clientèle exagérée qui attend son tour, en touchant et en prenant en main les objets étalés et dont le nombre et la variété papillotent. On devrait exiger un service d'inspecteurs surveillants qui au lieu d'être cachés, anonymes comme des agents de la sureté, devraient avoir un uniforme bien évident. Si l'on pouvait placer un gendarme à chaque comptoir, il n'y aurait plus de vol. La crainte et la vue du tricorne sont le commencement de la prudence et de l'honnêteté. Il est certain que la plupart des femmes volent parce qu'elles se croient assurées de l'impunité.

La surveillance actuelle a plutôt pour but de surprendre les voleuses que de prévenir les vols. Quand un inspecteur voit une femme sortir sans payer, il devrait la rappeler à l'ordre et lui montrer le chemin de la caisse au lieu de la conduire au commissariat de police. Beaucoup de femmes seraient fort heureuses d'en être quittes avec cette sévère leçon et hésiteraient à recommencer.

S'il y avait récidive on prendrait un autre parti. C'est alors que le commissaire de police devrait pouvoir terminer la plupart de ces affaires et rester juge de l'opportunité d'une poursuite judiciaire. Les femmes qui ne sont vraiment pas réfractaires à toute honnêteté et peuvent être relevées se trouveraient suffisamment punies par cette comparution devant ce magistrat.

On pourrait d'ailleurs à quelques-unes interdire l'accès de ces magasins. Ce serait la tâche des inspecteurs qui feraient plus utile besogne en prévenant les vols qu'en les laissant se commettre sous leurs yeux.

Il faudrait enfin conseiller à certaines femmes de ne jamais aller dans ces endroits dangereux. Des mesures de police devraient empêcher l'entrée des grands magasins aux enfants des deux sexes au-dessous de dix-huit ans, non accompagnés.

Les grands magasins réalisent de beaux bénéfices. Les affaires, c'est l'argent des autres, a-t-on dit. Il ne faudrait pas cependant que la prospérité de ces colossales entreprises se fît en même temps aux dépens de la moralité du public.

Conséquences sociales de l'alcoolisme des ascendants au point de vue de la dégénérescence, de la morale et de la criminalité.

Rapport présenté par M. le Dr LEGRAIN, *médecin en chef de l'asile de Ville-Evrard.*

Les discours des moralistes sont pleins, à l'heure actuelle, de clameurs retentissantes contre la désagrégation morale des sociétés modernes. Il faut avouer que ces protestations ne sont pas sans fondement. Bien qu'il faille reconnaître que les sociétés modernes n'ont pas le privilège de l'immoralité, que l'homme, obéissant à des impulsions naturelles s'est toujours montré avide de satisfaire avant tout ses propres besoins et ses passions, et qu'il est, à tout prendre, foncièrement égoïste, il est juste aussi de constater que les progrès des civilisations, en augmentant pour beaucoup les rigueurs de la lutte pour vivre, favorisent singulièrement les manifestations de l'égoïsme natif. Ils contribuent à faire perdre à l'homme le sentiment de solidarité, base indispensable de l'équilibre social. Il est naturel en conséquence de voir augmenter de fréquence les conflits entre les intérêts privés et les intérêts publics, c'est-à-dire les délits et les crimes.

L'épouvantable progression du chiffre de la consommation alcoolique nous met aux prises, à peu près dans tous les pays, avec l'une des plus pernicieuses manifestations de l'égoïsme dont l'homme se soit jamais rendu capable. L'homme nous apparaît ici livré pieds et poings liés à des habitudes qui lui font perdre la notion non seulement de ce qu'il se doit à lui-même, mais ce qui est plus grave, la notion de ses devoirs envers tous. On en peut trouver la preuve dans l'argument ultime derrière lequel se retranche invariablement tout buveur trop faible pour s'amender. Il consiste à affirmer qu'en s'alcoolisant on ne fait de mal qu'à soi-même et qu'on aurait tort par suite de limiter la liberté de chacun, de borner la satisfaction de ses penchants, de ses désirs.

S'il en était vraiment ainsi, l'affranchissement d'un pareil esclave, tout en restant du domaine du moraliste, ne serait plus du domaine du sociologue, bien que dans les milieux sociaux où toutes les unités s'influencent réciproquement, le sociologue ne puisse rester indifférent aux formes que prend la moralité individuelle.

Mais il n'en va pas ainsi dans la réalité et c'est par un double phénomène d'inconscience et d'ignorance que le buveur d'habitude peut seulement affirmer qu'il n'est nuisible qu'à lui-même.

Ne ferait-il que contribuer pour sa faible part à l'entretien d'une industrie et d'un commerce dont tant d'autres sont les victimes, cela suffirait à lui créer des devoirs de solidarité. De nos jours, la question alcoolique a pris de telles proportions, et en face d'elle les devoirs de solidarité sont devenus tellement impérieux pour tous les citoyens dignes de ce nom que, même pour les tempérants, l'obligation s'impose de payer de sa personne pour lutter contre l'alcoolisme. Personne ne saurait s'en affranchir sans donner une nouvelle preuve de cet égoïsme anti-social qu'à la remorque des moralistes je stigmatisais tout à l'heure.

Plus que toutes les autres, les considérations touchant les reliquats héréditaires de l'alcoolisme sont éloquents à démontrer que l'alcoolisme n'est plus, s'il l'a jamais été, un mal individuel. On a dit tant de fois [1] et tant de fois écrit, à grand renfort de statistiques, que l'alcoolisme est un mal qui s'attaque à la race et qu'il est un des agents les plus puissants de la décadence des nations, qu'il me parait bien superflu d'en faire une nouvelle fois la preuve en reproduisant ici des chiffres connus de tous.

Je me bornerai donc à rappeler, sous leurs divers aspects, les conséquences sociales de l'héritage des alcooliques au triple point de vue de la dégénérescence, de la morale et de la criminalité. Après avoir montré le lien morbide qui les relie entre elles, j'insisterai quelque peu, en me basant sur les progrès récents des idées en matière d'anthropologie criminelle, sur les responsabilités qui en découlent, sur la nature des devoirs qui s'imposent aux uns et aux autres et sur les remèdes à porter au mal.

Hérédo-alcoolisme et dégénérescence. L'état d'infériorité des êtres issus de parents alcoolisés est universellement reconnu. Pour tous les hommes qui, par leurs fonctions ou dans l'accomplissement de leurs devoirs sociaux ont été mis à même de pénétrer dans les milieux des buveurs, c'est un axiome que l'alcoolisme est une tare de famille. Nul n'ignore que ce mal est souvent contagieux et que, par ce procédé, il s'aggrave singulièrement et double ses effets. Les médecins ont été à même de cataloguer les nombreuses affections engendrées par l'influence alcoolique des parents. Les magistrats, les éducateurs, savent relier à cette véritable cause, certains états intellectuels et moraux graves, qui plaçant les sujets à un niveau inférieur à la moyenne, les entraînent à des réactions anti-sociales qualifiées délits ou crimes.

Il suffit d'ailleurs d'observer, et le champ d'observation est vaste de nos jours, pour reconnaître les signes manifestes d'une dégradation psycho-physique des générations actuelles dans tous les pays où sévit le fléau. La diminution de la taille, l'insuffisance des conscrits au moment du tirage au sort, sont choses connues des administrateurs dans les régions les plus dévastées.

Comment en serait-il autrement? L'alcoolisme est en somme une maladie que l'on se donne, une maladie dont on connaît toutes les manifestations individuelles, la marche et la terminaison. C'est une maladie dont on guérit et dont on meurt, qui altère plus ou moins profondément le fonctionnement régulier de l'organisme, qui produit des lésions souvent irréparables et qui devient finalement constitutionnelle, en ce sens qu'elle transforme pathologiquement des constitutions originairement saines. Dès lors pourquoi échapperait-elle aux fatales lois de l'hérédité, pourquoi dès lors qu'elle n'est plus une affection locale ou accidentelle, mais qu'elle imprègne l'économie tout entière, n'aurait-elle pas des reliquats héréditaires à l'instar de toutes les maladies constitutionnelles? La physiologie n'a-t-elle pas démontré par l'expérience l'existence de produits dégénérés sous l'influence des intoxications les plus diverses? On connaît les expériences récentes de Charrin d'où il résulte même que les lésions dégénératives ainsi constituées sont à leur tour héréditaires et que la dégénérescence héréditaire

---

[1] On trouvera dans les actes du dernier Congrès un excellent travail de M. de Vaucleroy; sur le sujet que je traite ici. Voir aussi Ladame : *La descendance des alcooliques.*

d'origine toxique est désormais acquise à l'espèce. Féré a créé des monstres en intoxiquant divers animaux par l'alcool. On peut dire enfin que les observations aujourd'hui nombreuses d'idiots, ou de dégénérés conçus pendant l'ivresse réalisent à leur tour une véritable expérience physiologique.

Les produits dégénérés, issus de parents alcoolisés, diffèrent peu objectivement des autres catégories de dégénérés. La dégénérescence, en effet, résultante fort complexe, a, quelles que soient ses origines, des contours cliniques bien délimités et uniformes. Elle se traduit par deux syndromes : l'affaiblissement de l'énergie de résistance psycho-physique (déséquilibre intellectuel et vulnérabilité somatique) et la marche progressive vers l'extinction de l'espèce. Ici, comme ailleurs, elle offre des degrés, depuis les troubles simples de l'équilibre mental (neurasthénie, nervosisme, etc.), et la simple débilité organique, jusqu'à l'idiotie complète et à la mortalité précoce pour cause de stérilité des procréateurs.

Les variétés dépendent de plusieurs causes dont les principales sont :

1o *L'état d'imprégnation alcoolique des générateurs* lors de la conception : Il en est, en effet, pour qui l'intoxication n'est qu'épisodique ou très intermittente. L'alcool s'éliminant assez vite, la *restitution ad integrum* s'établit et si la conception ne s'est pas effectuée dans la période maladive, les produits échappent à la contamination ! Celle-ci ne peut être que l'effet tardif d'intoxications répétées qui créent à la longue une tare constitutionnelle, mais souvent par bonheur à une époque de la vie où cesse toute aptitude sexuelle.

Il en est d'autres, inversement, dont l'organisme est incessamment traversé par un courant d'alcool, et pour qui l'intoxication constitue un état habituel. Tels sont les alcooliques proprement dits qui présentent lorsqu'ils sont aux limites de la sursaturation des accidents aigus comme le delirium tremens. Quelques-uns, plus résistants, échappent à ces accidents aigus et versent d'emblée dans la forme chronique, non moins redoutable au point de vue de l'hérédité. Ce sont tous ces malades qui font surtout souche de dégénérés maximum et cela très vite et presque à coup sûr.

Mais on ne saurait disjoindre de cette catégorie d'intoxiqués chroniques la plupart des buveurs soi-disant modérés, buveurs honnêtes, mais imprudents, gens du monde qu'abusent encore de vaines croyances aux propriétés utiles des spiritueux, et qui procréent, tout comme les autres (c'est une affaire de temps) des êtres décadents. Il n'est pas toujours aisé, malheureusement, de faire toucher du doigt le rapport de causalité existant entre le régime des parents et l'état maladif des enfants. Car il s'agit moins ici de ces formes éloquentes de la dégénérescence comme l'idiotie, l'épilepsie, etc., que de ces affections générales que traduisent un désordre profond de la nutrition. Ce sont encore des formes dégénératives, à n'en pas douter et leur parenté avec les affections étiquetées dégénératives a été nettement établie dans ces dernières années. L'usage des spiritueux, même à titre modéré, engendre ou entretient et aggrave ces états aujourd'hui si communs, surtout dans les classes aisées qui ont tous pour base une nutrition ralentie (obésité, goutte, diabète, arthritisme en général) et dont la multiplication semble avoir suivi une marche parallèle à la diffusion des mœurs alcooliques de nos sociétés modernes. Cela encore c'est de la dégénérescence, à échéance plus lointaine, mais fatale, et les générations d'arthritiques qui s'éteignent ne sont plus à compter.

On pourrait donc, suivant le degré d'imprégnation des générateurs, suivant l'âge de leur maladie, classer les dégénérescences qui en découlent en graves et légères, en rapides ou lentes, mais toutes deux aussi inévitables.

2° *L'usage de certains spiritueux* tels que l'absinthe et les boissons à essences (vermouths, bitters, etc.), favorise l'apparition plus rapide de certaines dégénérescences graves, telles que l'épilepsie. On en peut dire autant des alcools hypertoxiques que l'industrie verse à flots dans la consommation. Ces alcools qui sont venus remplacer dans les boissons l'alcool éthylique moins toxique, sont comptables des aggravations morbides tant individuelles qu'héréditaires dont le nombre stupéfie aujourd'hui l'observateur.

3° *La bilatéralité des influences héréditaires,* par la confluence d'énergies morbigènes de même nature, précipite encore le dénouement. L'alcoolisation si fréquente du père et de la mère engendre presque à coup sûr, à la première génération, des états dégénératifs irrémédiables.

Ce qu'on peut dire de la dégénérescence hérédo-alcoolique c'est qu'à l'inverse des autres dégénérescences qui sont l'œuvre du temps, elle a une évolution très rapide. Dès la première génération il n'est pas rare de compter des produits défectueux ; on en compte, à coup sûr, dès la seconde et, sauf régénération intercurrente, on sait que les derniers termes de la série apparaissent vers la 3e ou 4e génération. On connaît ce tableau tracé par Morel :

1re génération : Dépravation morale, excès alcooliques.

2e génération : Ivrognerie habituelle, manie, ramollissement cérébral.

3e génération : Hypochondrie, mélancolie, suicides, homicides.

4e génération : Imbécillité, idiotisme, stérilité, extinction de la famille.

J'ai moi-même suivi quatre générations de buveurs dans 215 familles et les résultats de ma statistique sont suffisamment démonstratifs pour que je les reproduise ici :

Dès la première génération 168 familles comptent déjà des dégénérés (notamment : déséquilibration simple 63 fois ; débilité mentale 88 fois ; folie morale et impulsions dangereuses 45 fois). En outre beaucoup d'enfants disparaissent dès le premier âge pour cause de chétivité native (6 sur 8 dans un cas, 10 sur 16 dans un autre ; les six restants sont déséquilibrés, faibles d'esprit, épileptiques ou en proie à des mauvais instincts). Dans 39 familles, je note les convulsions, dans 52 l'épilepsie, dans 16 l'hystérie, dans 5 la méningite. 108 familles sur 215 soit 1 sur 2, comptent des alcooliques qui délirent pour la plupart. Enfin, chiffre énorme, 106 familles comptent des aliénés.

A la seconde génération, 98 observations me donnent les résultats suivants : 54 familles comptent des dégénérés graves (imbéciles et idiots) ; 23 familles ont des fous moraux. Les naissances avant terme, la mortalité précoce et la misère physiologique font une véritable hécatombe d'enfants, d'autant plus qu'ici l'ivrognerie du père et de la mère devient commune (36 fois). Les convulsions se rencontrent dans 42 familles, l'épilepsie dans 40. Dans tous les cas sauf 8 l'ivrognerie est signalée ; la folie existe dans 23 familles (la plupart des autres ne comptent encore que des enfants).

A la troisième génération, 7 observations me donnent un total de 17 enfants ; tous sont arriérés, 2 sont atteints de folie morale, 4 de convulsions, 2 d'épilepsie, 2 d'hystérie, 1 de méningite, trois de scrofule.

Si j'additionne maintenant toutes les suites (soit 814) comprises dans ces 215 familles, voici ce que je trouve :

42,20 % sont devenus alcooliques ; 60,90 % sont dégénérés ; 13,90 % sont fous moraux ; 22,70 % ont eu des convulsions ; 1/5 est devenu hystérique ou épileptique et 19 % ont versé dans la folie. En outre 174 ont disparu avant ou presque avant de vivre. Si l'on y ajoute 93 cas de tuberculose ou de misère physiologique voués à la mort, on atteint la proportion de 32,60 %, soit ¹/₃ représentant le déchet social brut par hérédo-alcoolisme.

Je dois souligner rapidement l'un de ces résultats statistiques : La connaissance des lois de l'hérédité épargne toute surprise à la constatation de ce fait que l'alcoolique engendre des buveurs. C'est un phénomène d'hérédité similaire dont le mécanisme est sans doute difficile à démêler, mais qui n'en existe pas moins et qui est digne de fixer l'attention du sociologue. Il perpétue en effet, et propage le mal ; au lieu de rester individuel et de s'éteindre sur place, celui-ci pousse des racines dans mille directions à la fois et contagionne rapidement tout un pays par un procédé plus sûr et plus irrésistible que l'imitation.

De plus, non seulement l'hérédo-alcoolique boit comme son père, mais, nouveau danger, il boit plus jeune que lui ; sa faible résistance cérébrale l'expose sûrement à la folie alcoolique ; il aime la débauche en vertu d'une appétence impulsive pour l'alcool ; enfin il aime surtout les boissons fortes.

Quelles conséquences tirer de tous ces faits au point de vue social ! Si le mal alcoolique était le fait de quelques-uns, il serait déjà un grand mal, mais si l'on considère qu'il est aujourd'hui généralisé, et que ses conséquences déjà terribles pour quelques familles isolées se multiplient forcément par des milliers de familles contagionnées, on est aux prises avec un véritable désastre social. Ce n'est pas ici le lieu de rechercher les causes psychologiques, morales, ethniques, physiologiques ou sociales de l'extension de l'alcoolisme, il suffit de constater que la consommation de l'alcool atteint des proportions effroyables dans les pays les plus civilisés. Il s'y dépense annuellement 10 à 12 milliards pour la seule satisfaction de cet appétit maladif. On boit partout, de mille façons différentes, à tous les âges de la vie, dans toutes les conditions sociales. Des populations robustes comme les Bretons en France, qui naissent à peine à la civilisation, dégénèrent déjà avant d'avoir suivi l'évolution naturelle des autres peuples.

Il est donc légitime de généraliser les résultats fournis par l'étude isolée de l'hérédo-alcoolisme. Un peuple qui s'alcoolise et qui par suite, fait souche de dégénérés, d'idiots, d'épileptiques, d'aliénés, est un peuple qui s'étiole, qui ruine son prestige intellectuel ; l'affaiblissement de son sens moral le fait déchoir de son rang. Un peuple alcoolisé qui perd un tiers de ses enfants perd sa force matérielle comme il a perdu sa vigueur intellectuelle et morale.

Bref l'hérédo-alcoolisme vient donner une forte poussée au mouvement de décadence qui accompagne toujours plus ou moins l'évolution des sociétés avancées. On peut dire que l'alcoolisme est, par excellence, l'engin destructeur des peuples modernes. Il est pour nous ce que furent pour nos pères les épidémies de peste du Moyen Age, ce qu'est le choléra pour les peuples de l'Orient à cela près que les uns et les autres ont été et sont doués d'une vertu prolifique qui a tôt fait de remplacer les absents, alors que notre énergie reproductrice va s'affaiblissant.

Un peuple alcoolisé en somme est un peuple en voie de disparaître.

Hérédo-alcoolisme et criminalité. Nanti d'un appareil intellectuel défectueux, est-il surprenant que l'hérédo-alcoolique soit aussi frappé dans sa sphère morale, l'état moral d'un individu n'étant en somme que l'ensemble de ses modes d'action et de réaction à l'égard de son entourage, modes d'action plus ou moins conformes à un ensemble de lois ou de formules librement acceptées par tout être vivant en société et, pour ce fait, qualifié sociable ? L'hérédo-alcoolique étant le plus souvent un dégénéré, présente comme tous ses pareils des aptitudes minimes à s'adapter aux milieux. Il se trouve mal à l'aise dans le milieu social, de même que la débilité de sa santé générale l'y rend plus vulnérable. De là à s'insurger contre lui et par suite à devenir un délinquant ou un criminel, suivant la loi, il n'y a qu'un pas.

Mais deux circonstances favorisent spécialement ses réactions dangereuses :

1° le milieu de la famille où il est plongé;

2° les tendances à boire qu'il apporte avec lui.

Nul plus que le dégénéré ne doit être entouré de plus de soins éducatifs dans son évolution infantile. C'est le seul moyen, en effet, de conjurer les effets désastreux pour l'équilibre social de ses dispositions natives. Or, ce n'est pas le cas en général pour l'hérédo-alcoolique. Souvent abreuvé d'alcool dès le premier âge, en butte à des mauvais traitements de toute nature, victime immédiate de l'exemple de l'ivrognerie, doué d'une anénergie qui limite sa puissance d'opposition, il est merveilleusement en posture pour glisser sur une pente que les circonstances de sa naissance rendent déjà glissante. Les entraînements contraires qu'il subit de la part des éducateurs officiels sont sans cesse paralysés par une cohabitation pernicieuse qui aiguillonne d'ailleurs ses instincts, et il est tout prêt à verser dans l'ivrognerie avec ses conséquences au point de vue criminel.

S'il échappe à l'influence d'un milieu familial démoralisateur, il lui reste le dépôt cérébral légué par les parents. Surgissent alors les influences sociales, les multiples tentations, le cabaret, l'atelier, le service militaire, tous les milieux où l'on subit l'entraînement à boire, et l'usage que fera l'hérédo-alcoolique (liberté s'entend ici de sa condition libre et non de sa liberté morale très compromise) manquera rarement d'être conforme à ses impulsions natives. Si l'on considère maintenant qu'il n'est pas seulement, par nature, enclin à la boisson, mais qu'il est, à l'endroit de l'alcool, une vraie sensitive, on conçoit que les accidents alcooliques, avec leurs conséquences criminelles seront chez lui d'une extrême fréquence.

Mais le pire est encore que le fils d'ivrogne n'a pas besoin de boire pour être incité au crime. Il en est coutumier souvent dès l'enfance avant même d'avoir bu. Dans ma statistique j'ai rencontré la folie morale dans 45 sur 168 familles à la 1re génération et dans 23 sur 98 familles à la deuxième génération. Les crimes ou délits relevés ont été entre autres le vol, le vagabondage, l'homicide, les coups et blessures, les perversions sexuelles, l'ivrognerie, l'adultère, la prostitution, l'exploitation de la femme, etc.

Ici l'état d'immoralité est tellement lié à l'état de défectuosité native, et son caractère dégénératif est si net qu'on le voit se manifester, comme la tendance à boire d'ailleurs, dès la première enfance. Dans mon passage de 5 années à la colonie d'arriérés de Vaucluse où j'ai traité plus de 500 jeunes dégénérés, j'ai vu intervenir le crime dans ¹/₅ des cas et j'ai pu établir que presque tous mes délinquants étaient issus de parents alcoolisés.

On sait encore que l'hérédo-alcoolique paie un lourd tribut aux affections nerveuses favorables aux réactions antisociales : l'hystérie, l'épilepsie. La folie enfin à laquelle il est candidat augmente encore le nombre des circonstances presque inéluctables où l'hérédo-alcoolique a des chances de commettre quelque méfait.

De tout cela, il résulte que l'hérédo-alcoolique réalise, mieux que personne, le tableau synthétique auquel on a apposé l'étiquette de *criminel-né*. J'entends par ce vocable l'ensemble des dispositions natives, toujours dégénératives et par conséquent *morbides* qui font de l'individu un être à peu près incapable de s'adapter au milieu social ou dont les chances d'adaptation sont minimum. On voit qu'ainsi je m'écarte beaucoup de la conception lombrosienne que je ne puis admettre. En d'autres termes les conditions morales de tout individu issu de parents alcoolisés sont telles que les réactions antisociales sont de sa part, naturelles et prévues, *ce qui ne veut pas dire fatales.*

La conclusion de ces faits au point de vue social est que l'alcoolique, parce qu'il fait souche non seulement de dégénérés mais de fous moraux, répand dans la circulation des êtres antisociaux et que l'alcoolisme, par la voie héréditaire, est un des plus importants facteurs de la criminalité. Il existe en France près de 20000 alcooliques dans les asiles, sans compter ceux qui ont la chance d'échapper aux accidents cérébraux. Si l'on considère qu'une forte proportion de leurs descendants est destinée à s'insurger contre les lois, il est permis d'affirmer que la disparition de l'alcoolisme des ascendants équivaudrait à la fermeture de la plupart des prisons.

Il faudrait encore considérer que les habitudes alcooliques sont une source d'appauvrissement et que la misère est à son tour une condition formelle de réaction antisociale. D'où il suit que l'hérédo-alcoolisme engendre le crime par des voies multiples, directes et indirectes, dont la moindre conséquence est une large brèche à la fortune publique.

Les conséquences sociales de l'alcoolisme au point de vue criminel sont enfin mises en lumière d'une façon frappante par l'expérience des pays qui ont eu le courage d'organiser vigoureusement la lutte contre le fléau. Je n'en citerai que les preuves suivantes :

En Norvège, de 1843 à 1879 on voit la consommation d'alcool par tête diminuer de 19 lit. à 3,9. Dans le même temps le chiffre de la population s'élève de 1,305,000 à 1,903,000 ; le chiffre des *condamnations* s'abaisse de 249 pour 100,000 hab. à 180 ; le chiffre des assistés s'abaisse de 40 pour 1000 hab. à 33. Enfin le chiffre de la fortune publique s'élève par tête de 496 couronnes à 725. Il n'a fallu que 7 ans pour réaliser ce dernier résultat.

Dans l'Etat de Victoria, de 1890 à 1894, la dépense en alcool a baissé de 6,730,430 à 3,759,181 lit. (de 6.0 à 3.4 par tête). Dans le même temps le chiffre des arrestations a baissé de 38,594 (dont 18,407 pour ivrognerie) à 25,050 (dont 11,026 pour ivrognerie. La proportion des arrestations était de 1 pour 61 habitants en 1890 ; elle n'est plus que de 1 pour 161 en 1894.

Inversement à Bruxelles [1] de 1868 à 1889, le nombre des débits s'élève de 2458 à 4563. Dans le même temps tandis que le chiffre de la population reste à peu près stationnaire le total des poursuites s'élève de 4168 à 21,630, soit : rébellion et outrages de 121 à 539 ; vagabondage et mendicité de 1535 à 5027 ; coups et blessures volontaires de 451 à 1670 ; prostitution clandestine poursuivie de 731 à 4356. En même temps le chiffre des engagements au Mont-de-piété passe de 3,891,000 à 5,402,327 francs.

Comment n'être pas frappé par de pareils chiffres et comment peut-on mieux se convaincre que de toutes les conditions sociales qui entraînent avec elles la misère publique et le crime, l'alcoolisme tient de beaucoup le premier rang ?

Responsabilités. La constatation d'effets aussi graves qui constituent pour tous un état de péril permanent, incite à la recherche des responsabilités. Je le ferai très

[1] Cauderlier. L'alcoolisme en Belgique, Bruxelles 1893.

brièvement, en m'appuyant sur les acquisitions de l'anthropologie et de la sociologie criminelles. Si, suivant M. Dallemagne, dont je partage la manière de voir, le crime est une matière biologique et sociale et non plus seulement une affaire individuelle, le domaine des responsabilités s'étend singulièrement et les remèdes à opposer au mal sont d'ordre social autant qu'individuel. Rien ne démontre mieux cette vérité que l'histoire de l'hérédo-alcoolisme.

Nous trouvons ici en présence trois facteurs dont la participation au crime peut être évaluée, savoir : les procréateurs alcoolisés, l'hérédo-alcoolique et la société.

L'hérédo-alcoolique souffre d'un mal terrible mais dont il n'est pas l'auteur. Quel compte de ses actes peut-on raisonnablement demander à un être qui naît dangereux parce qu'il est épileptique, déséquilibré ou faible d'esprit et dont la déchéance est notoirement attribuable aux excès alcooliques de ses générateurs? Quelle opinion peut-on se faire de sa liberté morale quand on considère la fatalité qui pèse sur lui dès lors surtout qu'il va rencontrer à tous les pas, comme répandues à plaisir dans le milieu social, d'instantes provocations aux réactions criminelles de sa nature débile et surtout des conditions particulièrement favorables à son activité morbide (vente des spiritueux encouragée par l'Etat, cabarets, etc.). La plupart des Etats font ici montre d'une incurie vraiment condamnable, et s'en réfèrent d'une façon un peu trop irréfléchie, à l'existence souvent douteuse d'un libre arbitre propre à détourner les individus des tentations qui leur sont offertes.

Je n'envisage ici, bien entendu, cette grave question de la responsabilité de l'hérédo-alcoolique, qu'au point de vue du principe, laissant au magistrat le soin de résoudre, pour le moment, les questions d'espèce suivant les latitudes d'appréciations que lui laissent sa conscience, la connaissance des cas pathologiques, et les textes législatifs dont il a charge de faire respecter la lettre. Mais je crois qu'au point de vue du principe, mes déductions peuvent être prises en sérieuse considération quand ce ne serait que pour orienter les réformes pénales qui font l'objet précis de nos congrès.

L'hérédo-alcoolique me semble offrir plutôt l'aspect d'une victime susceptible de recourir d'une part contre la société, qui favorise ses faiblesses pour les lui reprocher ensuite, et, d'autre part, contre ses ascendants qui l'ont fait ce qu'il est. Il existe, tout au moins pour lui, dans ces deux conditions, de sérieuses circonstances atténuantes. Et il doit en bénéficier même à un âge où il est censé libre d'agir. Les influences héréditaires pèsent toujours, en effet, sur le prédisposé; mais, en outre, l'hérédo-alcoolique, devenu adulte, n'a pu récupérer une part de liberté d'action qu'autant qu'il a été soustrait méthodiquement aux influences contingentes qui le sollicitent au mal. Or, ce n'est pour ainsi dire jamais le cas pour lui.

Si l'hérédo-alcoolique nous apparaît nanti d'une responsabilité très douteuse, faut-il la faire remonter à ses générateurs? Moralement, c'est logique; socialement, ce l'est moins, chacun ne pouvant répondre que des actes qu'il a accomplis en personne. Mais, d'autre part, en bonne justice, le procréateur ne peut lui-même être responsable qu'autant qu'il a pu s'empêcher de boire. Nous touchons ici à un débat qui, philosophiquement parlant, n'a pas encore reçu de solution et que je n'entends pas aborder ici. Les uns reconnaissent à l'homme la liberté absolue de s'empêcher de boire, considèrent l'ivrognerie comme un délit et lui refusent la valeur d'une circonstance atténuante. Les autres, à la lumière de l'observation scientifique, font de très sérieuses réserves sur cette prétendue liberté.

En attendant une solution et pour revenir sur le terrain de la pratique, la question de responsabilité dont je m'occupe est à débattre entre le générateur alcoolique, ses héritiers et la société dont la responsabilité me semble, ici comme plus haut, quelque peu engagée. L'unité et la collectivité ont respectivement des droits et des devoirs. Les uns et les autres ont-ils été respectés et observés ? De la réponse à cette question découle la dose juste de responsabilité sociale du criminel.

Je veux bien *reconnaître* à l'individu la liberté de ses déterminations et par suite lui imputer ses fautes, mais il me semble que dans l'espèce, la société n'a pas le droit d'encourager ou de faciliter des excès dont elle souffre elle-même si cruellement. Sinon elle se rend complice du mal et il est logique de lui attribuer une part de responsabilité d'autant plus lourde qu'elle dispose, pour éviter le mal, au nom des intérêts collectifs, de moyens puissants qui sont refusés au citoyen isolé. Quel est le profit que tire la société de l'alcoolisme ? Elle se peuple de dégénérés, de fous, de criminels. Elle n'a trouvé comme ressource que des asiles pour les uns, des prisons pour les autres : Ce n'est pas une solution. Il y a mieux à faire pour une société consciente de ses maux, respectueuse de ses devoirs et soucieuse de justice. Quelque pénible que soit un attentat à la liberté des citoyens, elle doit avoir la sagesse de s'y résoudre dès lors que son intérêt est du jeu. Quel que soit le gain qu'elle tire de l'alcool, elle doit prudemment y renoncer, car les pertes qu'elle subit du fait de l'alcoolisme qu'elle exploite compensent plus que largement son gain. La lutte méthodique, organisée systématiquement par l'état contre un fléau qui mène le pays à sa ruine sera la condition *sine qua non* des représailles, qu'il prétend exercer contre les unités alcoolisées. En bonne logique, son droit à sévir est fatalement borné par son inertie.

Thérapeutique — Prophylaxie. — Il n'entre pas dans ma pensée d'étudier les mesures à opposer à l'alcoolisme. Je dois me limiter à l'indication seule des moyens qui, en faisant brèche aux conséquences de l'hérédo-alcoolisme peuvent contribuer pour leur part à l'extinction du fléau.

Le terrain philosophique sur lequel je me suis engagé n'est pas, j'en conviens, celui de la pratique, tout au moins en ce moment. Si les considérations sociales comme celles que j'ai avancées sont de nature à féconder des réformes ultérieures, nous sommes aux prises avec des urgences qu'il nous faut traiter avec nos moyens actuels. Le raisonnement nous pousse sinon à absoudre, tout au moins à traiter avec une certaine indulgence les procréateurs alcoolisés et plus encore leurs victimes héréditaires, mais inversement il faut reconnaître qu'ils sont des unités nuisibles et que la société, si fautive qu'elle soit, a le devoir de s'en garer. Si la question des responsabilités, que j'ai soulevée, ne peut recevoir immédiatement une solution conforme au droit et à la justice, il n'en est pas de même sur le terrain pratique. Responsabilité intrinsèque et responsabilité sociale sont en effet deux choses différentes.

C'est en me plaçant à ce point de vue que je formulerai, en manière de conclusions, les propositions suivantes :

1º Il est établi que l'alcoolisme est un mal, surtout en raison de sa propagation par voie héréditaire : s'opposer en conséquence à la naissance d'hérédo-alcooliques serait, dans une certaine mesure, diminuer le péril. Dans ce but, l'internement systématique des buveurs d'habitude et leur cure forcée comme elle est faite dans beaucoup de pays sous la protection de la loi me paraît être une excellente mesure. Elle mériterait de se généraliser dans tous les pays. Mais elle ne peut être efficace que si l'obligation du traitement, dans certaines circonstances données, est inscrite dans la loi.

2° Les Etats laissent fabriquer et vendre l'alcool et ne sont pas suffisamment convaincus qu'à ce commerce ils jouent leur existence. D'où la nécessité, à moins de se résoudre à la prohibition absolue, de faire pénétrer partout cette idée que l'alcoolisme est un mal et un danger national, et que cette idée serve de fil conducteur dans toutes les réformes qui ont en vue le régime des boissons.

On doit arriver à ce résultat par la création méthodique de foyers de vulgarisation qui sont, d'une part : l'*école*, où l'Etat doit rendre *obligatoire* l'enseignement anti-alcoolique ; d'autre part : les *sociétés de tempérance* auxquelles l'Etat doit accorder sa protection officielle et de larges subventions.

3° L'hérédo-alcoolique recevra une heureuse direction susceptible de contrebalancer ses impulsions natives le jour où l'enrôlement de la jeunesse dans des sociétés enfantines de tempérance sera facilité par des encouragements venus de haut.

4° Enfin, l'hérédo-alcoolique devient souvent nuisible, parce qu'il est plongé dans un milieu familial défectueux. Il est urgent que l'enfant et surtout le prédisposé en soit arraché. On tirera grand profit de lois édictant la déchéance paternelle dans les cas d'ivrognerie invétérée, et des sociétés pour le sauvetage de l'enfance comme il en existe en France. Mais les Etats auront intérêt à ce que ces lois soient, en dépit des répugnances inconsidérées de certains magistrats, rigoureusement appliquées.

Les suggestions criminelles envisagées au point de vue des faux témoignages suggérés.

Rapport présenté par M. le Dr EDGAR BÉRILLON
médecin inspecteur adjoint des asiles publics d'aliénés.

I

Tous ceux qui se sont livrés scientifiquement à l'étude de l'hypnotisme ont constaté que les phénomènes observés chez les sujets consistent surtout dans la possibilité de provoquer chez eux, par simple suggestion, des illusions sensorielles, des hallucinations, des croyances erronnées, des transformations de la personnalité, de l'amnésie et aussi l'accomplissement irrésistible d'actes commandés.

Les actes qui peuvent être exécutés non seulement pendant l'hypnose, mais aussi dans l'état post-hypnotique, sont aussi variés que l'on peut le concevoir. Ils ont été si souvent reproduits par un grand nombre d'expérimentateurs que l'intérêt qu'ils présentent au point de vue purement psychologique serait peut-être épuisé, si les travaux de l'Ecole de Nancy n'avaient démontré que les mêmes phénomènes peuvent être provoqués à *l'état de veille*, chez un certain nombre de personnes. En effet chez beaucoup de sujets, en particulier chez les enfants et les adolescents, la suggestibilité est normalement si développée que l'accomplissement d'un acte suggéré, quel qu'il soit, s'impose à leur esprit avec un caractère d'irrésistibilité absolue. Dans le rapport sur les *Suggestions criminelles et la responsabilité pénale*, que nous avons présenté au Congrès d'anthropologie criminelle de Bruxelles, en 1892, nous avons montré que beaucoup de circonstances venaient heureusement limiter le danger des suggestions criminelles. En effet modifier l'identité d'un sujet, transformer sa personnalité à un degré tel qu'il exécute inconsciemment un acte que sa conscience réprouverait s'il était libre, est assurément une des choses les plus difficiles non seulement à concevoir, mais surtout à réaliser. Ce que l'on peut redouter, ce n'est pas de voir des individus malhonnêtes abuser de la suggestibilité excessive de certains sujets pour les pousser à l'accomplissement d'actes criminels, mais bien d'utiliser cette suggestibilité pour réaliser quelques formes de l'escroquerie, pour obtenir la signature de billets, pour arriver à la captation d'un testament ou surtout pour provoquer des *faux témoignages*.

Tout le monde sait que, chez un sujet hypnotisable, il est extrêmement facile de provoquer des *hallucinations rétroactives*, c'est-à-dire de lui suggérer le souvenir de scènes et d'événements auxquels il croira avoir assisté et qui n'ont jamais existé en réalité. La constatation de cet état psychologique était de nature à préoccuper les magistrats, mais la pratique de l'hypnotisme étant, en somme, réservée aux seuls médecins, il n'y avait pas lieu de s'émouvoir. Il n'en était plus de même après la démonstration faite par M. le professeur Bernheim, que certains sujets suggestibles peuvent *sans être hypnotisés, par simple affirmation à l'état de veille,* subir des hallucinations rétroactives. Si l'on pense que de ces hallucinations de la mémoire peuvent résulter de faux témoignages, on ne comprendrait plus l'indifférence des juristes en présence d'une telle constatation, étant donné que les faux témoignages constituent en quelque sorte la base de notre instruction judiciaire.

En déclarant se souvenir de scènes qu'ils racontent comme s'ils en avaient été les témoins, ces sujets agissent comme les aliénés qui, se figurant avoir commis un acte ou avoir été victimes d'un attentat, racontent le fait avec des détails extrêmement précis. Il y a quelques jours, à l'asile d'aliénés de Burgholzli (Zurich), M. le professeur Forel, nous faisait assister à une scène d'hallucination rétroactive intervenant dans le cours d'autres troubles mentaux, chez un malade de son service. Le malade racontait qu'il avait été à l'asile même victime d'actes de violence de la part d'une personne qui réside à une certaine distance, et il le déclarait avec une véhémence et un accent de sincérité qui pourraient donner à un magistrat instructeur quelque illusion sur la réalité du fait.

II

En 1891, dans un travail communiqué à la Société d'hypnologie et de psychologie de Paris, sous le titre les *Faux témoignages suggérés chez les enfants* nous relations des expériences que nous avions instituées chez des enfants de 6 à 15 ans, d'apparence normale, dans le but d'étudier la mesure dans laquelle il était possible d'arriver chez eux, par suggestion à l'état de veille, à la réalisation d'un faux témoignage. Nous étions arrivé à la conclusion qu'il était nécessaire pour les magistrats, de tenir compte, dans leurs interrogatoires, de l'extrême suggestibilité des enfants et de se mettre en garde contre la possibilité d'influencer ces témoins. Ces considérations avaient leur raison d'être, car bien que l'article 79 du code d'instruction criminelle stipule que les enfants de l'un et de l'autre sexe, au-dessous de l'âge de quinze ans, pourront être simplement entendus par forme de déclaration, et sans prestation de serment, les témoignages des enfants ont souvent été invoqués en justice comme ayant une valeur égale à celle des autres témoins. De nombreuses condamnations et surtout des condamnations pour le délit d'attentat à la pudeur ont été prononcées sur des témoignages d'enfants. La question présentait donc un grand intérêt, car notre communication apportait la confirmation expérimentale des faits dont M. Motet avait observé la manifestation spontanée chez des enfants enclins au mensonge. La communication de M. Motet, publiée en 1887, sous le titre *les faux témoignages des enfants devant la justice* eut un grand retentissement et depuis lors la valeur des témoignages des enfants a été soumise à une plus juste appréciation.

La question des faux témoignages suggérés chez les adultes restait à élucider. A cet effet, nous avons institué chez des sujets âgés de plus de quinze ans, c'est-à-dire ayant la capacité d'âge exigée pour assumer la responsabilité légale d'un faux témoignage, des expériences analogues à celles que nous avions faites en 1891 chez des enfants.

Connaissant les objections que l'on invoque habituellement lorsqu'il s'agit d'expériences d'hypnotisme et qui ont trait soit à la complaisance, soit à la simulation des sujets, nous nous sommes appliqués à nous mettre dans des conditions expérimentales qui excluent ces causes d'erreur. C'est ainsi que nos expériences étaient faites sur des sujets que nous voyions pour la première fois, qui n'avaient jamais assisté à des faits semblables, n'avaient jamais été mis dans l'état de sommeil hypnotique et ne se doutaient pas de la nature des phénomènes que nous avions l'intention de provoquer. Il n'est pas admissible qu'un grand nombre de sujets (environ 20 pour 100) s'abandonnent sans résistance et sans discussion à la direction qui leur est imprimée, par pure complaisance, alors qu'aucune relation antérieure n'est venue légitimer la confiance sans bornes qu'ils placeraient dans l'expérimentateur. Quant à la simulation, nous nous sommes assuré qu'elle n'avait aucune influence sur le résultat de l'expérience, en faisant apparaître chez les sujets des phénomènes somatiques (contractures, anesthésies, paralysies partielles), capables de prouver la réalité de leur automatisme psychologique.

Dans nos expériences, nous avons procédé méthodiquement en allant du simple au composé et en provoquant successivement :

1º Des amnésies, c'est-à-dire l'oubli de faits ou de scènes dont les sujets avaient été réellement témoins.

2º Des déformations de la mémoire, c'est-à-dire des souvenirs faussés, représentant d'une façon inexacte les événements qui s'étaient passés réellement (exagérant ou diminuant leur importance, attribuant les actes à d'autres auteurs, etc.).

3º Des illusions de la mémoire, portant sur l'appréciation de la durée, et altérant la date d'événements réellement passés.

4º Des hallucinations *négatives*, rendant le sujet inconscient d'actes exécutés sous ses yeux.

5º Des hallucinations *rétroactives*, constituées par des souvenirs suggérés de scènes ou d'événements auxquels les sujets croient fermement avoir assisté, bien que ces événements n'aient jamais existé.

Nous avons constaté que les déclarations aboutissant à la constitution d'un faux témoignage pouvaient être expérimentalement obtenues chez plus de vingt sujets sur cent.

III

De nos expériences sont résultées diverses constatations qui nous paraissent mériter quelque attention. La première et la plus importante, c'est que la résistance aux suggestions n'est nullement en rapport avec le développement intellectuel des sujets. Au contraire, il nous a paru que les sujets doués d'une suggestibilité excessive étaient sensiblement mieux doués au point de vue intellectuel que les autres sujets capables d'offrir une résistance plus grande aux suggestions, en un mot, d'après nos expériences, *la suggestibilité, c'est-à-dire l'aptitude à réaliser irrésistiblement la suggestion d'un acte quelconque, faite à l'état de veille, est en rapport direct avec le développement intellectuel du sujet.* Ce ne sont donc pas les sujets peu intelligents ou atteints de débilité mentale qui présenteraient le plus d'aptitude à réaliser des suggestions criminelles ou autres.

Une autre considération est la suivante :

Le degré de résistance aux diverses suggestions varie, chez le même sujet, selon que son intérêt personnel est plus ou moins en jeu. Ainsi tel sujet hésite ou résiste lorsqu'on lui a fait la suggestion de s'accuser d'être l'auteur d'un crime ou d'un délit; par contre, il réalise immédiatement la suggestion qui lui est faite d'attribuer l'acte criminel à un autre.

La résistance aux suggestions varie aussi selon la valeur des motifs donnés au sujet comme commentaires à la suggestion. Par exemple, je fais simplement à un sujet la suggestion de déclarer qu'il a vu telle personne accomplir un acte criminel. La suggestion ne se réalise pas. Je renouvelle alors l'expérience en ajoutant que la personne visée a dit du mal de lui, en maintes circonstances. La résistance à la suggestion disparaît de suite et il réalise sans hésitation le faux témoignage suggéré.

IV

L'aptitude à faire des déclarations fausses est-elle l'expression d'une tendance développée par l'influence du milieu ? L'adage si connu *omnis homo mendax* est-il l'expression d'une impulsion existant dans beaucoup de cerveaux à l'état latent ? Il faut croire que le législateur l'a pensé, car il s'est appliqué à entourer le témoignage de garanties capables d'en augmenter la sincérité. C'est ainsi qu'il a imposé aux témoins l'obligation d'un serment solennel, qu'il a défendu d'entendre une catégorie de personnes que leurs liens de parenté avec l'accusé peuvent rendre suspects de partialité et qu'elle punit le faux témoignage de pénalités très sévères. En effet, les articles 361 à 365 du code pénal français considèrent le faux témoignage, comme crime s'il se produit dans une affaire criminelle et comme délit dans les autres cas. La peine du faux témoin est au moins égale à celle que le faux témoignage a fait ou aurait fait infliger à l'accusé ; elle est plus élevée lorsque le faux témoin a reçu de l'argent. En somme la loi semble n'avoir prévu que le faux témoignage conscient, fait avec l'intention de nuire ou de servir. Mais, en réalité la loi accorde au sens du faux témoignage une acception moins étendue que celle qu'il comporte en réalité. Pour tout le monde, commettre un faux témoignage, c'est donner sur un incident dont on a été témoin des renseignements contraires à la vérité. Au point de vue légal, trois caractères sont nécessaires pour constituer le crime ou le délit de faux témoignage, c'est-à-dire que pour que le faux témoignage entraîne une pénalité, il faut : 1º une déposition mensongère faite sous la foi du serment ; 2º que cette déposition ait été faite dans les débats ; 3º enfin que le faux témoignage ait été fait, soit contre le prévenu soit en sa faveur.

En fait, le faux témoignage, crime ou délit *extrêmement fréquent*, est très peu réprimé. Les condamnations prononcées de ce chef sont très rares. C'est peut-être pour cela qu'aucune idée morale ne s'est développée, inspirée par la loi, et ne vient opposer aux suggestions de faux témoignage ou aux suggestions de mensonge, la résistance considérable que les sujets offrent souvent à d'autres suggestions, beaucoup moins graves au point de vue social.

Des faits observés et provoqués expérimentalement par nous, nous croyons pouvoir déduire les conclusions suivantes :

1º Un assez grand nombre d'individus présentent normalement, à l'état de veille, et sans manœuvres préalables d'hypnotisation, une telle suggestibilité qu'il serait possible de leur faire commettre, sous l'influence d'une suggestion verbale, sans qu'ils en aient conscience et sans qu'ils puissent résister, des faux témoignages délictueux ou criminels.

2º Dans le cas où il serait démontré, par un examen psychologique ressortissant d'une expertise médico-légale, que le faux témoin a accompli le faux témoignage sous l'influence d'une suggestion, il devra être appelé à bénéficier de l'article 64 du Code pénal français qui dégage la responsabilité de ceux qui auront agi sans liberté.

3º Il appartiendra aux magistrats de tenir compte, dans leur interrogatoire de l'extrême suggestibilité d'un grand nombre d'individus, suggestibilité encore augmentée sous l'influence de l'intimidation et de se mettre en garde contre la possibilité, de suggérer à ces témoins les réponses qu'ils auront à faire. Le magistrat devra interroger le témoin sans lui faire pressentir sa propre opinion, sans exercer aucune pression sur son esprit.

4º Les défenseurs auront le devoir de tenir compte des faits où la suggestion joue un rôle, de surveiller avec soin les influences qui ont pu agir sur tel ou tel témoin et d'appeler sur ces questions l'attention des jurés et des magistrats.

5º La possibilité de provoquer les phénomènes d'altération de la mémoire aboutissant à la constitution d'un faux témoignage existant aussi bien à *l'état de veille* qu'à l'état d'hypnotisme, ces faits rentrent dans le domaine des faits psychologiques normaux. Il n'y a donc pas lieu de songer à les soumettre à une réglementation légale.

6º L'article 365 du Code pénal français a prévu le délit de subornation de témoins et un arrêt de la cour de cassation de Paris, du 7 décembre 1883, a précisé le caractère du délit dans les termes suivants : « La subornation des témoins est un fait délictueux, *sui generis*, qui existe indépendamment des circonstances constitutives de la complicité ordinaire spécifiée dans l'article 60 du Code pénal, par cela seul qu'il y a eu emploi de *suggestions* ou excitations dolosives adressées à des personnes appelées à déposer sous la foi du serment et de nature à les amener à faire des déclarations contraires à la vérité. »
Ces dispositions pénales constituent, à notre avis, un moyen de répression suffisant contre l'auteur de suggestions faites systématiquement dans le but de provoquer un faux témoignage.

7º Enfin une dernière conclusion s'impose. Nous jugeons aujourd'hui avec une grande sévérité les mandataires de la justice qui pour arracher les aveux des accusés ou influencer les déclarations des témoins n'hésitaient pas, dans les siècles passés, à recourir aux ordalies, aux tortures, aux questions ordinaire et extraordinaire. La connaissance des états psychologiques analogues à l'hypnotisme nous a appris que la contrainte psychique pouvait, non moins que la contrainte physique, provoquer l'accomplissement d'actes exécutés irrésistiblement, avec toutes les apparences de la liberté. Il n'est pas plus légitime pour un magistrat d'exercer une contrainte *psychique* qu'il ne le serait d'exercer une contrainte physique. C'est pourquoi nous pensons que le congrès d'anthropologie criminelle pourrait contribuer à la réalisation d'un véritable progrès en émettant le vœu suivant :

« Le congrès d'anthropologie criminelle de Genève, pour éviter les abus maintes fois signalés, et en particulier les faux témoignages suggérés, qui peuvent résulter de pressions morales exercées, dans le cours des instructions judiciaires, sur des personnes douées d'une grande suggestibilité, émet le vœu que l'instruction secrète soit, dans toute les législations, remplacée par une instruction contradictoire. »

SÉANCE D'OUVERTURE

———

Lundi 24 août 1896, à 10 heures du matin.

———

La séance a lieu dans l'Aula de l'Université sous la présidence d'honneur de M. A. Lachenal, président de la Confédération Suisse.

M. Lachenal, déclare la séance ouverte et prononce le discours suivant :

MESSIEURS!

Après avoir parcouru les grandes capitales, votre Congrès veut bien s'arrêter en Suisse et y tenir les assises internationales d'une science jeune, qui a déjà fait beaucoup parler d'elle et qui, de haute lutte, a conquis sa place au soleil des idées.

Nous vous remercions d'avoir choisi notre pays. Il ne présente peut-être pas toutes les ressources que vous avez rencontrées ailleurs; il veut cependant apporter sa modeste part de lumière, il offre surtout à vos savantes spéculations le cadre heureux d'une nature riante et une hospitalité qui ne demande qu'à durer. Il souhaite et il espère que, de votre table de travail si richement chargée, s'élèveront le parfum et la chaleur d'un nouveau progrès tout à l'honneur de l'humanité moderne.

Car c'est bien le caractère de votre œuvre d'être moderne, contemporaine, à tel point même que quelques-uns d'entre vous, et non les moins illustres, ont parfois devancé les temps. Il les ont devancés, mais ils les ont annoncés aussi, et ce sera leur récompense et leur gloire devant la postérité.

Le nom d'anthropologie criminelle est âgé de vingt-cinq ans à peine et voici qu'il recouvre déjà des trésors d'observation et de philosophie. Rappelons-nous la thèse hardie du début et du Congrès de Rome: il y a des criminels-nés, il existe un type criminel anatomiquement déterminé. Sur cette affirmation qui ne revêtait point, convenons-en, les allures tranquilles d'un truisme, la lutte s'engage aussitôt avec éclat et va dérouler ses vives et émouvantes péripéties.

Elle se poursuit au Congrès de Paris, où dans une puissante et célèbre discussion apparut la nécessité d'étudier non seulement l'anatomie, mais aussi et à fond la physiologie du criminel et de ses tares et où l'on montra lumineusement qu'il fallait compléter cette figure, ce portrait biologique et moral, par l'analyse du milieu social où vit le délinquant.

A Bruxelles, on voit intervenir l'élément juriste, dont la souple sagesse pénètre et s'assimile l'histoire naturelle du crime, et se manifester aussi plus d'harmonie et comme une sorte d'éclectisme entre les systèmes exposés.

Il va continuer à Genève, ce combat pacifique qui se livre autour du problème passionnant de la criminalité. Nul ne peut prévoir encore sa dernière fortune, mais nous savons que vous raisonnez avec largeur, et si la vérité scientifique, cet idéal humain qui jour à jour se réalise et s'accumule, ne remplit pas exclusivement chacune de vos doctrines, nous sommes bien sûrs cependant qu'elle se dégagera de l'ensemble de vos recherches et de vos investigations.

Mais votre œuvre ne se borne point aux découvertes de la biologie et aux considérations théoriques. Elle arrive à un tournant, elle touche au point où elle peut donner le plus utile appui à la défense sociale contre le crime et le vice. Vous taillez, c'est au législateur de coudre ; c'est à la société et à l'Etat, aux parlements et aux peuples, qu'il appartient maintenant d'édifier une organisation pénale qui, sans confondre la prison avec l'hospice, sache faire de la clinique morale autant que de la répression, régénérer aussi longtemps que luit l'espérance d'amélioration, éliminer enfin avec courage les éléments inaptes à la vie sociale et dangereux pour l'humanité.

Tel doit être le vœu fervent des hommes et des nations ; tel est le vœu de la Suisse heureuse d'accueillir sur son sol les ouvriers et les apôtres d'une si noble pensée, et au nom de laquelle je suis fier de vous saluer et de vous dire de grand cœur : Soyez les bienvenus !

M. Lachenal donne lecture de la lettre suivante adressée au Comité d'organisation du Congrès par M. **Eugène Richard,** Conseiller d'Etat :

MONSIEUR LE PRÉSIDENT,

Je reçois à l'instant votre gracieuse invitation au Congrès qui s'ouvrira après demain à Genève. Des prescriptions médicales — auxquelles vous ne me conseilleriez pas de désobéir — m'empêcheront malheureusement de m'y rendre. Veuillez m'en excuser et bien croire que cet imprévu contretemps renverse l'un de mes plus chers et agréables projets. J'aurais été tout particulièrement fier de souhaiter, au nom de l'Etat de Genève, une très cordiale bienvenue aux savants illustres qui, en cette occasion, honorent notre pays de leur présence. Mes deux éminents collègues à la présidence d'honneur me remplaceront — pour le plus grand avantage de l'Assemblée.

Mais en dehors du plaisir d'exprimer à ces hôtes distingués la réelle et chaude sympathie que m'inspirent leurs travaux et leurs personnes, je perds aussi celui d'assister à d'utiles et captivantes discussions sur l'un des sujets qui sollicitent avec le plus de ténacité tous ceux qu'attire et entraîne la recherche des origines et des causes de nos institutions présentes.

En somme c'est le problème du mal dans toutes ses ramifications que vous allez aborder. Chaîne immense, dont les anneaux sont forgés par la douleur, — qui remonte aux premières apparitions incertaines d'une conscience vague chez nos ancêtres, — traverse la longue et cruelle période de la vengeance individuelle, — arrive à la répression par la collectivité qui se défend — pour aboutir enfin à une notion plus philosophique et plus exacte des relations entre le libre arbitre personnel et les influences extérieures, notion tempérée et adoucie par la loi suprême du pardon qui est la conséquence nécessaire de la connaissance complète de la vérité! C'est l'histoire entière de la souffrance humaine!

Puissent vos savantes délibérations contribuer à l'œuvre d'affranchissement du mal entreprise par la science, puisse le Congrès de Genève marquer une conquête nouvelle et décisive dans la voie du bien! Ce sont les vœux ardents de celui qui vous envoie, Monsieur le Président, ses souhaits pour le succès de votre réunion et ses salutions les plus distinguées.

Eugène RICHARD.

M. Dunant, conseiller d'Etat, prend la parole :

MESDAMES, MESSIEURS,

Je suis heureux de venir, au nom du gouvernement de Genève, vous souhaiter une cordiale bienvenue dans notre ville et notre canton. Nous sommes fiers de constater que vous avez choisi Genève comme lieu de réunion de votre quatrième Congrès; peut-être notre exposition nationale n'est-elle point étrangère à cette désignation. Nous sommes fiers aussi de voir au milieu de nous tant de savants illustres qui, par leurs efforts incessants, leurs travaux persévérants, leur dévouement, ont fait faire de nombreux et réels progrès à cette science qu'on appelle l'anthropologie criminelle.

Ah! messieurs, vous étudiez des questions qui sont des plus délicates et difficiles ; vous cherchez à résoudre des problèmes redoutables et compliqués. Quel est chez le délinquant le degré de responsabilité pénale ? Où commence et où finit cette responsabilité ?

Quel vaste champ d'activité, combien il recèle de replis secrets ou cachés ! Pour mener à bien cette tâche, vous devez remonter dans le passé de l'individu, chercher ses antécédents, son éducation, le milieu dans lequel il a été élevé, son hérédité, ses maladies, scruter son caractère et ses penchants, en un mot analyser et disséquer tout son être physique, moral et intellectuel. Cela fait, il faut en tirer les conclusions, poser des bases et des principes, arriver au diagnostic le plus juste et le plus certain ; il faut en déduire les applications dans la pratique.

Quelle doit être la peine à infliger à tel ou tel criminel ?

Quelles sont les considérations qui doivent peser dans la balance et influer sur le verdict ou le jugement ? A quel traitement doit-il être soumis ? Vous le sentez tous, messieurs, quel terrain mouvant et souvent insondable, quel champ immense et pour ainsi dire sans limites.

Si nous avons raison d'étudier à fond la biologie, la sociologie et la psychologie criminelle, nous nous devons à nous-mêmes d'arriver surtout aux applications légales et administratives de l'anthropologie. Il faut quitter les nuages et les brouillards de la théorie, pour redescendre sur terre et faire profiter les malheureux, les déshérités, les déséquilibrés des résultats de vos travaux, comme aussi pour empêcher le réel et véritable criminel d'échapper à une sentence juste, équitable, nécessaire.

Entre les deux théories extrêmes, dont l'une veut toujours et malgré tout punir et ne recherche que le châtiment, tandis que l'autre voit un aliéné dans tout criminel, il y a un abîme et surtout une gamme de couleurs diverses.

Peut-être la vérité est-elle dans un juste milieu, ou même doit-elle être recherchée ailleurs.

Au lieu de tracer un niveau absolu et égalitaire, d'établir une théorie unique, inflexible, applicable à tous, ne vaut-il pas mieux examiner chaque cas particulier et, suivant les phénomènes qu'il offrira ou les constatations qu'on pourra faire, le traiter suivant les principes admis et adoptés par cette science où le droit et la médecine se donnent forcément la main.

Messieurs, votre tâche est noble et belle. Vous cherchez à vous rapprocher toujours davantage de la vérité en vous éclairant du flambeau de la justice, de l'humanité, de l'égalité et de la science. Défendre la société et punir dans les limites de ce qui est équitable et nécessaire. Mais surtout soigner, moraliser et relever !

Il est bon, messieurs, que, dans de pareilles questions, nous ne connaissions ni nationalités, ni frontières. Tous les peuples civilisés et spécialement les hommes éminents qui les représentent doivent avoir à cœur d'élucider et de résoudre ces problèmes.

Puisse ce quatrième Congrès d'anthropologie faire encore avancer et progresser cette science!

C'est dans ces sentiments que je vous adresse un salut cordial de bienvenue, en regrettant que votre séjour ici soit si court et en faisant des vœux pour que vous en emportiez un souvenir agréable et durable.

M. Turrettini, président du Conseil Administratif de la ville de Genève, vient souhaiter aux congressistes la bienvenue au nom des autorités municipales de la ville de Genève.

Il pourra paraître étrange, dit-il, qu'un profane, un simple ingénieur, vienne parler devant une aussi docte assemblée. Il est difficile à un homme appelé à diriger des ouvriers et qui a affaire à des hommes sains plutôt qu'à des malades d'avoir un avis sur les difficiles questions qui se traitent ici. Qu'il me soit permis, cependant, de dire que si l'opinion, déjà soutenue devant vos Congrès et qui le sera sans doute encore, de l'existence du criminel-né, venait à prévaloir, notre tâche deviendrait plus difficile, car il faudrait aussi admettre le paresseux-né, et attribuer le même caractère d'innéité à tous les défauts. Ce serait marcher au fatalisme et au retrait de ce développement de la civilisation qui fait la supériorité du monde occidental sur le monde oriental.

J'ai lu dernièrement un ouvrage dans lequel il était dit que le héros est un inconscient qui n'a pas vu le danger. Si cette doctrine devait se propager, si le peuple suisse devait admettre que Winkelried se jetant sur les lances ennemies est un inconscient, s'il lui fallait renoncer à tous ses glorieux souvenirs, il marcherait en arrière. J'espère donc que le libre arbitre, la puissance de la volonté sera la solution qui sortira des études des anthropologistes, et qui fera marcher les hommes libres dans la voie du progrès.

Les ingénieurs ont l'habitude de faire de la science avec des chiffres. Ils posent des formules et savent que ces formules ne peuvent conduire qu'à une seule solution juste. Il ne saurait en être de même des formules de l'anthropologie. Il entre, en effet, dans leurs facteurs un élément physiologique et un élément psychique qui ne peuvent prétendre, ni l'un ni l'autre, à une valeur absolue. Tout ce que nous pouvons souhaiter, c'est que des réunions comme celles-ci produisent des résultats qui soient pour le progrès de l'humanité. C'est dans cet esprit que la Ville de Genève salue cordialement les membres du Congrès.

Sur la proposition de **M. Lachenal,** l'assemblée procède à la nomination du président du Congrès.

M. le Dr **Ladame,** président du Comité d'organisation est élu par acclamation président du Congrès et prend la parole :

MESDAMES ET MESSIEURS,

Permettez-moi tout d'abord de vous remercier du très grand honneur que vous me faites en m'appelant à la présidence de ce Congrès.

Je vous en exprime ma profonde gratitude et je m'efforcerai de mériter la confiance que vous avez bien voulu me témoigner. Je compte sur votre indulgence pour me faciliter cette tâche.

Le comité d'organisation du IVe Congrès international d'anthropologie tient à vous exprimer aussi, par la voix de son président, ses souhaits de cordiale bienvenue sur la terre helvétique, en se joignant aux éloquentes paroles de nos présidents d'honneur, que vous venez d'applaudir.

Lorsque, en 1892, le Congrès de Bruxelles choisissait par acclamation la ville de Genève pour siège de sa prochaine session, je n'ai pas dissimulé mes appréhensions à nos collègues. Après Rome, Paris et Bruxelles, la succession me paraissait lourde pour Genève, et je n'étais pas sans inquiétude sur le résultat final.

Aujourd'hui, grâce aux bonnes volontés que nous avons rencontrées partout, nous sommes assurés de sa réussite. Les autorités fédérales ainsi que celles du canton et de la ville de Genève nous ont facilité de toute manière l'organisation de ce Congrès, par leur active et bienveillante coopération. Nous leur offrons ici, dans la personne de M. le président de la Confédération et de MM. les représentants de l'Etat et de la ville de Genève, nos plus chaleureux remerciements.

La plupart des gouvernements étrangers ont répondu avec empressement à l'invitation de la Suisse et se sont fait représenter au milieu de nous par des délégués officiels, que nous avons l'honneur de saluer dans cette enceinte, et auxquels nous sommes heureux d'exprimer, au nom de nos concitoyens, nos compliments de bienvenue.

La commission internationale, formée au début par notre regretté collègue le Dr Semal, président du Congrès de Bruxelles, s'est peu à peu agrandie, et les hommes éminents, qui ont bien voulu accepter d'en faire partie, ont travaillé, chacun dans leur pays, pour le succès du Congrès de Genève. Nous leur en sommes très reconnaissants; ils ont ainsi bien mérité de l'anthropologie criminelle.

Nous voyons avec joie parmi eux les maîtres aimés et vénérés qui sont restés les fidèles adhérents de nos Congrès. A côté de leurs noms sont venus se joindre des noms nouveaux que nous saluons bien cordialement.

Signalons l'extension remarquable de la participation de l'Espagne, de la Russie, de l'Allemagne et de l'Autriche-Hongrie.

Réjouissons-nous aussi de deux événements très importants qui donnent à notre Congrès un cachet spécial et qui font bien augurer de l'avenir. C'est d'abord la rentrée de la brillante école italienne, dont on avait tant regretté l'abstention à Bruxelles, et qui nous revient à Genève avec les célèbres fondateurs de l'anthropologie criminelle. Le second événement, non moins mémorable, c'est l'apparition pour la première fois, dans nos Congrès, d'une représentation de la Grande-Bretagne.

N'oublions pas les absents, tous ceux que leurs devoirs, la maladie ou des circonstances majeures ont empêchés de venir à Genève, et qui suivent de loin avec intérêt les travaux de notre Congrès. Nous leur exprimons ici les témoignages de notre sympathie et de nos regrets.

Il nous reste un devoir douloureux à remplir. Depuis la dernière session la mort nous a enlevé plusieurs de nos membres, parmi les meilleurs et les plus illustres, Moleschott, Vogt, Bournet, Coutagne, Brunnenmeister, Cornaz, Semal. Rappelons ce que furent ces hommes et ce que leur doit l'anthropologie criminelle.

Jacques Moleschott, né en 1822 à Bois-le-Duc, en Hollande, fut reçu docteur en médecine à Heidelberg en 1845. Il se fit agréger deux ans plus tard comme privat-docent pour la physiologie, l'anatomie comparée et l'anthropologie à l'université de cette ville. Nommé à Zurich professeur de physiologie en 1856, il fut appelé en 1861 à Turin pour occuper la même chaire et en 1879 à Rome, où il devint sénateur du royaume d'Italie. Moleschott prit une part active au premier Congrès d'anthropologie criminelle, dont il fut président d'honneur. Lombroso disait en ouvrant ce Congrès, à Rome, en novembre 1885 :

« C'est de Moleschott, notre maître à tous, que nous avons tiré nos premières inspirations, c'est lui en qui nous puisons nos forces pour la lutte. »

Le discours d'ouverture que Moleschott prononça à cette occasion est resté comme le programme des Congrès futurs. L'anthropologie criminelle, disait-il, aspire à délivrer l'homme du plus dur des esclavages, de l'esclavage du vice ; elle ne doit jamais perdre ce guide, cette boussole suprême qui s'appelle la morale.

« Je vois parmi vous, s'écriait alors Moleschott, ces hommes intrépides et illustres qui ont osé demander raison à l'institution dont la base semblait la plus inébranlable de toutes, à la justice elle-même. Vous l'avez abordée, vous l'avez ébranlée, en étudiant l'homme dans la société, dans sa dépendance héréditaire et naturelle, et par une autorité inflexible vos études ont confirmé le mot terrible de l'Écriture qui dit que les péchés des pères seront punis dans leurs enfants..... mais vous voulez savoir dans quelle mesure le fils peut être responsable du malheur de descendre d'un père vicieux. »

Il ajoutait dans son discours de clôture : « Dans toutes vos réunions, je n'ai pas eu un moment de satisfaction plus grande que lorsque vous avez applaudi à mes paroles, que quelque puisse être notre opinion sur les dogmes du christianisme, nous sommes tous d'accord en considérant sa morale comme la couronne de l'humanité affranchie de l'esclavage. » Au Congrès de Paris, en 1889, Moleschott a répété ces nobles paroles que nous gardons précieusement comme l'idéal de l'anthropologie criminelle.

A Rome déjà on a critiqué la dénomination d' « Anthropologie criminelle, » par laquelle on désigne la doctrine nouvelle, qui cherche à faire pénétrer la méthode des sciences naturelles dans la jurisprudence. Ces critiques se sont renouvelées à tous les Congrès suivants, et menacent de revivre à Genève.

Moleschott a saisi toutes les occasions pour affirmer que nos études appartiennent bien réellement à l'anthropologie criminelle. Comme le nom de cet illustre savant fait autorité en cette matière, il y a grand intérêt à reproduire ici textuellement cette partie de son discours.

« On a combattu, disait-il à Rome, le nom dont vous avez embrassé l'ensemble de vos recherches et de vos aspirations, parce qu'on n'a pas voulu comprendre qu'aussi bien qu'on parle d'un droit criminel, on est autorisé à désigner comme anthropologie criminelle l'étude de l'homme qui l'envisage dans les liens de la nature, de la descendance, des besoins que créent le climat et la misère, l'habitude, l'exemple, le travail, le repos forcé, pour mesurer la portée de toutes ces influences en tant qu'elles disposent l'individu aux faux pas, aux égarements de la passion, au vice, au crime. Etudier l'anatomie, la physiologie, l'hygiène du criminel... examiner ses besoins et reconnaître ses droits, c'est bien, il me semble, faire de l'anthropologie criminelle. L'anthropologie, dans son sens le plus large embrasse l'étude de l'homme comme individu et comme être social. »

C'est à Moleschott enfin que revient l'honneur d'avoir trouvé la formule pratique qui contient la véritable méthode de l'anthropologie criminelle, comme le rappelait en fort bons termes, dans son discours d'ouverture, l'éminent président du Congrès de Paris, M. Brouardel, doyen de la faculté de médecine. Cette formule, adoptée par le Congrès de Rome, mériterait d'être inscrite en tête des vœux de toutes nos sessions.

En voici la teneur :

« Le Congrès,

« convaincu de la difficulté de faire des représentations aux corps « législatifs,

« reconnaissant que ce ne sont que les idées mûries qui peuvent péné-
« trer dans la vie pratique, et cela en vertu de leur propre force,

« émet le vœu

« que la législation, dans son évolution progressive, tienne compte des
« principes de l'école positive d'anthropologie criminelle. »

Aux côtés de Moleschott nous plaçons son ami Carl Vogt, professeur
de zoologie et d'anatomie comparée, une des illustrations de l'Université
de Genève.

Vogt fut membre de notre Comité d'organisation et prit une part importante à nos premières séances, bien qu'affaibli et fatigué déjà par la
grave maladie à laquelle il devait bientôt succomber. Son concours nous
fut très utile au début de nos délibérations, et il nous rendit de grands
services par son esprit clair et pratique.

Je n'ai pas à parler ici des principaux faits de sa carrière scientifique
et de sa vie si remplie, je me bornerai à citer deux de ses principales
publications qui ont exercé une influence sensible sur les premiers développements de l'anthropologie criminelle: ses « Leçons sur l'homme »
et surtout son célèbre mémoire sur les « Microcéphales ou hommes
singes. » Vogt était réputé pour sa probité scientifique, qu'il unissait
à l'énergie de ses convictions. Il a toujours combattu loyalement pour ses
idées, et n'a jamais hésité à les modifier sous l'influence des progrès et
des découvertes scientifiques.

Albert Bournet et Henri Coutagne appartenaient tous deux à la vail-
lante école lyonnaise, fondée par le professeur Lacassagne, le créateur
des « Archives d'Anthropologie criminelle. »

Bournet a été gérant de cette importante publication pendant dix
années. Il y collabora par de nombreux articles et en particulier par ses
chroniques italiennes, très remarquées. Sa thèse de doctorat, qu'il écrivit
sous l'inspiration de son maître Lacassagne, est un travail excellent sur
la « Criminalité comparée de la France et de l'Italie, » qui valut à
son auteur une médaille d'argent, la plus haute récompense décernée
par la faculté de médecine de Lyon.

Je me souviens, non sans émotion, de l'enthousiasme avec lequel il me
parlait à Bruxelles du futur Congrès de Genève, la patrie de Jean-Jacques
Rousseau, dont il était un fervent admirateur. La mort inexorable
est venue briser, en pleine jeunesse, cette vie qui promettait un si bel
avenir.

Coutagne a participé aussi à la création des « Archives d'Anthropologie
criminelle. » Ce savant modeste et consciencieux a laissé des œuvres
mûries par l'expérience. Son Manuel de médecine légale est le fruit de
vingt années de pratique. Il faisait à la faculté de droit un cours très

apprécié sur la psychiatrie médico-légale ; ces leçons forment un volume intitulé « *La folie au point de vue judiciaire et administratif,* » et renferment de précieuses directions pour les médecins légistes et les membres du barreau.

Tous ceux qui ont assisté aux Congrès de Paris et de Bruxelles se souviennent des intéressants rapports de Coutagne traitant « *de l'influence des professions sur la criminalité.* » Nous comptions sur lui pour reprendre au Congrès de Genève cette question, qui n'avait pu être débattue à Bruxelles.

Il insistait spécialement, dans ses rapports, sur la nécessité d'augmenter dans les codes les cas où la profession du coupable entraîne une aggravation de pénalité, comme cela est prévu déjà dans le code français, par exemple, pour les avortements commis par les médecins et pharmaciens, la faillite et la banqueroute frauduleuse des agents de change et des courtiers. Coutagne voulait que, selon le même principe, et en s'inspirant de nécessités sociales du même ordre, l'on augmentât la pénalité pour la vente de substances nuisibles par les marchands de produits alimentaires, pour la diffamation par les journalistes, pour les escroqueries par les banquiers, etc., etc. Pour combattre la mauvaise influence de la *contagion professionnelle* qui entraîne souvent les membres d'une profession à commettre des délits pour lutter contre leurs concurrents, notre distingué confrère demandait l'extension des syndicats professionnels, dont le rôle, pensait-il, s'accentuera nécessairement à l'avenir dans un sens moralisateur et favorable à l'étude et aux réformes de la sociologie criminelle.

Après ces deux médecins, nous déplorons la perte de deux juristes éminents qui s'intéressaient aussi au développement de l'anthropologie criminelle, Emile Brunnenmeister et Auguste Cornaz. Le premier, d'origine thurgovienne, fit rapidement une brillante carrière ; il était professeur de droit pénal à l'Université de Vienne au moment de sa mort. Brunnenmeister était un des représentants de l'Autriche-Hongrie dans notre grande commission internationale.

Auguste Cornaz, juge au Tribunal fédéral, était membre de la Commission suisse d'organisation de notre Congrès. En rédigeant le Code pénal neuchâtelois, son œuvre capitale, Cornaz s'est inspiré souvent des études modernes suscitées par les recherches de l'anthropologie criminelle. Il proclamait que l'*uomo delinquente* de Lombroso avait ouvert de nouveaux horizons à la science criminaliste et que, sans admettre le système dans toutes ses conséquences extrêmes, et sans se laisser dominer et entraîner par lui au delà de certaines limites, il fallait néanmoins tenir compte, dans une large mesure, de ce mouvement de l'époque actuelle.

Cornaz se proposait d'assister à nos débats auxquels il aurait pris sans doute une part prépondérante. Il nous aurait apporté sa vaste expérience et le résultat de ses études approfondies. Il nous aurait charmés par son caractère conciliant, son esprit clair et logique, ses sentiments d'humanité et sa parole éloquente, par tous ces dons du cœur et de l'intelligence qui distinguaient cet éminent magistrat et qui l'ont fait aimer et respecter partout, par ses adversaires aussi bien que par ses amis.

Enfin, pour mettre le comble à ces pertes si regrettables, je dois encore vous parler de celle du docteur François-Joseph Semal, l'aimable et sympathique président du IIIᵉ Congrès international d'anthropologie criminelle, qui est décédé le 16 mai dernier, à l'âge de 60 ans, à Mons, où il était depuis de longues années directeur-médecin en chef de l'asile des aliénées de l'Etat. La mort de ce collègue si distingué nous prive d'un des collaborateurs les plus zélés de l'œuvre poursuivie par nos Congrès. Semal jouissait d'une grande et juste autorité dans toutes les questions qui se rattachent à l'anthropologie criminelle. Il traita à plusieurs reprises, d'une façon magistrale, le problème si discuté de la création de prisons-asiles pour les aliénés dangereux et criminels. Il publia un mémoire qui a conservé toute sa valeur sur les « prétendues psychoses pénitentiaires. » Il prit une part importante aux discussions qui furent soulevées à l'Académie de médecine belge sur les dangers des représentations publiques d'hypnotisme. Il fut un des initiateurs du service d'inspection mentale des condamnés dans les prisons de la Belgique. Ce service, qui a été organisé par M. le ministre Lejeune, place ce pays, de l'aveu de tous les hommes compétents, à l'avant-garde du progrès.

Le docteur Semal devait nous apporter un rapport sur *la préméditation obsessive*. Il m'écrivait, au mois d'avril dernier, que l'état précaire de sa santé ne lui permettait pas de nous livrer ce rapport en temps opportun, mais qu'il se réservait d'en faire une communication au Congrès. Que nous étions loin de nous douter alors de la catastrophe prochaine! Hélas! cet ami sûr et fidèle n'est plus, mais nous tiendrons ferme à la devise qu'il nous a léguée : « Justice par la science et la philanthropie. »

En rappelant la vie et les œuvres de ces hommes d'élite, dont nous sentons vivement la perte aujourd'hui, nous souhaitons que leur exemple soit suivi et que leur esprit anime toujours nos travaux et nos délibérations.

J'invite les membres de cette assemblée à se lever pour rendre hommage à leur mémoire.

MESSIEURS,

La tâche du comité d'organisation n'a pas toujours été aisée pour l'élaboration du programme de ce Congrès, et à mesure que nos sessions se succèdent les questions qu'on leur pose se multiplient et se compliquent de plus en plus. Dès le premier appel de la commission internationale, d'intéressantes propositions nous sont parvenues de tous côtés, et nous avons craint même un instant le mal de pléthore. Nous fûmes bien embarrassés pour faire un choix, et nous prîmes le parti de suivre les traditions des précédents Congrès, c'est-à-dire de nommer de nombreux rapporteurs, traitant des sujets variés plutôt que de limiter nos travaux à l'étude plus approfondie de quelques questions soigneusement triées, et proposées à certains rapporteurs désignés spécialement pour les traiter. Ce dernier mode de faire a certainement ses avantages et nous pensons qu'il doit être sérieusement examiné pour l'organisation des prochains Congrès.

Mais nous croyons qu'il aurait été prématuré de l'adopter pour le Congrès de Genève, et nous pouvons nous féliciter d'avoir largement ouvert nos portes aux rapporteurs car, s'il y eut beaucoup d'appelés il reste en définitive assez peu d'élus. Nous avons eu la grande déception de constater la retraite d'un certain nombre de nos rapporteurs, parmi ceux sur lesquels nous fondions les meilleures espérances, et qui ont été empêchés, par des motifs impérieux, de faire face à leurs engagements. Nous en sommes d'autant plus reconnaissants à tous ceux qui nous apportent aujourd'hui le fruit de leur travail, qui servira de base à nos délibérations.

A Rome, le programme était relativement simple. Il s'agissait de deux catégories de questions qui se rattachaient soit à la biologie, soit à la sociologie criminelles. Le débat était presque complètement limité aux recherches anatomiques et anthropologiques. A Paris, la doctrine nouvelle fut passée à l'étamine d'une critique serrée qui a débarrassé l'anthropologie criminelle de certaines hypothèses, entre autres de la théorie de l'atavisme du crime et de celle d'un type anatomique du criminel. La discussion entre les partisans et les adversaires du criminel-né (c'est-à-dire du criminel instinctif), et de l'influence des milieux, avait débuté à Rome; elle se poursuivit brillamment à Paris.

A Bruxelles, on s'attendait à voir renaître les mêmes débats, mais, à la surprise générale, l'entente se fit entre médecins et juristes, positivistes et métaphysiciens, entre l'école classique et l'école anthropologique; le terrain commun de cette union ne pouvait être que l'observation scientifique rigoureuse et indépendante de tout parti pris et de toute idée préconçue.

Comme le disait fort bien, en un langage imagé, le docteur Semal dans son discours de clôture « les Congrès précédents ont été les fiançailles de l'œuvre des médecins et des jurisconsultes. A Bruxelles revient l'honneur d'avoir consacré leur union définitive. »

Tel a été notre point de départ. Voilà pourquoi nous nous sommes efforcés de donner au Congrès de Genève un caractère plutôt pratique, en développant surtout les questions du programme qui se rapportent aux applications légales et administratives de l'anthropologie criminelle.

Nous n'avons pas négligé néanmoins les bases scientifiques de ces applications, qui resteront toujours la biologie, la sociologie, la psychopathologie et la psychologie criminelles. Nous avons maintenu pour ce motif, dans le programme, un certain nombre de questions qui appartiennent à ces rubriques, sans entendre rouvrir pour cela la discussion sur les thèses fondamentales de l'anthropologie criminelle qui ont été définitivement établies dans les précédentes sessions.

MESDAMES ET MESSIEURS, CHERS ET HONORÉS COLLÈGUES,

Au moment où vont s'ouvrir vos délibérations, qu'il me soit permis d'invoquer les glorieuses traditions qui nous viennent de Rome, de Paris et de Bruxelles, afin que nos discussions s'en inspirent et que les assises de Genève contribuent à fonder l'édifice que les Congrès élèveront à l'anthropologie criminelle pendant le cours du XXme siècle.

Sur la proposition du président, l'assemblée procède à la nomination du bureau du Congrès.

Le Comité d'organisation est élu par acclamation.

M. Bedot, secrétaire général, fait connaître les noms des délégués officiels au Congrès.

Il donne les noms des présidents d'honneur présentés par le Bureau.

Les présidents d'honneur sont élus par acclamation.

Le secrétaire général invite les membres du Congrès aux fêtes organisées par le Comité et fait quelques communications d'ordre intérieur.

La séance est levée à 11 heures ¹/₂.

SÉANCE DU LUNDI 24 AOUT
Après-midi.

La séance est ouverte à 2 h. ¹/₄.

M. Ladame, Président du Congrès, prie M. le Professeur **H. Gosse** de bien vouloir prendre place au fauteuil de la présidence.

M. Lombroso fait la communication suivante :

Histoire des progrès de l'Anthropologie et de la Sociologie criminelles pendant les années 1895-1896.

On dit que les peuples sont heureux quand ils n'ont pas d'histoire, mais on peut soutenir le contraire pour les sciences; plus elles sont en progrès, plus elles ont d'histoire. C'est évident pour l'anthropologie criminelle. Il n'y a que deux années que j'en avais résumé les progrès dans mon livre « *Les progrès de l'anthropologie crimi-nelle* » et dans mon « *Homme criminel* » et toutefois le nombre des découvertes est si grand qu'il suffirait à fournir la matière d'un nouveau volume.

En se bornant seulement aux deux dernières années, 1895-96, en laissant même de côté tous les grands ouvrages en volumes[1] il est difficile de donner une idée de ces progrès en quelques pages.

Commençons par les

DÉCOUVERTES ANATOMIQUES SUR LE CRIMINEL-NÉ.

Crâne. — Ardu a trouvé les traces de basioticum :

dans 4 % des crânes normaux,
- » 9 % » » de crétins,
- » 7 % » » de sauvages,
- » 4 % » » de criminels.

---

[1] FERRI. *Sociologie criminelle*, 1895. Rousseau, Paris.
LOMBROSO. *La femme criminelle*, 1896. Alcan, Paris.
    Id.   *L'homme criminel*, 2 vol., 1896. Alcan, Paris.
    Id.   *L'Uomo delinquente*, VI ediz, 3 volumi, Bocca, Torino, avec atlas, 1896.
SIGHELE. *Le couple criminel*, 1893.
    Id.   *La foule criminelle*, 1894.
KURELLA. *Der Verbrecher*, 1895, Berlin.
HAVELOCK-ELLIS. *The criminal man*, 1895, Londres.

Raggi a découvert la fusion du procès clinoïde :

dans 9 % de normaux,

  » 12 % de fous,

  » 23 % de criminels (Arch. di psich. 1896).

Suture ethmoïdo-lacrimale[1]. — Le Prof. Ottolenghi, dans 68 crânes de criminels et 14 d'épileptiques, constata une fréquence beaucoup plus grande que chez les normaux de la brièveté de la suture ethmoïdo-lacrimale, en comparaison de la longueur de l'os lacrimal, dans ces proportions :

Index ou rapport entre la suture ethmoïdale et la longueur de l'unguis.	Crânes normaux. %	Crânes d'aliénés. %	Crânes de criminels. %
De 100 à 70	39,78	9,04	5,5
De 70 à 60	29,03	21,21	22
De 60 à 50	37,52	69,79	71
De 50 à 20	17,20	27,27	29

Ce caractère est atavique car on le trouve parmi les races inférieures.

Division de la lame papyracée de l'ethmoïde[2]. — Le Prof. Ottolenghi a trouvé une division de la lame papyracée de l'ethmoïde, dans le 4,1 % de criminels, 0,66 de normaux.

Chez les criminels, cette proportion s'élève jusqu'au 75 à 85 %.

Caractères pathologiques. — Sur 44 crânes de voleurs de grand chemin, Pellacani trouva les sinus frontaux très larges dans le 50 %, le ptérion en K et plusieurs autres anomalies dans 48 %; microcéphalie frontale très remarquable (diamètre frontal minimum de 90mm) dans 27 %; fossette occipitale moyenne dans 15 %; suture métopique dans 11 %; prognathisme exagéré dans 15 %; procès du temporal dans 6 %; fossette pharyngée dans 11 %.

Parmi les anomalies pathologiques, il trouva la plagiocéphalie grave et les wormiens abondants dans 50 %; asymétrie homonyme du visage dans 27 %; wormiens épiptériques dans 31 %; soudure précoce des sutures dans 4,5 %, scaphocéphalie dans 1 cas et chez un autre trigonocéphalie[3].

Chez un criminel, Del Vecchio trouva le condyle occipital avec une double fossette, l'une antérieure verticale, se continuant en avant avec la portion basilaire de l'occipital, l'autre postérieure, horizontale, forme qui est normale chez les ruminants[4].

Crâniométrie et calcul différentiel. — Le Prof. C. Winkler d'Utrecht[5] a mesuré et comparé 50 têtes d'assassins et 50 de normaux, et soumis ces mesures au calcul différentiel; il en a conclu que les premières se distinguent par une microcéphalie frontale

---

[1] *Archivio de Psichiatria*. Vol. xvi, p. 462. 1895. Torino.

[2] OTTOLENGHI. Sulla divisione per Sutura verticale della lamina papiracea dell'etmoïde nei degenerati, *Archivio de Psichiatria*, 1896. Vol. xvii, p. 192. Processi verbale della R. Accad. dei fisiocritici. Genova, 1895.

[3] *Crani di grassatori*. Atti dell'XI Congresso internaz., Rome, 1895.

[4] *Le anomalie del condilo occipitale in grassatore omicida*. Atti dell'XI Congresso medico internazionale.

[5] WINKLER. *Jets over criminele Anthropologie*. Harlem. 1896.

remarquable et un agrandissement assez remarquable aussi de toutes les mesures faciales, confirmant la loi de Lombroso que le criminel est une variété humaine caractérisée par un front petit et un visage grand.

Des recherches analogues furent faites par un disciple de Winkler, le Dr D. H. I. Berings[1], sur 50 paranoïques, 50 épileptiques et 50 imbéciles (idiots), avec des tables graphiques très remarquables.

Pour ce qui est du diamètre frontal minimum, les épileptiques et les assassins se comportent d'une façon analogue, avec une prévalence cependant de front plus petit chez les épileptiques. Il en est de même de la ligne otomentaria (espace entre les deux fosses antitragales et le menton) pour laquelle les assassins comme les épileptiques donnent des chiffres plus grands que les trois autres groupes. Dans la largeur bigoniaque, les assassins seuls présentent des chiffres énormément plus élevés que les autres groupes.

Le calcul a pu confirmer de nouveau ces conclusions, en se basant sur les principes suivants : lorsqu'un groupe d'individus représente un certain type, il faut que chez tous une même dimension se rapproche toujours d'une valeur donnée, c'est-à-dire de la moyenne du type ; et il faut pour cela une loi commune qui tende à donner à tous les individus les mêmes dimensions. Autrement la valeur de celles-ci et les écarts de la moyenne, dans les individus, sont tout à fait fortuits et ne correspondent à aucune théorie. On peut, par exemple, calculer la moyenne des pages de chaque livre d'une bibliothèque mais cette moyenne ne répond à rien de réel.

On peut, paraît-il, présumer que la moyenne représente un type si la distribution des formes est conforme à une formule exponentielle donnée ; et, si l'on trouve pour deux séries des moyennes qui diffèrent un peu entre elles, il est probable que les individus des deux séries appartiennent à deux variétés.

Tel est le cas pour plusieurs des mesures que Winkler a prises sur les criminels et les normaux dans lesquelles les moyennes diffèrent tellement, qu'elles rendent probable l'existence des deux types ou variétés, c'est-à-dire celle de l'homme normal et celle du criminel.

Cerveau. — Les anomalies les plus importantes des circonvolutions du cerveau rencontrées par le Dr Mondio[2] sur 18 cerveaux de criminels ont été les suivantes :

La branche postérieure de la scissure de Sylvius était en relation avec celle de Rolando dans 8 cas ; avec le sillon postrolandique dans 8 cas et avec le sillon temporal supérieur 3 fois ; la scissure de Rolando communiquait avec la scissure prérolandique dans 6 cas et avec la scissure postrolandique dans 6 autres cas ; double racine de la circonvolution frontale supérieure dans 2 cas.

Dans un hémisphère (fig. 10), on a trouvé un remarquable dédoublement des circonvolutions frontales inférieure et supérieure, au point de donner un type avec 5 circonvolutions frontales longitudinales.

Interruption fréquente de la frontale ascendante, dans 9 cas.

Interruption de la pariétale ascendante, dans 6 cas.

La scissure postrolandique en communication avec la scissure inter-hémisphérique

---

[1] D. H. I. Berings. *Eenige, seden maten mordenares paranoisten epileptischen en embeciles.* Niemegen. Fellinga, 1896.

[2] Mondio. Nuove cervelli di delinquenti. *Archivio di Psichiatria e d'Anthropol. criminale,* 1896. XVII, p. 5.

dans 4 cas; et dans tous (sauf trois) elle communiquait avec le sillon interpariétal comme chez les primates inférieurs.

Le premier pli de passage externe manquait dans 4 cas, et dans 5 autres cas il n'y avait pas le deuxième pli de passage externe.

Communication du sillon temporal inférieur avec la scissure transverse occipitale dans 5 cas.

Avec l'operculum occipital dans 2 cas;

Insula du Reil découverte, dans 5 cas.

La direction du sillon de Rolando était, dans tous ces cas, perpendiculaire aux marges libres du manteau; la moyenne de l'index fronto-rolandique supérieur et inférieur était, sauf dans 4 hémisphères, inférieure de plusieurs centimètres à la normale.

Roncoroni [1] a examiné, au point de vue de la structure microscopique, 25 cerveaux d'épileptiques et 16 de criminels avec la méthode Nisll modifiée par lui. (Durcissement à l'alcool, coloration au bleu de méthylène, au borate de soude, décoloration avec alcool 9 cc., huile d'aniline 1 cc., solution saturée d'éosine 2 gouttes.)

Dans les lobes frontaux des normaux on trouve, en allant de la surface à la profondeur: 1º une couche moléculaire; 2º une couche granuleuse superficielle, formée de plusieurs rangées de cellules nerveuses très petites; 3º une couche de petites cellules pyramidales; 4º une couche de grandes cellules pyramidales; 5º une couche granuleuse profonde formée de très petites cellules; 6º une couche de cellules polymorphes.

Or, chez le plus grand nombre des épileptiques examinés et des criminels-nés (les exceptions dans les épileptiques concernent les épilepsies acquises, alcooliques, par exemple), la couche granuleuse profonde n'existe pas (7 épileptiques et 7 criminels-nés) ou est très réduite (14 épileptiques et 5 criminels-nés), ce qui rapproche leur cerveau de celui des animaux, et la couche granuleuse superficielle est très réduite.

Puis, le type des cellules est différent du type normal; il y a prédominance des grandes cellules pyramidales et polymorphes, tandis que, normalement, ce sont les petites cellules triangulaires ou étoilées qui sont le plus nombreuses. Le passage des petites cellules aux grandes cellules pyramidales est moins progressif, et l'on passe presque brusquement des très petites cellules superficielles aux grandes cellules pyramidales. Enfin les cellules pyramidales géantes sont beaucoup plus nombreuses que normalement.

En outre, alors que dans la substance blanche des cerveaux normaux les cellules nerveuses sont très rares, ou même font entièrement défaut, au contraire, dans les cerveaux des épileptiques, ces cellules sont souvent nombreuses.

Chez les aliénés (pellagreux, mélancoliques, maniaques, paralytiques généraux) on n'a pas constaté ces altérations morphologiques.

Soudure du thalamus opticus. — Cette soudure fut trouvée par le prof. Valenti dans le cerveau d'une prostituée [2]; elle était constituée par la réunion de la sur-

---

[1] RONCORONI. La fine morfologia del cervello degli epilettici e dei delinquenti (*Arch. di Psich.*, 1896, vol. XVII, fasc. 1 et 2.)

Id. Les anomalies histologiques du cerveau des épileptiques et des criminels-nés (*Revue scientifique*, 1896).

[2] VALENTI. *Un caso di saldatura immediata dei talami ottici.* Atti della Academia medico chirurgica di Perugia.

face inférieure des deux couches optiques dans leur partie centrale, sans trace de commissure. Cette variété, qui n'a jamais été mentionnée jusqu'ici, reproduit une disposition normale chez plusieurs mammifères inférieurs.

La prostituée dont le cerveau présentait cette anomalie avait une physionomie masculine et n'eut jamais d'enfant. Elle ne présentait aucune anomalie dans la vision ni dans le mouvement. Par l'examen histologique, on constata que le tissu de la couche optique se continuait sans démarcation avec celui de la couche optique opposée, seulement, les sections correspondant au quart postérieur de la soudure, présentaient dans la ligne d'union une striation plus claire, constituée presque exclusivement par les *cellules de la névroglie comme dans la substantia cinerea* dont elle représente un reste.

Dans la section des trois quarts antérieurs de la partie soudée de la couche optique, au milieu de plusieurs cellules de la névroglie, on trouva de petites cellules nerveuses fusiformes ou *poliédriques* avec plusieurs prolongements.

Les circonvolutions et les sillons de la superficie cérébrale étaient très simples.

Les cornes occipitales des ventricules latéraux étaient extraordinairement réduites. Le poids de l'encéphale entier n'était que de 1190 grammes; la taille de la femme 1m56; l'index céphalique 79. Tout cela démontre le développement défectueux de ce cerveau.

Processus supracondyloideus de l'humerus. — Le Dr Valenti [1] l'a rencontré trois fois, chez deux criminelles et chez une folle, d'un seul côté, et dans sa forme la plus commune, c'est-à-dire dans celle d'une apophyse écrasée d'avant en arrière et incurvée en bas.

Dans les deux criminels, avant la macération, le Dr Valenti a pu observer aussi la présence du canal supracondiloidé.

Sillons palmaires. — Dans ces sillons, le Dr Carrara [2] a trouvé des anomalies qu'il a réunies sous 4 types principaux :

Ou ces sillons sont constitués par un sillon unique qui intéresse toute la paume de la main et est parfaitement horizontal, ou ce sillon transverse et horizontal est associé à d'autres sillons presque normaux. Ou bien encore il y a plusieurs sillons, mais dans une direction horizontale et rectiligne; ils sont parallèles entre eux, et n'intéressent pas toute la paume de la main; ou enfin on ne trouve que le sillon le plus profond et le plus marqué, tandis que les plus superficiels ont disparu.

Ces formes anormales sont très importantes parce qu'elles rappellent des formes simiesques, comme la comparaison des figures nous le montre très clairement. Or, sur 212 normaux il n'y en avait que 12 qui eussent des sillons anormaux, — 5,6 % — tandis que sur 1505 criminels il y en avait 131, c'est-à-dire le 10,6 %. Une proportion analogue existe chez les aliénés, et cette proportion est plus grande encore chez les idiots, soit 5 sur les 17 examinés.

Pied plat. — Sur 150 reclus du Réformatory d'Elmira en 1893 on en trouva 5 avec le pied plat congénital : 3,33 %.

En 1895, 58,42 % avaient le pied normal, 18,75 % avaient la voûte du pied basse, 22,44 % avaient le pied congénitalement plat.

---

[1] G. VALENTI. *Processo supracondiloideo dell'umero in due criminali ed una pazza.* Atti dell'Acc. Med. Chirur. di Perugia, vol. VIII, fasc. I, II.

[2] Anomalie dei solchi palmari nei normali e nei criminali (*Giornale della R. Accad. di Medecina di Torino*), 1895. Fasc. 78. *Arch. di Psichiatria*, 1896, vol. XVIII, p. 38.

Variété des Vertèbres. — Tenchini a décrit récemment une anomalie, tout à fait inconnue jusqu'ici, qu'il a trouvée sur l'atlas d'un voleur; il s'agit d'une articulation surnuméraire indépendante. Dans la colonne vertébrale à laquelle appartient cette vertèbre, il y a une autre anomalie numérique de ces composants, consistant en 25 segments présacraux avec excès dans la région thoracique, soit : 7c+13t+5L.

Tenchini trouva dans 16 atlas de criminels presque toutes les anomalies signalées jusqu'ici par les anatomistes, telles que la soudure complète de l'atlas avec l'os occipital, la duplicité de la surface des cavités glénoïdes (dans 15 cas sur 16); chez 3 individus un pont osseux étendu entre l'extrémité postérieure de la masse latérale et l'arc postérieur de l'atlas.

Sur un voleur de grand chemin, il a observé une petite lame osseuse complète et solide s'étendant de la marge extérieure de la cavité glénoïde à la moitié postérieure du sommet de l'apophyse transverse, anomalie que Poirier ne rencontra que 9 fois sur 500 cas normaux.

Dans 4 cas il trouva une bifidité de l'apophyse transverse et dans un autre cas, à gauche, l'interruption complète de la racine antérieure de cette même apophyse transverse.

Le tatouage. — Leppmann [1] a étudié 200 criminels allemands et a trouvé une fréquence de tatoués de 35 à 40 %.

Les membres virils étaient tatoués dans un seul cas, chez un accusé d'attentat aux mœurs.

Chez les jeunes gens de 16 à 20 ans, placés dans le Reformatory d'Elmira, le tatouage se trouva dans 34 % et très souvent les mêmes emblèmes étaient répétés : des initiales, femmes nues et danseuses, cœurs percés et organes génitaux. On voit prédominer les caractères symboliques de leurs occupations — un cheval par exemple ou un fer de cheval — ou de leurs sentiments, comme celui d'un couple entrelacé au dessous duquel est écrit : *Amour.*

Chez quelques enfants, surtout chez ceux qui ont vécu dans la rue, on rencontre des signes particuliers entre le pouce et l'index au nombre de 2 à 8 ou 9, disposés irrégulièrement ou dans un ordre particulier, en étoile, signes servant évidemment à se reconnaitre.

Balafres (sfregio) chez les cammoristes. — C'est encore M. De Blasio [2], dans son intéressante étude sur la Cammora qui nous montre que le *sfregio*, selon la façon dont il est exécuté, s'appelle « *asippo* » s'il est fait avec des morceaux de verre, « *asbarzo* » s'il est fait avec des rasoirs dentelés. Le *sfregio asippo* est fait par le cammoriste lorsqu'il s'aperçoit que son amante ne partage plus son amour. Dans ce cas, le sfregio peut se considérer comme l'anneau matrimonial, car lorsqu'une jeune fille est ainsi traitée, la famille de la jeune fille et celle de l'amant se mettent d'accord pour conclure le mariage.

Le *sfregio* se pratique contre les femmes infidèles ou simplement suspectées d'infidélité. Quelquefois, il n'a d'autre but que de marquer la femme de son cœur, pour que tous les « don Juan » de la rue reconnaissent l'amante du cammoriste et abandonnent toute velléité de la courtiser. Et, par une étrange perversion du sens moral, les

[1] LEPPMANN. *Die criminal psychologische und criminal praktische Bedeutung des Tätowirens der Verbrecher.* Vierteljahr. f. gerichtliche Med. 1894.

[2] DE BLASIO. Usanze cammorristiche : lo sfregio (*Archivio di Psichiatria*), vol. XVIII, p. 562.

femmes subissent ce *sfregio* avec orgueil, comme s'il était une preuve certaine de l'amour dont elles sont l'objet. Elles se montrent, phénomène unique, plus orgueilleuses d'appartenir à un cammoriste, que de leur propre beauté.

Nécroscopie des criminels. — A la nécroscopie d'un voleur sarde de 49 ans, le Dr Pizzorno [1] trouva une capacité cranienne minime, cm. 1330, tandis que la taille de cet individu était de 1m72.

Il y avait plusieurs muscles surnuméraires dans l'avant-bras gauche, et à gauche également, le plantaire grêle manquait, phénomènes qui constituent deux caractères évolutifs. Il présentait encore un muscle accessoire du sterno-cleido-mastoidien à droite, qui s'insérait à la première côte, comme on peut le constater normalement dans les vertébrés inférieurs (lézards, etc.). Il avait encore une anomalie des racines de la veine porte et des veines pulmonaires, en relation avec la présence d'un lobe surnuméraire dans le poumon gauche. Dans le cerveau, outre la direction anormale de quelques circonvolutions et des scissures des lobes frontaux et pariétaux, la scissure prérolandique communiquait avec la sylvienne.

Anomalies des organes internes des criminels. — Le Dr Motti [2] a trouvé que 90 % des criminels présente des anomalies des organes internes, thorax et abdomen. On note surtout un développement plus grand de l'hémisphère cérébral droit; une bifidité de la pointe du cœur, comme dans les sirénides, l'ouverture du trou ovale, la présence d'un lobe impair (azygos inférieur) dans le poumon; un sillon secondaire dans le foie, et les reins polylobés, etc.

Deuxième centurie de criminels. — Dans la deuxième série des criminels étudiés dans le cours d'anthropologie criminelle [3], série qui comprenait une forte proportion d'homicides et d'auteurs de blessures, 37 de ces individus étaient âgés de 18 à 30 ans. Le poids et la taille étaient, en moyenne, inférieurs à ceux des individus normaux. La circonférence horizontale était de 535mm, de beaucoup inférieure à la moyenne des normaux. Parmi les anomalies, on trouva dans cette deuxième série la platicéphalie dans 7 cas, la plagiocéphalie dans 13, l'oxicéphalie dans 3, la sténocrotaphie dans 2, le prognathisme dans 10, la mâchoire développée dans 27, le strabisme dans 11, les dents canines développées dans 4, les oreilles à anse dans 29; le lobule de Darwin dans 7, le lobule sessile dans 16, et le manque de barbe dans 34 cas.

La sensibilité tactile était de 3mm26 à droite, de 3mm45 à gauche; 18 de ces criminels présentaient des anomalies de la sensibilité topographique; 22 possédaient une grande sensibilité météorique, 13 une grande sensibilité magnétique. Un seul présentait de la dyscromatopsie, une sensibilité olfactive obtuse et 11 une sensibilité gustative obtuse, 23 présentaient des blessures à la tête et 19 dans d'autres parties du corps, 6 avaient une agilité simiesque, 39 des anomalies de la motilité, ataxie, tremblements, etc., 25 des anomalies de la parole et 10 de l'écriture; sur les 35 dont on mesura les réflexes tendineux, 3 les présentaient très accentués. La réaction vasomotrice contrôlée avec la nitrite d'amyle était rapide dans 8 cas sur les 17 observés.

18 criminels sur 100 souffraient de céphalée, 14 de délire, 18 d'autres maladies

---

[1] Marco PITZORNO. Esame di un delinquente (*Giornale della R. Accademia*), di Torino, 1895, p. 489.

[2] *Atti dell'Congresso medico internazionale*. Roma, 1896.

[3] ROSSI et OTTOLENGHI. *Seconda centurie di criminali*, 1896. Torino.

nerveuses, 13 étaient fous, 7 phrénasténiques, 5 fous moraux, 7 hystériques dont 6 femmes, 14 épileptiques et 17 épileptoïdes. La précocité du crime avant 20 ans se montra dans 47 cas seulement, 5 s'adonnèrent au crime après 30 ans; 12 se masturbaient avant l'âge de 10 ans, 4 se donnèrent à la femme après 20 ans.

Pour ce qui est de l'hérédité, il existait presque toujours des anomalies chez les parents et chez les ascendants collatéraux ou chez les descendants. Dans 22 de ces cas, le père était alcoolique, dans 8 c'était la mère, chez 7 le père était criminel, chez 6 le père était fou et chez 6 la mère était prostituée. Dans 6 familles on observa une grande fécondité suivie d'une mortalité précoce des enfants.

Dégénérescence psychique. — *Criminalité et mortalité par l'alcool*[1]. — D'un père alcoolique, goutteux et d'esprit obtus et de mère alcoolique et souffrant de calculs vésicaux, naquirent 7 fils : deux filles idiotes, deux autres folles, puis un enfant maladif, un autre alcoolique et goutteux, un autre à demi imbécile, opéré pour un calcul vésical, et enfin un dernier, criminel impulsif, qui blessa sa mère ainsi que des garçons de la fabrique de son père. D'un caractère instable, il manque d'affectivité. Après avoir changé 4 fois de métier, il a fini par tomber complètement dans l'oisiveté et le vagabondage. Il était intéressant de noter dans cette famille ces formes diverses de dégénérescence.

NOUVEAUX INSTRUMENTS D'ANTHROPOMÉTRIE.

Algomètre. — C'est un instrument inventé par le Dr Belloni, qui est formé par un cadran métallique à secteur de cercle, portant, fixée en bas, une petite pointe qui rentre dans une sorte de doublure et qui peut se déplacer en haut de 4^{mm}. Ce déplacement détermine la douleur, et la profondeur de pénétration de la pointe dans les tissus est mesurée et révélée par un index gradué.

Faradiréomètre. — Roncoroni et Albertotti mesurèrent en fractions de Volt avec un faradiréomètre de Cerruti où l'on avait introduit un interrupteur électrique constant, la force électromotrice d'un courant faradique, développée par une bobine de Dubois-Reymond.

Sensibilité. — Avec ce faradiréomètre, Roncoroni et Albertotti[2] trouvèrent que la sensibilité en centième de Volt est en moyenne

	Générale.	A la douleur.
Chez les normaux cultivés	3,12	46
» » non cultivés	7,91	46
» les fous	11,9	52,8
» les épileptiques et criminels-nés	33,5	52,2

Tous les épileptiques et les criminels avaient une sensibilité générale obtuse et chez 6 sur 10 la sensibilité à la douleur était obtuse.

Sensibilité et âge. — Avec le faradiréomètre Edelman, le Prof. Ottolenghi[3] a trouvé que la sensibilité générale est assez développée chez les enfants de 9 à 14 ans, avec prévalence de la sensibilité moyenne (15-20 cent. de volt) et quelquefois il constata de la sensibilité fine (10-15 cent. de volt).

---

[1] NARDELLI. *Atti dell' XI Congresso internazionale.*

[2] RONCORONI e ALBERTOTTI. Le sensibilità electrica generale e dolorifica esaminate col faradireometro nei pazzi e nei criminali (*Arch. di Psichiatria*), vol. XVI.

[3] OTTOLENGHI. La sensibilità e l'età (*Arch. di Psichiatria*), 1895.

Elle devient toujours plus fine en avançant en âge, de la jeunesse à la virilité; et pendant que chez les étudiants il y a encore une sensibilité médiocre dans le 8%, chez les professionnels il n'y a plus que le 2%.

Chez les gens âgés la sensibilité est très obtuse (78%).

La sensibilité à la douleur est obtuse dans la première enfance; à l'âge de 9 à 14 ans elle ne mesure plus que 90 cent. de volt dans les 68 et 70%.

Chez les étudiants de l'Université cette diminution de la sensibilité ne se rencontre que dans la proportion du 17%, et chez les professionnels elle n'atteint que le 7%; c'est-à-dire que la sensibilité à la douleur va se raffinant du premier âge à la jeunesse et de la jeunesse à la virilité.

Pour ce qui est des gens âgés, pendant que de 40 à 65 ans, 65% présentent une diminution sensorielle de plus de 60% de volt, au-dessus de 60 ans cette diminution ne se rencontre plus que chez le 45%, c'est-à-dire que dans l'extrême vieillesse la sensibilité devient plus délicate.

Ergographie des criminels et épileptiques. — R. Roncoroni et Dietrich ont trouvé sur 4 épileptiques 2 fois la gaucherie ergographique. Après les accès épileptiques, il se produit une profonde modification dans les tracés; les épileptiques perdent, après l'accès, l'éducation ergographique, c'est-à-dire la coordination des mouvements (lentement appris auparavant dans les expériences antérieures).

PSYCHOLOGIE

Jeux des criminels. — Le Dr Carrara[1] a décrit les jeux des criminels qui vivent dans les maisons de correction et qui ont une empreinte d'extraordinaire férocité. Ils s'amusent, par exemple, dans le jeu de la *patta* à faire passer la tête, en cherchant à ne pas être touchés, entre deux pointes aiguës, qu'un compagnon agite horizontalement l'une contre l'autre; ou bien ils s'amusent à éviter de se blesser en écartant les doigts, tandis qu'un compagnon cherche à percer d'une pointe aiguë la paume de la main posée sur la table.

D'autres fois, ils s'amusent à courir en cercle en cherchant à éviter par des mouvements du corps, les coups de bâton qu'un compagnon cherche à leur donner.

Comme les sauvages et les animaux, ils répètent dans les jeux les pratiques belliqueuses caractéristiques de leur vie; les criminels choisissent ainsi, pour s'amuser, les formes cruelles et féroces qui correspondent à leurs tendances particulières.

Coutumes de la camorre. — *Hiéroglyphes des criminels.* — Pour leur correspondances clandestines, surtout en prison, les camoristes se servent d'hiéroglyphes que le Dr De Blasio nous a révélés[2]. Par exemple :

Président du Tribunal . . . . une couronne.
Juge . . . . une autre couronne.
Inspecteur de police . . . . un chapeau à pointe.

---

[1] CARRARA. I giuochi dei criminali (*Arch. di Psichiatria*) 1895. vol. XVI, fasc. IVe V.

[2] DE BLASIO. I geroglifici criminali e i camorristi in carcere (*Arch. de Psichiatria*), vol. XVII, p. 147.

Procureur du roi . . . . un serpent.
Carabinier . . . . une cornette.
Agent de police. . . . . une pipe.
Vol . . . . une tête de mort.

Ainsi se confirme ce que j'avais soupçonné: l'existence d'une écriture hiéroglyphique qui est donc complètement atavique chez les criminels.

Atavisme et criminalité[1]. — Guglielmo Ferrero réussit, dans une étude récente, à modifier la conception d'atavisme, de façon à la mettre à l'abri de certaines objections qui furent souvent répétées.

Etudiant les peuples sauvages, Ferrero a trouvé que leurs caractères les plus communs sont l'incapacité au travail régulier et méthodique et l'impulsivité; deux caractères en connexion entre eux, car l'apparition de l'une entraine celle de l'autre. En effet, beaucoup de peuples sauvages, qui normalement vivent tranquilles et peuvent paraître des modèles de douceur dans les mœurs, sont sujets, par cela même qu'ils sont impulsifs, à des accès de fureur dans lesquels ils commettent des actes de violence; et, bien qu'ils ne tuent que rarement, ce fait n'exclut pas leur potentialité criminelle, c'est-à-dire l'impulsivité.

Chez les criminels, M. Ferrero trouve ces deux mêmes phénomènes ataviques fondamentaux. L'atavisme est constitué par l'instinct d'insubordination à la loi du travail et par l'impulsivité, instincts organiques, pour ainsi dire, chez le criminel-né et par cela même irréductibles, tandis que chez le criminaloïde, ces caractères sont acquis et réductibles. La cause fondamentale de la moralisation des peuples a été l'habitude du travail régulier et méthodique, et la sélection la plus efficace consiste en la sélection du travail.

Le Dr Silvestri[2] a examiné 240 enfants de 3 à 7 ans dont le 45 % moralement anormaux. Les caractères physiques morbides se sont rencontrés dans 66 % des enfants à caractère moral anormal et 29 % chez les enfants à caractère moral intègre, et même à cet âge, les caractères morbides ont été moins fréquemment constatés chez les filles que chez les garçons.

Enfant matricide. — Un enfant de 13 ans, Robert C. avec la complicité de son frère de 12 ans, à Londres, tua sa mère avec un couteau acheté tout exprès. Après l'homicide ils restèrent à la maison pendant 11 jours, jusqu'à ce qu'on découvrit le cadavre. Robert avoua son crime en disant avoir tué sa mère parce qu'elle avait trop grondé son frère.

C'était un enfant très intelligent. A sa naissance on avait employé le forceps; il souffrait beaucoup de céphalalgie et il se plaignait d'entendre souvent des voix pendant la nuit. La nuit qui précéda l'homicide il prétendit les avoir entendues qui lui criaient : « Tue-la, tue-la et va-t'en » et il avait eu une impulsion irrésistible le poussant à la tuer. Il souffrait aussi d'accès maniaques.

Fallot et Robiolis[3] publient le cas d'une tentative de meurtre par vengeance, commis par une enfant de 2 ans sur sa sœur de 7 ans. La petite criminelle mesure 80 cm.

---

[1] Guglielmo Ferrero. *Archivio di Psichiatria, etc.*, vol. XVII, fasc. 1-2, 1896.
[2] Morrison. Zeitschrift für pædagogische Pathologie u. Therapie. Jena, 1896. *Riassunto dell'Arch. di Psich.*, XVII, p. 332.
[3] Un cas de criminalité remarquablement précoce. *Archives d'anthrop. crim.*, 1896, vol. XVII, p. 372.

de taille, elle est acrocéphale, à front rentrant, ses sinus frontaux sont très développés; scaphocéphalie, oreilles sessiles, index 78; à sexualité précoce, elle s'introduit
souvent des objets dans les parties génitales. Très violente, manquant complètement
de sensibilité, elle ne montra aucun souci ni aucun repentir pour l'acte commis;
quelque temps avant le crime elle était restée sans se plaindre, un jour entier, sans
manger, par punition.

ÉPILEPSIE.

Equivalent épileptique [1]. — Un individu marié, père de famille, tout à fait honnête, qui présente pourtant quelques stigmates somatiques de l'épilepsie, est poussé souvent, sans qu'il puisse s'en rendre compte, à exhiber ses organes génitaux jusqu'à ce qu'il
en éprouve une satisfaction. La nature des phénomènes qui accompagne cet acte l'identifie avec un accès épileptique. Avant tout, en effet, l'individu est pris par un ma-
laise à la suite duquel il éprouve une grande excitation sexuelle, des images érotiques
indéfinies se présentent à son esprit, il éprouve des sifflements dans les oreilles, une
confusion de la vue, etc. Il ne se rappelle que ces phases prémonitoires de l'accès;
après il reste stupide, et lorsqu'il se réveille, il tombe dans une crise de larmes.

Cette attaque qui persiste une demi-heure, est souvent accompagnée d'une irrésistible manie de courir, rappelant l'épilepsie procursive et qui confirme la nature épi-
leptoïde des crises exhibitionnistes, fait, du reste, que démontrent les caractères de
l'accès: l'angoisse, l'automatisme, la mémoire confuse et lacunaire, l'absence de la
conscience, le sentiment de soulagement après l'accès, lequel est suivi de stupeur et
d'incertitude.

Criminels épileptiques. — Dans les 250 procès recueillis dans les XVI-XVIIᵉ volumes de « l'Archivio di Psichiatria » de 1895 à 1896, Ottolenghi [2] rencontra 80 cas
d'épilepsie ainsi distribués: 24 sur 108 dans la 1ʳᵉ série, 37 sur 107 dans la 2ᵉ série,
et 18 sur 50 dans la dernière et présentant ces caractères:

Epilepsie convulsive motrice dans 31 cas; épilepsie psychique dans 76 cas ainsi sub-
divisés: *a)* Vertiges, absences: 20. *b)* Actes automatiques inconscients, non violents: 2.
c) Automatisme ambulatoire (épilepsie procursive) 16 (dans 9 cas il y avait les soi-
disant fuites, et dans 7 cas, de vraies formes de vagabondage). *d)* Accès équivalents
à des crimes: la vraie fureur épileptique morbide, dans 25 cas. *e)* Accès très graves
pendant lesquels on peut commettre des crimes de sang (raptus et état crépus-
culaire).

Comme causes occasionnelles, on constata que dans 2 cas l'accès d'épilepsie
psychique s'était manifesté sous l'influence de l'alcool, 4 fois après une excitation
passionnelle, 6 fois à cause d'un traumatisme. Dans 9 cas l'épilepsie se manifesta
pendant le service militaire, et dans tous ces cas il y avait hérédité morbide.

Caractères anatomiques. — Des 250 épileptiques étudiés, plus de 54 % présentaient
un type criminel complet, 36 % présentaient un type criminel incomplet.

Caractères sensoriaux. — La sensibilité tactile était moyenne dans 55 %, inférieure
dans 33 %; fine dans 12 %.

---

[1] Enrico MORSELLI. Esposizione accessuale degli organi genitali « Esibizionismo » come equiva-
lente epilettoide. *(Bollettino della R. Accad med. di Genova)*, vol. IX, fasc. 1, 1894.

[2] OTTOLENGHI. *Seconda centurie*, 1896.

La sensibilité générale fut moyenne dans 56,6 % ; inférieure dans 41,5 % ; fine dans 11,9 %.

La sensibilité à la douleur a été moyenne dans 31,2 % ; inférieure dans 65,5 % ; fine dans 1,7 %, d'où l'on peut conclure que la diminution de la sensibilité est d'une fréquence plus grande pour la sensibilité à la douleur, et moindre pour la sensibilité tactile.

Sens moral. — Dans 32,6 % on nota les caractères anatomiques et psychiques complets du criminel-né, tous les autres appartenaient à la classe du criminaloïde. Selon le crime commis, les criminels épileptiques se divisaient ainsi : 18 homicides parmi lesquels un parricide — 15 avaient fait des blessures — 12 avaient commis des crimes de sang et des crimes contre la propriété, 24 étaient voués spécialement aux crimes contre la propriété, 2 étaient escrocs, 4 criminels sexuels, dont un empoisonneur, 2 criminels politiques avec prévalence pourtant des crimes sanguinaires.

Conclusions. — Plus on approfondit les études sur l'épilepsie, plus on trouve la fréquence de cette maladie chez le criminel. Dans la première série nous les trouvons dans la proportion de 22,4 %, dans la deuxième dans 34,6 %, dans la troisième dans 36 %.

Chez les criminels prédominent les formes d'épilepsie psychique et parmi les épilepsies psychiques, c'est la colère nerveuse, épileptique, qui n'est que l'exagération du caractère habituel du criminel-né.

Les dernières expériences du Réformatory d'Elmira. — Le compte rendu du célèbre Réformatory d'Elmira de l'année qui va du 30 septembre 1894 au 30 septembre 1895 a une importance exceptionnelle, car il démontre avec quelle rapidité le directeur de cet institut s'est assimilé les méthodes d'étude et les idées fondamentales de l'école nouvelle.

Comparés avec les collégiens d'Amherst, les criminels d'Elmira ont présenté :

    16,82 %, un poids supérieur à la moyenne des collégiens d'Amhrest,
    62,58 %, un poids inférieur   »   »
    20,60 %, un poids égal   »   »

Il est curieux de constater que la moyenne du poids, de la taille et de la capacité pulmonaire des détenus d'Elmira se rapproche sensiblement des moyennes des pensionnaires de Wenwsley qui ne contient que des femmes. On pourrait donc supposer, par ces chiffres, un caractère de féminisme dans la structure générale du corps. Le développement négatif de la poitrine serait général.

DINKA ET MOÏ [1].

Dinka. — Les rapports étroits qui unissent les criminels à la psychologie et à la physiologie des sauvages nous ont permis d'ajouter ici les principaux résultats d'une étude que nous avons faite sur quelques Dinka, Fascoda, Avellon et Rec, appartenant à des peuplades du Haut-Nil. Parmi les caractères intéressants qu'ils présentaient nous devons signaler le nez qui non seulement est encavé, mais trilobé, ressemblant à celui des singes, le menton rentrant et l'étrange uniformité des têtes très longues, dont l'indice, qui descend jusqu'à 64, est de 70 en moyenne. Ils sont très petits, en moyenne de 150 cm.

---

[1] LOMBROSO et CARRARA. I Dinka, *Arch. di Psich.*, 1896.

Plusieurs présentaient de la fémininité, telle la ginécomastie dans les mâles; chez la femme au contraire on constatait de la virilité des traits.

La taille est très élevée, 1m75 à 1,90, à cause de l'excessif allongement de la partie inférieure des jambes qui sont adaptées à la course parmi les étangs marécageux où ils vivent.

Mais leur psychologie est plus intéressante encore. Ils sont comme de grands enfants, ils restent tout le jour immobiles et tranquilles sans faire autre chose que de fumer; quelquefois seulement ils ont des explosions violentes, montrant ainsi une complète analogie avec le caractère des criminels.

Ils présentaient encore une remarquable anesthésie; la sensibilité tactile était en moyenne de 4—6 jusqu'à 2mm, la générale de 45, jusqu'à 70 centièmes de volt, la sensibilité à la douleur jusqu'à 95 (normal 46) c'est-à-dire que la force maximale du courant dont on disposait ne leur suscitait aucune douleur. Cette insensibilité était démontrée par leurs tatouages et aussi par d'autres faits. Un de ces individus par exemple s'était appliqué des clous à l'intérieur de ses souliers pour qu'on ne les lui dérobât pas. A la puberté, et comme signe de virilité, ils se cassent les dents incisives au moyen de coups de marteau. Dans les sens spécifiques, on constatait une diminution de l'olfaction et du goût (les sels étaient les saveurs le plus facilement reconnues). L'ampleur du champ visuel, qui était extraordinaire, est en rapport avec leur vie dans la grande plaine et la diminution des autres sens. Enfin ils ne présentaient pas beaucoup de caractères dégénératifs.

Moï. — Le juge Paul d'Enjoi se trouvant parmi les *Moï*, peuple de l'Indo-Chine, dut instruire un procès pour assassinat [1]. On arrêta deux indigènes grands et gros comme des géants, avec la barbe inculte, les cheveux longs, les ongles en griffes. Invités par l'interprète à saluer selon la coutume orientale le mandarin qui les interrogeait, les *Moï* répondirent que jamais un homme ne doit se prosterner devant un autre homme. Après ils confessèrent sans restriction le crime avec une grande naïveté, s'étonnant que l'on pût le leur reprocher. « Celui qui tue peut tuer, puisque, en effet, il tue, » répétaient-ils toujours, et aucune bonne raison ne put troubler leur raisonnement. Lorsqu'on leur expliqua que la détention dans laquelle on les tenait était le commencement de leur châtiment, ils répondirent en battant des mains : « Mais nous n'avons jamais été mieux qu'à présent, aucun de nos chefs ne pourrait avoir un palais plus beau que cette prison. Pour pouvoir y rester, nous sommes prêts même à tuer quelque autre homme. » C'est la même réponse qu'ont donné les criminels-nés les plus célèbres et les plus farouches, Lemoine, etc., ce qui prouve l'atavisme du criminel-né et l'inutilité des peines.

M. Nœcke. — Je suis heureux d'apprendre de la bouche même de M. Lombroso qu'il maintient encore son type criminel. Sans vouloir parler du résultat constamment négatif de mes propres recherches dans ce sens, je puis affirmer qu'en général ce type n'a jamais été observé dans les grandes prisons d'Allemagne. Je ne l'ai pas rencontré non plus chez les filles publiques que j'ai vues dans mon service à Königsberg. Toutes

---

[1] *Revue des Revues,* 1895.

les anomalies que présentent les criminels se retrouvent chez les aliénés. Quant à l'atavisme et à la confusion du scélérat avec l'épileptique, ce sont maintenant des idées presque surannées. Je suis heureux de me trouver, dans ces questions, d'accord avec les écoles allemande et française.

M. Dekterew. — Dans ce Congrès les divergences d'opinions se font jour et la lutte à propos du type criminel et surtout du criminel-né s'engage de nouveau, comme à Paris en 1889. En fixant votre attention sur un chapitre très grave de la psychopathologie, je crois apporter une note de transition entre les écoles en présence. Au Congrès de Bruxelles, j'avais déjà parlé brièvement *des descendants des alcooliques chroniques.* Ma thèse nous servira, je crois, de moyen terme dans nos séances ultérieures, si nous revenions (et nous y reviendrons!) à la question du criminel-né.

Les alcooliques chroniques (vu leur augmentation un peu partout) et leurs descendants sont un fléau pour la société et les mesures à prendre contre eux constituent un des plus graves problèmes qu'aient à résoudre les Etats. Nous traitons, nous enfermons les alcooliques adultes, mais que faire de leurs enfants, de ces êtres qui viennent au monde avec des tares physiques et morales, avec un cerveau dégénéré, un système nerveux vicié? Et chaque jour, la science nous en montre de pareils! L'éducation ni la réclusion ne peuvent être des éléments de lutte suffisants contre leur « moral insanity » innée. Nous ne voulons pas prendre part à la discussion sur les stigmates physiques et leur interprétation pour le type criminel. Mais, en ce qui concerne les descendants des alcooliques chroniques — avec ou sans stigmates — l'école italienne est dans le vrai, car ce sont eux qui sont les criminels-nés par excellence. C'est là que doit agir la société; elle doit avoir l'œil ouvert sur ces dégénérés, les surveiller dès leur enfance, faire des sacrifices pour leur éducation, favoriser leur développement moral et intellectuel, sans perdre de vue leur caractère de criminels-nés et sans oublier de compter toujours avec cette fatalité.

M. Dallemagne. — Il nous semblait, depuis les Congrès de Paris et de Bruxelles notamment, que la question du type criminel était une question définitivement vidée; aussi notre étonnement fut-il considérable lorsque, en manière de conclusion à l'*Histoire des progrès de l'anthropologie criminelle,* le professeur Lombroso reprit dans sa formule la plus intransigeante son hypothèse première. Cela nous force à rouvrir un débat clos depuis longtemps et il est essentiel que la question se pose dans toute sa netteté, car la solution qui lui sera donnée aura une influence considérable sur les destinées et l'avenir de ce Congrès, j'oserais même dire qu'elle pèsera lourdement sur nos décisions.

La question du type criminel, anatomiquement caractérisé, eut jadis un retentissement énorme; au moment où l'illustre Lombroso la posa, nous étions loin des courants juridiques et sociologiques d'aujourd'hui; elle révolutionna les esprits et provoqua partout un émoi salutaire, une émulation heureuse et des recherches de tous genres. Pendant vingt ans elle alimenta les discussions; le maître italien fut à l'ordre du jour de tous les débats, ses pensées apparurent comme des événements. Il y eut de part et d'autre une animation extraordinaire; puis l'apaisement se fit, Lombroso lui-même parut s'inspirer des objections soulevées et ses écrits se départirent des formules unilatérales en élargissant leurs horizons.

Et voilà qu'aujourd'hui M. Lombroso, comme repentant de son éclectisme, fait surgir à nouveau sa théorie dans sa forme la moins acceptable; il fait table rase de tout ce qui lui a été objecté. Faudra-t-il recommencer ici les interminables discussions?

Et cependant laisser passer une telle affirmation nous paraît impossible, car nous y voyons un grave danger pour l'avenir de l'anthropologie criminelle; l'hypothèse lombrosienne, sortant reconstituée et sanctionnée par nos débats, c'en est fait de la science nouvelle; c'est la suspicion sinon le discrédit jeté sur le restant de nos travaux.

Aussi, nous inspirant de ces graves préoccupations, appelant sur elles l'attention du maître italien ainsi que celle de tous nos collègues, nous croyons nécessaire, pour éviter les malentendus, de poser la question dans toute sa simplicité mais aussi dans toute sa netteté. Que faut-il entendre par le type criminel anatomique. Ce type est-il constitué par une sorte de signalement anthropologique en dehors duquel le criminel n'existe pas et suffisant d'autre part pour caractériser le criminel, abstraction faite des autres circonstances. Telle nous paraît être la question que M. Lombroso nous force à reposer de nouveau.

M. Lombroso n'admet guère — proclame-t-il — que des réponses basées sur les faits. Et les réponses, il ne les tolère que de la part de ceux qui ont, comme lui, soumis à des investigations réitérées des documents palpables et tangibles. Vous venez d'entendre la manière dont il condamne les opinions de ceux dont la science anthropologique ne procède pas de cette méthode. Nous ne croyons pas devoir encourir ce reproche. Nos débuts pratiques en anthropologie criminelle datent de plus de quinze ans; et il nous est agréable de rappeler que c'est à M. Lombroso que nous devons ces premiers pas dans la science nouvelle. Ce fut la célèbre théorie du maître italien qui en fit l'objet.

Vers 1880, mon excellent maître, M. le professeur Heger, ému des premiers par la célèbre doctrine italienne, alors à son aurore, voulut bien m'associer à ses travaux de crâniométrie sur des crânes d'assassins exécutés à Buxelles, à Liège et à Gand; il s'agissait pour nous en tout premier lieu de vérifier l'hypothèse lombrosienne; nos conclusions furent diamétralement opposées à la formule du professeur de Turin; le type criminel nous parut démenti par les faits.

Et ce que M. Heger et moi avons fait pour les assassins belges, d'autres l'ont renouvelé un peu partout; nombre de nos collègues ici présents pourraient apporter à cette tribune le fruit de leurs travaux personnels, et nous sommes convaincus que leurs conclusions renforceraient les nôtres.

Et cependant M. Lombroso persiste dans son idée première, fermant les oreilles à nos protestations, les yeux à l'évidence. Attitude regrettable et dangereuse, car il faut qu'il sache le tout premier que sa théorie proclamée ici, c'en serait fait de l'anthropologie criminelle, tout au moins pour longtemps.

S'il était admis que le type criminel est déterminé anatomiquement et qu'en dehors de ce type il n'existe pas de criminel, ce serait le discrédit irrémédiablement jeté sur notre science toute entière.

J'en appelle du reste à M. Lombroso lui-même. Ses derniers écrits contredisent formellement son attitude d'aujourd'hui. Ils nous montrent un Lombroso progressif, abandonnant l'étroitesse de sa formule première pour aboutir, au sujet du type, à une sorte de schéma, de cliché composite fait de moyennes et de généralisations. Nous avons salué, sans qu'aucune protestation se fît entendre, cette nouvelle manière du maître italien. Si nous nous sommes trompé, qu'il vienne à cette tribune répondre à la question si précise que nous avions posée; et qu'il n'en reste pas éloigné par l'amour-propre, car il est préférable d'apparaître ouvert au progrès de son temps, évolutif, qu'enfermé volontairement dans une pensée qui malgré son énorme retentissement, est irrémédiablement condamnée.

M. Ferri. — Je crois que la question sera mieux discutée, à propos des rapports, par quelque thèse positive et documentée. Toutefois, pour répondre aux négations vagues et syllogistiques qu'on a faites aujourd'hui, il est utile de présenter quelques remarques au point de vue général.

Je crois que toute la discussion d'aujourd'hui est déterminée par deux malentendus. On a, en effet, invoqué un effort de conciliation à propos de l'affirmation du criminel-né, en oubliant que les conciliations ne sont pas possibles sur le terrain scientifique. Nous pouvons et nous devons nous unir tous dans l'amour de la vérité; mais après cela chacun de nous observe les faits et en tire des conclusions scientifiques, telles qu'elles sont et telles qu'elles s'imposent, sans conciliation possible avec des faits ou des inductions contraires. La vérité est une, et M. Lombroso ainsi que toute l'école italienne, dès ses débuts, a toujours affirmé et démontré non pas par des discours académiques mais par des faits, l'existence du type criminel. Invoquer une conciliation, comme le pensait tout à l'heure mon ami M. Dallemagne, serait non pas favoriser le triomphe de nos idées, mais le paralyser complètement ; car les Congrès scientifiques ne sont pas des conciles œcuméniques qui puissent décider un dogme théologique, et ce n'est pas la majorité ou la minorité d'un Congrès, qui peut trancher par un vote une question scientifique. Comme le disait très bien mon ami M. Lacassagne, au Congrès de Rome, en 1885, on ne vote pas par majorité sur des questions scientifiques. Et j'ajoute, pour ma part, que les Congrès scientifiques ne sont pas non plus des assemblées politiques, où les conciliations et les concessions réciproques peuvent s'imposer et même être utiles à un certain moment. Dans la science, nous ne pouvons que travailler à la recherche de la vérité et à l'affirmation tranchante et nette de la vérité que nous avons ou que nous croyons avoir découverte. Tout procédé opportuniste serait condamné dès le lendemain par les faits eux-mêmes.

Le deuxième malentendu consiste dans la portée même de l'expression *type criminel* qu'on attribue à M. Lombroso et à l'école italienne.

Il était naturel et inévitable que Lombroso, un anthropologiste, donnât tout d'abord le plus grand éclat au côté anatomique de l'anthropologie criminelle, parce que, l'échafaudage anatomique est le fondement même de toute manifestation de la vie humaine, individuelle et collective. Mais M. Lombroso et l'école italienne n'ont jamais dit que les caractères anatomiques étaient les seuls caractères du criminel-né, ou mieux de l'homme criminel, dont le criminel-né n'est qu'une variété.

M. le président Lachenal a très bien mis en lumière, ce matin, le fait que les différents Congrès d'anthropologie criminelle ont marqué ce développement évolutif de notre science. A Rome (1885), l'anthropologie anatomique eut une prépondérance correspondant aux débuts de nos recherches; le Congrès de Paris (1889) y ajouta les recherches de biologie et de psychologie d'une façon plus marquée. Après le soi-disant essai de conciliation fait à Bruxelles (1892) en l'absence de l'école italienne, le Congrès de Genève, comme le disait très bien ce matin notre président M. Ladame, étudie les applications sociologiques, légales et administratives de l'anthropologie criminelle. Voilà le développement successif de notre science et de nos réunions, qui est à lui seul la preuve de leur vitalité.

De sorte que, lorsque M. Dallemagne pose la question du type criminel en exigeant une réponse catégorique à la question de savoir s'il y a des caractères *anatomiques* qui spécifient le criminel-né et si ces caractères *anatomiques* suffisent *à eux seuls* à contenir la tendance invisible au crime, il pose mal la question.

M. Lombroso et l'école italienne n'ont jamais prétendu que le type criminel soit un type exclusivement et seulement *anatomique*. Nous avons toujours dit que l'anthropologie criminelle, étant « l'histoire naturelle de l'homme criminel » devait en étudier la personnalité organique et psychique, l'étudier comme individu et comme membre d'une société dans laquelle il est, il agit et dans laquelle seulement on peut concevoir le crime, c'est-à-dire un acte anti-social.

Nous avons, nous, toujours dit que le crime est la résultante d'un ordre très complexe de facteurs anthropologiques, physiques et sociaux et nous avons fait et publié nos recherches non seulement dans le champ anatomique, mais aussi dans la physiologie et la psychologie du criminel aussi bien que sur les influences du milieu tellurique et du milieu social.

Et je me rappelle très bien qu'à Paris, après que M. Dekterew fut tombé d'accord avec moi sur ce point, on reconnut que le type criminel n'est pas seulement et exclusivement un type anatomique.

On peut trouver un homme ayant les stigmates du criminel-né et qui cependant n'arrive pas à commettre un crime, parce que, par exemple, il a le bonheur de vivre dans un milieu favorable, qui ne lui donne pas la nécessité ou l'opportunité de commettre un crime. Il en est de même pour celui qui a une prédisposition congénitale à la phtisie, mais qui ne devient jamais tuberculeux, parce qu'il a le bonheur de vivre dans un milieu favorable d'aisance, de nutrition et d'hygiène.

Mais, il ne faut pas conclure de cela que c'est le milieu social seul qui fait le criminel ; car nous avons toujours dit que le milieu social et physique pousse au crime les individus qui ont une certaine personnalité organique et psychique plus ou moins dégénérée. Naturellement, il y a encore, ici, des exceptions à faire. J'ai toujours insisté sur la classification des différentes variétés de l'homme criminel, que j'ai réduites, et l'on a presque partout accepté cette classification, à cinq catégories anthropologiques, au *criminel-né*, à l'*aliéné*, à l'*habituel*, à l'*occasionnel* et au *passionné*.

En effet, comment expliquerait-on, par exemple, que sous l'influence du même milieu social un individu préfère se tuer lui-même, au lieu de tuer un autre homme ? La misère, en prenant ce mot dans son expression la plus large et la plus douloureuse, est la cause déterminante commune. Mais un individu cède en commettant un suicide, l'autre en commettant un assassinat, l'autre un vol, et les effets, profondément divers, sont en partie déterminés par les différences de la constitution organique et psychique de ces individus. C'est seulement dans ce but compréhensif que l'école italienne a toujours parlé de type criminel, de criminel-né, de criminel d'occasion, bien que l'attention publique ait été plus vivement frappée par les recherches craniologiques ou physiognomoniques de l'anthropologie criminelle.

Il est donc évident que si un Congrès ne peut pas trancher par majorité ou minorité une question scientifique, il peut et il doit la mettre dans des termes exacts, car c'est là la première condition pour nous entendre et pour en venir non pas à des contestations, mais au contraire à des débats utiles. C'est là que se trouve la principale condition de progrès pour toute science et surtout pour la nôtre, qui a pour but les applications pratiques et morales qui peuvent améliorer la vie des individus et de l'humanité.

M. Dallemagne. — Je viens surtout protester contre l'interprétation donnée par M. Ferri à la pensée de ceux qui, avec moi, réclament pour nos débats un terrain de conciliation. Conciliation ne veut pas dire concession. Concessions ! Mais qui donc oserait en proposer ici et qui voudrait en accepter, il n'y a pas de concessions avec la science ; il n'est pas d'accommodements avec la vérité. Et que signifieraient des concessions d'un jour que n'intérinerait pas l'avenir ?

J'avais posé une question à M. Lombroso et c'est M. Ferri qui est venu répondre, très éloquemment du reste, mais à côté. J'avais demandé si oui ou non M. Lombroso et l'école italienne maintenaient la thèse reproduite ici avec intransigeance par le professeur de Turin.

M. Ferri nous a donné des explications qui nous ont fait plaisir, car elles sont nôtres depuis longtemps et M. Ferri est en mesure de le reconnaître des premiers. M. Ferri a reproduit sa formule célèbre et développé à nouveau des théories auxquelles nous applaudissions déjà dans notre rapport au Congrès de Bruxelles. Et il nous a paru piquant de voir un instant nos propres convictions paraître se tourner contre nous-même.

En réalité M. Ferri a élargi le débat. Il nous a redit que le crime est un fait complexe et le criminel un être varié. Le crime peut trouver dans l'individu ses causes déterminantes, mais il peut aussi jaillir comme inévitablement de la pression du milieu. Il est des criminels qui vont au crime spontanément et d'autres qui y sont acculés : les uns sont tarés, marqués d'avance, les autres échappent à toute caractéristique. Cette théorie est vraie ; vous y avez applaudi. J'ai joint de grand cœur mes applaudissements aux vôtres, mais il faut qu'on sache et qu'il soit proclamé que ces applaudissements sont la condamnation la plus éclatante de la théorie du type anatomique.

M. Forel.—L'anthropologie criminelle est une science psychologique. Or, toutes les notions psychologiques sont indéterminées et passent de l'une à l'autre sans limite nette. Rien n'est fatal comme les opinions extrêmes et absolues là où les faits réels sont complexes et les inductions à en tirer, relatives. Il me semble qu'on se dispute sur des mots en posant sur le sujet qui nous occupe des opinions contradictoires.

Je suis heureux que M. Lombroso nous accorde que la note ne fait pas la musique. Mais je prétends que les oreilles adhérentes, les doigts surnuméraires, les raies de la main ne sont pas même des notes. Ce sont seulement les chaises ou, tout au plus, les gestes des musiciens. L'orchestre *entier* est joué par le cerveau et représenté par les nerfs et les muscles.

M. Lombroso nous dit des choses que je ne puis admettre. Le sauvage serait d'après lui un criminel qui ferait des crimes dès que l'occasion s'en présente quand on l'étudie de près. Il y a là du vrai et du faux mêlé. Je ne nie pas les facteurs atteints dans la criminalité. Mais il y a des différences absolument foncières entre le sauvage et le criminel ; le sauvage est souvent très honnête. D'après un auteur cité par M. Lombroso la servitude conduit dans l'histoire sociale à l'honnêteté. Je suis certain qu'on trouverait des faits pour prouver le contraire, si on le voulait, sans nier qu'il y ait du vrai dans cette assertion. Mais nous voyons souvent, par contre, ces hommes civilisés, dits bons, devenir plus criminels que les sauvages quand ils quittent l'Europe civilisée pour aller chez les sauvages. La notion de criminalité elle-même est très variable et relative.

Le diagnostic de criminels, fait pour des enfants ne me convainc qu'à moitié. L'épileptique devient souvent criminel, mais le criminel et l'épileptique sont cependant deux choses très différentes. L'histologie du cerveau est très difficile et très complexe. Je doute de l'exactitude des recherches qui prétendent démontrer une forme constante spéciale dans les cellules de l'écorce cérébrale des criminels. M. Lombroso me paraît trop affirmatif. Les faits doivent être bien prouvés eux-mêmes et on ne doit pas en conclure ce qu'ils ne disent pas.

Mais lorsque M. Naecke nous dit que le criminel-né n'existe pas ou à peine, je lui réponds qu'il existe, qu'il est même très fréquent, mais qu'il faut le chercher, surtout dans les prisons, rarement dans les asiles d'aliénés.

Le criminel-né n'est pas un type spécial. C'est la résultante d'une foule de composants pathologiques cérébraux, atavistiques, d'intoxications du germe, etc., etc. Il y en a une foule de types et de variétés qui ne se laissent pas unifier. Il y a tous les passages du criminel-né à la normalité d'un côté et à la folie héréditaire ou congénitale de l'autre. Et il y a en outre *une foule de passages* entre le criminel-né et le criminel d'occasion comme le reconnaît M. Lombroso lui-même.

Ne forçons donc pas les faits à dire des choses absolues, là où ils sont eux-mêmes si complexes et ne permettent que des conclusions relatives. En tout cas, la physionomie et le caractère psychologique sont des critères bien plus importants, du criminel-né, que tous les signes de dégénérescence qui se rapportent aux autres organes du corps.

M. Lombroso, répond à M. Nœcke que la solution d'un problème scientifique n'est pas une question politique de suffrage universel ou autre. Il croit à l'homme criminel-né parce qu'il a étudié environ vingt-cinq mille délinquants en les comparant à d'honnêtes gens : sa théorie a donc le plein suffrage des faits.

Il fait observer à M. Forel qu'il est vrai que les fous moraux sont rares dans les asiles, fréquents au contraire dans les prisons, où entrent surtout les criminels pauvres, tandis que les riches obtiennent facilement leur internement dans une maison de santé. En ce qui concerne les dégénérations des organes, il remarque que puisque la dégénérescence se forme dans l'embryon, les anomalies des organes en sont les caractères consécutifs, qu'il faut étudier aussi bien que les anomalies du cerveau. D'autre part, dans ses premières études, il a décrit le criminaloïde, ce qui montre bien qu'il ne croit lui-même pas à l'existence exclusive du criminel-né, et en cela il est parfaitement d'accord avec ses contradicteurs.

———

M. Marro fait la communication suivante :

Les rapports de la puberté avec le crime et la folie.

Le vice dégénératif héréditaire dont un organisme est infecté peut rester plus ou moins latent, jusqu'à ce que des ébranlements intérieurs ou extérieurs viennent favoriser l'apparition de ces manifestations évidentes. Dans la première enfance, la poussée des dents suffit souvent à provoquer l'apparition de l'épilepsie ; et, avec celle-ci, nombre d'autres manifestations dégénératives apparaissent plus tard à l'époque de la puberté.

Dans le développement de la puberté il y a une condition naturelle prédisposant à la délinquence, sur laquelle ne s'est pas encore arrêtée suffisamment l'attention des anthropologistes et des psychologues. Dans les conditions naturelles des animaux, dans les divers degrés de l'échelle zoologique, nous observons que l'instinct sexuel naît et se présente sous forme d'une émotion complexe qui met en mouvement deux mécanismes.

L'un est principalement intérieur et viscéral et sert à la satisfaction matérielle et finale de l'instinct. L'autre est particulièrement extérieur et se révèle par des tendances aggressives contre les obstacles qui s'opposent à la satisfaction de l'instinct même. En d'autres termes, l'état émotif particulier apporté par la naissante activité générative provoque non seulement des émotions en relation directe avec la satisfaction de l'instinct sexuel, mais aussi un état émotif se manifestant par une tendance à la combattivité, moyen complémentaire pour l'accomplissement de l'instinct même.

Nous retrouvons ce fait aux divers degrés de l'échelle zoologique, et c'est une observation journalière que les veaux, les chats, les chiens et les singes qui avant le développement pubéral étaient tranquilles, facilement gouvernables, deviennent après indociles, et plus ou moins dangereux selon leur espèce. A l'époque du rut, ces animaux sont tous plus belliqueux et plus prompts à la réaction violente. Même le chien devient alors moins obéissant à la voix de son maître.

On remarque aussi chez l'homme des manifestations évidentes de cette condition naturelle. Dans son premier âge, on peut admettre qu'il produise sa plus grande activité cérébrale relative ; et, tandis que du côté physique nous observons que le front, la partie du crâne correspondant aux hémisphères cérébraux, et le cerveau même, se développent plus rapidement pendant l'enfance que dans tout autre âge, de même, du côté psychique, c'est un fait que l'immense quantité d'images mnémoniques dont s'enrichit son cerveau et le travail d'association des idées qui se forme dans son esprit ne sont pas comparables à ceux des autres âges, dans lesquels cependant on en recueille d'une certaine façon les fruits.

Nous avons même une preuve de cette vérité dans les tendances criminelles de l'enfant. Son crime le plus fréquent est le mensonge, une sorte de duperie, crime propre à l'homme civilisé, tandis que les crimes de violence sont propres au barbare.

A l'arrivée de la puberté se produisent d'importantes modifications. Le développement accéléré des organes de la génération a influencé sur tout l'organisme. Le squelette augmente rapidement, et la capacité vitale aussi : les poumons, le larynx et même les sinus frontaux s'accroissent extraordinairement. Ce grand développement, déjà très évident chez les blancs, l'est encore bien plus chez les nègres, qui d'abord orthognathes, deviennent prognathes (Talbot), acquérant un caractère physique de plus grande bestialité. Les crêtes et les proéminences osseuses présentant les points les plus forts d'insertion musculaire deviennent plus évidentes, donnant aux jeunes gens une apparence virile qui constitue un des principaux caractères sexuels secondaires.

En même temps surviennent de grands changements psychiques.

Les excitations extérieures, qui étaient d'abord recueillies facilement sous forme d'éléments de cognitions, provoquent maintenant des réactions émotives intérieures et extérieures. Celles-ci, comme nous avons déjà vu, par un mécanisme préformé dans la vie animale, se manifestent par la combattivité contre les rivaux.

Il n'est pas étonnant, par conséquent, que, par ce développement de force physique et par cette tendance belliqueuse, l'individu vienne à jouer dans la société un rôle bien différent de celui de l'âge précédent. La preuve nous en est donnée par la statistique criminelle.

Evidemment, il faut rechercher les manifestations de l'instinct belliqueux dans les crimes de violence contre les personnes.

Or, tandis que dans le premier âge il n'y en avait pas, pendant l'époque de la puberté ils viennent atteindre leur maximum, comme on peut le voir dans la table graphique qui se rapporte aux cinq cent sept criminels que j'ai étudiés dans mes « *Caratteri dei delinquenti* » et donne les proportions relatives des crimes contre la propriété et contre les personnes aux diverses époques de la vie. (Voir table graphique n° 1.)

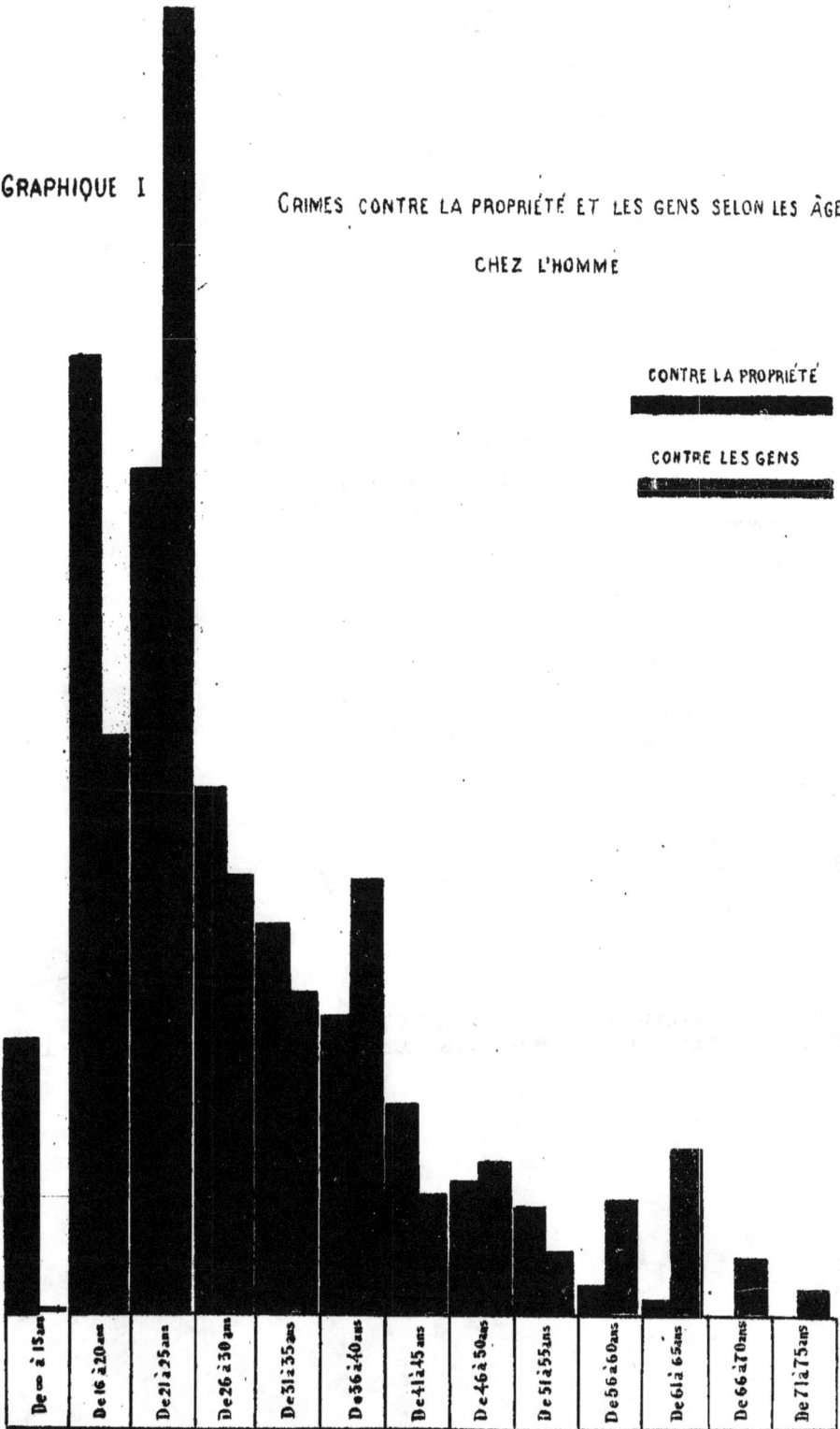

TABLE GRAPHIQUE I

CRIMES CONTRE LA PROPRIÉTÉ ET LES GENS SELON LES ÂGES

CHEZ L'HOMME

CONTRE LA PROPRIÉTÉ

CONTRE LES GENS

De ∞ à 15ans

De 16 à 20ans

De 21 à 25ans

De 26 à 30ans

De 31 à 35ans

De 36 à 40ans

De 41 à 45ans

De 46 à 50ans

De 51 à 55ans

De 56 à 60ans

De 61 à 65ans

De 66 à 70ans

De 71 à 75ans

TABLE GRAPHIQUE II

PROPORTION DES MALADIES MENTALES SÉLON
LES AGES GHEZ LES DEUX SEXES

GHEZ L'HOMME _____

GHEZ LA FEMME _____

De ∞ à10 6,40 5,01	De 10 à 15 5,82 3,26	De 15 à 20 9,64 11,15	De 21 à 25 14,19 14,16	De 26 à 30 12,94 13,94	De 31 à 35 12,85 11,59	De 36 à 40 11,21 9,86	De 41 à 45 8,35 9,46	De 46 à 50 6,85 7,95	De 51 à 55 5,03 4,77	De 56 à 60 5,16 4,15	De 62 à 65 1,70 1,82	De 66 à 70 1,79 0,91	De 71 à ∞ 1,05 0,63	

Un fait morbide qui accompagne chez quelques dégénérés les manifestations de l'instinct sexuel, le sadisme, ne peut, selon moi, être rapporté à une autre cause qu'à l'instinct de combattivité et par conséquent de cruauté, qui se développe avec l'instinct sexuel et qui réapparaît anormalement avec celui-ci et s'exerce sur l'objet même de l'amour, au lieu de s'exercer sur les rivaux, suivant la loi de transfert énoncée par Sully, et que M. le prof. Ribot a si bien expliquée dans sa dernière publication sur la psychologie des sentiments.

Le mécanisme de la violence déborde, s'exerce non seulement sur les rivaux, mais principalement sur l'objet de l'amour, laisse ensuite les rivaux pour agir contre la femme aimée. Je m'étonne que ni Krafft-Ebing, ni les autres auteurs qui ont étudié cette anomalie sexuelle, et parmi eux le professeur Lombroso, n'aient pas su trouver le vrai lien qui la fait dépendre de l'instinct de combattivité contre les rivaux, accompagnant le réveil de l'instinct sexuel dans toute l'échelle zoologique.

Nous pouvons aussi trouver une preuve de cette association de l'impulsivité à l'instinct sexuel dans les états vraiment morbides qui se développent à l'époque de la puberté. Dans les cas de psychoses de la puberté, que j'ai observés, et dont j'ai fait l'objet d'une de mes récentes publications, il est remarquable que ceux qui révélaient une exagération de l'instinct sexuel par des discours et par des tendances obscènes, présentaient toujours des tendances impulsives à la combattivité et à la cruauté. Dans la convalescence, l'un d'eux provoquait les infirmiers à lutter avec lui pour se jeter à terre. Au contraire, le seul cas dans lequel manquaient ces penchants fut justement celui dans lequel il n'y eût pas d'impulsion érotique. La dernière preuve de cette étroite dépendance entre l'instinct sexuel, la combattivité d'un côté et la délinquance contre les personnes de l'autre, nous est donnée par l'étude de la femme. Chez elle, la coquetterie joue le même rôle que la combattivité chez l'homme. Par conséquent les manifestations physiques de cette combattivité manquent chez la femme, c'est-à-dire que les caractères dégénératifs indiquant la force bestiale, comme les formes anguleuses, les développements exagérés des sinus frontaux, des zygomes et des mâchoires manquent ou sont moins fréquents.

Nous remarquons, par conséquent, que chez la femme, les crimes de violence font défaut ou sont moins fréquents. On doit aussi noter un retard dans la délinquance des femmes comparée à celle de l'homme. Cela s'explique par le fait naturel que la tendance à la combattivité de la femme, toujours inférieure à celle de l'homme, se développe plus tard, car elle n'est pas en relation avec le développement de l'instinct sexuel proprement dit, mais avec la maternité sous forme d'instinct de défense des enfants.

Voyons maintenant les relations du développement de la puberté avec la folie. Comme nous l'avons déjà dit, l'instinct sexuel se manifeste au début par un état émotionnel nouveau et très puissant constitué d'un double mécanisme: l'un principalement intérieur ou des viscères, l'autre extérieur ou de la vie de relation qui tend à la violence chez l'homme, à la coquetterie chez la femme. Nous avons déjà remarqué, chez l'homme, les relations de ce dernier mécanisme avec les tendances à la criminalité violente, ce qui offre une différence avec les faits que l'on observe chez la femme.

Quant aux relations de la puberté avec la folie, nous savons que la naissance de celle-ci est favorisée par les conditions émotives qui retentissent sur le système des viscères. Par conséquent, nous pouvons en déduire que des états émotifs aussi puissants que ceux qui sont apportés par le réveil de l'instinct sexuel, doivent naturellement prédisposer autant l'homme que la femme à des maladies psychiques plus facilement que dans l'âge précédent.

Mais, pour la folie nous ne trouvons plus cette grande prédisposition que nous avons trouvée chez l'homme pour la délinquance, car les impressions émotionnelles des viscères ne sont pas plus puissantes chez l'homme que chez la femme. Nous pouvons même dire que le système viscéral de la femme réagit, sinon plus intensivement, du moins plus généralement, contre les impressions émotionnelles sexuelles qui jouent un rôle essentiel dans la vie de la femme. La femme partage avec l'homme toute émotion qui concerne aussi bien l'instinct de la conservation que celui de la reproduction ; par conséquent, elle est exposée comme l'homme aux dommages de toutes les causes qui peuvent compromettre ces instincts. Il y a, en outre, pour elle seule, une autre série de causes morbides auxquelles l'homme se soustrait complètement, et qui sont constituées par les assauts contre sa pudeur, que la loi sociale l'oblige à sauvegarder.

Les conditions diverses de l'homme et de la femme sont démontrées par une étude que j'ai faite sur les aliénés des deux sexes entrés dans l'hospice d'aliénés de Turin pendant les dix dernières années, de 1886 à 1896.

En comptant seulement ceux dont j'ai pu connaître l'époque de l'apparition de la première altération mentale, mon étude a été faite sur mille six cent quarante-neuf hommes, et mille deux cent cinquante-sept femmes.

Les résultats de cette étude sont rapportés sur la seconde table graphique.

Pour les deux sexes, dans le premier âge, nous remarquons que le développement de la folie est moindre et qu'il est constitué principalement de faits dégénératifs héréditaires, ou liés à des maladies organiques cérébrales. Lorsque l'époque de la puberté arrive, la proportion des formes psychopathiques monte rapidement chez les deux sexes, mais plutôt avec une prévalence du côté de la femme.

M. Anfosso fait la communication suivante :

Sur l'identification individuelle.

Tous les systèmes d'identification adoptés aujourd'hui ont eu pour but exclusif d'assurer la vraie position sociale de l'individu (c'est-à-dire : son nom, prénom, âge et patrie) au moyen des renseignements personnels, tels que la stature, les dimensions de la tête, les empreintes digitales, etc.

Les systèmes très ingénieux d'identification de M. Bertillon et de M. Galton ont donné (et spécialement le premier système, en France et à l'étranger) des résultats très remarquables, car le 99 % des individus qui cachent leur identité sont découverts. Mais, sans vouloir critiquer ces systèmes, il faut reconnaître qu'ils ont l'inconvénient de servir exclusivement à l'identification des criminels récidivistes. On mesure le prévenu au moment de son arrestation et lorsque le même individu est arrêté de nouveau et cherche à cacher son identité, il est bientôt reconnu par la comparaison de ses mensurations actuelles avec les mesures prises le jour de sa première arrestation.

Il est évident que, pour obtenir l'identification, il faut soumettre l'individu suspect à de nouvelles mensurations prises par le bureau d'identification, car il n'est pas possible que les gendarmes tiennent dans leur poche des appareils de mensuration, c'est-à-dire le mètre, le compas de Broca, etc.

L'individu, s'il n'est pas arrêté, peut impunément prendre un faux nom en dépit de toute mensuration, car, je le répète, le gendarme n'a pas le moyen immédiat de con-

Craniogramma. Serie

{ Unità 1 2 3 4 5 6 7 8 9 } { Unità 1 2 3 4 5 6 7 8 9 }
{ Decine 1 2 3 4 5 6 7 8 9 } N. { Decine 1 2 3 4 5 6 7 8 9 }
{ Centinaia 1 2 3 4 5 6 7 8 9 } { Centinaia 1 2 3 4 5 6 7 8 9 }

annesso al documento personale N.

Statura metri 1.

LUIGI ANFOSSO

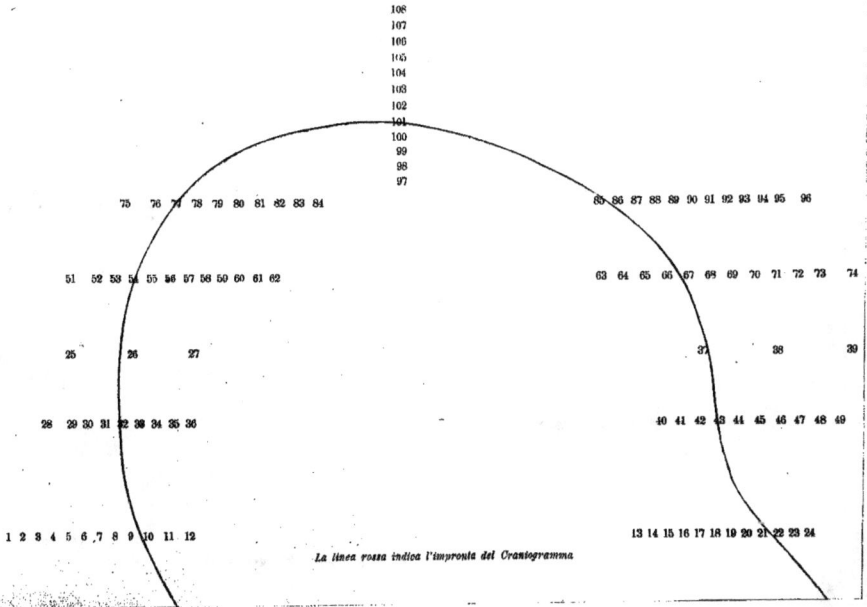

La linea rossa indica l'impronta del Craniogramma

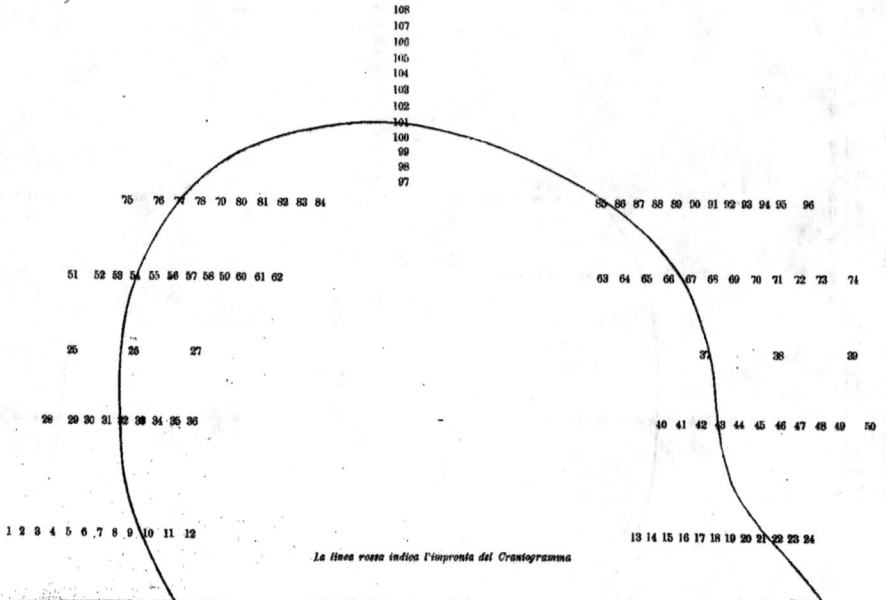

Craniogramma. Serie

Unità 1 2 3 4 5 6 7 8 9
Decine 1 2 3 4 5 6 7 8 9
Centinaia 1 2 3 4 5 6 7 8 9

N.

Unità 1 2 3 4 5 6 7 8 9
Decine 1 2 3 4 5 6 7 8 9
Centinaia 1 2 3 4 5 6 7 8 9

annesso al documento personale N.

Statura metri 1.

Perforare i numeri intersecati dalla linea craniografica

La linea rossa indica l'impronta del Craniogramma

trôler les indications de la carte personnelle, ni les mesures, et même les *photographies* sont bien loin de fournir une preuve absolue.

J'ai voulu remédier à cet inconvénient au moyen d'un appareil de mon invention, le *craniographe,* qui donne le profil, le contour de la tête, et qui a eu l'honneur de l'approbation de l'Académie royale de médecine de Turin. Au moyen d'une petite bandelette d'étain galvanisé, on relève la ligne vertico-longitudinale de la tête. Cette petite bandelette est appliquée sur un papier préparé au cianure de potassium qui est déposé sur un plateau de cuivre. Puis, par l'action d'un courant électrique fourni par une pile, la ligne de la bandelette est imprimée sur le papier.

On coupe avec des ciseaux la ligne craniographique et l'on obtient un modèle dit *craniogramme,* très précis, du profil de la tête. Le profil étant invariable et exclusivement personnel, est conservé dans les archives et fournira une preuve absolue de l'identité personnelle, car il suffira de la confronter avec l'individu pour établir si le nom donné correspond à celui qui est indiqué sur le *craniogramme* pris la première fois.

Jusqu'ici nous voyons que le craniogramme a un rôle important au point de vue judiciaire. Voyons maintenant quel est son rôle au point vue administratif.

Si ce *craniogramme* est joint à des documents personnels, les agents de la force publique, lorsqu'ils doutent de l'identité d'un individu, auront très facilement la preuve de cette identité par la confrontation du craniogramme (un des documents délivré par l'autorité publique) avec la tête de l'individu. En effet, comme il n'est pas possible de trouver deux individus identiques, si le craniogramme s'adapte à la tête, on a affaire, sans aucun doute, au véritable propriétaire du nom indiqué sur le craniogramme.

Mon invention a en outre une importance par le fait que la gendarmerie pourra vérifier l'identité de la personne et des documents, sans prendre de mensurations, et surtout sans procéder à une arrestation préventive.

Pour mettre les *craniogrammes* à l'abri des falsifications, la ligne craniographique est marquée par un système de perforations, telles qu'on les voit sur les *craniogrammes* imprimés que j'ai l'honneur de présenter à l'assemblée en la remerciant de l'attention qu'elle a bien voulu me prêter.

M. Pailhas fait la communication suivante:

Du pavillon de l'oreille.

Contribution à son étude anthropologique.

L'étude du pavillon de l'oreille ayant fourni pendant ces dernières années une intéressante matière d'études à l'anthropologie criminelle, nous avons cru utile de venir apporter ici, à la suite des faits et observations déjà recueillis par maints auteurs, un modeste appoint personnel de recherches et de résultats.

Tout d'abord, nous exprimerons cette idée que la dégénérescence appliquée à la conformation de l'oreille externe nous a paru réclamer une démarcation plus précise de ce qui doit être, d'une part, le fait d'une dégénérescence réelle, et d'autre part un simple attribut différentiel de certains types de l'espèce humaine.

Nous entendons dire par là que si par certains écarts de conformation — anomalies de formation par excès et par défaut, selon l'expression de Politzer — telles par exemple qu'un lobule trop long ou complètement atrophié, ou bien encore un pavillon exigu ou démesurément étendu, etc., l'oreille peut être dite dégénérée, il convient aussi de voir là, à côté d'une déviation caractérisée des formes normales constituant la dégénérescence, une morphologie variée dont les dispositions plus ou moins accusées sembleraient constituer des attributs distinctifs de variétés de races humaines et aussi correspondre à des états constitutionnels et à des tendances psychologiques quelque peu différents.

Car, de même que certains anthropologistes, au milieu du croisement actuel des races, ont pu considérer le lobule court et sessile comme spécial aux Berbers blonds de l'Algérie et que, selon M. Lannois[1], l'allongement du lobule peut acquérir un véritable caractère ethnique comme dans les populations anciennes de l'Inde et de l'Indo-Chine, il nous a semblé que l'oreille charnue, à lobule détaché, vascularisé, était mieux en rapport avec les aptitudes constitutionnelles, physiques et morales mises sur le compte du tempérament sanguin. Le lobule sessile ou atrophié[2], peu vascularisé, appartiendrait, au contraire, au tempérament dit nerveux, plus disposé aux atteintes névropathiques, comme en témoigne sa fréquence relative dans les asiles. Les congestifs cérébraux et avec eux les paralytiques généraux, se rangeraient de préférence dans la 1re catégorie, tandis que les névropathes purs prendraient surtout place dans la seconde.

De même, il nous a paru que les sujets lobulés se faisaient, d'une façon générale, remarquer par des penchants affectifs plus prononcés, se montrant en cela conformes à ce que Richerand dit des hommes à tempérament sanguin lesquels sont « bons, généreux et sensibles, vifs, passionnés, délicats en amour[3].

Ces considérations, énoncées en passant, indiqueraient que certaines propositions formulées au sujet de l'oreille par Lavater, Amédée Joux, Giacchi[4] ne sont peut-être pas aussi hasardées que d'aucuns ont bien voulu le dire.

La voie tracée en particulier par A. Joux est bien, en effet, celle qui a été suivie et fécondée par l'Ecole italienne et d'où ont résulté par cette recherche « des influences des formes sur les déterminations et les destinées des hommes » bon nombre de constatations déjà enregistrées au bénéfice des études de la criminalité.

L'oreille en anse semble liée aux tendances criminelles natives : Il s'en faut cependant que ce caractère physique ait, en pareil cas, toute la valeur d'un stigmate spécifique. Les exceptions se montrent nombreuses et bien des individus à oreilles écartées de par un processus exempt d'artifices (coiffure, bandeaux, etc.) ne se sont heureusement signalés par aucun acte relevant de la criminalité.

[1] De l'oreille au point de vue anthropologique et médico-légal : *Archives de l'Anthropologie criminelle*, 1887, p. 336.

[2] Ainsi que M. le professeur Lombroso nous dit en avoir fait la remarque, le lobule sessile ou atrophié nous a paru être un caractère d'une fréquence très grande chez la femme. *Note de l'auteur.*

[3] *Nouveaux éléments de physiologie*, t. 2, p. 561.

[4] Il me faut convenir avec beaucoup de mes confrères, que le pavillon de l'oreille influe notablement sur l'esthétique du visage et semble avoir aussi une relation avec l'inclination, l'intelligence et les affections. J'ai acquis cette conviction par les examens que j'ai pratiqués dans les asiles et par les recherches que j'ai faites sur de très nombreux amis et connaissances de l'un et de l'autre sexe. Pazzi e Birbauti. Emilio Croci, Edit., Milan, 1889.

Il importerait donc de savoir si la criminalité native, qui n'est qu'un penchant exceptionnel et non adéquate du nombre débordant des oreilles écartées, ne rentre pas dans une catégorie plus vaste de tendances qui, elle, serait en relation plus étendue, plus générale avec le nombre des oreilles en anse.

Les criminels-nés étant *paresseux et lâches, naturellement apathiques,* selon la description donnée par M. Lombroso, n'y aurait-il pas sujet de savoir si les natures flasques, molles, apathiques, paresseuses ne comportent pas un écartement plus considérable du pavillon de l'oreille, autrement dit un angle auriculo-temporal plus ouvert.

C'est là un premier point sur lequel s'est appliquée notre attention.

L'activité cérébrale sous différentes formes — dispositions hostiles, attention, préoccupations de frayeur, entraînements belliqueux, etc. — produisent chez certaines espèces d'animaux le redressement des oreilles. De même on connaît l'attitude affaissée des oreilles de l'animal indolent et fatigué, et nul doute qu'il y ait entre ces divers états des relations concordantes.

Chez l'homme, cette correspondance harmonique semble s'étendre jusqu'aux manifestations de l'activité nutritive. Cette activité est, en effet, ralentie, torpide, dans la scrofule, qu'elle signifie crétinisme ou simplement propension à la tuberculose : « Les « oreilles des crétins, écartées de la tête, sont volumineuses et épaisses, disent Kris- « haber et Baillarger [1]. Le crétin est paresseux, indolent, mais en général très doux. » De son côté, M. Houzé rapporte que « l'habitus tuberculeux comprend 75 % d'oreil- « les en anse [2]. »

Quelle que soit l'exactitude de ces estimations, il semblerait déjà que, même sous cette forme latente, l'activité de l'homme se trouve en quelque sorte liée avec la morphologie du pavillon de l'oreille.

Plus saisissante, plus démonstrative et plus intéressante apparaît cette relation, lorsqu'elle s'adresse aux divers degrés d'activité des aptitudes physiques et morales de l'individu, ainsi que nous avons pu nous en rendre compte soit chez des enfants d'une même famille, soit aussi chez des hommes adultes ou des écoliers d'un même âge, répartis en deux groupes distincts, l'un comprenant les sujets actifs, laborieux, l'autre les indolents, les apathiques, les paresseux.

Voici comment nous avons été amené à procéder à ces constatations : Ayant tout d'abord observé sur des personnes de notre entourage ce qui nous semblait être un rapport tout au moins apparent entre les dispositions actives du caractère et le degré d'écartement de l'oreille, nous voulûmes saisir ce rapport dans sa réalité par des mensurations comparatives de l'angle auriculo-temporal faites au niveau de la partie moyenne du bord postérieur du pavillon, là où celui-ci présente généralement son plus grand écartement.

Ces premières mensurations ne répondirent pas à notre attente, les résultats se montrant incertains.

Toutefois, nous avions constaté ce fait important, que si l'oreille, de par une action musculaire ou ligamenteuse portant sur la conque était parfois déjetée ou rapprochée en bloc de la paroi mastoïdienne, la plupart du temps le redressement ou l'écar-

---

[1] DECHAMBRE. *Dictionnaire.* Article crétin, pages 135 et 139.
[2] Congrès d'anthropologie criminelle de 1892.

tement s'étaient effectués partiellement sur l'hélix et suivant une direction marquée par la direction même de l'anthélix ayant servi en quelque sorte de charnière :

C'est qu'en effet, il se trouve là, comme susceptible d'actionner cette charnière, un muscle rudimentaire chez l'homme, — muscle transversal — plus perceptible et plus actif chez le singe et qui a pour but, selon Sappey [1], « en rapprochant l'hélix de la « conque, de modifier la courbure des saillies du pavillon, de concourir à maintenir « le repli qui constitue l'anthélix » et partant de rapprocher de la paroi temporale le segment supérieur du pavillon situé au-dessus et en dehors de l'anthélix. Or, c'est dans l'appréciation du degré de ce redressement partiel du pavillon, au moyen d'une double mensuration établissant, l'une, l'écartement entre la paroi cranienne et la partie culminante [1] de l'hélix — là où ce dernier est le plus susceptible d'être actionné par le muscle transversal — l'autre, ce même écartement sur l'hélix au niveau du point où l'anthélix coudé dans son extrémité inférieure va rejoindre l'antitragus en se juxtaposant à l'hélix, que nous avons cru trouver la solution du problème (voir fig. 1).

En effet, en établissant sur le rapport de ces deux mesures — la première représentant surtout l'action propre de l'hélix, la seconde le degré d'écartement communiqué par la conque — un indice comparatif entre les différents sujets offerts à notre examen, il résultait que, d'une façon générale, les actifs et les laborieux se signalaient par un redressement plus marqué de la région sus-anthélixoïdienne, tandis que les indolents, les paresseux, présentaient plutôt un affaissement de cette même partie.

Si nous admettons par exemple, que l'écartement auriculo-temporal fut de 15^{mm} au point le plus élevé du bord supérieur du pavillon, qu'il fut de 20^{mm} sur le bord postérieur du pavillon au niveau de la racine inférieure de l'anthélix, en divisant le second de ces chiffres par le premier on aura l'indice 1,3.

Dans nos mensurations, prises chez des aliénés adultes de l'asile d'Albi, nous avons constaté que c'était là l'indice moyen au-dessus duquel se rangeaient surtout les individus reconnus par leur activité, leur spontanéité au travail, tandis que nous retrouvions au-dessous la moyenne des paresseux et des apathiques parmi lesquels figuraient la plupart de nos malades Arabes du sexe masculin. L'Arabe est, on le sait, peu travailleur, insouciant, contemplatif, vagabond.

Chez des enfants des écoles, les résultats se sont montrés assez conformes aux résultats précédents, dans leur généralité, bien que moins nettement ; sans doute parce qu'il est moins aisé de discerner chez l'enfant les tendances réelles et définitives de sa constitution physique et mentale.

Dans une statistique de Lombroso [2] la proportion numérique des oreilles en anse relevée chez les criminels semble, à son tour, confirmer ces précédentes constatations.

On y voit, en effet, que tandis que l'oreille en anse figure pour la moitié chez les voleurs ordinaires, pour les $^4/_5$ chez les violateurs, elle est, au contraire, de $^1/_4$ seulement chez les voleurs de grand chemin, classe de criminels apparemment plus intrépide, plus active que celle du groupe complexe de voleurs ordinaires et des violateurs.

Il en est à peu près de même dans une statistique de Frigerio [3] où l'auteur signale

---

[1] Cet endroit peut être considéré comme généralement situé au niveau ou immédiatement au-dessus du point où siège, chez certains sujets, le tubercule de Darwin. *Note de l'auteur.*

[2] Cité par Frigerio. *Archives d'anthropologie criminelle.* 1888, p. 455.

[3] *Ibidem*, p. 476.

parmi les criminels hommes une proportion d'oreilles en anse de 30 % chez les voleurs et faussaires, de 43 % chez les voleurs de grand chemin à côté de celle bien différente de 77 % chez les violateurs et de 80 % chez les incendiaires qui, à l'opposé des voleurs de grand chemin, sont généralement des criminels faibles, timides, lâches, plus ou moins dénués d'énergie morale ou physique[1].

En dehors des multiples anomalies de structure du pavillon de l'oreille, sur lesquelles les auteurs ont déjà insisté, il est un second point que nous signalerons parce qu'il n'est pas sans relations avec les modalités déjà mentionnées de l'hélix. Il s'agit de la situation respective de l'hélix et de l'anthélix, juste à l'endroit où, par sa partie inférieure, l'anthélix se juxtapose à l'hélix : tantôt se plaçant l'un et l'autre sur un même plan antéro-postérieur, tantôt le premier débordant en dehors le second, ou réciproquement (voir fig. 2).

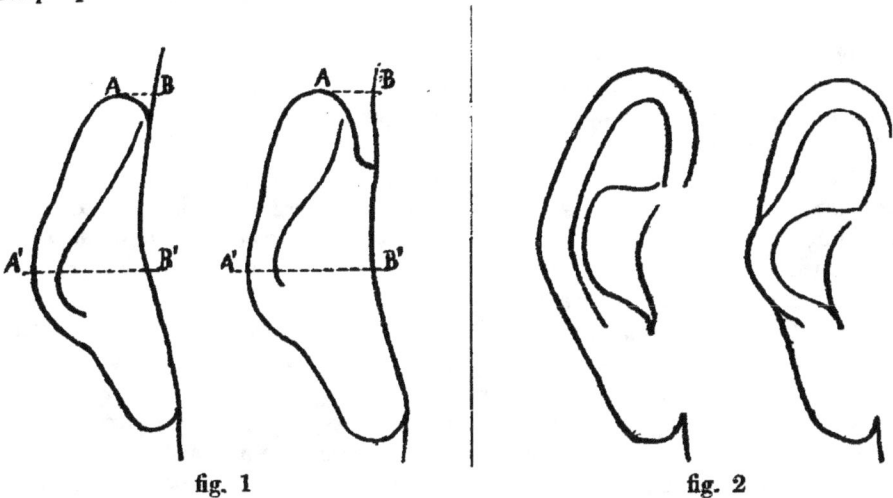

fig. 1   fig. 2

Or, il nous a paru que l'hélix rétracté vers la paroi mastoïdienne et tendant à laisser saillir extérieurement l'anthélix — disposition fréquente chez la femme — témoignait d'une nature excitable, nerveuse (caractère vif), tandis que, au contraire le débordement prononcé de l'hélix sur l'anthélix indiquerait une nature calme, peu sujette aux réactions nerveuses intenses, tendant à réaliser ce qu'on appelle improprement caractère lymphatique.

Notre attention s'est enfin portée sur la longueur du pavillon de l'oreille.

Déjà l'oreille « hommasse » a été retenue chez la femme comme un stigmate de dégénérescence. Or, cet écart de développement du pavillon auriculaire de la femme devenu ainsi, par son exagération, un signe de dégénérescence, nous a paru correspondre, même dans ses degrés moindres, à des attributs psychiques spéciaux tels que l'énergie virile, la volonté, la fermeté et la rudesse du caractère, la résolution, etc., alors que parfois un développement musculaire inusité, les traits de la physionomie, témoignent jusque dans le domaine physique d'une véritable ectopie de virilité.

---

[1] M. MARRO, à son tour, trouve le maximum d'oreilles en anse chez le vagabond, personnification étroite de la paresse. Il est vrai de dire que dans sa statistique les violateurs fourniraient au contraire le minimum. in : JULIA. *De l'oreille au point de vue anthropologique et médico-légal.*, p. 10.

Inversement, il existe chez l'homme une « oreille féminine » qui peut aussi par la réduction de ces proportions constituer un stigmate de dégénérescence, mais qui dans ses divers degrés sera, la plupart du temps, en concordance chez l'individu qui en sera porteur avec de la timidité, de la faiblesse de caractère, de l'irrésolution, de la docilité, de la douceur et parfois aussi avec une certaine gracilité dans les formes du corps.

Conformément à ces données il devient logique de penser que, chez l'homme, le grand développement du pavillon, surtout dans son diamètre longitudinal, doit, dans bien des cas, annoncer le courage, la fierté, la hardiesse, la volonté, etc., et volontiers nous y ajouterions la tendance à l'exagération de la personnalité, comme paraissait l'indiquer la fréquence relative des grandes oreilles chez les vrais mégalomanes.

Dans l'intéressante statistique de Frigerio concernant les criminels adultes, ne voyons-nous pas de même le diamètre longitudinal du pavillon de 60^{mm} et au-dessus se présenter dans la proportion de 52,5 pour cent chez les hommes voleurs ou faussaires, de 52,29 chez les homicides du même sexe, de 59,57 chez les voleurs de grand chemin, tandis que cette proportion n'est plus que de 38,88 chez les violateurs et de 30 chez les incendiaires.

Et cette constatation de l'audace criminelle en quelque sorte mesurée dans ses degrés sur la longueur des oreilles, Frigerio la fait aussi chez la femme : « Nous avons « rencontré, dit-il, chez une femme homicide, la longueur exagérée du pavillon (78^{mm} « à gauche et 81^{mm} à droite). C'est une anomalie présentée aussi par le père, deux « sœurs et trois cousins, condamnés tous ensemble aux galères parce qu'ils faisaient « partie d'une association de malfaiteurs. Ces caractères anormaux de l'oreille avaient « tant de points de contact entre eux qu'ils donnaient à penser qu'une même loi « atavique leur imprimait une même ressemblance[1]. »

Peut-être, à ce même sujet et après ce que nous avons rapporté, paraîtra-t-il intéressant d'établir en terminant un rapprochement entre certains grands singes anthropoïdes, les uns tels que le gorille, à longues oreilles, les autres à petites oreilles comme l'orang-outang. « L'oreille du gorille, dit Hartmann[2], (page 17), atteint une hauteur « moyenne de 60^{mm} et une largeur de 36 à 40^{mm}. *Elle est rejetée en arrière et vers* « *le haut de la tête* » et, page 3 : « L'oreille de l'orang-outang est petite; elle a en « moyenne une hauteur de 35^{mm} et une largeur de 12^{mm}. Sa forme générale est ana- « logue à celle de l'oreille humaine. »

Or cet auteur, tandis qu'il signale la férocité du premier, son entêtement, son adresse, ses attitudes courageuses, attribue au second un caractère relativement sociable, paisible, paresseux même.

De son côté Zaborowski[3] ajoute que l'orang-outang « est par nature sauvage et timide. »

Ne sont-ce point, là encore, ces mêmes dispositions de l'oreille mises par la nature en corrélation avec le caractère et les aptitudes du sujet ?

La séance est levée à 5 heures.

---

[1] FRIGERIO. *Archives de l'anthropologie criminelle*, 1888, p. 455.
[2] Les singes anthropoïdes et l'homme. *Bibliothèque scientifique internationale*.
[3] ZABOROWSKI. *Les grands singes*.

SÉANCE DU MARDI 25 AOUT
Matin.

PRÉSIDENCE DE M. LACASSAGNE

La séance est ouverte à 9 heures.

M. Bedot, secrétaire général, donne lecture :

1° des procès-verbaux des séances de la veille;

2° de lettres et télégrammes de MM. von Mayr, Herbette, Tarde, Zucca-relli, Alimena, Benedikt, Mændel, Morel et de Balogh, qui font des vœux pour la réussite du Congrès auquel ils regrettent de ne pouvoir assister;

3° des titres des ouvrages suivants dont les auteurs ont fait hommage au Congrès :

VON BECKH-WIDMANSTETTER, LÉOPOLD. *Rechtskämpfe seit Beginn des Jahrhunderts erlebt von der steierischen Familie Beckh-Widmanstetter.* Budapest 1896.

BENEDIKT, MAURICE. *The moral insanity and its relations to criminology.* C. Gistel & Cie, Vienne 1894.

BÉRILLON, EDGAR. *Notice sur l'institut psycho-physiologique de Paris.* Berthier, Paris 1896.

CUÉNOUD, JOHN. *La littérature immorale et la criminalité.* Wyss & Duchêne, Genève 1895.

Centralblatt für Anthropologie, Etnologie und Urgeschichte. Herausgegeben von Dr G. Buschan, J.-V. Kern, Breslau 1896. Probebogen.

FAERDEN, AND. *Historisk Tilbageblik.* Kristiana 1891. — *Angaaende de gjaeldende Straffebestemmelser.* Kristiana 1892. — *Exposé des dispositions pénales concernant les délits contre les mœurs, dans divers pays.* Christiana, Joh. Bjornstad 1891. — Rapport sur la 3e question du Ve congrès pénitentiaire [Paris 1895] : *Quelles mesures sont à prendre dans l'intérêt de la sécurité sociale contre les délinquants irresponsables ou contre ceux dont la responsabilité est diminuée au moment du crime ou du délit?* Melun, imprimerie administrative 1895. — *Undersogelser i forskjellige Lande angaaende Statens Forhold til sindssyge Forbrydere og forbryderske sindssyge 1892. — Prostitutions-Sporgsmaalene. — Hvilke forholdsregler kraever hensynet til samfundets betryggelse mod utilregnelige forbrydere eller mod dem, hvis tilregnelighed er formindsket i gjerringsoiblikket.* Tidsskrift forden norske laegeforening 1895.

GIACCHI, OSCAR. *Conferenza tenuta in Valle di Pompei nella festa civile pei figli dei carcerati.* 2a edizione. Bartolo Longo, Valle di Pompei 1896.

Gosse, H.-J. *Notes médico-légales.* Georg & C°, Genève 1896.

Journal de Neurologie et d'Hypnologie. N° 19. Bruxelles 25 août 1896.

Lombroso, Cesare. *L'Uomo delinquente.* Vᵃ ed., 3 vol. et atlas. Bocca, Torino 1896.

Lombroso, C. et Laschi, R. *Le crime politique et les révolutions,* traduit par A. Bouchard. 2 vol. Alcan, Paris 1892.

Manouvrier, L. *L'anthropologie et le droit.* Revue internationale de Sociologie, 2ᵉ année, nᵒˢ 4 et 5. Paris 1894.

Marina, G. *Studi antropologici sugli adulti.* Bocca, Torino 1897.

Revue de l'Hypnotisme. Rédacteur en chef, le Dʳ Berillon, N° 1, Paris 1896.

Winge, Paul. Om Faengselsstraf som Aarsag til Sindssygdom. Kristiana og Kjobenhavn.

Zucarelli, A. *Degenerazione, Pazzia et Delitto.* A. Tocco, Napoli, 1893. — *Divorzio e scienza anthropologica.* A. Tocco, Napoli, 1893. — *L'anomalo,* rivista mensile. Anno VI, 1894-1895, nᵒˢ 1 à 10. — *Da Deficienti ad Idioti.* I. Nella causa Cervati. Tocco Napoli, 1891. — *Lo Sfregio di Villa Borghese et i reduci dalla galera.* — *I « Passionati » del Bene.* La Scuola positiva. Anno IV. N° 15, agosto 1894. — *Manifestationi di Folle.* L'anomalo. Anno IV, 1894-95. — *Primo ed unico corso di Anthropologia criminale nell' università di Napoli.* A. Tocco, Napoli, 1890. — *Pollutions nocturnes et Epilepsie.* Bulletin de la société de médecine mentale de Belgique, 1895. — *A proposito del Processo Notarbartolo.* Tocco. Napoli, 1892. — *Sul momento attuale dell' Anthropologia criminale all' estero.* L'anomalo, Anno VI, 1894-95.

M. Ladame, président du Congrès, prie M. le professeur **Lacassagne** de bien vouloir prendre place au fauteuil de la présidence.

M. Dallemagne fait un résumé de son Rapport intitulé *Dégénérescence et criminalité* (voir p. 94).

M. Nœcke. — Je suis content de me trouver en somme d'accord avec M. Dallemagne. Il a surtout bien fait de ne pas parler d'atavisme, car nous n'en savons encore que trop peu sur ce sujet. Il n'y a que quelques personnes capables de déterminer les questions d'atavisme, ce sont surtout les zoologistes, les anatomistes et non, en général, les médecins. Et encore les anatomistes ne sont-ils pas d'accord sur différents points. M. Dallemagne aurait dû mettre encore plus en avant le fait que le point de départ pour juger de la dégénérescence, à savoir l'anatomie et la physiologie normales de l'homme étalon, nous manquent. De là les définitions infinies de la dégénération et la discussion sur les stigmates et leur valeur. De là aussi la valeur plus que discutable des conclusions de M. Lombroso.

M. Forel. — Si je me permets deux critiques à la communication de M. Dallemagne, cela ne m'empêche pas d'être d'accord avec lui sur la plupart des points, en particulier sur sa conclusion.

Qu'est-ce que la dégénération, d'où vient-elle? M. Dallemagne nous dit : « La dégénération aboutit à l'extinction de l'espèce. » Ce n'est vrai que relativement, dans les cas de dégénération profonde, mais pas du tout dans tous les cas légers. Prenons un exemple : les têtes chauves. Je ne crois pas qu'elles arrivent à détruire l'individu, ni l'espèce. Elles sont peut-être le résultat de la croissance du cerveau et de l'inutilité des cheveux dans le combat de la vie, grâce aux chapeaux, etc., comme la disparition des muscles de l'oreille est due à leur inutilité progressive. Elle est arrivée par le développement phylogenétique progressif et ne nous voue pas à la disparition.

En second lieu, M. Dallemagne paraît croire que les caractères acquis se transmettent. On sait que cette question est très controversée parmi les zoologistes. Weissmann ne le croit pas et je crois qu'il a raison et que ce n'est que la sélection qui conserve des aberrations inutiles ou nuisibles quand on empêche le combat pour la vie. Bref, la question est infiniment profonde et complexe.

Quant à M. Næcke, qu'il me permette de lui répondre que si l'on voulait attendre la certitude pour faire des théories, on n'arriverait jamais à rien. Tout en combattant les exagérations et diverses conclusions de M. Lombroso, il faut convenir que ses critiques mêmes vivent des idées qu'il a versées à flot et auxquelles nous devons l'existence même de la science qui nous occupe. Il est donc fort injuste et qui plus est, faux, de le traiter comme fait M. Næcke. M. Næcke parle de choses insensées et dit qu'on ne peut prendre M. Lombroso au sérieux. Il verse l'enfant avec le bain (comme on dit en allemand) et dispute sur des détails. Les autorités scientifiques qu'il cite à son appui, MM. Virchow et Flechsig ont commis en proportion, de leur côté, tout autant d'erreurs et de conclusions hâtives et erronées, quoique d'une autre façon, que M. Lombroso (M. Virchow dans ces dernières années seulement). M. Virchow a nié a priori beaucoup de faits qui se sont trouvés exacts. M. Flechsig a échafaudé sur des bases histologiques très incomplètes des théories physio-psychologiques fort sujettes à caution. On peut faire des fantaisies histologiques et anatomiques autant que d'autres. Laissons donc cette manière personnelle et restons en aux faits.

M. Ferraz de Macedo dit qu'il a entendu parler de dégénérescence depuis le commencement du Congrès, mais il ne sait ni où elle commence, ni où elle finit.

En regardant l'organisme, nous voyons qu'il se compose de régions, d'organes, et ceux-ci de cellules. Ces cellules, ou ces éléments fondamentaux, sont ceux qui composent les organes, les régions et l'organisme tout entier.

L'ensemble des vies de chacun de ces éléments réunis a pour résultat la vie biologique de l'organisme; donc, de la réunion des éléments provient la vie.

Quand une des vies de ces cellules est anéantie, ou interrompue dans sa marche normale, la vie d'ensemble cesse de fonctionner régulièrement.

Le corps humain est composé du tronc, des membres et de la tête, qui n'est plus qu'un appendice où vont aboutir tous les filets nerveux qui apportent le résultat des vies de tous ces éléments.

Si nous étudions l'altération des vies de chacun de ces éléments, nous trouvons la dégénérescence matérielle ou organique; mais si nous étudions les résultats de manque de vie qu'ils apportent au cerveau, nous trouvons la dégénérescence psychique.

Quand les individus affligés de l'une de ces dégénérescences, organique ou psychique, entrent dans la société, ils y deviennent une anomalie, relativement à leurs compagnons normaux.

Or l'organisme, en général, peut avoir, dans toutes ses parties extérieures ou intérieures, des impressions que détournent ou anéantissent la vie des susdits éléments. La partie cutanée externe, la surface gastro-intestinale, les viscères intestinaux et thoraciques peuvent recevoir ces impressions et en emporter le résultat au cerveau.

Sommes-nous en position de pouvoir découvrir d'une manière précise quel est l'élément malade pour y porter le remède efficace, et, par conséquent, pourrons-nous mettre le doigt sur le point exact d'où proviennent les actes anormaux des individus en question?

L'orateur est d'avis que, pour les actes ordinaires de la vie en général et pour les actions criminelles en particulier, c'est l'étude approfondie de la morphologie qui peut jeter quelque lumière dans ce problème encore complètement obscur.

M. Dallemagne. — Les observations qui viennent de vous être soumises, à l'occasion de mon rapport, ne touchent à aucune des grandes lignes de celui-ci. Ma manière de comprendre la dégénérescence dans ses rapports avec la criminalité semble donc avoir rallié en majeure partie l'opinion du Congrès; les objections n'ont porté en effet que sur des questions de détail.

On a cru devoir vous mettre surtout en garde contre l'importance trop grande à attacher aux stigmates, sur l'interprétation douteuse qu'ils comportent parfois, sur leur signification vis à vis de la dégénérescence. Ces observations nous ont surpris, car rien n'est plus éloigné des formules exclusives que notre travail lui-même. Il est clair qu'en parlant de stigmates de la dégénérescence, nous avons supposé résolues toutes les questions de détail; nous n'avons eu en vue que les caractères dont un examen approfondi et minutieux avait révélé les réelles relations avec la dégénérescence. Il ne pouvait en être autrement puisque nous faisions de ces stigmates le criterium même de la dégénérescence, des états dégénérés, comme de la prédisposition dégénérative.

Mais nous ne regrettons pas d'avoir l'occasion de nous exprimer à nouveau sur ce point, et nous tenons à dire qu'à notre sens aussi on a souvent rangé parmi les stigmates de la dégénérescence des choses dont les rapports avec la regression étaient contestables. On a souvent péché contre la méthode et la logique. Il serait nécessaire de reprendre l'étude de la plupart des stigmates en s'inspirant rigoureusement et exclusivement du criterium dégénératif, et nous sommes heureux de pouvoir signaler à l'attention du Congrès, comme exemple de ce que devrait être l'étude remaniée des stigmates, le rapport très pénétrant et très méthodique du Dr Pailhas; il suffit pour montrer l'étendue de ce qui nous reste à faire dans cette voie et à propos de chacun des stigmates.

Nous avons également cru comprendre, dans ce qui nous était objecté, un reproche ou plutôt un appel à nous mettre en garde contre l'absolu. Or, personne plus que nous n'est pénétré de l'inexistence, à l'heure actuelle, des formules absolues dans le domaine biologique. Ne voyons-nous pas, chaque jour, que l'absolu d'aujourd'hui est l'erreur de demain; les partisans de l'évolution ne sont-ils pas les adversaires nés des théories absolues. Quant à mon rapport, j'étais loin de m'attendre à lui voir objecter son absolutisme. Rarement, à mon grand regret, travail fut plus ondoyant et plus divers; et cela parce qu'il s'adresse aux choses avant tout ondoyantes et diverses, aux choses de la vie. La vie, en effet, est la modification permanente et continue; toute tentative de la fixer en des formules rigoureuses est vaine et inutile. Et c'est pour être resté constamment fixé sur cette vérité, nous défiant des tentations du rigorisme dogmatique, que nous croyons avoir échappé au reproche de l'absolutisme scientifique.

M. Ferri fait un résumé de son rapport intitulé *Tempérament et criminalité* (voir p. 86).

M. Zakrewski. — Il ne faut pas confondre deux notions complètement disparates : *le tempérament,* phénomène bio-psychique, et le *crime,* idée de convention sociale. En réunissant ces deux éléments, nous faisons du roman et non pas de la science, qui, elle, exige une classification exacte et une stricte logique. Parlons de tempérament bilieux, nerveux, impulsif, mais non de tempérament criminel. La notion du crime est établie par la société; elle change et évolue d'après les époques et les climats et le même tempérament peut être considéré comme criminel ou indifférent selon les idées existantes. En perdant de vue ce principe, nous n'arriverons ni à nous entendre, ni à obtenir des résultats scientifiques.

M. Ferri. — S'il n'y a pas d'autres remarques à mon rapport, je vais répondre en deux mots à M. Zakrewsky qui a affirmé, sans la démontrer cependant, une sorte d'incompatibilité de caractère entre le terme biologique de *tempérament* et le terme sociologique de *criminel*. Mais ces prétendues frontières et douanes infranchissables n'existent pas dans les faits naturels; elles ne sont que des créations artificielles de notre pensée. En réalité, biologie et sociologie, au lieu d'être incompatibles, sont inséparables. La biologie elle-même n'est qu'une sociologie des cellules, de même que la sociologie n'est que le développement ultérieur de la biologie, dans laquelle elle a ses racines.

Du reste, nous voyons tous les jours ces rapports entre biologie et sociologie dans la personnalité humaine, normale et anormale, par exemple, à propos des qualités organiques et psychiques qu'on exige chez certains travailleurs pour certaines industries, etc. De sorte que dire *tempérament criminel* n'est qu'affirmer justement un de ces rapports entre la biologie et la sociologie.

Je termine en répondant à une demande que M. Forel m'a faite tout à l'heure, en passant. Et les crimes pathologiques, dans laquelle de vos deux catégories d'actes antisociaux les classez-vous?

D'abord, lorsque je parle d'une direction synthétique dans mes recherches, j'entends bien qu'il ne faut pas abandonner les recherches analytiques, sans lesquelles il n'y a pas de science possible. J'ai seulement proposé d'ajouter la synthèse à l'analyse.

Et alors, c'est avec l'étude analytique de chaque cas qu'on verra à laquelle des deux catégories il faut attribuer tel ou tel crime. Je crois, cependant, au point de vue général, que les crimes évidemment pathologiques appartiennent le plus souvent à la criminalité *atavique* (par exemple le dépeçage, l'anthropophagie, etc.), tandis que la criminalité *évolutive* est plus souvent déterminée par cet état (qui n'est pas normal mais qui n'est pas tout à fait pathologique) du fanatisme ou du monothéisme.

M. Forel. — Je voudrais citer deux faits. Dernièrement une jeune fille de 16 ans à peine me fut amenée pour rapport médico-légal. Arrivée à Zurich comme servante, elle avait battu un petit enfant et on l'avait renvoyée au bout de peu de temps. Arrivée à une seconde place où était aussi un enfant de 6 mois, ce dernier l'ennuyant par ses cris, elle mit des allumettes phosphoriques dans de l'eau et la fit boire à l'enfant. Elle nia et disait avoir voulu s'empoisonner elle-même. On fit vomir l'enfant et on trouva du phosphore dans le contenu stomacal. Alors, elle inventa un faux-fuyant, disant qu'elle avait voulu essayer l'action d'abord sur l'enfant. Cette fille, grande, forte, précoce de corps (aspect de 20 ans) n'avait pas d'autre stigmates physiques, ni épileptiques. Mais sa mère était ivrogne, une sœur hystérique et un frère vicieux avait été condamné. Le père était brave. A l'école on l'aimait parce qu'elle était alerte et intelligente. A l'asile elle se montra travailleuse, mais menteuse enracinée, sournoise, sans apparence de remords, dénotant une idiotie morale complète. Eh bien, c'est une criminelle-née-pathologique-héréditaire.

Un autre cas concerne une fillette de 9 ans qui avait, dès l'âge de 5 ans, commencé à attenter aux organes génitaux de deux petits demi-frères et d'une petite demi-sœur de second lit, en les maltraitant. Elle était aussi d'un développement précoce. L'un des petits frères mourut des suites d'une uréthrite avant qu'on en connut la cause, tant la petite criminelle avait su se cacher. Cette dernière était aussi menteuse et sournoise, nullement épileptique, mais avait déjà eu en cachette des scènes sexuelles avec un gamin plus âgé qu'elle. Le père ivrogne et vicieux de cette fillette se divorce de la mère peu après la naissance de la petite qui fut bien élevée par son honnête belle-mère.

M. Dekterew. — La première observation citée par M. Forel est un bel exemple qui vient appuyer l'opinion que je soutenais hier, en engageant le Congrès à porter son attention sur les descendants des alcooliques qui sont de vrais criminels-nés.

M. Lombroso. — Le cas de M. Forel est un cas des plus intéressants pour démontrer le criminel-né. J'ai eu moi-même un cas analogue. Il s'agit d'une enfant qui, à 6 mois déjà, montrait un caractère revêche et méchant. D'une étrange précocité, à 3 ans elle commet des vols pour faire accuser les servantes, à 5 ans elle présente un appétit sexuel qui la pousse aux actes les plus ignobles. Or, elle était fille d'un syphilitique, ressentait une véritable aura sous forme de fourmillements dans le pied gauche, avait parfois des vertiges.

M. Dallemagne. — Mon intention n'est nullement d'entrer dans la discussion des détails du rapport de M. Ferri. C'est la question de méthode que je désire envisager pendant quelques instants parce que je la crois essentielle en Anthropologie criminelle, et surtout dans le domaine biologique. M. Ferri fait appel à la synthèse comme procédé nouveau et directeur à la fois ; je crois davantage à la nécessité de l'analyse.

M. Ferri a dit avec raison que la psychologie semblait depuis quelque temps chercher des voies nouvelles. Il a parlé des ouvrages des maîtres français les plus autorisés, Ribot, Fouillée, Paulhan ; il a montré l'espèce

de convergence des travaux de ces psychologues vers l'étude du caractère ;
il a vu dans cette tendance l'expression d'un désir de synthèse. Nous
croyons que c'est une pensée toute différente qui a inspiré les travaux en
question, et il est facile, en effet, de trouver dans la plupart d'entre eux
l'intention formelle de se départir des tendances synthétiques pour se
rapprocher des observations individuelles.

Ils disent à juste titre qu'après avoir étudié les symboles, les abstractions
telles que la mémoire, le jugement, la volonté, il est temps que les
psychologues s'adonnent à l'observation des cas particuliers de la
mémoire, du jugement, de la volonté, chez un homme déterminé ou en
tout cas chez un petit nombre d'hommes. Il nous semble que c'est là,
avant tout, une tendance bien plus analytique que synthétique.

Mais il est, à notre sens, un grief plus sérieux à articuler à l'égard du
travail de M. Ferri. Nous trouvons dangereuse la conception nouvelle du
maître italien ; c'est un symbole nouveau qu'il introduit dans l'anthropologie criminelle, au moment où celle-ci s'efforce de se débarrasser des
anciennes formules symboliques et abstraites. C'est un symbole que
demain il faudra combattre et dont nous aurons, dans l'avenir, à nous
départir et cela parce qu'il n'existe pas un tempérament criminel au
sens absolu, mais que dans le tempérament humain il existe selon les cas
une dose petite ou grande de criminalité que les circonstances atténuent
ou renforcent.

M. Ferri reprochait à juste titre à M. Durkheim d'avoir fait de la
maladie une normalité ; mais je crains bien que ce reproche ne soit applicable à M. Ferri lui-même, car un tempérament criminel, tel qu'il le
conçoit au sens absolu, est avant tout un type morbide. Ce qui le caractérise, quand il arrive par hasard à se concréter en quelques individus,
c'est moins la présence de stigmates de criminalité que l'absence de
caractères tout spéciaux qui sont les attributs de ce qu'on comprend sous
le nom de folie morale, d'épilepsie larvée, etc. ; c'est aussi un malade que
M. Ferri tend à nous faire prendre pour l'expression d'un phénomène
naturel, normal.

Il serait donc dangereux d'introduire dans la science cette abstraction
du tempérament criminel et il est nécessaire que l'Anthropologie criminelle
ne s'aventure plus dans ces voies. Il est temps qu'elle comprenne que ce
qui doit la préoccuper avant tout, ce sont moins ces synthèses brillantes
mais inutiles quand elles ne sont pas à redouter, que l'observation
méthodique et rigoureuse des particularités isolées, des tendances individuelles, de leurs relations, de leurs origines et de leurs causes.

M. Bérillon. — Les faits qui viennent d'être cités par MM. Forel et
Lombroso ne me paraissent pas avoir la valeur qu'on leur attribue pour

démontrer la réalité de l'existence du criminel-né. On nous montre les effets manifestes de la dégénérescence héréditaire, mais dans ces observations on n'a fait aucune allusion au rôle qu'avaient pu exercer, sur les sujets observés, l'influence de l'éducation et l'influence du milieu. Un fait qui, à notre avis, n'est pas assez mis en lumière, c'est que c'est dans les premières années de la vie que l'éducation joue le plus grand rôle. C'est dans ces années que, sous l'influence de l'imitation et de la surveillance exercée, a lieu la création des centres psychiques d'arrêt. Le pouvoir d'inhibition, qui neutralisera les impulsions instinctives, ne se développe pas spontanément; il est uniquement le produit de l'éducation. Quand cette éducation n'a pas été donnée dans les premières années de la vie, quand les premières impulsions instinctives n'ont pas été réprimées au moment voulu, la personnalité se développe sans être pourvue de ce frein, de ce pouvoir d'arrêt, de cette puissance d'inhibition sans lesquels l'homme est condamné à céder à toutes les impulsions. C'est une erreur de croire qu'il sera facile de créer plus tard ces centres d'arrêt psychiques. Une éducation manquée, aussi bien chez l'homme que chez les animaux que l'homme emploie à son usage, ne peut plus être réformée que très difficilement.

Les sujets observés par MM. Forel et Lombroso n'avaient peut-être jamais reçu cette éducation de la première enfance. Ils avaient été livrés à eux-mêmes, ne subissant probablement que l'influence de mauvais exemples. Chez les jeunes enfants, lorsque se manifestent des impulsions automatiques instinctives, loin de réprimer ces impulsions, on les favorise en admirant l'enfant, en s'extasiant sur sa précocité. Rien ne nous dit que si, dès les premières années, les sujets considérés par MM. Forel et Lombroso comme des criminels-nés, avaient été soumis à une éducation très intelligente et très ferme, leurs actes n'auraient pas été différents.

Dans une boutade restée célèbre, Taine qui se montrait en cela le précurseur de Lombroso, disait que *le cerveau secrète le vice et la vertu comme le foie secrète la bile.* Je ne suis pas encore disposé à admettre que certains cerveaux doivent nécessairement secréter le vice, tandis que d'autres auront, par le fait de leur hérédité, le monopole enviable de secréter la vertu.

M. Dekterew, en réponse à ce que vient de dire M. Bérillon, cite un exemple qu'il a vu à la Clinique de St-Pétersbourg. Il s'agit d'une jeune fille de 7 ans, sur le moral de laquelle aucune modification n'a pu être apportée par les effets pédagogiques.

La séance est levée à 11 heures $^1/_2$.

SÉANCE DU MARDI 25 AOUT
Après-midi.

PRÉSIDENCE DE M. FOREL

La séance est ouverte à 2 heures.

M. Ladame, président du Congrès, prie M. le professeur **A. Forel** de vouloir bien prendre place au fauteuil de la présidence.

M. Bérillon donne lecture de la communication suivante :

De la suggestion hypnotique envisagée comme adjuvant à la correction paternelle.

Depuis 1886, nous nous sommes appliqué à faire ressortir la valeur de la suggestion hypnotique comme agent moralisateur et éducateur chez les enfants mauvais, impulsifs ou vicieux. Le premier, nous avons publié des observations de cas de *kleptomanie*, de *mensonge*, de *troubles du caractère*, d'*onanisme irrésistible*, traités avec succès par la suggestion hypnotique. D'autres expérimentateurs ont contrôlé et vérifié l'exactitude de nos conclusions. C'est donc en nous appuyant sur des faits que nous sommes amené à soumettre au Congrès d'anthropologie criminelle l'idée d'utiliser la suggestion hypnotique comme adjuvant à la correction paternelle, particulièrement dans le traitement de la kleptomanie.

Ce qui caractérise l'impulsion kleptomaniaque que l'on observe fréquemment chez les enfants dégénérés, c'est l'automatisme et l'inconscience absolue qui président à l'accomplissement de l'acte. Lorsque l'on interroge ces enfants sur les motifs qui les ont poussés à accomplir un vol, ils font invariablement la même réponse : « Je ne sais pourquoi je l'ai fait, je n'ai pu faire autrement. »

Il semble qu'ils aient agi comme s'ils étaient dépourvus de ce pouvoir d'inhibition, de cette puissance modératrice, de cette volonté d'arrêt qui est une des manifestations les plus remarquables du système nerveux. C'est ce qui explique le peu de succès des moyens coercitifs auxquels on a recours pour les guérir.

Les dégénérés doués d'une résistance moindre pour réagir contre les impulsions automatiques ou réflexes, prédisposés à l'accomplissement des mouvements inconscients, offrent un terrain remarquable au développement de l'impulsion à voler.

La première indication consiste donc, puisqu'on se trouve en présence d'actes accomplis inconsciemment, à appeler l'attention du sujet sur ses mouvements exécutés automatiquement, à éveiller sa conscience, en un mot à *transformer une sensation non perçue en aperception.*

Dans un grand nombre de cas, des suggestions appropriées faites dans l'état d'hypnose suffisent pour développer, en même temps que l'attention, le pouvoir d'arrêt qui permet aux sujets de résister à l'impulsion.

J'ai eu l'occasion d'observer un adolescent de quinze ans, appartenant à une famille des plus honorables, chez lequel l'impulsion de s'emparer des objets les plus divers se manifestait à chaque instant. Les parents le constataient en trouvant dans ses poches des objets de toutes sortes qu'il volait dans toutes les maisons où il allait. Il n'avait aucune excuse, car les parents lui donnaient l'argent nécessaire pour acheter les objets dont il pouvait avoir besoin. Cet enfant parut d'abord inaccessible au traitement, mais il me fut bientôt facile de vaincre sa résistance. Il s'endormit profondément. Dès qu'il fut hypnotisé, je créai chez lui des paralysies psychiques des bras, le mettant dans l'impossibilité matérielle de s'emparer des objets que je lui désignais. Je créai ainsi chez le sujet un centre d'arrêt destiné à faciliter la résistance à l'impulsion. J'ajoutai à cela diverses suggestions pédagogiques, lui recommandant de travailler, d'être attentif, d'apprendre ses leçons et de s'appliquer dans ses compositions. Il fut facile, non seulement de le guérir de sa kleptomanie, mais d'en faire un élève travailleur. En quelques semaines, l'influence des suggestions s'était manifestée à un tel point qu'il était devenu un des premiers élèves de sa classe, alors que, depuis plusieurs années il était constamment resté le dernier. Un des mobiles qui l'avaient le plus déterminé à s'appliquer au travail, était son désir de prouver qu'un changement s'était opéré en lui à tous les points de vue. Depuis trois ans, le succès du traitement psychique ne s'est pas démenti et l'enfant n'est pas retombé une seule fois dans ses impulsions à voler.

J'ai obtenu des succès identiques chez une dizaine d'enfants voleurs en soumettant l'esprit à une gymnastique analogue dans son principe à celle à laquelle on a recours pour développer certaines résistances physiques.

Pour faire comprendre par quels artifices d'application on arrive à guérir un enfant atteint de la manie de voler des pièces de monnaie, je vais vous donner un aperçu d'un procédé qui m'a toujours réussi. L'enfant étant mis dans un état de suggestibilité suffisant, je le fais approcher d'une table sur laquelle se trouve une pièce de monnaie. « Tu vois cette pièce, lui dis-je, tu as envie de la prendre. Eh bien prends-la si tu veux et mets-la dans ta poche. » Il le fait. J'ajoute alors : « C'est ce que tu as l'habitude de faire, mais tu vas remettre maintenant la pièce d'argent où tu l'as prise et désormais tu agiras toujours ainsi ; s'il t'arrive de succomber à la tentation, tu auras honte d'avoir volé et tu t'empresseras de remettre l'objet volé à sa place. » Au bout de quelques séances de cette gymnastique mentale exécutée sous l'influence de la suggestion, l'enfant est généralement guéri pour toujours de sa mauvaise habitude. Un fait à noter, c'est que l'enfant guéri par la suggestion hypnotique d'une habitude grave, témoigne toujours à celui qui l'a guéri les plus vifs sentiments de reconnaissance.

Jusqu'à ce jour les applications de la suggestion hypnotique ont été faites sur des enfants appartenant à la classe aisée. Les parents justement préoccupés des tendances impulsives qu'ils constataient chez leurs enfants avaient l'idée de recourir à un procédé dont ils avaient entendu préconiser l'application. Il nous semble que le même procédé pourrait être utilisé dans les établissements où sont détenus les enfants par voie de correction paternelle. L'emploi de ces procédés permettrait d'obtenir la guérison d'un certain nombre d'enfants réfractaires aux procédés habituels d'éducation et considérés à tort comme incorrigibles. Nous pensons qu'un jour prochain la suggestion hypnotique sera admise comme moyen de redressement moral dans les établissements désignés sous le nom de maisons d'éducation correctionnelles.

M. Bérillon donne en outre lecture de la communication suivante :

De la nécessité de pratiquer le détatouage chez les jeunes détenus dans les prisons et les maisons d'éducation correctionnelles.

Pendant le dernier Congrès pénitentiaire, des visites furent faites dans les diverses prisons du département de la Seine. C'est dans le cours d'une de ces visites à la prison de la Petite Roquette, à Paris, que nous eûmes l'occasion de constater qu'un assez grand nombre de jeunes détenus portaient sur les bras des tatouages variés. Désireux de nous rendre compte des circonstances par lesquelles ces détenus avaient été amenés à se faire tatouer, nous avons sollicité de M. Duflos, directeur des services pénitentiaires du ministère de l'Intérieur, l'autorisation de faire une enquête sur les tatouages portés par les jeunes détenus. Cette enquête avait un double but : 1º Etablir la proportion des détenus sur lesquels on constate des tatouages. 2º Etudier la nature des images que représentent ces tatouages et les circonstances dans lesquelles ces tatouages ont été faits. Notre demande appuyée par M. Vincens, chef du bureau de l'administration centrale, fut accueillie avec faveur, et M. Duflos, au libéralisme duquel nous sommes heureux de rendre hommage, nous accorda l'autorisation demandée.

M. le directeur de la Petite Roquette nous accompagna dans nos visites aux jeunes détenus et voulut bien nous faciliter l'accomplissement de notre tâche.

La Petite Roquette est, comme on le sait, un lieu de détention pour les enfants et les prisonniers mineurs. Sa population est composée :

1º D'enfants de Paris détenus par voie de correction paternelle. Il en entre chaque année de 350 à 400. Le séjour maximum, fixé par la loi, est de six mois, mais le plus grand nombre n'y séjournent que quelques semaines, parfois quelques jours. Ces enfants, comme l'indique le motif de leur incarcération, n'ont pas cessé, de la part de leurs parents, d'être l'objet d'une surveillance et d'un intérêt relatif.

2º Des enfants en prévention et des enfants jugés, mais étant dans les délais d'appel ou attendant l'exécution de la décision administrative.

3º Quelques mineurs condamnés à de courtes peines.

4º Enfin de jeunes adultes de seize à vingt et un ans, condamnés pour la première fois.

La population de la Petite Roquette peut donc être divisée en deux catégories :

1º Les enfants ; 2º les jeunes adultes.

Les enfants enfermés par voie de correction paternelle présentent très exceptionnellement des tatouages. Encore, les images représentées par ces tatouages n'ont-elles aucune signification. Ce sont généralement des étoiles, des ancres.

Par contre, chez les jeunes adultes la proportion des tatoués est considérable. Elle n'est pas moindre de 50 pour cent. L'âge moyen auquel les tatouages ont été faits oscille entre 11 et 14 ans. Les détenus déclarent que c'est en faisant l'école buissonnière, en errant sur les fortifications, le long de la Seine, en étant en état de vagabondage qu'ils ont été invités par des camarades plus âgés à se laisser tatouer. Ils reconnaissent que ces camarades étaient des mauvais sujets, des vagabonds, qu'ils ont été l'objet de condamnations et qu'ils portaient eux-mêmes des tatouages. Ajoutons que ces tatouages sont faits le plus souvent, moyennant une faible rémunération, par des individus qui semblent n'avoir pas d'autres moyens d'existence.

Presque tous disent que l'opération a été très peu douloureuse. Ce fait dénoterait chez les jeunes sujets un état d'insensibilité cutanée assez marqué. Loin de faire de cette insensibilité à la piqûre un stigmate de tendance à la criminalité, je la considérerais plutôt comme un état physiologique normal.

Dans une thèse de la Faculté de Paris, inspirée par M. Dumontpallier, médecin du lycée Louis-le-Grand, M. le Dr Forfer démontrait qu'un grand nombre des élèves du lycée, présentaient de l'anesthésie à la piqûre. Cette anesthésie relative facilite assurément l'opération du tatouage. La sensibilité cutanée se développant avec l'âge deviendrait plus tard un obstacle au détatouage, si le procédé comportait quelque intervention douloureuse.

Nous avons constaté que si un grand nombre des images n'avaient aucun caractère symbolique déterminé (étoiles, bracelets, bagues, fleurs, ancres marines, etc...) par contre beaucoup revêtaient des *caractères d'immoralité ou d'infamie très marqués.* Dans un autre travail, nous entrerons dans des détails plus précis. Pour rester dans les limites de notre sujet, nous nous bornerons à exprimer l'avis que ces tatouages, soit qu'ils aient un caractère très évident d'immoralité, soit qu'ils ne se rapportent à aucune idée précise, constituent pour celui qui les porte un lien matériel avec un milieu dont l'action nuisible au point de vue social et moral n'est pas douteux.

Ils sont la marque évidente et le souvenir matérialisé du séjour dans un milieu immoral. A ce titre seul, l'idée de pratiquer le détatouage pourrait être préconisée et acceptée sans discussion. Mais, comme on pourrait soulever contre cette idée diverses objections d'ordre administratif et juridique, nous y répondrons à l'avance d'une façon très brève. Tout d'abord il n'y a aucune objection à soulever à l'égard des prévenus et des condamnés qui expriment le désir formel d'être débarrassés de leurs tatouages. Le rôle de l'administration se bornerait à leur faciliter le moyen de faire disparaître ces stigmates d'infamie [1].

La principale objection consisterait à dire que les tatouages facilitent la reconnaissance des criminels. L'application du système anthropométrique imaginé par M. Alphonse Bertillon répond victorieusement à cette objection. Il n'est plus possible à un homme qui a été détenu une seule fois de dissimuler désormais son identité.

La seconde objection est la suivante :

Existe-t-il un procédé de détatouage permettant d'obtenir la disparition complète des images ? Nous répondrons par l'affirmative. M. Variot, médecin des hôpitaux de Paris et M. Jullien, médecin de St-Lazare ont, par leurs procédés, obtenu des détatouages complets.

Bien que les tatouages, chez les enfants détenus par voie de correction paternelle, soient assez rares, on peut se demander si l'autorité paternelle est assez étendue pour obliger un enfant à se laisser détatouer. Nous n'hésitons pas à répondre que le père de famille a le droit absolu de faire effacer de la peau de son enfant des images ayant un caractère d'immoralité.

---

[1] Nous devons ajouter que tous les détenus expriment le désir le plus formel d'être débarrassés des images immorales, des formules symboliques et des serments d'amour qui constituent si fréquemment l'objet de tatouages. Sur une centaine, un seul détenu, assez faible d'esprit, nous exprimait le désir de conserver quelques-uns de ses tatouages, à cause de leur valeur artistique. Il est vrai qu'ils étaient très artistement dessinés et faisaient le plus grand honneur au talent du tatoueur et à la patience du tatoué.

Notre communication tendrait à créer une nouvelle application administrative de l'anthropologie criminelle. D'après nous, l'administration pénitentiaire aurait le devoir de mettre les procédés de détatouages à la disposition des détenus qui voudraient se débarrasser de ces stigmates d'infamie. Pour cela, elle aurait à faire appel au concours des médecins qui ont, comme MM. Variot et Jullien, poursuivi d'intéressantes études sur cette question.

Ce concours ne leur serait certainement pas refusé. Nous sommes convaincu que notre proposition bien qu'elle paraisse un peu hardie à beaucoup d'esprits plus disposés à se complaire dans les conceptions théoriques que dans les idées pratiques, ne tardera pas à être prise en réelle considération. L'administration pénitentiaire justement soucieuse de ne rien négliger de ce qui peut amener le relèvement du délinquant ou du criminel, comprendra qu'un des meilleurs moyens d'arriver à ce but est de supprimer le stigmate physique qui, comme le tatouage, rattache le jeune détenu au milieu criminel.

M. Lacassagne. — J'ai eu l'occasion de voir un grand nombre de tatouages et ceux de vous qui voudront bien me faire l'honneur de visiter mon laboratoire pourront examiner une collection de plus de 3000 (trois mille) tatouages.

Quelques tatoués, criminels ou autres, devraient être débarrassés de ces dessins et, les tatoueurs eux-mêmes que j'ai interrogés sur ce point, déclarent que de nombreuses tentatives de détatouages ont été faites, mais sans succès. On a employé du suc de différents végétaux, le vésicatoire, etc., etc. Le lait de femme a joui d'une certaine faveur, mais les résultats que j'ai observés ne sont pas encourageants. Ce que les tatoués ont encore trouvé de mieux, pour perdre un signe d'identité par trop compromettant, est la modification du dessin par un nouveau tatouage, une transformation, une surcharge.

Il y a quelques années, M. le Dr Vaniot a proposé un nouveau procédé. Je l'ai employé et j'ai demandé à quelques médecins des hôpitaux de bien vouloir essayer le détatouage par cette méthode. Nous n'avons pas réussi. L'occasion m'a permis de voir un homme qui avait été détatoué par l'auteur même du procédé : je déclare que la réussite était loin d'être parfaite et il n'y avait pas détatouage.

Je crains que M. le Dr Bérillon ait été un peu loin en demandant aux administrations pénitentiaires de créer le poste de détatoueur. Il faut d'abord trouver un procédé certain de détatouage.

M. Gosse. — Le tatouage des enfants en Suisse est un fait extrêmement rare, autant que j'ai pu m'en assurer et, à Genève, ce n'est qu'à partir du moment où le jeune homme est entré dans des sociétés ouvrières par exemple, vers 17, 18 ans. Quant aux tatouages, pour la majorité de ceux que j'ai pu constater (en grand nombre) l'on ne peux pas dire qu'ils soient un stigmate criminel. Je n'ai jamais pu obtenir de détatouage à moins que l'on ait sectionné la peau et, dans tous les essais que j'ai pu examiner, le tatouage était encore très reconnaissable. Je me rallie donc entièrement à ce qui a été dit à cet égard par mon collègue M. Lacassagne.

M. Dalifol. — J'ai souvent rencontré parmi nos jeunes détenus de France des enfants tatoués et, à mon humble avis, il serait excellent de les détatouer. Ces pauvres enfants eux-mêmes, qui, dans un moment d'oubli et entraînés le plus souvent par des camarades, se sont fait faire ces marques stupides, souvent obscènes, seraient très heureux de les voir disparaître.

Ces tatouages sont, sans conteste, un danger pour leur avenir et ils le comprennent.

Je serais donc de l'avis du D\' Bérillon, s'il était possible de les faire disparaître, mais comme vient de le dire l'éminent docteur Lacassagne, jusqu'à présent on n'a pas encore trouvé le moyen de faire disparaître les véritables tatouages. J'ai fait essayer moi-même, et les essais n'ont point abouti, car je comprenais toute l'importance et tout le fruit que l'on aurait pu tirer du détatouage. J'en parlais dernièrement avec un procureur général qui aurait semblé regretter que la chose fut possible — ces marques étant un signalement ineffaçable et précis. Mais je ne suis pas de son avis et j'offre à M. le D\' Bérillon de venir dans mon établissement d'éducation correctionnel, détatouer ceux de nos jeunes détenus qui le sont.

M. Lombroso. — J'ai vu, moi aussi, que tous les essais avec l'acide acétique, par exemple, avec les vésicatoires, laissent des traces indélébiles. Seulement les tatouages avec des substances solubles (l'aniline, par exemple), disparaissent parfois d'eux-mêmes. Aussi, plusieurs criminels, pour se libérer de certains signes trop caractéristiques qui pourraient les signaler, recourent-ils à de nouveaux tatouages avec lesquels ils essayent de recouvrir les tatouages anciens.

———————

Mme Tarnowsky fait la communication suivante :

Criminalité de la femme.

Les Congrès, qui tendent de plus en plus à se généraliser, présentent une certaine analogie avec les thèses de doctorat soutenues en masse. Le référendaire prend la place du candidat soutenant sa thèse, et les membres du Congrès prenant part aux débats, celle des argumentateurs.

Dans notre siècle de popularisation, tout ce qui faisait jadis l'apanage d'un nombre restreint de gens, tend actuellement à faire partie du domaine public, ce qui permet aux masses de bénéficier des avantages du progrès. Ainsi, par exemple, les Congrès réunissant un grand nombre de savants permettent aux adeptes d'y émettre leurs opinions, et les débats qui s'ensuivent contribuent à éclaircir bon nombre de questions.

Mais, pour pouvoir accorder la parole à tous ceux qui la désirent, il est évident qu'on est obligé d'être bref et précis. C'est pourquoi je me permets d'énoncer, sous la forme d'un aperçu très rapide, le résumé de mon travail sur les femmes homicides, travail qui va paraître.

1. La criminalité de la femme diffère de celle de l'homme au point de vue des fonctions physiologiques, des particularités du caractère qui en dépendent, ainsi que de la manière d'être et du rôle qui est dévolu à chaque sexe dans la société.

2. En traits généraux, tout acte criminel se compose de 4 moments principaux : a) l'idée du crime qui surgit dans l'esprit; b) la pensée subséquente qui sert à mûrir le plan du forfait; c) l'action criminelle elle-même, ou la perpétration de l'acte criminel; et enfin d) la réaction, ou façon d'être et d'agir après l'acte accompli. Ces quatre moments présentent, dans leur durée et leur particularité, une variété infinie selon les individualités, mais diffèrent notablement dans les deux sexes, et la femme y apporte inévitablement sa facture personnelle.

3. Excepté l'infanticide pour la femme, et le viol pour l'homme, il n'y a pas de crimes spécialement affectés à la femme et d'autres à l'homme ; mais il y a incontestablement des crimes commis plus fréquemment par les femmes, comme il y en a d'autres principalement perpétrés par les hommes.

4. Ne nous arrêtons pas sur la supériorité de la force physique et de l'énergie de l'homme qui figurent au nombre des causes de sa plus grande criminalité ; ne lui opposons pas la dextérité, l'adresse et l'astuce développées chez la femme en raison, même de son infériorité sociale, et qui lui tiennent lieu de force physique; le temps est trop court pour énumérer bien d'autres particularités féminines moins connues. Tenons-nous en au fait établi par la statistique, qui tend à prouver que la criminalité de la femme se rapporte, comme une fraction, à l'unité représentée par celle de l'homme, et équivaut, en moyenne, à un cinquième de la criminalité masculine. Dans un de ses récents travaux, l'éminent criminaliste russe, le professeur Foïnitzky démontre que la criminalité de la femme, pour les crimes contre les personnes, équivaut en Russie à $1/10$ de celle de l'homme; en Prusse elle est de $1/5$; en France, en Autriche et en Italie elle atteint une moyenne de $1/6$. Ces chiffres ne sont pas éloignés de ceux qu'établit Quételet il y a un quart de siècle.

5. Il résulte en outre de mon travail que, de tous les crimes contre la personnalité commis par la femme, un des plus fréquents dans la population rurale de la Russie est le *mariticide* (meurtre du mari par la femme), à la suite de conditions trop pénibles pour la femme, dans les mariages mal assortis. Cela dépend en partie de ce que dans la population rurale il est d'usage de marier les filles très jeunes, dès l'âge de 16 ans à peine révolus. Les parents les marient, souvent contre leur gré, sans leur consentement. Il arrive même quelquefois que les filles sont mariées avant d'être nubiles, ou bien l'étant à peine, ce qui fait que les rapports conjugaux leur sont très pénibles et engendrent souvent une aversion insurmontable.

6. Devant les tribunaux, la responsabilité d'une femme qui commet un mariticide est identique à celle que subit un mari *uxoricide*. Mais les droits des conjoints dans le mariage sont loin d'être égaux.

Le mari a toujours la ressource de quitter sa femme, tandis que la femme est obligée de rester quoiqu'il arrive, de subir la domination du mari et même ses mauvais traitements, parce qu'une femme qui déserte le toit conjugal sans l'autorisation du mari, peut y être réintégrée de force, à la demande du mari. Le divorce n'existant presque pas dans la population rurale, il s'en suit que les mariticides y sont incomparablement plus fréquents que les uxoricides.

7. Les conditions d'existence et les droits de la femme et de l'homme, dans la société actuelle, sont loin d'être égaux. Ils diffèrent, quant à l'éducation d'abord, la position dans la famille ensuite, et surtout par rapport aux droits personnels. Mais indépendamment de son rôle inférieur, il est une circonstance où la femme est reconnue l'égale de l'homme, c'est à l'égard des infractions commises : la responsabilité devant le code est égale pour les deux sexes.

Bien que la jurisprudence accorde généralement une atténuation de la peine aux femmes coupables, il serait désirable « qu'on fasse d'une indulgence facultative une obligation à tous ceux qui sont chargés de l'appliquer, » comme l'a si judicieusement observé Mme Dupuy au dernier Congrès pénitencier de Paris [1].

8. Les mobiles des crimes contre les personnes, dans la grande majorité des cas, sont identiques pour les deux sexes, et méritent d'être étudiés avec beaucoup plus d'insistance et de détails qu'ils ne le sont actuellement.

Ayant pour base du châtiment la qualification même du crime, ou délit, il s'en suit qu'un vol avec effraction sera puni toujours plus sévèrement qu'un vol simple. Ainsi une pauvresse sollicitée par la faim, brisant une vitre à la devanture d'un boulanger pour voler un pain, sera punie plus rigoureusement qu'une voleuse professionnelle, volant au jour le jour dans les grands magasins.

Les crimes contre la personnalité, suivis de mort, sont uniformément punis d'après le Code pénal de Russie, par les travaux forcés, seul le nombre des années varie. Et cependant combien dissemblables sont les mobiles du meurtre! Un homicide commis par cupidité n'a rien de commun, au point de vue du mobile, avec un infanticide dicté à la fille-mère par la honte et l'humiliation; un assassinat occasionné par vengeance, par jalousie, ou bien encore sous le poids d'une offense, est bien différent, quant au mobile, d'un empoisonnement consommé dans le but de s'approprier un héritage, une prime d'assurance.

Bien que le résultat de tous ces forfaits soit uniforme — mort d'homme — les mobiles en sont différents au point de vue psychologique et, partant, comportent une peine différente.

9. Quoique la justice distingue les assassinats prémédités des meurtres fortuits, cette restriction n'est pas suffisante, et ne tient guère compte des motifs qui déterminent bien des crimes. A ce point de vue, l'essai de classer les homicides d'après les motifs qui ont servi de base aux forfaits, tenté par l'École italienne, me paraît humanitaire et désirable. Cette tentative, comme on le sait, n'a pas eu le succès qu'elle méritait. On lui opposa la difficulté de se rendre compte du véritable motif d'un crime, toutes les fois que le coupable veut le nier, ce qui arrive dans la grande majorité des cas. Mais qu'on me permette d'observer, que toute classification est conventionnelle, et ne sert qu'à faciliter l'aperçu d'ensemble d'une série de faits plus ou moins analogues. Ajoutons que toute classification nouvelle se perfectionne selon les nécessités de la vie pratique.

10. Actuellement, lorsqu'un crime est dévoilé, on s'empresse de constater l'acte

criminel et de rechercher le coupable; celui-ci trouvé, arrêté, on ne s'en occupe plus. Et cependant une étude de la personnalité du meurtrier n'aurait pas manqué d'éclaircir le mobile du crime commis, mobile qui se perd quelquefois de vue dans la poursuite de détails minutieux exigés par l'instruction, tels que position du cadavre, nombre des blessures, description de l'arme qui a servi à la perpétration du crime, etc. — détails dont l'importance est incontestable, mais qui ne devraient pas empêcher une étude approfondie des mobiles qui incitèrent le coupable à commettre le crime. Une connaissance plus ample et plus approfondie du mobile des crimes, basée sur l'étude de la personnalité des délinquants, diminuerait certainement le nombre de sentences uniformes prononcées par les cours de justice, qui punissent de la même manière des actions semblables par le résultat, mais différentes quant aux mobiles.

11. En étudiant les crimes contre la personnalité, commis par 160 femmes, qui font l'objet d'un travail que je vais publier, j'ai pu les grouper d'après le mobile de leurs forfaits comme suit :

a) Meurtres pour causes passionnelles.

b) Meurtres par dissensions conjugales et aversion sexuelle.

c) Meurtres par absence de sens moral.

d) Meurtres par cupidité.

e) Meurtres accidentels.

f) Meurtres par causes morbides (aliénation mentale, hystérie, épilepsie, alcoolisme).

12. De tous les crimes contre la personnalité commis par les femmes de la population rurale de Russie, les plus fréquents, comme je l'ai déjà observé, sont ceux motivés par les dissensions conjugales et les mouvements passionnels. Ces deux rubriques nous donnent le chiffre énorme de 70 pour nos 160 observations.

Dans la catégorie des meurtres ayant pour mobile des causes passionnelles, nous comprenons différents mouvements de la sphère dite émotive, tels que l'amour, la jalousie, la vengeance, la haine, causes qui motivèrent un grand nombre de mariticides. Le moyen dont se sert la majorité des mariticides est le poison.

Les assassinats par cupidité sont infiniment plus rares parmi les femmes, et encore l'initiative ne leur appartient-elle que par exception. Généralement leur rôle se borne à celui de complice, lorsque le mari, et plus fréquemment l'amant, commet un assassinat. De nos 160 femmes homicides, 32 eurent pour mobile la convoitise du bien d'autrui.

13. Le nombre des femmes figurant dans le groupe des meurtrières accidentelles est minime en comparaison des hommes, ce qui est dû en partie à la différence du régime social dévolu aux deux sexes. Le foyer domestique étant le centre de l'activité des femmes, elles y sont moins sujettes à toutes les éventualités du dehors; leur force physique moindre les oblige à éviter les rixes, et finalement l'alcoolisme est beaucoup moins répandu parmi les femmes, ce qui les préserve des homicides, des coups et blessures graves, donnés et reçus par les hommes en état d'ébriété. De nos 160 femmes, 5 homicides seulement furent accidentels.

14. Avant de terminer ce court extrait de mon travail, je me permettrai une observation sur l'anthropologie criminelle. La tâche d'élaborer à tout prix le type du criminel n'incombe nullement à l'anthropologie. Ce type n'existe pas sous une forme concrète et nettement définie, parce que le crime est une action compliquée, un *summa summarum* de conditions négatives de toutes sortes, qui pèsent sur l'existence d'un individu — conditions en rapport avec une hérédité morbide, une enfance

abandonnée, la pauvreté, la paresse, et surtout une organisation défectueuse au physique comme au moral, où prédominent les instincts, l'impulsivité et où manque la force nécessaire à les maitriser.

15. L'anthropologie criminelle n'affirme nullement que tous les malfaiteurs soient nécessairement des malades, des épileptiques ou des fous ; mais elle indique des méthodes qui servent à étudier les criminels non seulement au point de vue anatomique et physiologique, mais aussi au point de vue moral et psychique afin de distinguer parmi eux les bien portants, qui font le mal sciemment, de ceux qui le commettent plus ou moins inconsciemment, sous une influence morbide quelconque. De nos 160 femmes homicides, nous ne comptons que 8 malades nerveuses ou psychiques.

16. L'anthropologie criminelle nous apprend qu'entre les gens bien portants et les aliénés bons à enfermer, il existe de nombreuses catégories intermédiaires, de gens qui, sans être précisément des malades, ne sauraient cependant être considérés comme étant sains de corps et d'esprit. C'est ici que se rangent les dégénérés et les déséquilibrés des auteurs français (Magnan, Legrain), les descendants d'alcooliques, syphilitiques, toutes les hérédités défavorables possibles, tous les arrêts de développement, toutes les causes nocives héréditaires et congénitales, qui exercent sur l'organisme une influence débilitante et contribuent à créer une résistance moindre, sans toutefois diminuer les appétits.

17. Si la définition de « criminel-né » est encore discutée, il existe toutefois, et cela sans le moindre doute, une classe nombreuse d'individus qui ne sauraient être rangés parmi les gens indemnes et normaux. Entachés de stigmates de dégénérescence au physique comme au moral, ils font preuve d'un engourdissement du sens moral, ainsi que d'une activité affaiblie des centres modérateurs, ce qui les incite à céder, sans la moindre lutte, à leur sensualité souvent extrême. Leur manque d'équilibre moral se traduit par des désirs passionnés, impulsifs, qu'ils s'empressent de satisfaire, n'étant pas retenus par la volonté; il arrive d'autres fois, dans des cas plus rares, qu'ils acquiescent à leurs aspirations sensuelles par des moyens déraisonnables, grâce à une idéation défectueuse. L'élan passionné, la rapidité qu'ils témoignent à satisfaire leur moindre désir leur approprie de droit la dénomination d'*Impulsifs*.

18. Les nombreux adversaires de l'anthropologie criminelle posent à cette science nouvelle des exigences démesurées, auxquelles elle ne saurait satisfaire. Ils exigent des solutions immédiates, précisément aux problèmes qu'elle-même a posés. Lorsqu'elle propose d'établir une enquête minutieuse sur la personnalité des malfaiteurs, afin d'éviter l'éventualité d'emprisonner, de déporter et de punir en bloc, les criminels bien portants, les malades et les dégénérés les adversaires ont hâte de s'emparer de cette assertion pour demander : comment remplacer les châtiments pour les dégénérés ? par quel moyen empêcher quand même les criminels de nuire à la société? Comment éviter l'inconvénient de faire travailler les honnêtes gens au profit des criminels si l'assistance des dégénérés est augmentée outre mesure ?

Il ne faut pas oublier que l'anthropologie criminelle faisant partie des sciences biologiques ne peut faire exception à la règle, et n'est nullement tenue de donner des solutions immédiates et définitives à tous ces problèmes, d'un genre purement pratique. Son rôle se borne à étudier l'homme sain et l'homme malade sous toutes ses faces et à indiquer les nouvelles méthodes qui servent à faciliter cette étude, sans aller au devant des applications pratiques qui en résulteraient et qui rentrent complètement dans le domaine de la jurisprudence.

Beaucoup de travail, d'observations minutieuses, de recherches patientes sont encore nécessaires afin d'établir les nuances variées et multiples des déviations intellectuelles et morales qui caractérisent le criminel — déviations qui correspondent aux anomalies anatomiques et physiologiques certaines, mais dont la relation mutuelle est souvent bien difficile à démontrer.

19. Quelque sévères que furent les châtiments, quelque cruelles les tortures infligées depuis des siècles aux criminels, dans le double but de punir et d'intimider, les crimes n'ont cessé de se répéter et leur nombre, au lieu de diminuer, a certainement une tendance à augmenter de nos jours.

En présence de ce cercle vicieux, l'anthropologie aborda la question de la criminalité sous un point de vue nouveau, en s'adonnant à une étude minutieuse et détaillée des criminels, elle a constaté que parmi ces derniers un fort appoint revenait aux héréditaires morbides de toute espèce, aux dégénérés, déséquilibrés, névropathes de tout genre. Ceci établi, l'anthropologie tend à prouver actuellement qu'en dehors de l'hérédité morbide, l'homme peut encore accroître de son propre chef ses antécédents défectueux et les transmettre à sa postérité notablement empirés, toutes les fois qu'il s'adonne à l'alcoolisme, aux abus de toutes sortes; lorsqu'il contracte des unions entre proches parents, entre hystériques, neurasthéniques, épileptiques, syphilitiques et autres.

20. En déterminant de plus en plus les conditions débilitantes de l'organisme humain, l'anthropologie ne tardera pas à avancer le jour où ses concepts deviendront l'apanage du grand public. Et lorsque chacun se gardera et gardera les siens, en connaissance de cause, de toutes les conditions délétères qui engendrent une descendance faible et morbide, insuffisamment armée pour les luttes de la vie, qui elle aussi se complique davantage tous les jours — le nombre des criminels diminuera certainement.

C'est alors que les adversaires de cette science nouvelle cesseront de lui adresser le reproche si immérité que, voulant régénérer le criminel, elle s'en occupe au détriment de la population honnête, qui a plus de droits à la sollicitude de la société.

Mais en étudiant le criminel dans tous ses détails, et découvrant toujours de nouvelles conditions qui contribuent à l'engendrer, l'anthropologie ne travaille-t-elle pas au profit de l'humanité entière, en indiquant les mesures prophylactiques qui assainissent, moralisent, élèvent les populations, et par cela même amoindrissent le nombre des criminels.

M. Lombroso trouve que cette fois-ci la femme se montre supérieure à l'homme. Il demande à Mme Tarnowsky si elle n'a pas vu que les crimes passionnels ont un caractère occasionnel. Mme Tarnowsky n'a-t-elle pas observé que la cupidité entre plus souvent en jeu dans les crimes des femmes que dans ceux des hommes?

Mme Tarnowsky dit qu'elle n'a pas fait cette observation. La petite criminalité, vols domestiques et autres délits, est à peu près égale pour les deux sexes. Par contre, il est bien connu que les grands crimes sont beaucoup moins fréquents chez la femme que chez l'homme. La femme ne commet que rarement des crimes à courte échéance, parce qu'en général ces crimes, dits accidentels, trouvent chez l'homme une cause occasionnelle dans une force physique supérieure et dans l'alcoolisme plus fréquent. Elle cite l'exemple d'une mère qui, par amour pour sa fille, l'aida à tuer son enfant nouveau-né illégitime et d'une autre mère qui aida à tuer un mari misérable. Ces deux crimes furent prémédités de longue date. Les femmes avouent plus difficilement leur forfait, ce que Mme Tarnowsky explique par une habitude, invétérée chez la femme, de dissimuler ses défauts vu sa position inférieure dans la société.

M. Forel confirme ce qu'a dit Mme Tarnowsky à propos des femmes alcoolisées qu'il a étudiées. Elle n'avouent que très rarement leurs excès de boissons. En général elles les nient avec acharnement, souvent même quand elles sont prises en flagrant délit.

M. Laschi fait la communication suivante :

Méthode positive dans l'éducation préventive.

> « A tous les degrés de la dégénérescence,
> « on peut opposer des mesures sociales ou
> « individuelles préventives, ou même cura-
> « tives, qui en atténueront ou en arrêteront
> « les effets. » ·   LADAME.
> *(La descendance des alcooliques.)*

La tâche de l'anthropologie criminelle, n'est pas seulement d'étudier les anomalies de la plante-homme, mais d'indiquer aussi les moyens de les prévenir si possible, ou du moins de les rendre moins dangereux pour la société.

Et, sans doute, le moment le plus favorable est celui où la plante étant encore tendre, peut recevoir d'un habile cultivateur la direction et les soins qui en feront un arbuste vigoureux, au lieu d'un rejeton inutile ou dangereux.

« Nous ne sommes pas de ceux qui croient au dogme que tous les enfants sont « nés bons, » écrit Spencer dans ses pages admirables sur l'éducation, et les recherches de MM. Lombroso et Marro ont confirmé la pensée du sociologue anglais, démontrant l'existence de germes de folie morale chez les enfants. Mais cela ne doit pas donner lieu au préjugé qui veut que l'école positive nie les fruits de l'éducation, car, au contraire, la grande et bienfaisante action de celle-ci, Lombroso l'affirme, résulte du fait que, comme les tendances criminelles de l'enfant sont générales, sans cette action on ne pourrait expliquer leur métamorphose normale, qui arrive dans la plupart des cas [1].

M. Ferri, de son côté, appelle la protection de l'enfance, le premier des substituts pénaux, la comparant à la prévention sanitaire, qui rend stériles les germes pathogènes en temps d'épidémie [2]; et si Garofalo, dans sa *Criminologie*, fait quelques ré-

---

[1] *L'uomo delinquente*, III édit.
[2] *Sociologia criminale*. Torino, 1892.

serves, appelant l'influence de l'éducation douteuse, bien que probable, c'est qu'il est d'avis qu'elle n'arrive pas à arracher les instincts dépravés; opinion, du reste, partagée par Despine, Ribot et que Corre résume dans l'aphorisme : « l'éducation, « pour donner ses fruits, exige l'éducabilité [1]. »

Si le sens moral n'est inné chez personne, et si l'éducation consiste dans la répétition de mouvements réflexes qui, par l'imitation et les contacts, se substituent lentement à d'autres, lesquels ont causé ou favorisé les mauvaises tendances, il n'est pas impossible que le changement de milieu et l'exemple puissent amener au bien ce « misonéisme », comme l'appelle Ferriani [2], que l'hérédité et la dégénérescence ont formé, et puissent créer une adaptation artificielle, établissant dans l'individu un équilibre moral relatif.

Mais si la folie morale rend vraiment vaine toute tentative de l'éducateur, il faut alors y substituer les soins du psychiatre, et le futur criminel trouvera sa place dans des asiles, ce qui du reste a été admis même par ceux qui, poussés par un véritable apostolat philanthropique, ne semblaient pas vouloir se soumettre toujours à l'inexorabilité des données scientifiques [3].

Mais, ces cas étant exceptés, l'école positive reconnaît l'influence préventive de l'éducation, tandis qu'elle est sceptique sur les fruits de l'instruction [4]. Alarmée de l'énorme contribution que les mineurs donnent à la criminalité, et qu'en Italie l'on évalue à la cinquième partie de la délinquance générale, elle réclame, depuis longtemps, des mesures et des réformes. Tout en critiquant la mauvaise organisation des maisons correctionnelles, où le contact des délinquants-nés, ou ayant de mauvaises habitudes précoces, est délétère pour les enfants moralement abandonnés, l'école positive reconnaît le grand avantage qu'apporterait à ces derniers un changement de milieu qui, vivifiant leur psyché déprimée, puisse relever les énergies morales latentes et physiques, grâce au travail pour lequel, selon Marro, on remarque une vraie répugnance instinctive, accompagnant le développement de la puberté [5].

Laissons donc les condamnés aux maisons correctionnelles, comme l'exige la nécessité de répression, pourvu qu'elles visent vraiment au but indiqué par leur nom. Il y a toute une population de candidats à la délinquance, comme les appelle De Sarlo, les individus abandonnés par leurs parents, ou renvoyés par les Tribunaux, ou rebelles à l'autorité paternelle, qui vont se présenter au seuil des prisons et qu'il faut éloigner des exemples et des contacts qui les perdraient sans doute. Pour le sauvetage de ces malheureux, certaines personnes proposent l'envoi à la campagne, adopté en Allemagne, d'autres le placement auprès de familles morales. Mais nous croyons que, au moins dans les grandes villes, de bons ouvriers sont plus nécessaires que des demi-paysans, qui deviendront trop aisément des déclassés. Et même, suivant l'enquête Roussel [6], on ne tire pas de meilleurs résultats en France du second système, si bien que le type des écoles industrielles anglaises paraît encore le plus rationnel et le

---

[1] *Les criminels*. Paris 1889.
[2] *Minorenni delinquenti*. Milano, 1895.
[3] Voir VERATTI. *I minori corrigendi*. Bologna, 1887.
[4] De 2000 mineurs délinquants étudiés par Ferriani, 1336 savaient lire et écrire.
[5] *Caratteri dei delinquenti*. Torino, 1887.
[6] ROUSSEL, T. *Enquête sur les orphelinats, etc.* Paris, 1882.

plus digne d'être imité [1]. Certes, ces institutions ne doivent être ni des casernes, ni des prisons ; elles demandent des éducateurs dévoués à la cause de la rédemption de l'enfance, et qui, étant en même temps des maîtres rigoureux, sachent cultiver les sentiments latents en éclairant les esprits par une instruction qui ne soit ni pédante ni excessive, et qui fortifie le corps par un travail rude. Il faut pour cela des personnes vigilantes et affables, des chefs qui sachent donner à ces futurs ouvriers une instruction pratique et efficace. Les notions du dessin seront bonnes pour cultiver les tendances esthétiques et diriger le travail manuel vers un but artistique ; la musique de son côté, exercera sa puissante suggestion sur le système nerveux [2].

On ne devra pas donner aux punitions le caractère démoralisant de peines, mais il faudra toucher plutôt les sentiments des élèves par la suspension des visites des parents, par la privation des exercices agréables, des degrés de mérite etc.

Il sera nécessaire aussi de déterminer la limite d'âge pour les admissions, afin que l'éducation puisse donner ses fruits. Depuis 16 ans jusqu'à 21 ans, écrit Veratti (l. c.) il y a peu à espérer de rédemption ; on peut calculer le 2 ou 3 % d'amendement ; c'est pour cela que la limite d'âge devrait s'étendre de 8 à 15 ans.

Lorsque les jeunes garçons seront à même de gagner leur vie, il faut qu'ils cèdent leur tour à d'autres malheureux, mais qu'on cherche d'abord à les placer au moyen des patronages, ou d'autres institutions de bienfaisance [3]. Il faut qu'on leur donne les outils de leur métier, et qu'ils aient une première aide pour la lutte pour l'existence, les épargnes, qui sont le fruit de leur travail dans l'hospice.

Qui devra se charger de cette protection de l'enfance ? Si l'on considère l'énorme somme d'argent gaspillée dans des tentatives stériles de civilisation coloniale, ou dans des apprêts de guerre, on se demande si l'état n'aurait pas plutôt le devoir d'apporter la lumière de la civilisation dans le milieu social le plus bas où la misère et l'incurie préparent les futurs criminels, et si ce ne serait pas une œuvre plus généreuse, au lieu de préparer des dangers aux nations voisines ou éloignées, de sauver son pays de périls bien plus graves et immédiats.

En tout cas, si l'état avec ses maisons correctionnelles fait mal ce qu'il fait, il faut qu'il cède aux initiatives bienfaisantes des provinces, des villes et de généreux particuliers, les aidant de son mieux et exerçant sa vigilance, ce qui est son devoir et son droit. Mais qu'il se garde d'étouffer, par sa bureaucratie, l'œuvre utile des esprits éclairés et convaincus du bien.

Cela même, cependant, ne suffit pas. La charité ne doit pas être aveugle et l'éducation doit avoir une adresse pratique ; il faut faire le bien, mais d'une manière efficace. Parmi la multitude des individus moralement abandonnés, il y a beaucoup de distinctions à faire. Il ne faut pas que les institutions de bienfaisance accueillent également les enfants oisifs, les délaissés et les corrompus, les mêlant avec les enfants égarés par

---

[1] Depuis 1868-69-70 jusqu'à 1893 on a eu, en Angleterre, une diminution effective de 70 % dans la délinquance des mineurs, tandis qu'en France la criminalité des mineurs de 16 ans a augmenté en 50 ans de 140 %. JOLI. *La diminution du crime en Angleterre. Revue de Paris.* 1894.

[2] V. THOMAS. *La suggestion, son rôle dans l'éducation.* Paris, 1895.

[3] Suivant l'enquête Roussel les parents des élèves sont considérés, en Angleterre, comme étant leurs pires ennemis ; sur 189 individus rendus aux familles, 39 devinrent des criminels, tandis que sur 431 pourvus d'emplois par les comités de Madlesex, 30 seulement s'égarèrent.

des mauvais exemples, ni que le même régime éducatif serve à la fois aux *vicieux* ou aux *viciés*, selon la distinction établie par Drill.

Saisir les penchants différents, distinguer les instincts pervers d'un individu et les habitudes immorales d'un autre, rechercher les causes, étudier les remèdes, faire en somme de la thérapie morale, pour chaque cas, voilà une tâche sérieuse pour l'éducateur. Jusqu'à ce qu'on connaisse le mode de fonctionner de la psyché, remarque M. Sergi [1], il n'est pas possible de connaître la voie, la méthode, ou les moyens pour que l'éducation puisse réussir à améliorer l'homme.

Et c'est pour cela que, comme on l'a dit [2], l'art de l'éducation doit trouver dans la psychologie expérimentale, dans l'anthropologie générale et particulière, dans la physiologie, etc., son fondement principal de données positives et scientifiques, et, suivant le vœu du Congrès d'Anvers de 1890, il faut, pour une protection rationnelle de l'enfance, faire une enquête sur la conduite et le caractère de l'enfant, sur la condition et la moralité de sa famille, etc.

De telles études ne sont pas nouvelles. Elles ont été faites en Amérique par Hitchock et Bowditch, en Angleterre par West, en France par Robin, en Italie par Riccardi, de Sarlo, Marina et dernièrement par Vitali. On n'a pas cru ridicule, comme le voudraient les misonéistes à tout prix, de procéder à des enquêtes personnelles sur les enfants recueillis dans les hospices, ou dans les écoles, et il en résulta un grand nombre de données très intéressantes pour l'éducation de la jeunesse.

Mais, pour rester dans la limite de la question, nous avons l'honneur de présenter un modèle de *feuille biographique*, adopté par nous pour l'examen anthropologique et psychologique des mineurs recueillis dans un hospice de bienfaisance et inspiré par les idées que nous venons de développer. La feuille permet de saisir d'un coup d'œil la physionomie physique et morale de chaque enfant recueilli, d'y modeler le système d'éducation le plus propre et d'en contrôler, lorsqu'on le voudra, les effets obtenus. (Voir la Table ci-jointe.)

Cette feuille biographique porte, avant tout, en haut, la photographie du mineur. Quoique les données physionomiques ne soient pas bien sûres, l'anthropologiste-criminaliste y trouve toujours des motifs d'induction, et, en tout cas, la photographie que l'on fera quand l'individu sortira de l'Institut, pourra témoigner que l'aspect de l'enfant recueilli dans la rue s'est modifié en devenant celui de l'enfant laborieux qui rentre régénéré dans la société.

Au bas de la photographie, l'enfant met sa signature, soit pour démontrer son degré d'instruction, soit pour donner matière à des observations graphologiques, lesquelles, bien qu'elles ne constituent pas encore un système scientifique, sont d'une grande importance particulièrement dans le diagnostic des maladies nerveuses. Les données générales se complètent par l'indication du lieu de naissance, par la légitimité ou non de l'enfant, par l'instruction reçue et le métier exercé, ce qui pourra servir à favoriser les penchants individuels aux divers métiers; enfin par la date de l'admission et du jour où l'examen a été fait.

Suivent les *données héréditaires*, qui peuvent si bien éclairer la question relative aux dégénérescences physiques et morales de l'enfant. On demande avant tout *l'âge* des parents, connaissant l'influence qu'il a sur l'intelligence et sur le caractère des

---

[1] *L'educazione del carattere*. Torino, 1895.
[2] RICCARDI. *Antropologia e Pedagogia*. Modena, 1892.

enfants [1] ; ensuite le *métier* et la *situation économique*, données de la plus grande importance. En effet, on ne peut pas nier l'énorme influence sur la démoralisation des mineurs qui est due aux conditions très misérables des classes pauvres, lesquelles d'après Riccardi (l. c.) fournissent un minimum de bons élèves et un maximum de mauvais. Les remèdes proposés par l'anthropologiste-criminaliste ne peuvent évidemment pas suffire dans ce cas.

Si la situation économique des parents le permet, l'admission du mineur sera soumise au paiement d'une pension, car il n'est pas juste qu'elle cause des frais à la bienfaisance publique, qui fait déjà une action philanthropique en se substituant à l'éducation paternelle quand celle-ci prouve son insuffisance.

Après les données sur le *degré d'instruction* des parents, suivent celles, bien plus importantes, sur la *moralité*, la *criminalité* et l'*alcoolisme*, les trois facteurs qui fatalement se reflètent sur les générations successives et qu'il est utile de connaître afin que le remède de l'éducation, s'il est possible, puisse arriver à temps pour arracher les mauvais germes physiques et moraux. Et, afin que le tableau anamnésique soit complet, on doit ajouter les *conditions nosologiques* des parents et les informations, à recueillir dans une enquête préliminaire indiquant si, dans la famille, il y a des *fous, épileptiques, criminels, alcooliques*. L'importance de ces recherches n'échappe à personne.

L'*anthropométrie* du mineur comprend la *taille*, l'*envergure*, le *poids*, et la *circonférence thoracique*. M. Marina [2] a trouvé des différences singulières dans ces données parmi les enfants des villes, ceux des campagnes et les pauvres abandonnés, qui représentent le *minimum* dans chacun de ces cas.

Suivent les mesures du *crâne* (circonférence, diamètre longitudinal et transversal), l'*index céphalique*, la *couleur des yeux* (gris bleu, brun, châtain), *des cheveux* (blond, châtain, noir, roux), la *qualité* et la *quantité* des mêmes cheveux (rares, abondants, lisses ou crépus) et la *couleur de la peau* (pâle, jaune, rosée, rousse, brune). Ces indications sont les marques non seulement des divers types ethnographiques, mais en outre du type criminel qui est révélé par la plupart des caractères ci-dessus, conjointement au *mancinisme*, aux *maladies souffertes*, parmi lesquelles on recherche particulièrement les *vertiges, méningites enfantines*, l'*épilepsie*, etc., aux *marques particulières*, principalement au *tatouage* et enfin aux *caractères dégénératifs*, parmi lesquels les plus importants sont la *sténocrotaphie*, l'*acrocéphalie, dépression du crâne, zigomas saillants, mandibules, asymétrie, oreilles à anses, lobe sessile, sinus frontaux, rides précoces, nez oblique, développement des incisives et canines, mancinisme anatomique, goître, strabisme, bégaiement*.

La *dynamométrie* à droite et à gauche, relevée avec le dynamomètre Mathieu, et l'*état de nutrition*, servent à marquer particulièrement, avec des observations successives, les progrès physiques obtenus pendant le séjour dans l'asile.

L'*esthésiométrie* a une grande importance par les recherches sur l'acuité *visuelle, auditive, olfactive, gustative* (divisée en faible, médiocre et forte), les deux dernières

---

[1] D'après Marro, le plus grand nombre des enfants intelligents provient de parents jeunes, mais, en revanche, ce sont les moins disciplinés. Au contraire, les enfants de parents vieux sont plus disciplinés, ce qui provient, probablement, du tempérament mélancolique hérité.

[2] V. *Ricerche antropologiche ed etnografiche sui ragazzi*. Tav. IV. V. VI. Torino, 1896.

expérimentées au moyen des solutions graduées (méthode Garbini); par les expériences relatives à la distinction des couleurs, révélatrices du *daltonisme* et à la *sensibilité tactile* à droite et à gauche (compas de Weber); et enfin par l'indication des anomalies éventuelles de la *sensibilité générale*.

En dernier lieu, l'*examen psychique* donne une indication positive pour l'éducation la plus propre. L'expérience des supérieurs de l'hospice, après une période d'observations, les informations des parents et les indications des camarades, concourent à fournir ces indications. Il ne faut pas de données trop particularisées[1], mais celles qu'on a, doivent être bien précises.

L'*intelligence* comprend trois catégories : débile, commune, éveillée. Les *sentiments affectifs* se divisent en nuls, faibles, bons et excessifs (hypérestie) et les *moraux* de même, en prenant particulièrement en considération la *pudeur;* par rapport aux *religieux*, il y a le croyant, l'indifférent et le railleur.

Les distinctions les plus remarquables à l'égard du *caractère* sont : franc, ou dissimulé et menteur, sérieux ou inconstant, vaniteux, vantard, rusé, emporté, envieux, cruel, etc.

Dans les *instincts*, il est important de distinguer le *laborieux* de l'*indolent*, du *paresseux* et de l'*oisif*, parce qu'on sait combien le criminel est réfractaire à un travail continu.

Relativement au *maintien envers les supérieurs*, il est aisé de distinguer l'obéissant, le désobéissant, l'insubordonné et le rebelle; et relativement au *maintien envers les camarades*, l'enfant sociable et l'affable, du solitaire et de l'égoïste, de l'arrogant, du violent et du vindicatif. A cette occasion, on remarque, dans les tendances anormales des petits criminels, le manque de sympathie, source de la sociabilité, ce qui est souvent l'effet de faiblesse dans l'organisation mentale.

Quant au *langage*, il faut faire attention non seulement aux conversations obscènes, mais aussi à la connaissance de l'*argot*, marque qui révèle l'habitude criminelle.

Le soin de l'habillement est, à son tour, une donnée qu'il ne faut pas omettre, car, remarque Thomas, (l. c.) l'enfant qui n'a pas soin de son vêtement sera, plus que ses camarades, entraîné aux habitudes déplorables de l'indifférence et du désordre.

A l'égard des *punitions* et *des récompenses*, on peut trouver des individus indifférents, peu sensibles, ou sensibles, et il est utile de prendre aussi en considération ce *criterium* éducatif, comme en général toutes les *extravagances* qui éclairent quelquefois, la psychologie de l'enfant et indiquent souvent, dans le *motif* de l'*admission*, le système curatif le plus propre. Après une ou deux années de demeure dans l'hospice, les observations se répètent, les indications à *tergum* de la feuille biographique *(distinctions et punitions)* donnent l'histoire disciplinaire du mineur et les nouvelles observations du personnel indiquent les améliorations obtenues, confirmées par les derniers résultats à la sortie de l'enfant.

---

[1] Ainsi, dans le bon ouvrage de M. Vitali *(Studi antropologici in servizio della pedagogia.* Forli 1896), l'un des rares écrivains en la matière qui arrivent à des solutions pratiques, il semble excessif et trop supérieur aux connaissances bornées de la moyenne des instituteurs à qui l'enquête sera confiée, d'établir les subtiles sous-distinctions des divers tempéraments en *sensitifs, actifs, apathiques, égoïstes,* etc., et il faudrait de vrais psychologues pour relever dans l'enfant, par exemple, le sens pratique de l'idéalisme, etc.

Quelques preuves obtenues dans le dit Institut de bienfaisance compléteront expérimentalement l'exposition de la méthode.

De 61 individus examinés et dont le plus grand nombre est compris entre 10 et 14 ans, 19 ont un père âgé de 48 à 50 ans; 23, la mère âgée de 30 à 40 ans. Dans les *causes de mort* des parents, on trouve en majorité, dans les deux cas, la phtisie, ensuite le typhus et la pulmonie. On remarque fréquemment, chez les parents, l'alcoolisme, l'hystérie, l'apoplexie; les cas de criminalité sont assez rares. La *pauvreté* et *l'immoralité* sont pires du côté des pères que des mères.

Dans l'anthropométrie individuelle, la moyenne de la *taille* donne 1.33; *l'envergure* 1.38, ce qui confirme l'observation que depuis 11 ans jusqu'à 20 ans, celle-ci se maintient supérieure à la taille (Vitali l. c.). Dans 10 cas cependant l'envergure est inférieure jusqu'à 6 cm.; dans un cas (14 ans) elle est supérieure à la taille de 16 cm.

Le *poids* moyen est de kil. 33.58; la *circonférence thoracique* donne 0 m. 67 avec un maximum de 0 m. 81 chez un enfant de 13 ans, et 0 m. 80 chez un autre de 8 ans. Mais c'est un cas dû à la déformation par rachitisme, tandis que le maximum, chez les individus normaux, est de 0 m. 78 chez un enfant de 13 ans.

Les mesures du crâne donnent : *circonférence moyenne* 516; *diamètre longitudinal* 183; *transversal* 149; *index céphalique* 81.39. La *subbrachycéphalie* prévaut donc (qui serait un caractère ethnique des Vénitiens, suivant Livi.) L'index se trouve exagéré dans deux sujets (94.11 et 90.99) tous les deux avec tendance au vol.

Dans la *couleur de l'œil* on trouve surtout le brun, puis le gris, puis le châtain; le bleu est rare (10 %). Dans la *couleur des cheveux* le châtain se montre presque dans la totalité des cas; il y trois blonds et un seul noir. Dans la *couleur de la peau*, le brun se présente dans le plus grand nombre de cas; le jaune représente le 10 % et le rosé le 5 %.

La *dynamométrie* moyenne donne 22.22 à droite et 20.27 à gauche : le mancinisme ne se rencontre que dans 3 sujets.

Dans les *maladies souffertes*, le rachitisme et les scrofules, avec leurs cicatrices, sont fréquents et très visibles chez plusieurs enfants. Un seul cas de vertige. Pas un signe de tatouage, probablement à cause du fait qu'aucun des mineurs ne provient de la prison, d'après une disposition statutaire de l'hospice.

Dans les *caractères dégénératifs*, on remarque avec fréquence : les déformations craniennes (5 cas), l'asymétrie faciale (4), les oreilles à anses, le tubercule de Darwin (3), le bégaiement (2), puis, dans un seul cas, prognathisme, lobe sessile, rides précoces.

Par rapport à *l'esthésiométrie*, *l'acuité visuelle* est plutôt forte chez la plupart des élèves et faible seulement dans 4 cas; *l'olfactive* médiocre, faible dans 7 cas; la *gustative* est médiocre et forte dans une égale mesure, très faible dans 3 cas. La *distinction des couleurs* est normale; 5 individus cependant, hésitent à reconnaître le vert, et dans un grand nombre de cas la connaissance du violet manque entièrement; mais cela est évidemment dû à un défaut d'éducation, qu'il est facile de corriger.

La *sensibilité tactile*, enfin, donne en moyenne 1.69 à droite et 1.77 à gauche. Elle est donc normale, tandis que M. Vitali la trouva sensiblement obtuse chez les enfants de Romagne (moyenne 2,68 à 11 ans; 3.09 à 12; 2.67 à 13 et 14 ans, etc.;) un sujet indique ½ mm, à droite; d'autres, au contraire, arrivent à 2½, à droite de même qu'à gauche; mais aucun ne dépasse ce chiffre.

L'examen psychique marque, dans le plus grand nombre de cas, une *intelligence* éveillée ou commune; chez 13 individus elle manque. Les *sentiments affectifs* sont faibles dans la proportion de 16 % et les *moraux* de 10 %. Par rapport aux *senti-*

TABLE

Photographie exécutée
le ....

N° ____

Nom ....
Fils ....
Age ....
Lieu de naissance ....
Instruction ....
Métier ....

INSTITUT ....

FEUILLE BIOGRAPHIQUE

NOTES HÉRÉDITAIRES

Nom	Age	Métier	Situation économique	Instruction	Moralité	Criminalité	Alcoolisme	Maladies et causes de mort	Parenté

ANTHROPOMÉTRIE

Taille	Enver-gure	Poids	Circonfér. thoracique	Crâne circonf.	Crâne diamètre longitud.	Crâne diamètre transver.	Index céphalique	Yeux, couleur de l'iris	Cheveux couleur	Cheveux quantité	Peau couleur

| Dynamométrie | | Etat de nutrition | Maladies | Marques particulières | Caractères dégénératifs |
à droite	à gauche				

ESTHÉSIOMÉTRIE

| Acuité visuel. | Distinction des couleurs | Sensibilité tactile | | Acuité de l'ouïe | Acuité olfactive | Acuité gustative | Anomalies |
		droite	gauche				

EXAMEN PSYCHIQUE

| Intelligence | Sentiments | | | Caractère | Instinct | Volonté | Maintien envers | |
	affectifs	moraux	religieux				les supérieurs	les camarades

Langage	Soin des vêtem.	Efficacité des châtiments et des récompenses	Excentricités

Motif de l'admission ou du renvoi.

DISTINCTIONS

DATE	DISTINCTION	CAUSE

PUNITIONS

DATE	PUNITION	CAUSE

ments religieux, 2 seuls sont indifférents, 13 incertains. Quant au *caractère,* parmi les méchants, les simulateurs et les menteurs sont en majorité; les légers et les envieux viennent ensuite. A l'égard des *instincts* on rencontre surtout des indolents et des paresseux; les oisifs représentent environ 25 %, ce qui est naturel, si l'on considère que la plupart des individus enfermés était voués au vagabondage. La *volonté* est en général médiocre.

La *conduite* envers les supérieurs est bonne. Il y a 6 individus désobéissants ou rebelles. Relativement à la conduite envers les camarades, on remarque que les violents sont en assez grand nombre, mais en général il existe une sociabilité suffisante. Le *langage* est souvent grossier et les paroles malhonnêtes sont habituelles chez 5 élèves; dans un nombre égal de cas on remarque la connaissance de l'*argot.*

Le 50 % environ a soin des habillements, sous le rapport de l'*efficacité* des *châtiments* ou des *récompenses,* on remarque que 8 individus y sont peu sensibles, 13 indifférents.

Ayant, après une année et demie, renouvelé les observations sur 45 élèves, on trouva, quant au physique, une augmentation moyenne de 0,06 dans la *taille,* de kil. 4.38 dans le *poids* et dans la *dynamométrie* de 5.42 à droite et 4 à gauche.

Par rapport au moral, 16 s'améliorèrent sous le rapport de la *volonté* en s'appliquant au travail avec de bons résultats, tandis que deux seulement devinrent pires; 5 donnèrent des preuves de développement de l'*intelligence,* 4 modifièrent favorablement leur *caractère* et 6 démontrèrent une sensible amélioration dans les *sentiments affectifs.* Ces résultats prouvent à l'évidence que l'éducation préventive, malgré le peu de temps de l'expérience, a déjà donné de bons fruits, et que le contrôle positif en explique nettement les résultats, indiquant à l'éducateur les lacunes qu'il faut combler à l'égard de la correction des déviations physiques et morales.

En s'adressant, naguère, aux éducateurs de Turin, César Lombroso montra que si, à l'encontre de ce qui arrive dans le reste de l'Europe, on a pu observer en Angleterre et en Suisse, particulièrement à Genève, — la ville qu'on a fort à propos choisie pour siège de ce Congrès — une diminution remarquable de criminalité, cela est dû à la fondation de nombreux instituts de bienfaisance, qui ont pour but de prévenir les crimes des mineurs.

Il nous est donc particulièrement agréable de présenter dans cette ville les modestes résultats de nos études, puisque les données scientifiques ne doivent porter des fruits profitables que si, comme c'est le cas ici, elles s'unissent à la pratique éclairée du bien, grâce à un peuple, qui regarde comme une gloire de préparer des générations fortes et morales pour l'avenir de la patrie.

M. Minovici fait la communication suivante :

Remarques statistiques relatives à l'anthropologie du criminel.

Le remarquable travail de Baer sur le criminel, au point de vue anthropologique, démontre avec vigueur que le criminel n'est pas un produit de l'organisation individuelle. En effet, comment admettre, lorsqu'on a comme nous l'occasion de voir et d'étudier de près les délinquants et les criminels, qu'il y ait une relation quelconque entre certaines modifications anatomiques, presque toujours d'ordre morbide et acquis, et les différentes manifestations de la criminalité?

L'homme criminel, le criminel né, marqué par la fatalité pour le vol et le meurtre, n'existe pas. A ce point de vue, l'anthropologie criminelle n'a pas de réalité scientifique, ou du moins est un terme trop compréhensif pour un sujet qui restera, à notre avis, toujours individuel. On ne saurait, parce que rien n'y autorise, créer parmi les humains une nouvelle classe d'individus, ayant des caractères et des aptitudes spéciales, et existant d'une vie propre au point de former une variété dans l'espèce.

Dans nos prisons de Roumanie, j'eus l'occasion d'étudier les différents points en litige en suivant l'excellente méthode de Baer. Les résultats auxquels nous sommes arrivés confirment une fois de plus la subjectivité de la science dont le parrain est Lombroso.

Nous ne donnons ici que quelques points d'un travail plus étendu qui paraîtra ultérieurement.

Le nombre d'individus ayant subi les mensurations anthropométriques de notre service de la préfecture de police de Bucarest fut, pour la période comprise entre 1892 et 1896, de 7,217, dont 5,980 hommes, 494 femmes et 743 enfants.

Le crâne. — Sur ce nombre de 7,217 individus, 3,287 ont une petite longueur de tête, 2,700 une moyenne, et 1,230 une grande longueur.

Diamètre antéro-postérieur : 188 millimètres en moyenne. Ce diamètre dépasse donc de 2 millimètres la moyenne générale pour l'homme (186 millimètres).

Diamètre transversal. — Maximum, 166 ; minimum, 143.

Capacité cranienne. — Moyenne :

Hommes	1,450
Femmes	1,248

C'est à peu près la même moyenne qu'on constate chez les individus normaux.

Circonférence cranienne horizontale : maximum, 630 millimètres ; minimum, 523 millimètres ; moyenne, 572 millimètres. On constate la même mesure circonférentielle sur les crânes d'individus non criminels.

Indice céphalique : dolichocéphales, 17 p. 100 ; mésaticéphales, 26 p. 100 ; brachycéphales, 57 p. 100.

Dans ce premier résultat on ne trouve rien ou presque rien qui appartienne en propre au criminel. La variabilité, qu'on constate d'une manière générale dans nos mensurations, est due au fait que la race roumaine a subi des croisements les plus divers au point de rendre le type ethnique roumain difficile à préciser. La situation du pays aux portes de l'Orient, théâtre de presque toutes les guerres turco-russes, exposé par conséquent à toutes les invasions, n'a pu donner à ses habitants les définitions anatomiques d'un type ethnique. D'autre part, le service anthropométrique de Bucarest voit défiler devant lui un nombre de nationalités vraiment extraordinaire.

Voici les 7,217 individus classés d'après leur nationalité :

Albanais, 17 ; Tchèques, 7 ; Bulgares, 100 ; Anglais, 7 ; Français, 9 ; Allemands, 209 ; Grecs, 179 ; Italiens, 22 ; Macédoniens, 79 ; Juifs, 374 ; Polonais, 21 ; Russes, 38 ; Roumains, 4,657 ; Saxons, 37 ; Serbes, 105 ; Turcs, 42 ; Tziganes, 1,080 ; Hongrois, 799 ; Tartares, 6 ; Arméniens, 10 ; Arnautes, 3.

Nous n'avons donc rien décelé dans les différentes mensurations craniennes que nous avons pratiquées. Aucune anomalie digne d'être notée, et à quelques millimètres près, les dimensions céphaliques de nos malfaiteurs ne se distinguent guère de celles de parfaits honnêtes gens.

Lombroso attache une grande importance à certaines déformations craniennes. D'une manière générale, nous pouvons dire qu'il en existait à peine chez les mensurés de Bucarest. Je n'ai trouvé de *fortes arcades sourcilières* que dans la proportion de 4 p. 100 ; le front n'affectait le caractère *fuyant* que dans les 7 p. 100 de notre statistique. Nous sommes donc loin du chiffre indiqué à cet égard par Lombroso. Cet auteur donne, en effet, comme coefficient de pourcentage le chiffre énorme de 28,9 p. 100.

Quant aux lésions méningées, elles étaient dans nos cas presque toujours dues à l'alcoolisme. Ce sont donc là des phénomènes accidentels, ne pouvant entrer en ligne de compte pour la détermination du rôle que jouent les lésions cérébrales anatomiques dans les actes du criminel.

La morphologie du cerveau n'affectait rien de particulier chez les malfaiteurs que nous pûmes étudier *post mortem*. La vérité tant de fois proclamée par différents auteurs, notamment par Baer et Schaafhausen, à savoir qu'il n'y a pas de cerveaux criminels, me semble au-dessus de toute contestation ; pourtant, il est bon d'ajouter que chez deux épileptiques criminels, j'ai trouvé quatre circonvolutions frontales.

Une autre question qui se posait à nous, était celle de savoir si nos malfaiteurs portaient un signe ou stigmate quelconque de dégénérescence, les désignant pour ainsi dire d'avance. Or, il n'en fut rien. Nous n'avons guère constaté de malformations de l'oreille. Le strabisme, qui serait très fréquent chez les délinquants, n'existe pour ainsi dire pas dans nos observations. Au contraire, le prognathisme et les malformations dentaires semblent être d'une plus grande fréquence.

Dans notre statistique, les prognathes sont dans la proportion de 14 p. 100, les bègues, dans celle de 1,2 p. 100. Il y a 3 p. 100 de goitreux dans nos chiffres. Ce pourcentage élevé s'explique par l'origine de ces individus. En effet, tous nos criminels goitreux arrivent d'un département roumain où le goitre est endémique.

La colonne vertébrale n'a été trouvée déviée que huit fois sur 4,000 cas, et encore ces scolioses étaient pour la plupart dues à des traumatismes durant la première enfance.

Les hernies sont relativement fréquentes. Je trouve la proportion de 9 p. 100.

Quant aux tatouages, on les trouve surtout dans les prisons où les détenus le font entre eux ; sur 7,217 malfaiteurs, on compte 102 tatoués.

En somme, malgré la fréquence de ces stigmates (62 p. 100), nous ne croyons pas devoir y attacher la moindre importance. Certes, au point de vue de l'hérédité nerveuse, ces signes sont très précieux. On les retrouve chez les arriérés idiots ou épileptiques, neurasthéniques avérés, tous gens honnêtes au point de vue pénal. Cliniquement donc les stigmates de dégénérescence sont d'une grande utilité pour le neuropathologiste. Criminellement, ils sont non seulement inutiles, mais surtout dangereux, parce que en les admettant, on préjuge de la nature criminelle d'un individu qui peut être parfaitement honnête.

La physionomie du criminel, tout en étant particulière, ne présente rien de caractéristique. Il est difficile de dire, lorsqu'on se trouve la première fois en présence d'un délinquant, si l'on a affaire à un véritable malfaiteur. L'expression sauvage et cruelle, le regard fuyant et baissé, la pâleur du visage, indice d'une grande peur, sont autant de signes pour ainsi dire psychiques, d'interprétation, qui ne sauraient à aucun prix être généralisés. Faibles lorsqu'ils se présentent pour la première fois, ils se développent, grandissent dans nos prisons, pendant les travaux forcés dans les mines de sel, au point de devenir de véritables colosses à système musculaire fort et saillant.

Un caractère qui leur est propre, et qu'on retrouve presque toujours, c'est leur lâcheté, leur couardise. Ils tremblent à la moindre admonestation sévère ; et tel assassin, qui a tué avec une cruauté des plus sauvages, pleure et supplie à genoux le magistrat qui l'interroge. Cette observation trouve sa confirmation dans celle faite par Baer ; sans courage et sans volonté, dit cet auteur, les criminels ne supportent pas la moindre douleur. Ils sont lâches et peureux.

La disvulnérabilité des criminels serait-elle due à la peur? A cette question on ne peut répondre qu'affirmativement. Blessé gravement dans l'accomplissement de son délit ou crime, le malfaiteur chez nous se cache, se traîne partout et reste seul sans secours pendant un temps fort long, quelquefois avec des fractures qui font horriblement souffrir. A l'hôpital, il souffre comme tout le monde, ce qui ne l'empêche pas de s'évader, au prix même de son existence. Ce serait du stoïcisme si ce n'était de la lâcheté ; car en prison le criminel est geignant et se plaint autant et plus qu'un individu non criminel.

Intelligence des criminels. — Tout le monde est à peu près d'accord sur la faiblesse intellectuelle des criminels. Ils ne peuvent dans la vie se guider eux-mêmes et sont incapables d'un effort intellectuel suivi. A la fin du mois de décembre 1895, la population des prisons centrales de Roumanie était de 4,059 individus. Voici l'état de leur instruction.

Instruction supérieure.	24
Sachant lire, écrire et compter	1,128
Sachant seulement lire.	291
Complètement illettrés.	2,606

Sur ces 2,606 illettrés, 123 consentirent à suivre les cours de l'école de la prison et 3,483 restèrent absolument ignorants, n'ayant, au point de vue intellectuel, tiré le moindre profit de l'existence d'une école dans leur prison ; même avec une forte discipline, on n'arrive pas à vaincre la paresse et l'apathie intellectuelle des malfaiteurs en général.

Aussi la grande majorité des criminels se recrute-t-elle parmi les gens sans profession. Sur ces 4,059 détenus, 1,603 exercent un métier quelconque, 2,456 n'ont aucune profession.

Quant aux *maladies mentales*, elles sont réellement fréquentes parmi nos détenus. Je les estime à 7 ou 8 %, ce qui est conforme à un certain nombre de statistiques allemandes publiées par Mendel (12.9 %), Krohne (10 %), Kühn (8 %), etc.

Cette fréquence de vésanies s'explique chez nous comme partout ailleurs, par les progrès incessants de *l'alcoolisme*. Ce sont, en effet, la débilité mentale, la paralysie générale, l'épilepsie qu'on observe surtout dans nos prisons ; les impulsifs sont fréquemment des épileptiques larvés qu'une réclusion absolue rend souvent maniaques ou fait tomber dans une folie incurable.

La folie morale qui serait, d'après Lombroso, une des caractéristiques du criminel-né, ne répond à aucune entité clinique. Le sens moral dont la forme, l'intensité et le degré varient d'un milieu à l'autre, d'une nation à l'autre, est une création sociale artificielle que les individus se transmettent par l'éducation et par l'exemple.

Or, nos malfaiteurs en général, fruit d'un milieu épouvantable et d'une société aux abois, n'ayant jamais eu de modèle accessible à leur faible jugement, n'ont jamais eu de sens moral. Le sens de la propriété existe et se développe avec les premières notions de l'enfance ; posséder, avoir à soi, exclusivement à soi, est presque un instinct qui se réveille à la première sucrerie, au premier jouet. Le sens moral, lui, s'apprend comme on apprend la lecture, le calcul ou la broderie. Dans les classes élevées, il n'y a pas d'absence de sens moral, il y a une amnésie morale, quelque chose qui disparaît de la mémoire comme les images des caractères écrits dans la cécité verbale. Le malfaiteur n'ayant à ce point de vue rien appris, ne saurait non plus rien oublier. Nicolson a mille fois raison lorsqu'il dit que le criminel n'est point un aliéné et que le crime n'est pas un symptôme de trouble cérébral.

L'épilepsie, au contraire, est très rare dans les prisons centrales de Roumanie. De 1886 au 31 décembre 1895, sur un total de 60,928 hommes incarcérés, il y eut 526 décès et 45 sur 2,531 femmes. Parmi les causes de décès, nous citerons 16 apoplexies cérébrales, 3 aliénations mentales, 5 congestions cérébrales, 6 méningites. Les affections du cerveau et de son enveloppe sont donc rares ; mais ce qu'il y a surtout d'intéressant, c'est que sur ce grand nombre de malfaiteurs, on ne compte que 16 épileptiques, proportion minime lorsqu'on la compare au chiffre donné par Baker de 7.7 %, à Broadmoor, de 1864 à 1887. Que dire des chiffres donnés par Lombroso, de 14 %, et de ceux de Rossi, de 33 %? Pourtant l'épilepsie est fréquente si l'on ne considère que les criminels aliénés : ceux-ci fournissent, en effet, un grand contingent du haut mal.

Un détail intéressant qui ressort de cette statistique est celui qui concerne les femmes. En effet, celles-ci n'existent presque plus dans nos chiffres ; cela tient à ce que la femme roumaine, travaillant toute la semaine aux champs, n'a pas le loisir de boire. Elle ne s'intoxique que le dimanche. L'influence néfaste de l'alcoolisme est dans ce cas spécial des plus nettes. Lorsqu'elle commet un délit ou un crime, c'est pour se venger en général de la brutalité du mari qui la maltraite horriblement. Elle tue le tyran pour s'en débarrasser une fois pour toutes. C'est presque la cause unique, en dehors des crimes passionnels, de la criminalité de la femme en Roumanie.

Dans les prisons roumaines, le criminel *ne se suicide pas*. Sur les 571 morts (voy. statistique ci-dessus), il n'y eut que 3 suicidés. Le suicide est donc, dans mon pays, infiniment plus rare chez les criminels que dans le reste de la population. Le fait énoncé par Henri Joly, à savoir que la fréquence du suicide diminue chez les condamnés, tandis qu'il ne cesse d'augmenter dans la vie civile, se vérifie également chez nous.

Au point de vue moral, nos malfaiteurs se distinguent par l'absence complète de remords. Cela n'a rien d'étonnant, le criminel ne possédant aucun élément moral qui appelle le remords. La peur provoque quelquefois des semblants de remords ; mais ce n'est qu'un leurre, un stratagème pour provoquer la pitié et surprendre la religion du juge. Mais à cela près, les détenus de nos prisons n'avouent presque jamais leur crime, même lorsqu'ils sont surpris en flagrant délit.

La déchéance organique se corrige dans les prisons ; il est certain que, conçu par des parents alcooliques, élevé dans un milieu misérable, mourant de faim et de froid, souillé par des saletés sans nom, l'enfant destiné de par son milieu au crime, est fatalement en retard physique, organique et viscéral. C'est la *syphilis héréditaire avec ses lésions plastiques*, c'est l'*hérédité alcoolique et le rachitisme* avec ses *déformations osseuses*, c'est le *traumatisme* avec les *malformations organiques* qu'il détermine. Dans tout lieu de misère, de promiscuité et d'intoxication, on retrouvera toutes ces manifestations d'une morbidité acquise ou héréditaire ; mais il est impossible d'en faire des signes spéciaux appartenant en propre au criminel-né.

Conclusions. — En somme, nos statistiques démontrent cette vérité, qui tend à être généralement adoptée, qu'il n'y a pas de criminel-né. L'homme devient malfaiteur, il ne vient pas au monde comme tel. La misère sociale, la paresse, le mauvais exemple et surtout l'influence du milieu, voilà les causes efficientes de la criminalité. La débilité mentale de la plupart des délinquants demande à être dirigée, surveillée avec une discipline relativement sévère. Il faut lutter de tout son pouvoir contre l'*alcoolisme*, cette plaie de la société moderne, lequel, par les lésions héréditaires qu'il peut transmettre des parents aux enfants, a pu faire croire un instant à l'existence de créatures humaines vouées, de par leur sang, aux crimes et aux délits. Le père tue au cabaret dans un accès de délire alcoolique, sous l'influence d'une excitation minime, avec le premier instrument qu'il trouve sous la main ; rentré chez lui, il féconde sa femme qui met au monde un être abâtardi, débile de corps et d'esprit, sans cœur et sans cerveau, qui tournera sous l'influence du milieu, vers le crime ou la folie.

La disparition des *sentiments religieux* joue également un grand rôle. La religion, avec sa morale stricte, avec l'espoir d'une récompense future, avec son enseignement humanitaire et doux, fera plus que toute autre intervention dans la moralisation des masses débilitées ; prévenir vaut mieux que punir, dans notre monde criminel. Le *service anthropométrique* répond à ce desideratum. Depuis son institution en France, en Belgique, en Roumanie, le nombre des récidivistes a sensiblement diminué. La crainte d'une augmentation dans la pénalité due a donc exercé une véritable influence corrective.

Dans les *prisons*, il faut s'attacher à corriger le malfaiteur. Il faut qu'en passant dans une maison de détention, le jeune criminel trouve des éléments de moralisation et d'amélioration. Il faut lui démontrer qu'il est, en somme, facile de gagner sa vie en travaillant. Il faut, en outre, classer les détenus, éviter les promiscuités et la contagion, et leur faciliter l'œuvre de réhabilitation à sa sortie.

Le *régime cellulaire* va être appliqué sous la diligente direction de M. Dianu, directeur général des prisons, auquel nous devons ces renseignements précieux, et qui s'occupe avec beaucoup de cœur du sort des détenus. Ce régime, nous le jugerons quand nous l'aurons vu à l'œuvre. Mais, quant à présent, il nous semble utile de faire quelques réserves sur son application complète ; le travail en commun pendant le jour, et la cellule pendant la nuit, le système cellulaire mixte, en un mot, nous paraît le moyen le plus efficace pour la correction de la criminalité dans les prisons.

Lutter contre le milieu, arracher l'enfant à l'influence d'un mauvais monde, combattre l'alcoolisme en fournissant d'autres distractions moins nocives, rétablir le sentiment religieux, et moraliser dans les prisons, voilà les devoirs tracés pour l'Etat soucieux du salut des citoyens dont il conduit la destinée.

M. Forel. — On devrait conclure de cette communication que le criminel-né existe, non pas par ses stigmates, mais par l'hérédité, la structure de son cerveau. L'important est le fait psychologique.

La physionomie du criminel héréditaire a souvent des particularités suffisantes pour faire un diagnostic à première vue. La photographie ne suffit pas pour cela ; nous jugeons de la physionomie par la séquence des innervations des muscles de la face, séquence que ne pourra jamais rendre la plaque sensible.

La séance est levée à 4 heures ½.

SÉANCE DU MERCREDI 26 AOUT
Matin.

La séance est ouverte à 8 heures.

M. Bedot secrétaire général lit les procès-verbaux des séances de la veille.

Il prévient MM. les Membres du Congrès qui désirent formuler des vœux et les faire inscrire à l'ordre du jour de la séance de clôture, qu'ils doivent les remettre par écrit au Secrétariat avant le vendredi à midi.

M. Ladame, président du Congrès prie **M. Le Jeune,** Ministre d'Etat à Bruxelles de vouloir bien prendre place au fauteuil de la présidence.

———

M. van Hamel fait un résumé de son rapport intitulé : *L'anarchisme au point de vue de l'anthropologie criminelle.* (Voir p. 111.)

M. Tripels. — M. le Président Lachenal rappelait à la séance d'ouverture de Lundi dernier que, lors du Congrès de 1892 à Bruxelles, l'élément juriste était venu se mêler aux travaux scientifiques de l'Anthropologie criminelle. Eh bien, Messieurs, en ma qualité de juriste, je ne puis comprendre comment l'honorable professeur d'Amsterdam peut appeler la doctrine anarchiste une théorie *sociale*. En lisant son rapport, je crus d'abord à une faute d'impression et qu'il avait voulu dire théorie *anti-sociale*. Lorsque je vois que l'anarchisme tend à saper tous les pouvoirs et n'en admet aucun dans son état idéal et que d'autre part tout, dans la nature qui nous entoure, est soumis à des lois générales, je ne peux admettre que l'on appelle *théorie sociale* une doctrine qui rejette toute loi et n'admet pas de société.

Ceci est d'autant plus vrai que l'honorable professeur d'Amsterdam lui-même, tout en envisageant les questions de son rapport sous un triple point de vue, c'est-à-dire, les hommes, les actes et les mesures de répression, reconnaît que les hommes doivent être partagés en trois espèces de criminels, d'abord ceux qui commettent des crimes d'un

caractère vulgaire, un assassinat ordinaire, en second lieu, les déséquilibrés, ceux qui touchent à la folie et présentent des caractères pathologiques, épileptiques, hystériques et autres névroses, en troisième lieu —
et ils forment la grande majorité — les fanatiques qui ne présentent
aucun caractère pathologique. M. le professeur van Hamel pense même
que ces fanatiques ont des aspirations fort nobles qui, en d'autres
circonstances, en auraient peut-être fait des héros. Or, je vous demande,
Messieurs, ces malades méritent-ils l'excès d'honneur de voir appeler
leur doctrine anarchiste une doctrine *sociale :* le Congrès ne peut lui
reconnaître ce caractère.

M. Lombroso est d'accord avec M. van Hamel. Comme bien des délinquants présentent de l'altruisme et autres caractères contraires à ceux
des criminels-nés, nous avons proposé (*Le crime et les révolutions.* 1892)
une peine spéciale, moins cruelle, temporaire et révocable au bout de 5 à
10 ans avec l'approbation de l'Assemblée et du Sénat. La peine doit permettre d'utiliser les bonnes qualités des anarchistes. Les Abyssins isolent
les prisonniers politiques dans les *ambas.* Je crois que le Jury, institution
déplorable pour tous les autres délits, est utile dans le jugement de ces
crimes anarchistes, car il peut donner la note de l'opinion publique sur
ce sujet.

M. Garraud. — Il y a eu, en France, des mouvements anarchistes très
fréquents ; aussi a-t-on cru devoir prendre des mesures de répression en
s'en remettant simplement à la loi existante. Nous ne protégeons plus les
dogmes politiques ou religieux, tout le monde a le droit de se dire anarchiste, librement ; mais nous sommes en droit de réprimer les actes de
propagande par le fait. L'application de ces lois a marqué la diminution
des crimes anarchistes : le mouvement anarchiste violent paraît s'être
arrêté.

M. Ferri. — En m'associant aux idées fondamentales et directrices
de l'excellent rapport de M. van Hamel, je désire relever deux ou trois
détails dans ses propositions finales.

Auparavant, je dois cependant une réponse à notre collègue, le prof.
Garraud, qui nous a dit : les attentats anarchistes ont été supprimés par
la répression. L'anthropologie criminelle admet que les anarchistes
sont ou des criminels communs, ou des déséquilibrés, ou des fanatiques ;
ni les uns, ni les autres ne peuvent être influencés par la menace de la
répression. Donc l'expérience sociale donne un démenti aux théories de
l'anthropologie.

Le syllogisme est bien symétrique, mais il se base sur deux erreurs
évidentes. D'abord je nie avec toute l'énergie de ma conscience scienti-

fique que la diminution et la disparition des attentats anarchistes puissent être affirmées comme l'effet, soit exclusif, soit principal, de la répression. Même en dehors des lois exceptionnelles, — contre lesquelles je suis heureux d'être en accord avec M. van Hamel et M. Garraud, car elles ne sont que des moyens empiriques et toujours anti-juridiques et anti-sociaux, sous le prétexte de la défense sociale — et même pour les lois pénales communes, je suis certain (voir dans ma *Sociologie criminelle,* Paris, A. Rousseau, édit. 1893. Chap. II, les preuves positives de ma conviction) que les peines, quoiqu'elles soient le seul remède auquel ont recours les législateurs, n'ont qu'une influence infinitésimale pour prévenir le crime, lorsqu'elles n'en sont pas les *excitants,* par exemple dans le cas de fanatisme politique, très souvent poussé par la *menace* d'une peine à *rechercher le martyre* pour un idéal plus ou moins illusoire, mais toujours respectable, quel qu'il soit, lorsqu'il est de bonne foi.

Les attentats anarchistes ont été les symptômes d'une sorte de fièvre sociale, qui devait naturellement avoir son maximum pour décliner ensuite et disparaître, de même que toute fièvre biologique, même en dehors du traitement médical.

La seconde erreur de fait du syllogisme de M. Garraud est que ni les criminels-nés, ni les aliénés, ni les fanatiques ne peuvent être influencés par la menace et l'exécution d'une peine. Pour lui donner la preuve la moins contestable, il suffira de lui rappeler que même les aliénés les plus impulsifs peuvent être influencés par la menace d'une peine, comme on le voit tous les jours dans la discipline des asiles, où la peur de la douche, de la secousse électrique, de la camisole de force etc., peut donner à l'aliéné cette intuition *passive* qui, en aidant sa faible intuition *active,* peut le retenir des actes violents. Il est donc évident que l'influence psychologique de la menace sociale contre les anarchistes ne peut être niée. Mais on doit se rappeler que cette influence peut être différente de celle que s'imagine l'empirisme, quelquefois féroce, des législateurs lorsqu'ils se trouvent sous le coup de l'émotion produite par une suite d'attentats.

De sorte que le syllogisme de M. Garraud n'ayant pas de *base* positive, manque absolument de toute force probante contre les théories de l'école criminelle positiviste.

En revenant au rapport de M. van Hamel, je veux seulement rappeler à M. Lombroso que cette peine transitoire qu'il demande pour les crimes ayant un but politique ou social, est précisément la sentence indéterminée, que M. van Hamel propose et que je crois la seule forme *utile,* efficace et humaine de toute répression, pourvu cependant qu'il y ait beaucoup de garanties pour son application. Les commissions qui devraient reviser périodiquement la sentence indéterminée ne devraient pas être seulement gouvernementales, mais elles devraient avoir aussi des représentants de la magistrature, de l'administration, aussi bien que des psychologues, des avocats et même des éléments populaires, comme représentants de l'état de confiance collective.

Quant à la forme de répression que M. van Hamel propose suivant le droit commun, je m'y oppose énergiquement. Je suis un adversaire acharné, depuis bien des années, du système cellulaire qui étouffe chez l'individu le seul instinct qui puisse le sauver, l'instinct de la sociabilité. Le système cellulaire qui ne peut rendre qu'idiot ou enragé le détenu, surtout dans les pays méridionaux, est une forme de torture déguisée, coûtant très cher aux honnêtes gens grâce aux « prisons monumentales. » Je ne vois, comme forme de préservation sociale contre le crime, en dehors des asiles pour les criminels aliénés et le dédommagement des victimes pour les petits délits et les délinquants d'occasion et de passion, que la colonie agricole (avec isolement nocturne) avec des arrangements divers pour les mineurs, les adultes moins dégénérés, les récidivistes, etc.

Je crois donc d'autant plus, pour les attentats anarchistes, que la répression doit être une *ségrégation* du milieu social, sous la forme d'école, dans le cas où il n'y a pas de crime commun (meurtre, etc.), ou de colonie agricole, dans les cas de violence contre les personnes. Car j'insiste ici sur la distinction que j'ai faite, dans mon rapport sur *le tempérament et la criminalité,* entre la criminalité *atavique* et la criminalité *évolutive* (politique ou sociale), en rappelant que les attentats violents et sanglants des anarchistes purement fanatiques appartiennent à cette catégorie intermédiaire de criminalité ayant un but évolutif, mais avec une forme atavique, dont j'ai parlé dans le même rapport.

Un autre point du rapport de M. van Hamel est la possibilité de l'incitation, même *indirecte,* aux attentats. Ici, nous voyons qu'on se trouve trop facilement sur un plan incliné, au bas duquel on arrive à mettre en danger la liberté même de penser.

On commence par dire : les opinions sont libres, quelles qu'elles soient. Très bien. Nous ne punissons que l'acte violent, que le crime accompli. Mais ensuite on ajoute : et le crime tenté aussi. C'est-à-dire qu'on punit non seulement les actes, mais les tentatives aussi. Et l'on continue à glisser sur la pente en disant : non pas seulement les tentatives, mais la préparation aussi. Et non seulement la préparation par des actes extérieurs, physiques, mais aussi l'incitation à commettre le crime. Et non seulement l'incitation directe, mais aussi l'incitation *indirecte.*

Ah! on a fait du chemin, après avoir proclamé que les opinions et la propagande des idées ne sont pas punissables !

Pour mon compte, je peux vous dire que c'est justement sous ce prétexte de l'incitation indirecte qu'en Italie — en dehors de l'infamie du *domicilio coato* — il y avait une loi exceptionnelle que l'on disait, faite contre les anarchistes et que l'on a appliquée, au contraire, presqu'exclusivement aux socialistes. Et moi qui ai l'honneur de vous parler, j'ai aussi été condamné pour incitation indirecte, bien que les socialistes soient tout à fait contraires à l'anarchisme individualiste, qui admet la propagande par le fait. Voilà à quoi on arrive lorsqu'on se laisse aller à punir l'incitation indirecte aux attentats! Les socialistes parlent de la lutte des classes, qui est une loi sociologique démontrée d'une façon indiscutable par Marx, et la police et les juges disent que la lutte des classes équivaut à la haine entre les classes et que la propagande du socialisme constitue donc une incitation indirecte aux attentats anarchistes.

Enfin, je dois dire que le rapport de M. van Hamel n'insiste pas assez sur la solution qui, pour moi, est la plus efficace et la plus féconde du problème de pathologie sociale qui nous occupe. C'est-à-dire que, puisqu'on reconnaît que les attentats anarchistes sont commis dans un but politique ou social par des fanatiques qui ne sont ni des criminels communs, ni des aliénés, et que ces attentats sont déterminés par les injustices et les absurdités de la société présente, il est évident que le vrai remède n'est pas fourni par la chirurgie sociale de la peine de mort ou du système cellulaire, mais par l'hygiène sociale, par les réformes de plus en plus radicales et larges de la société. C'est ainsi que l'on pourra espérer d'être préservé de ces manifestations fiévreuses d'une société qui cherche à favoriser l'enfantement paisible de l'humanité nouvelle.

M. van Hamel. — M. Tripels s'est heurté à un mot. La *théorie* anarchiste est une théorie sociale puisqu'elle se rapporte à la vie collective des hommes; et une société anarchiste, où tous les hommes se respecteraient et s'entraideraient spontanément serait bien une société exemplaire.

A M. Lombroso je voudrais répondre ce que M. Ferri a déjà observé, à savoir que la peine indéterminée que j'ai recommandée est, en réalité, la même chose qu'il a recommandé sous le nom de peines temporaires, et que la transportation est une mesure qui ne peut pas s'appliquer dans tous les pays. Puis, il me semble que l'assimilation des criminels anarchistes aux criminels politiques a été trop absolue. Il y a le mobile qui devra dominer le choix des mesures pénales pour tous les criminels, comme je l'ai démontré dans l'exposition de mon rapport.

A M. Garraud j'aurais voulu répondre tout ce que Ferri a si bien dit. Ne confondez pas *post hoc* et *propter hoc*; la sanction pénale peut retenir un fanatique et peut en stimuler un autre. L'école d'anthropologie criminelle n'a jamais nié la grande force intimidante de cette sanction.

M. Ferri a soulevé une question très délicate, quand il a parlé de l'incitation indirecte. Je suis parfaitement d'accord avec lui et je l'ai exposé tout à l'heure qu'ici on court le risque de confondre l'incitation indirecte et l'opinion hérétique ; mais aussi j'ai limité les cas punissables d'incitation indirecte à *l'apologie* précise des attentats, dans le sens de la loi française.

La dernière observation de M. Ferri m'a étonné, car se sont les mêmes idées si éloquemment défendues par lui qui ont trouvé place, tant dans mon rapport écrit que dans l'exposé oral que j'en ai donné. Il n'y a que l'évolution progressive et continue des réformes sociales qui puisse épurer l'atmosphère et guérir, jusqu'à ses racines, le phénomène de l'anarchisme.

M. Lacassagne fait un résumé de son rapport intitulé : *Les vols à l'étalage et dans les grands magasins.* (Voir p. 152.)

M. Motet. — Je me range absolument à l'avis de mon savant ami, M. le prof. Lacassagne. J'ai eu bien souvent l'occasion d'examiner des voleuses à l'étalage, et de vérifier les observations si justes présentées par notre regretté Lasègue, dans une monographie qui est restée un modèle de description clinique. Avec M. Lacassagne, c'est dans la catégorie des déséquilibrées que j'ai rencontré le plus grand nombre de délinquantes, je ne dis pas de coupables. Femmes du meilleur monde qui repousseraient bien loin d'elles l'idée du vol, et qui sont irrésistiblement entraînées à s'emparer d'un objet, même de peu de valeur, pour lesquelles le larcin reste sans utilité, sans profit ; femmes de condition plus humble, et qui cèdent à une sorte de fascination. Combien elles sont différentes de la voleuse de profession qui toujours cherche à prendre un objet de valeur.

Quand on examine ces déséquilibrées, au lendemain du vol qui a jeté toute une famille dans les plus terribles angoisses, qui menace de compromettre tout un passé d'honneur, de probité, on est frappé de l'attitude de ces femmes. Elles ne s'excusent pas, elles avouent, et presque toutes répètent la même phrase : « Il me semble que j'aurais tout pris. » Et, en effet, chez quelques-unes, les objets les plus disparates s'accumulent, sans choix, sans utilité aucune. Ce sont des êtres faibles auxquels a manqué l'appoint de résistance suffisante à une sollicitation née du hasard, de l'occasion. Leur volonté a été subjuguée, elles ont agi sans conscience et, vis à vis d'elles, le magistrat s'arrête et nous demande de déterminer la nature, le caractère de cet entraînement subit, en désaccord avec tout le passé de la prévenue. Sans indulgence excessive, le médecin peut dire, dans l'immense majorité des cas, qu'il n'y a pas eu d'intention coupable.

Comme M. Lacassagne encore, je suis convaincu qu'il suffirait d'avertir ces délinquantes d'aventure, pour les rappeler immédiatement à elles-mêmes et que la présence d'inspecteurs désignés par un indice spécial, et moins durs dans leurs fonctions, pourraient épargner à des déséquilibrées, à des malades, et aussi à leurs familles, la honte de poursuites judiciaires.

M. Bérillon. — Les statistiques faites au sujet des vols dans les grands magasins sont inégales et peu justes, depuis que l'on applique à ces sortes de voleurs la loi Béranger. On entend toujours parler des grandes dames qui ont volé, et jamais on ne s'occupe des pauvres filles qui succombent à ces tentatives de vols. Il s'agit d'une absence congétinale de volonté. Notre intérêt doit aller surtout aux déshéritées de la fortune. Aussi est-il désirable que le Congrès prenne en considération le vœu que je lui soumettrai samedi.

M. Forel. — Le D'r Ant. Delbrück (*Die pathologische Lüge*. Enke. Stuttgart) a décrit sous le nom de mensonge pathologique et de chevalier d'industrie pathologique *(pseudologia phantastica)* une sorte de tartarinade pathologique qui se trouve un peu chez tout homme normal, mais qui peut devenir une excroissance mentale, un caractère à la fois pathologique et criminel. Ce n'est ni l'idiot moral, ni une faiblesse de volonté. Ces gens sont surtout très religieux, ont de l'idéal, veulent réformer et améliorer l'humanité, sont souvent même généreux, doux et compatissants. Et cependant ils commettent des vols, d'affreuses escroqueries, etc., etc., et mentent avec un raffinement et un succès incroyable, parce qu'ils jouent au naturel. Ils croient comme Tartarin avoir été à Shang-Haï quand ils en parlent, sans jamais y avoir été en réalité.

Les femmes qui volent dans l'étalage ne doivent pas être identifiées à la *pseudologia phantastica,* loin de là, mais je veux souligner ce fait que ce symptôme joue cependant un rôle considérable dans beaucoup des cas indiqués par le rapporteur (les cas de M. Motet, par exemple, où une femme croyait, à un moment, que tout dans le magasin lui appartenait) et j'ai cru devoir attirer l'attention du Congrès sur ce curieux phénomène de psychologie normale qui, par hypertrophie, devient anormal et finit par constituer une forme spéciale de criminalité native.

M. Legrain fait un résumé de son rapport intitulé : *Conséquences sociales de l'alcoolisme des ascendants au point de vue de la dégénérescence, de la morale et de la criminalité.* (Voir p. 157.)

M. Dekterew. — Après l'intéressant rapport de mon collègue et ami le Dr Legrain, je n'aurais rien eu à objecter, étant tout à fait dans les mêmes idées, s'il n'avait pas tenu à dire son opinion contre le criminel-né comme descendant de parents alcooliques, thèse que je défends ici avec l'école italienne. Je tiens à relever cela, mais je déclare que, selon moi, il n'y a qu'un malentendu dans cette assertion du Dr Legrain.

Il dit que les descendants des alcooliques chroniques sont prédisposés au crime, qu'ils y tombent chaque fois que les cas particuliers ou le milieu social les y engage et qu'ils y retombent plus facilement que les individus qui n'ont pas leurs hérédités vicieuses. Mais c'est ce que M. Ferri vous a expliqué précisément hier, c'est cette prédisposition fatale, au crime qui définit, pour l'école italienne, les types du criminel-né.

Et bien, chaque prédisposé au crime n'y retombe pas si le milieu et les circonstances de sa vie ne l'y tentent pas. Notre auditoire étant composé en grande partie de médecins, je me permettrai de vous parler de la prédisposition à la phtisie. Il y a des familles où elle est héréditaire, où on naît prédisposé à la phtisie, et dont les descendants tombent malade pour des causes même très minimes et extérieures. Mais, si un individu qui a cette prédisposition passe toute sa vie dans des conditions d'hygiène parfaites et spéciales, il peut vivre et mourir n'ayant pas contracté la maladie à laquelle il était quand même prédisposé. Et, un autre individu sain, s'étant mal soigné, après une congestion et inflammation pulmonaire prend la maladie, devient peu à peu phtisique et en meurt. C'est la même chose pour la criminalité, pour la prédisposition au crime du criminel-né. Maintenant, je passe à l'analyse physiologique un peu plus détaillée et je ferai de mon mieux pour vous fournir des preuves et pour en finir avec la question de la fatalité et de la prédisposition au crime chez les descendants des alcooliques chroniques.

Cette analyse physiologique nous prouve que les individus tarés doivent être, dès leur naissance, réfractaires à l'éducation morale, au sens moral et être criminels-nés, au sens que je viens d'indiquer. Après les tableaux cliniques et les faits qui ont été rapportés hier par M. le professeur Forel, M. le professeur Lombroso et moi, c'est par l'analyse psycho-physiologique qu'il faut, je crois, vous convaincre. Après les travaux approfondis sur les alcools et leurs réactions sur le système nerveux par les professeurs Magnan, Mierjiewski, Forel, Korsakoff et autres, les questions histologiques et physiologiques de l'influence des alcools sur la cellule cérébrale, comme sur l'ensemble du système neuro-musculaire et spécialement sur la sensibilité nerveuse sont suffisamment bien étudiées. Eh bien, que trouvons-nous en première ligne sur un homme devenu alcoolique chronique ? Nous trouvons que sa sensibilité neuro-musculaire et sa sensibilité psychique tendent à dépérir, tombent graduellement et qu'il se produit une *Allgemeine Abstumpfung* comme disent les auteurs allemands. La sensibilité décroit en même temps que la sensibilité cérébrale, morale et psychique. Un homme relativement moral devient ivrogne et perd peu à peu la notion morale de ses actes, sa sensibilité générale. Il devient cruel, abruti, il commet, sans les sentir et les comprendre, des actes dont il aurait eu horreur auparavant.

Eh bien, cet homme transmet cette insensibilité ou cette sensibilité amoindrie déjà à son enfant, à l'embryon. La mère encore plus que le père, peut-être. L'enfant vient au monde avec cette prédisposition au crime, parce qu'il manque de sensibilité et c'est seulement sur elle, sur cette base qui lui manque, que l'on peut bâtir l'édifice moral. L'homme ne naît pas moral : c'est le plus haut développement de l'intelligence et de la sensibilité. Si la première est affaiblie et la seconde presque nulle, comment alors développer le sujet moralement?

Je crois maintenant avoir suffisamment démontré et approfondi ma thèse, à savoir, que les descendants des alcooliques chroniques sont des criminels-nés par excellence et *sui generis,* dans le sens admis par l'Ecole italienne.

M. Boissier. — Un mot sur les dégénérés par alcoolisme des parents. Si beaucoup de criminels sont des dégénérés, par contre beaucoup de dégénérés ne sont pas des criminels, ni même des pervers; certains même sont des scrupuleux et des candides. Mais, trop souvent on classe les dégénérés d'après les manifestations diverses, matérielles et psychiques, de la dégénération ou d'après le degré de ces manifestations. Ici même, on a ainsi tenté le déterminisme de la dégénérescence. Or, au point de vue pratique, il serait quelquefois bon de les classer aussi d'après la cause de leur tare dégénérative. Pour la question morale, par exemple, on verrait qu'il y a beaucoup plus de criminels et de pervers et surtout plus de fous moraux et d'impulsifs dangereux parmi les hérédo-alcooliques que parmi les autres dégénérés. D'après une statistique, encore imparfaite parce qu'elle est inachevée, que j'ai commencée, je puis déjà voir qu'il y a parmi les dégénérés par alcoolisme des parents au moins 42 % de criminels de plus que parmi les héréditaires dégénérés par suite des autres causes généralement admises. De plus, dans certaines régions qui me sont très connues, l'alcoolisme et le crime étaient à peu près nuls il y a 26 ans, avant l'invasion du phylloxéra. Après cette époque, les mauvaises liqueurs distillées y sont entrées en usage et bientôt après la moralité a notablement baissé dans la génération directement alcoolisée. Mais aujourd'hui, depuis que la génération issue de celle-ci est parvenue en âge de se manifester par des actes, le crime est devenu au moins trois fois plus fréquent que dans la génération directement alcoolisée, toutes choses égales d'ailleurs. J'ai donc aussi la ferme conviction que la lutte contre l'alcoolisme est une des bonnes armes de la prophylaxie de la criminalité.

M. Struelens. — Un exemple frappant, qui démontre la grande influence de l'alcoolisme dans la genèse du crime, se trouve dans les statistiques fournies par le département de la Justice en Belgique et se rapportant à ces 24 dernières années. Il en résulte, d'après M. le professeur Masoin, de Louvain, que sur 100 détenus condamnés aux travaux forcés à perpétuité, 40 % se trouvaient en état d'ivresse au moment du crime et 54 % de ces détenus étaient adonnés à la boisson, et sur 100 détenus condamnés à mort, 43 % se trouvaient en état d'ivresse et 60 % de ceux-ci étaient considérés comme étant des alcoolisés.

M. Rey. — Il n'y a rien à ajouter à l'excellent rapport de mon collègue et ami le Dr Legrain. On ne pouvait mieux exposer les progrès incessants de l'alcoolisme et démontrer l'obligation pour tous les citoyens et pour les pouvoirs publics, d'engager résolument la lutte contre un fléau qui exerce partout ses ravages et qui, il faut le dire, accomplit son œuvre en toute liberté. L'alcoolisme est bien une question internationale; la dégénérescence et la criminalité — qui tiennent une si large place dans les congrès — n'en sont le plus souvent que les conséquences. On ne saurait donc trop appuyer les conclusions de M. Legrain, et cela, en apportant à cette tribune le résultat de l'enquête que chacun de nous a pu faire dans son propre pays. Pour moi, je n'hésite pas à vous fournir une preuve de cette généralisation de l'alcoolisme : c'est l'envahissement, par le fléau, d'une région qui avait encore, il y a quelques années, un juste renom de tempérance. Ce n'est pas seulement dans les grands centres de la France méridionale, mais aussi dans nos plus petites communes, qu'on retrouve cette déplorable habitude du « petit verre » et de l' « apéritif ». A Marseille, la consommation d'alcool pur s'est élevée, en 15 ans, de 7,000 hectolitres à 23,000 hectolitres; elle a augmenté dans une proportion bien plus forte que le nombre des habitants. Dans cette même période la proportion des alcooliques admis à l'Asile des aliénés, s'est élevée, pour le sexe masculin, de 13 % à 31 %; et, cependant, il y a dans notre région des conditions climatériques et professionnelles qui peuvent dans une certaine mesure diminuer les chances d'intoxication. Je note, depuis plusieurs années, que l'alcoolisme affecte à Marseille plus fréquemment la forme chronique et rarement la

forme aiguë, ce qui paraît tenir d'une part, à ces mêmes conditions climatériques et professionnelles, et d'autre part au mode d'absorption. On
ne boit pas de doses massives d'alcool, mais les petits verres, souvent
répétés, d'eau-de-vie, d'absinthe, n'en produisent pas moins, sur l'individu
et la descendance, tous les désordres dont le docteur Legrain vient de
nous entretenir. Comme exemple de l'effet de l'alcool sur la descendance,
je citerai le fait suivant. J'ai dans mon service un garçon de 15 ans,
atteint d'imbécilité ; il a eu trois frères et sœurs qui ont succombé à des
convulsions, peu après la naissance; le père de ces enfants est mort
alcoolique. Sa veuve a eu d'un second mariage quatre enfants, qui ont
vécu et qui ne présentent aucune tare intellectuelle ou physique.

Ce fait n'a-t-il pas toute la valeur d'une expérience? J'ai recueilli des
exemples non moins probants de l'influence de l'alcoolisme sur la criminalité. Mais je préfère vous citer un fait moins commun et absolument
inédit, que j'ai observé dans les forêts vierges du Brésil. Il s'agit d'un
jeune sauvage, un Botocudo, des bords du Rio-Dore, qui après avoir bu
un verre de caxaça ou eau-de-vie de canne à sucre, fut pris, immédiatement, d'un accès de fureur, proférant des menaces, dirigeant ses flèches
contre nous, et cela, sans présenter aucun signe physique d'intoxication.
N'est-ce pas là l'ivresse pathologique, agressive et criminelle des dégénérés ? Messieurs, j'ai hâte de vous dire qu'à Marseille, des médecins, des moralistes, des économistes et des philanthropes, se sont émus de l'attristant
spectacle qu'ils ont sous les yeux. Ils ont fondé la ligue marseillaise contre
l'alcoolisme, qui a pour but de combattre le mal et de le prévenir, par
des conférences, des publications et des moyens d'épargne, en s'adressant
surtout à la jeune génération. Elle a aussi pour but de provoquer un
mouvement de l'opinion, et d'amener ainsi les municipalités et les pouvoirs publics à édicter des mesures de préservation sociale.

M. Forel remercie le Dr Legrain pour son travail et appuie de toute
sa force les conclusions du rapporteur. L'alcoolisme vient de l'alcool.
L'anthropologie criminelle est un non-sens pour les personnes qui croient
les actes de l'homme absolument libres et indépendants de tout facteur
matériel; nous ne discutons pas avec elles. Mais, au point de vue de ce
Congrès, lorsqu'on voit les deux tiers des crimes contre la personne et tant
de cas d'aliénation dus à l'alcool, lorsqu'on voit la dégénérescence de notre
race directement produite ou augmentée par la même cause, c'est un
devoir d'étudier la question du remède à cet immense mal.

Or, qu'est-ce que l'alcool ? Nos amis de France ne veulent le voir que
dans l'eau de vie et nous répètent à satiété que le vin et la bière ne
produisent pas l'alcoolisme et sont des boissons hygiéniques. Et pourtant
la chimie nous démontre que dans le vin et la bière c'est l'alcool éthylique,

joint à une petite quantité d'alcool amylique et propylique, qui est la substance toxique, exactement comme dans l'eau de vie — plus dilué, voilà tout. En Suisse, dans les cantons viticoles, nous trouvons autant et même plus d'alcoolisme de vin ou de bière, que d'eau de vie. Constamment, nous voyons des buveurs de vin être atteints de délire alcoolique. Nous voyons (M. O. Lang) les crimes commis plus souvent par les personnes en état d'ivresse ordinaire, dite accidentelle, que par les alcooliques chroniques décidés. Nous voyons au Canada, en Finlande, en Norvège, en Suède, la folie et le crime diminuer parallèlement à la consommation de l'alcool, grâce à l'action des sociétés d'abstinence et des lois prohibitives. Nous voyons, par contre, la modération prêchée depuis 3000 ans n'aboutir à rien et les sociétés dirigées contre l'eau de vie seule, mourir petit à petit. Nous prions donc toute personne qui a à cœur la lutte contre ce fléau, de se joindre à nous, dans notre lutte radicale contre l'usage des boissons alcooliques, qui seule mène au but, comme l'histoire le prouve.

M. Zakrewski. — L'alcoolisme est en relation avec le militarisme. Les gouvernements sont intéressés au maintien des armées qu'ils entretiennent avec l'argent que leur procure la vente de l'alcool.

M. Rey. — Je n'ai incriminé que l'alcool ou eau-de-vie et les boissons alcooliques distillées. Le vin contient de l'alcool, cela est certain; il contient même des produits qui constituent les différents « bouquets » dont on ne peut nier l'action sur l'organisme. Aussi je ne fais aucune difficulté de reconnaître que le vin peut produire de graves désordres, s'il est pris avec excès. Si la ligue marseillaise contre l'alcoolisme n'interdit pas l'usage modéré du vin, ce n'est point, veuillez le croire, parce que nous avons reconstitué nos vignobles. Je suis bien loin aussi de prétendre que c'est à l'usage du vin que quelques populations doivent leurs plus brillantes qualités. L'exclusion absolue du vin de l'alimentation ne me paraît pas suffisamment justifiée; on n'a pas encore démontré qu'il eût, à doses modérées, produit de fâcheux effets sur les facultés intellectuelles. S'il en était ainsi, pourquoi dans les pays producteurs de vin, l'alcoolisme serait-il de date si récente? et pourquoi la poussée alcoolique aurait-elle coïncidé avec la destruction des vignes par le phylloxéra? J'ai déjà dit qu'à Marseille, la progression de l'alcoolisme a été parallèle à l'augmentation de la consommation de l'alcool pur.

On sait que l'ivresse produite par le vin n'a pas le caractère morbide, impulsif et dangereux, pour le buveur et pour son entourage, de l'ivresse produite par l'alcool et surtout par l'absinthe. Il serait possible d'établir aussi que l'ivrognerie par le vin n'a pas la même action sur la descendance; il y a des familles nombreuses et sans tares, où les anciens étaient de grands buveurs de vin. Mais, je ne viens pas justifier des excès toujours nuisibles, ni même préconiser l'usage du vin. Ma conclusion est qu'on peut combattre utilement l'alcoolisme sans en interdire l'usage et en portant toute notre action contre les boissons alcooliques distillées.

M. Motet. — Du jour où l'on a fabriqué du vin, où l'on a fait du vinage, l'alcoolisme s'est étendu.

Le danger est dans l'abus de toutes les liqueurs fabriquées à un haut degré de concentration.

La quantité des crimes impulsifs a plus que triplé depuis quelques années et correspond au développement de l'alcoolisme dû à l'absorption d'alcools contenant des essences.

M. de Seigneux n'est pas d'accord avec M. Forel sur la cause de l'alcoolisme dans le Canton de Vaud. Depuis quelques années, les récoltes ayant été moins abondantes, on a vendu dans le commerce, pour la consommation, une espèce de liqueur alcoolique très mauvaise et dont l'usage s'est très vite répandu.

M. Legrain est devenu abstinent par raisonnement. Il faut prêcher par l'exemple. La modération ne vaut rien ; il faut l'abstinence totale. Lorsqu'on est en présence d'un abus, il faut aller à l'extrême contraire, tomber même dans l'exagération pour le combattre.

L'assemblée décide, vu l'heure avancée, de renvoyer la discussion sur les *Relations du droit et de l'anthropologie* à la séance de l'après-midi.

La séance est levée à midi.

SÉANCE DU MERCREDI 26 AOUT
Après-midi.

Présidence de M. FERRI

La séance est ouverte à 2 heures.

M. Ladame, président du Congrès, prie M. le professeur **E. Ferri** de vouloir bien prendre place au fauteuil de la présidence.

M. Struelens fait la communication suivante :

Quelques considérations sur l'étiologie et la prophylaxie criminelles.

L'étiologie et la prophylaxie criminelles offrent un champ trop vaste aux investigations de l'anthropologie et de la prophylaxie criminelles, pour qu'il me soit permis de le parcourir dans toute son étendue. Je pense que quelques renseignements, relativement à la Belgique, seront de nature à intéresser ceux qui s'appliquent à la recherche des causes génératrices du crime, et des mesures préventives à prendre pour enrayer le plus efficacement son évolution. Il est incontestable que pour connaître la personnalité d'un criminel et le mobile qui a déterminé l'acte criminel, il importe de l'examiner minutieusement à différentes reprises. Nous avons, en Belgique, deux institutions qui répondent à ce *desideratum*. D'un côté, nous avons le patronage institué pour la libération conditionnelle des condamnés, qui permet, par des visites fréquentes et par les renseignements fournis par le personnel de la prison, de se rendre compte des dispositions physiques et morales du condamné, en vue de son amendement et des moyens à prendre pour obtenir sa réhabilitation.

Il est constaté, par des multiples rapports, que pour renseigner les membres du patronage, le personnel de la prison s'exerce à mieux observer le détenu, il prend une part à l'action moralisatrice développée par le patronage, et ce rôle éducateur relève son prestige et son autorité. Mais il existe, au sein de nos prisons, une organisation qui constitue une véritable étude anthropologique du condamné; c'est la comptabilité morale. La comptabilité morale a été instituée à la fin du siècle passé, lors de la création de la maison pénitentiaire de Gand. Depuis l'introduction de la libération conditionnelle par M. Le Jeune, ancien ministre de la Justice, elle a acquis une portée essentiellement pratique et une importance notable, puisqu'elle sert de base aux propositions formulées par les directeurs des prisons pour la libération conditionnelle des détenus.

Pour établir la comptabilité morale du détenu, les directeurs, les aumôniers, les médecins, les instituteurs et les surveillants en chef, le visitent périodiquement, signalent les particularités physiques, intellectuelles et les dispositions morales qui le caractérisent, après avoir pris connaissance de ses antécédents et de l'exposé succinct des faits qui ont déterminé la condamnation. C'est une véritable clinique criminelle, faite par des spécialistes dans la matière, dans les conditions les plus favorables, car dans l'isolement absolu du système cellulaire, le détenu aime à s'épancher si l'on use de tact et qu'on inspire la confiance. On conçoit l'importance que présente, au point de vue étiologique, cette enquête permanente, véritable analyse physico-psychique, et l'enseignement qui s'en dégage, dans la pensée du personnel supérieur de nos prisons, met en doute la valeur scientifique des caractères, qui d'après M. Lombroso, spécifient le criminel. Du reste, l'observation quotidienne prouve que les détenus, à quelques exceptions près, ont parfaitement conscience de leurs actes et de la responsabilité encourue par les contraventions à la loi.

Des dispositions morbides, héréditaires ou acquises, par les troubles fonctionnels qu'elles engendrent, prédisposent quelques fois au crime, ou déterminent des actes plus ou moins inconscients de nature criminelle et, comme l'a fait remarquer le cercle des études du jeune Barreau de Bruxelles, il existe entre l'homme normal, sain d'esprit, libre, conscient et responsable et l'homme frappé de démence, des situations intermédiaires d'hommes qui, sans être aliénés dans le sens vulgaire de ce terme, sont, soit habituellement, soit accidentellement, soumis à des influences plus ou moins puissantes qui affectent leur volonté, leur libre arbitre, leur responsabilité.

L'anthropologie criminelle cherche à mettre en évidence ces états névropathiques, ces catégories intermédiaires de déséquilibrés ou de dégénérés, et il n'appartient pas au législateur de les méconnaître dans l'application de la loi. Mais ces cas anormaux ne constituent que l'exception et ne justifient pas les tendances de généralisation à outrance de l'Ecole italienne d'anthropologie criminelle. Comme on l'a démontré, à différentes reprises, dans le courant du Congrès, l'observation atteste que le milieu ambiant constitue le facteur essentiel de la criminalité. La misère et son redoutable allié, l'alcoolisme, sont les sources génératrices les plus fécondes du crime.

Au Congrès international d'anthropologie criminelle de Bruxelles, M. Hector Denis a fait ressortir les rapports qui existent entre la criminalité et la crise économique, et une enquête faite cette année, en Belgique, sous les auspices de la Commission royale pour combattre l'alcoolisme, prouve, une fois de plus, l'influence effrayante exercée par l'alcoolisme sur le vagabondage et la criminalité. L'initiative privée et le pouvoir public combinent leurs efforts pour avoir raison du fléau. Mais s'il n'est pas aisé de vaincre l'alcoolisme, malgré les généreux efforts qui s'y consacrent, il nous est permis d'atténuer les conséquences de la misère, dans une large mesure, surtout celle qui se manifeste au début de l'existence sous la forme de l'abandon. M. le sénateur Roussel faisait remarquer, en interprétant le sentiment général, au Congrès international d'Anvers, pour l'enfance moralement abandonnée en 1890, que l'enfance moralement abandonnée est fatalement vouée à la mendicité, au vagabondage et au vice.

Nos excellents patronages des enfants moralement abandonnés s'occupent spécialement du relèvement moral et du placement de l'enfant délinquant.

Les derniers rapports, qui viennent d'être publiés, témoignent non seulement de leur admirable activité, mais des heureux résultats acquis, car plus de 3000 enfants ont été l'objet de leur sollicitude, et, d'après les résultats obtenus et grâce à la surveillance rigoureuse qui s'exerce sur eux, de la part des membres du patronage ou de leurs correspondants, il y a lieu de croire que la plupart répondront à la confiance de leurs protecteurs. Mais mieux vaut prévenir la condamnation des petits malheureux, en soustrayant l'enfant moralement abandonné à son milieu social défectueux et aux influences pernicieuses qui détermineront fatalement sa perte. La société protectrice de l'enfance martyre, à Bruxelles, répond à ce but. Elle a pour objet, conformément à ses statuts, de protéger, par tous les moyens en son pouvoir, la personne morale et la personne physique des enfants de toute condition et de tout âge, contre l'abandon, l'incurie, la misère, l'exploitation, les mauvais traitements, l'éducation pernicieuse ou criminelle, les exemples immoraux, auxquels ils peuvent être exposés de la part de leurs parents ou des personnes chargées de leur garde, en un mot, dans toutes les circonstances où ils ont besoin d'aide et de protection. La société a été organisée conformément aux décisions du congrès d'Anvers, en s'inspirant des indications fournies par les sommités scientifiques qui s'y trouvaient, et parmi lesquelles nous avions le bonheur de compter l'honorable président de ce Congrès, M. Ladame.

Lorsqu'une situation malheureuse, sollicitant notre intervention, est dénoncée, soit par l'intermédiaire de la presse, soit par des rapports officiels ou privés, un membre du comité de la société fait une enquête personnelle et s'il y a lieu, l'enfant est adopté à l'asile. La société n'existe que depuis trois ans et plus de 2000 enquêtes ont été faites, et dans la plupart de ces cas, son intervention a eu des conséquences heureuses pour l'enfant. Environ 300 enfants sont placés actuellement, par ses soins, les uns dans des maisons d'éducation où ils reçoivent, avec l'instruction, un enseignement professionnel, jusqu'à l'âge de 16 ans, les autres sont confiés à des nourriciers ; mais tous les pupilles restent sous la tutelle de la société, et ils sont l'objet de fréquentes visites des membres du comité, qui vérifient périodiquement si les nourriciers se conforment fidèlement à leurs engagements. Avant de procéder à leur placement, tous les enfants sont préalablement reçus dans l'asile de la société et y sont soumis à une étude attentive de la part de la directrice, des administrateurs et des médecins attachés à l'établissement. L'étude, qui dure quelquefois un mois, porte sur le caractère, les penchants, les habitudes, la moralité, le degré d'instruction et le tempérament du petit pensionnaire. Les observations ainsi recueillies déterminent la nature du placement.

Le public a si bien compris le but social et humanitaire de l'œuvre, qu'il fournit par ses dons et ses cotisations les ressources nécessaires pour équilibrer son budget, qui atteindra cette année la somme de 40,000 fr., et la sympathie, l'enthousiasme qu'inspire la société protectrice de l'enfance martyre à tous ceux qui ont pu apprécier le bien qu'elle réalise, nous autorise à entrevoir l'avenir avec confiance. Toutefois, le pouvoir public ne saurait rester indifférent à une œuvre d'une incontestable utilité publique, constituant le moyen le plus efficace pour prévenir la criminalité et sauvegarder l'ordre social. Il importe qu'il assure l'existence de l'œuvre et favorise son développement en lui accordant la personnification civile. Je me permets de soumettre à l'appréciation des membres du Congrès un vœu dans ce sens.

Mme Tarnowsky fait remarquer qu'il existe à Paris des œuvres semblables où plus de 12,000 enfants sont traités.

M. Legrain. — M. Struelens parlait d'une œuvre d'initiative privée, tandis que celle de Paris est sous la dépendance directe de l'Assistance publique. Les enfants sont recueillis dès leur naissance et complètement et officiellement élevés.

Les œuvres privées sont pour le soutien des enfants abandonnés.

M. Cavaglieri, en son nom et au nom de M. **Florian,** fait la communication suivante :

Criminalité et vagabondage.

SOMMAIRE. — I. Introduction. — II. Vagabondage et criminalité en général. — III. Le vagabondage en relation avec quelques catégories spéciales de crimes et de délits. — IV. Le vagabondage et les formes semblables chez les condamnés. — V. Résumé et conclusions.

I

Le problème qui recherche comment le vagabondage se lie et parfois se confond avec la criminalité, se prête à une étude variée et étendue, car les aspects sous lesquels on peut le considérer sont multiples.

Au point de vue historique, nous assistons bien souvent au triste spectacle d'une augmentation concordante et parallèle de l'un et de l'autre phénomène, spectacle qui se révèle dans toute sa plénitude à certaines époques douloureuses de l'histoire sociale et politique de l'Angleterre et de la France.

Au point de vue psychologique, une autre constatation nous révèle un lien étroit entre la criminalité et le vagabondage. Car, la psychologie criminelle nous fait voir que, dans l'homme criminel, on rencontre fort souvent une répugnance marquée pour le travail, un défaut dans les facultés de la volonté et de l'attention, une tendance indomptable à l'oisiveté, au parasitisme, marques caractéristiques qui distinguent particulièrement les vagabonds, dont une espèce est même désignée, dans les pays allemands, sous le nom très significatif de *Arbeitscheue.*

Au point de vue juridique, nous voyons que la *communis opinio* fait consister le plus fort titre de l'incrimination du vagabondage, dans la circonstance que ce même vagabondage représente une condition de vie qui est en même temps occasion et cause au crime.

Au point de vue statistique, enfin, nous pouvons rechercher les deux phénomènes dans leur expression quantitative respective, de sorte que les relations entre l'un et l'autre soient comme gravées dans leur configuration extérieure.

C'est sous ce dernier aspect que nous examinerons le problème dans la présente communication, nous abstenant, cependant, de développer les résultats statistiques que nous obtiendrons, ce qui nous entraînerait trop loin et porterait préjudice à d'autres recherches qui doivent rester distinctes.

Il nous semble, en effet, que dans le problème à résoudre, le point de vue statistique soit, nous ne dirons pas fondamental, mais certainement indispensable pour arriver à une solution qui s'approche, autant que possible, de la réalité.

Il ne faut pourtant pas poser trop de questions aux statistiques, car souvent on peut en obtenir des interprétations qui se contredisent.

Pour cette raison, non seulement nous n'avons pas cru bon de soumettre entièrement à l'observation le grand nombre de chiffres dont nous disposons, mais nous nous sommes aussi proposés d'être très circonspects dans les déductions. Nous avons omis intentionnellement toute comparaison internationale, d'abord pour ne pas enchevêtrer notre étude avec des recherches étrangères, bien qu'ayant des affinités, et aussi parce qu'une telle comparaison rendrait nos conclusions incertaines et peu concluantes, à cause de la différence qui existe entre les divers pays relativement à la notion juridique du vagabond, et aux systèmes statistiques qui y sont en usage.

Nous avons, au contraire, cherché à tirer le plus grand profit des chiffres, dans le but d'étudier le vagabondage: *a)* au point de vue de l'ensemble de la criminalité et de ses grandes divisions; *b)* au point de vue de certaines catégories spéciales de crimes et de délits; *c)* et enfin au point de vue de la biographie personnelle, ou de la profession des condamnés [1].

Les données que nous présentons sont tirées des publications officielles des différents pays. Nous ne citons pas les sources, pour ne pas allonger ce travail. Elles ont été groupées selon leurs affinités et leur homogénéité, en ayant soin d'écarter les éléments étrangers. Les tables qui suivent, par l'élaboration dont elles sont le fruit et par la façon dont elles sont présentées, peuvent être considérées comme étant en grande partie inédites.

II

La première recherche se rapporte à la comparaison entre la masse, l'ensemble de la criminalité et la masse des condamnés pour vagabondage.

Il est bon de dire, avant tout, que la notion du vagabond adoptée dans les différents pays exerce une notable influence sur la comparaison statistique. En effet, dans les pays où la notion est plus large, le chiffre du vagabondage doit être plus élevé, et, *vice-versa*. Pourtant, cette différence qui, comme on l'a dit, serait un élément fortement perturbateur dans un système de comparaisons internationales, perd son action, et cela nous suffit, si l'on se borne à observer la marche générale des deux phénomènes: criminalité et vagabondage, dans un même pays. Toutefois, nous voyons qu'en Angleterre, en France, en Autriche, on donne du vagabondage une notion très large, tandis que la notion la plus restreinte est, peut-être, celle de l'Italie.

Commençons donc par l'Italie :

ITALIE

ANNÉES	Total des condamnés	Condamnés par les Assises.	Condamnés par les Tribunaux.	Condamnés par les Juges de paix.	Total des *ammoniti.*	*Ammoniti* pour oisiveté et vagabondage
1872	—			—	28,158	8,027
1881	305,593	7,684	66,244	231,665	17,655	—
1882	303,382	6,065	61,509	235,808	14,085	—
1883	296,710	5,702	58,414	232,594	9,778	2,986
1884	315,409	5,311	55,168	254,930	8,568	2,644
1885	332,079	5,513	53,103	273,463	7,333	2,224
1886	337,394	4,930	51,654	280,810	8,421	2,384
1887	315,359	5,546	50,426	249,387	6,981	2,025
1888	340,381	5,366	53,269	282,646	6,961	2,094
1889	315,218	5,089	54,088	292,041	5,627	1,722
1890	335,918	3,225	62,080	270,613	1,153	370
1891	360,235	3,135	66,475	290,625	1,989	550
1892	370,305	3,346	69,616	297,343	3,050	751
1893	324,509	3,648	71,853	249,018	2,071	721

[1] Dans la présente étude nous développons donc deux points à peine signalés dans une autre étude publiée par nous il y a quelque temps : FLORIAN ET CAVAGLIERI, *I vagabondi (Scuola positiva.* IV, p. 385 et suiv. § 4 à 9).

Par ce tableau, même sans rapporter les chiffres à la population, la relation inverse qui existe entre la criminalité et le vagabondage paraît assez évidente; tandis que l'une croît continuellement, l'autre diminue. Ce n'est pas le moment de chercher les raisons de pareilles révélations statistiques. Il nous suffit de rappeler qu'en Italie le vagabondage se trouve constamment lié à l'*ammonizione*, qui a plus un but de police politique que de prévention et de sûreté sociale. Par conséquent, l'*ammonizione* pour vagabondage croit ou diminue avec le nombre des *ammonizioni*, dont elle constitue une partie, et la relation inverse de la criminalité, que l'on a constatée, provient peut-être de ce que cette peine a été toujours infligée par raison d'opportunité politique ou administrative, d'autant plus que nous voyons l'exemple de l'Italie rester unique [1].

Passons à la France.

FRANCE

ANNÉES	Par 100,000 habitants de la population recensée ou calculée.			
	Accusés	Prévenus	Inculpés	Prévenus de vagabondage
Moyenne annuelle				
1826—30	22,37	558,77	420,95	9,13
1831—35	22,92	623,92	424,30	9,83
1836—40	23,51	571,82	592,12	10,27
1841—45	20,75	571,20	765,82	12,85
1846—50	20,98	625,45	730,75	13,16
1851—55	20,16	685,08	1295,03	21,41
1856—60	14,93	575,53	1471,60	17,35
1861—65	12,17	460,09	1440,54	16,02
1866—70	11,23	437,55	1121,73	21,85
1871—75	14,05	522.89	1279,16	27,32
1876—80	11,82	531,03	1253,95	28,18
1881—85	11,65	566,04	1241,51	41,56
1886—90	11,12	598,30	1198,38	50,11
Par chaque année				
1889	10,80	600,05	1152,74	51,85
1890	10,76	601,58	1213,12	52,43
1891	10,97	609,50	1204,39	46,64
1892	10,67	645,16	1176,50	50,44
1893	11,10	645,65	1186,52	46,95

[1] Ainsi que nous l'avons remarqué en d'autres occasions (et nous en expliquerons plus clairement les raisons dans un autre ouvrage), le vagabondage est, en Italie, de beaucoup inférieur à ce qu'il est dans les autres pays européens. Quelques auteurs, qui se sont limités à une observation superficielle concernant les pauvres qui se tiennent dans les rues de quelques villes, le nient. Mais c'est sans raison, parce que les individus en question sont bien souvent des mendiants, qui *stationnent dans les lieux fréquentés,* pour mendier; tandis que dans les campagnes d'Italie les personnes qui vont d'un endroit à l'autre sous le prétexte de chercher du travail sont bien moins nombreuses que dans les campagnes des autres pays. Ces personnes, du reste, tombent difficilement sous la sanction de la loi pénale.

En France donc, le vagabondage augmente avec la criminalité générale, mais cette augmentation semble liée à celle de la petite criminalité (inculpés), plutôt qu'à la criminalité moyenne (prévenus). Et il n'y a aucun lien avec la haute criminalité (accusés); au contraire, le vagabondage procède d'une manière tout à fait inverse.

Voici les mêmes comparaisons concernant l'Angleterre et le Pays de Galles (1857 à 1893).

ANGLETERRE

ANNÉES	Par 100,000 habitants de la population recensée ou calculée		
	Arrêtés pour indictables offences	Jugés against summarily	Jugés pour les diverses infractions de vagabondage
1857—58	156,01	2069,01	167,44
1858—59	187,87	1984,75	135,50
1859—60	124,92	1984,22	119,31
1860—61	135,06	1962,36	130,52
1861—62	143,68	2011,18	160,49
1862—63	147,97	2052,44	157,50
1863—64	138,69	2121,90	142,72
1864—65	147,92	2186,24	137,79
1865—66	127,39	2257,29	126,62
1866—67	130,19	2196,68	140,75
1867—68	135,40	2242,71	166,18
1868—69	132,09	2336,47	194,10
1869—70	118,50	2390,61	185,55
1870—71	105,09	2452,31	173,68
1871—72	96,05	2427,27	166,30
1872—73	95,80	2526,56	156,91
1873—74	94,33	2631,08	151,09
1874—75	91,94	2698,30	150,41
1875—76	95,57	2714,80	153,65
1876—77	95,32	2643,98	162,15
1877—78	96,12	2703,49	174,80
1878—79	92,24	2526,60	182,93
1879—80	87,23	2579,90	209,58
1880—81	80,58	2569,04	187,83
1881—82	81,10	2719,86	200,03
1882—83	76,80	2726,07	197,03
1883—84	75,64	2691,86	190,76
1884—85	70,56	2513,09	185,19
1885—86	70,10	2324,55	187,23
1886—87	68,43	2470,68	194,85
1887—88	68,64	2376,14	185,29
1888—89	65,70	2422,49	177,49
1889—90	61,45	2565,94	166,10
1890—91	71,83	2520,55	158,23
1891—92	62,13	2418,77	154,81
1892—93	66,85	2179,76	146,65

Comme on le sait, en Angleterre, la notion du vagabondage est plus large qu'en tout autre pays, ce qui apparaît aussi dans les statistiques officielles. De fait, les statistiques anglaises jusqu'en 1892 divisaient les divers vagabonds par catégories ainsi qu'il suit : *prostitutes, beggings, having no visible means of subsistence, having implements for housebreaking, found in enclosed premises for unlawful purpose, frequent places of public ressort to commit felony, incorrigible rogues, other offences under vagrants act.* Dans la dernière année (1893) les *incorrigible rogues* manquent, et la catégorie des *having no visible means of subsistence* est remplacée par les *sleeping out* et les *gamings.* Dans les statistiques anglaises, également, on remarque une relation étroite entre la diminution de la petite criminalité et celle du vagabondage.

En effet, tandis que le chiffre des crimes relatif à l'année 1893 a diminué de plus de moitié en comparaison de celui de 1858, les chiffres de la seconde et de la troisième colonne suivent une proportion égale. Ils augmentent jusqu'à un certain point et diminuent de même ; et, s'il n'y a pas concordance préalable, il y a au moins affinité et relation.

On arrive à des conclusions presque identiques pour l'Irlande, où la législation est analogue à celle de l'Angleterre. Nous réduisons également à des données proportionnelles les chiffres des statistiques pénales de 1866 à 1894. La grande criminalité diminue sensiblement, tandis que le vagabondage et la petite criminalité y restent presque stationnaires.

IRLANDE

Années	Par 100,000 habitants de la population récensée ou calculée		
	Jugés pour *indictables offences*	Jugés *against sommarily*	Jugés pour les diverses infractions de vagabondage
1866	113,27	4290,86	110,10
1867	120,21	4736,76	106,52
1868	105,02	4345,15	118,69
1869	110,23	4399,21	99,37
1870	116,09	4323,10	104,42
1871	104,59	4106,01	77,76
1872	110,23	3787,95	79,06
1873	97,50	4193,96	78,26
1874	91,95	4310,94	67,93
1875	94,33	4587,01	88,71
1876	92,14	4856,65	90,42
1877	95,30	5037,43	84,93
1878	92,53	5084,16	83,86
1879	97,46	4874,44	92,73
1880	113,97	4909,69	88,87
1881	112,73	4007,03	81,69
1882	114,95	4264,85	86,00
1883	68,89	4488,98	87,46
1884	88,11	4687,60	92,26
1885	52,42	4542,83	108,18
1886	85,48	4400,58	116,28
1887	76,40	4522,28	115,21
1888	69,23	4793,64	119,44
1889	65,20	4899,13	127,48
1890	63,05	4995,38	103,09
1891	60,90	4758,36	99,86
1892	59,13	4873,97	91,81
1893	66,30	4708,51	91,69
1894	66,23	4752,07	100,03

Pour ce qui concerne l'Autriche, dont nous nous occupons dans le tableau suivant, il faut remarquer qu'à la suite de la loi de 1885 la notion du vagabondage y est devenue plus large et l'action de la police plus sévère. Cela explique en partie l'augmentation des condamnations pour vagabondage à partir de cette année. Toutefois, la concordance entre le nombre des condamnés pour vagabondage et celui des condamnés pour contraventions est très évidente ; les chiffres augmentent jusqu'en 1886 et ils décroissent ensuite d'un côté comme de l'autre. La haute criminalité, au contraire, reste stationnaire.

AUTRICHE

Années	Par 100,000 habit. de la population recensée ou calculée.		
	Condamnés pour crimes et délits.	Condamnés pour contraventions.	Condamnés pour contravention aux lois sur le vagabondage.
1874	140,38	1319,98	169,12
1875	145,16	1402,58	182,13
1876	154,94	1564,78	203,69
1877	160,78	1746,88	235,89
1878	153,12	1740,06	214,13
1879	140,81	1797,14	244,98
1880	167,25	1945,52	276,34
1881	189,68	1979,16	289,27
1882	198,98	2083,05	271,83
1883	153,88	2176,96	286,78
1884	158,65	2238,40	306,74
1885	160,72	2366,11	216,13
1886	152,94	2433,47	496,18
1887	145,73	2403,25	491,12
1888	141,20	2300,78	420,88
1889	140,47	2303,76	409,29
1890	145,95	2262,11	369,68
1891	144,40	2299,26	380,68

Voici maintenant les tableaux statistiques semblables pour le Danemark et pour la Hollande.

DANEMARK

ANNÉES	Par 100,000 habitants de la population recensée ou calculée		
	Condamnés pour crimes et délits	Condamnés pour toute espèce de contraventions	Condamnés pour mendicité et vagabondage
1881	175,50	131,45	83,88
1882	182,31	136,39	90,73
1883	173,96	121,54	75,34
1884	181,44	137,64	72,41
1885	170,44	147,67	81,62
1886	169,06	165,95	95,80
1887	182,87	152,33	86,67
1888	181,07	145,11	78,30
1889	191,91	169,17	89,35
1890	179,29	171,14	98,04

HOLLANDE

ANNÉES	Par 100,000 habitants de la population recensée ou calculée	
	Condamnés pour crimes, délits et contraventions	Condamnés pour mendicité et vagabondage
1874	324,27	49,79
1875	310,23	51,07
1876	312,28	43,72
1877	334,72	50,16
1878	336,32	48,81
1879	338,67	56,11
1880	347,13	60,95
1881	361,21	66,36
1882	389,25	65,85
1883	395,04	60,89
1884	403,77	60,25
1885	374,14	54,37
1886	270,81	43,86
1887	390,46	74,53
1888	354,65	58,29
1889	389,52	63,57
1890	372,34	63,52
1891	379,56	56,78
1892	414,51	58,42
1893	382,63	49,35
1894	399,62	50,58

Nous remarquons, pour le Danemark, qu'un certain lien unit les trois espèces de délits puisque toutes présentent un caractère stationnaire. Il est pourtant nécessaire de remarquer qu'en 1886 et 1887, tandis que la haute criminalité diminue, le nombre des condamnés pour contraventions, et aussi pour contraventions relatives à la mendicité et au vagabondage (considérées ici, comme en Hollande, sous une même rubrique) augmente.

En Hollande, au contraire, les données manquent pour comparer le vagabondage aux infractions moins graves ; mais nous pouvons constater un certain parallélisme entre le vagabondage et la criminalité générale, parallélisme qui est singulièrement remarquable dans les années 1880, 1881, 1885 et 1889.

Nous pourrions fournir des exemples d'autres pays, mais ceux qui précèdent nous semblent suffisants pour justifier la conclusion résumée et synthétique de cette partie, c'est-à-dire que, au point de vue statistique, le vagabondage marche plus ou moins parallèlement avec la criminalité générale, mais que cette concordance devient particulièrement évidente lorsqu'il s'agit de la petite criminalité. On peut donc dire que les classes de petits criminels sont étroitement liées entre elles, et presque en communauté de vie. Ou peut dire aussi que la répression du vagabondage devient plus intense et générale, grâce à une tutelle plus large et plus minutieuse, qui s'étend sur toutes les espèces de contraventions.

III

La seule comparaison entre le vagabondage et les grands chiffres de la criminalité ne peut, nécessairement, donner que des résultats indéterminés.

Il est donc nécessaire, pour en spécialiser quelques-uns, d'étudier le rôle du vagabondage relativement à quelques infractions particulières.

Mais, ici même, la recherche statistique manque de résultats sûrs, car si, par hasard, il était possible d'établir une certaine concordance entre les chiffres, il ne faudrait pas, pour cela, en déduire une relation certaine d'influence entre le vagabondage et les infractions. Les facteurs individuels et sociaux de la criminalité sont trop nombreux pour que l'on puisse affirmer l'influence d'une condition de fait aussi variée et indéterminée dans ses manifestations que le vagabondage.

Toutefois, et en tenant toujours compte de cela, il serait bon d'examiner dans quelques exemples quelles sont les relations les plus évidentes et les plus constantes.

Commençons par l'Italie, en profitant des données publiées depuis la réforme du Code pénal et de la loi sur la sûreté publique, qui confirmeront les résultats de notre étude dont nous avons parlé plus haut. Nous observerons, en outre, que nous avons préféré comparer le vagabondage au nombre des crimes dénoncés plutôt qu'à celui des individus condamnés, parce que le premier exprime avec plus de vérité la criminalité *effective* dans telle ou telle région. Sous les désignations « vol » et « homicide » sont respectivement compris les vols et les homicides de tout genre.

ITALIE

RÉGIONS	Moyenne annuelle des années 1890–93 par 100,000 habitants					
	Ammonizioni pour oisiveté et vagabondage	Dénonciations de mendicité	Dénonciations de vol	Dénonciations d'homicide	Dénonciations de violences et rébellion à l'autorité	Dénonciations de délits contre l'autorité publique
Piémont. . . .	1,04	24,48	241,96	5,75	23,71	0,86
Ligurie	1,36	27,61	370,93	9,81	55,11	3,01
Lombardie . . .	1,09	21,11	269,20	3,11	23,11	1,14
Vénétie	1,79	23,83	347,15	3,40	30,86	0,53
Toscane. . . .	0,83	21,48	255,04	6,56	36,65	2,38
Emilie	1,28	15,74	281,93	6,37	36,18	4,20
Marches et Ombrie.	0,76	13,53	291,24	10,96	38,35	2,12
Latium	3,95	158,49	692,30	20,79	132,64	3,55
Campanie et Molise	4,88	119,00	342,44	24,34	71,81	1,37
Basilicate . . .	1,48	1,85	677,79	22,58	42,01	1,48
Abruzzes . . .	0,90	3,95	553,97	17,51	52,04	1,01
Pouilles	1,18	5,23	377,55	13,10	54,38	1,57
Calabre	1,74	3,65	433,29	26,01	61,20	1,44
Sicile	2,76	7,25	401,12	30,22	54,10	3,43
Sardaigne . . .	3,82	7,79	800,31	24,20	64,80	2,46
Royaume . . .	1,97	32,40	357,87	13,44	46,07	1,90

Comme c'était à prévoir, les déductions que l'on peut faire sont rares, et çà et là, dans la proportion des chiffres, pris isolément, apparaissent des écarts que, tout d'abord, on ne peut expliquer.

Pour cela, il faudrait un examen minutieux des conditions économiques et sociales des régions mêmes, ce que nous ferons à une autre occasion, nous bornant ici à observer dans quel rapport se trouve chacune des catégories d'infractions que nous avons exposées.

Avant tout — exception faite, une fois pour toutes, du Latium, de la Campanie et de la Molise, lesquels pour des causes spéciales sont à la tête de presque chaque espèce de crime, comme du vagabondage — on est frappé de ce qu'il n'existe pas la moindre relation entre le vagabondage et la mendicité. Dans les îles, par exemple, où il y a beaucoup d'*ammonizioni* pour vagabondage, les dénonciations pour mendicité sont peu nombreuses ; c'est le contraire de ce qui arrive en Piémont et en Toscane. Ces conditions qui sembleraient être liées entre elles, donnent des résultats bien différents. Cela peut provenir du fait que dans les régions plus civilisées, où il y a moins de vagabonds, la police déploie plus de sévérité pour extirper la plaie de la mendicité.

Il y a, au contraire, une certaine affinité entre le vagabondage et les autres infractions : la Campanie, la Molise, le Latium, la Sardaigne et la Sicile ont presque toujours des chiffres supérieurs à la moyenne du royaume, tandis que la Toscane, les Marches, l'Ombrie et la Lombardie, qui ont le minimum d'individus *ammoniti* pour oisiveté et vagabondage, ont aussi le minimum de dénonciations pour les diverses espèces de crimes. Cette affinité, en tenant compte des exceptions inévitables, se montre particulièrement dans ce qui a rapport aux vols, rébellions et outrages aux autorités.

Passons à la France. Pour ce pays nous mettons de côté, pour le moment, les divisions territoriales et nous dressons, en revanche, un tableau comprenant un grand nombre d'années.

FRANCE

Années	Par 100,000 habitants.				
	Paresse et misère	Cupidité	Immoralité	Violence	Criminalité en général
1838	16	87	5	50	237
1839	18	91	5	50	246
1840	24	101	5	51	267
1841	21	85	6	56	252
1842	23	89	6	51	258
1843	26	95	6	52	263
1844	24	100	6	50	281
1845	23	97	6	50	281
1846	29	111	6	47	306
1847	47	143	6	51	375
1848	38	93	6	53	325
1849	47	100	7	59	361
1850	50	104	9	63	397
1851	49	109	10	59	393
1852	51	122	11	56	438
1853	45	147	10	50	477
1854	44	170	10	38	480
1855	36	162	10	37	488
1856	33	156	11	41	461
1857	32	152	12	47	444
1858	31	127	15	57	429

FRANCE *(Suite.)*

Années	Par 100,000 habitants.				
	Paresse et misère	Cupidité	Immoralité	Violence	Criminalité en général
1859	28	120	14	55	408
1860	28	130	14	50	391
1861	30	135	15	48	395
1862	32	133	15	55	396
1863	29	121	15	57	379
1864	29	117	15	63	392
1865	33	112	12	67	392
1866	35	116	14	66	389
1867	42	130	13	59	426
1868	50	137	14	65	444
1869	46	116	13	71	399
1870	35	80	7	46	284
1871	41	112	9	46	351
1872	51	150	13	62	460
1873	48	152	15	67	482
1874	49	148	16	64	512
1875	44	129	17	69	497
1876	40	131	16	69	498
1877	46	137	15	68	484
1878	46	130	15	68	476
1879	50	135	14	68	487
1880	55	151	13	65	495
1881	57	144	13	73	515
1882	60	146	14	75	500
1883	66	145	13	73	518
1884	70	144	15	79	536
1885	81	145	15	78	552
1886	86	143	16	79	540
1887	85	149	15	76	552

Dans ce tableau, les catégories des délits sont désignées d'après les causes qui les déterminent plus communément. Ainsi, sous le titre « paresse et misère » sont compris le vagabondage et la mendicité, sous le titre « cupidité » les crimes contre la propriété, sous le titre « immoralité » les crimes contre l'honneur des familles et la pudeur, et sous le titre « violence » ceux contre les personnes.

Ce qui est frappant, c'est le parallélisme dans la marche du vagabondage et de la mendicité d'un côté et des infractions contre la propriété de l'autre. Sur 50 cas examinés, dans 17 seulement il y a discordance dans l'augmentation ou la diminution des uns et des autres. Dans les autres 33 cas, la concordance de l'augmentation et de la diminution est complète. Il est encore à noter que les écarts sont pour la plupart légers.

En négligeant la comparaison des crimes d'immoralité, on ne peut nier une certaine relation entre le vagabondage, la mendicité, les crimes et les délits contre les personnes; mais il est à remarquer que les véritables concordances sont rares et que, au contraire, les discordances s'appuient sur des différences très importantes.

En Allemagne, ainsi qu'on le sait, il n'y a pas de statistiques officielles sur le vagabondage [1]. Il en résulte que toute confrontation au point de vue de notre étude devient impossible.

Nous nous limitons à reproduire la note suivante donnée par Starke [2], pour la Prusse, dont le tableau nous montre que 10 fois sur 17 les actes de vol et de vagabondage tendent à augmenter ou à diminuer simultanément.

ANNÉES	Procès pour vol.	Procès pour oiseveté, mendicité, vagabondage.
1854	56,873	14,619
1855	60,685	16,665
1856	66,444	20,414
1857	42,764	15,801
1858	37,279	15,318
1859	38,809	16,978
1860	41,121	16,320
1861	42,325	14,239
1862	42,411	12,846
1863	38,554	11,840
1864	39,118	12,026
1865	44,162	11,640
1866	43,575	13,664
1867	51,717	15,339
1868	57,589	14,807
1869	47,811	15,091
1870	41,938	13,320

Les recherches faites à ce second point de vue nous permettent donc de conclure que, vraisemblablement, le vagabondage se trouve vis-à-vis des infractions contre la propriété en relation plus étroite qu'avec la masse totale de la criminalité, ce qui nous semble de grande importance pour la détermination des facteurs, soit du crime soit du vagabondage.

---

[1] On ne possède que peu de communications statistiques faites au *Reichstag* par le *Reichskanzler*. Hippel. *Die strafrechtliche Bekämpfung von Bettel, Landstreicherei und Arbeitscheu.* Berlin 1895, p. 189, note 2.

[2] STARKE. *Verbrechen und Verbrecher in Preussen*, Berlin, 1884, pp. 55, 115.

IV

Cependant, la recherche la plus concluante et la plus décisive est celle qui se rapporte aux précédents et aux professions des condamnés, car elle a de l'importance non seulement par elle-même, mais parce qu'elle sert aussi à évaluer les résultats obtenus dans les deux recherches précédentes. En effet, quelle plus grande preuve de l'affinité entre le vagabondage et le crime peut-on donner que celle des précédents de vagabondage dans la biographie pénale d'un condamné?

Ces précédents peuvent se trouver de deux manières, ou par des recherches personnelles, ou pour quelques catégories de condamnés, par l'indication des professions, contenues dans les statistiques judiciaires officielles.

Nous n'ignorons pas les démonstrations faites par d'autres auteurs[1] au moyen de cette première méthode, et nous pourrions y ajouter nos résultats personnels; mais nous les laissons de côté pour ne pas allonger ce travail.

Relativement aux statistiques, nous avons eu la bonne fortune, grâce à l'obligeance du Directeur général des prisons d'Italie, de pouvoir consulter directement les registres d'assignation, toujours réservés à l'usage administratif. Ils ont été compilés avec une haute intelligence scientifique et pratique par Beltrami-Scalia pendant le temps où il était, pour la première fois, chef de cette Direction générale.

Les registres contiennent seulement les données relatives aux crimes les plus graves, c'est-à-dire aux récidivistes condamnés à la réclusion et à la détention. Les individus dont nous examinons les précédents et la profession montent à 1174 répartis de la manière suivante (période 1880-1892):

Titre de la dernière condamnation	Sexe	
	Hommes	Femmes
Homicides et lésions suivies de mort	237	6
Lésions	165	6
Vols divers	440	33
Autres crimes et délits contre la propriété . . .	106	5
Crimes et délits contre la pudeur	65	6
Incendies.	16	1
Autres crimes et délits.	81	7
Totaux .	1,110	64
	1,174	

Les registres contenaient, pour chaque condamné, deux indications qui nous intéressaient: la profession et le titre de la récidive, c'est-à-dire les crimes antérieurs à la dernière condamnation. Il faut remarquer que, au point de vue de la profession, une rubrique générale recueillait sous la dénomination de « sans profession » les oisifs, les vagabonds, les inhabiles au travail et les prostituées. Les deux tableaux qui suivent indiquent le résultat de nos recherches.

[1] Nous nous en sommes occupés au N° 9, de l'étude intitulée « I Vagabondi. »

	Récidivistes condamnés à la détention ou à la réclusion et classifiés comme vagabonds, inhabiles au travail, prostituées (sans profession)		
	Dernier crime ou délit commis	Délits ou crimes précédents	Professions spécifiées
1	Dommages	Vol, vagabondage	Vagabond
2	Vol	Vol	Vagabond
3	Vol	Ignorés	Prostituée
4	Vol	Vol et autres délits	Prostituée
5	Association de malfait.	Vol qualifié	Oisif
6	id.	id.	id.
7	id.	Coups, rébellion, blessres	id.
8	id.	Vol, rébellion, blessures	id.
9	id.	Sept vols	id.
10	id.	Port d'armes	id.
11	Vol	Vol	Mendiant

	Récidivistes condamnés à la détention, à la réclusion ou au cachot, ayant déjà subi des condamnations pour oisiveté et vagabondage		
	Crime ou délit commis pour la dernière condamnation	Titres qui occasionnèrent les précédentes condamnations outre l'*ammonizione* pour oisiveté et vagabondage	Profession habituelle (générique)
1	Vol	Vol	Paysan
2	Contravention à l'*ammonizione* pour vagabondage	—	Paysanne
3	Dommages	Vol	Vagabond
4	Homicide	Blessure et outrages	Homme de peine
5	id.	Vol, port d'armes, mendicité, outrages	Paysan
6	Vol qualifié	Vols	Homme de peine
7	Vols (six)	Vol	Ecrivain
8	Vols	Vols, blessures	Sabotier
9	Vol	Vols, rapine, coups, contraventions	Cordonnier
10	Vol	Vol	Homme de peine
11	Vol	Vols, ivresse, contravention, injures	Garçon d'écurie
12	Escroquerie manquée	Vols et menaces	Terrassier
13	Vol	Dix fois récidiviste en vagabondage (contravent. à l'*ammonizione*)	Cordonnier

Il faut observer, avant tout, que, dans la troisième colonne de la première planche, ayant indiqué la profession spécifique de l'individu assigné aux différents établissements pénitentiaires, nous pouvons discerner le véritable état de vagabondage des formes qui s'y rapportent. On observe aussi que, dans le second tableau, la deuxième colonne donne les titres des précédents crimes ou délits; mais il ne faut pas perdre de vue que tous les individus qu'elle comprend ont aussi, dans leur biographie pénale, une *ammonizione* ou une condamnation pour paresse ou vagabondage.

En donnant un coup d'œil aux deux tableaux, on voit de suite, et cela paraît étonnant, une certaine pauvreté de résultats relativement aux 1174 cas examinés; mais deux observations l'expliquent facilement.

Quant à la profession, qui consentirait jamais, en effet, à se déclarer vagabond? C'est bien facile d'alléguer une profession quelconque, surtout lorsque la détermination de la profession est, comme dans le cas d'une condamnation pour crime grave, une chose secondaire! Pour ce qui concerne d'autres genres de récidive, nous faisons remarquer que très souvent, dans les registres, la contravention à l'*ammonizione* est indiquée parmi les antécédents des condamnés, mais qu'il n'y a pas d'autre indication que l'*ammonizione*, laquelle peut s'infliger pour d'autres raisons que le vagabondage. C'est pour cela que nous avons préféré ne pas prendre note de ces cas, tout en nous réservant d'en faire mention.

Donc, en tenant compte aussi de ces observations, deux choses nous paraissent manifestes. D'abord, que le vagabondage se retrouve rarement dans la haute criminalité, à laquelle seule se rapportent les registres que nous avons consultés. En second lieu, que dans la grande majorité des cas examinés le vagabondage se trouve lié au vol.

Ainsi, chacune de ces observations concorde avec les conclusions tirées des recherches précédentes.

Les chiffres que nous avons publiés et qui sont tout à fait inédits, nous dispensent de reporter les listes des professions signalées chez les condamnés des assises et contenues dans nos statistiques officielles, d'autant plus que celles-ci confondent toute espèce d'individus sans profession, ce qui rendrait le profit à en tirer presque nul.

Au moyen de cette seconde méthode de recherches, étudions maintenant la France, dont la statistique nous fait connaître les professions des condamnés par les assises.

Voici le tableau, réduit à la mesure proportionnelle, et laissé complet pour plus de clarté.

FRANCE

Années	Sur 100 jugés aux assises					
	Agriculteurs	Attachés à l'industrie	Attachés au commerce et aux transports	Domestiques	Professions libérales et rentiers	Sans aveu
Moyenne annuelle						
1826—1830	39	35	11	4	6	5
1831—1835	37	32	11	6	6	8
1836—1840	35	32	12	7	5	9
1841—1845	35	34	13	8	5	5
1846—1850	38	33	12	6	6	5
1851—1855	37	30	13	8	6	6
1856—1860	37	29	14	7	7	6
1861—1865	36	31	14	6	7	6
1866—1870	36	32	14	7	6	5
1871—1875	37	30	14	7	6	6
1876—1880	36	30	14	7	6	7
1881—1885	36	30	14	6	7	7
Pour chacune des années						
1886	34	30	16	6	7	7
1887	34	30	15	6	7	8
1888	36	36	16	7	6	8
1889	36	36	14	7	7	8
1890	38	38	14	6	6	7

On doit noter que, dans ce tableau, sous la dénomination de « sans aveu » ne sont pas compris seulement les vagabonds vrais, mais aussi les états qui s'en rapprochent (bohémiens, saltimbanques, chiffonniers, vagabonds et autres individus sans travail). Pourtant, les chiffres, pour être susceptibles d'une appréciation quelconque, doivent être placés en rapport avec le chiffre total de la population libre des différentes catégories professionnelles parmi lesquelles ont été répartis les condamnés. C'est seulement alors, après une telle comparaison, que nous connaîtrons la contribution réelle que les « sans aveu » donnent à la criminalité.

Mais ici, nous rencontrons une difficulté qui, nous devons bien le dire, nous met en désaccord avec deux auteurs distingués : Lagneau et Yvernès, lesquels ont déjà montré la proportion entre les « sans aveu » jugés par les assises et les « sans aveu » relevés dans les recensements et ont obtenu, comme indice de la participation des « sans aveu » à la criminalité, une moyenne très élevée.

Nous croyons que les notions de « sans aveu » ne correspondent pas entre elles, dans les statistiques criminelles et dans les recensements, et que cette notion est beaucoup plus étendue dans le premier cas que dans le second. En effet, dans la statistique criminelle la dénomination de « sans aveu » est donnée à tous ceux qui comparaissent aux assises et n'indiquent pas de profession permise ; dans le recensement, au contraire, la désignation de la profession est faite — ainsi que le disent les Allemands — par le porteur même. Il est donc naturel que fort peu d'entre eux se qualifient eux-mêmes de vagabonds.[1]

Pour cette raison, nous avons établi la proportion entre les *sans aveu* des assises et la population *non classée* du recensement de 1891 ; et voici les résultats obtenus par les deux auteurs cités et par nous :

	Jugés par les Assises sur 100,000 habitants de même catégorie professionnelle.					
	Agriculteurs	Attachés aux industries.	Attachés au commerce et transports.	Domestiques.	Professions libérales et rentiers.	Sans aveu.
1835—1854 Lagneau	14	26	22	—	—	192
1876—1880 Yvernès	8	14	18	29	9	405
1891 Les auteurs	7	9	22	12	7	25

Notre moyenne est donc beaucoup plus basse que celle de Lagneau et de Yvernès. Néanmoins, dans la criminalité, les *sans aveu* sont supérieurs à toute autre catégorie professionnelle.

Cela démontre, d'un côté, la relation entre le vagabondage et la criminalité, et de l'autre — en tenant compte qu'il s'agit de condamnés aux assises — que cette relation est moins complète relativement à la haute criminalité.

Ces résultats, qui concordent avec les précédents, sont d'autre part rendus plus probants par la comparaison des « sans aveu » détenus dans les *maisons centrales de force et de correction* (donc pour crimes graves) et ceux de la population libre :

Qualité professionnelle.	Sur 100 détenus dans les maisons centrales de force et de correction (moyenne des années 1883-87).	Sur 100 individus de la population libre (recensement 1886).
Vagabonds et mendiants . De profession nomade . .	1,4} 3,4}	0,6 [2]

La statistique pénale de l'Angleterre distingue chacun des individus arrêtés selon le caractère personnel qui lui est attribué par la police. Nous donnons ainsi le nombre des *jugés* qui, au moment de l'arrestation, ont été classés comme individus errants,

---

[1] Pour des renseignements plus étendus, voir : CAVAGLIERI. *Les catégories professionnelles dans les recensements*, dont la publication est prochaine.

[2] Ce chiffre résulte de la proportion entre la population présente et les individus sans profession (*sans aveu, bohémiens, vagabonds, etc.*). Les individus de profession inconnue n'ont pas été compris, parmi la population libre, ni parmi les détenus.

vagabonds et sans moyens connus de subsistance *(vagrants, tramps and others without visible means of subsistance)* que l'on peut distinguer selon qu'ils furent jugés pour « *indictable offences* » ou « *against summarily.* » Cela nous donnera un nouvel exemple pour appuyer cette affirmation que les vagabonds se trouvent spécialement chez les petits criminels.

ANGLETERRE

Années	Vagabonds, rouleurs et autres individus sans moyens d'existence connus	
	Par 100 jugés avec acte d'accusation	Par 100 jugés sommairement
1871—1872	1,74	3,73
1872—1873	1,57	3,23
1873—1874	1,52	3,09
1874—1875	1,53	2,67
1875—1876	1,63	2,94
1876—1877	1,51	3,38
1877—1878	1,45	3,44
1878—1879	1,69	3,96
1879—1880	1,66	4,51
1880—1881	1,46	4,15
1881—1882	1,53	3,96
1882—1883	1,28	3,93
1883—1884	1,20	3,88
1884—1885	1,48	3,97
1885—1886	1,31	4,10
1886—1887	1,35	4,28
1887—1888	1,28	4,65
1888—1889	1,37	4,03
1889—1890	1,41	3,35
1890—1891	1,39	3,04
1891—1892	1,28	3,28
1892—1893	1,19	3,78

Dans les statistiques de l'Allemagne et de l'Autriche, nous ne pouvons pas préciser le nombre des vagabonds et des malfaiteurs, mais nous avons celui des « sans occupation » qui se rapprochent beaucoup des vagabonds, dans lesquels ils sont même parfois compris. En effet, la statistique judiciaire allemande comprend les individus *ohne Beruf und Berufsangabe;* et de cette catégorie sont éliminés avec raison les « appartenants » *(Angehörige)*, c'est-à-dire les femmes, les enfants, etc., attachés à des personnes actives.

Maintenant, voici le chiffre des condamnés dans la catégorie des *Ohne Beruf und Berufsangabe*, qui, selon le recensement de 1882, constituait 4,21 % de la population libre :

ANNÉES	INDIVIDUS SANS PROFESSION DÉTERMINÉE			
	Par 100 condamnés pour tous crimes et délits prévus par le Code pénal.	Par 100 condamnés pour crimes et délits commis contre l'Etat, l'ordre public et la religion.	Par 100 condamnés pour crimes et délits contre les personnes.	Par 100 condamnés pour crimes et délits contre les propriétés.
1888	5,70	22,86	2,34	2,04
1889	5,35	21,69	2,29	1,76
1890	5,19	19,44	2,28	1,77
1891	4,80	19,97	2,15	1,76
1892	4,71	19,51	2,17	1,78

D'après cette statistique, la moyenne des « sans occupation » est plus élevée, quoique de peu, dans la population criminelle que dans la population libre, et c'est une nouvelle confirmation de l'affinité générique qui existe entre le vagabondage et la criminalité

En revanche, une autre déduction est ouvertement contredite par cette statistique, c'est celle de la large contribution des vagabonds aux crimes et aux délits contre la propriété. Disons cependant qu'un exemple unique ne peut pas revêtir beaucoup d'autorité, d'autant plus que nous ne nous trouvons pas en face de vrais vagabonds. Nous pouvons voir, au contraire, une confirmation de ce que nous avons affirmé pour l'Italie et qui serait confirmé par nos observations particulières, c'est-à-dire que l'inoccupation se trouve en rapport direct avec les délits contre l'Etat et l'ordre public, bien que, dans cette étude, nous ne croyons pas pouvoir expliquer la cause de cette proportion élevée.

Quant à la statistique criminelle autrichienne, elle distingue les individus *ohne bestimmten Erwerb*, parmi les condamnés pour crimes (Verbrechen) et pour délits (Vergehen).

Il y a à relever ici, relativement à la notion de cette catégorie professionnelle, une extension plus large qu'en Allemagne. Elle s'éloigne ainsi toujours plus des vagabonds vrais et proprement dits, et la comparaison avec les catégories analogues de la population libre ne peut plus se faire, parce que dans les recensements on n'a pas adopté la locution mentionnée dans les statistiques criminelles, qui comprennent dans une seule catégorie les *Selbständige ohne Berufsangabe* et les *Angehörige ohne einige Hauptberuf.*

Voici quelques données, dont la signification, pour les raisons qui viennent d'être exposées, ne peut donc être appréciée relativement aux totaux de la population.

AUTRICHE

Années	Individus sans profession déterminée	
	Par 100 condamnés pour crimes.	Par 100 condamnés pour délits.
1880	9,8	3,0
1881	10,2	3,0
1882	10,4	3,3
1883	9,0	3,3
1884	9,3	2,7
1885	6,9	1,9
1886	8,3	2,1
1887	9,4	2,5
1888	8,6	2,8
1889	8,8	2,5

Ces chiffres sont, en effet, en contradiction avec une des déductions précédemment mises en évidence, c'est-à-dire que le vagabondage devrait fournir une plus large contribution à la petite criminalité qu'à la haute, tandis que, dans le cas présent, il se rencontrerait en proportion plus grande dans les faits gravement délictueux.

Mais ici, pour donner une explication satisfaisante et aussi comme point d'orientation, nous croyons devoir rappeler que, dans le code pénal autrichien, le nombre des crimes qualifiés *Verbrechen* est beaucoup plus grand que celui de *Vergehen*, que la période de temps est relativement courte, que nous ne nous trouvons pas en face de vagabonds réels, mais d'une catégorie qui, bien qu'elle les comprenne, englobe aussi beaucoup d'autres formes.

Au contraire, l'Espagne nous donne un chiffre de condamnés sans profession qui ne contient pas d'éléments hétérogènes, parce que les rentiers et les gens de profession inconnue forment des catégories à part. Voici les chiffres :

ESPAGNE

Années	Individus sans occupation	
	Par 100 jugés pour toute espèce d'infractions	Par 100 jugés pour infractions contre la propriété
1884	4,43	5,92
1885	6,95	8,75
1886	7,00	8,79
1887	6,28	8,07
1888	6,80	8,95
1889	6,88	8,50
1890	7,53	9,06
1891	8,49	10,37
1892	9,14	11,06
1893	8,93	10,30

Ce tableau confirme le fait que le vagabondage et l'oisiveté sont plus fréquents chez les délinquants contre la propriété que chez les délinquants pris dans leur ensemble.

V

En résumé :

Pour découvrir les relations qui existent entre le vagabondage et la criminalité, nous nous sommes servis, dans cette étude, de trois instruments de recherche : *a)* le mouvement du vagabondage considéré parallèlement au mouvement de la criminalité dans son ensemble et dans ses espèces; *b)* le vagabondage au point de vue de la biographie pénale des récidivistes; *c)* la classification professionnelle des condamnés.

Pour ces trois différents ordres de recherches, qui se contrôlent et se font valoir réciproquement, nous sommes arrivés à trois déductions, qui, tout en résumant la partie la plus probable des résultats obtenus, sont néanmoins limitées et présentent quelque motif d'incertitude dans les cas d'exception signalés çà et là.

Ces déductions peuvent se formuler ainsi :

a) le vagabondage est en relation avec la somme totale de la criminalité;

b) la dite relation est plus évidente et étroite pour les petits délits que pour les crimes graves;

c) cette relation apparaît plus étroite encore dans les cas de délits contre la propriété et dans quelques cas d'infractions contre l'ordre public et l'autorité.

Ces déductions — pour modestes qu'elles soient — ont leur importance pour résoudre les différents problèmes qui se posent au sujet important du vagabondage et spécialement ceux qui sont relatifs à sa répression, à sa punissabilité et à sa prévention.

Mais, avec cette communication, nous avons terminé la tâche que nous nous étions imposée. Dans un travail de plus longue haleine, nous nous réservons de donner une forme plus solide et plus complète à nos recherches, en suivant toujours strictement la méthode positive.

M. Rey. — Je ne ferai qu'une seule critique au rapport de M. Cavaglieri, c'est que les statistiques officielles, même les plus sincères, ne sont pas exemptes de tout reproche ; elles enregistrent plusieurs fois les mêmes individus et grossissent ainsi le nombre des vagabonds et des mendiants. J'ai pu le constater récemment, dans des statistiques dressées par une administration préfectorale en vue d'un projet d'assistance par le travail. Il y a à signaler d'autres causes d'erreur : il est clair, par exemple, qu'en faisant figurer dans la statistique tous les délits commis par un même individu, on ne peut avoir une connaissance bien exacte des rapports de la criminalité et du vagabondage. Il faudrait aussi compter à part tous ces dégénérés et ces aliénés migrateurs qui séjournent dans les prisons ou dans les dépôts de mendicité, avant d'être placés dans les asiles. J'ai pu, comme expert, recueillir bien des cas de ce genre, et récemment celui d'un individu ayant subi quatorze condamnations pour vagabondage et mendicité ; il a certainement figuré autant de fois dans les statistiques officielles et augmenté ainsi le chiffre des vagabonds et des délinquants en France ; et cet individu est atteint d'imbécillité.

Dans cette armée de vagabonds et de mendiants, il y a des nomades incorrigibles, poussés peut-être par quelque influence ancestrale ; il y a aussi un grand nombre d'individus que des circonstances souvent indépendantes de leur volonté, jettent sur les routes, il y a surtout des individus n'ayant ni profession ni métier, et qui ne peuvent que difficilement gagner leur vie. On peut se demander si la société a épuisé à leur égard tous les moyens de sauvetage et de relèvement, avant de considérer leur triste situation comme un délit. A ce sujet, je dois faire connaître au Congrès qu'il s'est produit en France un mouvement très sérieux en faveur de l'assistance par le travail, sous l'impulsion de la société des prisons et de la société internationale pour l'étude des questions d'assistance. Un des premiers, le conseil général de Vaucluse a adopté, dans sa dernière session, une organisation de ce genre, ayant pour base l'entente préalable des particuliers avec les municipalités, le département intervenant dans les dépenses occasionnées par les salaires et les secours en nature.

M. van Hamel. — Je commence par rendre hommage au travail élaboré par M. Cavaglieri ; mais je me permets une observation sur un seul point. La valeur de la première méthode indiquée par l'orateur pour connaître la relation entre le vagabondage et la criminalité, à savoir la comparaison entre la statistique du vagabondage et la statistique totale des crimes, cette valeur me paraît douteuse. La raison en est que la statistique des condamnations pour vagabondage n'offre pas un tableau juste du vagabondage. Un meurtre, par exemple, est un fait déterminé ; mais le vagabondage est une situation plus ou moins permanente et cela dépendra de plusieurs causes accidentelles, qu'un vagabond soit condamné une ou plusieurs fois. Si un vagabond est condamné à une détention d'un an, il ne sera plus condamné dans le cours de l'année; s'il est condamné quatre fois à une détention de 3 mois, chaque fois vous trouverez dans votre statistique quatre condamnations, le chiffre total aura tout à fait changé, mais l'état du vagabond n'aura pas changé du tout. Puis, comme les vagabonds prêtent bien souvent à la pitié, ils ne sont certainement pas toujours poursuivis en justice. Mais un jour les autorités se décident, parce que le mal est devenu trop grand, à entreprendre une razzia; les poursuites se succèdent et le chiffre augmente énormément, quoique l'état du vagabondage dans le pays n'ait pas changé. La valeur des autres méthodes indiquées par l'orateur me paraît, au contraire, indubitable.

M. Cavaglieri en répliquant à MM. Rey et van Hamel, explique la valeur qu'il donne aux statistiques relatives au vagabondage.

C'est d'abord, dit-il, un simple exemple des recherches entreprises par M. Florian et par moi, que j'ai voulu donner, car un examen complet de cet intéressant phénomène demanderait beaucoup plus de temps. Dans une œuvre qui paraîtra bientôt, nous donnerons les résultats les plus sûrs qu'on aura pu obtenir sur le vagabondage en le considérant, non seulement sous l'aspect statistique et juridique, mais aussi anthropologique, psychologique et social.

Dans notre rapport, nous avons parlé seulement des vagabonds qui tombent sous la sanction de la loi pénale et nous n'avons voulu toucher qu'à la contribution que ces individus donnent au crime en général et à quelques espèces de crimes en particulier. Mais, nous n'avons pas eu la prétention de dire, dès à présent, quel est le traitement dont il faut user à l'égard des vagabonds criminels, ni de démontrer quel est le traitement préférable pour les vagabonds pathologiques et pour les vagabonds d'occasion, devenus *rouleurs de barrières, tramps* ou *Landstreichern* par des causes tout à fait économiques ou sociales.

Les asiles pour neurasthéniques et quelquefois pour aliénés, les maisons de travail forcé, les colonies de travail libre, les *reformatoires,* et bien d'autres institutions organisées avec des soins et des règles particulières peuvent être très utiles pour combattre le fléau du vagabondage. Mais nous parlerons de cela dans l'ouvrage que je vous ai déjà annoncé et dans lequel nous étudierons avec une méthode étroitement positive *tous* les facteurs du vagabondage en suivant les glorieuses habitudes de l'école italienne.

L'assemblée décide de passer à la discussion du rapport sur *les relations du droit et de l'anthropologie.*

M. Zakrewsky fait un résumé de son rapport intitulé : *Relations du droit et de l'anthropologie* (voir p. 43) et de ceux de **MM. Schidlowsky, Latyschew** et **Petri** sur le même sujet (voir pp. 124, 137 et 141).

M. M. de Bæts. — Lorsque j'ai lu le rapport de M. Zakrewsky, il m'a semblé qu'on ne pourrait mieux le caractériser qu'en l'appelant un réquisitoire; à moins qu'on ne préfère y voir une sentence de mort contre l'anthropologie criminelle,... une sentence, heureusement, qui ne sera exécutoire, ni immédiatement, ni plus tard. Le rapporteur s'étonne même de ce que l'anthropologie criminelle subsiste encore! ... Elle subsiste, oui ; et même elle se développe et prospère.

« Au commencement », dit M. Zakrewsky, « on a cru faire une grande découverte,... » — Je n'ai pas sondé la conscience scientifique des initiateurs. Je ne sais s'ils ont cru faire d'emblée une grande découverte. Ce que je sais, c'est qu'il s'est trouvé un jour des hommes qui ont crié à l'humanité : « Vous êtes en danger de vous égarer: il est temps d'observer des choses que vous n'observez pas ! » Je tiens à rendre hommage à ces hommes qui ont provoqué un nécessaire rajeunissement: ce titre d'honneur leur reste, malgré les erreurs dans lesquelles ils ont pu verser.

M. Zakrewsky affirme que la « question d'imputabilité et de responsabilité reste toute entière du domaine de la jurisprudence. » — S'il me fallait choisir entre l'affirmation du rapporteur et celle qui mettrait cette question dans le domaine de l'anthropologie, c'est à la seconde qu'iraient mes préférences. Je ne saurais, cependant, faire mienne cette affirmation car elle ne serait pas exacte. En réalité l'anthropologie criminelle a apporté un complément indispensable à la pleine notion de l'imputabilité et de la responsabilité comme j'aurai l'honneur de le montrer tantôt.

Oh! je le sais bien, les éléments qui se retrouvent dans l'homme ne suffisent pas à constituer l'imputabilité : il faut avant tout une norme à laquelle les actes humains aient à se conformer. Et précisément, cette norme, M. Zakrewsky la démolit entièrement : « C'est la loi de l'Etat qui établit souverainement la notion du crime...., toute la théorie sur le *délit naturel* n'est qu'une pure chimère. »

Non ! l'Etat n'est pas la norme du juste et de l'injuste! Suffira-t-il du vote d'un parlement pour que l'iniquité cesse d'être telle? Suffira-t-il du vote d'un parlement pour qu'aux malheureux qui seraient opprimés dans une société, sous le poids de réelles injustices, celle-ci ne doive pas autre chose que de la mitraille et des coups de baïonnette ?

Il est quelque chose de plus haut, de plus grand que l'Etat, quelque chose devant quoi les parlements aussi bien que les magistrats et les médecins doivent courber la tête : la vérité et l'ordre nécessaire résultant de la nature des choses, tel que l'a voulu l'auteur de toutes choses. C'est là, dans la nature des choses, dans la nature de l'homme, voulue de Dieu, qu'il faut trouver la norme des actes humains, la norme des rapports entre hommes : *le droit naturel.*

Mais, en face de cette norme se trouve un homme, qui doit la connaître par son intelligence et s'y conformer par sa volonté. C'est là que naissent l'imputabilité et la responsabilité.

Mais l'homme n'est pas un être qui, froidement et impassiblement, regarde la norme et l'observe. Il a des impulsions, des tendances issues de son tempérament, cultivées, si non provoquées par le milieu, excitées par les influences de toute nature.

Et c'est là que se présente l'objet de l'Anthropologie criminelle : l'homme, tel qu'il est, avec son tempérament, au milieu des influences sociales, sous les excitations du dehors, placé devant le juste et le bien.

Le rapporteur objecte que les choses les plus disparates entrent ainsi dans le cadre de l'Anthropologie criminelle. Mais quelle est la science dont l'objet, dans sa matérialité, soit un ? Un lien unit les éléments divers de l'anthropologie criminelle : tous rentrent dans l'étude, dans l'histoire naturelle de l'homme, en face du devoir et du crime.

J'aime l'anthropologie criminelle parce qu'elle est le complément nécessaire de ce qui est l'objet de mes plus chères convictions, parce qu'elle élucide un des points les plus importants de la grande question de la responsabilité humaine.

Si M. Zakrewsky émet le vœu de la voir disparaître du catalogue des sciences, je souhaite au contraire de la voir se développer et grandir.

Le rapporteur va jusqu'à désirer de voir le nom même d'anthropologie criminelle disparaître.

Eh bien! ici je me rallie à son vœu, mais dans un sens bien différent. L'objet de cette science ne doit pas être seulement l'homme en face du crime. Elle doit embrasser l'homme dans ses relations avec le droit sous toutes ses faces, non seulement le droit criminel, mais le droit civil; l'homme quant au mariage, à la famille, quant à la propriété; tous les efforts humains qui restent dans la sphère juridique. Car, dans tout cela, se retrouve la responsabilité humaine avec ses défaillances et ses atténuations.

Aussi désiré-je voir élargir ce cadre des études anthropologiques, voir étudier davantage les questions qui l'ont moins été : celle de la responsabilité civile. Et l'anthropologie ainsi étendue aura droit à une appellation plus large, elle aussi, celle *d'anthropologie juridique.*

M. Lombroso. — M. Zakrewsky a proclamé trois fois notre mort, — je peux lui affirmer que je ne suis pas encore mort, — mais si cela peut lui faire vraiment plaisir, je tâcherai de mourir le plus vite possible!

M. Forel. — M. Zakrewsky nous répète ce qui a été dit plusieurs fois déjà — que l'anthropologie criminelle n'existe pas, que c'est un nuage insaisissable, un non sens etc. Eh bien, je propose pour assurer l'existence de nos Congrès contre cette évaporation, de cristalliser l'anthropologie criminelle sous une forme matérielle.

Fondons un asile agricole pour les objets de l'anthropologie criminelle, pour les intermédiaires entre la folie et le crime, pour les dégénérés criminels, pour les criminels-nés.

Nous dirons qu'ils existent et même le simple bon sens de jeunes filles, de simples paysans les voient. Si nous avons raison, l'asile se remplira bientôt et remplira une lacune déplorable pour le bien de notre peuple. Ne nous en empêchez donc plus, Messieurs les juristes de l'ancienne école. Si l'asile demeure vide, vous avez raison, nous aurons tort et vous pourrez rire à votre aise. Mais à cet asile, il faudra, n'en déplaise à M. Zakrewsky, une direction psychiatrique, plutôt que juridique, pour que le résultat pédagogique et social soit bon.

M. Ferri. — Je sens le devoir de répondre au rapport de M. Zakrewsky, d'abord pour ce qui concerne la forme qui, franchement, me paraît n'avoir pas toute la dignité scientifique, qu'on ne doit jamais oublier, quelles que soient les idées qu'on veut soutenir.

Mais, malheureusement pour M. Zakrewsky, le fond n'est pas meilleur que la forme.

Il suffit de l'avoir entendu dire que, par exemple, l'anthropométrie n'a pas de rapport avec l'anthropologie criminelle, pour voir que, même si par anthropométrie il a voulu faire allusion au système Bertillon, qui en est une application, il montre qu'il ne connaît pas même l'a b c de l'anthropologie criminelle.

Il y a bien des années que l'on a appelé l'anthropologie criminelle « l'histoire naturelle de l'homme criminel » et je défie M. Zakrewsky de citer un livre d'anthropologie criminelle où l'on ait écrit qu' « on a fait la découverte d'une *race* d'hommes criminels. » Il suffit, encore une fois, de connaître l'a b c de notre science, pour savoir qu'il peut s'agir d'une *variété* de la race et non pas d'une race.

Mais, en dehors de ces détails si éloquents cependant par eux-mêmes, et en dehors de la question du nom à donner à notre science — laquelle me semble tout à fait oisive, car l'essentiel est de travailler à la recherche des faits plus que des noms — je veux dire un seul mot à M. Zakrewsky au sujet de son affirmation que les juges ne céderont jamais aux prétentions de la science.

Peut-être oublie-t-il que les juges ne sont que les serviteurs et les exécuteurs du droit et n'en sont pas les créateurs. Et, puisque le droit se transforme chaque jour sous l'influence des nouvelles conquêtes scientifiques, il est évident que les juges n'ont qu'à s'incliner.

Si, maintenant, les juges sortent des facultés de droit sans aucune notion de psychologie, de sociologie, de psychiatrie, et ne comprennent pas toute l'importance de la connaissance anthropologique des hommes qu'ils doivent juger, la faute n'est pas à notre science, mais à nos institutions universitaires surannées.

En tout cas, si les juges, comme l'a dit M. le sénateur Zakrewsky « n'abdiquent pas leurs pouvoirs séculaires devant qui que ce soit, fût-ce une commission de médecins ou de sociologues », je ne pourrai que dire : tant pis pour les juges, s'ils croient être supérieurs à la science. Mais, je crois que la paternité de cette affirmation n'appartient qu'à M. Zakrewsky et je ne veux pas faire aux juges des pays civilisés l'injure de croire qu'ils souscriraient à de telles affirmations.

Pour en finir avec M. Zakrewsky, je lui rappellerai une pensée d'un des juristes les plus classiques et célèbres, qui lui suffira peut-être pour voir comment nous pouvons, nous les novateurs, soutenir que le droit — non seulement criminel, mais civil aussi — doit s'inspirer des données de l'anthropologie, c'est-à-dire de la connaissance biologique et psychologique de l'homme.

Voici une pensée qui donne, selon moi, la solution fondamentale des rapports entre le droit et l'anthropologie. C'est Cicéron, le grand orateur de la Rome ancienne, qui a écrit : *a natura hominis, discenda est natura juris,* c'est de la nature de l'homme qu'il faut apprendre la nature du droit. Et de l'homme individuel aussi bien que de l'homme en collectivité.

M. Zakrewsky. — L'anthropologie proprement dite n'a pas de rapport direct et immédiat avec le droit. L'anthropologie traite de l'homme comme être vivant, de ses espèces, de ses races; le droit systématique s'occupe des idées que les hommes réunis en société se sont faites sur les relations qui doivent exister entre eux. Ce sont les mêmes relations qu'on pourrait établir entre le droit et la zoologie, la botanique ou même la mécanique céleste. En ce qui concerne ce qu'on nomme « l'anthropologie criminelle », il faut dire que cette désignation, qui rappelle trop les théories hasardées de la première époque (criminel-né, type criminel, race où variété criminelle), ne correspond plus à l'étendue des divers travaux qui se font actuellement sous son drapeau, surtout depuis qu'elle reconnaît comme étant de son domaine un si vaste champ sociologique et juridique. Mais, admettant même que cette désignation soit exacte, ne fut-ce que parce qu'elle a acquis un certain droit de cité, néanmoins, il faut reconnaître qu'il n'y a rien de changé dans la relation des magistrats et des experts-médecins de la psychopathologie légale et du droit. Une magistrature régulière, indépendante, nommée selon les dispositions constitutionnelles de chaque pays, ne saurait être remplacée par des commissions d'experts de différentes spécialités qui, sans l'assistance des juges, s'entendraient entre eux bien moins que ne le font les magistrats actuels.

Si on trouve que les juges de notre époque ne sont pas assez compétents en psychiatrie, psychopathologie et sociologie, c'est une question qui concerne le département de l'instruction publique, mais n'affecte nullement l'organisation des pouvoirs et leur compétence.

M. Cuénoud, fait une communication intitulée:

La criminalité en Suisse.

La statistique du mouvement des prisons dès l'année 1890 est due à l'initiative de la Société suisse des Juristes, de la Société suisse des Prisons et de la Société suisse de statistique.

A l'effet de renseigner utilement le bureau fédéral de statistique établi à Berne et qui est chargé de la centralisation du travail, des bulletins mensuels comprenant l'effectif au 31 décembre, et l'entrée et la sortie des prisonniers durant l'année, sont adressés chaque mois à cette administration par les gouvernements cantonaux et par les directeurs de prisons et de pénitenciers, maisons de travail et de correction.

Les renseignements relatifs aux différentes catégories de détenus dans les cantons, ne sont pas toujours comparables dans leurs espèces, vu la bigarrure des législations cantonales et la diversité des institutions pénitentiaires.

En effet, les peines de police ne sont pas appliquées de la même façon dans tous les cantons, comme dans d'autres on correctionnalise certains crimes et vice-versa.

Néanmoins, et malgré cette légère insuffisance, nous pourrons d'après les documents publiés par le bureau fédéral de statistique fournir, en même temps qu'un aperçu sommaire du mouvement général de la criminalité en Suisse, un exposé détaillé se rapportant aux principales catégories de crimes et de délits en y joignant, à titre de renseignement, les condamnations aux peines de police ainsi que les cas de vagabondage et d'ivrognerie, violation des devoirs de famille, qui appartiennent en général à la catégorie des internés dans les maisons de travail et *de correction*.

La moyenne annuelle de l'effectif des détenus au 31 décembre représente le chiffre de 3,200 environ, dont un tiers appartient aux établissements de corrections ou relève des peines de police et de discipline militaire.

Voici maintenant, pour l'année 1892, d'après la statistique pénitentiaire suisse publiée en 1893, un résumé pour toute la Suisse de la proportion des crimes et délits dont le nombre s'est élevé à 2093 détenus, non compris 1049 individus internés en grande partie dans les établissements de discipline, maisons de travail et de correction, 3142 en tout.

1º **Crimes contre les personnes** : assassinats, meurtres, homicides, lésions corporelles, infanticides, accouchements clandestins   8,28 % dont 0,83 % pour les femmes.

2º **Crimes et délits contre les mœurs** :   8,56 »   » 1,43 »   »

3º **Crimes et délits contre la propriété** : vols, brigandages, abus de confiance, escroqueries . . . .   48,31 »   » 6,43 »   »

4º **Délits contre la sécurité publique** : Incendies et tentatives . . . .   1,46 »   » 0,38 »   »

Quotité pour *2093* individus ressortant du correctionnel et du criminel. . . . . .   66,61 % dont 9,07 % pour les femmes.

Ajoutons les délits et infractions entrainant des peines non infamantes, vagabondage, ivrognerie, violation des devoirs de famille, et autres. Quotité pour *1049* individus . . . . . .   33,39 % dont 7,32 % pour les femmes.

Total de proportion sur l'ensemble.   Egal 100

C'est toujours de l'âge de 25 à 45 ans que l'on compte le plus de condamnés.

Dans le nombre total de *3142* détenus, on relève:
Individus de naissance légitime 2822 soit 89,81 % dont 14,11 % pour femmes.
    »   »   illégitime 320 soit 10,19 » dont 2,26 » pour femmes.
        Total.   3142

Dans le mouvement ordinaire de la population, la proportion résultant de ce dernier élément (10,19) représente la moitié moins.

Mineurs de 12 à 18 ans : 147 garçons, 23 filles.

	Proportion sur l'ensemble des détenus.	
Etat civil.	Hommes.	Femmes.
1887 Célibataires (y compris 170 mineurs) . . .	52,07 %	7,99 %
841 Mariés.	22,12 »	4,65 »
187 Veufs et veuves	4,26 »	1,69 »
227 Divorcés ou vivant séparés	5,16 »	2,06 »
3142	83,61 %	16,39 % [1]
Religion.	Hommes.	Femmes.
1919 Protestants	50,80 %	10,28 %
1213 Catholiques	32,49 »	6,11 »
9 Israélites.	0,29 »	——
1 Autres	0,03 »	——
3142	83,61 %	16,39 %

[1] D'après les chiffres de la population afférente à chaque rubrique, les divorcés hommes accusent une forte proportion pour le nombre des détenus de cette catégorie; viennent ensuite les célibataires hommes, les veufs, les mariés, puis, dans une très faible proportion, les femmes célibataires, les veuves et les mariées.

Origine.

				Hommes.	Femmes.
2768 Suisses. Pour une population de . .	2,688,104	1,03 °/oo		72,82	15,28
167 Allemands.				4,65	0,67
35 Autrichiens.				1,05	0,06
64 Français.	374 étrangers pour une		1,63 °/oo	1,88	0,16
98 Italiens.	population de . .	229,650		2,96	0,16
10 Autres.				0,25	0,06
3142 Total des détenus.	2,917,754			83,61	16,39

D'après le chiffre de la population entière de la Suisse, la proportion du nombre total des détenus donne 1,07 °/oo.

Il faut observer ici que dans le nombre total des détenus suisses sont compris, dans une assez forte proportion ceux internés dans les maisons de travail et de correction, dont les étrangers ne sont pas justiciables.

Les causes immédiates des crimes et des délits sont attribuées principalement à l'ivrognerie, à la débauche, à la cupidité, à la vengeance et à la misère; chez les femmes plus spécialement à la vie déréglée, l'ivrognerie, la prostitution et la misère.

D'après l'exposé d'une brochure récente de M. le professeur Prins de Bruxelles, sur les causes de la criminalité, on a relevé la statistique suivante concernant les détenus de divers pays :

Italie	239 pour 100,000 habitants.	
France	158	» »
Prusse.	120	» »
Belgique	110	» •
Royaume Uni	75	• »

L'Angleterre représente donc le taux le plus bas. Quant à la Suisse, dont la population étrangère est relativement la plus considérable de toutes celles des autres Etats de l'Europe, elle comporte en moyenne 2200 détenus correctionnels et criminels, et représente ainsi, pour une population de près de 3 millions, moins de 75 détenus sur 100,000 âmes. Nous ne comptons pas les détenus internés dans les maisons de travail ou de correction, et les peines disciplinaires ou de police dont la catégorie ne doit pas être comprise dans les chiffres avancés par M. Prins; on arrive ainsi à la même situation privilégiée que l'Angleterre.

GENÈVE

En l'absence de renseignements suffisants, concernant les autres cantons de la Suisse, voici un aperçu de la situation pénitentiaire du Canton de Genève en prenant comme base le mouvement de la prison préventive de St-Antoine.

La prison de St-Antoine, en outre des femmes condamnées qui subissent leur peine dans cet établissement, reçoit tous les prévenus ou accusés en même temps qu'elle détient ceux condamnés à des peines correctionnelles inférieures à 6 mois et à des peines de police de courte durée.

Le nombre total des entrées dans cette prison préventive s'est élevé en 1895 à 1268 accusés y compris 224 femmes, dont le détail suit :

	Hommes.	Femmes.	Total.	Proportion sur l'ensemble.
Genevois	183	61	244	19,20 %
Suisses aut. cantons	276	74	350	27,80 »
Etrangers . . .	585	89	674	53,— »

1044 + 224 = 1268 plus 12 enfants de 12 à 16 ans. 100

Les étrangers se répartissent comme suit :

Français	458	68 %
Italiens	125	18 »
Allemands	54	8 »
Autres.	37	6 »
	674	100

sur l'ensemble des étrangers.

Les étrangers, dans l'ensemble des entrées et pour une population à peu près égale à celle de Genève, donnent le 53 % contre 19,20 % de genevois ; sur le nombre total un tiers des prévenus ont été acquittés ou libérés par suite de non lieu, 26 hommes condamnés à des peines supérieures à 6 mois ont été transférés à la prison de l'Evêché (prison pénitentiaire) et les autres ont subi leur peine dans la prison de St-Antoine. Le canton de Genève, par sa position topographique, est tributaire d'une population flottante composée d'étrangers, surtout de Français qui viennent grossir le chiffre des entrées à la prison préventive de Saint-Antoine, où ils sont en partie libérés ou condamnés à des peines de simple police (prison ou amende) ce qui explique, relativement au chiffre des entrées, la faible proportion des condamnations correctionnelles ou criminelles pouvant les concerner (au nombre de 51 sur 126, voir en bas au total).

Mouvement de l'ensemble des crimes et des délits jugés par les tribunaux criminels et correctionnels pour cette même année 1895 (à l'exception des infractions justiciables des peines de police).

		Proportion sur l'ensemble.
Assassinats, meurtres, homicides involontaires	4	3,25 %
Coups et blessures	13	10,25 »
Vols, escroqueries, abus de confiance	92	73,00 »
Attentats à la pudeur, outrages aux mœurs.	9	7,10 »
Rupture d'expulsion, rebellion	5	4,00 »
Divers	3	2,40 »
	126	100

pour une population totale de 110,000.

En attendant que MM. les membres du Congrès que cet objet peut intéresser veuillent bien me faire l'honneur de consulter mes tableaux graphiques sur la criminalité à Genève, exposés à la section A, groupe 22, Economie sociale, je me permettrai de leur faire part des observations et considérations accompagnant ces tableaux et qui se rapportent à notre canton de Genève plus particulièrement[1].

On remarquera dans ces tableaux que pareillement à ce qui a été observé en France par des criminalistes, les courbes de certains délits comme les outrages et rebellions, les coups et blessures montent et descendent en même temps que les vols, escroqueries, abus de confiance et les attentats aux mœurs ; au criminel on relève la même particularité. Il semble qu'il y ait par moment une espèce d'épidémie de crimes et de délits.

La police ne peut avoir d'action réellement préventive sur les divers attentats contre la vie des personnes n'ayant pas le vol pour mobile, ainsi que sur les crimes passionnels qui éclatent presque toujours soudainement. C'est plutôt aux institutions de relèvement moral et social qu'il appartient de travailler efficacement pour la lutte contre ces entraînements homicides qui sont souvent en dehors de toute prévision. Quant à la criminalité en général, c'est-à-dire les crimes et délits contre la propriété et les personnes, tels que vols, escroqueries, abus de confiance, les coups et blessures, les homicides prémédités ouvertement, les attentats aux mœurs et à la pudeur, la police, par une surveillance active, peut arriver à les prévenir et à les maîtriser.

Si donc il survient dans cet élément une décroissance, il ne faut l'attribuer qu'à un redoublement de vigilance de la part de la police, et non à un défaut de surveillance. D'ailleurs, les chiffres des causes introduites à l'audience comparés au nombre des prévenus, justifie assez le résultat favorable de l'action policière dans ses investigations, car, et pour ce qui concerne les crimes et délits de droit commun punissables, ils sont toujours accompagnés d'une plainte et d'une action en justice. C'est aussi pour ces motifs que les criminalistes adoptent de préférence pour leurs exposés comparatifs, les prévenus plutôt que les condamnés.

Dès 1871, et après la guerre franco-allemande qui avait rejeté sur Genève une foule d'étrangers, la police d'alors eut une grande tâche à accomplir.

Dans cette immigration composée de familles et de gens de toute condition, dont la plupart avaient fui le siège de Paris et la Commune, il s'était trouvé non seulement des proscrits, puis après, des communards, cherchant un refuge dans notre cité hospitalière, mais aussi des individus tarés, besogneux et suspects, dont la présence à Genève et les méfaits, ne tardèrent pas à grossir le chiffre des arrestations et des condamnations. La police, en redoublant d'efforts dans ses recherches et par des recensements répétés, arriva à découvrir de jour en jour, dans cette colonie d'émigrants étrangers, des anciens et de nouveaux escrocs, et des chevaliers d'industrie, les uns frappés de condamnations pour délits de droit commun et contumaces, recherchés par la police française, les autres aux condamnations purgées et au casier judiciaire chargé.

Des expulsions administratives furent prononcées, et, grâce à cette épuration à laquelle le département de police genevois n'a pas cessé de procéder, notre cité a été délivrée d'un bon nombre de malfaiteurs ; aussi la criminalité à Genève s'est-elle abaissée d'une façon presque continue.

La baisse de la courbe, plus accentuée au correctionnel depuis 1876, et qui s'est maintenue jusqu'en 1895, sauf quelques oscillations, tient aussi à diverses circonstances dépendant de modifications introduites dans notre organisation judiciaire pé-

---

[1] Ces tableaux graphiques qui ont figuré pendant toute la durée de l'Exposition nationale suisse du 1er mai au 15 octobre 1896 ont été acquis par l'Etat de Genève et placés dans une salle contiguë à celle du Grand Conseil, à l'Hôtel-de-Ville.

nale, et qui ont eu pour effet, par voie de non-lieu ou de libération, de faire réduire le nombre des causes au correctionnel en particulier, et par suite celui des prévenus ou accusés. Le maintien de la décroissance au correctionnel, pendant les dix dernières années surtout, doit être attribué en grande partie à l'action salutaire de la Société de Patronage fondée en 1886. Cette institution, par son activité bienfaisante, a aidé, relevé et placé un bon nombre de libérés qui sans elle auraient repris le chemin de la prison. Le service anthropométrique introduit au Département de police en 1891, tout en facilitant la recherche des malfaiteurs, a aussi eu pour effet de prévenir le retour des repris de justice sur notre place.

Le criminel après avoir subi une marche décroissante jusqu'en 1885, s'est relevé en 1889 et 1891, puis ensuite après avoir fléchi en 1893, a de nouveau légèrement remonté en 1895.

L'action de l'œuvre du Patronage a été également salutaire au criminel.

Ainsi que cela a été démontré, la plupart des attentats contre la vie des personnes dont la cause ou le mobile défient toute prévision sont indépendants de l'action de surveillance de la police. On ne peut donc sur ce point fonder aucune conjecture défavorable.

A part un nombre relativement restreint d'actes criminels contre la propriété, la criminalité composée dans sa généralité de délits correctionnels de divers genres peut donner une idée assez précise de l'état social du canton de Genève.

CAUSES DE LA CRIMINALITÉ

Les causes de la criminalité doivent être recherchées d'abord dans le défaut d'instruction et d'éducation, les mauvais milieux, l'oisiveté, la fainéantise, l'immoralité ; l'ivrognerie et la débauche sont habituellement les pourvoyeurs de la prison ; ce qui a été démontré par divers exposés d'hommes de science compétents.

Les individus de naissance illégitime fournissent aussi leur contingent aux prisons ; ainsi pour la Suisse et d'après la statistique pénitentiaire de 1892, on a observé et nous venons de le démontrer que le nombre des prisonniers issus d'unions illégitimes, comparés à ceux issus d'unions légitimes, présentaient une proportion double de celle résultant pour le mouvement ordinaire de la population entre les naissances légitimes comparées aux illégitimes.

La littérature licencieuse et la lecture habituelle des faits divers sensationnels et scandaleux sont aussi, pour les gens prédisposés, déséquilibrés et faibles d'esprit, un conducteur vers le crime.

CONCLUSION

Le canton de Genève situé le plus au midi de la Suisse, est un lieu d'attrait et de ressources pour l'étranger ; son climat, la vie intellectuelle commerciale, ses établissements scolaires et académiques, la réputation de ses nombreuses institutions philanthropiques et de charité, en font un séjour recherché, on peut le dire, par toutes les classes de la société.

La population étrangère qui représente une proportion aussi forte que celle de la population genevoise, se familiarise à nos usages et à nos mœurs, et on peut attribuer à cette assimilation une certaine part dans la situation privilégiée dont jouit la cité de Genève, relativement à l'échelle de la criminalité.

La séance est levée à 4 heures ³/₄.

SÉANCE DU JEUDI 27 AOUT
matin.

La séance est ouverte à 9 heures.

M. Bedot secrétaire général donne lecture des procès-verbaux des séances de la veille.

Il donne lecture des lettres et télégrammes de MM. Bertillon, Faerden, Francotte, Garofalo, Giraud, Morel, Schmidt et Thiry qui font des vœux pour la réussite du Congrès auquel ils regrettent de ne pouvoir assister.

M. Ladame président du congrès prie M. le professeur **van Hamel** de vouloir bien prendre place au fauteuil de la présidence.

M. van Hamel, président, propose que, vu l'absence de M. Drill, le rapport de cet auteur sur *les fondements et le but de la responsabilité pénale* (voir p. 67), soit retiré de l'ordre du jour.

M. Foinitsky considérant que la question traitée dans ce rapport est, parmi toutes celles qui sont inscrites au programme, la plus importante aux yeux des criminalistes, en demande la discussion immédiate.

M. van Hamel, président, fait remarquer que cette discussion ne serait possible que dans le cas où l'un des membres du Congrès entreprendrait d'exposer le rapport de M. Drill; il demande à M. Foinitsky de vouloir bien s'en charger.

M. Foinitsky y consent tout en se réservant une liberté entière dans ses appréciations sur les opinions de M. Drill, opinions qu'il ne partage pas.

En commençant son exposition du rapport sur la question sus-mentionnée, **M. Foinitsky** fait remarquer que l'école nommée classique y voit une question purement psychologique, car elle fait dépendre la responsabilité pénale de l'existence du libre arbitre. Par conséquent, la négation du libre arbitre ébranle les fondements mêmes de cette théorie. M. Drill donne, de la responsabilité, une formule diamétralement opposée. Primitivement, dit-il, l'application de la peine est l'œuvre d'une vengeance particulière, de guerres privées; de cette idée de vengeance se développe l'idée des compositions ayant pour but d'éviter ces guerres en donnant satisfaction à la partie lésée. Dès que le pouvoir public est établi, il proclame la paix publique et frappe les infractions à cette paix de peines pécuniaires et autres. Le crime acquiert un caractère public, puisqu'il est considéré comme une atteinte à la paix publique. Le clergé introduit dans l'idée du crime un nouvel élément — le péché; ce péché devait être expié. Ainsi se forme l'idée de la peine comprenant des éléments de vengeance, de composition, d'intimidation et d'expiation. Les mesures répressives doivent surtout intimider, inspirer la terreur. A cette évolution historique se rattache la conception philosophique de la peine. De là, la responsabilité morale, fondée sur cette supposition que chaque individu est *capable* d'agir selon son gré, de commettre des actions bonnes ou mauvaises, criminelles ou innocentes. L'homme est responsable d'une action mauvaise parce qu'il *aurait pu* ne pas la commettre, et chacun est présumé capable de choisir à condition de posséder sa liberté. L'étude expérimentale de l'homme (anthropologie) ébranla cette théorie en démontrant que les actions humaines sont le résultat de causes déterminées, qu'il existe un lien indissoluble entre les anomalies psychiques et le penchant au crime et que, par conséquent, « le traitement des aliénés et l'activité de la répression pénale, quoique différents dans leurs moyens et dans leurs détails, doivent avoir un principe analogue et la même idée pour guide », — que les fins de vengeance, d'intimidation, de l'expiation doivent être complètement abandonnées, que la peine doit tendre à l'éducation morale du criminel, améliorer les qualités psychologiques de sa personne, et que, de la sorte, « la question de la responsabilité pénale et de l'imputabilité de tel ou tel individu se trouve elle-même supprimée. »

Telle est la solution radicale proposée par M. Drill; il supprime absolument la question de la culpabilité et de la responsabilité qu'il remplace par la question des mesures propres à combattre les anomalies psychophysiques.

Mais, sans compter qu'il est bien risqué d'affirmer que tous les criminels sont anormaux au sens psychophysique, cette solution est en contradiction directe avec toutes nos idées de la peine et de son passé. Les mesures dont parle M. Drill peuvent être bonnes ou mauvaises, mais ce ne sont pas des mesures pénales.

Comme on le sait, la question des fondements de la responsabilité pénale a été traitée, dans le courant de cette année, devant le congrès psychologique de Munich par M. de Liszt, professeur à Halle. M. de Liszt propose notamment de remplacer la définition de l'imputabilité donnée par le code allemand qui demande la « freie Willensbestimmung » par une autre « normale Willensbestimmung, » la faculté de se déterminer par des motifs normaux[1]. Mais M. de Liszt avoue lui-même que cette formule exclut les criminels d'habitude incorrigibles. Nous pourrions y ajouter les criminels passionnels (Lustverbrecher).

Nous voyons donc que la conception psychologique de l'imputabilité criminelle ne peut pas survivre à la négation du libre arbitre. Du moins, il est impossible de construire sur cette conception une formule générale de la responsabilité pénale. Celle de M. de Liszt excepte des classes entières de malfaiteurs incontestables, méritant pleinement l'application de la peine.

La notion de la responsabilité est une notion juridique. Les éléments psychologiques qu'elle renferme n'en sont pas un produit nécessaire; ils existent parce que les idées juridiques modernes les exigent. Il y eut des époques où les peines étaient appliquées non seulement aux personnes physiques, mais encore aux personnes morales. Les personnes physiques devaient subir les peines sans distinction d'âge ni d'état mental. Evidemment, les personnes morales étaient alors imputables, de même que les enfants, les fous, etc. « Imputabilité » (Zurechnungsfähigkeit) veut dire *faculté de subir la peine*. Or, la peine est une réaction de la société contre le crime. Des propriétés de cette réaction, de ses dimensions, des fins immédiates qu'elle poursuit, dépendent la conception même de l'imputabilité et ses limites. Il est clair que l'idée de l'imputabilité subit des transformations correspondant aux transformations de l'idée de la peine; une évolution entraîne l'autre. L'idée moderne de l'imputabilité découle de l'idée moderne de la peine. C'est celle-ci qu'il est nécessaire d'analyser.

Nous avons dit que la peine est la réaction de la société contre le crime. Primitivement, c'est la seule réaction. Elle enveloppe tous ceux qui commettent des actions nuisibles à la société et par cela même déclarées punissables. Mais, peu à peu, à côté de la peine nous voyons surgir d'autres moyens de réaction dépendant des causes qui elles-mêmes produisent le crime. Ainsi, pour combattre les causes économiques, on a recours à des mesures d'assistance et de bienfaisance, à l'ignorance on oppose l'éducation, on remédie aux perversions morbides de l'intelligence en instituant des hôpitaux et des refuges pour les aliénés, etc.

Dépouillée de ces excroissances, délivrée de tous ces *subtituts* (pour

---

[1] Münchener n. Nachrichten Nᵒˢ 361, 362.

employer l'expression de M. Ferri), la peine reste une réaction sociale contre les causes du crime, inhérentes à la personne du criminel et formant un état personnel de criminalité.

Cette réaction est déterminée par les besoins et les facultés de la société à une époque donnée.

Ne pouvant pas, à présent, traiter cette question dans tous ses détails, nous devons nous borner à ses conclusions. La conception moderne de la peine, produit d'un passé historique très long, a trois bases : 1°, une base matérielle, 2°, une base morale, 3°, une base intellectuelle. En vertu de la première, la peine est une mesure de défense nécessaire pour protéger soit la victime du délit (théorie de Filangieri), soit le pouvoir social personnifié, le gouvernement (théorie de Hobbes), soit le pouvoir de la loi (théorie de F. Hélie), soit enfin la société entière. Cette dernière théorie, soutenue encore par Henke, est de nouveau proclamée par les réprésentants de l'école anthropologique italienne, qui se contentent d'affirmer que la peine est une mesure de préservation sociale et qu'elle trouve sa raison d'être uniquement et entièrement dans la nécessité de cette préservation. Mais c'est là une façon de penser arbitraire et métaphysique, puisqu'elle oublie les deux autres bases positives de la peine, qu'on retrouve dans son histoire aussi bien que dans son organisation contemporaine. L'élément moral demande que la peine satisfasse au sentiment de justice, à la conscience individuelle et sociale. En raison de l'élément intellectuel, la peine devient une mesure de réparation, de compensation mathématique (Pythagore, Littré), économique (Welcker), dialectique (Hegel), esthétique (Herbart) ou juridique (Heinze). Une réaction qui se bornerait à la défense matérielle, sans tenir compte des exigences de notre conscience (l'élément moral) ou des préceptes de notre intellect (la base intellectuelle) paraîtrait injuste à l'homme moderne : l'élément de justice occupe une place considérable dans l'idée même de la peine. C'est aussi un élément nécessaire de la notion de l'imputabilité. Voilà pourquoi il est impossible d'accepter la proposition de M. Drill qui voudrait supprimer complètement jusqu'à l'idée de culpabilité, pour y substituer la simple question de fait suivante : tel individu a-t-il commis tel crime?

Cependant, nous admettons volontiers que la notion de l'imputabilité doit être fondée, non pas sur la possibilité ou la faculté problématique de choisir entre une bonne et une mauvaise action, mais bien sur la présence réelle chez tel individu de qualités et de propriétés sociales ou antisociales, présence certifiée par l'étude expérimentale.

Par conséquent, nous considérerions comme imputables et pénalement responsables tous ceux qui commettraient une action prohibée par la loi pénale si cette action dénotait la présence dans l'individu des qualités ou des propriétés antisociales constituant l'état personnel de criminalité, état distinct de l'état organique de maladie, quoique souvent rattaché à celui-ci. L'un demande un traitement médical, l'autre suppose un traitement répressif.

M. Foïnitsky conclut dans les termes suivants :

Je prie mon honorable auditoire de ne voir dans ces paroles que l'expression d'idées dont je voudrais lui faire part. Je ne prétends pas donner une solution définitive à cette question si importante. Je suis venu ici non pas pour faire des discours ou pour prodiguer des enseignements, mais au contraire pour écouter et m'instruire. J'ai profité de l'aimable invitation de notre honorable président pour prendre la place de M. Drill, sans m'y être préparé. Mon but est surtout de fournir à d'autres personnes, et en premier lieu aux représentants de l'école anthropologique, l'occasion de se prononcer au sujet de ce grave problème. Au début de nos séances, on a beaucoup parlé de concessions mutuelles, de la nécessité de se mettre d'accord. Je pense qu'en venant ici nous n'avons pas pris l'obligation de renoncer à nos convictions scientifiques, nous gardons tous notre liberté scientifique et nous ne sommes venus ici que pour échanger nos idées. Mais cela a son importance, puisque, comme dit le proverbe, « du choc des idées jaillit la lumière. » Et c'est notamment la vérité qui est notre suprême législatrice et notre maître absolu.

M. Ferri. — Puisque M. Foïnitsky a bien voulu faire un courtois appel aux représentants de l'école italienne pour discuter la question de la responsabilité, permettez-moi, je ne dirai pas de discuter cette question, mais de vous donner quelques renseignements sur les théories de l'école italienne positiviste, à propos du fondamental problème de la responsabilité.

D'abord, je dois déclarer que la théorie que le professeur von Liszt a présentée au Congrès psychologique de Munich, suivant laquelle, comme nous disait tout à l'heure M. Foïnitsky, la dose de la responsabilité humaine, du moins pour les criminels intimidables ou amendables, serait *la faculté d'agir normalement,* est une théorie qui, il y a une dizaine d'années, a été déjà développée en Italie par M. Poletti, dans une monographie spéciale, que j'ai examinée et combattue dans le III° chapitre de ma *Sociologie criminelle* (3° édition, Paris 1893, A. Rousseau, éditeur), car tout criminel est toujours un anormal, soit transitoirement (criminel *d'occasion* et surtout *par passion*) soit constamment (criminel *né, aliéné, habituel*).

Quant aux remarques de M. Foïnitsky, sur les bases de la peine, je veux bien reconnaître qu'il y a là une très remarquable anatomie sociale et juridique de la peine, mais je crois qu'avant cette anatomie il y a une question de principes. Quel est la raison pour laquelle l'état peut punir le criminel ? Voilà le problème, auquel je crois qu'il n'y a que deux solutions logiques et soutenables, radicalement opposées l'une à l'autre.

D'une part la théorie classique soutenue ici par M. de Baets.

L'homme est doué de libre arbitre. Il peut choisir entre le vice et la vertu ; s'il choisit le vice ou le crime, il en est moralement responsable et partant punissable par la société en tant qu'il a été libre dans son choix de suivre ou d'abandonner la norme supérieure qui guide l'humanité.

Au point de vue syllogistique, tout est correct dans ce raisonnement classique, qui inspire encore les codes et les juges. Mais c'est le point de départ qui n'est pas admissible.

Le libre arbitre a été éliminé par les données incontestables de la physiologie et de la psychologie aussi bien que de la sociologie ; ce qui ne veut pas dire que la distinction entre le crime et la vertu doive être aussi effacée. Non : la morale est un produit social, comme le droit ; elle est variable, suivant la pensée de Pascal, d'un parallèle à l'autre, d'un siècle à l'autre. A Sumatra, aujourd'hui encore, c'est un devoir moral et religieux pour les fils de tuer et de manger leurs parents vieux, ce qui chez nous est au contraire le crime le plus abominable.

Et, d'autre part, puisque le libre arbitre est contesté de toutes parts, il est impossible de fonder sur une notion si incertaine la fonction terrible du droit de punir, de même qu'il serait impossible de le fonder sur la croyance en Dieu. M. l'abbé de Baets croit à une norme supérieure, éternelle, immuable, dictée par Dieu ; moi, au contraire, je suis athée et je crois que c'est l'humanité elle même qui, dans son évolution, élabore et varie, en les améliorant, ses normes morales et juridiques. Car je n'ai jamais pu me persuader — de même que Saint Augustin, un grand penseur qui niait aussi le libre arbitre — qu'on puisse croire à l'omnipotence de Dieu et, en même temps, au libre arbitre de l'homme.....

Et cependant, nous sommes tous d'accord que toute société a le droit et la nécessité de se préserver contre le crime.

Voici maintenant la seconde théorie, tout à fait opposée, celle que j'ai donnée il y a une douzaine d'années dans la deuxième édition de ma *Sociologie criminelle.*

Tout homme est responsable vis à vis de la société, par cela seul qu'il vit en société : de sorte que la collectivité réagit nécessairement à toute action individuelle, suivant qu'elle est favorable ou nuisible aux conditions d'existence sociale, dans tel ou tel moment historique et milieu géographique. Robinson Crusoé, dans une île déserte, ne peut être ni criminel ni responsable. Il sera malade, faible, tout ce qu'on veut ; mais il ne pourra pas commettre de crime, ni subir de peine, car pour cela il faut au moins un autre homme ou bien un groupe collectif vis à vis de l'individu qui agit de telle ou telle façon.

De sorte que, pour nous, tous les criminels sont responsables devant la société, qu'ils soient aliénés, passionnés ou criminels-nés. C'est-à-dire que, dans le but de sa préservation, la société réagit toujours contre leurs actions en dehors de leur prétendue culpabilité morale qu'aucun homme ne peut prétendre mesurer et juger chez son semblable. C'est ce qui arrive, du reste, dans la défense légitime d'individu à individu.

Les différentes conditions personnelles du criminel ne peuvent et ne doivent que différencier la forme de réaction et de préservation sociale. Pour les criminels aliénés, par exemple, il faut les asiles spéciaux, pour les passionnés, le seul dédommagement des victimes, pour les occasionnels les colonies agricoles, etc. Il faut de même un arrangement spécial pour les criminels-nés et les habituels. Et cela toujours avec sentence indéterminée, sauf à bien établir les garanties de sa revision périodique pour la sauvegarde des droits de la collectivité aussi bien que de la liberté individuelle et de la personnalité humaine.

Entre ces deux théories, radicalement opposées, les seules logiques et systématiques, il y a encore une foule de théories intermédiaires, éclectiques, que la fantaisie logique des juristes et des sociologues peut inventer.

On a commencé par la théorie du libre arbitre limité ou *relatif*. Puis on a passé, avec l'école criminaliste allemande de M. Holtzendorff et autres, à la théorie de l'*intelligence* libre ou non, de sorte que j'ai pu, dans mon ouvrage, classifier et examiner environ une douzaine de ces théories intermédiaires, qui champignonnent sur le terrain mou de l'éclectisme et de la conciliation scientifique.

Je ne peux pas vous faire ici une revue critique de ces différentes théories. Je veux seulement terminer en montrant les absurdités et la stérilité de la justice pénale contemporaine, déterminées justement par l'incertitude qui plane sur le fondement de la responsabilité, lorsqu'on n'a pas le courage intellectuel d'abandonner tout à fait les vieilles conceptions méthaphysiques du libre arbitre et d'accepter les conséquences logiques des données positives de la biologie et de la sociologie criminelle.

Sans arriver au système grotesque du code pénal italien, qui se sert de logarithmes et de fractions de fractions pour la mesure de la peine — ce qui exigerait souvent l'intervention d'un expert de comptabilité pour compter les jours, les mois et les années de prison — il est évident que les systèmes pénaux contemporains sont tous inspirés par ce que j'ai appelé la dosimétrie d'une peine unique. C'est la prison qui est la grande panacée contre le crime. L'expérience scientifique l'attaque tous les jours, mais les juristes classiques et les juges la soutiennent toujours. Il ne s'agit, malgré l'énorme différence entre les crimes et partant entre les criminels, que de doser une quantité plus ou moins grande de prison. Vous êtes un voleur : et bien, vous aurez deux ans, six mois et quinze jours ! Vous, vous êtes un meurtrier : et bien vous aurez quinze ans trois mois et six jours ! etc. etc.

C'est comme si à la porte de l'hôpital le médecin disait : il y a un seul remède pour toutes les maladies et pour tous les malades. Et bien, voyons, vous êtes pleurétique ? Vous aurez un litre de boisson pharmaceutique. Vous, vous êtes phtisique ? Vous en aurez un litre et demi. Et vous qui êtes paralytique, vous en aurez deux litres !

Voilà ce qu'est que notre justice pénale et voilà où mène l'illusion de préserver la société du fléau du crime, avec les théories sur le libre arbitre et la dosimétrie de la peine.

M. de Bæts. — Je n'avais pas l'intention de prendre la parole dans ce débat, après ma déclaration d'hier. Mais puisque M. Ferri me met personnellement, — et trop élogieusement — en cause, je tiens à exprimer une pensée sur cette question posée à nouveau, et dire les motifs de mes convictions.

Je partage entièrement la manière de voir de M. Ferri lorsqu'il estime qu'il ne peut y avoir de choix qu'entre deux doctrines en cette matière : celle qui fonde la responsabilité sur le libre arbitre et celle de l'école italienne qui vient d'être exposée.

Il est imposible, dans les courtes minutes qui me sont accordées, d'exposer et de défendre la doctrine du libre arbitre. Aussi, veux-je dire seulement que je trouve une raison solide et suffisante d'y adhérer, dans l'unité splendide en laquelle elle embrasse tous les problèmes touchant la morale et le droit. Admettez le libre arbitre et toutes ces questions, M. Ferri l'a reconnu, s'illuminent d'une sereine clarté.

Or, la conscience intime dit à l'homme qu'il est libre, les adversaires eux-mêmes sont forcés de le reconnaître. Il est vrai qu'ils appellent cette persuasion une illusion, mais leurs arguments ne peuvent suffir à l'infirmer.

Voilà un des fondements de ma conviction philosophique. — Et lorsqu'alors une révélation vient m'affirmer que ces convictions sont fondées, celles-ci deviennent absolument inébranlables, et s'ancrent plus profondément dans mon esprit.

M. Zakrewsky. — Le point culminant de la théorie italienne, dite positiviste, consiste dans l'allégation que *celui qui commet un crime n'est pas normal*, que tous les criminels sont des anormaux. Eh bien, cette assertion est complètement erronée. Elle admet nécessairement que toutes les lois qui ont existé à toutes les époques de l'histoire et dans tous les pays, ont été justes et que seuls les hommes doués d'une organisation psychophysique défectueuse pouvaient enfreindre ces lois; car c'est l'infraction à la loi qui fait le crime. C'est tout le contraire : ce sont les lois iniques, injustes, ne s'accordant plus avec les besoins de la société, ou bien exigeant de la part de tel ou tel individu des sacrifices au-dessus de ses forces psychiques, qui ont très souvent donné lieu aux infractions qualifiées de criminelles.

L'école italienne reconnaît aussi que ce qui est crime en tel lieu et à telle époque — vu la diversité des mœurs, des coutumes, des lois — n'est pas crime ailleurs et en d'autre temps.

Comment donc allier cette thèse avec l'allégation de l'anormalité de tous les criminels dont les stigmates et signes de dégénérescence devraient changer avec la législation des différents pays? Evidemment, la théorie italienne dite positive, n'a rien de positif au fond. Elle fait passer sous le drapeau positiviste des thèses qui ne sauraient même être appelées métaphysiques, mais simplement fantaisistes.

M. Maus. — Mon avis est qu'il n'était pas opportun d'ouvrir cette discussion. La question du libre arbitre est trop complexe pour être tranchée dans un Congrès et même dans plusieurs Congrès. Depuis plusieurs années, on a beaucoup écrit sur ce sujet et on n'est point parvenu à se mettre d'accord en faisant appel à la froide raison; il n'est pas à espérer que nous y réussirons dans une discussion animée.

D'autant plus, qu'à mon sens, il faudrait abandonner la méthode suivie jusqu'ici. Comme le disait M. le professeur Delbœuf dans un article paru il y a quelques années dans la *Revue philosophique*, la dispute s'éternise parce que chaque parti reste cantonné sur son terrain et se contente de répéter ses arguments. Actuellement, il faudrait au contraire que chacun se porte sur le terrain de l'adversaire, examine ses arguments et s'efforce de discerner la part de vérité qu'ils contiennent.

Or, la question est extrêmement complexe. Il faudrait examiner et critiquer le témoignage de la conscience et toutes les données de la psychologie expérimentale. M. Ferri a parlé aussi de l'intelligence supérieure qui est l'auteur de la loi morale et de la volonté qui la sanctionne. Enfin, il a soulevé une des questions les plus difficiles de la théologie : la conciliation de la liberté humaine avec l'omniscience et la toute puissance divine. Encore une fois, il ne peut être question de discuter toutes ces notions dans les quelques minutes qui me sont données.

Aussi, si j'ai demandé la parole, c'est parce que, croyant appartenir à une faible minorité dans cette assemblée, j'aurais pensé manquer à

mon devoir en ne déclarant pas mes convictions. Pour moi, la responsabilité repose sur le libre arbitre. Mais cela ne veut pas dire que la liberté
soit absolue. L'homme n'est pas un pur esprit, mais une intelligence ser-
vie par des organes. Or, ces organes matériels sont susceptibles de troubles
et de maladies. La volonté subit des influences internes et externes. Dans
certains cas que, pour ma part, je considère comme exceptionnels ou
pathologiques, ces influences peuvent être déterminantes. Dans d'autres
cas, elles placent le sujet dans une de ces nombreuses situations *intermédiaires* qui entraînent une responsabilité atténuée.

L'étude de ces situations et de ces influences, tel est l'objet de l'anthropologie criminelle. Celle-ci ne contredit donc nullement, mais elle complète, la doctrine du libre arbitre.

M. Dallemagne. — Si j'ai vivement désiré voir le Congrès ne point
se soustraire à l'examen délicat, difficile, de la question du libre arbitre,
ce n'est guère par un amour immodéré des discussions de ce genre. Ces
discussions me paraissent du domaine du livre, de la conférence. Mais
j'ai voulu profiter d'une circonstance spéciale qui réunissait ici des magistrats, des sociologues, des médecins, pour signaler aux uns et aux
autres quelques-unes des difficultés pratiques que nous crée la question
du libre arbitre, telle qu'elle est posée d'ordinaire. Je m'excuse de forcer
le débat à descendre des sommets où il s'est maintenu jusqu'à ce moment,
mais nos plus savantes controverses resteraient sans sanction si nos conclusions ne visaient en dernière analyse, les faits, la pratique courante.
Et c'est de la pratique médico-légale que je désire, en effet, vous entretenir.

Il existe d'abord une première difficulté d'ordre général, en ce qui
concerne le médecin légiste aux prises avec la question du libre arbitre.
Cette difficulté, nous tenons à l'affirmer, se présente plus fréquemment
que ne le confessent les intéressés. Sans vouloir nous servir du fait comme
d'un argument pour ou contre telle ou telle doctrine, il faut reconnaître
que les études biologiques éloignent chaque jour leurs adeptes de l'hypothèse du libre arbitre. Les médecins légistes n'échappent point à la règle.
Quand le magistrat s'adresse à l'un de ces praticiens brouillés avec le
libre arbitre, pour doser ce que comportait de voulu et de libre la conduite d'un inculpé, il force donc ce praticien à préciser une chose à ses
yeux inexistante. Situation embarrassante, sur laquelle nous n'insistons
pas et que nous croyons du reste n'avoir qu'à signaler pour la faire apprécier à sa juste valeur. Car, nous ne croyons pas qu'on puisse nous objecter
que le médecin est libre ou non d'accepter la tâche qu'on lui propose. Ce
serait instituer à l'occasion de la pratique médico-légale une sorte d'examen de conscience, une sélection philosophique, dont le premier inconvé-

nient serait de vicier la mission de la justice en la restreignant ou la limitant, en la conditionnant.

Puis, il est d'autres considérations d'ordre plus pratique, qui visent les dangers réels que fait courir à la société la doctrine du libre arbitre comme base de la sanction pénale. Ces considérations éveillent chaque jour davantage les craintes de l'opinion, elles sont des thèses presque familières; toutefois il importe d'en affirmer, ici même, la haute et légitime importance. Au fur et à mesure que la science pénètre davantage dans les méandres de la vie émotive et intellectuelle, le nombre des détraqués, des déséquilibrés s'accroît démesurément. C'est comme un voile chaque jour soulevé davantage sur des misères morales, psychiques, dont le côté maladif nous avait d'abord échappé. Les névroses, l'épilepsie, l'hystérie, la neurasthénie multiplient leurs formes. Elles poussent leurs ramifications de jour en jour plus avant vers les confins de la vie normale; elles restreignent, resserrent progressivement le champ de la normalité, et l'irresponsabilité qu'elles confèrent englobe quotidiennement un nombre plus grand de criminels et de délinquants. Elles vont finir par ouvrir les portes assez largement pour laisser passer le plus gros de l'armée du crime. Et, par cette porte, vont se redéverser dans la société les épileptiques, les hystériques, qui favorisés par les mêmes circonstances vont arriver sous peu à reproduire les mêmes actes.

Tels sont quelques-uns des méfaits de la doctrine courante en matière de sanction pénale. Il en est d'autres sur lesquels je n'insiste pas pour ne point prolonger cet exposé de caractère spécial. Il nous semble, du reste, que la situation est assez tendue pour n'avoir pas besoin du renfort des circonstances aggravantes. Et, en face de cette situation, que vont faire les hommes de science et les hommes de loi? Rééditer les vieux thèmes, marquer le pas sur place, faire de solennelles déclarations pour ou contre la liberté humaine. Et puis après? Cela résoudra-t-il les difficultés? Cela nous préservera-t-il du danger qui nous menace? Aurons-nous hâté la solution des questions auxquelles se trouvent liées la sécurité et la prospérité des sociétés? Malgré tout, il nous faut donc chercher, sous peine de vie ou de mort, un terrain d'entente, un terrain de conciliation pratique. Et comment le trouverons-nous, ce terrain? Malgré les dénégations plus ou moins fondées des partisans de l'idée pure, nous croyons que ce terrain, est simplement celui des concessions mutuelles. A vouloir rester cantonné, l'arme au bras, dans nos retranchements mutuels nous n'aboutirons jamais; il faut écarter ce qui nous divise et consentir à ne plus regarder, en ces moments du moins, que ce qui nous réunit.

Or, ce qui nous réunit nous est bien commun et figure au premier rang de nos préoccupations mutuelles; ce que nous poursuivons, déterministes

ou non, c'est l'amélioration individuelle, c'est la sécurité sociale. Et, finalement, les peines ont surtout dans notre esprit à tous ce même but ultime
et dernier. Mais, tout en voulant la même chose, il est clair que nous la
voulons pour des raisons différentes. Les partisans des théories anciennes
s'inspirent de principes immuables fondés sur une manière spéciale d'in-
terpréter la nature humaine ; les adeptes de l'école positiviste réclament
des réformes au nom de l'évolution scientifique qui a ruiné les vieux
dogmes spiritualistes. Mais qu'importent, en somme, les motifs de nos tendances, si ces tendances sont les mêmes ! Mettons-nous d'accord sur les
solutions pratiques, disons sans imposer les raisons de nos préférences ce
que nous croyons immédiatement possible, réalisable. Nous avons assez
l'estime des uns et des autres pour ne point douter que, ces concessions,
nous les faisons aux nécessités, aux matérialités de la pratique et nullement aux lois imprescriptibles de la moralité scientifique.

Et la justice, ainsi replacée sur des bases nouvelles universellement
acceptées, se trouvera du même coup, pour longtemps, raffermie dans les
cœurs et dans les esprits. Car c'est là également une considération dont
il faut tenir compte. Les partisans des anciennes doctrines ne doivent-ils
pas, en effet, se sentir troublés en face de l'opposition irréductible d'hommes de la valeur de ceux qui viennent de venir proclamer à cette tribune
leurs ardentes convictions déterministes. Et, quand dans la conscience
de tels hommes, l'idée de justice se trouve ébranlée, est-on bien certain
que l'ébranlement n'a pas atteint l'édifice dans ses assises ? Une idée qui
a contre elle un pareil courant, est-elle encore une idée pourvue du prestige et de l'autorité nécessaires pour exercer sa mission sur les masses ?

Certes, sur le terrain pratique où je vous convie à vous tenir, il y aura
pour chacun de nous des moments difficiles ; les déterministes auront à
subir des distinctions que leur manière uniforme de considérer la genèse
des actes psychiques semble condamner en principe. Et les délicatesses
de conscience de leurs contradicteurs seront surtout soumises à de rudes
épreuves. Il leur sera particulièrement douloureux de voir parfois méconnaître, dans l'établissement des nouvelles sanctions pénales, le caractère moral ou immoral de l'acte. Ils comprendront difficilement que des
gens qu'ils jugent irresponsables, ne soient pas soustraits du coup aux
mesures correctives ou répressives ; et, d'autre part, ils seront froissés par
moments, en face d'actes condamnables que des circonstances exceptionnelles soustraient à la pénalité. Il faudra, cependant, que de part et
d'autre on s'habitue à ces froissements ; et l'habitude aidant, et aidant
vite, l'accoutumance s'opérera plus rapidement qu'on ne le suppose. Du
reste, déterministes et croyants conserveront néanmoins dans leur for
intérieur des correctifs, des atténuatifs suffisants. Les croyants n'ont-ils

pas, en effet, des sanctions supra-terrestres pour compenser les nécessités de nos injustices sociales plus ou moins forcées ? Il leur suffira de se rappeler telle maxime qui leur dit que la souveraine justice, pas plus que la souveraine vertu, ne sont de ce monde. Et l'équilibre moral se rétablira dans leur conscience ; leur système de croyances retrouvera, par une sorte de contrepoids, la stabilité, l'assiette, la logique, la coordination. Quant aux autres, je crois pouvoir me permettre de dire en leur nom que leur conscience aussi saura leur suggérer assez puissamment le besoin de la règle, de la grande régularité, pour les soustraire, sans les appréhensions supra-terrestres, aux influences d'un système qui semblerait parfois en désaccord avec les principes de l'antique morale.

M. Forel. — La question du libre arbitre absolu et du fatalisme est une question métaphysique. La question du déterminisme et de ce que chacun sent et reconnaît comme libre arbitre subjectif est du domaine de la science, c'est-à-dire de la faculté de connaissance humaine. Je suis déterministe sans être athée. On peut, en effet, concevoir Dieu, c'est-à-dire la métaphysique autrement que comme une personnalité anthropoïde extériorisée du monde.

Il y a deux conceptions de la liberté.

Peut-être existe-t-il une liberté métaphysique.

Beaucoup de faits, tels que la loi cosmique de la variabilité, y font très sérieusement penser. Mais elle ne nous regarde pas ici.

Nous avons à nous occuper de ce que l'homme peut connaître. Or, ici, la science prouve que l'âme humaine est déterminée par la vie de son cerveau. L'âme, c'est-à-dire le contenu de la conscience, n'est que la partie de l'activité cérébrale qui se reflète dans la conscience (supérieure) du grand cerveau (contenu de notre conscience supérieure).

Mais il y a deux activités cérébrales, l'une automatique soit secondaire (habitude), soit instructive (phylogénétique de l'espèce) et l'autre plastique ou adaptative, celle qui ne se répète pas toujours la même, mais qui, sous l'influence du milieu sensoriel et de réactions motrices, fraie des voies nouvelles. Eh bien, c'est cette dernière (qu'on trouve aussi, quoique faiblement chez les animaux) qui provoque l'illusion subjective de la liberté, relativement aux automatismes. Mais elle est elle-même déterminée, seulement d'une autre façon, et le sentiment de la liberté (relative) correspond à la faculté d'adaptation adéquate aux faits de ce monde et surtout aux autres hommes.

Le sentiment de responsabilité est un instinct social basé sur le même sentiment de la faculté d'adaptation adéquate, que nous possédons.

Il résulte donc de l'école italienne ainsi comprise, que la qualité de la répression juridique doit être aussi adaptée à la qualité du criminel et du crime et que le stigmate infamant doit être enlevé comme déplorable à tous les points de vue et reste de barbarie et d'ignorance.

M. Bérillon fait un résumé de son rapport intitulé: *Les suggestions criminelles envisagées au point de vue des faux témoignages suggérés* (voir p. 167).

M. Racine. — L'instruction contradictoire existe à Genève depuis le 20 octobre 1894, avec avocat assistant à tous les actes de la procédure. M. Bérillon traite de la suggestion volontaire dans un but criminel, mais il y a aussi une suggestion involontaire sans but malveillant, inconsciente, de la part des parents qui posent des questions maladroites ou trop précises.

M. Motet. — M. Bérillon m'a cité, je désire lui répondre. Le travail que j'ai publié sur les faux témoignages des enfants, ne visait pas les faits de suggestion, comme M. Bérillon les a envisagés. J'ai voulu dire, comme M. Florian Racine, que chez les enfants les faux témoignages résultent souvent d'indications fournies par des tiers et inconsciemment acceptées par eux qui répètent comme une leçon apprise, ce qu'ils ont entendu.

Ce n'est pas à vrai dire un mensonge, mais les affirmations, les accusations peuvent avoir des conséquences si grandes qu'on doit toujours se tenir en garde contre elles.

M. Forel. — Les faits rapportés par M. Bérillon et les préopinants ont été tous nettement énoncés par M. le Prof. Bernheim dans son livre : *De la suggestion et de ses applications à la thérapeutique* Ces faits de suggestion, tant consciente et voulue qu'involontaire (sans intention) de la part de celui qui suggère, sont en effet extrêmement sérieux même graves et méritent toute notre attention. M. Motet se trompe en croyant que la suggestion est pathologique ; elle ne l'est pas plus dans le sommeil que dans la veille.

M. Dalifol. — Au sujet du rapport de M. le Dr Bérillon, je ne veux vous citer qu'un exemple qui fera comprendre ma pensée mieux qu'un discours.

Deux jeunes détenus s'étaient évadés de l'établissement correctionnel de X***. Ces jeunes gens s'étaient sauvés, revêtus de leurs uniformes et étaient facilement reconnaissables. Arrêtés par des paysans, ils allaient, comme c'est l'usage dans ce cas, être ramenés à l'établissement, lorsqu'ils furent accusés par un jeune pâtre et de petits camarades de ce dernier, d'être les auteurs d'un incendie de meules de paille qui venait d'éclater dans les environs et conduits à la prison de X***. Etant leur directeur j'allai les visiter à la prison et ils m'avouèrent avoir allumé le feu. Amenés devant les magistrats et le jury de la cour d'assises, ils avouaient encore, lorsqu'un incident inattendu démontra jusqu'à l'évidence que ce n'étaient pas eux les coupables.

Les deux jeunes gens se défendirent alors d'être des incendiaires ; il se fit dans leur esprit une réaction et ils finirent par expliquer qu'à force d'être interrogés, de s'entendre répéter qu'ils avaient mis le feu, ils étaient arrivés à s'en convaincre eux-mêmes. Le jeune pâtre lui-même avait menti, il avait cédé à la suggestion du vrai coupable qui, au dernier moment, était venu se dénoncer. Les deux jeunes détenus n'avaient même pas passés dans cette partie du village et naturellement furent acquittés.

Que les magistrats, dans les instructions souvent longues qu'ils font, se méfient de l'influence que peut avoir leur propre volonté sur des sujets qui, souvent sont des criminels, mais qui souvent aussi sont des dégénérés.

M. Naecke fait un résumé de son rapport intitulé : *Considérations générales sur la psychiatrie criminelle* (voir p. 1).

M. Lombroso ne peux pas admettre que la *moral insanity* soit caractérisée par l'affaiblissement mental. C'est le contraire qui est vrai.

M. Marro observe que, dans les prisons, la cellule développe chez les personnes, avec une certaine fréquence, non seulement des aliénations, mais la vraie *phrenesis sensoria*, laquelle dure autant que dure la ségrégation cellulaire, et généralement cesse peu après que le prisonnier rentre en compagnie des autres. Outre cette altération mentale, il y en a une autre que l'emprisonnement cellulaire développe, c'est un état d'exaltation furieuse qui s'observe presque seulement chez les jeunes gens emprisonnés. Dans cet état, le jeune prisonnier refuse les aliments, entre dans une espèce de rage furieuse et détruit tout ce qui tombe sous ses mains, ses habits, les meubles de sa cellule. C'est pour cela que, dans la criminalité prisonnière, c'est-à-dire dans les infractions que les prisonniers commettent contre la discipline et qui leur font avoir des châtiments disciplinaires, les jeunes gens sont en beaucoup plus grand nombre que les autres, comme l'orateur a eu occasion de le démontrer dans le chapitre de la criminalité carceraire de ses *caratteri dei delinquenti*. Ce n'est qu'une conséquence de cet état particulier des jeunes criminels sur lequel il s'est étendu dans son rapport de la première séance. Cet effet de la prison mérite d'être pris en considération, parce qu'il prouve que le système cellulaire est plus dangereux pour les jeunes délinquants que pour les adultes.

M. Naecke. — Je n'ai rien à répondre à M. Lombroso, qui n'est pas connu comme psychiatre et dont les ouvrages contiennent de très nombreuses erreurs psychiatriques.

Je répondrai seulement à M. Marro. Je sais bien qu'il y a des auteurs qui croient à une psychose spéciale des prisons. Peut-être la race a-t-elle une influence, peut-être, y a-t-il aussi une différence entre les jeunes gens et les âgés; mais certes, je ne crois pas qu'il y ait des différences caractéristiques.

M. de Bæts fait un résumé de son rapport intitulé : *L'Education des fils de criminels* (voir p. 90).

M. Motet est d'accord en principe, mais il trouve que ça doit être une question d'assistance publique.

Est-on sûr, d'abord, que le fils de criminel ait besoin d'une éducation spéciale ?

L'orateur insiste sur le *mode* d'éducation et parle des travaux manuels et agricoles.

M. Dalifol. — Rassembler les fils de criminels dans une école est impossible. Où aller chercher ces enfants ? Dans la prison... Mais il n'y a pas, dans les prisons, que des criminels et, hors des prisons il y en a beaucoup. M. l'abbé de Bæts a senti cette objection et il emploie, dans son rapport, l'expression : asile pour les fils de prisonniers. Pour moi, une telle école publique ou privée serait une sorte de dépendance du bagne, une filiale des prisons, comme le dit lui-même M. l'abbé de Bæts. Ce serait en un mot l'école des hautes études criminelles.

Si cette école était possible :

1° Les élèves ne seraient-ils pas obsédés par cette idée qu'étant des fils de criminels, ils sont des dégénérés, des criminels-nés, des irresponsables ? Quels ravages de pareilles idées ne feraient-elles pas dans leurs jeunes intelligences ?

2° La société, à tort il est vrai, en faisant retomber sur la tête de ces pauvres enfants la faute de leurs pères, aurait pour eux du mépris et de la répulsion.

J'ajouterai que, même si ce classement des fils de criminels était possible, il ne faudrait pas les rassembler et les différencier des autres enfants. Sous François Iᵉʳ, il existait à Paris l'hospice des *Enfants-Dieu*, c'est-à-dire des enfants trouvés. On les appelait *enfants rouges* à cause de la couleur de leurs vêtements ; on les louait pour pleurer aux convois des personnes riches, ils figuraient dans les processions et, les jours de fête carillonnée, ils étaient placés sous les porches des églises avec un écriteau sur la poitrine portant ces mots : Faites du bien à ces pauvres enfants trouvés. On donnait, mais les pauvres petits, en même temps qu'ils étaient un objet de pitié et de commisération, étaient la plupart du temps méprisés. Que serait-ce pour vos jeunes enfants de criminels ? Puis, ce serait encourager le crime, le père sachant ainsi l'avenir de ses enfants assuré.

Au point de vue pratique, les résultats d'une telle institution seraient déplorables ; au point de vue scientifique ce serait retomber dans les erreurs de l'Ecole italienne, ce serait même prendre dans la théorie vraie de l'hérédité ce qu'elle a de faux.

Comme j'aime mieux cette pensée de Bernardin de St-Pierre :

« Ce sont les enfants qui éloignent la corruption des sociétés, en y apportant des âmes neuves et innocentes... »

M. de Baets. — M. Dalifol m'objecte que le vœu que j'exprime, de voir créer les asiles dont j'ai parlé dans mon rapport, suppose que j'admets l'existence du criminel-né. Cette observation est inexacte. J'admets l'existence de tares héréditaires, et ceci suffit à justifier mon vœu.

M. le Dr Motet voudrait confier les enfants dont je parle, à l'Assistance publique. Mais il y aurait un grave inconvénient à voir faire administrativement la classification des enfants en deux catégories : ceux qui portent les tares et ceux qui en sont exempts. Or, cette classification devrait se faire pour atteindre le but : une éducation spéciale à donner aux premiers. M. Motet craint que l'initiative privée ne puisse aboutir. Elle a abouti à Valle di Pompei, où M. Bartolo Longo a créé un établissement de la catégorie de ceux que je préconise. Cette maison doit faire ses preuves au point de vue des résultats, mais elle existe et prospère. Elle offre l'immense avantage que les enfants y sont reçus sur demande librement faite, et qu'elle évite ainsi une classification faite d'autorité.

La séance est levée à midi.

SÉANCE DU VENDREDI 28 AOUT
matin.

La séance est ouverte à 8 h. $\frac{1}{2}$.

M. Bedot, secrétaire général, donne lecture du procès-verbal de la dernière séance.

M. Ladame, président du Congrès, prie M. le sénateur **Zakrewski** de vouloir bien prendre place au fauteuil de la présidence.

M. Lombroso développe les conclusions de son rapport sur *Le traitement du criminel d'occasion et du criminel-né selon les sexes, les âges, les types,* etc. (voir p. 143), auquel il ajoute les observations suivantes :

Le traitement du criminel-né et du criminaloïde.

On a accusé, très injustement, la nouvelle école de fatalisme et de cruauté, parce que ayant démontré l'existence des criminels-nés, elle arrivait par cela seul, à déclarer l'incurabilité du crime. Mais, outre qu'il n'y a pas de raison de condamner une école parce qu'elle démontre un fait (car le fait a sa raison d'être en soi-même), la vérité est que, pendant que les autres écoles ne trouvaient aucun moyen efficace pour empêcher le crime — sauf l'empirisme cruel et stérile des prisons et des déportations — ou n'y arrivaient qu'après des tâtonnements contradictoires, c'est de la nouvelle école que date toute une stratégie nouvelle pour déraciner ou prévenir le crime. Il est vrai, par exemple, qu'en dehors de l'anthropologie criminelle on était arrivé, dans quelques états, à l'institution des *Asiles criminels* et aux *écoles pour les enfants criminels* (Trouant School et probation system), mais ces institutions très utiles et très pratiques, essayées çà et là empiriquement, n'avaient pas une base scientifique solide, et n'ont pris un essor suffisant qu'après avoir été justifiées et systématisées par l'anthropologie criminelle. La constatation du criminel-né et de ses caractères, loin de nous faire désespérer de toute thérapie du crime, nous a mis sur la trace vraie du traitement.

Thérapie individuelle. Il y a une thérapie sporadique qui soigne les sujets un à un, et qui, naturellement, est très bornée dans ses effets, c'est celle du criminel-né. Vu la gravité du mal, cette thérapie doit être très intensive, très énergique et commencer même dès le berceau. Aussitôt qu'on voit un enfant, présentant le type criminel, commettre des actions mauvaises avec plus d'intensité que la plupart des enfants, sans s'améliorer par l'éducation, ni par les punitions, et ayant les caractères somatiques du criminel-né, il faut, avant tout, le séparer des autres. C'est ce qu'on fait maintenant en Angleterre dans les *trouants schools*, ce qui a l'avantage d'empêcher la corruption des individus honnêtes, de concentrer, sur ceux qui en ont le plus besoin, l'attention pédagogique, et de leur appliquer des méthodes spéciales et surtout individuelles, en tâchant de commencer le traitement dès l'âge le plus jeune. Le traitement doit avoir toujours pour but d'augmenter la puissance des centres inhibiteurs qui, chez eux, est toujours déprimée, et de canaliser ou dompter les penchants mauvais, surtout le penchant à l'oisiveté, à l'inertie, l'*arbeitscheu* qui est un des caractères les plus communs du criminel-né.

La maison de réforme d'Elmira a inventé, dans ces derniers temps, une gymnastique spéciale, qui a, dit M. Brokway, cet avantage d'exercer justement les centres corticaux volontaires, en se fondant sur cette observation physiologique, que pour chaque région de notre corps soumise au contrôle de la volonté, il y a presque toujours un centre cortical spécial qui en règle les mouvements. Je ne sais si ce n'est pas une idée trop audacieuse. Mais, quelle qu'elle soit, les autres méthodes employées à Elmira — le travail continuel alterné par les études, stimulé par les gains, par les prix, par l'émulation, par la diminution de la peine, par la douche — sont certainement d'un grand effet sur l'apathie, l'horreur du travail qui est si souvent la base du criminel-né.

Mais, il faut améliorer cette institution par une sélection spéciale. Il faut non seulement séparer les jeunes gens d'avec les adultes qui n'ont guère de chance d'être réhabilités, mais tâcher de les grouper selon les penchants au travail, la classe sociale, etc., car quand ils sont plusieurs ensemble, leurs vices se multiplient au lieu de se corriger.

Il faut tâcher de vaincre certains penchants mauvais par la suggestion, même hypnotique, qui a obtenu dans ces dernières années de très grands succès. Il est vrai que l'effet de ces suggestions n'est que temporaire, mais en les renouvelant périodiquement on fait naître une espèce d'habitude qui se substitue aux penchants mauvais. C'est un procédé analogue à l'expérience dont nous parle Spencer dans son *Education*. Des poissons carnivores ayant été mis dans un aquarium avec des petits poissons qu'ils étaient habitués à manger, on les sépara par un diaphragme de verre qui empêchait les premiers de saisir leurs victimes. Quelque temps après, on enleva le verre et les poissons carnivores n'attaquaient plus les autres. Mais il y a une suggestion plus puissante que l'hypnotisme, c'est celle du contact continuel avec l'homme honnête, doué du coup d'œil pédagogique, qui cherche à mettre en jeu les passions qui, laissées à elles-mêmes, seraient une cause de crime, la vanité par exemple, l'avidité, le besoin de dominer les autres.

On connaît le cas de ce criminel insupportable par son audace et sa cruauté, qui devint le meilleur de tous après qu'on lui eut confié la surveillance de ses compagnons. L'exemple et le contact continuel de maîtres vertueux sont ici d'une énorme puissance.

Souvenons-nous de ce criminel qui, excédé un jour par le travail, jeta sa pioche aux pieds du directeur l'abbé Reuj. L'abbé, sans dire un mot, prit lui-même la pioche et continua le travail toute la journée. Le jour suivant, le malheureux reprit son travail et ne récidiva plus.

Comme la base de la criminalité innée est toujours l'épilepsie, c'est par ce côté-là qu'on doit tâcher d'entreprendre la cure somatique. Ainsi le bromure, précédé par l'opium, le traitement de Flecsig, le cuivre, la belladone, sont indiqués, même si au lieu d'accès convulsifs on ne voit que des accès psychiques. C'est pourquoi on emploiera dans des cas aussi désespérés, les remèdes homéopathiques, quand les allopathiques n'auront eu aucun succès. Ainsi on peut essayer le cocculus lorsqu'il y a des vertiges, le cuprum metallicum lorsque il y a prédominence des accès nocturnes et spasmes toniques, le plumbum lorsque il y a des spasmes paralytiques et des céphalées frontales.

L'homéopathie va jusqu'à donner des remèdes directement pour les penchants criminels, *phosphorus, origanum, pulsatilla, staphisagia, causticum*, contre le penchant obscène; *pulsatilla* et *sulfur* contre le penchant au vol; *belladona, mercurium, nux vomica, agaricus, muscarius*, contre le penchant homicide; *nux vomica* pour les alcooliques ou fils d'alcooliques.

Enfin il faut canaliser les penchants mauvais selon l'individualité de chacun, faire des plus féroces des militaires, des marins, transformer en colonisateurs les vagabonds et les criminels politiques.

Toutefois, toutes ces mesures ne peuvent être qu'individuelles et si elles ne le sont pas, le résultat en est problématique. On peut espérer agir d'une façon plus efficace sur les *criminaloïdes* qui n'ont pas les penchants au mal aussi enracinés. Ici encore, il faut commencer le traitement dès la première jeunesse par ce que j'appellerai le *nourrissonage moral* qui enlève les petits criminels à l'influence des parents mauvais et à celle de la rue, en les éparpillant dans les campagnes, dans les fermes, dans les colonies.

Il faut citer la maison de Bernardo, en Angleterre, qui fait chercher les enfants dans les taudis, et qui les traite avec une charité féminine, avec du confort comme les enfants des riches, dans les « nids d'oiseau » comme on les appelle, et qui, après leur avoir appris un métier, les envoie dans des fermes au Canada. Il faut citer aussi les sociétés d'Angleterre pour la prévention de la cruauté à l'égard de l'enfant, qui ont sauvé en 10 ans 109,364 enfants, et fait mettre en jugement 5,792 parents.

L'influence du milieu a aussi une grande importance. Ici, une grande quantité de crimes peut être prévenue par des mesures très simples, succédanées et préventives de la peine. Ainsi l'émigration des pays trop habités dans les pays peu peuplés, dans la campagne surtout, prévient une des influences les plus mauvaises, celle de la densité de la population. Les lois sur le divorce préviennent bien des adultères, comme les mesures économiques de la coopération préviennent les dangers de la pauvreté. La guerre contre l'alcoolisme, par tous les moyens, même par les associations politiques, religieuses, les journaux, les sociétés de tempérance, par des peines sévères contre les marchands de vins, contre les ivrognes, a une influence considérable qui a été démontrée par la statistique.

La preuve en est facile dans ce pays où le gouvernement, quoique populaire, a réussi à adopter des lois contre la fabrication des alcools et même contre leur distribution, où existe l'ordre des bons Templiers, vrais chevaliers de notre fin de siècle, qui ont pour but l'hygiène sociale et pour chef le Dr Forel.

Il faut toutefois ajouter que les mesures répressives et préventives ne suffisent pas, « *naturam expellas, furca tamen usque recurret,* » mais il faut aller à la racine du mal. On boit parce qu'on a besoin d'excitation cérébrale, et on boit plus dans les pays civilisés, car on y a plus besoin de cette excitation. Il faut donc remplacer ce besoin d'excitation, il faut l'assouvir par d'autres excitations moins dangereuses, comme les spectacles, les fêtes, etc.

Une autre influence criminelle se retrouve dans les agglomérations, surtout celles produites par les grandes villes. Cette cause est en partie vraie, en partie apparente. Vraie, car le contact des jeunes gens plus âgés, dans les écoles, dans les clubs, provoque un grand nombre de liaisons et un grand nombre de crimes; apparente, parce que beaucoup de criminels délaissent la campagne pour se jeter sur les grandes villes et que l'émigration est trop souvent criminelle par elle-même. Et, l'Amérique du Nord nous apprend quels sont les meilleurs remèdes, en sélectionnant l'émigration et en enrichissant les petites villes de tout le bien-être des grandes villes pour y attirer une partie de ceux que le bien-être et les agréments de la capitale feraient affluer. Mais alors surgit cette autre difficulté, que presque toutes les causes physiques et morales influant sur le crime peuvent produire des effets contradictoires. Ainsi, s'il y a des crimes favorisés par la densité excessive de la population, il y en a d'autres, tels que le brigandage, l'homicide par vengeance, le vol, qui sont provoqués par sa densité trop faible; et s'il y a des crimes provoqués par la misère, il y en a presque autant de favorisés par l'extrême richesse.

Cette même contradiction, on peut la constater lorsqu'on passe d'un pays à un autre. Ainsi, l'homicide diminue en Italie avec la grande densité et la grande richesse, tandis que le phénomène inverse se voit en France, où ce crime augmente avec la densité et la richesse plus grandes, ce qui s'explique par la grande influence de l'alcoolisme et par l'émigration étrangère, peut-être aussi parce que la grande richesse qu'on voit en France présente des caractères que n'a pas la moindre richesse [1] telle qu'on la voit en Italie. Et, si bien souvent l'instruction semble utile pour prévenir l'homicide, les violences, etc., elle paraît d'autre part dangereuse, lorsqu'elle est trop développée, et qu'elle semble favoriser l'escroquerie, le faux témoignage et le crime politique.

La difficulté s'accroît parce que, même si l'on a trouvé les moyens opportuns pour changer le milieu, il n'est pas très aisé de les appliquer. Par exemple, on peut contrecarrer l'influence dangereuse de la chaleur sur le crime, surtout sur les violences, les homicides et les obscénités, par les bains froids; mais il n'est pas aisé d'entraîner toute une partie de la population, comme le faisait l'ancienne Rome, dans les thermes, ou à la mer, comme on le pratique dans beaucoup de villages de la Calabre et de la Pouille où toute la population se transporte au bord de la mer dans de pauvres cabanes.

Bien des Congrès se succèderont avant que ces idées fassent leur chemin et deviennent des faits pratiques.

On comprend après cela l'incertitude, l'embarras auquel ces contradictions exposent les hommes politiques, lorsqu'ils veulent établir des institutions contre le crime en se basant sur les changements de milieu. On comprend que ceux qui ont pour métier, pour idéal même, de faire toujours des lois, trouvent plus commode, plus aisé, de changer quelques pages du code pénal, et on comprend que c'est la prison, le pire de tous les remèdes (si tant est qu'on puisse l'appeler remède, et non poison), qui sera toujours appliquée comme le plus simple et le plus praticable des moyens de sauvetage. Elle a pour soi l'ancienneté et l'habitude, ce qui, pour l'homme ordinaire, est de la plus grande importance, car il est bien plus aisé aux hommes d'appliquer un seul remède que d'en chercher plusieurs et de les différencier selon les lois du sexe, de l'âge, etc.

L'homme d'état qui veut prévenir le crime doit donc n'être pas unilatéral. Il doit parer par exemple aux influences dangereuses de la misère et à celles de la richesse. Il le fera en favorisant l'émigration, les compagnies de travail (le meilleur préventif

---

[1] Voir mon *Uomo delinquente.* III vol., 1894.

contre le vagabondage), l'abolition de la grande propriété, la dissolution des contrats agraires trop onéreux pour les paysans, la plus grande liberté des grèves, la coopération de l'Etat et de la commune non seulement à l'éclairage, aux écoles et aux routes, mais aussi à l'alimentation. Mais, comme ces mesures ne peuvent pas être improvisées d'un coup, comme, brusquement introduites, elles avorteraient presque sûrement (car l'homme est grand ennemi du nouveau, surtout dans la pratique), il faut, pour quelque temps, accepter l'aide de la charité et de la bienfaisance, en l'adaptant à notre temps comme on le fait en Suisse et en Angleterre. L'assistance doit le plus possible devenir coopérative. Il faut se servir des pauvres pour aider les pauvres, comme le fait ici, à Genève, la Société des vieux papiers, qui récolte tous les objets en mauvais état, les fait réparer par des pauvres sans travail et les vend à un prix minime aux pauvres qui en ont besoin. Ainsi, en évitant toute cause d'avilissement pour les besogneux, on trouve moyen d'en secourir un plus grand nombre.

Les dangers provenant de l'excès de la richesse peuvent être éliminés par les impôts progressifs, surtout sur les successions, par la participation des ouvriers aux bénéfices, par l'abolition de la grande propriété, des privilèges parlementaires et par la décentralisation municipale et politique. Cette dernière, en obligeant les administrations à travailler sous les yeux des citoyens, rend moins fréquents les abus des hommes politiques. Les lois sur le divorce, les écoles mieux surveillées, avec l'élimination immédiate des invertis-nés, seront un puissant préventif contre les crimes sexuels.

Mais, lorsque le crime est déjà commis, lorsqu'une peine devient nécessaire pour sauvegarder la Société, il faut avant tout avoir égard au dédommagement de la victime, puis à la sécurité sociale, en évitant le plus possible les vieux moyens de répression qui coûtaient aux honnêtes gens pour le seul plaisir de faire du mal aux coupables. Ici, la première chose, c'est de distinguer les crimes selon la qualité, l'âge, le sexe, la condition de l'auteur, selon sa plus grande témibilité. Pour cela, la première condition, c'est l'indétermination de la peine et sa grande divisibilité. Le crime par passion, le crime politique commis par des hommes honnêtes et même altruistes avec excès, n'a pas besoin d'autre peine que l'éloignement provisoire du criminel de son pays. Les crimes des femmes, presque tous moins dangereux, presque toujours effet de la suggestion du mâle, n'ont presque jamais besoin de la prison, mais seulement de l'éloignement du suggestionneur, ce qu'on peut obtenir avec la vieille institution des couvents, tandis que certains autres crimes peuvent être prévenus et empêchés en s'opposant à ce grand essor de la criminalité féminine qui est la prostitution.

Le crime occasionnel des gens auparavant honnêtes, n'a besoin que du *probation system*, de la répression judiciaire suivie d'une surveillance continuelle. Pour les récidivistes et pour les criminels-nés, au contraire, il faut des institutions spéciales des asiles criminels.

Nous n'avons tracé ici que les premières lignes d'un système nouveau pour la prévention et la répression du crime. Mais ce n'est pas un système complètement nouveau. Des nations pratiques, moins influencées par le fétichisme du code, sans connaître un mot de l'anthropologie criminelle, étaient déjà arrivées çà et là, empiriquement, sans le savoir, aux mêmes résultats. L'asile criminel, les *truants schools* les *ragged schools*, les lois sur les pauvres, sur les alcools, les sociétés pour prévenir les mauvais traitements contre les enfants fonctionnent, depuis longtemps dans l'Amérique du Nord, en Angleterre, en Suisse, en partie en France, et surtout à Londres et à Genève. Eh bien, dans un pays où on a laissé libre essor à une bienfaisance intelligente et philanthropique, où la religion abandonnant les formules rituelles s'attache passionnément et puissamment à la guerre contre le crime et favorise ces réformes, on a déjà obtenu la diminution du crime. Et notez surtout qu'on observe ce fait dans la plus grande capitale du monde, à Londres, où toutes les circonstances comme la grande richesse, la grande densité de population, la grande immigration, se donneraient la main pour augmenter le crime.

On peut donc dire que ce système a eu le baptême le plus important, celui de l'expérimentation, et qu'il s'agit maintenant de le compléter et de le systématiser d'après les données de la biologie et de la sociologie.

M. Zakrewski. — Je crois que l'éminent rapporteur en proposant le traitement du criminel-né, sacrifie la logique au sentiment d'humanité qui est fort en lui. S'il voulait être conséquent, il devrait proposer d'exterminer les criminels-nés aussitôt après leur naissance, car le « criminel-né » est un être que l'on ne saurait corriger; c'est un tigre, un chacal que la nature lance soi-disant sur la société et dont il faut se défendre. Voilà la conception du criminel-né comme elle découle des ouvrages précédents du rapporteur. Il devrait maintenant en tirer toutes les conséquences logiques. Et qu'on ne dise pas qu'il serait cruel de se défaire de pauvres petits êtres qui n'ont démontré en rien leur culpabilité. Est-ce que l'idée de culpabilité est admise par l'école italienne? Non, dit-elle. c'est « la défense sociale » qu'il faut prendre pour base. Avec des principes pareils il ne resterait qu'à traiter des êtres humains, ces malheureux criminels-nés, comme des bêtes malfaisantes. Mais il n'existe pas de criminels-nés.....

M. LeJeune. — Je voudrais exprimer, ici, un vœu qui s'adresse à la commission chargée de dresser l'ordre du jour des sessions du Congrès.

On a trouvé bon de comprendre, au nombre des questions a soumettre au Congrès, l'examen des bases de la responsabilité pénale. M. van Hamel, insistait, hier, comme président de la séance, pour que la discussion de cette question ne fût pas commencée, le temps faisant défaut manifestement, pour épuiser un pareil sujet, dans la présente session et, à l'appui du motif pour lequel il conseillait l'ajournement, l'honorable Président exprimait cette réflexion très juste : Si vous tenez, à avoir, concernant les bases de la responsabilité pénale, un débat qui ne soit pas écourté, demandez que la prochaine session du Congrès y soit consacrée tout entière et qu'aucun autre objet ne soit porté à son ordre du jour.

Je demande instamment que la commission chargée de régler les délibérations de la prochaine session du Congrès se garde de prendre une pareille décision. Je le demande parce que cette décision serait en contradiction avec les résultats, considérables et précieux, de la présente session. Je le demande parce que, telle qu'elle est formulée, la question inscrite inopportunément, à mon avis, dans l'ordre du jour de la présente session, ne se renferme pas dans les limites naturelles de l'anthropologie criminelle.

Le Congrès, si ses délibérations déviaient dans le sens des essais théoriques dont l'examen des causes de la responsabilité pénale peut fournir le thème, perdrait infailliblement le caractère d'une institution scientifique offrant à toutes les croyances religieuses et à toutes les convictions philosophiques un champ neutre pour l'étude en commun de questions pratiques intéressant le perfectionnement de la législation pénale et la diffusion des moyens préventifs à employer contre la criminalité. Les désertions seraient nombreuses et l'autorité du Congrès, si le Congrès survivait, dans cette occurrence, en serait singulièrement amoindrie, au détriment de la science nouvelle pour l'avancement de laquelle il a été institué.

Je voudrais justifier, dans l'espace de quelques instants, ce que je viens de dire. Je l'essayerai, si vous le voulez bien, à l'aide d'un apologue à deux personnages, pourvu que M. Ferri m'accorde la permission de l'y mettre en scène avec moi pour les besoins de ma démonstration.

Puisque M. Ferri veut bien y consentir, voici donc mon apologue. La chose se passe au sortir de ce palais, à l'heure où la présente session du Congrès vient de se clore. Tout pénétré de l'importance des déclarations que j'ai entendues se produire, ici, et encore sous le charme de l'éloquence prestigieuse de M. Ferri, je fais la rencontre de ce savant à l'esprit entraînant et séducteur et une conversation amicale s'engage entre nous. C'est moi qui la place sur le terrain où elle se déroule.

Vous voyez, dans la répression pénale, M. Ferri, l'organisme social réagissant, comme par un mouvement réflexe, contre des actes que vous appelez crimes uniquement parcequ'ils ne sont pas conformes aux règles dont, à l'époque où ils sont perpétrés, l'évolution des idées et des institutions fait dépendre la vitalité de cet organisme. Si l'auteur de l'acte que la répression pénale atteint en pâtit, ce n'est pas, à votre avis, qu'il en ait mérité les rigueurs; mais, dans un organisme bien réglé, les éléments nocifs s'éléminent et le criminel est, à vos yeux, tout simplement, un élément nocif dans l'organisme social, un être anti-social dont la société doit se purger.

Je préfère à cette définition qui froisse, je l'avoue, mes prétentions de membre de l'humanité civilisée, celle qui me montre, dans l'homme criminel, un coupable et, dans la répression pénale, la défense du bien contre le mal et le règne de la justice, en même temps que la préservation sociale. Mais, pourvu que les conséquences pratiques que vous en déduisez, pour la campagne à mener contre la criminalité, puissent se concilier avec le plan que mes convictions spiritualistes me tracent, pour cette campagne, ce n'est pas la formule d'une définition théorique qui fera que nous soyons divisés devant l'ennemi commun. Or, cette conciliation s'est péremptoirement affirmée, dans l'échange d'idées dont la session du Congrès, qui vient de se clore, a été l'occasion.

Rappelez-vous le mouvement d'attention qui, de prime abord et, en quelque sorte, instantanément, propagea dans le monde entier la notoriété des travaux de M. Lombroso, dès l'apparition du livre qui les faisait connaître. Vous ne songez pas, j'imagine, à l'attribuer à la révélation soudaine du progrès scientifique dont M. Lombroso restera, dans l'histoire des théories pénales, l'initiateur illustre et qui devait, au cours du temps, donner naissance à la science nouvelle que nous cultivons, aujourd'hui, sous le nom d'anthropologie criminelle. Ce qui frappait les imaginations, c'était l'hypothèse d'un type de criminel-né.

Objet de vastes travaux, de la part d'un esprit supérieur dont elle avait conquis les prédilections, cette hypothèse s'entourait d'un prestige qui devait la faire accueillir comme la solution définitive du problème de la criminalité par les intelligences dont elle flattait les tendances. Aux yeux de ceux que la propagande matérialiste inquiète, elle surgissait sur le chemin de l'anthropologie criminelle, comme un épouvantail.

Pour les esprits enclins au matérialisme, prouver qu'il existe un type de criminel-né, c'était démontrer que l'espèce humaine se partage en deux variétés, anatomiquement et physiologiquement différenciées; l'une la variété normale, appropriée au fonctionnement de l'organisme social et prédestinée à la vertu, le mot pris, bien entendu, non dans le sens que nos vieilles habitudes d'esprit y ont attaché, mais dans le sens, dépouillé de tout éclat, d'une existence bien ordonnée, l'autre, l'anormale, reconnaissable à ses tares et à ses stigmates, irrémissiblement vouée au crime. L'automatisme de la vertu, d'une part, et, de l'autre, la fatalité du crime et comme conclusion, l'inutilité de compter, sur les influences morales pour combattre la criminalité.

L'attrait d'une nouveauté d'aussi large portée explique l'engouement de ceux qui se sont lancés, dans le domaine de l'anatomie et de la physiologie, à la recherche de tares et de stigmates à faire entrer dans la formation d'un type de criminel-né représentant la variété anormale de l'espèce humaine. Mais, s'ils ont cru se conformer à la pensée du maître en s'efforçant de contribuer, par de pareilles découvertes, à élever au rang des réalités scientifiquement démontrées, l'hypothèse d'un type de criminel-né venant démentir toutes les conceptions spiritualistes, en matière de criminalité, la dernière session du Congrès leur ôtera leur illusion.

M. Lombroso n'a jamais dit que le crime fût toujours le fait d'un criminel-né. Le savant professeur n'a jamais dit que le criminel-né dût toujours tomber dans la criminalité. M. Lombroso admet et vous admettez avec lui, M. Ferri, que les influences morales et, en particulier, l'influence religieuse, neutralisent, dans un milieu favorable, le penchant au crime dont les tares et les stigmates du criminel-né sont les indices, sinon la cause.

Ramenée à ces proportions que j'appellerai minimes, l'hypothèse d'un type de criminel-né, selon l'école dans laquelle vous occupez, M. Ferri, un rang si élevé, n'a rien qui puisse offenser les croyances religieuses que je professe ou déconcerter mes convictions spiritualistes. L'école spiritualiste nierait l'évidence si elle se refusait à croire aux prédispositions dont certaines natures, réfractaires, les unes plus, les autres moins, aux influences morales, subissent l'empire. Elle ne se montre pas infidèle à ses principes en attribuant ces prédispositions à l'atavisme où à la dégénérescence. Pourquoi la réaction que les défectuosités des organes exercent sur les mouvements de l'âme, à tous les degrés de l'échelle descendante qui va de la démence furieuse à l'état mental auquel la psychiatrie applique l'étrange dénomination de folie morale, ne s'exercerait-elle pas au-delà, chez ceux que vous désignez, d'un mot un peu excessif peut-être, comme des criminels-nés et que je tiens simplement pour atteints de prédispositions funestes ? Et, encore, l'au-delà auquel je fais allusion serait-il difficile à déterminer, car la psychiatrie semble avoir renoncé à marquer la frontière entre ce qu'elle appelle la folie morale et la santé mentale, sujette aux prédispositions funestes.

Qu'il y ait, à ces prédispositions, comme à la démence, comme à l'idiotie, comme à la folie morale, des causes dont la trace puisse se découvrir dans la constitution anatomique et physiologique du sujet, je le crois très fermement en raison même de mes convictions spiritualistes, et je souhaite que la nomenclature complète et sûre de ces stigmates puisse, un jour, être dressée.

Nous sommes d'accord, M. Ferri, pour admettre que les stigmates et les tares dont le type du criminel-né se composerait, si l'hypothèse d'une prédestination impliquant la fatalité du crime était vraie, correspondent, chez l'homme, à des penchants vicieux, d'accord sur le rôle de l'atavisme et de la dégénérescence dans la criminalité, d'accord pour écarter l'idée d'une prédisposition au crime dont les influences morales seraient impuissantes à conjurer la fatalité, d'accord, partant, sur ces conséquences pratiques à déduire de votre conception de la répression pénale. J'ajoute que je m'associe, dans une large mesure et sans hésiter, à vos critiques touchant la façon dont la répression pénale opère, actuellement, à l'aide d'un unique instrument tel que la prison. J'applaudis de tout cœur, à vous entendre démontrer si brillamment la nécessité et l'urgence d'employer contre la criminalité, les moyens préventifs. J'avais donc raison, lorsque, tout à l'heure, je disais que la conciliation s'est faite, sur le terrain des choses pratiques, entre les idées de M. Lombroso, les vôtres, M. Ferri, et les principes de l'Ecole spiritualiste, au sujet de la campagne à mener contre la criminalité.

Le désir de voir cette conciliation emprunter aux débats du Congrès dont la session va se clore, une sorte d'authenticité m'avait amené, moi, simple juriste, dans une aussi solennelle assemblée de savants. J'en emporterai la vive satisfaction d'avoir vu réaliser ce désir au-delà même de ce que j'espérais. On saura, désormais, à n'en plus pouvoir douter, que l'hypothèse d'un type de criminel-né, à l'aide de laquelle certains voudraient introduire le fatalisme dans la science criminelle, n'est ni celle de M. Lombroso, ni la vôtre, M. Ferri. Cette constatation, qui doit à la grande autorité de ces deux noms une importance décisive, marque, me paraît-il, la direction dans laquelle les travaux du Congrès devront se poursuivre, si l'on veut qu'ils contribuent réellement au perfectionnement de la législation pénale et à la diffusion des moyens préventifs à employer contre la criminalité. N'est-ce pas aussi votre avis, M. Ferri ?

Permettez, Mesdames et Messieurs, que j'interrompe, ici, pour un instant, mon apologue. Je vais vous dire la réponse que mon apologue met dans la bouche de M. Ferri, mais n'oubliez pas, je vous en prie, que je vous raconte une histoire imaginaire et que M. Ferri m'a autorisé à lui donner, dans mon apologue, le rôle que je trouverai bon, pour les besoins de ma démonstration. Ceci, pour que M. Ferri ne se récrie pas quand, tout à l'heure, je lui attribuerai, dans mon apologue, la gracieuseté, à mon adresse, que vous allez entendre.

Donc, cette réponse, la voici : la conciliation dont vous parlez est, certainement, une heureuse et féconde coïncidence ; mais, puisque nous nous rencontrons, en si bons termes, dans les régions de l'anthropologie criminelle, je voudrais en profiter pour y régler plus complètement le compte de nos idées respectives. Je propose d'y ouvrir une annexe pour l'examen des bases de la responsabilité pénale, je trouverai, ainsi, l'occasion de vous montrer, à la prochaine session du Congrès, que vos croyances religieuses et vos convictions spiritualistes sont absurdes, et que, conséquemment, vous êtes un parfait imbécile. Ce langage a produit sur mon enthousiasme pour la conciliation dans l'anthropologie criminelle, une forte impression de refroidissement et, soucieux de mieux employer mon temps ailleurs, je me promettais de ne pas assister à la réunion du Congrès qui serait consacrée à l'entreprise syllogistique qui s'annonçait.

Ainsi se termine mon apologue, mesdames et messieurs, vous en tirerez la moralité qu'il renferme et je pense que vous appuierez la requête que j'adresse à la commission chargée de dresser l'ordre du jour de la prochaine session du Congrès.

M. Ferri. — Malgré mon désir de ne pas prendre si souvent la parole, je sens le devoir de remercier M. LeJeune de l'honneur qu'il m'a fait dans son discours et, en même temps, de faire quelques déclarations.

D'abord, je crois aussi que les Congrès ne sont pas indiqués pour la discussion des questions philosophiques, telle que la théorie de la responsabilité. Il est certain que nos convictions scientifiques, à ce propos, nous déterminent et nous guident dans toutes les applications pratiques et les propositions de réforme. Mais il est certain aussi que de tels problèmes ne peuvent être utilement discutés que dans des cours, sur le terrain du travail scientifique. Dans un Congrès, tout le monde reste de son opinion sur ces questions fondamentales. Et, si j'ai parlé hier de la responsabilité, qui est cependant la question fondamentale de nos études, c'est seulement sur l'invitation si bienveillante de M. Foïnitsky.

Quant aux déclarations que j'ai faites hier au sujet de mes convictions religieuses, c'est justement pour démontrer qu'on peut étudier et appliquer les données de l'anthropologie criminelle tout en ayant des convictions religieuses différentes, que j'ai opposé mon athéïsme à la foi ardente de M. l'abbé de Bæts.

Et, puisque j'y suis, je ferai une dernière déclaration. Avant-hier, ma réponse à M. Zakrewsky a peut-être pu paraître, à quelques-uns d'entre vous, animée par des sentiments de rancune personnelle. Je vous déclare, au contraire, que mes paroles ont été déterminées seulement par la forme peu respectueuse du rapport imprimé de M. Zakrewsky et aussi par la vivacité de mon tempérament méridional, doublé par l'ardeur de la défense de mon maître César Lombroso. Mais, je n'ai jamais eu aucun sentiment de rancune à l'égard de M. Zakrewsky ou d'aucun autre de mes collègues. Je ne cherchais qu'à combattre les idées et la forme sous lesquelles elles avaient été exposées, car ma devise a toujours été et sera toujours : tolérance absolue vis-à-vis des personnes, quelles que soient les opinions qu'elles soutiennent de bonne foi ; mais intransigeance absolue vis-à-vis des idées, en dehors et au-dessus de toute personnalité.

M. Lombroso. — Nous avons proposé nous-même la peine de mort pour les criminels-nés et Taine, dans la préface de ma 2me édition de « l'*Homme criminel* » insiste là-dessus. Mais la trop grande proportion de ces criminels-nés (36 %) m'a montré que cette peine serait trop

cruelle dans ses applications. Et puis, il y a des différences entre les criminels-nés. Il y en a qui peuvent être guéris. Quant à M. LeJeune, il n'a
pas seulement prêché l'accord, il l'a pratiqué par ses lois.

M. Maus fait un résumé de son rapport sur *Les mesures propres à
faire connaître la personnalité physiologique, psychologique et morale du
prévenu, qui permettraient aux magistrats et aux avocats d'apprécier
l'opportunité d'une expertise médicale* (voir p. 120).

M. van Hamel. — Le travail de M. Maus mérite une attention
toute particulière. Qu'on me permette quelques observations.

La question principale est de rendre praticable une tâche qui, dans
toute son étendue, serait beaucoup trop lourde. Que faudrait-il faire pour
se limiter ?

Il faudra choisir des catégories de cas dans lesquels l'investigation
spéciale sera indiquée. On pourra choisir d'après le caractère du fait, par
exemple, les assassinats et les meurtres, ou d'après la récidive, ou d'après
l'âge du délinquant, par exemple les jeunes délinquants au-dessous de
l'âge de 18 ans. Dans ce sens, à Amsterdam, nous venons de fonder une
société « Pro Juventute, » consistant en trois sections : section pour les
études scientifiques, section pour la défense des jeunes prévenus, section
pour le patronage. C'est à la deuxième de ces sections, composée d'avocats,
qu'incombe la tâche de rassembler les renseignements sur la personne
du prévenu.

Mais il faudrait compléter l'œuvre des investigations en instituant des
recherches et des expertises après la condamnation. C'est dans les prisons même que l'occasion s'offre aisément. Et ici, je rappelle le service
spécial du médecin mental pour les prisons de la Belgique et aussi les
résultats intéressants que M. le professeur Winkler, aujourd'hui professeur de psychiatrie à Amsterdam, a acquis par ses mensurations du
crâne de 50 homicides et de 50 recrues en Hollande, travail dont M. Lombroso vous a fait l'éloge.

Toutes ces investigations auront un but pratique en faveur des prévenus et des condamnés. Mais — et il faudra bien insister là-dessus — elles
auront aussi une importance scientifique plus générale ; car elles fourniront l'occasion de recueillir des documents statistiques qui pourront être
élaborées après.

A mon avis, les études d'anthropologie criminelle devront se faire
avant tout dans un but scientifique. La science aura toujours ses effets
dans la vie pratique, mais personne ne sait d'avance quels seront ces
effets. C'est l'avenir qui les indiquera.

M. de Groote. — Je crois devoir répondre à M. le professeur van Hamel au sujet des objections d'impraticabilité formulées contre une partie des conclusions du rapport présenté par M. Maus.

Ces conclusions visent trois points : 1° l'intervention de l'avocat dans l'instruction, 2° La décentralisation de la justice, 3° La refonte du régime des peines dans le sens d'une répression moins arbitraire, plus personnelle, plus humaine.

L'intervention de l'avocat dans l'instruction est une conséquence nécessaire de notre régime social. Je félicite la République et le Canton de Genève d'avoir inscrit ce droit d'intervention dans son Code d'instruction pénale du 25 octobre 1884, modifié par les lois du 1er octobre 1890 et du 28 mars 1891.

Lorsqu'un prévenu comparaît devant le juge d'instruction, sa première impression est sinon celle de la terreur, au moins celle de la crainte. A une question posée, il répond souvent par un mensonge, ou ce qui est le cas le plus ordinaire, par des paroles incohérentes qui peuvent être interprêtées à la fois dans le sens de l'aveu et de la dénégation.

Pendant l'interrogatoire du prévenu, les classes inférieures de la société, comparent le juge d'instruction au chat qui se joue de la souris sans défense.

Cette opinion porte atteinte à la dignité du magistrat et au prestige de la justice. Il ne faut pas qu'un juge d'instruction puisse être considéré comme un bourreau. Il faut s'opposer à cette compassion populaire qui ne peut apprécier si la justice arrête un innocent ou un malfaiteur.

L'intervention de l'avocat ne permettrait pas que la suspicion attaque le prestige du magistrat. Assisté de son conseil, dès le début de l'instruction, le prévenu éviterait ces allures louches qui le portent au mensonge et qui lui causent un si grand préjudice lorsqu'il comparaît devant les tribunaux et cours répressifs. Qui ment devant le juge d'instruction, est censé mentir devant le tribunal.

Le prévenu ne serait pas porté à faire ces espèces d'aveux qui n'en sont pas. Son conseil serait à ses côtés pour lui faire comprendre le danger de sa conduite, pour le soutenir dans ses négations, s'il les trouve fondées, et pour l'exhorter à l'aveu et au repentir s'il a conscience de la culpabilité de son client.

L'avocat ne serait-il pas à son tour l'aide du juge ? Ne pourrait-il de prime abord fournir les renseignements précieux que le juge ne se procurera qu'au prix de mille difficultés, suscitées par la crainte qu'inspirent au peuple les mots de : procureur du roi, juge d'instruction, gendarme et police ? N'est-ce pas à l'avocat que la famille, les voisins, les amis feront connaître ces mille et un détails, qui servent de base, au rapport si nécessaire pour connaître la responsabilité subjective, par le milieu social, les tares ataviques, enfin tous les facteurs propres à arrêter l'instruction, à provoquer une ordonnance de non lieu, un acquittement ou une condamnation mitigée par le degré de reponsabilité relative du délinquant ?

L'assistance du Conseil aurait une autre conséquence heureuse pour la magistrature et la justice. L'avocat pourrait faire assigner devant le juge instructeur les témoins et les experts nécessaires à la défense. Ce serait la suppression de toute cette catégorie de témoins, cités à la hâte, qui viennent déclarer qu'ils n'ont rien vu.

Actuellement, le flot des témoins de la dernière heure monte, monte toujours au grand détriment du trésor public ou du condamné.... s'il est solvable.

L'instruction secrète doit être bannie de nos codes européens. La justice veut être rendue au grand jour. Surtout pas d'intermédiaires, pas de policiers, pas de gendarmes, insuffisamment instruits, toujours incompétents pour procéder à une enquête subjective.

Le magistrat pour la société, l'avocat pour la défense, unis par le sentiment commun du respect de toute justice.

Je suis heureux d'être sous ce rapport en parfaite concordance d'idées avec MM. Maus et van Hamel.

Mais je ne puis me rallier à l'opinion de M. van Hamel en tant qu'elle combat la décentralisation de la justice. Cette mesure ne serait guère utile, d'après lui, parce qu'elle ne pourrait produire ses effets que dans les campagnes et non dans les grandes villes.

Cette impraticabilité résulte, selon moi, d'une légère erreur d'appréciation.

Les grandes villes ne constituent pas la nation. Loin de là ! Il faut légiférer pour tout le pays et ne pas uniquement tenir compte des grands centres.

Par la décentralisation de la justice, cette connaissance et cette action du magistrat dans l'enquête sur la personnalité du délinquant est non seulement possible, mais elle existe.

J'habite un chef lieu de canton, faubourg d'une grande ville. Là aussi se rencontre ce va et vient continuel de ce que j'appellerai les ménages nomades qui connaissent à peine leurs voisins. Et cependant, il suffit de se rendre aux audiences du tribunal de police, pour voir qu'il est parfaitement tenu compte du degré de responsabilité des délinquants à raison de leur milieu social et de tous les facteurs qui peuvent diminuer ou augmenter la peine. C'est que le juge est rapproché du justiciable, qu'il connaît l'influence et les nécessités du milieu.

Il en est de même dans les petits arrondissements judiciaires.

Plus le juge est rapproché du justiciable, mieux la justice est rendue. Le juge de paix de campagne ne connaît-il pas le milieu, les influences qui font agir les délinquants de son ressort; ne sait-il pas à quelle famille ils appartiennent, quelles maladies l'ont accablée, s'il a devant lui des alcoolisés ou des descendants d'alcoolisés, n'est-il pas en un mot mieux à même que personne d'apprécier la responsabilité des prévenus?

Mais ce rapprochement est encore insuffisant. Il faut réformer le régime des peines dans le sens d'une répression moins abstraite, plus personnelle, plus humaine.

M. Ferri nous a dit qu'en Italie on « dose » les peines. Je crois qu'il en est ainsi partout en Europe. Les codes répressifs édictent un minimum et un maximum, avec, comme palliatif, l'admission de circonstances atténuantes.

Notre estimé compatriote, M. le Ministre LeJeune, que je suis heureux de saluer à ce Congrès, a été le premier à entrer dans la voie des réformes. Son œuvre, la loi sur la condamnation et la libération conditionnelle du 31 mai 1888, a introduit dans le système pénal belge le principe de la responsabilité subjective dont, il faut le dire, l'application générale est le but poursuivi par tous les membres du Congrès.

Toutes les législations pénales européennes manquent leur but parce qu'elles ne sont pas des mesures répressives « personnelles et humaines. » La responsabilité varie d'après le sujet. L'acte délictueux commis par un homme relativement responsable, à raison de tares ataviques, ne peut être « tarifé » de la même façon, s'il est commis par un sujet normal entièrement responsable.

Cette graduation de la responsabilité doit ressortir de l'observation et de l'étude du sujet délinquant. Il faut établir le rapport entre l'acte et l'auteur ; par l'étude des phénomènes psychiques, du milieu social, de l'éducation, du degré d'instruction, des symptômes de dégénérescence, des caractères ataviques, en un mot scruter tous les facteurs qui sont en état de former la conviction absolue du juge. C'est alors seulement que ce dernier peut punir le sujet à raison de sa responsabilité réelle dans l'acte.

Mais comment ?

Les codes criminels européens ne sont que des tarifs de peines. Ils établissent un minimum de...... et un maximum de...... Ils n'envisagent que l'acte; ils oublient le sujet pour lequel la loi pénale doit être édictée ! Pharmacopées légales qui ne connaissent qu'un dosage invariablement limité à un minimum ou à un maximum de grammes ou de gouttes, sans tenir compte des besoins de chaque malade dans chaque cas morbide spécial.

Une refonte totale et brusque de tous nos codes criminels ne se ferait pas sans dangers. Il faut, pour y arriver, une évolution des esprits, des mœurs. La magistrature doit se mettre au courant d'études qui sont plus du ressort de la médecine que du droit.

Comment parer aux inconvénients du système actuel ?

Par un double moyen.

D'abord laisser le juge souverain appréciateur dans l'application d'un minimum de peine. Supprimez le minimum légal ; montrez au juge que la société lui accorde une confiance telle, qu'elle place entre ses mains le droit de juger en conscience la peine que doit encourir un sujet délinquant. Un blame public, une admonestation paternelle ou sévère, n'auront-ils pas plus souvent un meilleur effet, qu'une condamnation déshonorante, fut-elle même réduite à un franc d'amende ? La prison et l'amende sont-elles donc les seules armes nécessaires et indispensables pour défendre les nations civilisées ?

A mon humble avis, la persuasion et l'humiliation publique feraient, dans beaucoup de cas, plus de bien que la condamnation à l'emprisonnement ou à l'amende. Les premières agissent sur le cœur et l'intelligence, les dernières déshonorent, révoltent les esprits et souvent changent, dès là première condamnation, un homme né pour le bien en un misérable dont la vie se passera dans le crime.

Ce n'est pas là supprimer la loi. Le juge l'appliquerait à bon escient, mais ne serait pas tenu d'y recourir quand l'utilité en serait nulle en suite même des cironstances spéciales inhérentes au sujet ou à la cause.

Conservez d'autre part le maximum, et introduisez dans les codes la *sentence indéterminée* pour frapper par cette dernière mesure les récidivistes (les récidivistes politiques exceptés) et les criminels-nés. La société sera défendue contre le retour, *à date fixe,* de gens, qui n'ont actuellement aucun intérêt à s'amender, puisque malgré leurs mauvais instincts, la peine expire à l'époque fixée par le jugement. Pas d'amendement, pas de liberté : la société a le droit et le devoir de se défendre contre les malfaiteurs.

J'ai repris toutes les conclusions de M. Maus. J'applaudis à ses idées. J'estime que l'intervention de l'avocat dans l'instruction première, le rapprochement du juge de son justiciable et la refonte des lois criminelles dans le sens d'une répression plus personnelle, plus humaine, constitueraient un bien immense pour le progrès et pour le salut de la société.

M. Dallemagne. — Je crois n'avoir pas été le seul, au cours de cette séance, à éprouver un profond sentiment de soulagement ; et je pense que cette impression personnelle, traduite à cette tribune tout spontanément, trouvera un ample écho au sein de l'assemblée. Il était en effet regrettable de voir des hommes aussi considérables par le talent que par le caractère, préoccupés de l'avenir scientifique d'une même idée, venus de loin pour préparer cet avenir, user le meilleur de leurs armes en des joutes personnelles et parfois hostiles. Ce matin la détente s'est produite sur toute la ligne. MM. Ferri et Zakrewsky ont échangé ici même une cordiale poignée de main et les malentendus d'hier sont dissipés. Et je suis convaincu qu'un appel à la conciliation adressé à deux autres de nos collègues ne restera pas sans résultat. MM. Lombroso et Näcke ne voudront point sortir d'ici sans avoir à leur tour sacrifié sur l'autel de la réconciliation. Les critiques de M. Näcke ont été vives; mais seul le sentiment de grande et noble sincérité, qui caractérise notre éminent ami M. Näcke, les animait; nous nous en portons garant. Quant à ses ripostes, M. Lombroso a trop le sentiment du grand mérite de ses adversaires pour leur garder une allure incompatible avec la dignité ou simplement l'amour-propre. Et à cette sorte de liquidation personnelle, la science anthropologique gagnera toute l'autorité qui revient toujours à ceux qui mettent le triomphe de leur cause au-dessus des satisfactions de leur ambition, si légitime que celle-ci puisse être.

Mais une autre déclaration reste à souligner, parmi celles qui se sont produites ce matin. Nous avouons avoir entendu avec le plus vif plaisir M. Ferri déclarer que, dorénavant, il y aurait lieu d'écarter la question du libre arbitre et qu'il fallait s'efforcer à l'avenir de la laisser en dehors de nos discussions. M. Ferri a même voulu mettre uniquement sur le compte de sa bouillante ardeur, de sa belle jeunesse, la fière profession de foi matérialiste de la séance d'hier. Nous avons quelque peu prévu hier ce retour à une vue plus nette des nécessités de nos travaux.

Nous sentions bien, hier, à cette place, qu'en venant vous parler pratique professionnelle après les éloquentes tirades des orateurs qui nous avaient précédés, nous risquions de paraître terre à terre, terne et vieux jeu; nous nous en excusions même quelque peu. Mais nous étions convaincu que la note pratique définitive était dans l'étude froide, méthodique des faits et, confiant dans un revirement inévitable, nous avions négligé volontairement la tirade obligée. Nous croyions du reste pouvoir personnellement nous en dispenser, ayant nous même en 1892 au début du Congrès, sacrifié à ce bel élan de jeunesse et d'ardeur dont nous parlait tantôt M. Enrico Ferri. Depuis, sans abandonner rien de nos principes, il nous a paru qu'il y aurait une insistance fâcheuse à en reparler trop souvent et voilà la raison de notre exposé placide et pratique de la séance d'hier.

Nous vous conviions donc, hier, avec certains ménagements de forme, à redescendre dans le domaine des réalités et à vous ressouvenir du but de notre réunion en ce lieu, qui est une entente collective sur le terrain des faits. Et voilà qu'aujourd'hui, à notre grande joie, nous constatons que cette entente existe, qu'il n'y a plus à la sanctionner, qu'elle se poursuit à notre insu et qu'elle s'établit j'allais dire presque malgré nous.

Ne sentons-nous pas, en effet, que sans y prendre garde, pour avoir vécu ici les jours passés au contact de la parole les uns des autres, une sorte de pénétration réciproque s'est établie. Ne vous semble-t-il pas comme à moi que, progressivement, quelque chose lentement s'est transformé en vous-mêmes. Remémorons-nous nos manières personnelles de comprendre et de penser lors de notre entrée dans cette salle, lundi dernier, et demandons-nous si les aspérités de tout cela ne se sont pas arrondies, si les angles de nos idées ne se sont pas quelque peu émoussés. Nous avons tous appris quelque chose et nous nous sommes transformés de toute l'importance de nos acquisitions.

Une chose s'impose également à titre de conclusion; c'est que nous avons besoin du concours les uns des autres. Nos préoccupations, nos charges, nos origines intellectuelles et morales sont diverses; mais comme elles procèdent de choses toutes respectables destinées non à se combattre mais à s'harmoniser, il est nécessaire que nous fassions, chacun de son côté, l'effort nécessaire pour aboutir à l'entente indispensable à tout travail en commun.

Ce travail s'élabore du reste presque à notre insu et il se précise chaque jour davantage. Il suffit de se rappeler les considérations exposées si remarquablement par M. Maus pour savoir que, malgré les contradictions de nos théories, des solutions pratiques communes, admises et souhaitées par tous, sont en voie de prospère élaboration. Il est nécessaire de ne point contrarier, par des exigences dogmatiques, l'affirmation de telles tendances. C'est une question très importante de discipline pour le présent et pour l'avenir; c'est une condition de succès pour l'anthropologie criminelle toute entière. Car, en dehors de cette enceinte, la science nouvelle s'évaluera surtout par ses côtés pratiques. On ne tiendrait que peu compte de nos efforts si nos discussions, malgré leur science et leur éclat, se maintenaient en des principes inconciliables ainsi qu'en des camps retranchés.

Et l'accord ainsi établi sur le terrain des faits, l'esprit assoupli aux nécessités de notre tâche, nous pourrons nous séparer emportant de nos réunions un sentiment réel de devoir accompli. Nous emporterons surtout l'agréable mission de dire aux uns et aux autres les résultats, les légitimes espérances du IVᵉ Congrès d'anthropologie criminelle.

Nous dirons aux biologistes qu'à l'école des législateurs et des magistrats nous avons appris à comprendre davantage les justes et légitimes susceptibilités de ceux qui, ayant charge d'âmes sociales, réclament pour nos solutions théoriques l'examen minutieux et critique, le contact prolongé des réalités. Nous dirons que leur vie, vécue au milieu des difficultés qui résultent de l'élaboration et de l'application des lois, les obligent à de la circonspection vis-à-vis des données dernières d'une science nouvelle qui a besoin de s'affirmer encore et de s'épurer.

Vous direz à vos amis, Messieurs les Juristes, qu'au contact des gens plus particulièrement voués à la science, il y a parfois des choses intéressantes à connaître et d'utiles notions pratiques à acquérir. Vous leur répéterez que, malgré des tendances d'ordre supérieur, l'organisme humain est bien malgré tout la plus belle, mais la plus fragile des machines; qu'en l'étudiant dans ses anomalies, dans ses vices, dans ses écarts on le comprend mieux, et que pour bien le guider, pour l'apprécier, pour le juger et surtout pour l'améliorer, il n'y a encore qu'une vraie et unique méthode, celle qui l'étudie d'abord dans sa normalité, puis ensuite dans ses poussées anormales dont les crimes ne sont souvent que les tristes extériorisations.

M. F. Ferraz de Macedo rappelle que M. van Hamel en parlant des observations crâniométriques faites sur les têtes de criminels en Hollande, a dit que l'on a trouvé quelque différence de diamètre entre les têtes des criminels et celles des normaux.

Depuis 14 ans le préopinant fait des études directes sur des hommes criminels morts et vivants, en les comparant avec des normaux, y compris les crânes des criminels de M. Lombroso, études dont le résultat a été publié dans un volume qu'il a offert au IIIme Congrès d'anthropologie criminelle de Bruxelles (1892).

Après ces études, il a continué encore pendant l'espace de six ans à étudier les cerveaux des criminels et des normaux, ainsi que les dimensions de l'organisme externe des criminels, dans les prisons.

Il y a quatre ans aussi qu'il étudie les femmes criminelles, également dans les prisons, étude qu'il continue et sur laquelle il n'a pas encore présenté de rapport, parce qu'il n'a pas encore obtenu des résultats complets et concluants.

Au cours de toutes ces observations, il n'a jamais rencontré aucune différence extérieure entre les criminels et les normaux.

Il est vrai qu'il y a quelques différences entre la partie endo-crânienne des criminels et celle des normaux, différences qui sont caractérisées par des signes d'une circulation exagérée dans le cerveau — sillons plus profonds dans la lame interne du crâne, exostoses, etc. — Mais ces signes et altérations endo-crâniennes se retrouvent aussi bien chez les fous, dans les cas pathologiques accidentels de la tête, etc., que chez les criminels, d'où l'on ne peut conclure qu'ils appartiennent de préférence à ces derniers. On ne peut pas différencier ces altérations morphologiques chez les uns ou les autres.

M. Ferraz de Macedo estime que l'étude extérieure faite par mensurations et par observations de l'extérieur de l'organisme, soit sur l'homme vivant, soit sur le mort, ne pourra pas, dans l'état actuel de la science, donner des renseignements assez précis pour éclairer, d'une manière positive, les juges et les tribunaux au sujet des criminels vrais, des fous, des pathologiques accidentels ou des normaux. Il admet que les moyens anthropotechniques (répression, thérapeutique, etc.,) doivent être appliqués aux criminels sans distinction des qualités impulsives de leurs actions condamnées par les honnêtes gens, afin de suspendre les explosions de leurs actes au milieu de la société, mais non pas pour les guérir, ni pour modifier la marche régulière qui dépend de leur organisation et non du milieu où ils vivent.

Ceci est une réponse indirecte au rapport précédent de M. Lombroso et une réponse directe à celui de M. Maus.

La séance est levée à 10 heures ³/₄.

SÉANCE DU SAMEDI 29 AOUT
Matin.

PRÉSIDENCE DE M. ALFRED GAUTIER.

La séance est ouverte à 9 heure ¼.

M. Bedot, secrétaire général, donne lecture du procès verbal de la séance précédente.

M. Ladame, président du Congrès, prie M. le professeur Alfred **Gautier** de vouloir bien prendre place au fauteuil de la présidence.

M. Rivière donne lecture, au nom de M. **Griffiths,** de la communication suivante :

Sur le traitement pratique de la récidive.

Dans sa *Sociologie criminelle* M. Enrico Ferri, l'illustre savant, prononce les remarquables paroles suivantes :

« La justice pénale est actuellement une vaste machine qui saisit à elle et rejette « ensuite une quantité d'individus dont elle brise la vie par ses engrenages, sans « compter leur honneur, leur santé et leur moral ; elle leur laisse des cicatrices ineffa- « çables et les amène à descendre fatalement du côté de ceux qui grossissent les rangs « des criminels de profession et du récidivisme, sans leur conserver nul espoir de « guérison. »

C'est là une vérité évidente et indiscutable. L'action de la justice qui rend coup pour coup, les œuvres des lois pénales ne sont souvent que mécaniques ; aussi restent-elles absolument inefficaces, quelquefois même dangereuses.

Destinée, comme tel est son devoir, à défendre la généralité, la loi comprime beaucoup trop le petit nombre, et malgré ses rigueurs elle ne réussit pas toujours à protéger la société, ce qui est cependant son but essentiel.

Les lois pénales et l'administration pénitentiaire non seulement n'enrayent pas suffisamment le crime, mais on peut même dire qu'elles ne l'empêchent pas. Encore moins le guérissent-elles ! En dépit de leur sévérité, les classes dangereuses, tout le ramassis des professionnels du crime qui persistent à rompre les barrières défensives dont la société s'entoure, continuent à vivre et à se recruter largement et restent un sujet d'inquiétude pour la masse en général, moins peut-être par leur nombre que par leur audace et leur activité.

N'y a-t-il aucun remède à cet état de choses ? Ne pourrait-on pas imaginer de nouvelles mesures et modifier le traitement pénal pour arriver à faire échec au crime persistant et endémique ?

C'est là une question pratique que se posent beaucoup de gens de bon sens et qui offre plus d'intérêt, ce semble, pour la société que les théories ingénieuses élaborées par la physiologie et la psychologie criminelles. En insistant sur la nécessité d'étudier plus à fond la question du traitement pratique du crime, je n'ai nullement l'intention de détracter et de diminuer la valeur des recherches dues à l'école de l'éminent docteur Lombroso ; je voudrais seulement, dans ce court exposé, traiter de la criminalité dans son côté pour ainsi dire concret, positif, comme elle se présente chaque jour à nos yeux : je n'ai point le désir de m'élever à des abstractions.

Voyons donc ce qui constitue à proprement parler le crime. Un grand juriste anglais, sir James Stephen, l'a défini fort bien :

« Le crime, c'est toute action ou omission d'action pour laquelle une punition légale « peut être infligée à la personne coupable d'avoir ou de n'avoir pas agi. »

Cette définition est très étendue ; elle comprend, évidemment, aussi bien les plus légers délits que les crimes les plus abominables. La statistique anglaise a essayé de classer les délits et les crimes. Dans la catégorie no 1 elle range les actes délictueux qui peuvent être traités sommairement, c'est-à-dire qui relèvent, pour ainsi dire, de la police correctionnelle. Dans la catégorie no 2 elle place les actes qui sont justiciables des tribunaux plus élevés. La première de ces classes comprend l'ivrognerie, le vagabondage, la mendicité et les petites infractions à la loi ; la seconde représente les crimes commis contre des personnes, contre la propriété, les faux en signatures, les fraudes et les crimes sexuels.

La 1re catégorie est, naturellement, bien plus forte que l'autre. Il s'agit pour elle de délits et non de crimes, c'est-à-dire d'actes qui tendent seulement vers le crime et qui souvent l'engendreront par la suite.

En Grande Bretagne, le nombre moyen de ces délits est de 600,000 par an ; celui des cas prévus dans le second groupe est d'environ 80,000, ce qui donne une proportion de 289 par 100,000 personnes de la population générale. Mais les auteurs de ces actes répréhensibles ne sont pas tous retrouvés. Aussi le chiffre moyen des individus qui comparaissent devant les assises judiciaires pour actes graves n'est que de 54,000, soit 194 pour 100,000 têtes de population.

Nous devons remarquer que la catégorie no 1 passe constamment à la catégorie no 2 et la renforce, en sorte que cette dernière représente les crimes commis par les recrues aussi bien que ceux qui ont pour auteurs des vétérans du crime.

C'est de cette classe no 2 que les lois pénales doivent principalement s'occuper, parce que c'est là que se forme le récidivisme.

Quelques chiffres suffisent à montrer ce que c'est que le récidivisme en Angleterre, où, par contre, la criminalité ordinaire a diminué d'une façon très appréciable.

Si l'on prend les statistiques criminelles de l'année qui finit le 31 mars 1896, on voit que les prisons anglaises, sans distinction du régime pénitentiaire, ont reçu dans les derniers douze mois

hommes 111,021
femmes   42,147
total   153,168 détenus.

Ces chiffres peuvent ne pas concorder en apparence avec ceux de la 2me catégorie ; cela vient de ce que ce total de 153,168 condamnés est formé aussi des individus qui, classables au début dans la catégorie n° 1, ont passé plus tard dans la catégorie n° 2 et ont pris le chemin des prisons.

Dans ce nombre de 153,168 détenus, il y a

56,106 hommes

11,338 femmes

qui n'avaient pas encore subi, que l'on sache, de condamnations.

Nous trouvons donc que

54,917 hommes

30,809 femmes

avaient subi déjà des condamnations antérieurement. Nous voyons aussi dans ce tableau n° III que le récidivisme est plus fréquent chez la femme que chez l'homme ; c'est là d'ailleurs une observation qui a déjà été relevée.

Ce tableau n° III nous met encore en présence d'autres faits remarquables concernant le récidivisme. Nous donnons à la fin de ce rapport une table détaillée (A) et exacte des recondamnations dépassant la 20me peine prononcée par les tribunaux contre les mêmes individus. Mais, dès à présent, nous pouvons cependant nous arrêter à quelques chiffres.

Dans ce total de 54,917 récidivistes hommes et 30,809 récidivistes femmes, il n'y a pas moins de 5,190 hommes et 7,475 femmes ayant déjà subi plus de 20 détentions différentes.

Les cas de récidives allant de 11 à 20 condamnations sont, pour les hommes, de 5,380 et pour les femmes de 3,919 ; les récidives allant de 6 à 10 condamnations sont, pour les hommes, de 7571 et pour les femmes de 4098. Le plus grand nombre, soit 16,654 hommes et 7,707 femmes n'avaient été emprisonnés qu'une seule fois, mais le chiffre est grand des secondes et troisièmes condamnations, quoique ensuite celui des quatrièmes et cinquièmes soit plus faible. On voit par cela que les femmes fournissent de beaucoup la plus grande part des récidivistes endurcis, car 7,475 d'entre elles ont été incarcérées plus de 20 fois.

Nous avons donc ici un fort contingent de criminels à l'état constant qui suivent un perpétuel mouvement d'entrées et de sorties dans les prisons et sur lesquels la gamme des traitements employés par les administrations pénales reste à peu près sans effet. Quelle que soit la manière de les traiter, le résultat est nul ; rien n'y fait, ni la sévérité, ni la bonté, ni les privations les plus pénibles, ni les méthodes les plus philanthropiques Les deux manières, la manière forte et la manière douce, ont été essayées ; elles l'ont été peut-être, cela est vrai, dans une sphère un peu limitée. La première peut avoir réussi sur quelques sujets ; l'autre peut avoir donné aussi quelques bons résultats et avoir engagé certains détenus libérés à ne plus faillir ; mais, comme les chiffres ci-dessus le démontrent, le plus grand nombre restent obstinément fixés dans la voie du mal et retournent obstinément au crime quand ils ont été rendus à la liberté. C'est là le residuum criminel, l'essence, pour ainsi dire, de la criminalité d'un pays, le centre de l'armée du mal toujours en guerre avec la société et contre lequel la loi bataille avec plus ou moins de vigueur, mais généralement sans succès. De temps en temps l'état capture ces récidivistes, il les punit, les enferme, les exhorte, les fortifie, les assiste une fois rendus à la liberté, mais dans la plupart des cas il ne réussit pas à en faire d'honnêtes gens. Appelons-les comme nous voudrons, criminels-nés, criminels de hasard ou d'instinct, criminels par habitude acquise, provenant de misère ou de faiblesse de sens moral, leur caractéristique reste toujours comprise dans l'expression générale de récidivistes ou criminels habituels. Nés criminels et agissant sous l'effet d'une inclination irrésistible au crime, ou devenus criminels par l'effet des circonstances ambiantes ou de certaines négligences de la loi, ils continueront pour la plupart toute leur vie à suivre le chemin où ils se sont engagés ; ce sont les « hors la loi », en guerre avec la société et qu'elle devra traiter comme « hors la loi. » Mais le traitement qu'elle devra leur appliquer, c'est là un progrès qui n'a pas encore été trouvé.

Examinons maintenant les diverses méthodes utilisables ou utilisées actuellement contre ces délinquants et criminels d'habitude.

Je me permets de faire remarquer ici qu'aucun pays plus que l'Angleterre ne s'est livré à des expériences de tous genres dans ce domaine. Elle a essayé la déportation, comprise aussi largement que possible, et les résultats qu'elle a obtenus sont si frappants que les défauts du système ne valent presque pas la peine d'être retenus et qu'il semble qu'une seconde Australie pourrait se créer sur imitation de l'autre.

L'Angleterre a été aussi une des premières à adopter le système de l'emprisonnement cellulaire et elle est actuellement la seule nation qui dispose d'une aussi grande quantité de cellules simples, en sorte qu'elle est le seul pays où tout individu incarcéré a aujourd'hui sa cellule séparée ; elle a inventé aussi le système progressif dit Irlandais ou système de Crofton appelé ainsi du nom de son initiateur supposé, sir William Crofton, et encore en usage de nos jours ; elle a enfin donné toute son attention au patronage ou assistance des prisonniers libérés. Elle a d'ailleurs trouvé sa récompense de ce côté, car le chiffre des crimes a bien diminué dans le pays. Il est vrai que cette diminution est due aussi à d'autres facteurs, tels que le développement de l'instruction générale et le sauvetage, opéré à temps, de criminels tout jeunes qui sans le bonheur d'une intervention rapide seraient devenus plus tard des recrues de la récidive.

Et pourtant, malgré tout cela, la criminalité récidiviste relève toujours son horrible tête d'hydre et garde sa vigueur et sa vitalité inquiétantes. En fait elle a résisté au traitement appliqué.

Que faut-il donc conclure de ces constatations ? C'est que d'autres procédés devraient être essayés. Peut-on en trouver encore ? La réponse, pour être satisfaisante, doit dépendre évidemment du résultat de l'expérience. Cependant, la direction à donner à ces expériences peut être indiquée et je ne saurais mieux la marquer qu'en répétant un mot un peu paradoxal que j'ai écrit ailleurs : « les criminels d'un pays devraient être, dans leur ensemble, classés en deux grandes divisions, celle des délinquants qui ne devraient jamais êtres emprisonnés et celle des délinquants qui ne devraient jamais quitter les maisons de réclusion. » Cette proposition signifie que, pour le petit délinquant, la discipline et le stigmate de la prison devraient être évités comme nuisibles et démoralisants et comme propres à pousser plus avant dans la voie du mal des individus relativement innocents et non encore souillés profondément par le vice. C'est là une idée dont la justesse a déjà été reconnue et pour la mise en pratique de laquelle des efforts partiels ont été déjà faits, telles l'adoption des condamnations conditionnelles, l'extension donnée à la peine sous forme d'amende, etc.

Quant à la seconde division, elle est réservée évidemment au criminel endurci qui, par ses délits répétés, montre sa préméditation de révolté et qui a dès lors perdu le droit d'être libéré ; c'est un incorrigible dans toute l'acceptation du terme et quelque exagéré que paraisse le mot.

Personne, humainement parlant, n'est incorrigible ; où il y a vie, il y a espoir même s'il s'agit du criminel-né : en dépit des stigmates qui le caractérisent, cet individu est perfectible, pour peu qu'une méthode curative soit sagement choisie à cet effet. Des méthodes employées, il y en a en tout cas une qui donne des résultats pour les formes les plus communes du délit ou du crime, le délit ou crime commis par avidité, par acquisivité. Un grand auteur anglais, Thackeray, a signalé la méthode à suivre par ce mot qu'il prête à la fameuse aventurière Becky Sharpe :

« Il est très facile d'être honnête quand on possède une rente de 25,000 francs ! »

Ne pouvant doter tous les nécessiteux qui ont un penchant au crime, nous aurons toujours des criminels invétérés. Incorrigibles, ils ne le sont cependant pas, comme je l'ai démontré, et c'est heureux, car autrement il ne resterait qu'une ressource, les supprimer. Mais même cette méthode n'a jamais aboli le crime, à preuve les hétacombes de criminels dues au code sauvage et draconien qu'avait l'Angleterre il y a 50 ans.

Pendaison ou déportation aux antipodes frappaient les moins coupables.

En fait, cette rudesse d'autrefois vis-à-vis des assassins et des voleurs a moins bien réussi que les systèmes plus doux admis pour eux de nos jours.

Mais voyons ce qui se passe pour la seconde partie de mon paradoxe, celle qui, vise les criminels qu'on ne devrait jamais laisser sortir. « Jamais » est un mot trop fort. Il faudrait dire plutôt: détention prolongée, conditionnelle, appliquée à l'individu dans l'espoir motivé que cet homme peut être amélioré avec le temps. Evidemment les criminels invétérés devraient être détenus aussi longtemps qu'ils constituent un danger pour les honnêtes gens et qu'ils refusent de poser les armes. C'est l'application du système de la condamnation à un emprisonnement sans limite de temps posée ; ce système a de nombreux partisans, mais ils s'en tiennent plutôt à la théorie. Il faut noter cependant dans ce genre le Reformatory américain d'Elmira, où les libérations n'ont lieu que dans le cas d'amélioration reconnue du détenu. La détention néanmoins n'y dépasse que très rarement le laps de deux ans. D'ailleurs, le système d'Elmira n'est appliqué qu'à des sujets jeunes, capables de perfectionnement et, le plus souvent, tombés pour la première fois.

C'est là, à tout prendre, le développement du système réformateur qui a déjà produit de si heureux résultats en Angleterre. Mais, avec ses visées ultra-humanitaires, ce système ne convient plus pour le criminel endurci, lequel est un paria que rien ne peut racheter et qui restera toujours la croix de la criminologie.

Quand cette classe de criminels sera frappée de la détention sans limite fixée nous serons bien près de la solution du plus grave problème proposé en matière pénale. Nous avons lieu de croire qu'en Angleterre l'opinion publique est préparée pour ce changement et que le gouvernement britannique, d'ici à peu de temps, commencera des études sur ce sujet. Le système fourmille de difficultés ; aucune cependant n'est insurmontable. Evidemment la détention ne saurait être prolongée indéfiniment qu'avec certaines précautions, et selon le caractère surtout de cette détention.

Pour une période prolongée, la cellule est hors question. En Angleterre, elle n'est admise que pour neuf mois au plus, sauf de rares exceptions allant jusqu'à un et deux ans, et le régime cellulaire y trouve une opposition croissante.

En Belgique, les emprisonnements cellulaires ont duré parfois plusieurs années, avec le maximum de rigueur pour le détenu, mais les autorités belges sont disposées déjà à modifier ce système.

Quant au régime progressif, nous ne pouvons guère mieux le préconiser : avec ses travaux excessifs et la cellule séparée pour la nuit, le bagne ne peut être infligé indéfiniment à un individu ni même à ceux qui sont condamnés aux travaux forcés à perpétuité.

Donc, aucune de ces méthodes ne peut servir dans les cas de détentions sans durée fixe. Le traitement à appliquer à ce genre de délinquants doit être plus humain, moins dur; il lui faudrait un établissement autre que le bagne ou la prison, quelque chose comme un lieu de pénitence avec discipline de rigueur, travail forcé et suppression de la liberté. Ce devrait être plutôt un asile, un hôpital, l'hôpital moral de la nouvelle criminologie.

La vie à l'air libre, mais avec des restrictions bien déterminées, serait la réalisation de cet idéal : la *colonie agricole*, si éloquemment défendue par le professeur Ferri. Ces établissements seraient destinés à des fins industrielles et agricoles. Ils se suffiraient à eux-mêmes autant que possible; le détenu, quand il l'aurait mérité, pourrait sortir de la colonie, aller visiter des parents ou des amis, avec obligation formelle pour lui de rentrer, sous peine de mesures de rigueur.

Ce mode de détention modérée a été essayé sans inconvénients dans les prisons intermédiaires du système irlandais, mais il l'a été sur une petite échelle. Quant aux cas où le condamné ne reviendrait pas de lui-même, ils seront rares, car, avec les ressources de la police anglaise, l'individu serait bien vite retrouvé et ramené de force dans sa prison.

On objectera que c'est là le développement seulement de notre système de libération conditionnelle actuel, le billet de départ, le « ticket of leave. » Ce système a donné de bons résultats, mais il a aussi ses défauts. Le convict libéré conditionnellement se plaint de l'ingérence de la police qui le poursuit, comme de juste, quand un crime est commis et que son auteur reste introuvable; il est arrêté alors sur simple présomption. Mais il est bon d'ajouter que bien souvent aussi des crimes sont commis par des libérés conditionnels et qu'on ne retrouve jamais leurs auteurs.

D'ailleurs le récidivisme n'est pas l'apanage seulement des convicts libérés, des anciens du bagne. Les chiffres fournis plus haut établissent qu'en Angleterre, les récidivistes se recrutent plutôt parmi les individus condamnés à de courtes incarcérations et qui sont relâchés sans condition.

D'aucuns préconisent la colonie pénale placée au-delà des mers et alimentée par la déportation ou la transportation. L'opinion anglaise est décidément opposée à ce système, malgré ses avantages apparents. Des essais nombreux et coûteux ont été faits : ils nous ont convaincus que les inconvénients l'emportent sur les avantages. La grosse objection à faire pour la colonie pénale à distance, c'est la difficulté d'un contrôle efficace. Aussi dirons-nous :

« Reléguez vos prisonniers dans un établissement d'agriculture spécial, mais gardez-les près de vous, sous vos yeux. C'est le seul moyen d'empêcher les abus et « d'appliquer judicieusement le traitement qui convient aux détenus. »

Une autre considération nous fait réprouver le mode des colonies pénales lointaines, c'est celle de l'injustice commise à l'égard de régions que la métropole empoisonne par le transfert d'éléments dangereux, que ces régions ne peuvent absorber entièrement et facilement et qui longtemps les infestent.

Il y a d'ailleurs à tenir compte d'autre chose, la nécessité, par exemple, de pouvoir ramener facilement aux formes les plus sévères du régime pénitentiaire les colons révoltés ou récalcitrants. Il faut toujours faire comprendre aux déportés en colonies pénitentiaires qu'une mauvaise conduite persistante les ferait reléguer dans les prisons ordinaires. Ce sont autant de raisons de renoncer aux colonies lointaines et de les remplacer par des colonies dans le pays même ; c'est là seulement que la discipline peut être maintenue et que l'opinion publique peut exercer sa surveillance.

Le contrôle pour les détentions à termes indéterminés devrait être confié à des fonctionnaires officiels responsables, capables d'apprécier les progrès de chaque détenu, de mesurer les résultats obtenus auprès de chacun d'eux et travaillant au grand jour sous les yeux du public.

Je ne veux pas insister ici sur les détails de l'organisation de ces colonies pénitentiaires ; je ne veux pas non plus me prononcer sur le choix d'un emplacement, plus ou moins fertile et agréable, et où le travail des colons soit plus ou moins rémunérateur. Il n'est pas nécessaire de reléguer les prisonniers sur les hauts plateaux du Dartmore, ni dans les carrières du Portland ; ce qu'on devrait rechercher, pour ces colonies, ce ne sont point des terrains vagues, mais des terrains propres aux travaux de la ferme et du jardinage. Dans la crise agricole qui sévit actuellement en Angleterre, il serait facile d'obtenir à très bas prix des propriétés excellentes ou de les louer, d'autant plus qu'il y a encore de grandes étendues de ces propriétés qui ne sont pas cultivées. La colonie ainsi comprise devrait avant tout se suffire à elle-même et fabriquer elle-même tout ce dont elle aurait besoin, de façon à donner aux colons le sentiment de leurs propres forces, et de leur valeur comme travailleurs. En ce qui concerne ces colons, il faudrait opérer une certaine sélection ; ils devraient être choisis parmi les récidivistes paraissant le plus capables de relèvement, et c'est le cas pour le plus grand nombre. Il serait erroné de supposer que le récidiviste endurci est récalcitrant et indiscipliné ; au contraire, c'est d'habitude le meilleur des prisonniers. La cause en est facile à trouver ; il sait par expérience que l'obéissance et la bonne volonté dans le travail rendent seules la vie de prison tolérable ; aussi se soumet-il de bonne grâce à ce qui est inéluctable pour lui. Tous les récidivistes ne sont pas les mêmes, il est vrai. Les rangs des criminels d'habitude renferment toujours un fort contingent d'individus faibles de physique et d'intelligence. Ils ne sont pas absolument irresponsables, mais ils s'en approchent.

Ils ne sont pas assez faibles d'esprit pour être déclarés atteints d'aliénation mentale, et ils ne sont pas non plus assez sains d'esprit pour être traités sur les bases plus larges de l'indépendance relative accordée aux autres colons. Cependant, avec les précautions voulues, on pourrait trouver place pour ceux-ci également. Sans être tous capables d'un travail véritable, ils peuvent être soumis à des occupations faciles. Si l'on objecte qu'ils sont incapables de mériter leur rédemption et d'obtenir leur liberté conditionnelle fondée sur leur amélioration probable, on peut répondre que, pour eux, la vie de la colonie est un milieu plus sûr et plus humain que la cellule de la prison, à laquelle leur faiblesse innée et la sévérité aveugle de la loi si souvent les feraient retourner fatalement.

Il reste une dernière difficulté qui semblerait devoir empêcher l'exécution de ce plan de colonies pénitentiaires, c'est la question de savoir comment on devrait déterminer la longueur du séjour forcé de chaque colon dans l'établissement. Qui déciderait sur ce point capital du système ? Les uns estiment que ces décisions devraient relever du juge ou des magistrats. Mais, malgré toute leur valeur, leur conscience et leurs lumières, ces fonctionnaires risqueraient de ne pas pouvoir examiner à fond le cas de chaque détenu, absorbés qu'ils sont forcément par des devoirs multiples.

Le chapelain, le médecin et les directeurs ne sauraient toujours arriver aux conclusions nécessaires, car ordinairement rien ne trompe plus que l'amendement du prisonnier, qui est tout de surface et d'apparence et n'a point ce fond moral sans lequel la rechute est toujours à craindre.

Ce point est, je crois, le nœud de la question. Cette question n'est, d'ailleurs, probablement pas insoluble et il est possible que les travaux engagés dans ce sens par des hommes de haute intelligence et doués d'une clairvoyance spéciale puissent un jour en donner la solution, mais ce sont là des qualités rarement possédées par les directeurs des établissements pénitentiaires.

Quoi qu'il en soit, il est certain, dès à présent, que la relégation sans délai fixe offre des avantages sérieux reconnus par tout le monde aujourd'hui. Il ne faudrait pas d'autre part s'attendre à des progrès bien rapides dans ce sens. Ce que nous pouvons espérer pour un avenir prochain, c'est la séquestration du récidivisme, avec application de procédés curatifs à longues durées.

Ainsi à une époque plus ou moins éloignée le criminel par habitude pourra être libéré, guéri de ses penchants criminels et ne plus être une menace permanente pour la société. C'est là, je crois, le désir de nous tous. Pionniers et leaders de la pensée scientifique aussi bien que modestes administrateurs pratiques, et je me range parmi ceux-ci, nous avons tous un but commun, une seule aspiration, c'est de faire quelque chose pour diminuer, éliminer et peut-être même faire disparaître le crime.

A   TABLE DÉTAILLÉE DES RECONDAMNATIONS

Nombres reçus dans les prisons pendant 1895—96 qui ont été déjà condamnés.									
Une fois.	Deux fois.	Trois fois.	Quatre fois.	Cinq fois.	De six à dix fois.	De onze à vingt fois.	Plus que vingt fois.	TOTAL	
Hommes 16,654	7,925	5,303	3,036	2,958	7,571	5,880	5,190	**Hommes**	**Femmes**
Femmes 7,707	2,608	1,961	1,654	1,387	4,098	3,919	7,475	54,917	30,809

NOTA. Le même individu condamné plus d'une fois dans l'année paraît dans plusieurs colonnes.

Le fait que la récidive est toujours croissante se montre nettement dans les chiffres des condamnations à « la servitude pénale. »

En 1870 parmi 1584 condamnations il y avait 276 récidivistes, ou $\frac{1}{6}$.

» 1895 » 898 » » 262 » » de $\frac{1}{3}$ à $\frac{1}{4}$.

La discussion relative à cette communication a eu lieu à la fin de la séance (voir p. 364).

Mme Tarnowsky donne lecture de la communication suivante :

Contribution à l'étude de la morphologie des Prostituées par le Dr L. JULLIEN, chirurgien de St-Lazare à Paris.

M'inspirant des études poursuivies présentement en Italie sur le *pes prehensile*, j'ai l'honneur de faire connaître le résultat des mensurations pratiquées sur 50 femmes de mon service, à St-Lazare.

Ce sont de très jeunes filles, entre 15 et 22 ans. Il en est qui ne sont pas encore inscrites à la police, mais toutes ont été arrêtées pour faits de prostitution, et m'ont été adressées pour être traitées de maladie vénérienne.

Leur faisant placer les pieds nus sur une feuille de papier blanc, j'en traçais très exactement le contour avec le crayon, m'appliquant à relever surtout l'intervalle interdigitaire entre le gros orteil et son voisin. J'ai ainsi obtenu les 50 dessins que je joins à ce travail.

L'examen de ces schémas révèle tout de suite un *écartement considérable* puisque la moyenne est de 4,3 millim. (398 sur 91 cas). Dans un tiers des cas seulement l'écartement est égal à 0, le pied est alors parfaitement conformé.

Dans près de la moitié l'écartement atteint ou dépasse 5 millim. (42 cas). Dans un huitième, il atteint ou dépasse 10 millim., le maximum atteint étant de 12 millim. (11 cas).

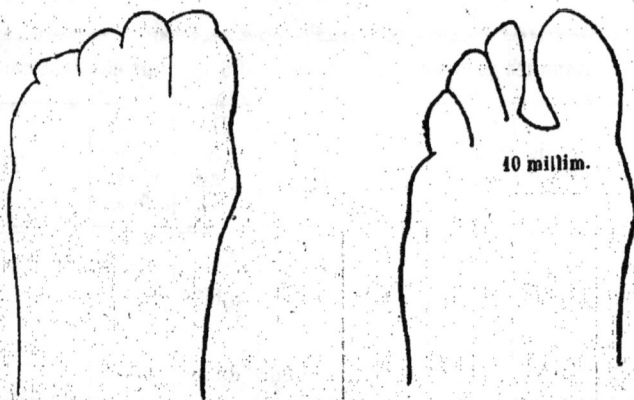

10 millim.

Une particularité tout à fait digne d'attention est relative à la *différence qui existe entre le côté gauche et le côté droit.* La moyenne de l'écart pour le côté droit est de 3,6 millim. (165,5 pour 45 cas). Tandis que, à gauche, il mesure 5 millim. (233 pour 46 cas). De même, la morphologie idéale (intervalle 0) existe 20 fois à droite et 12 fois à gauche.

Et inversement, parmi les écartements qui dépassent 5 millim., j'en trouve 18 à droite et 24 à gauche; parmi ceux qui dépassent 10 millim. je note 4 pieds droits et 7 pieds gauches.

On peut donc dire que dans une proportion très notable le pied droit est bien mieux construit que le gauche.

Je me borne à enregistrer dans cette courte note les seules particularités afférentes au premier espace interdigitaire, sans m'arrêter à la disposition anormale ou vicieuse des 4 autres orteils, que j'ai très souvent vus déformés en marteau ou irrégulière-ment écartés.

Je livre ces résultats sans autre développement et sans commentaires, heureux s'ils semblent dignes de quelque attention et s'ils ajoutent une modeste contribution aux si importants travaux de Mme Tarnowsky sur l'anthropologie des prostituées.

TABLEAU RÉSUMÉ DES 50 CAS

Numéro de l'observation	Droit (Pied)	Gauche (Pied)	Numéro de l'Observation	Droit (Pied)	Gauche (Pied)
1	7	4	26	5	5
2	3	8	27	0	6
3	2	2	28	10	6
4	0	0	29	7	7
5	7	5	30	7	12
6	8	11	31	0	0
7	0	3	32	3	7
8	0	0	33	7	8
9		9	34	8	10
10		3	35	0	0
11	2		36	0	0
12	1,5		37	0	0
13	0		38	10	8
14		9	39	9	8
15		11	40	10	5
16	0		41	4	3
17	0	5	42	0	0
18		10	43	0	0
19	0	3	44	0	0
20	8	9	45	10	10
21	4	4	46	9	10
22	8	8	47	7	5
23	0	0	48	9	9
24	0	0	49	0	0
25	0	7	50	0	3

Moyenne obtenue (398 pour 91) = 4,3.
Côté droit (165 pour 45) ..... = 3,6.
Côté gauche (233 pour 46) .... = 5.
Intervalle égale à 0 dans 32 pieds : .... 20 *Droits*, 12 *Gauches*.
Intervalle de 5 cent. et au-dessus dans 42 pieds : 18 *Droits*, 24 *Gauches*.

M. Lombroso. — Ces observations montrent admirablement que la morphologie de la prostituée est plus anormale que celle de la cri-minelle, surtout dans les anomalies ataviques, car le pied prehensile est atavique. La différence du plus grand éloignement de l'orteil gauche, chez les filles, nous démontre un autre fait atavique, à savoir la plus grande gaucherie, phénomène qu'on trouve dans toute l'échelle animale.

Mme Tarnowsky donne lecture de la communication suivante :

Observations sur les altérations du sang, modifications de la force musculaire et poids du corps chez les soldats mis en prison cellulaire, par M. le Dr E. FRIEDMANN, médecin de la prison militaire à St-Pétersbourg.

Le système cellulaire introduit dans les attributions militaires, depuis 1876, met le soldat dans des conditions bien différentes de celles de sa vie du régiment. Ce mode de punition ne peut certainement pas ne pas se répercuter sur son état moral et physique.

Sans avoir la hardiesse d'apprécier l'influence de l'emprisonnement cellulaire sur le côté physique et moral du prisonnier, nous croyons pourtant de notre devoir de signaler certains changements physiques, savoir, certains moments physiologiques dans l'organisme du détenu, dès le début de l'emprisonnement jusqu'à sa sortie de la prison.

Nous n'oserions pas affirmer que les résultats que nous avons constatés ne sont dus qu'à l'influence du système cellulaire seul, mais qu'il nous soit permis d'exposer ici les faits que nous avons acquis ou ceux qu'on a pu observer chez les soldats au moment où ils achevaient leur peine. En même temps, faut-il l'avouer, nous ne trouvons pas le nombre de nos observations (36 personnes) suffisant, de sorte qu'il serait désirable d'avoir encore des données comparatives dans le même sens, concernant les soldats se trouvant en dehors des prisons. C'est alors certainement que l'on pourra s'expliquer les causes agissant sur l'organisme du prisonnier. Le système cellulaire facilite les observations sur la modification de la sensibilité (l'ouïe, la vue, l'odorat) chez les prisonniers. Mais, nous avons repoussé l'idée de faire les observations dans ce sens, ne possédant pas les instruments de précision nécessaires. Donc, le plan de notre travail consistait à faire des observations concernant la modification dans la quantité d'hémoglobine des globules rouges et blancs du sang, les modifications dans la circonférence du thorax, du poids du corps et de la force musculaire durant la période de l'emprisonnement cellulaire. Mais, avant d'aborder la description des observations et des résultats qui en découlent, nous donnerons ici une description de la prison elle-même ainsi que les indications sur le régime alimentaire des prisonniers.

La prison militaire de St-Pétersbourg se trouve dans le quartier désigné sous le nom de Wyborgskaya storona, dans la rue Nigegorodskaya près du champ Koulikoff (au voisinage de l'Institut anatomique de l'Académie militaire de médecine). Cette prison a la forme d'une croix octogone avec une tour centrale. Le local des prisonniers est formé d'une rangée de cellules distribuées dans la croix, aux parois extérieures de cette dernière. Le total des cellules est de 200, soit 50 pour chaque étage. Au milieu se trouve un corridor (297 toises carrées russes, avec 7,6 toises de hauteur). Dans la tour centrale de la croix se trouve un escalier en spirale communiquant avec toutes les galeries où donnent les cellules des prisonniers. La cellule du prisonnier représente une petite chambre de 2 toises russes de longueur, 1 de largeur et 1,4 toises de hauteur. Ainsi, la capacité de chaque cellule serait de 2,8 toises cubiques russes. Dans chaque cellule sont placés : une table, un rayon suspendu, un tabouret et un lit à coulisse qu'on remonte le jour. L'éclairage de la cellule se fait au moyen d'une lampe électrique (égale à 8 bougies). Dans la cellule même est placé un robinet pour l'eau et un water-closet. Le chauffage, lié au système de ventilation par les appareils humectants, est central et est produit par l'eau. Chaque cellule se ferme au moyen d'une porte solide, munie d'un vasistas se repliant en arrière et donnant dans le corridor (au moyen duquel on passe au prisonnier la nourriture, etc.), et d'un œil de bœuf pour observer le détenu. Dans le mur donnant dans le corridor intérieur, du côté de la cellule, se trouve un bouton à sonnette. En le pressant on produit un résonnement s'accompagnant de l'émission d'un pêne triangulaire rouge. C'est le signal pour le sous-officier de garde que le prisonnier réclame sa présence.

L'église de la prison disposée dans l'aile orientale de la croix présente en quelque sorte l'aspect d'un théâtre avec une rangée de loges-cellules, disposées en trois étages, le total des cellules étant de 90.

L'administration de la prison se compose : d'un chef, de deux aides-officiers, du médecin, d'un prêtre, d'un secrétaire et de seize sous-officiers (en qualité de surveillants).

Le prisonnier, à partir du moment de son entrée en prison, est soumis à une perquisition scrupuleuse faite par un sous-officier. Durant cette visite, on enlève au prisonnier son argent, son tabac, etc., ne lui laissant que son vêtement. Ensuite, on le conduit dans un bain, on le lave, on le revêt de linge propre et alors seulement on le loge dans sa cellule solitaire. Le lendemain, le détenu est soumis à la visite médicale, pendant laquelle on prend les mesures du poids du corps, de la force musculaire et de la circonférence du thorax (toutes ces données sont inscrites sur une carte sanitaire[1]). Ensuite on reconduit le prisonnier dans sa cellule et c'est alors que commence pour lui cette triste existence de la prison cellulaire. Pendant l'été, le prisonnier se lève à 5 heures du matin, pendant l'hiver à 6 heures. Jusqu'à 9 heures il s'occupe à arranger les cellules ; de 9 à 11 a lieu une promenade accompagnée d'exercices militaires ; par le beau temps, ces exercices se font sur la place de la prison, et par le mauvais temps dans le corridor de la prison. A 11 heures, on sert aux prisonniers le dîner composé exclusivement de nourriture chaude : potage ou soupe aux choux. De 11 à 2 heures, il passe son temps dans la cellule. De 2 à 4 après midi, on répète les manœuvres militaires et la gymnastique (mouvements actifs et passifs) sur la place et dans le corridor selon la saison ou le temps qu'il fait. Depuis quatre heures de l'après-midi jusqu'à 9 heures du matin le lendemain, le prisonnier reste tout le temps dans sa cellule. Le prisonnier reçoit un souper (depuis novembre 1892) se composant d'une soupe de gruau liquide au lard, ou bien des restes du dîner. Les dimanches et jours de fête on conduit les prisonniers à l'église. Quelques détenus, outre leurs promenades-exercices obligatoires, remplissent les travaux de ménage (sciage du bois, nettoyage de la cour de la prison, blanchissage dans la buanderie de la prison). Ceux des détenus qui savent quelques métiers accomplissent leur travail dans les cellules (tailleurs, menuisiers, relieurs, etc.). La prison possède à leur usage des instruments spéciaux. Aux prisonniers sachant lire, on donne des livres ayant pour sujet des matières religieuse et morales, ou des récits de la vie militaire. Les prisonniers sont obligés de maintenir le silence ; on leur défend de causer, et d'avoir n'importe quel rapport l'un avec l'autre. L'entrevue avec les parents et les connaissances est défendue aux prisonniers ; on leur permet de faire la correspondance avec ces derniers seulement avec l'autorisation et sous le contrôle des supérieurs de la prison.

---

[1] Cette carte est introduite depuis 1892.

Le prisonnier de la prison militaire de St-Pétersbourg reçoit journellement la nourriture chaude composée d'un seul met : à 11 heures du matin le dîner (chtchi ou soupe) et à 6 heures du soir le souper. La quantité de viande pour chaque prisonnier est évaluée à un quart de livre (125 grammes). La quantité de dîners maigres pour l'année est de 105. Le prisonnier reçoit chaque jour à peu près la quantité suivante de substances nutritives : 108,45 grammes d'albumine, 24,46 grammes de graisse, 31,95 de sucre et 641,64 des hydrocarbures où le rapport des hydrocarbures aux albumines serait 6 : 1. Il ne reste que 18 grammes de l'albumine animale sur 108,45 grammes d'albumine totale contenue dans la nourriture du prisonnier (y compris la viande ou le poisson).

De cette description du régime alimentaire du prisonnier cellulaire il ressort que la quantité des hydrocarbures prédomine notablement sur les albumines (6 : 1). De plus, la nourriture des prisonniers présente tous les côtés négatifs qu'il ne serait pas désirable de voir entrer dans le régime alimentaire des prisonniers (comme consistance liquide, monotonie des mets, leur volume considérable). Ce fait, d'ailleurs, fut indiqué par la plupart des médecins tels que Lee, Boly, Baer, Leppmann, Munk, Voit, etc. Certainement, c'est grâce à cette nourriture que la prédisposition aux maladies (il s'agit ici de malades traités à l'hôpital) fut considérable dans notre prison. Ainsi, par exemple, pendant la période de 1888 à 1890 (par rapport à mille hommes de l'effectif moyen) cette prédisposition était de 2000 à 1628.

Les formes pathologiques se manifestèrent dans la plupart des cas, par des affections intestinales qui donnèrent lieu à d'autres maladies cachectiques (scorbut, anémie, etc.). On vit alors la nécessité d'améliorer la nourriture des prisonniers au moins des plus faibles. Aussi, dans ce but, outre les deux livres (1000 grammes) de pain blanc qu'on procurait à ces prisonniers, commença-t-on à leur fournir depuis 1890 du thé, depuis 1892 une bouteille de lait et enfin depuis 1893, la portion de viande renforcée au lieu d'un quart fut d'une demi-livre (125-250 grammes). Et en effet, dès que les prisonniers débiles furent soumis à cette nutrition renforcée, le chiffre des malades (traités dans l'hôpital), représenté par 1628 en 1890 se réduisit à 85 en 1893, le pourcentage restant le même.

Il faut noter que le nombre des malades de l'hôpital ne pourrait nous montrer un tableau exact et qu'il serait nécessaire pour cela d'avoir aussi des données sur les malades soignés dans leurs cellules. La diminution du nombre des malades va de pair avec l'amélioration du régime alimentaire des prisonniers.

Table des malades traités dans leurs cellules de 1888 à 1895.

Années	Nombre des prisonniers	Nombre de malades en cellules	Pourcentage
1888	833	527	
1889	834	690	
1890	770	591	
1891	752	566	
1892	821	493	
1893	780	367	
1894	865	355	
1895	778	342	

Voici le nombre des prisonniers dont l'alimentation fut améliorée en 1892.

Table de l'approvisionnement renforcé.

Années	Nombre des prisonniers	Thé		Pain blanc		Lait		Viande (renforcée)	
		Quantité absolue	%	Quantité absolue	%	Quantité absolue	%	Quantité absolue	%
1892	821	1143	139,22	1134	138,12	429	52,25	—	—
1893	180	1893	235,76	552	70,76	316	40,51	19	2,44
1894	865	2790	322,54	584	67,51	472	54,57	39	4,80
1895	778	3949	507,58	455	58,48	248	31,88	45	5,78

L'approvisionnement amélioré fut d'autant plus urgent que plusieurs prisonniers entraient en prison épuisés par une nutrition insuffisante, comme on le voit sur la table suivante :

Table contenant les résultats de l'examen des prisonniers au moment de leur entrée en prison.

Années	Nombre des hommes reçus	Nutrition moyenne		Au-dessous de nutrition moyenne		Nutrition faible	
		Absolue	%	Absolue	%	Absolue	%
1891	638	467	73,20	135	21,16	36	5,64
1892	717	497	69,31	136	18,97	84	11,72
1893	659	478	72,53	90	13,65	91	13,80
1894	741	471	63,56	181	24,42	89	12,00
1895	719	443	61,61	104	14,46	172	23,92

Passant maintenant à l'exposé de nos observations, faites du 5 avril 1893 au 27 février 1894, nous examinerons d'abord chez les prisonniers, dès leur entrée jusqu'à leur délivrance, les altérations du sang (le taux de l'hémoglobine, quantité de globules rouges et blancs) et ensuite nous étudierons les modifications de poids du corps, de la force musculaire (extrémités supérieures et la taille) et de la circonférence du thorax. Pour ces observations on a choisi des soldats autant que possibles sains. Le poids moyen était de 66,6 kilogr., la taille étant de 168,3 ct. et la circonférence du thorax de 90,5 ct. L'âge moyen était de 23 ans. La quantité moyenne de l'hémoglobine était de 85 pour cent (selon Fleischl); quantité de globules rouges = 5080000 ; des globules blancs = 6950 sur un 1 ct. On a examiné les prisonniers toujours à jeun et aux mêmes heures (matin entre 9 et 10 h.), l'intervalle entre les observations en dehors de quelques exceptions étant d'une semaine. Le total des hommes soumis à l'expérience a été de 36, dont 10 travaillaient et 26 ne produisaient aucun travail. Parmi ces 36 individus, il y avait 8 récidivistes. Les hommes ont été mis en observation, suivant les termes d'emprisonnement, de la manière suivante :

Terme d'emprisonnement		*Nombre des soldats en observation*
1 mois 2 semaines		2
2 »		4
3 » 2 semaines		4
3 »		12
4 »		14
	Total . . .	36

A titre de contrôle on a observé quatre sous-officiers non emprisonnés, parfaitement valides et d'une nutrition très satisfaisante. Chez le premier, la quantité de l'hémoglobine revenait à 85 pour cent, chez le second à 83 pour cent et chez le troisième à 75 pour cent. Prenant en considération ces derniers chiffres, on voit que la teneur en hémoglobine, chez nos prisonniers, était pour ainsi dire normale, quoique ces quatre expériences de contrôle ne puissent être considérées comme absolument probantes. Il serait nécessaire d'avoir des données concernant la teneur en hémoglobine, tirées d'un plus grand chiffre de soldats se trouvant en conditions normales (non emprisonnés). Les prisonniers, à leur entrée en prison, comme on l'a mentionné, possédaient une moyenne de 5,080,000 globules rouges sur 1 ct. et de 6955 leucocytes, mais en sortant de prison, la quantité de globules rouges en moyenne, était de 4,874,000 et celle des leucocytes de 6577. Ces résultats concernant la quantité des éléments figurés du sang chez les prisonniers, au moment de leur entrée et de leur sortie de la prison, ne présentent pas de déviations bien prononcée de l'état normal. Mais cependant, si on a égard[1] aux catégories de prisonniers qui viennent d'être indiqués, on verra que la quantité des leucocytes au début du second mois serait diminuée, tandis que celle des globules rouges augmenterait. Et ensuite, chez les travailleurs et récidivistes, au début du troisième ou quatrième mois, cette relation varie dans des limites peu prononcées, tandis que chez les personnes ne produisant aucun travail, la diminution des leucocytes serait plus prononcée. Ce dernier fait, en étudiant la table comparative générale, ne saute pas aux yeux autant que dans le cas où nous commençons à examiner les tables des résultats obtenus isolément pour chaque prisonnier. Ainsi, par exemple, chez ceux qui travaillent dans la plupart des cas pendant toute la durée de leur emprisonnement, on trouverait sur 1 leucocyte 600 à 800 globules rouges, à part quelques exceptions. Chez ceux qui ne produisent rien, le rapport des leucocytes aux globules rouges serait dans la plupart des cas assez considérable. Il y avait des jours où certains prisonniers présentaient pour un leucocyte, des globules rouges dans la proportion de 1280 à 1366, de 950 à 1813, de 640 à 1568, de 860 à 1500. Les récidivistes qui ne travaillent pas ne diffèrent pas non plus sous ce rapport des personnes supportant leur peine pour la première fois, de sorte que le rapport des leucocytes aux globules rouges était de 860 à 1500, de 770 à 1099, de 446 à 1169; il n'y avait qu'un seul individu chez lequel le rapport des leucocytes aux globules rouges étant de 519 à 888 restait dans les limites normales.

Nous devons noter encore le fait suivant: chez les prisonniers qui n'ont pas manifesté un grand chagrin au sujet de leur emprisonnement cellulaire, on n'a pas vu survenir une diminution notable du nombre des leucocytes pendant, qu'ils achevaient leur peine

---

[1] Voir la table générale contenant les recherches de toutes les observations.

En nous basant sur ce qui précède, on voit que chez les prisonniers travailleurs et chez les personnes qui acceptaient presque avec indifférence leur emprisonnement cellulaire, le rapport entre les globules rouges et blancs reste à peu près dans les limites normales. Ce n'était pas le cas chez les prisonniers ne travaillant pas et chez les personnes punies qui furent exaspérées par leur peine. On pourrait expliquer le résultat de cette diminution considérable de leucocytes chez les prisonniers sans travail : 1º par le manque d'exercice, et 2º par la monotonie et l'ennui de ceux qui restent oisifs, ce qui amène probablement l'abaissement plus prononcé du tonus vasculaire.

Enfin, nous essaierons de donner un aperçu général des résultats obtenus par rapport au nombre des éléments figurés. Le rapport entre le nombre des globules rouges et celui des leucocytes (tant de globules rouges pour un leucocyte) chez tous les prisonniers en général augmente (au lieu de 734 : 1 vers la fin de l'emprisonnement en obtient 743 : 1). Cet accroissement est marqué surtout au début du 2me, 3me et 4me mois (au lieu de 734 : 1, 870 : 1, 815 : 1, 851 : 1). Ce rapport entre les éléments du sang, s'observe également chez les prisonniers sans travail où, au lieu de 695 : 1, au début de l'emprisonnement on trouve 721 : 1, vers la fin de l'emprisonnement. Mais au début du 2me, 3me et 4me mois, les rapports seront de 857 : 1, 837 : 1, 905 : 1. Chez ceux qui travaillaient, le rapport des globules rouges aux blancs diminue vers la fin de l'emprisonnement (au début 835 : 1 et vers la fin 766 : 1). On observe le même fait au bout de trois ou quatre mois, mais au commencement du second mois ce rapport est augmenté : 906 : 1.

On observe chez les récidivistes des modifications de même caractère que celles que l'on voit chez les prisonniers travailleurs, c'est-à-dire au commencement des 3me et 4me mois, le rapport entre les éléments sus-mentionnés s'abaisse. Au début de la détention il est de 821 : 1, au début du 3me mois 788 : 1, du 4me 761 : 1 et vers la fin 753 : 1. Mais au début du 2me mois, il s'est accru (854 : 1).

La quantité de globules rouges dans 1 ct. (en comparant le commencement et la fin de la détention, aurait diminué sous tous les rapports :

    a) chez tous les prisonniers en général à   206,000
    b) chez les travailleurs à   243,000
    c) chez ceux qui ne produisent rien à   220,000
    d) chez les récidivistes à   280,000

La quantité des leucocytes dans un centimètre, en comparant le début et la fin de la détention serait abaissée :

    a) chez tous les prisonniers pris ensemble à   378
    b) chez ceux qui restaient oisifs à   480

et augmentée :

    a) chez les travailleurs à   238
    b) chez les récidivistes à   192

On pourrait tirer des observations faites sur la variation du nombre de l'hémoglobine les conclusions suivantes: la quantité d'hémoglobine en général, chez tous les prisonniers, s'abaisse [1] de sorte qu'au lieu de 85 pour cent, on observe vers la

---

[1] Sans faire la distinction entre les travailleurs, les oisifs et les récidivistes.

fin de l'emprisonnement 71 pour cent, par conséquent, la différence serait de 14 pour cent, avec le chiffre atteint au début de l'emprisonnement. Les moins stables paraissent être les récidivistes, chez lesquels la quantité d'hémoglobine se réduit de 85 pour cent à 65 pour cent (différence 20 pour cent); ensuite viennent les travailleurs, depuis 85 pour cent jusqu'à 70 pour cent (différence 15 pour cent) et enfin les oisifs de 84 pour cent à 72 pour cent (différence 12 pour cent). Dans les cas isolés, le plus grand abaissement était de 23 à 17 pour cent (chez 7 prisonniers). 3 prisonniers conservèrent leur équilibre. Le minimum de diminution de l'hémoglobine est de 2 pour cent; on l'a observé chez 3 prisonniers et enfin d'autres ont perdu de l'hémoglobine dans les limites de 10 à 15 pour cent (21 prisonniers) et de 7 à 9 pour cent (5 prisonniers).

Il ne faudrait pas croire que cet abaissement de l'hémoglobine s'explique par le manque d'air libre, car les prisonniers y séjournent, comme nous l'avons dit plus haut, pendant quatre heures chaque jour. N'est-ce pas l'état psychique du prisonnier et surtout la nutrition insuffisante qui joue ici un rôle important ?

On n'a pas vu survenir chez les prisonniers de modification de la taille vers la fin de la punition (c'est pourquoi la taille dans les tables n'est indiquée qu'au début de la punition). Le poids du corps diminue (voir la table générale), en moyenne de 1,1 Kg. et chez ceux qui restent sans travail de 1,3 Kg. Chez les prisonniers travailleurs et chez les récidivistes le poids avait augmenté vers la fin de l'emprisonnement (probablement aux dépens de l'accumulation d'eau dans l'économie), chez les premiers de 0,7 Kg. ; chez les seconds de 1,1 Kg.

Somme toute, chez la plupart des prisonniers observés durant quatre ans, (1892 à 1895), on a pu constater que le poids du corps vers la fin de l'emprisonnement s'est élevé, comme on peut le voir sur la table suivante :

Table des résultats des observations hebdomadaires sur le poids du corps des prisonniers, du commencement jusqu'à la fin de la punition, dans la période de 1892 à 1895.

Années	Augmentation		Dé-croissement		Equilibre		Nombre général des prisonniers	Augmentation		Diminution	
	Absolu	%	Absolu	%	Absol.	%		Maximum	Mini-mum	Maxi-mum	Mini-mum
1892	462	71,0	188	29,0	—	—	650	18 livres	1	21	1
1893	891	62,0	219	35,0	22	3 ½	632	15 livres	1	14	1
1894	551	68,36	179	22,2	76	9,43	806	28 livres	¼	22	½
1895	488	75,54	140	21,67	18	2,79	646	22,5 livr.	¼	13	¼

	PRISONNIERS TRAVAILLANT					PRISONNIERS NE FAISANT PAS DE TRAVAIL				
	I	II	III	IV	V	I	II	III	IV	V
°/o de l'hémoglobine	85,6	80,8	77,3	75,2	70,8	84,4	79,8	77,2	74,9	72,2
Quantité des globules rouges du sang dans 1 mm³	5196000	5267000	4982000	4819000	4953000	5036000	4737000	4709000	4646000	4816000
Quantité des leucocytes dans 1 mm³	6222	5814	6477	6290	6460	7237	5528	5620	5130	6757
Nombre de globules rouges pour 1 leucocyte	835	906	769	766	766	695	857	837	905	712
Poids du corps en kg	64,6	64,3	64,4	64,9	65,2	67,1	66,7	67,2	66,3	65,8
Circonférence du thorax pendant le repos en cm	89,3	88,2	86,5	86	85,5	91	89,8	89	86,3	84,2
Circonférence du thorax pendant l'inspiration en cm	89,3	92,2	90,9	90,5	89,7	94	93,2	92,7	90,7	89,8
Circonférence du thorax pendant l'expiration en cm	87,1	85,6	84,4	84	84	88,5	87,7	87	85	84
Amplitude du thorax	5,9	6,6	6,5	6,5	5,7	5,5	5,5	5,7	5,7	5,8
Force musculaire des bras en kg	76,9	77,5	80,2	78,3	76,8	73	76,1	75,1	80,1	71,5
Force musculaire du thorax en kg	155,2	150,4	160,8	149	149,3	169	161,8	146	149,7	144
Hauteur moyenne								168,3 cm		
Age moyen								23 années		

	RÉCIDIVISTES					EMPRISONNÉS TOUS ENSEMBLE				
	I	II	III	IV	V	I	II	III	IV	V
°/o de l'hémoglobine	85,1	78,7	75	65,4	65,3	84,7	80	77,2	75	71,6
Quantité des globules rouges dans 1 mm³	4872000	4850000	4569000	4516000	4592000	5080000	4884000	4789000	4706000	4874000
Quantité des leucocytes dans 1 mm³	5928	5673	5673	5928	6120	6955	5610	5872	5531	6577
Nombre de globules rouges pour un leucocyte	821	854	788	761	753	734	870	815	851	743
Poids du corps en kg	63,5	63,4	63	62,9	64,6	66,4	66,2	66,4	65,8	65,5
Circonférence du thorax pendant le repos en cm	88	87	86,8	85,2	84,3	90,5	89,6	87,2	86	85
Circonférence du thorax pendant l'inspiration en cm	91,6	91,4	91	90	89	93,6	93	92,2	90,7	89,7
Circonférence du thorax pendant l'expiration en cm	85,7	85	85	84	83	88,1	87,1	86,5	84,5	84
Amplitude du thorax	5,9	6,4	6	6	6	5,5	5,9	5,7	6,2	5,7
Force musculaire des bras en kg	78,9	81,1	79,2	78,4	78,4	77,2	76,5	76	75,6	73,7
Force musculaire du thorax en kg	189	165	153	146,2	146,2	165	158	150	153	146
Hauteur moyenne								168,3 cm		
Age moyen								23 années		

Notes. — Les chiffres romains indiquent : I résultat de l'observation au moment de l'entrée en prison.

II   »   »   au commencement du 2me mois.

III   »   »   »   du 3me mois.

IV   »   »   »   du 4me mois.

V   »   »   au moment de la sortie de prison.

Il faudrait expliquer cet accroissement du poids du corps, conformément aux observations mentionnées sur le sang des prisonniers, par l'accumulation de l'eau dans l'économie en raison de la diminution dans le sang de la quantité d'hémoglobine.

La circonférence thoracique vers la fin de l'emprisonnement décroissait :

1º chez tous les prisonniers ensemble, pendant le repos, de 5,5 ct., pendant l'inspiration de 3,9 ct., pendant l'expiration de 3,1 ct. ;

2º chez les non-travailleurs, pendant le repos, de 6,8 ct., pendant l'inspiration de 4,2 ct., pendant l'expiration de 4,1 ct. ;

3º chez les travailleurs, pendant le repos, de 3,8 ct., pendant l'inspiration, de 3,3 ct., pendant l'expiration de 3,1 ct.,

et 4º chez les récidivistes ; pendant le repos, de 3,7 ct., pendant l'inspiration, de 2,6 ct., pendant l'expiration, de 2,7 ct.

En comparant l'amplitude thoracique au début et vers la fin de l'emprisonnement. il y eut une augmentation :

1º chez tous les prisonniers ensemble de 0,2 ct ;

2º chez les non-travailleurs de 0,3 ct. ;

3º chez les récidivistes de 0,3 ct. ;

4º chez les travailleurs une diminution de 0,2 ct.

Quant à la mensuration de la force musculaire, nous hésitons à nous prononcer définitivement, sur ce sujet vu l'absence de changements appréciables chez nos prisonniers au moment où ils achevaient leur peine, parce que ni la table générale comparative, ni les cas isolés ne nous donnent des faits concluants. Nous nous permettons encore d'ajouter que durant l'examen fait à trois reprises, le prisonnier donnait en quelques minutes, sur le dynamomètre, trois chiffres différents.

Donc, en observant les prisonniers à leur entrée et à leur sortie de la prison, nous arriverons aux conclusions suivantes :

1º que le nombre des leucocytes dans 1 ct. diminue notablement.

2º que le nombre des globules rouges ne présente pas de variations prononcées.

3º que la quantité d'hémoglobine diminue presque généralement chez chaque prisonnier.

4º que la circonférence thoracique diminue.

5º que le poids du corps augmente.

M. Frigerio donne lecture de la communication suivante :

Un nouveau caractère de dégénérescence chez le criminel.

Les recherches que j'ai l'honneur de vous exposer ne sont qu'une communication préliminaire, relative aux aliénés. Elles ont été faites, il y a plusieurs années, les résultats les plus récents de ces recherches ont été la fréquence de la réduction du calibre de l'une ou l'autre des deux artères communicantes postérieures, ou de toutes les deux. Ayant appliqué ces recherches aux criminels depuis trois années, dans le but de faire une comparaison avec les fous, je suis arrivé presque au même résultat, comme on peut le voir par les préparations que j'ai l'honneur de soumettre à l'assemblée. Naturellement les recherches ne sont pas complètes : il faut que ce fait soit prouvé par des cas plus nombreux, j'ai l'intention de poursuivre ces recherches.

Toutefois on peut déjà noter l'importance que ce caractère de dégénérescence a sur les fonctions psychiques, parce que par l'oblitération de l'une ou de l'autre artères basilaires, il est possible que la nutrition normale de parties correspondantes amène des anomalies fonctionnelles correspondantes qui peuvent s'expliquer soit par un simple déséquilibre psychique, soit par une réaction psychomotrice qui peut se transformer en un crime.

Il y a donc là, si je ne me trompe, une nouvelle preuve de la dégénérescence, un nouveau caractère dégénérateur commun à l'aliéné et au criminel.

M. Dalifol donne lecture de la communication suivante :

Sur l'augmentation de la criminalité chez les enfants et les jeunes adultes.

M. le ministre LeJeune nous a dit dans une des précédentes séances de ce Congrès, que le nombre des crimes augmentait dans une effrayante proportion ; le professeur Lombroso est venu à cette même tribune affirmer le contraire ; pour moi, étant de l'avis de l'ancien ministre de Belgique, je vous apporte quelques renseignements sur la question suivante : *de l'augmentation de la criminalité chez les enfants et chez les jeunes adultes.*

Pour traiter véritablement cette question il faudrait tout un livre et tant de savants spécialistes, dont plusieurs sont ici, ont traité ce sujet de l'enfance coupable en d'admirables écrits, que je vous demande toute votre indulgence. Petit-fils d'un de ces hommes qui, en France, tirèrent l'enfant de prison en fondant les colonies agricoles, j'ai toujours vécu avec le détenu et j'ai passé ma vie à visiter les écoles et les prisons ; ce sont donc mes notes, mes impressions que je soumets à votre haute compétence. Je me fais un devoir de traiter ici, à Genève, au IVme Congrès d'anthropologie criminelle cette question, car la traiter, c'est faire l'éloge de ce généreux pays de Suisse. Notre éminent président M. Ladame disait au Congrès international de la protection de l'enfance tenu à Paris en 1885 : « Pendant de longs siècles l'enfant n'a pas compté dans l'histoire de l'humanité ». L'envoyé du gouvernement fédéral suisse aurait pu ajouter : Si aujourd'hui on a enfin compris que pour réformer la société, il fallait commencer par l'enfance, si ce siècle, en un mot, est celui de l'enfant, c'est à mon pays que l'on en doit la généreuse inspiration.

L'enfance a trouvé en J.-J. Rousseau un de ses plus éloquents défenseurs et c'est de la forte impulsion qu'a donnée l'auteur d'*Emile* à la pédagogie, qu'est sortie la science et l'art de l'éducation. Mais je veux surtout rendre hommage à un de ses plus illustres successeurs, à une des plus pures gloires de la Suisse, à Pestalozzi qui fut le maître par excellence dans cette grande œuvre de la régénérescence de l'enfance malheureuse ou coupable. Au lieu d'une agglomération de plusieurs centaines d'individus, créer une famille artificielle de vingt ou trente enfants orphelins, abandonnés ou trouvés ; en place d'une prison, une école ; une ferme et non un bagne ; voilà dans son admirable simplicité l'idée féconde de Pestalozzi, l'éducation plutôt que la répression.

Pestalozzi, né à Zurich en 1746, se voua à l'amélioration des enfants pauvres, dans les dernières années du siècle dernier et les premières de celui-ci. Successivement il fonde des œuvres à Neuenhof, à Stanz et enfin à Yverdon.

Je voudrais pouvoir vous dire toute l'admiration que je ressens pour Pestalozzi qui mourut à la peine, en quelque sorte martyre de son idée. Mon grand'père le connut et ce sont ses idées, ses rêves généreux qui firent fonder à ce dernier l'établissement que je dirige encore actuellement. Et comment après Pestalozzi ne pas citer Fellenberg qui appliqua avec tant de science ses principes et Wehrli qui les vulgarisa. Aujourd'hui, la charité privée, les divers cantons de la Suisse et le conseil fédéral suivant l'exemple de Pestalozzi, ont fondé trente-trois établissements d'éducation d'enfants pauvres, écoles de réforme et écoles correctionnelles. Ces établissements comptaient au 31 décembre 1894 un effectif de 1293 élèves; 1011 garçons et 282 filles. Sur ces trente-trois établissements, dix-sept ne reçoivent que des garçons; trois sont spéciaux pour les filles et les treize restants sont communs aux filles et aux garçons.

J'ai trouvé, lors de ma visite à la prison préventive de Genève (St-Antoine) cinq jeunes détenus, le moins âgé avait 12 ans; la cause de leur détention était la même : habitués de la promenade La Treille, ils s'y étaient connus et poussés par les conseils de vauriens plus grand qu'eux ils s'étaient formés en petites bandes pour voler; leur chef était le petit B. âgé de treize ans, à l'air tout à fait décidé et d'apparence charmante; nos jeunes bandits avaient forcé en plein midi, la porte d'une maison et avaient volé une centaine de francs et deux montres. B. avait eu, dans cette aventure, deux de ses plus petits complices arrêtés et avait été obligé de renouveler ses cadres. Il s'était alors adjoint un plus grand et plus fort garçon, plus capable d'opérer; ce dernier est âgé de seize ans. Notre jeune chef et sa bande avaient alors tenté un vol avec escalade et effraction chez M. le conseiller d'Etat Ador, mais un vol important y ayant été précédemment commis, le personnel de M. Ador se tenait sur ses gardes; ils furent surpris et arrêtés.

Lorsque des enfants sont arrêtés, ils sont conduits à la maison préventive mais bientôt, en vertu de la loi, ils sont envoyés par le conseiller d'Etat chargé de l'Intérieur à la maison correctionnelle d'Aarbourg ou à celle de Sery. J'ai le ferme espoir et la conviction que lorsque le petit Bozio et ses camarades auront été élevés dans ces excellents établissements, ils mettront au service du bien ces qualités mêmes qui faisaient d'eux de précoces criminels et deviendront de bons et utiles citoyens.

J'ai constaté avec plaisir que, tandis que la criminalité de l'enfance augmente presque partout ailleurs, à Genève elle diminue. Voici en effet les chiffres que j'ai relevés à la prison de St-Antoine :

en 1889	50 enfants ou mineurs	
» 1890	41 »	»
» 1891	37 »	»
» 1892	40 »	»
» 1893	11 »	»
» 1894	35 »	»
» 1895	12 »	»

J'attribue cette diminution à l'influence de la société de patronage et surtout à la merveilleuse organisation de l'instruction primaire, des œuvres et écoles de toute nature que possède ce pays.

Si la criminalité a diminué en Suisse c'est la juste récompense d'un pays qui a créé et possède encore plus de deux cents écoles industrielles avec un effectif de près de douze cents maîtres et vingt mille élèves et pour lesquelles il a dépensé depuis dix ans plus de quinze millions; qui pour une seule année (1893) a inscrit aux dépenses du budget de l'instruction publique une somme de 37,495,317 francs.

L'admirable ensemble des sections 17, 18 et 22 de l'Exposition de Genève nous montre tous les efforts et tous les sacrifices que se sont imposés l'Etat, les communes, les maîtres et les élèves; tout le dévouement des œuvres charitables et de préservation. Et la Suisse indique par cette exposition, aux autres pays qui, eux, voient malheureusement, au contraire, leurs enfants devenir de plus en plus vicieux et commettre de plus grands crimes, le remède : l'éducation préventive.

Le nombre des jeunes adultes qui figurent parmi les pires malfaiteurs et récidivistes va en augmentant pour ainsi dire dans tous les pays. A Paris, la moitié des individus arrêtés ont moins de vingt et un ans : à peine sortis de l'enfance ils semblent vieillis par la corruption et c'est surtout parmi les jeunes criminels que le vice s'est manifesté avec le plus de persistance et d'énergie. Même dans ce pays, le savant M. Cuénoud ancien directeur de la police de Genève, vient nous dire : « Une des plaies les plus tristes de notre état social, c'est le grand nombre d'enfants négligés, abandonnés, vicieux, parmi lesquels se recrute en grande partie l'armée des criminels et sur quatre mille arrestations nous avons quatre cents mineurs. »

L'imagination des poètes est frappée de ces faits et notre grand écrivain François Coppée écrit sous cette impression : *le Coupable*. Son héros, un pauvre petit être dont vous avez pu voir la triste image sur les grandes affiches coloriées annonçant le roman, va du vol jusqu'à l'assassinat et il n'a pas seize ans ! Le peuple lui-même s'en inquiète et discute les théories du criminel-né de Lombroso.

De toutes parts, il est vrai, on a travaillé à combattre le mal par l'instruction obligatoire, la fondation d'un grand nombre d'œuvres et d'établissements de bienfaisance, l'adoption de lois utiles ; mais chacun a compris que si l'éducation du peuple est l'œuvre du temps, il importe avant tout de résister aux envahissements de la corruption par les moyens les plus directs et les plus prompts; de là tout un système que nous nommons le régime pénitentiaire et qui, en France et dans les autres pays cherche à enrayer le mal.

En France, à mesure que s'abaisse l'âge des individus auxquels il s'applique, le régime pénitentiaire se fait moins répressif et plus éducateur. La part du châtiment diminue ; les devoirs de tutelle grandissent.

Nous nous refusons à considérer comme incurable l'être le plus avili et nous repoussons de toutes nos forces les théories de l'école italienne du criminel-né, car si ce dernier existait, il n'y aurait plus de science pénitentiaire, c'est-à-dire d'amendement du coupable.

Nos établissements d'éducation correctionnelle se divisent en trois catégories :

1º Les établissements dits écoles de réforme pour les enfants âgés de moins de 12 ans; 2º les établissements dits colonies agricoles ou industrielles pour les pupilles de plus de 12 ans mais de moins de 16 ans ; 3º les quartiers correctionnels pour les plus vicieux. Cet important service des jeunes détenus comprend un bureau, le quatrième de l'administration pénitentiaire dont le directeur actuel est le distingué M. Duflos. Mais ici je me permets d'ajouter que je suis de l'avis du Major Griffiths, inspecteur des prisons de Sa Majesté à Londres.

Pour le petit délinquant, il faut éviter la discipline et le stigmate de la peine. Mon rêve serait que nos beaux établissements de France ne dépendent plus de l'administration pénitentiaire ; ce n'est qu'une question d'étiquette me direz-vous, c'est vrai. Mais quel rôle l'étiquette joue-t-elle dans l'état actuel de la société ? Je me contenterai à mon tour de vous poser la question.

La loi anglaise pour les enfants ne remonte qu'à 1866, mais dès 1854 un mouvement de progrès s'était produit.

Le temps me manque pour vous parler des établissements de l'Angleterre; mais je veux citer ici le nom du docteur Barnardo qui a formé en brigades les petits mendiants anglais, Arab-boys, comme on les appelle en Angleterre; les uns forment le Messanger Brigade, ce sont des commissionnaires analogues à nos petits télégraphistes; d'autres composent le Wood chopping Brigade, petits fendeurs de bois; d'autres encore la Blackshoes Brigade, petits décrotteurs; d'une façon générale leurs établissements se divisent en les catégories suivantes : les Homes ou refuges, les Industrial Schools ou écoles industrielles pour les enfants indigents, les Reformatones, pour les vicieux. En Angleterre, à l'éducation se joint la crainte de la peine; aussi est-ce dans ce pays qu'il y a le moins de récidive. La prison, en Angleterre, fait encore peur. Pour la Belgique, M. LeJeune vous dira de sa voix plus autorisée les œuvres si admirables de ce pays; je veux seulement ajouter que le Japon a, lui aussi, des établissements d'éducation correctionnelle, un privé, un public. Il y a, au Japon, un grand nombre d'enfants sourds et muets, très vicieux; si jamais on a pu croire aux théories du criminel-né, ce devrait être dans ce pays; mais non, le Japonais veut instruire et relever le moral de ces pauvres déshérités, et là, comme ailleurs, comme partout, on lutte pour le redressement de cette enfance criminelle qui fait l'objet de ce rapport. Je voudrais encore vous parler des œuvres de mon pays, la France, et en particulier de l'œuvre de Mettray, du baron de Courteilles de Demetz. Que de noms, que de dévouements à citer; je ne puis abuser des moments précieux du Congrès, mais je ne puis m'empêcher de vous dire que le Congrès a réalisé les vœux de celui que j'appelle mon maître, de Pestalozzi. Il écrivait à Legrand alors membre du directoire Suisse :

« Je me réveille encore une fois d'un songe, encore une fois je vois mon œuvre détruite et mes forces affaiblies de penser en vain. Mais quelqu'impuissant, quelque stérile qu'ait été mon essai, tout cœur philanthrope aura du plaisir à y arrêter son attention et à méditer que, dans un avenir plus heureux, la postérité rattachera sûrement le fil de mes espérances au point où j'ai du l'abandonner. »

Ce fil, mes chers collègues, vous l'avez rattaché; c'était là tout mon espoir.

M. Ph. Rey fait la communication suivante :

Du crâne chez les aliénés.

Ces recherches portent sur plus de 300 crânes d'aliénés du sexe masculin; mais cette série a été réduite à 200 par l'élimination des crânes d'idiots, épileptiques, et de tous les cas de malformation générale ou partielle nettement accusée. Ces 200 cas, recueillis dans les Asiles d'aliénés de Ville-Evrard et de Marseille, ne comprennent que des sujets Français, originaires de plusieurs départements et par conséquent de provenances diverses.

Les mensurations ont été prises sur le crâne frais et d'après la méthode de Broca. Pour cela, au cours de l'autopsie, le crâne a été dépouillé avec le plus grand soin de toutes ses parties molles et aponévroses et séparé de la colonne vertébrale par une désarticulation mettant à découvert le trou occipital.

Ces 200 cas ont été groupés selon des états pathologiques bien distincts, savoir : la folie simple presque toujours liée à la dégénérescence; la paralysie générale; la démence apoplectique, qui sont plus particulièrement considérées comme des folies acquises.

Toutes causes d'erreurs ayant été écartées par des éliminations justifiées et nécessaires, les différentes séries ainsi formées, sont suffisantes ; et, les moyennes inscrites dans le tableau ci-après, doivent être l'expression de la réalité. Une 4e colonne comprend la série des parisiens contemporains de Broca, pris comme termes de comparaison.

	Folie simple	Paralysie générale	Démence sénile et apoplectique	Parisiens contemporains de Broca
	60	90	50	77
Diamètre antero-postérieur maximum	181,7	183,3	184	182,7
Transverse maximum . . .	146,1	146,8	146,5	145,2
Basilo bregmatique . . .	129,5	130,8	130,8	130,2
Frontal maximum . . .	120	121,4	122,5	121,7
Frontal minimum . . .	97,5	98,8	99,5	100
Circonférence horizontale totale .	525	527,2	526,5	525,6
Indice céphalique . . .	80,5	80	79,6	79,5
Frontal maximum . . .	82,1	82,8	83,6	83,4
Frontal minimum . . .	66,5	67,4	67,8	68,8
Vertico transversal . . .	88,3	88,9	88,6	90,9

On voit, dans ce tableau, qu'il existe de fréquents écarts entre les moyennes des 3 séries d'aliénés, écarts qui portent sur les diamètres, sur la circonférence et sur les indices. Ces moyennes sont constamment plus faibles dans la série des folies simples, sauf l'indice céphalique qui est au contraire plus élevé et place le crâne de ces aliénés dans la sous-brachycéphalie de la nomenclature de Broca.

La comparaison de chacun de ces groupes avec la série des parisiens contemporains fait surgir des différences plus sensibles. Elles sont souvent en faveur des crânes d'aliénés ; mais, il faut ici tenir compte de ce fait que les crânes d'aliénés ont été mensurés à l'état frais et que, d'autre part, la déssication a réduit les dimensions des crânes de la série de Broca. Il y a là des conditions analogues à celles que l'illustre fondateur de l'anthropologie française a lui-même étudiées dans son mémoire sur les propriétés hygrométriques des crânes. Mais, les variations qui en résultent pour les mesures absolues, n'apportent pas de modifications sensibles dans la forme générale de l'ovoïde cranien, ni dans les rapports de ses différentes dimensions. On a vu que l'écart portant sur les diamètres et la circonférence est souvent en faveur des crânes d'aliénés ; ce fait est constant pour le diamètre transverse maximum. Il n'en est pas de même pour les diamètres frontaux, et surtout pour le diamètre frontal maximum, sensiblement plus grand dans la série qui sert de terme de comparaison. L'indice céphalique est plus élevé chez les premiers, tandis que pour les indices frontaux et vertico-transversal, l'écart est en faveur des crânes des parisiens normaux. C'est dans la série des folies simples que ces différences sont plus constantes et plus sensibles.

Il résulte de cet examen que les aliénés présentent des caractères crâniométriques communs, qui les distinguent des individus sains d'esprit. Ces caractères sont l'élévation de l'indice céphalique et la faiblesse relative des indices frontaux et vertico-transversal. Ils indiquent une exagération constante de la région pariétale et un faible développement de la région frontale.

Plus accusés sur les crânes des sujets atteints de folie simple que chez les paralytiques généraux et les déments apoplectiques, ces caractères crâniométriques établissent, surtout, une distinction anatomique entre la folie proprement dite liée à la dégénérescence et les états cérébraux acquis.

Personne ne demandant la parole pour faire une communication, l'assemblée décide de reprendre la discussion sur la communication de **M. Griffiths** relative au *traitement pratique de la récidive* (voir p. 340).

M. van Hamel. — L'idée des sentences indéterminées, si heureusement portée à notre ordre du jour par M. Griffiths, est un des résultats directs des études d'anthropologie criminelle. C'est au Congrès de Bruxelles, en 1892, que j'ai eu l'honneur de présenter un rapport sur cette matière et qu'elle a été amplement discutée. Depuis lors, l'idée a encore fait des progrès. La théorie au point de vue de la criminalogie nouvelle est très simple et très rationnelle, comme M. Griffiths vient de nous le démontrer. Si l'on veut défendre la société contre le danger du récidivisme, il faut abandonner le système des sentences antérieurement déterminées. Car il est fort peu rationnel de fixer d'avance l'époque à laquelle le récidiviste, qui a révélé un penchant bien accentué au crime, pourra être rendu à la société.

Mais il y a des objections.

Je voudrais en traiter une ici, l'objection qui a été si énergiquement soulevée à Paris au Congrès de l'Union Internationale, en 1893, par le sénateur Béranger. C'est le caractère indéterminé de la peine qui augmente la gravité de la peine ou plutôt qui ôte à l'individu la seule consolation du prisonnier, la certitude du moment de sa libération. Je ne nie pas cet effet de la mesure. Mais je crois, d'un autre côté, que la sentence indéterminée fait ressortir bien mieux, vis à vis du délinquant, le véritable caractère de ses délits. Il ne pourra plus alors considérer la peine comme le prix du crime qu'il paie de temps en temps pour avoir la liberté de mener une vie criminelle. Mais il sent, par l'incertitude du moment de la libération, que la société le considère comme un ennemi qu'elle n'admettra dans son milieu que lorsqu'il ne sera plus un danger pour elle.

Puis, on pourra toujours éviter l'arbitraire au moyen des délibérations périodiques. Et, si l'on voulait — pour sauver le principe de la détermination — fixer une limite générale, 20, 30, 40 ans, qui ne pourrait pas être dépassée, je ne m'opposerai pas à cette règle comme système provisoire et de transition. Si je ne me trompe, dans ce sens aussi, l'avant-projet d'un code pénal suisse a organisé contre les récidivistes un internement de longue durée avec délibérations périodiques.

M. Correvon. — Mon intention n'était pas de prendre la parole dans cette discussion. Modeste magistrat d'un canton voisin, je n'ai pas la prétention d'éclairer le Congrès sur les questions d'anthropologie criminelle qui n'ont pas fait l'objet d'études spéciales de ma part. Mais comme M. van Hamel vient de parler du projet de code pénal suisse élaboré par une commission dont j'ai eu l'honneur de faire partie, de même que M. le professeur Gautier qui préside cette séance, il me paraît que quelques renseignements sur ce sujet seront peut-être de nature à intéresser l'assemblée.

Je dirai d'abord que la question des sentences indéterminées m'a déjà intéressé, il y a plus de vingt ans, alors que je faisais partie d'une commission chargée de reviser le code pénal vaudois. J'avais même proposé d'introduire cette innovation dont l'utilité me paraissait justifiée dans nombre de cas et qui avait déjà fait l'objet de plusieurs études et travaux de ma connaissance.

Le projet de code pénal suisse, élaboré ces dernières années, n'admet cependant pas plus que le projet vaudois les sentences indéterminées ; mais il consacre par son article 44, un nouveau système de traitement pour les récidivistes. Il statue en effet que :

« Lorsqu'un délinquant, après avoir subi de nombreuses peines privatives de liberté pour délits contre la vie, l'intégrité corporelle, la propriété, la foi ou la sécurité publique, ou contre la pudeur ou la liberté sexuelles, sera derechef condamné à une peine privative de liberté pour un de ces délits, et lorsque l'infraction nouvelle aura été commise dans les trois ans à partir de la dernière libération, le tribunal qui prononce la condamnation, s'il est convaincu que le coupable récidiverait après la peine subie et s'il estime que son internement est nécessaire, pourra proposer cette mesure à l'autorité fédérale compétente.

« L'autorité fédérale s'informera des antécédents du coupable, de son éducation, de sa situation de famille, de ses moyens d'existence, de sa santé physique et mentale, des délits qu'il a commis et des peines qu'il a subies ; elle devra l'interroger sur tous ces points. Si, par cet examen, l'autorité acquiert la conviction que le délinquant récidiverait après avoir subi la peine et si elle estime que son internement est nécessaire, elle ordonnera cette mesure pour une durée de 10 ans au moins et 20 ans au plus. La durée de l'internement devra dépasser celle de la peine à laquelle le récidiviste a été condamné ; l'internement remplacera la peine.

« Si l'autorité fédérale ne prononce pas l'internement du condamné, le jugement sera mis à exécution. »

Ce système a soulevé, dans le sein de la commission, une longue discussion et cela se comprend. En soumettant le jugement rendu contre un récidiviste à l'examen d'une commission qui devrait être composée, dans l'esprit de M. le professeur Stooss, l'auteur de cette proposition et le principal rédacteur du projet, non seulement de juristes, mais encore de personnes s'occupant spécialement des criminels (chapelains de prisons, médecins, directeurs de prisons, membres de sociétés de patronage, etc.), le projet rompt complètement avec le droit positif actuel et il n'est pas surprenant que, sur les vingt membres de la commission, il n'ait pas réuni l'unanimité des avis. Cependant, la grande majorité s'y est ralliée, s'inspirant de l'idée qu'il y avait lieu de prendre des mesures énergiques contre certains récidivistes.

Dans le même ordre d'idées, qu'il me soit permis de rappeler une autre proposition faite dans le sein de la commission suisse, celle de permettre au tribunal, après enquête et débats publics, de prolonger la durée de la détention d'un condamné, lorsqu'il est établi que la condamnation n'a eu aucune influence sur le condamné et qu'il continue à être un élément dangereux pour la société (voir Délibérations de la commission d'experts, tome I, pages 189 à 198). Bien que cette proposition n'ait pas été admise en définitive, il m'a paru intéressant de la relever, car elle part de la même idée que celle qui a fait naître le système des sentences indéterminées.

M. Ferri. — Avant tout, je crois qu'il est utile d'affirmer encore une fois la haute importance théorique et pratique de la communication de M. Griffiths.

Un point surtout m'intéresse, c'est la sentence indéterminée que je suis heureux de voir si éloquemment soutenue par mon ami M. van Hamel. Je vais tâcher de répondre à cette objection pratique dont il nous parlait tout à l'heure, qui est presque le seul argument des adversaires de cette grande réforme législative et judiciaire et qu'il indiquait justement comme la conséquence immédiate des inductions de l'anthropologie criminelle.

Je crois que les difficultés que l'on voit dans l'application de la sentence indéterminée dépend de ce que l'on pense à greffer, d'une façon purement naturelle, cette réforme radicale sur l'organisation judiciaire actuelle. Et alors, il est vrai qu'il serait difficile d'avoir des garanties suffisantes; comme c'est le cas du reste pour la condamnation conditionnelle qui en est le pendant. La sentence indéterminée serait applicable aux criminels dangereux, tandis que la condamnation conditionnelle l'est aux délinquants moins terribles.

Mais la condamnation conditionnelle, telle qu'on l'a appliquée en Europe — c'est-à-dire sans le *probation officer* qui, à Boston, est chargé de surveiller les individus condamnés conditionnellement pour retirer le sursis à l'exécution non seulement dans le cas de récidive légale, mais aussi lorsqu'ils ont une conduite antisociale qui frise seulement le Code pénal — n'a pas donné autant d'avantages qu'on espérait, car elle est devenue une sorte de routine bureaucratique, dans laquelle les conditions juridiques du crime seules s'imposent aux juges surchargés de besogne, tandis que les conditions personnelles du criminel sont oubliées.

Pour rendre féconde la condamnation conditionnelle aussi bien que la sentence indéterminée, il faut les greffer physiologiquement sur une organisation judiciaire bien différente de la présente.

Voilà, sauf les détails que le temps modifiera, comment je me figure dans ses grandes lignes la justice pénale de l'avenir.

D'abord, la justice fondamentale est dans le personnel des juges. Un code parfait théoriquement, n'a aucune valeur si les hommes qui doivent l'appliquer n'ont pas les connaissances et les qualités nécessaires pour en vérifier l'effet. Parmi les juges et les directeurs de pénitenciers, on ne rencontre que rarement des individus doués d'un génie psychologique spécial qui leur permette de devenir l'âme d'un tribunal ou d'un pénitencier, et d'adapter les sentences ou la discipline aux qualités personnelles des justiciables ou des détenus.

Il faut que cela devienne la règle et que l'on oblige les juges et les fonctionnaires à avoir les connaissances nécessaires, non pas de droit romain et civil comme à présent, mais de physiologie, de psychologie, d'anthropologie, de sociologie, etc. Il faut même dans les Universités distinguer la carrière du juriste civil de celle du juriste criminaliste.

Lorsqu'on aura un personnel avec des notions suffisantes, il faudra aussi d'autres réformes. Par exemple, la défense de l'accusé doit devenir une fonction sociale, un office public, de même que l'accusation, car je comprends que la défense de l'avocat dans une affaire civile ou commerciale soit une affaire privée, mais non pas la défense d'un prévenu, qui intéresse aussi la société, laquelle doit avoir des fonctionnaires chargés d'en étudier les procès au point de vue de l'accusation et au point de vue de la défense. C'est là le seul moyen pour soustraire la justice pénale à cette lutte de ruses, de guet-apens ou de duels oratoires, qui actuellement en blesse si souvent la sincérité et la force morale.

Après cela, la fonction du juge consiste seulement à déclarer si le prévenu est réellement l'auteur du crime qu'on lui attribue. S'il l'est, le juge ne peut pas fixer d'avance la peine à lui infliger. Il pourra tout au plus déclarer à quelle catégorie il croit qu'il appartient, et faire un premier triage pour la segrégation dans tel ou tel établissement.

La sentence doit être indéterminée, mais être soumise à des revisions périodiques par des commissions permanentes, déjà proposées par M. von

Liszt. Mais je voudrais que ces commissions fussent composées non seulement d'éléments judiciaires et administratifs, mais aussi de l'accusateur et du défenseur public, de médecins et de psychiatres, aussi bien que des représentants de la conscience publique, élus par le peuple. Et les travaux de ces commissions devraient avoir la garantie de la publicité.

Avec cette organisation judiciaire, je crois que les difficultés pratiques de la sentence indéterminée seront éliminées et que l'on aura la plus grande garantie, soit pour la liberté individuelle, soit pour les droits de la collectivité vis à vis du criminel.

Avec ce système, que j'ai développé ailleurs, il y a bien des années, l'objection de la torture causée au détenu par l'incertitude n'a pas sa raison d'être. Lorsqu'il y a ces garanties d'application et que la sentence indéterminée s'applique aux crimes plus graves ou aux criminels plus dangereux, — car pour les autres le dédommagement des victimes suffit — cette torture de l'incertitude que nous supposons chez le criminel n'existe même pas. Il y a aussi pour cela une autre raison que je vais expliquer par une anecdote de ma vie scientifique.

En 1880, j'ai étudié dans les prisons et les asiles d'aliénés 700 détenus et 300 aliénés. La première fois que je suis entré au pénitencier de Pesaro, j'ai assisté aux protestations d'un vieux détenu qui avait déjà fait 20 ans de travaux forcés et qui ne voulait plus sortir de la prison quoiqu'on lui eut accordé sa grâce, ce qu'on fait assez souvent dans un but d'économies sur le budget des prisons et en faveur de ce qu'on appelle les *bons détenus* — qui le plus souvent ne sont que les plus *hypocrites*.

Eh bien, ce vieux condamné me disait : « Mais, qu'est ce que je pourrai faire à 70 ans, dans mon village de Calabre, où je n'ai plus de parents ni d'amis ni aucun autre moyen d'existence ? Je veux finir paisiblement ma vie ici et je ne veux pas de grâce. »

Oui, messieurs, il avait raison, car la société contemporaine qui ne s'inquiète pas d'assurer le travail aux honnêtes gens qui le lui demandent pour gagner leur vie, paraît être guidée par cette norme morale : si vous restez honnête, vous pouvez mourir de faim et je ne m'occupe pas de vous, mais si vous commettez un crime, alors je vous assure la nourriture et le logement !...

M. Gautier. — M. Ferri nous a fait le tableau de la justice de l'avenir ; permettez-moi de parler du présent et de ce qui paraît actuellement réalisable. Je voudrais, en juriste, analyser ce système des sentences indéterminées. Rien de plus séduisant, en théorie, ne pas maintenir en captivité celui qui paraît amendé, ne pas laisser sortir celui qui paraît encore dangereux, c'est la solution idéale du problème de la pénalité. Le malheur veut qu'ici, comme bien souvent, la réalisation pratique de l'idée se heurte à des obstacles qui, tout au moins pour la grande majorité des détenus, me semblent, à mon vif regret, insurmontables. Pour M. Ferri, la grosse question est de savoir comment les commissions de revision seront composées, *à qui* seront confiés ces examens périodiques qui sont à la base même du système. C'est sans doute un des côtés intéressants de l'innovation et je puis m'associer de tout cœur à ses paroles lorsqu'il réclame la création de fonctionnaires spéciaux, de juges criminels dignes de ce nom. Mais je vais plus loin et je me demande *comment* fonctionneront ces commissions, de quelque façon qu'elles soient d'ailleurs composées. Pourront-elles atteindre le but qu'elles poursuivent ? Ne faudrait-il pas être plus qu'un homme pour sonder la conscience d'un détenu qui a intérêt à simuler ? Quel critère positif indiquera l'heure de la libération ? Il ne faut pas oublier que la partie n'est pas égale entre le détenu et ceux qui l'examinent. Le premier a sa liberté à reconquérir et emploiera dans ce but tous les moyens, même et souvent la mauvaise foi ; les derniers ne sont poussés que par l'intérêt platonique que leur inspire la solution d'un problème de psychologie. J'ai peur, je l'avoue qu'ils n'arrivent pas à trouver la vérité.

Prenons l'une après l'autre les principales catégories de prisonniers. Voici d'abord les récidivistes endurcis, ceux de la petite criminalité. Ceux-là sont avant tout des paresseux et aussi des comédiens ; natures rusées et souples, ils se plient au régime pénitentiaire bien mieux que les impulsifs, les violents. J'ai peur que les premiers ne réussissent à tromper leurs juges, tandis que les seconds, bien plus dignes d'intérêt cependant, seront notés comme insoumis par les employés des prisons à qui les commissions devront forcément s'adresser pour en tirer des renseignements sur la conduite du détenu. Puis, les condamnés politiques, les anarchistes en particulier, pour lesquels mon éminent collègue van Hamel préconisait l'autre jour l'emploi de la sentence sans durée préfixe ; mais la difficulté persiste à leur égard. S'il est convaincu, s'il se croit martyr, le condamné refusera d'abjurer ce qu'il croit être la vérité ; il faudra donc le détenir à vie. Est-il hypocrite, au contraire, et dissimule-t-il une conversion, il acquiert à peu de frais une liberté dont il est indigne. La seule classe de condamnés pour laquelle je pourrais sans arrière-pensée me prononcer pour le principe de l'indétermination est celle des pathologiques et surtout des alcooliques. Là, en effet, il s'agit d'une cure à opérer, d'une maladie dont la médecine peut suivre les phases et constater la guérison. Le critère positif que nous cherchions tout à l'heure sans le trouver à l'occasion d'un examen purement psychologique nous le trouvons ici indiqué avec une netteté suffisante. D'autre part, il est déraisonnable de relâcher un malade non guéri pour la seule raison que le temps fixé d'avance par le juge est expiré.

M. Gautier rend compte des dispositions du projet de code pénal suisse, qui admet la sentence indéterminée pour les délits dérivant de l'abus des boissons alcooliques et consacre pour les récidivistes endurcis le système de l'internement à long terme, sans tenir compte de la gravité du dernier délit.

M. van Hamel. — Je voudrais répondre deux mots aux objections de notre collègue et ami M. Gautier. Je ne nie pas du tout la difficulté des décisions périodiques, quant au moment de la libération définitive. Mais je crois qu'à cet égard il y a deux choses à observer.

1° Il est bien difficile, ou plutôt il est, au fond, impossible, de fixer au moment de la condamnation le moment de la libération ; 2° La libération conditionnelle devra être la mesure nécessairement complémentaire du système des sentences indéterminées. Et si M. Gautier consent à l'introduction du système pour les cas pathologiques, parce qu'alors on pourra certifier l'époque de la guérison, il faut observer que ce qui, dans les autres cas, favorise la récidive, c'est avant tout le manque de travail régulier. Eh bien, j'exigerais comme condition de la libération la certitude pour le condamné de pouvoir gagner sa vie par un travail régulier. S'il a appris un métier, si on a trouvé pour lui une place et s'il a des relations qui veulent le recevoir, ces circonstances seront une garantie pour sa libération définitive.

M. Rivière. — Je désire ajouter quelques observations à la réponse faite par M. Gautier à M. Ferri pour montrer les difficulés et les incertitudes de toute classification. Le nombre des catégories devrait être bien supérienr à celui prévu par M. Ferri, car il faudrait non seulement diviser les passionnels et les aliénés, les ruraux et les urbains, mais encore les subdiviser suivant l'âge, suivant le sexe, suivant les antécédents, suivant l'état légal (prévenus, accusés, condamnés). Or, dans certaines de nos petites prisons de France, d'Italie, de Belgique, etc., la population détenue ne dépasse pas 3, 4, 5 individus. De pareilles divisions aboutiraient à la séparation individuelle, c'est-à-dire à la cellule.

La cellule! Ah! Je sais quelles protestations on risque de soulever dans cette enceinte quand on prononce ce mot. Mais la question n'est pas à l'ordre du jour du Congrès. J'ai entendu notre collègue, M. le Dr de Dekterew, de Petersbourg, annoncer un rapport sur ce sujet pour le prochain Congrès. Réservons nos discussions et notre jugement. Pour le moment, permettez-moi seulement de vous dire que j'appartiens à un pays où il est pratiqué depuis 20 ans, et où il donne, de même qu'en Belgique, en Hollande, d'excellents résultats, et ces résultats sont observés non seulement dans des villes comme Paris, Béthune, Angers, Tours, Besançon, Lyon, mais encore dans des prisons où le recrutement se fait en grande partie dans une population de race italienne, comme Nice et Corte. Les tares physiques qu'on remarque chez les détenus en cellule (décomposition des globules du sang, etc.) se remarquent tout aussi bien chez les détenus en commun. Ce n'est pas la cellule qui anémie, c'est la privation de la liberté, c'est l'internement, c'est la prison.

D'ailleurs n'exagérons rien. M. Ferri vient de nous dire que le régime cellulaire est barbare, que le détenu s'y trouve « sans air et sans oxygène » et que son « moral y perd toute énergie pour résister aux tentations. »

La cellule, telle que nous la conservons et que nous l'appliquons en France et dans tous les pays voisins, n'est nullement un tombeau de pierre où le détenu reste privé de toute communication avec l'extérieur. Elle est éclairée par une large fenêtre, toujours ouverte pendant le jour ; elle est munie de tous les appareils hygiéniques qui lui donnent un confortable que bien des paysans ou des ouvriers italiens, belges et français pourraient envier. Il y trouve des ressources intellectuelles dans la lecture, la leçon du maître d'école, et des distractions dans la promenade au préau et dans les visites, oui, dans les visites; car notre but n'est nullement de l'isoler. Il est seulement de le soustraire aux mauvaises influences de ses camarades. Mais nous entendons que la porte de sa cellule soit largement ouverte à toutes les salutaires influences qui, par les conversations, les exhortations, les conseils pratiques, peuvent relever son moral, lui communiquer les énergies qui lui manquent et le diriger vers le bien. Nous voulons que le directeur, le médecin, l'aumônier, comme l'a très bien dit M. le major Griffiths, puissent le visiter fréquemment, l'étudier, l'exciter au travail et à la réhabilitation.

En vérité, plus j'écoute vos doctrines et moins je comprends votre défiance contre la cellule. Depuis 5 jours je vous entends, mon cher Monsieur Ferri, proclamer et répéter que le milieu social est le principal facteur de la criminalité ; et quand je demande qu'on soustraie le détenu à cette cause permanente de perversité, le contact de ses codétenus, vous vous récriez !

En ce qui concerne la commission de revision, je rends hommage aux efforts tentés par vous pour lui donner toute l'autorité et la science nécessaires. Mais je partage absolument le sentiment de mon collègue et ami Gautier. Vous lui fournissez des éléments extrêmement variés, c'est vrai, mais extrêmement incompétents. Dans les petites prisons dont je parlais tout à l'heure, ce sera un simple gardien-chef, sous-officier, garçon très honorable sans doute, mais sans éducation première, sans instruction sérieuse, qui seul pourra donner les renseignements utiles. Le remède serait dans la multiplication du personnel supérieur. S'il existait de nombreux directeurs qui, sans cesse en tournée, surveilleraient constamment le personnel inférieur et la population des petites prisons, pourraient étudier les détenus, contrôler, rectifier les appréciations des gardiens, nous aurions les garanties recherchées. Hélas! Nous sommes loin de cette réforme. En France, comme en Italie, le courant est aux économies, et dans cette matière plus qu'en toute autre; bien du temps se passera, je le crains, avant que cette nécessité soit comprise.

C'est sous le bénéfice de ces réserves que je déclare avoir lu avec le plus vif intérêt le très beau travail de M. le major Griffiths. Je l'ai trouvé tout imprégné de cet esprit pratique et essentiellement conservateur de la race anglo-saxonne qui n'innove jamais témérairement et qui cherche à adapter aux formes déjà existantes les progrès imposés par la science. C'est ainsi que, sans bouleverser le système irlandais, appliqué dans son pays, l'honorable rapporteur se contente de le compléter par l'addition d'un 4ᵉ stade, sorte d'internat avec sorties sévèrement règlementées, qui constitue toute l'originalité de son système.

M. Lombroso. — L'événement le plus important, peut-être, de ce Congrès, est la présence de M. Griffiths, l'homme le plus remarquable par ses recherches sur les prisons anglaises. Son opposition au régime de la cellule et à la prison me semble d'une valeur décisive dans la question.

M. Rivière nous dit que personne ne se trouve mal dans la prison. C'est bien pour le criminel-né, qui est analgésique et ne souffre pas même de l'isolement, mais pour les délinquants d'occasion c'est bien différent.

M. Gautier nous parle de la grosse difficulté de l'application de la peine temporaire, pour le grand nombre des criminels, et de la difficulté de trouver des juges compétents en nombre suffisant. Mais M. Béranger lui-même nous a démontré qu'il y a bien un tiers de prisonniers qui n'entreraient pas dans les prisons si on appliquerait justement la répression judiciaire, ou l'amende pour les petits crimes, contraventions, etc. Parmi les autres, le criminel vraiment dangereux, le criminel-né, ne représente plus que le 35 °/₀ et même on peut faire un grand triage et l'on voit que le nombre des prisonniers à étudier, pour la peine temporaire, peut être très réduit.

M. Gautier nous dit qu'il ne faut pas se fier à la repentance du réclus, et que lui ne concéderait cette peine que pour les cas pathologiques. Mais c'est justement là le cas du criminel-né et pour le juger il faut en étudier le champ visuel, les anomalies du crâne, etc. Pour cela il faut non seulement l'accord de l'aumônier et du directeur, mais aussi du juge et du médecin aliéniste et spécialiste. En Angleterre, on peut en trouver et en Belgique on en a nommé dans toutes les prisons, grâce à M. LeJeune. Ce que MM. van Hamel et Maus, nous ont rapporté au sujet du fonctionnement scientifique et bureaucratique de certaines sociétés juridiques d'Amsterdam et de Bruxelles, qui aident les juges dans leurs jugements sur les jeunes criminels, nous montre un autre moyen de venir en aide aux juges.

M. Ferri. — Je reprends la parole surtout parce que je suis chargé par M. Griffiths de remercier en son nom le Congrès du bienveillant accueil qu'il a fait à sa communication, qui a soulevé une discussion si vive et si féconde.

Après cela, je ne rentrerai pas dans la discussion du système cellulaire défendu par M. Rivière. Les rapports officiels, peut-être, ne relèvent pas d'inconvénients; mais il suffit de parler sans témoins avec les médecins et même les directeurs des prisons pour les entendre faire à la cellule les mêmes critiques, que l'indépendance scientifique n'a permis d'affirmer depuis longtemps à haute voix.

M. Rivière me demande dans quel milieu les détenus pourront développer leur sens moral. Et bien, je lui réponds que le sens moral, ou mieux le sens social ne peut que s'atrophier dans la cellule et c'est seulement par la gymnastique des rapports avec les autres hommes (gardiens, directeurs, même les compagnons) dans une colonie de travail, à l'air libre, qu'on peut renforcer ce sens social. Du reste, l'isolement de la cellule est aussi une utopie irréalisée, parce qu'on ne peut supprimer la nature humaine. Les détenus en cellule communiquent entre eux avec les coups conventionnels sur les murs ou par les tuyaux des « appareils hygiéniques » comme cela est arrivé dans une grande prison cellulaire d'Italie.

Et quant aux objections de M. Gautier, je peux lui répondre que dans le présent même nous avons la preuve que la sentence indéterminée n'est pas irréalisable. Voyez les asiles d'aliénés; est-ce qu'on n'a pas le système de l'internement indéterminé?

Au siècle passé, et jusqu'aux premières années de ce siècle, on traitait les fous comme des criminels, car on croyait que c'était une faute morale de l'homme que de devenir aliéné, de même qu'à présent on le croit pour le crime. Et alors on torturait les fous avec des chaînes, des cachots, etc. La grande réforme du *not restraint* souleva aussi les doutes des hommes d'alors qui le disaient un rêve, un château en Espagne, comme M. Gautier a qualifié mon tableau de la justice pénale à venir. Et cependant, le régime de la liberté dans les asiles modernes a parfaitement réalisé cette réforme si radicale et l'internement indéterminé, avec révision périodique, peut s'appliquer aussi bien.

Quant au traitement des aliénés, a-t-on besoin de cette classification en catégories infiniment nombreuses dont M. Rivière parlait tout à l'heure? Nullement. Pour le triage anthropologique et psychologique des détenus, on connaîtra leur personnalité par les enquêtes faites, soit dès leur enfance, soit pendant l'instruction et les débats du procès.

Du reste, l'objection qui, au nom du présent, veut s'opposer aux réformes à venir, en visant à tel ou tel détail, comme le fait M. Gautier, n'a pas de solidité. D'abord, il fait lui-même des concessions pour les jeunes détenus, pour les alcooliques, etc.; et ensuite, est-ce que nous pouvons avoir la prétention de fixer d'avance les possibilités de l'avenir. Le temps seul se chargera de fixer les détails, mais dès à présent nous pouvons non seulement prévoir, mais comme disait ici même M. le président Lachenal, annoncer les temps nouveaux par les données de l'évolution scientifique et sociale.

La séance est levée à midi.

SÉANCE DE CLOTURE DU CONGRÈS

Samedi 29 août.

APRÈS-MIDI

PRÉSIDENCE DE M. LADAME.

La séance est ouverte à 2 heures.

M. Bedot secrétaire général donne lecture du procès verbal de la dernière séance.

Il donne ensuite lecture des vœux suivants qui ont été déposés au secrétariat conformément au règlement [1].

Iᵉʳ VŒU

« Considérant que l'alcoolisation de la race humaine est une des causes « principales de la criminalité tant héréditaire qu'occasionnelle, le Congrès « s'associe à tous les efforts pratiques faits pour combattre l'alcoolisme, « tant chez l'individu que dans ses causes sociales. Il émet le vœu que ces « efforts soient redoublés et soutenus, tant par les gouvernements que par « l'action individuelle de chacun. »

Signataires : MM. A. Forel et Legrain.

Ce vœu est adopté.

IIᵐᵉ VŒU

« Le Congrès émet le vœu que l'anthropologie criminelle soit l'objet « d'un enseignement spécial par l'institution de chaires officielles ou de

---

[1] « Le vœu suivant n'ayant pas été remis directement au secrétariat, a été omis à l'ordre du jour de la séance et n'a pas été soumis à la votation de l'Assemblée :

« Le Congrès d'Anthropologie criminelle considérant que le vol dans les grands magasins et dans les grands bazars est un délit nouveau, d'un caractère particulier, *sui generis*, résultant d'un ensemble de circonstances artificiellement constituées, parmi lesquels on peut citer les moyens mis en œuvre pour provoquer la tentation du public, la facilité qui lui est donnée de tenir longtemps en mains, les objets mis en vente et surtout l'absence d'une protection et d'une surveillance efficaces, émet le vœu suivant : « Les grands magasins et les maisons de commerce dans lesquels le public est admis à une libre circulation devront être l'objet d'une réglementation administrative spéciale tendant à diminuer la possibilité des délits de vols désignés sous le nom de vol à l'étalage. »

Vœu de M. BÉRILLON.

« chaires libres dans les facultés de médecine, de droit ou des sciences
« naturelles. »

Signataire : M. Zuccarelli.

Ce vœu est adopté.

IIIme VŒU

« Le Congrès émet le vœu que l'étude du *Régime cellulaire* soit mise
« à l'ordre du jour du prochain Congrès, comme thème général pour la
« discussion, et que des membres de divers pays puissent s'associer à ce
« travail et se préparer d'avance aux débats. »

Signataire : M. Dekterew.

Ce vœu est adopté.

IVme VŒU

« Le Congrès d'anthropologie criminelle prendra dorénavant le titre de
« *Congrès d'anthropologie juridique,* signifiant Congrès d'anthropologie
« envisagée au point de vue de ses applications au Droit tout entier, tant
« civil que criminel. »

Signataire : M. Manouvrier.

M. Ferri demande la parole pour une motion d'ordre. Il n'admet pas
que l'on puisse voter ce vœu qui n'a pas été mis en discussion et doit être
renvoyé au prochain Congrès.

M. de Baets fait remarquer que les autres vœux n'ont pas non plus
été discutés.

MM. van Hamel et **de Deckterew** appuyent la proposition de
M. Ferri.

M. le Président fait voter l'assemblée sur la motion de M. Ferri qui
est adoptée.

En conséquence le IVe vœu n'est pas adopté.

Vme VŒU

« Le Congrès estime que les sociétés protectrices des enfants morale-
« ment abandonnés et maltraités, en soustrayant l'enfant au milieu
« pernicieux dans lequel il se trouve et qui doit déterminer sa perte,
« contribuent dans une large mesure à enrayer la criminalité et il prie les
« gouvernements de favoriser la création ou le maintien de ces sociétés
« en leur accordant la personnalité civile. »

Signataire : M. Struelens.

M. Maus demande la parole pour une motion d'ordre. Il fait remarquer que cette question ne rentre pas dans le champ de l'anthropologie criminelle.

A la votation le Vme vœu est repoussé par 11 voix contre 9.

VIme VŒU

« Le Congrès exprime le vœu que dans les écoles primaires comme « dans les écoles secondaires le régime des peines scolaires soit réformé « dans le sens d'une répression moins abstraite, plus personnelle, mieux « adaptée à l'individualité de chaque élève.

« Que les autorités scolaires procèdent, lorsque les élèves montrent de « mauvaises dispositions, à un examen médical sérieux.

« Que, d'après les considérations de M. le Dr Maliarewski et de M. l'avocat « Laschi, on établisse des instituts médico-pédagogiques qui ne ressem- « blent pas aux maisons de correction telles que nous les avons presque « partout aujourd'hui — lesquelles sont des pépinières de criminalité — « mais que ces établissements soient vraiment des instituts de régénération « morale. »

Signataire : M. Linaker.

Ce vœu est repoussé pas 14 voix contre 10.

VIIme VŒU

« Le Congrès considérant que les criminels devenus aliénés après leur « condamnation acquièrent la qualité de malades, émet le vœu qu'ils « soient traités dans les asiles d'aliénés et non pas dans des quartiers « spéciaux des prisons. »

Signataire : M. Cabred.

Ce vœu est adopté.

VIIIme VŒU

« Le Congrès émet le vœu que les gouvernements suivant la doctrine « de Pestalozzi donnent à leurs maisons d'éducation correctionnelle la « forme familiale et privée et surtout agricole. »

Signataire : M. Dalifol.

Ce vœu est adopté.

M. LeJeune fait remarquer que ces votes n'ont pas une grande valeur si l'on ne tient pas compte des abstentions. La votation a lieu très rapidement et une trop petite partie de l'assemblée y prend part.

L'assemblée passe à la discussion sur le lieu où devra se réunir le prochain Congrès.

M. Bedot secrétaire général donne lecture de deux pétitions qui ont été déposées au secrétariat. La première, portant 36 signatures, demande que le Congrès se réunisse en Hollande, à Amsterdam où à La Haye.

La seconde, portant 35 signatures, demande que le Congrès se réunisse à Paris en 1900.

M. Snyder de Wissenkerke engage le Congrès à choisir la Hollande comme lieu de réunion de sa prochaine session. On trouvera là un terrain neutre, propice à une propagande active. En outre pour rester international on doit avant tout ne pas se réunir toujours dans les mêmes pays.

An nom du gouvernement Hollandais M. Snyder de Wissenkerke invite le Congrès à se réunir en Hollande.

M. de Deckterew appuie la proposition de M. Snyder de Wissenkerke. Il estime que l'anthropologie criminelle étant une science en voie de formation n'a pas besoin d'un très grand public ce qui ne manquerait pas de se présenter si l'on se réunissait à Paris. On travaillera mieux et plus calmement dans une plus petite ville. Il propose que le prochain Congrès ait lieu en 1901 à Amsterdam.

M. van Hamel demande à l'assemblée de se prononcer en faveur de la Hollande comme lieu de réunion du prochain Congrès en laissant le choix de la ville au comité d'organisation.

M. Legrain déclare au nom de ses collègues français que leur sympathie est toute entière pour la Hollande. La proposition de choisir Paris comme lieu de réunion a été faite en vue de l'Exposition de 1900 qui attirera à Paris un grand nombre de savants.

Les deux propositions sont mises aux voix. L'assemblée décide de choisir la Hollande comme lieu de réunion de la prochaine session en laissant le choix de la ville au comité d'organisation.

Après une discussion, à laquelle prennent part **MM. de Deckterew, Ferri, van Hamel et Maus,** l'assemblée décide que la prochaine session du Congrès aura lieu en 1901.

M. Ladame, président, prononce les paroles suivantes:

MESDAMES ET MESSIEURS,

Notre règlement prévoit qu'un compte rendu résumant les travaux de la session sera présenté par le secrétaire général dans la séance de clôture. Or, c'est là une impossibilité matérielle dont vous avez pu vous convaincre. Malgré toute son activité et toute sa bonne volonté, tant de fois mise à l'épreuve pendant cette laborieuse semaine, notre secrétaire n'a pas trouvé le temps même d'y penser.

Votre bureau a donc supprimé ce rapport et nous venons vous demander un bill d'indemnité pour cette décision.

Afin de remédier cependant, dans une certaine mesure, à cette lacune, votre président a été chargé de rappeler succinctement, dans son discours de clôture, les événements principaux de la session de Genève. Pardonnez-moi les omissions inévitables de cette rapide esquisse.

Dès la première séance une communication de M. Lombroso sur *l'histoire des progrès de l'anthropologie et de la sociologie criminelles* a fait revivre la vieille question, que l'on croyait définitivement enterrée, du type anatomique du criminel. Le débat a eu cet avantage de montrer que l'école italienne, si brillamment représentée à Genève, ne reconnaissait pas un type simplement anatomique; M. Ferri a déclaré nettement que l'homme criminel était une individualité très complexe, à la fois biologique, psychologique et sociale. Les stigmates de la dégénérescence, a-t-il dit, peuvent être accumulés chez un homme qui ne deviendra jamais criminel, parce que les circonstances dans lesquelles il a vécu jusqu'à sa mort n'ont pas été favorables à l'éclosion de ces germes malfaisants; tandis qu'un individu ne portant aucun stigmate anatomique pourra devenir criminel sous l'influence du milieu.

Il n'en reste pas moins vrai, et nous sommes tous d'accord sur ce point, que les recherches sur l'anatomie et la physiologie du criminel conservent leur grande importance, comme l'ont prouvé, entre autres, les beaux travaux de Mme Tarnowsky, ceux du Dr Næcke, l'étude sur le pavillon de l'oreille du Dr Pailhas, l'identification craniographique des récidivistes de M. Anfosso, les rapports de la puberté avec le crime et la folie de M. Marro, le mémoire du Dr Minovici de Bucharest, les recherches du Dr Rey sur les crânes d'aliénés, etc., etc.

Les relations entre la criminalité et la dégénérescence ont fait l'objet d'une étude magistrale du professeur Dallemagne, qui a montré combien cette question était obscure et hérissée de difficultés. En ajoutant les stigmates sociologiques aux signes anatomiques et psychologiques, le savant professeur de Bruxelles ne l'a certes pas simplifiée. La conclusion de son étude est conforme du reste à celle de M. Ferri que nous rappelions tout à l'heure. Le crime le plus atroce peut se trouver associé à un minimum de tares dégénératives, de sorte que le maximum de criminalité peut s'observer avec un minimum de dégénérescence, à tel point qu'aucun stigmate n'existe parfois, en dehors de l'acte criminel.

M. Ferri a tracé, avec sa vigueur accoutumée le tableau du « Tempérament criminel » et cette ébauche doit constituer, dans sa pensée, les premiers linéaments d'une *éthologie criminelle*. Cette vaste étude reste à peu près complètement à faire, et sera le couronnement de l'anthropologie juridique.

Les rapports mis en discussion sur la sociologie criminelle ont provoqué des débats qui menacèrent même de faire sortir le Congrès des limites de la courtoisie qu'on nomme encore parlementaire.

L'anarchisme et le combat contre l'anarchisme ont fourni à M. van Hamel, et aux orateurs qui lui ont succédé à la tribune, l'occasion d'insister sur les mesures d'hygiène sociale qui sont plus efficaces contre le crime que la répression et les pénalités.

M. Lacassagne, dans un excellent mémoire sur les vols dans les grands magasins, a formulé des conclusions pratiques qui mériteraient d'être prises en considération.

La question de l'alcoolisme, posée pour la première fois dans nos Congrès, a été traitée avec une grande compétence par M. le Dr Legrain, qui s'est particulièrement attaché à mettre en relief les conséquences de l'alcoolisme des ascendants au point de vue de la morale et de la criminalité. La discussion qui suivit mit en présence les partisans de l'abstinence totale, dont M. le professeur Forel de Zurich est l'apôtre le plus fervent, et ceux des tempérants français qui préconisent l'usage modéré du vin et de la bière comme le meilleur remède contre la propagation de l'alcoolisme. Cette question mérite de rester à l'ordre du jour des prochains Congrès, si l'on veut atteindre une des causes les plus efficaces de la criminalité.

Les suggestions criminelles, qui avaient été portées au programme sur la demande de M. le professeur Benedikt, de Vienne, ont retrouvé en M. Bérillon un champion convaincu. Ce chapitre si nouveau en criminologie, reste ouvert pour les prochains débats, car la question ne paraît pas avoir fait un pas depuis le Congrès de Bruxelles.

Une des caractéristiques du Congrès de Genève est, sans contredit, l'importance qui a été donnée aux études des applications pratiques, légales et administratives, de l'anthropologie criminelle.

Sans parler des nombreux rapports publiés sur ces sujets, et dont les auteurs ont été empêchés de venir à Genève, nous énumérerons successivement les questions relatives à l'éducation des enfants de criminels par MM. l'abbé de Baets, Drs Motet, Struelens, Bérillon, Laschi, le mémoire de MM. Florian et Cavaglieri sur la criminalité et le vagabondage, l'étude de M. Cuénoud sur la criminalité en Suisse, celle de M. Maus, en réponse au dixième vœu du Congrès de Bruxelles, sur les mesures propres à faire connaître la personnalité physiologique, psychologique et morale du prévenu, qui permettent aux magistrats et aux avocats d'apprécier l'opportunité d'une expertise médicale, celles de MM. Lombroso et Griffiths sur le traitement des criminels, etc., etc.

La psychopathologie criminelle a été surtout représentée par un excellent mémoire de M. le Dr Næcke, qui n'a malheureusement pas été apprécié ni discuté comme il l'aurait mérité. En effet, d'autres préoccupations ont absorbé l'attention du Congrès.

Deux sujets ont eu le privilège de passionner les discussions, et tous deux auraient dû rester absolument étrangers à nos débats.

Le premier est celui de la dénomination d'« Anthropologie criminelle » qui désigne l'ensemble de nos études. Tous ceux qui sont familiers avec les notions médicales n'ajoutent aucune importance à cette question d'étiquette ; ils savent que, dans la science, les noms ne correspondent jamais complètement aux définitions des choses qu'ils représentent, et que les progrès de nos connaissances transforment parfois de fond en comble l'idée primitive qui avait imposé le nom d'une doctrine ou d'une maladie. Tels ces prénoms pompeux dont la vanité des parents a baptisé l'enfant à sa naissance, tandis que toute sa vie en démentira le pronostic, sans que l'état civil de l'enfant soit modifié pour cela.

Il faudrait changer périodiquement le nom d'un grand nombre de maladies si l'on voulait les adapter aux connaissances acquises. En se développant l'Anthropologie criminelle étend de plus en plus le champ de ses investigations. Nous sommes convaincu, avec M. l'abbé de Baets, qu'elle envahira le droit civil ; nous en avons noté déjà ici les premiers signes avant-coureurs. Une des questions de notre programme n'était-elle pas relative à la captation des testaments ? Mais l'Anthropologie criminelle conservera son nom, en dépit de toutes les critiques qu'on pourra lui adresser. Vous venez d'en donner la preuve en repoussant le vœu de M. Manouvrier.

Le second sujet, la question du libre arbitre et de la responsabilité, appartient à la philosophie et à la métaphysique. Nous sommes tous encore sous la puissante impression faite par l'admirable discours de M. LeJeune. Il a démontré lumineusement que ces questions ne nous concernaient en aucune façon, et risquaient de compromettre l'avenir de nos réunions et de notre science. Nous ne regrettons pas ces mémorables débats qui ont donné un singulier lustre au Congrès de Genève et qui préparent le terrain pour les sessions futures.

La rentrée de l'école italienne a été marquée par une vivacité de discussion qui a dépassé ce qu'on a entendu à Paris, et qui fut inconnue au paisible Congrès de Bruxelles. Le calme a succédé aux orages ; chacun de vous aura la satisfaction d'avoir contribué pour sa part au succès de notre quatrième Congrès international d'Anthropologie criminelle.

Nous garderons précieusement le souvenir de ces belles journées. Les solides amitiés qui ont été nouées à l'occasion de ces assises scientifiques contribueront aussi, nous en sommes certain, à l'avancement de notre science, en rapprochant les hommes que leurs opinions trop absolues divisaient auparavant. Lorsque vous serez rentrés dans vos foyers, nous espérons que votre pensée se reportera parfois avec plaisir sur Genève et la Suisse, qui ont été heureuses et fières d'avoir le grand honneur de vous offrir leur hospitalité.

Nous vous remercions, Mesdames et Messieurs qui êtes venus de près ou de loin, souvent de très loin, de France, d'Italie, d'Allemagne, d'Autriche, de la Belgique et de la Hollande, de l'Angleterre, de l'Espagne et du Portugal, de la Russie, de la Norwège, de la Roumanie, de la République Argentine, du Brésil et même du Japon, attirés par le programme de nos réunions et dans l'intention de prendre part à nos débats.

Nous témoignons en particulier nos sentiments de gratitude à Messieurs les honorables représentants des gouvernements étrangers.

L'œuvre qui a été accomplie depuis le premier Congrès de Rome est considérable; le mouvement qui est sorti de l'impulsion énergique donnée par Lombroso prend de plus en plus une allure accélérée. Chaque pays y est entraîné à son tour.

Désormais rien ne saurait l'arrêter, jusqu'au moment où l'on pourra dire avec le chantre de Tell, en appliquant ses paroles à l'Anthropologie criminelle :

« L'ancien ordre de choses est renversé, les temps changent et une vie nouvelle renaît sur les ruines. »

Mesdames et Messieurs, je déclare close la quatrième session du Congrès international d'anthropologie criminelle.

La séance est levée à 4 heures.

Le Secrétaire général,
M. BEDOT.

ANNEXES

Les communications suivantes ont été déposées au bureau du Congrès.

Le Rapport biologique de l'Ecole populaire avec une criminalité dominante.

Par M. le Dr Romeo TAVERNI, professeur à l'Université de Catane.

M. le baron Raphaël Garofalo, l'éminent criminologue italien, dans son célèbre discours, prononcé à Rome le 16 janvier 1896 et édité par Bocca à Turin, sur « L'éducation populaire en rapport avec la criminalité en Italie », a estimé pouvoir attribuer la criminalité en Italie à l'éducation scolaire.

En généralisant le problème, nous croyons que les deux termes de la recherche ne sont, dans aucun cas, susceptibles d'être mis entre eux dans le rapport de cause et d'effet.

Ce rapport, selon notre opinion, devrait être un rapport d'ordre biologique.

Voici les principes à invoquer et nos conclusions :

I. Lorsqu'une espèce de criminalité se maintient élevée pendant longtemps, relativement à la quantité des cas, dans la statistique criminelle d'un peuple, cela signifie que ce mode de délinquence est passé dans les mœurs de ce peuple.

Dans la conduite générale des peuples, il faut toujours voir de combien de manières la criminalité prédominante peut être prédisposée.

L'histoire de la formation d'un peuple, et celle de sa vie générale à l'intérieur et à l'extérieur, est d'habitude telle, qu'elle peut toute seule suffire à expliquer la persistance d'un chiffre si élevé.

L'exagération physiologique d'un instinct d'origine ethnique ou historique peut bien être la principale cause biologique de la hauteur persistante de ce chiffre.

Cette exagération peut dépendre de beaucoup de réactions extraordinaires et déterminées par l'action réitérée, très forte quoique inégale, de plusieurs groupes très anciens d'agents biologiques agissant sur la masse du peuple qui se renouvelle toujours. C'est l'histoire de sa vie qui doit nous renseigner.

II. L'école populaire n'a pas la force de déterminer ces habitudes instinctives.

Les habitudes qui peuvent être déterminées par l'école, n'ont jamais une fixité complète.

Au contraire, leur durée est assez courte, toutes les fois qu'elles s'opposent aux habitudes innées des peuples, ou aux habitudes raffermies par l'éducation domestique.

III. Il peut bien arriver que les habitudes données à un individu par l'école *aident* une espèce de criminalité à prédominer dans un grand nombre de cas. Mais, l'existence de ces habitudes scolaires n'est pas absolument nécessaire, pour qu'un tel phénomène de prédominance ait lieu.

L'influence de l'école n'est jamais capable d'anéantir l'influence de la famille.

Lorsque la conduite est due à l'imitation et à l'influence de l'école populaire, elle est destinée à s'effacer en peu de temps.

Elle tend toujours, de plus en plus, à se modifier, si la parole et l'exemple de la famille ne l'encouragent pas.

Les préceptes scolaires, qu'ils soient pratiques ou non, ne sont jamais en état de créer dans l'individu de véritables instincts.

L'éducation de famille, particulièrement l'éducation maternelle, est constamment telle que le permet l'action des facteurs ethniques ou historiques qui ont déterminé la prédominance d'une forme de criminalité.

IV. Donc, si cette prédominance doit un jour être notablement réduite, ce résultat pourra être obtenu seulement par l'influence de l'éducation de famille à laquelle on aura ajouté une éducation scolaire tout-à-fait appropriée.

Que l'école populaire soit confessionnelle ou non, cela ne change ni sa nature essentielle, ni le rapport qu'elle peut avoir avec la criminalité dominante et sa diminution.

La réduction, de même que la production de cette criminalité, reste exclusivement assujettie à l'influence de cette éducation de famille, qui est comparable à une prolongation de l'action génératrice et, en particulier, à une prolongation de l'action de l'utérus et du sein.

Il faut que le sang générateur opère, au point de vue de l'éducation, sur le sang *généré*, pour que des tendances criminelles, ayant des instincts ethniques ou historiques pour point de départ, en soient influencées.

La fonction biologique de l'école a pour principal résultat une augmentation de développement dans les centres organiques de l'attention.

Son pouvoir d'inhibition, qui s'exerce sur les idées, a pour équivalent un pouvoir retardateur de l'impulsivité instinctive.

Cela doit donc avoir pour effet un abaissement de la criminalité prédominante.

Influence de la réclusion cellulaire sur l'organisme du détenu comme moyen de punition.

Par M. le Dr M. W. CHIPÉROWITCH, de St-Pétersbourg.

————

A. — La privation de la liberté comme moyen de punition poursuit le double but :

1º de réaliser l'idée humanitaire et

2º d'atteindre le but cherché par la détention. L'idée humanitaire est actuellement considérée comme réalisée depuis qu'on a abandonné l'usage des peines corporelles et autres qui abaissaient la dignité humaine. Le but qu'on se propose d'atteindre par la détention repose sur 3 points essentiels :

1º L'influence de l'éducation pénitentiaire sur le malfaiteur.

2º La protection de la société contre les criminels.

3º La restitution à la société d'individus qui sont devenus des êtres utiles après avoir été rejetés de la société pour leurs méfaits.

Pour arriver à réaliser d'une manière définitive ces 3 desiderata, il est nécessaire de mettre en lumière un certain nombre de données sur lesquelles les auteurs n'ont jusqu'à présent pas suffisamment attiré l'attention.

D'après les idées du système pénitentiaire actuel, la réclusion cellulaire constitue le principal moyen permettant d'accomplir le but moralisateur de la détention.

On doit se demander si nous possédons réellement des chiffres assez complets et des données suffisamment impartiales pour juger de la valeur de ce genre de punition.

Jusqu'à présent les faits recueillis dans ce but sont peu nombreux.

L'immense matériel statistique, lequel ne prend en considération que les relations existant entre le régime cellulaire et la récidive du crime, ne peut nous permettre, d'après mon avis, d'apprécier l'opportunité de la punition à laquelle le malfaiteur a été condamné. Cette statistique n'éclaire pas même complètement la question de savoir jusqu'à quel point la réclusion cellulaire, comme moyen de punition, répond au but humanitaire que se propose le système pénitentiaire actuel.

Cette réclusion cellulaire ne peut elle pas déterminer dans l'organisme du détenu de si grands changements que même les peines corporelles lui paraissent moins pénibles ?

Pour répondre à cette question, nous devons, avant tout, étudier le psychique du criminel, psychique dans le mystère duquel le crime s'élabore et sur lequel agit essentiellement la punition.

Si la punition a touché l'âme du criminel, si elle a réussi à faire triompher les éléments sains de cette âme sur les éléments malsains, le but aura été incontestablement atteint.

Mais si la punition n'a pas exercé d'influence sur l'âme du criminel, quelle en est l'utilité ?

De quels moyens disposons-nous pour déterminer avec exactitude l'influence produite par la punition sur l'âme du détenu ?

On peut, croyons-nous, l'évaluer d'après les modifications physiologiques que l'on observe dans l'organisme placé dans des conditions déterminées.

Tous les organes, tous les tissus du corps humain sont en relations fonctionnelles plus ou moins étroites avec le système nerveux central, système dans lequel sont localisés les différentes facultés et les penchants de l'âme.

Tout changement d'état de ces centres nerveux se répercutera nécessairement sur les fonctions physiologiques de l'organisme : organes de nutrition et organes de relation.

Il s'en suit que la réclusion cellulaire, et peut être même tout système de réclusion, déterminera des modifications dans les fonctions physiologiques de l'organisme du criminel.

En comparant les modifications fonctionnelles produites par la réclusion cellulaire, à celles produites par la réclusion en commun, on pourra ainsi se rendre compte de la valeur de la réclusion cellulaire comme moyen de punition et juger de sa supériorité ou de son infériorité par rapport à l'autre.

B. — Préparation des matériaux de comparaison.

L'influence exercée par la punition dépend beaucoup, au dire des chefs de prisons, de la position sociale du criminel. L'âge de celui-ci est d'une importance égale, sinon supérieure ; l'individu jusqu'à la fin de sa période de croissance (21me année) est, au point de vue physiologique et psychique, plus influençable que l'individu parvenu à l'âge métaplastique (30 ans). Il faudra donc répartir d'après l'âge les criminels en 3 catégories :

1º Ceux qui sont au-dessous de 20 ans.

2º Ceux qui sont âgés de 20 à 30 ans.

3º Ceux qui ont au-dessus de 30 ans.

Ensuite, on divisera ces catégories en :

1º Individus complètememt illettrés.

2º Individus sachant lire et écrire.

3º Individus ayant une instruction complète.

Les détenus qui serviront aux expériences que je propose devront être soumis à des conditions de vie identiques, afin que les données recueillies dans le cours de ces expériences soient comparables entre elles.

On considère le travail physique, appliqué d'une manière systématique pendant la réclusion du criminel, comme un des meilleurs stimulants pour obtenir sa régénération. A cet égard, nous ne possédons que peu de données positives, aussi devons-nous pousser nos études de ce côté et, pour celà, diviser les groupes de détenus définis plus haut en deux sous-groupes égaux qui seront chacun soumis à un travail physique différent. On prendrait, par exemple, d'une part le cartonnage, de l'autre le tissage. On fera exécuter à chaque sous-groupe pendant un même laps de temps, alternativement l'un et l'autre de ces deux métiers. Puis on soumettra à un repos forcé, de durée déterminée, un nombre équivalent d'individus des sous-groupes susmentionnés. Après quoi on les remettra de nouveau au même métier qu'auparavant.

Selon la plus ou moins longue durée de la réclusion, l'action exercée par la punition sur l'organisme du détenu est plus ou moins forte. Nous devons, par conséquent, subdiviser les individus en expérience en de nouveaux groupes basés sur la durée de la détention.

D'après les indications fournies par des chefs de prisons expérimentés (Garofalo, Forest, Holtzendorf, Pierre, Antoni et autres), indications discutées au Congrès pénitentiaire de Rome, en 1886, la réclusion cellulaire ne peut exercer une action puissante sur les détenus que lorsque ceux-ci y sont au moins soumis pendant 4 mois. Nous pouvons répartir les individus en expérience, d'après leur temps de réclusion, en 3 catégories :

1º Les individus dont la réclusion de dépasse pas 6 mois.

2º Ceux dont la réclusion ne dépasse pas un an.

3º Ceux dont la réclusion est supérieure à un an.

C. — Organisation de l'enquête que nous proposons.

Quoique le psychique de l'individu soit indissolublement lié à son organisation physiologique, il importe néanmoins, pour mieux préciser les expériences, de séparer la partie physiologique proprement dite de la partie psychique.

I. La partie physiologique proprement dite recherchera les modifications produites par la réclusion cellulaire dans les fonctions vitales du détenu. Ces modifications peuvent être classées sous les rubriques suivantes :

a. La circulation est le réactif le plus sensible permettant de constater les changements psychiques qui s'accomplissent dans l'individu. On devra donc étudier, à l'aide des appareils physiologiques utilisés dans ce but, le fonctionnement du cœur, la pression et la constitution du sang.

b. La respiration est, elle aussi, sujette à varier sous l'influence des centres psychomoteurs. On déterminera donc, à l'aide d'instruments appropriés, la capacité vitale de l'individu, le type de sa respiration et la fréquence de ses mouvements respiratoires.

c. Les variations dans l'état psychique de l'individu exercent aussi une notable influence sur les fonctions nutritives en général. La perte de la liberté, la tristesse, l'ennui qui en découlent diminuent l'appétit et amoindrissent les échanges nutritifs s'accomplissant dans l'individu. Il faudra, par conséquent, étudier comment s'accomplissent l'assimilation et la désassimilation dans le corps du détenu.

d. Il importera de relever par des mesures dynamométriques les oscillations de la force musculaire sous l'influence de la réclusion cellulaire.

e. Les fonctions sensorielles subissent, elles aussi, l'influence de cette réclusion. Il sera donc nécessaire d'étudier les altérations fonctionnelles de l'ouïe, de la vue, de la sensibilité dermique et la conduction réflexe.

II. L'étude de la partie psychique ne peut nous fournir des résultats tout à fait concluants, non seulement parce que nous ne disposons pas d'instruments permettant d'enregistrer les variations de l'âme de l'individu, mais aussi parce que la subjectivité de l'examinateur et la répugnance du sujet à se laisser étudier jouent un rôle dans l'appréciation de ces résultats.

Malgré cela, des observations psychologiques souvent répétées et faites concurremment avec les observations physiologiques, peuvent nous fournir des renseignements très précieux concernant l'influence de la réclusion cellulaire sur l'organisme du criminel.

Pour obtenir une modification favorable de la personnalité humaine, il faut, dans l'éducation en général, et plus spécialement dans l'éducation pénitentiaire, le concours de certaines facultés psychiques, en particulier de la volonté, de l'état moral et intellectuel de l'individu.

a. Il faut déterminer le degré de soumission de la volonté du détenu à la volonté de l'éducateur et, pour cela, des observations minutieuses et prolongées sont nécessaires.

b. L'impressionnabilité du détenu vis-à-vis des personnes qui l'entourent et vis-à-vis des événements qui se passent ou se sont passés autour de lui est aussi un facteur important du pouvoir modificateur de l'éducation et doit être noté avec soin.

c. Le degré de développement des facultés intellectuelles entre aussi en ligne de compte dans l'action exercée par l'éducation. Les facultés sont certainement modifiées par la réclusion cellulaire et, par un examen de temps en temps répété, on cherchera à se rendre compte des variations qu'elles subissent.

d. Il en est de même de l'attitude du détenu vis-à-vis du sentiment religieux et du respect qu'il a de lui-même. Des observations consciencieusement menées nous montreront comment l'individu étudié se conduit dans les exercices du culte. D'autres observations du même genre nous renseigneront sur les habitudes du détenu, sur ses relations avec son entourage, sur sa tenue et son maintien.

D. — Toutes les expériences que nous venons d'indiquer doivent être commencées dès l'entrée du détenu en réclusion cellulaire et continuées jusqu'à sa libération.

Il me semble que la série des expériences proposées ci-dessus, constitue la seule méthode permettant de résoudre le problème de l'opportunité de la détention cellulaire. Ce n'est qu'après de longues recherches que l'on pourra se rendre compte si la détention cellulaire produit sur les détenus qui y sont soumis une action favorable ou défavorable. Il va sans dire qu'il sera toujours loisible de modifier, suivant les circonstances, la durée et les conditions des expériences dont nous venons d'exposer le plan. C'est, pensons-nous, sur la catégorie des détenus pour une courte période (jusqu'à 6 mois), que les expériences permettront de déterminer le plus rapidement le pouvoir modificateur positif ou négatif de la détention cellulaire.

Nous récapitulons dans la table ci-dessous le système d'après lequel les expériences indiquées devront être conduites.

A. — Détenus soumis à la détention cellulaire. Répartition de ces détenus en quatre groupes :

Le groupe I se divise en trois sous-groupes d'après le développement intellectuel :

1º Détenus ne sachant ni lire ni écrire.

2º Détenus sachant lire et écrire.

3º Détenus ayant une instruction complète.

Le groupe II se divise, d'après l'âge en trois sous-groupes.

1º Les détenus qui ne dépassent pas 20 ans.

2º Les détenus qui ont de 20 à 30 ans.

3º Les détenus qui sont âgés de plus de 30 ans.

Le groupe III se répartit, d'après le genre d'occupation, en 3 sous-groupes.

1º Les détenus soumis à des travaux faciles (cartonnage).

2º Les détenus soumis à des travaux difficiles et fatigants (tissage).

3º Les détenus soumis à un repos forcé.

Le groupe IV contient, d'après la durée de la réclusion, 3 sous-groupes :

1º Les détenus qui ont jusqu'à 6 mois de détention.

2º Les détenus qui ont jusqu'à un an de détention.

3º Les détenus condamnés à plus d'un an de détention.

Pour obtenir des résultats qui soient comparables entre eux, il ne faut pas expérimenter sur tous les sous-groupes à la fois, mais combiner ces sous-groupes entre eux en formant des sections secondaires dont la composition sera ainsi variable. On constituera, par exemple, pour commencer, une section qui sera formée de 5 détenus appartenant à chaque premier sous-groupe des 4 groupes. Puis on constituera une seconde section formée par 5 détenus appartenant au premier sous-groupe des groupes I, III et IV et au second sous-groupe du groupe III. En continuant la série des combinaisons possibles entre les sous-groupes, on arrivera à former 81 sections qui seront soumises aux expériences proposées régulièrement au moins une fois par semaine, et dont on coordonnera au fur et à mesure les résultats.

Vu la complexité de ces recherches, on munira chaque détenu en expérience, d'un carnet spécial dans lequel les résultats de l'enquête seront consignés. Le carnet se composera de 3 parties.

Dans la première partie on enregistrera aussi exactement que possible le passé du détenu, son état physique et moral et l'historique de sa famille.

Dans la second partie on notera les données fournies par les expériences physiologiques entreprises sur les détenus et relatives :

1o au poids du corps,

2o aux mensurations dynamométriques,

3o à la circulation (pression du sang, pouls, poids spécifique du sang, teneur du sang en hémoglobine, en éléments figurés),

4o à la respiration (capacité des poumons, nombre des respirations par minute, type de la respiration),

5o à la digestion et à l'excrétion (appétit, qualité du suc gastrique, assimilation, composition de l'urine),

6o aux organes des sens (ouïe, vue, odorat, goût, sensibilité dermique).

Dans la troisième partie on enregistrera les données fournies par l'enquête sur l'état psychique du détenu.

B. — Détenus soumis à la réclusion en commun. On appliquera à ces détenus le même ensemble d'expériences qui ont été faites sur les détenus condamnés à la détention cellulaire, afin d'avoir un point de comparaison scientifique sur la valeur régénératrice des deux systèmes de punition appliqués dans les pénitentiers actuels : la détention cellulaire et la détention en commun.

TABLE DES MATIÈRES

Pages.

Préface de M. le Dr LADAME, Président I

Documents relatifs à l'organisation du Congrès XI

Comité d'organisation XI

Statuts XIII

Règlement XIV

Délégués officiels auprès du Congrès XVII

Présidents d'honneur XIX

Comité du Congrès XXI

Liste générale des membres du Congrès . . . . . . : . . XXII

Rapports soumis à la discussion du Congrès XXXI

Considérations générales sur la psychiatrie criminelle par M. le D^r
P. NÆCKE 1

*Du somnambulisme alcoolique considéré surtout au point de vue médico-
légal* par M. le Prof. X. FRANCOTTE 12

Applications administratives de l'anthropologie criminelle par M. le Prof.
F. THIRY 20

Influence de la presse sur la criminalité par M. le Dr P. AUBRY . . . 28

Les empreintes digitales par M. F. GALTON 35

Applications légales de l'anthropologie criminelle par M. le Prof. F. THIRY. 39

Relations du droit et de l'anthropologie par M. J. ZAKREWSKY 43

Les modes de prévenir l'évolution de la criminalité par M. le Dr J. MALIA-
REWSKY 46

*Relation entre la prédisposition héréditaire et le milieu domestique pour la
provocation du penchant criminel* par M. le Prof. B. ALIMENA . . . 48

L'influence du droit positif sur les actes punissables par M. le Dr J. OFNER. 50

Les persécutés processifs par MM. le Prof. G. BALLET et le Dr J. ROUBI-
NOVITCH 56

*Résultats obtenus par l'anthropométrie au point de vue de la criminalité.
Quelles sont les lacunes à combler* par M. A. BERTILLON 63

Les fondements et le but de la responsabilité pénale par M. D. DRILL . . 67

La criminalité professionnelle par M. G. TARDE 76

Tempérament et criminalité par M. le Prof. E. FERRI 86

Pages.

L'éducation des fils de criminels par MM. l'Abbé M. DE BÆTS et le Dr
    G. DE BÆTS 90

Dégénérescence et criminalité par M. le Prof. J. DALLEMAGNE . . . 94

L'anarchisme et le combat contre l'anarchisme au point de vue de l'anthro-
    pologie criminelle par M. le Prof. G.-A. VAN HAMEL 111

Applications légales de l'anthropologie criminelle. Quelles sont les mesu-
    res propres à faire connaître la personnalité physiologique et morale du
    prévenu, qui permettraient aux magistrats et aux avocats d'apprécier
    l'opportunité d'une expertise médicale (Xme vœu du Congrès de Bruxel-*
    les) par M. le Dr J. MAUS 120

Relations du droit et de l'anthropologie par M. W. SCHIDLOVSKY. . . . 134

Relations du droit et de l'anthropologie par M. S. LATYSCHEW 137

Relations du droit et de l'anthropologie par M. le Dr E. PETRI 141

Le traitement du criminel d'occasion et du criminel-né selon les sexes, les
    âges, les types, etc., par M. le Prof. C. LOMBROSO 143

Les relations de la « Moral insanity » avec la criminologie par M. le Prof.
    BENEDIKT 144

Quelle classification des criminels pourrait-on adopter, laquelle, tout en
    étant fondée sur des caractères physiques et moraux, pourrait être uti-
    lisée par la législation pénale, par M. R. GAROFALO 145

Les vols à l'étalage et dans les grands magasins par M. le Prof A. LACAS-
    SAGNE 152

Conséquences sociales de l'alcoolisme des ascendants au point de vue de la
    dégénérescence, de la morale et de la criminalité par M. le Dr LEGRAIN . 157

Les suggestions criminelles envisagées au point de vue des faux témoignages
    suggérés par M. le Dr E. BÉRILLON 167

Compte rendu des séances du Congrès 173

Séance du lundi 24 août, matin 173

    Discours de M. LACHENAL, Président de la Confédération Suisse. . . . 173

    Lettre de M. E. RICHARD, Conseiller d'Etat 174

    Discours de M. A. DUNANT, Conseiller d'Etat 175

    Discours de M. TURRETTINI, Président du Conseil Administratif de la
        Ville de Genève 177

    Nomination du Président du Congrès. 178

    Discours de M. le Dr LADAME, Président du Congrès 178

    Nomination du Bureau du Congrès 185

Séance du lundi 24 août, après-midi. 187

    Communication de M. LOMBROSO : *Histoire des progrès de l'anthropologie*
        et de la sociologie criminelle pendant les années 1895-1896 . . . 187

    Discussion : MM. NÆCKE. 199

            DE DEKTEREW 200

            DALLEMAGNE 200

            FERRI 202

Pages.

Discussion : MM. Dallemagne 205

        Forel 206

        Lombroso 207

Communication de M. Marro : *Les rapports de la puberté avec le crime et la folie* 207

Communication de M. Anfosso : *L'identification individuelle* . . . 210

Communication de M. B. Pailhas : *Du pavillon de l'oreille* 211

Séance du mardi 25 août. Matin 217

Correspondance 217

Hommages au Congrès 217

Rapport de M. Dallemagne : *Dégénérescence et criminalité* 218

Discussion : MM. Nœcke 218

        Forel 218

        Ferraz de Macedo 219

        Dallemagne 220

Rapport de M. Ferri : *Tempérament et criminalité.* 221

Discussion : MM. Zakrewsky 221

        Ferri 222

        Forel 222

        de Dekterew 223

        Lombroso 223

        Dallemagne 223

        Bérillon 224

        de Dekterew 225

Séance du mardi 25 août. Après-midi 226

Communication de M. Bérillon : *De la suggestion hypnotique envisagée comme adjuvant à la correction paternelle* 226

Communication de M. Bérillon : *De la nécessité de pratiquer le détatouage chez les jeunes détenus dans les prisons et maisons d'éducation correctionnelles* 228

Discussion : MM. Lacassagne 230

        Gosse 230

        Dalifol 231

        Lombroso 231

Communication de Mme Tarnowsky : *Criminalité de la femme* . . . 231

Discussion : MM. Lombroso 236

        Tarnowsky 236

        Forel 237

Communication de M. Laschi : *Méthode positive dans l'éducation préventive* 237

Communication de M. Minovici : *Remarques statistiques relatives à l'anthropologie du criminel* 247

Discussion : M. Forel 252

Pages.

Séance du mercredi 26 août. Matin 253

    Rapport de M. VAN HAMEL : *L'anarchisme au point de vue de l'anthropologie criminelle* 253

        Discussion : MM. TRIPELS 253

                LOMBROSO 254

                GARRAUD 254

                FERRI 254

                VAN HAMEL 257

    Rapport de M. LACASSAGNE : *Les vols à l'étalage et dans les grands magasins* 258

        Discussion : MM. MOTET 258

                BÉRILLON 259

                FOREL 259

    Rapport de M. LEGRAIN : *Conséquences sociales de l'alcoolisme des ascendants au point de vue de la dégénérescence, de la morale et de la criminalité* 260

        Discussion : MM. DE DEKTEREW 260

                BOISSIER 261

                STRUELENS 262

                REY 262

                FOREL 263

                ZAKREWSKY 264

                REY 264

                MOTET 265

                DE SEIGNEUX 265

                LEGRAIN 265

Séance du mercredi 26 août. Après-midi 266

    Communication de M. STRUELENS : *Quelques considérations sur l'étiologie et la prophylaxie criminelles* 266

        Discussion : Mme TARNOWSKY 268

            M. LEGRAIN 268

    Communication de MM. CAVAGLIERI et FLORIAN : *Criminalité et vagabondage* 269

        Discussion : MM. REY 291

                VAN HAMEL 291

                CAVAGLIERI 292

    Rapports de MM. ZAKREWSKY, SCHIDLOWSKY, LATYSCHEW et PETRI : *Relations du droit et de l'anthropologie.* 293

        Discussion : MM. DE BÆTS 293

                LOMBROSO 294

                FOREL 295

                FERRI 295

                ZAKREWSKY 296

Pages.

Communication de M. Cuénoud : *La criminalité en Suisse* 297

Séance du jeudi 27 août. Matin 303

Proposition de M. Foinitsky relative à la discussion du rapport de
M. Drill 303

Rapport de M. Drill : *Les fondements et le but de la responsabilité
pénale*, résumé par M. P. Foinitsky 303

Discussion : MM. Ferri 307

de Bæts 310

Zakrewsky 310

Maus 311

Dallemagne . . . . , . . . 312

Forel 315

Rapport de M. Bérillon : *Les suggestions criminelles envisagées au point
de vue des faux témoignages suggérés* 316

Discussion : MM. Racine 316

Motet 316

Forel 316

Dalifol 316

Rapport de M. Næcke : *Considérations générales sur la psychiatrie criminelle* 317

Discussion : MM. Lombroso 317

Marro 317

Næcke 317

Rapport de M. de Bæts : *L'éducation des fils de criminels* 318

Discussion : MM. Motet 318

Dalifol 318

de Bæts 319

Séance du vendredi 28 août. Matin 320

Rapport de M. Lombroso : *Le traitement du criminel-né et du criminaloïde* 320

Discussion : MM. Zakrewsky 325

LeJeune 325

Ferri 330

Lombroso 330

Rapport de M. Maus : *Les mesures propres à faire connaître la personnalité physiologique, psychologique et morale du prévenu, qui permettraient aux magistrats et aux avocats d'apprécier l'opportunité d'une
expertise médicale* 331

Discussion : MM. van Hamel 331

de Groote 332

Dallemagne 335

Ferraz de Macedo 338

Séance du samedi 29 août. Matin 340

Pages.

Communication de M. GRIFFITHS (lue par M. RIVIÈRE) : *Sur le traitement pratique de la récidive* 340

Communication de M. JULLIEN (lue par Mme TARNOWSKY) : *Contribution à l'étude de la morphologie des prostituées* 348

Discussion : M. LOMBROSO 349

Communication de M. FRIEDMANN (lue par Mme TARNOWSKY) : *Observations sur les altérations du sang, modifications de la force musculaire et poids du corps chez les soldats mis en prison cellulaire* . . . 350

Communication de M. FRIGERIO : *Un nouveau caractère de dégénerescence chez le criminel* 358

Communication de M. DALIFOL : *Sur l'augmentation de la criminalité chez les enfants et chez les jeunes adultes.* 359

Communication de M. REY : *Du crâne chez les aliénés.* 362

Discussion sur la communication de M. GRIFFITHS : *Le traitement pratique de la récidive* 364

MM. VAN HAMEL 364

CORREVON. 365

FERRI 366

GAUTIER 368

VAN HAMEL 370

RIVIÈRE 370

LOMBROSO 372

FERRI 373

Séance du samedi 29 août. Après-midi. Clôture 375

Votation au sujet des vœux suivants qui sont présentés à l'assemblée . 375

1er vœu. Sur l'alcoolisme. 375

2me » Sur l'enseignement de l'anthropologie criminelle . . . 375

3me » Sur l'étude du régime cellulaire 376

4me » Sur le nom de *Congrès d'anthropologie juridique* . . . 376

5me » Sur les sociétés protectrices de l'enfance abandonnée. . . 376

6me » Sur le régime des peines scolaires et la création d'instituts médico-pédagogiques 377

7me » Sur le traitement des criminels devenus aliénés . . . 377

8me » Sur les maisons d'éducation correctionnelle. 377

Discussion et votation au sujet de la date et du lieu de réunion de la prochaine session du Congrès 378

Discours de clôture M. le Dr LADAME. 378

Clôture du Congrès 382

Annexes. — Communications déposées au bureau du Congrès. . . 384

Communication de M. le Prof. R. TAVERNI : *Le rapport biologique de l'école populaire avec une criminalité dominante.* 383

Communication de M. le Dr M.-W. CHLÉPOWICK : *L'influence de la réclusion cellulaire sur l'organisme du détenu comme moyen de punition.* 385